经济教材译丛

行为经济学

Introduction to Behavioral Economics

[美] 大卫 R. 贾斯特（David R. Just） 著
康奈尔大学

贺京同 高林 译

机械工业出版社
CHINA MACHINE PRESS

图书在版编目（CIP）数据

行为经济学 /（美）大卫 R. 贾斯特（David R. Just）著；贺京同，高林译 . —北京：机械工业出版社，2017.1（2024.9 重印）

（经济教材译丛）

书名原文：Introduction to Behavioral Economics

ISBN 978-7-111-55606-0

I. 行… II. ①大… ②贺… ③高… III. 行为经济学 – 教材 IV. F069.9

中国版本图书馆 CIP 数据核字（2016）第 294660 号

北京市版权局著作权合同登记　图字：01-2015-3687 号。

David R. Just. Introduction to Behavioral Economics.

Copyright © 2014 by John Wiley & Sons, Inc.

This translation published under license. Simplified Chinese translation copyright © 2017 by China Machine Press.

No part of this book may be reproduced or transmitted in any form or by any means, electronic or mechanical, including photocopying, recording or any information storage and retrieval system, without permission, in writing, from the publisher.

All rights reserved.

本书中文简体字版由 John Wiley & Sons 公司授权机械工业出版社在全球独家出版发行。未经出版者书面许可，不得以任何方式抄袭、复制或节录本书中的任何部分。

本书封底贴有 John Wiley & Sons 公司防伪标签，无标签者不得销售。

本书是一本关于行为经济学的基础教材，关注更广范围内的行为原则。在本书中，读者可以将实验看作是一组实例，用于阐释行为经济学的理论和原则。通过集中学习几个首要原理以及书中给出的大量实例，学生们更容易学会如何在新环境中应用这些原理。本书还非常重视行为经济学理论和原则对个体行为、政府政策和厂商盈利能力的启示和实用价值，注重理论对实践的指导作用。

本书适合经管类专业本科生和研究生使用，对于致力于经济学研究的人而言，你会发现，在你的学术之旅中，案头备有此书将是一个异常明智的选择，它会为你打开一片经济思维新天地。

出版发行：机械工业出版社（北京市西城区百万庄大街 22 号　邮政编码：100037）

责任编辑：杨晓莉　　　　　　　　　　　　　　责任校对：董纪丽

印　　刷：北京捷迅佳彩印刷有限公司　　　　　版　　次：2024 年 9 月第 1 版第 11 次印刷

开　　本：185mm×260mm　1/16　　　　　　　印　　张：23

书　　号：ISBN 978-7-111-55606-0　　　　　　定　　价：69.00 元

客服电话：（010）88361066　68326294

**版权所有·侵权必究
封底无防伪标均为盗版**

译者序

行为经济学是经济学科的前沿，20世纪80年代得以迅速发展。在此之前许多年的时间里，理性的标准经济学模型中几乎看不到"现实人"的身影。经济学家对人做出了近乎"全知全能"的假设，他们仅关心自己的福利，对其生存的世界有充分的了解，在完备和符合逻辑的偏好条件下具有确定最佳选择的认知能力，完全有能力执行其希望采取的行动，等等。

但在现实生活中人们似乎并未按照理性的标准经济学模型行事，经济学家经常发现一系列的行为异象，即对理性模型的系统性偏离，利用标准经济理论很难对它们进行解释或者建模。行为经济学家利用心理学和其他社会科学领域发展起来的理论扩展理性选择模型，尝试通过为其建立稳健的心理学基础来解释行为，进而改善标准经济模型的解释和预测效力。近年来，行为经济学的发展尤为迅速，涌现出了多位可视为行为经济学家的诺贝尔经济学奖获得者。

然而，与行为经济学的学科发展态势不相适应的是，目前便于课堂使用的行为经济学教材却不多见。许多行为经济学课程要么直接选用艰深的学术论文集，要么选用面向非专业读者的畅销书作为教材，这导致学生面临着"高不成、低不就"的学习困境。然而，行为经济学的研究内容非常零散，很难形成统一的逻辑体系。如何以行为经济学基本原理为基础将其主要研究内容有组织地呈现在一本书中，并进一步深化我们对它们的理解，是一件颇具挑战性的事情。在这一方面，结合多年的教学经验，本书作者进行了有益的尝试。

本书共包括四篇内容：第一篇是消费者购买决策，主要介绍确定性条件下人们产生行为异象的原因；⊖第二篇是信息与不确定性，主要介绍风险和不确定性条件下人们产生行为异象的原因；第三篇为时间贴现与长期和短期，主要介绍涉及跨期选择时会产生的时间不一致偏好；第四篇为社会偏好，主要介绍考虑他人型偏好。对于各篇章节的

⊖ 拍卖理论中的共同价值拍卖涉及不确定性。

组织，作者主要按照解释异象时使用的首要行为原理来进行安排（例如，现状偏向、过度自信、代表性、损失厌恶等）。这样的安排，有利于读者掌握行为经济学理论的基本原理。

为了突出理性和非理性模型之间的差别，在每一章会首先描述相关的经典经济学模型，这对于加深读者对标准经济学模型的理解非常有帮助。对于国内主要接受传统经济学教育的中国学生而言，该书会"颠覆"我们对"经济学"研究理论、内容、方法与工具的认知。读完本书，你会感慨行为经济学研究内容的博大精深以及它带给我们的真知灼见，这有助于我们打开思想的牢笼，从一种不同的角度看待人们的行为甚至这个世界。

本书非常重视行为经济学理论和原则对个体行为、政府政策和厂商盈利能力的启示和实用价值，注重理论对实践的指导作用。行文过程中作者给出了大量的实例，来加深我们对这些理论和原则的理解。其中对于一些异常艰深的问题，比如基于假设筛选的证实偏向模型、基于小数定律的学习模型、利他与互惠中的友善函数等，都结合实例以尽量易于理解的方式呈现给读者。这些努力更能引起读者对行为经济学的兴趣，使其能够更容易进入行为模型的世界，更容易学会如何在新环境中应用这些原理，达到学以致用的效果。

除此之外，译者认为不得不提本书的另外两个独到之处。首先，对于一些关键的概念和术语，书中会有一个历史说明，介绍它们的来龙去脉，并附加了作者的一些评述。其次，各章末尾还有一个传记部分，介绍行为经济学的先驱和当代大家，不仅让我们听其"名"、闻其"事"，而且能让我们见其"面"。虽然是很短的一部分，但你会从中看到这些伟大学者鲜为人知的另一面：阿莱的博学、特沃斯基的勇敢、拉宾的幽默、艾瑞里的乐观、凯莫勒的兴趣广泛、史托斯的领袖气质……让我们在感动的同时不禁希望本书应该多写几章才好。仿照传记部分的格式，我们也特意在译者序之后附上了对著者（大卫 R. 贾斯特）的一段简短的介绍，以此表示对著者的敬意。

美中不足的是，原书中不知何故存在一些错误，包括疑似印刷错误、表述逻辑以及数学推演不严谨等（当然，也可能包括译者才疏学浅的误判）。对于这些错误之处，斟酌再三，我们决定在保持原文原貌的基础上，以译者注的形式进行注解，以便读者阅读、理解与思考。希望读者在阅读本书的过程中多思多想，权衡取舍。但所有这些并不能妨碍本书成为一本具有里程碑意义的行为经济学教材和参考书。

与其他行为经济学教材相比，本书倾向于演绎推理，分析也更偏向模型化。因此，本书更适合经管类专业的高年级学生和研究生使用，对于致力于经济学研究的人而言，你会发现，在你的学术之旅中，案头备有此书将是一个异常明智的选择，它会为你打开一片经济思维的新天地。

在本书的翻译过程中，虽然我们付出了艰辛的努力，但限于译者的学识和文笔，翻译过程中可能存在一些不当甚至错误之处，还请读者谅解并指正。

本书还得到了国家社科基金重大项目（编号：12&ZD088）以及中国特色社会主义经济建设协同创新中心的大力支持，在此致以谢忱。

贺京同　高林

2016 年 8 月 6 日（里约奥运会开幕之际）于南开园

作者简介

大卫 R. 贾斯特

博士,加州大学伯克利分校,2001 年;硕士,加州大学伯克利分校,1999 年;本科,杨百翰大学,1998 年。

大卫 R. 贾斯特在求学期间主修经济学。他现在是康奈尔大学查尔斯 H. 戴森应用经济学与管理学院的教授,主要教授行为经济学、计量和数理统计等课程。他也是该院研究生院主任,同时还担任儿童营养计划康奈尔行为经济学中心的联席主任。贾斯特在研究中注重利用心理学和经济学工具,来考察情绪和错误感知对经济决策的影响。为了确定导致儿童和成年人选择健康型食品的环境影响因素,他进行了许多现场和实验室实验。他对学校午餐计划的行为经济学研究提出了一些低成本的解决方案,例如,将色拉台放置在排队付款处附近,这样既不用减少学生的可选机会集合,也不用改变学校预算就能让学生做出更加健康的选择。此外,他还研究人们在各种环境下(从农业生产到购买彩票)面对风险选择时产生的判断偏向。他的许多研究成果不仅获得了学术界的关注,同时也广受流行媒体的欢迎。

译者简介

贺京同

博士，南开大学英才教授，经济学院教授、博士生导师，中国特色社会主义经济建设协同创新中心研究员，南开行为经济学研究中心主任、研究员，美国 University of Minnesota 高级访问学者，美国 Brown University 访问学者。主要研究领域为行为经济学、行为金融学、宏观经济分析与预测。是国内较早从事行为经济学方面研究的学者之一，翻译和主持翻译了与行为经济学相关的著作十多部。曾在《经济研究》《新华文摘》《光明日报（理论版）》《数量经济技术经济研究》等学术刊物发表论文 60 余篇，主持国家社科基金重大项目、国家自然科学基金面上项目、教育部人文社会科学重点研究基地项目等研究课题十余项，主讲课程包括《高级行为经济学》《高级宏观经济学》和《数理经济学》等。

高林

博士，天津职业技术师范大学经济与管理学院讲师。主要研究领域为行为经济学与宏观经济管理。曾在《财经研究》等学术刊物发表论文多篇，参与国家和省部级课题多项，参与行为经济学领域多本译著的翻译，主讲课程包括《微观经济学》《宏观经济学》《行为金融》等。

前　　言

随着《助推》（*Nudge*）以及《可预见的非理性》（*Predictably Irrational*）㊀等书籍的畅销，本科生和研究生对行为经济学的兴趣也与日俱增。行为经济学的一些概念很快出现在大众媒体上，并且令人新奇，其根植于常识或者直觉，因而对有学习兴趣的学生而言有非常大的吸引力。在我教授行为经济学的过程中，我发现每当介绍新的非理性行为时，学生们就会为这些谜团所吸引：为什么有些人会如此行事？在真相揭晓（即对行为做出符合直觉的行为解释）之前，这种悬念使学生们更加专心致志。在课程讲授的前几年，我对学生们在课堂上对异象（尤其是那些通过课堂实验可以用其自身行为阐明的异象）的反应非常有兴趣。直到后来我才意识到这一课程是多么重要。班上的一名毕业生成功就业于华尔街，其在回访母校时找到我，告诉我我讲授的原理是如何改变他的职业生涯和生活的。他提到课上的几个行为模型在确定获胜策略方面起到非常重要的作用，并且鼓励我将这些信息反馈给现在的学生。这是我第一次和有类似故事的学生打交道。

本书的适用对象

本书的主要读者是经济学和商科专业的大三大四学生，他们很想了解经济学理论如何违反现实。本书也适用于一些研究生课程。本书假定学生们已经学习过中级微观经济学课程。大部分学生学习行为经济学的主要目的不是为了训练成为实验经济学家或者学术研究者。相反，他们主要是为了达成以下愿望：①学会避免常见的非理性行为陷阱；②学会利用消费者行为增强雇主的盈利能力；③更加准确的建模或者预测市场结果。当前对行为经济学领域进行探索的一系列教科书主要关注促进该学科发展的研究性实验。这些实验在培养行为经济学家方面起着重要作用。然而，适用本书的读者之所以对这些实验感兴

㊀ 国内译本书名为《怪诞行为学》。——译者注

趣，更多的是将它们看作是一组实例，这些实例阐明了更广范围内的行为原则。本书是一本关于行为经济学的基础教科书，关注更广范围内的行为原则。真实世界实例、来自实验文献的实例和以实验室操作形式出现的体验性实例都可以阐明行为经济学原理。虽然给出实验和真实世界实例很有益处，但帮助学生理解行为经济学的关键是让他们能够亲身体验各种效应。因此，教师用书的教学指导提供了一组经典的课堂实验作为本教材的补充材料。㊀

书中的某些部分需要微积分背景。然而，这些部分被有意识地隔离开，放在章末的高级概念部分，因而在必要时可以轻易地跳过它们。与这些部分相关的练习题也用 ☆ 进行了标注。行为经济学的绝大部分内容都可以用简单的语言、图形、案例和简单的几个方程来描述。因此我尝试将内容创作得足够灵活以适用于不同种类的读者。例如，相对于商科类教师，经济学教师可能希望对数学模型进行更加严格的处理。每一章都有独立的部分从个体选择角度讨论行为建模，从利润最大化的企业角度讨论行为的含义。经济学训练倾向于集中讨论个体选择模型及其对公共政策和市场的含义。管理学教学倾向于讨论在给定个体行为条件下，公司利润动机如何得到最佳满足。

除了对应用的讨论，还有很大的篇幅被用来讨论管理和政策含义。直到最近行为经济学才开始重视行为理论对福利经济学及政策的潜在影响。在此方面，马修·拉宾以及其他一些学者的贡献巨大，影响深远。一个争论重点涉及政府在帮助个体避免判断错误方面所起的作用。是判断错误还是仅仅是偏好的表现？在这个问题上我们是否具有决定权，这导致了激烈的争论。此外，当企业试图利用行为异象时，伦理问题就会产生。使用一种拍卖机制得到超出中标者支付意愿的中标价格，这符合道德伦理吗？政府是否应该介入以规范企业对行为异象的利用？本书会触及这类问题，最后一章还会对此类问题进行更加深入和严格的讨论。

哲学思想

行为经济学尝试解释对理性经济模型所示行为的普遍和系统性偏离。这些偏离被称为行为异象。为了让学生们理解什么是异象，他们需要对主干经济学课程所教授的理性经济模型有基本的了解。实际上，在巩固学生对消费者、生产者理论基本要点以及博弈论基本概念方面，我发现我教授的行为经济学非常有用。为了突出理性和非理性之间的差别，本书每一章都会描述与即将研究的行为相关的标准经济学模型。已经理解这些概念的高年级经济学专业学生可以快速看完这些部分，然后将注意力集中在描述的偏离上。这些被称为行为异象的偏离，它们通常可以通过融合理性经济模型和基本心理学原则来解释和理解。

当前，大部分教授行为经济学的教师要么使用学术论文集（公开出版的或者自选的），要么使用面向非专业读者的畅销书作为教材。这就产生了两个明显的问题。首先是水平问题。使用论文集通常要求学生对行为经济学有很深的了解，这超出了对高年级本科生的要求；使用面向非专业读者的畅销书又会使学生的理解过于肤浅。而以基本原理为基础并对其

㊀ 可惜的是，通过与著者沟通发现这些资料还未出版发行。——译者注

进一步深化，这样精心组织的内容可以弥补上述不足。其次是关于主题的组织。许多行为和实验经济学书籍都是按照主题进行组织的，它们会同时给出许多结果相矛盾的实验。虽然对于文献回顾而言这是合理的方法，但这也会使首次接触行为经济学的读者产生困惑。虽然异象和实验有很多种，但用来解释异象的首要行为原理却可以被分为少数几个（例如，现状偏向、过度自信、代表性、损失厌恶等）。本书按照行为原理进行组织。这种方法与典型的本科微观经济学教科书使用的方法非常相似。通过集中学习几个首要原理，学生更容易学会如何在新环境中应用这些原理。在本书前几章，我有意识地选择了几个最简单的异象进行讨论，通过较熟悉的概念比如沉没成本谬误，可以使学生更容易进入行为模型的世界。随后介绍一些更困难或者更具迷惑性的概念，掌握它们需要花费很大的努力。

对实验的简评

由于实验技术提供的关于决策直觉推断以及其他非理性决策的证据，在很长的时间里行为经济学总是和实验经济学联系在一起。也是因此，许多实验经济学以及行为经济学领域之外的人认为两者是一样的。实际上，实验经济学是一种工具，其在探索和挖掘行为现象方面极其有用。虽然实验和体验性证据在学习行为经济学概念方面很重要，但实验技术在此方面并不重要。对实验概念的精确理解（例如，收益占优或者内部有效性）在学习行为经济学时不是特别重要，这类似于计量技术对理解中级微观经济学时所起的作用。

致谢

特别感谢朱莉亚·黑斯廷斯-布莱克在准备本书手稿过程中的出色帮助。

目 录

译者序
作者简介
译者简介
前言

第1章 理性、非理性和理性化 …… 1
1.1 理性选择理论与理性建模 …… 2
1.2 理性和需求曲线 …… 3
1.3 有限理性和模型类型 …… 6
1.4 行为经济学和实验经济学之间的特殊关系 …… 7
传记 …… 9
思考题 …… 9
参考文献 …… 9
高级概念 …… 10

第一篇 消费者购买决策

第2章 交易效用和消费者定价 …… 12
2.1 存在固定成本和边际成本时的理性选择 …… 12
2.2 固定成本与沉没成本 …… 15
2.3 沉没成本谬误 …… 15
2.4 理论和对沉没成本的反应 …… 17
历史说明 …… 19
2.5 对沉没成本谬误的理性解释 …… 20
2.6 交易效用和固定费率偏向 …… 20
2.7 固定费率偏向的程序性解释 …… 22
2.8 固定费率偏向的理性解释 …… 23
历史说明 …… 24
2.9 交易效用和有参照时的消费者偏好 …… 24
2.10 理论与参照依赖型偏好 …… 25
2.11 环境依赖型偏好的理性解释 …… 26
传记 …… 26
思考题 …… 26
参考文献 …… 27
高级概念 …… 28

第3章 心理核算 …… 29
3.1 不同来源收入条件下的理性选择 …… 30
3.2 心理核算理论 …… 32
3.3 预算与消费束 …… 34
3.4 账户、整合或者分离 …… 36
3.5 支付去耦、预购和信用卡购买 …… 38
3.6 投资、开设与注销账户 …… 39
3.7 参考点和无差异曲线 …… 41
3.8 理性选择、诱惑、礼物对现金 …… 42
3.9 预算、账户、诱惑和礼物 …… 43
3.10 不同时期的理性选择 …… 44

3.11 对基于收入来源的消费的理性
    解释及其应用 …………………… 46
传记 ……………………………………… 47
思考题 …………………………………… 47
参考文献 ………………………………… 48

第 4 章　维持现状偏向和默认选项 … 49

4.1 理性选择和默认选项 …………… 49
4.2 偏好形成、框架和默认选项 …… 51
4.3 现状偏向的理性解释 …………… 53
历史说明 ………………………………… 53
4.4 参考点、无差异曲线和消费者
    问题 ……………………………… 54
4.5 损失厌恶的进化论解释 ………… 57
4.6 理性选择、获得与放弃商品 …… 58
4.7 损失厌恶和禀赋效应 …………… 59
4.8 禀赋效应的理性解释 …………… 61
历史说明 ………………………………… 61
传记 ……………………………………… 62
思考题 …………………………………… 62
参考文献 ………………………………… 63
高级概念 ………………………………… 63

第 5 章　赢者诅咒与拍卖行为 …… 65

5.1 拍卖中的理性竞价 ……………… 65
5.2 出价过高的程序解释 …………… 68
5.3 理性水平 ………………………… 69
5.4 竞价的经验法则和透明度 ……… 70
5.5 荷式拍卖和最高价拍卖下的
    理性出价 ………………………… 71
历史说明 ………………………………… 74
5.6 英式拍卖、荷式拍卖和最高价
    拍卖的理性价格 ………………… 74

5.7 不确定性条件下的拍卖 ………… 75
5.8 不确定性条件下的理性竞价 …… 75
5.9 赢者诅咒与锚定和调整 ………… 78
历史说明 ………………………………… 83
5.10 赢者诅咒的理性解释 …………… 83
传记 ……………………………………… 83
思考题 …………………………………… 84
参考文献 ………………………………… 84
高级概念 ………………………………… 85

第二篇　信息与不确定性

第 6 章　归并决策 ………………… 88

6.1 确定性和不确定性条件下的多重
    理性选择 ………………………… 89
6.2 资产组合问题 …………………… 93
6.3 窄归并与宽归并 ………………… 94
6.4 归并资产组合问题 ……………… 97
6.5 进一步说明 ……………………… 98
6.6 效用函数和风险厌恶 …………… 98
6.7 归并和多样性 …………………… 101
6.8 对多样性的理性归并 …………… 101
6.9 偏好改变、加总和选择归并 …… 102
6.10 成瘾和饮鸩止渴 ………………… 103
6.11 窄归并和动机 …………………… 105
6.12 行为归并 ………………………… 105
历史说明 ………………………………… 105
6.13 归并行为的理性解释 …………… 106
传记 ……………………………………… 106
思考题 …………………………………… 107
参考文献 ………………………………… 107
高级概念 ………………………………… 108

第7章 代表性和易得性 ······ 110

- 7.1 统计推断和信息 ······ 110
- 7.2 准度训练 ······ 114
- 7.3 代表性 ······ 117
- 7.4 联合偏向 ······ 118
- 7.5 小数定律 ······ 120
- 7.6 保守主义与代表性 ······ 126
- 7.7 易得性直觉推断 ······ 128
- 7.8 偏向、偏执和易得性 ······ 129
- 历史说明 ······ 130
- 传记 ······ 130
- 思考题 ······ 131
- 参考文献 ······ 132

第8章 证实和过度自信 ······ 133

- 8.1 理性信息搜寻 ······ 133
- 8.2 证实偏向 ······ 137
- 8.3 风险厌恶与生产 ······ 144
- 8.4 过度自信 ······ 145
- 8.5 自我助益偏向 ······ 148
- 8.6 不良信息有害吗 ······ 149
- 历史说明 ······ 150
- 传记 ······ 150
- 思考题 ······ 151
- 参考文献 ······ 152

第9章 风险和不确定性条件下的决策 ······ 153

- 9.1 风险条件下的理性决策 ······ 154
- 9.2 不可传递偏好建模：懊悔与相似性 ······ 158
- 9.3 独立性和风险条件下的理性决策 ······ 162
- 9.4 允许违反独立性 ······ 168
- 9.5 无差异曲线的形状 ······ 169
- 9.6 关于概率权重形状的证据 ······ 170
- 9.7 不偏爱较劣选择的概率权重 ······ 171
- 9.8 违背期望效用的现实含义 ······ 172
- 9.9 当你不知道会发生什么时怎么做 ······ 173
- 历史说明 ······ 176
- 传记 ······ 176
- 思考题 ······ 176
- 参考文献 ······ 177
- 高级概念 ······ 178

第10章 前景理论与风险或不确定性下的决策 ······ 179

- 10.1 风险厌恶、风险喜好和损失厌恶 ······ 181
- 10.2 前景理论 ······ 183
- 10.3 前景理论与无差异曲线 ······ 185
- 10.4 前景理论解决了全部问题吗 ······ 190
- 10.5 前景理论和较小赌局中的风险厌恶 ······ 192
- 历史说明 ······ 196
- 传记 ······ 197
- 思考题 ······ 197
- 参考文献 ······ 198

第三篇 时间贴现与长期和短期

第11章 自相矛盾：推测和事后聪明偏向 ······ 200

- 11.1 跨期选择的标准模型 ······ 201
- 11.2 为未来的自我做出决策 ······ 204
- 11.3 推测偏向和成瘾 ······ 206

| 11.4 | 在选择中情绪和本能因素的作用 | 211 |

11.5 情绪温差建模 ………… 213
11.6 事后聪明偏向和知识诅咒 … 216
历史说明 …………………… 218
传记 ………………………… 218
思考题 ……………………… 219
参考文献 …………………… 220

第12章 天真的拖延 …………… 221
12.1 完全加式模型 …………… 222
12.2 连续时间贴现 …………… 223
12.3 为什么贴现是稳定的 …… 224
12.4 天真型双曲线贴现 ……… 227
12.5 天真型拟双曲线贴现 …… 231
12.6 公差效应 ………………… 237
12.7 绝对量效应 ……………… 237
12.8 前景理论值函数贴现 …… 241
历史说明 …………………… 246
传记 ………………………… 247
思考题 ……………………… 247
参考文献 …………………… 248

第13章 承诺与解除承诺 ……… 249
13.1 理性与承诺的可能性 …… 250
13.2 时间不一致条件下的承诺 … 252
13.3 选择什么时候去做 ……… 259
13.4 关于老练型和天真型决策者 … 264
13.5 解除承诺 ………………… 269
历史说明 …………………… 272
传记 ………………………… 273
思考题 ……………………… 273
参考文献 …………………… 274
高级概念 …………………… 274

第四篇 社会偏好

第14章 自利和利他 …………… 280
14.1 理性和利他主义 ………… 282
14.2 理性的无私？ …………… 286
14.3 自利的无私 ……………… 290
14.4 公共产品提供和利他行为 … 294
历史说明 …………………… 297
传记 ………………………… 298
思考题 ……………………… 298
参考文献 …………………… 299

第15章 公平和心理博弈 ……… 301
15.1 不公平厌恶 ……………… 303
15.2 在竞争性市场让厂商承担责任 … 307
15.3 公平 ……………………… 308
15.4 友善函数 ………………… 311
15.5 心理博弈 ………………… 320
历史说明 …………………… 322
传记 ………………………… 323
思考题 ……………………… 323
参考文献 …………………… 324

第16章 信任和互惠 …………… 325
16.1 信任和可信赖性 ………… 329
16.2 市场中的信任 …………… 333
16.3 信任和不信任 …………… 337
16.4 互惠 ……………………… 337
历史说明 …………………… 340
传记 ………………………… 340
思考题 ……………………… 340
参考文献 …………………… 341

术语表 ……………………………… 342

第 1 章

理性、非理性和理性化

如果经济学是研究欲望无限条件下稀缺资源是如何配置的，那么，可以说**行为经济学**（behavioral economics）更加专注于研究稀缺的决策资源是如何配置的。⊖ 标准的微观经济学模型假设人们在进行决策时的唯一目的是改善自己的福利。而行为经济学通常重点研究人们如何系统性地偏离了最佳的可能决策，以及这对稀缺资源配置意味着什么。行为经济学研究的是观测到的人类行为如何影响稀缺资源配置。尽管大部分微观经济理论以个体如何符合逻辑地实现目标（例如，通过效用最大化）或可能遇到的市场力量为基础，集中于发展一种统一的行为理论，而行为经济学，更确切地说，是结构松散的一组经济理论。我们通常将标准的经济决策者模型称为**理性选择模型**（rational choice model）或简称为**理性模型**（rational model）。

如果观测到人们按照理性模型行事，则行为经济学也不会偏离标准的微观经济学分析原则。如果真是如此，行为经济学也就没有必要成为一门分支学科（这本书就会非常简短）。幸运的是，经济学家经常发现一系列的对理性模型的系统偏离，利用经济理论很难对它们进行解释或者建模，其甚至会完全违背标准经济模型。我们称这种偏离为**行为异象**（behavioral anomaly），简称**异象**（anomaly）。在这种情况下，经济模型本身或许是不正确的。行为经济学家利用心理学、社会科学或者人类学（使用较少）领域发展起来的原理扩展理性选择模型，尝试用其来解释行为。不幸的是，由于行为经济学利用了迥然不同的原理，因而没有统一的行为经济学理论。相反，行为经济学工具会兼收并蓄一系列不同的原理，因此使用时必须小心。某些理论在某些情况下适用，但没有一个理论会普遍适用于所有决策。这给初次迈入行为经济学殿堂的学生提出了挑战。与经济学的其他部分不同，理解行为经济学不能使用单一的手段。相反，学生们应该学会使用各种不同的工具，它们针对理性选择理论的特定缺陷松散地组织在一起。

因为行为经济学更多的关注人们如何偏离理性选择模型，因此学生应该对理性模型及其

⊖ 作者并没有定义决策资源（decision resources）。根据后文，其应该是指人们进行决策所必需的资源，例如认知能力、信息等。作者这句话对行为经济学的论断可能欠严谨。译者有些"牵强附会"的理解如下：决策资源"稀缺"似乎是指人的认知能力和信息获取能力等都是有限的，人们需要在此基础上进行决策，进而涉及对稀缺决策资源的配置问题。例如，对于"有限注意力"现象而言，人们并不能全面考虑所有可得信息，其注意力可能会集中在某些显明的事件或信息上，进而做出偏离理性模型的次优决策。而观测到的这种倾向最终又会影响稀缺资源的配置，例如资金在不同股票上的分配。——译者注

本质有清晰的了解。实际上，当描述个体行为时，这是行为经济学家尝试应用的第一个理论。仅当使用理性模型变得不符实际或者不准确时，行为经济学家才尝试使用不同的替代方法。然而这些替代解释的重要性程度要依赖于建模的目的而定。例如，作为一个个体，如果你发现自己做出的决策总是无法利益最大化，那么你或许能学会如何获得更好的结果。这样做可以治疗性地运用行为经济学工具，以改善个人的行为和结果。相应的，如果一个零售商发现顾客不能充分理解与产品相关的所有信息，通过改变产品信息的类型和易得性，零售商就可以提高利润。在此情况下，可以策略性地运用行为经济学工具，以利用其他人的行为。经济学研究者或许也对发现一般的决策理论（即可以在更广的范围内应用和检验的理论）感兴趣，此时可以学术性地应用行为经济学工具。应用行为经济学的动机是治疗性的、策略性的还是学术性的，在很大程度上决定了学生所感兴趣的模型和现象。为此，我们使用了三种类型的经济模型：理性、行为和程序理性模型。本书中，在讨论行为经济学模型的应用时，我们会对它们加以区分。

最后，行为经济学的起源和历史与实验经济学是密不可分的。虽然本教材尽量避免成为一本关于实验方法的书，但是还是应该讨论实验经济学中一些基本的东西，它为什么对行为经济学如此有用，以及这对行为经济学概念的更广泛应用意味着什么。

1.1 理性选择理论与理性建模

在每一个理性模型背后都隐含着这样的观念，即给定人们能够获取信息，或者给定人们决策面临的其他约束条件，在此情况下人们进行最优决策。经济学中最常使用的理性模型是效用最大化模型以及利润最大化模型。效用最大化模型假设人们在选择时存在偏好，可以用效用函数来表示。该函数表示个体在一组选择（通常被认为是一个消费商品束）上获得的愉悦或者福利水平。例如，微观经济学课程给出的典型模型或许假设个体可以消费两种商品，数量分别为 x_1 和 x_2。其决策问题可表示如下

$$\max_{x_1, x_2} U(x_1, x_2) \tag{1-1}$$

面临的预算约束为

$$p_1 x_1 + p_2 x_2 \leqslant y \tag{1-2}$$

其中，$U(x_1, x_2)$ 是由于消费数量为 x_1 和 x_2 的商品而获得的效用，p_1 为商品 1 的价格，p_2 为商品 2 的价格，y 为能够花费的总预算。式（1-1）和式（1-2）中消费者的问题是找到一个消费束 (x_1, x_2)，在不超出预算约束的条件下最大化效用。一般假定效用随 x_1 或 x_2 的增加而增加。此外，潜在的偏好被假定为是**完备的**（complete）和**可传递的**（transitive）。完备性意味着给定任意两个可能的消费束 $(\hat{x}_1, \hat{x}_2)$ 和 $(\tilde{x}_1, \tilde{x}_2)$，消费者要么偏爱消费束 1，即 $(\hat{x}_1, \hat{x}_2)$，要么偏爱消费束 2，即 $(\tilde{x}_1, \tilde{x}_2)$，或者认为两者无差异。不存在这样两个消费束，消费者无法表明其偏好。传递性意味着给定任意三个消费束，如果消费者偏爱 $(\hat{x}_1, \hat{x}_2)$ 胜于 $(\tilde{x}_1, \tilde{x}_2)$，偏爱 $(\tilde{x}_1, \tilde{x}_2)$ 胜于 $(\overline{x}_1, \overline{x}_2)$，则消费者不可能偏爱 $(\overline{x}_1, \overline{x}_2)$ 胜于 $(\hat{x}_1, \hat{x}_2)$。效用函数为消费者对消费束的偏好信息进行编码，偏爱的消费束被赋予更高的效用数值，对消费者无差异的消费束被赋予相同的数值。

该决策问题可以用图 1-1 来表示。消费者只能在三角形区域内的任意点上进行消费，该三角形区域的三条边由轴 x_1、x_2 和预算约束线组成。预算约束线是一条向下倾斜的直线，通过求解预算约束将商品 2 的数量表示为商品 1 数量的函数：$x_2 = (y - p_1 x_1)/p_2$，就可以得出该直线。在图 1-1 中，偏好由无差异曲线表示，其为许多消费束的集合，在该集合中的每

一个点都会产生相同水平的效用。图 1-1 描绘了三条无差异曲线，随着 x_2 的下降曲线向东南方向弯曲。距离原点越远的无差异曲线代表对两种产品更高的消费水平，因而代表更高的效用水平。完备性和传递性假设意味着这些无差异曲线不可能相交。两条不同的无差异曲线相交要求交点产生两种不同水平的效用。

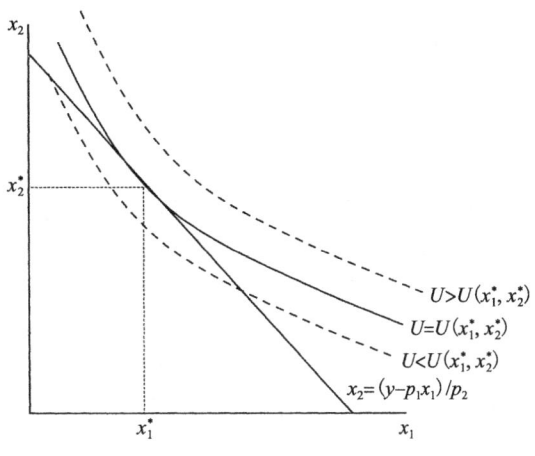

图 1-1　效用最大化

对效用最大化模型的详细讨论请参见尼科尔森和斯奈德或者瓦里安的书。该消费者问题通过寻找最东北方向且至少有一个点满足预算约束的无差异曲线而达到效用最大化。这可以出现在预算约束和 x_1 轴的交点上（即 $x_1=y/p_1$，$x_2=0$），预算约束与 x_2 轴的交点上（即 $x_1=0$，$x_2=y/p_2$），或者图 1-1 中的点（x_1^*，x_2^*）上，即无差异曲线和预算约束线的切点上。我们称第三种可能的解为内点解，前两种称为角点解。由于求解切点在数学上很方便，并且对单一产品消费建模也很容易，因此内点解是最常用的模型解。总预算变动时，通过求解最优消费束得到的切点集合被称为**收入扩展线**（income expansion path）。对于正常商品而言，收入扩展线会表明其消费量随收入增加而增加；而对于劣质商品而言，收入扩展线会表明其消费量随收入增加而减少。

要求解效用最大化问题，必须定义边际效用。x_1 的边际效用用 $\partial U(x_1,x_2)/\partial x_1$ 来表示，即是增加一单位商品 1 的消费而增加的效用，也是效用曲线对 x_1 的斜率。x_2 的边际效用用 $\partial U(x_1,x_2)/\partial x_2$ 来表示，是增加一单位商品 2 的消费而增加的效用，也是效用曲线对 x_2 的斜率。当边际效用之比等于价格之比时得到效用最大化问题的内点解：

$$\frac{\frac{\partial}{\partial x_1}U(x_1^*,x_2^*)}{\frac{\partial}{\partial x_2}U(x_1^*,x_2^*)}=\frac{p_1}{p_2} \tag{1-3}$$

注意 $-p_1/p_2$ 是预算约束线的斜率。无差异曲线的斜率等于 $-\dfrac{\partial U(x_1^*,x_2^*)}{\partial x_1}\Big/\dfrac{\partial U(x_1^*,x_2^*)}{\partial x_2}$，因此，满足式（1-3）的点为无差异曲线上与预算约束线斜率相等的点。如果该点还满足预算约束 $p_1 x_1^* + p_2 x_2^* = y$，则我们就找到了最优消费束。本章末的高级概念部分为感兴趣的读者给出了其数学推导。

1.2　理性和需求曲线

如果知道效用函数的函数形式，我们就能得到边际效用函数。然后我们可以求解式（1-2）和式（1-3）组成的方程组，得到两个需求函数 $x_1^*(p_1,p_2,y)$ 和 $x_2^*(p_1,p_2,y)$，它们代表商品 1 和商品 2 的数量，该数量在给定价格和分配的预算条件下会使消费者的福利达到最大。假定存在效用函数，并根据效用函数和消费量之间的关系，该模型会得到价格和数量之间的一组关系。特别地我们可以得出需求规律，即随着商品价格的上升消费者对其购买量会下降，这对产品的定价和营销而言都很有用。该模型在问题构建过程中还做了几个假设，几乎所有的效用最大化问题都做了同样的假设。

这些假设中最重要的是这样一种观点，即对于两种商品，消费者具有某些容易理解并且稳定的偏好。然而，简单的自省就会让我们对这些最基础的假设产生质疑。如果消费者对商品具有定义良好且稳定的一组偏好，那么广告除了告知顾客产品的可得性或者特点之外，还能够起到什么作用呢？如果广告的作用仅是这样，则对知名产品做广告就不是特别有效。然而，知名产品的销售者还是不断地购买广告，而通常这些广告不会向消费者提供任何新信息。此外，消费者经常会遇到他们不熟悉或者从未考虑购买的商品，因此他们或许具有不完备的偏好。

效用最大化模型假设消费者知道他们的选择会产生什么样的结果。选择购买4个苹果的消费者知道其结果为在未来的某个时点消费4个苹果，这看似是合理的；但他或许不知道，有多少个苹果里有虫子，有多少个苹果口味或者肉质不正常。实际上，即使对于最简单的行动，消费者也很少会面对结果完全确定的决策。在某些情况下，消费者甚至不能确定有多少可能的选择。在一家不熟悉的餐厅，用餐者或许不会通读菜单以了解全部可能的选择。即使那样做，他们也可能没有注意到隔壁冰激凌店的菜单，而仅仅考虑餐厅里的甜点。

最后该模型还假设，与其他每一个选择相比，消费者有能力确定什么是更好的，并且他们有能力执行做出的选择。消费者在进行选择之前能够确定最佳结果的观点似乎与人们的经验不符。例如，学生们或许认为他们本应花费更多的时间学习，人们常常觉得自己饮食过度。考试和吃饭是重复性的经历，然而人们最终不能确定正确的策略或者没有能力选择该策略，这看起来很奇怪。但是它确实发生了。或许这是由于人们没有能力执行正确的策略，心有余而力不足。关于消费者选择的理性模型在很大程度上依赖于完备的和具有传递性的偏好以及人们有能力确定和执行这些偏好。如果违背了上述任何假设，消费者理性选择模型就需要绞尽脑汁的描述个体行为的诱因。

即使如此，违背上述基本假设也可能是无关紧要的，这要依赖于我们希望如何使用这些模型。至于为什么不需要对这些违背过于担心，主要有两种观点。一种观点是，如果违背了这些假设，我们或许可以对模型进行扩展以考虑这些偏离，进而产生满足理性条件的新模型。例如，如果消费者对结果不确定，我们就可以使用另外一种基于理性的并考虑这种不确定性的模型。这就要求假设在经历不确定性时存在偏好，并且要用模型表示每种商品面临的不确定性水平，例如后面章节讨论的期望效用模型就是这样做的，然后再假设消费者在给定约束和偏好条件下进行优化。第二种观点认为，设计的模型是对真实世界的抽象。建模的目的是为了简化真实世界的关系，以使我们理解并利用它。因而即使违背了模型的假设，消费者的行为也可以被近似看作在最大化某个效用函数。保罗·萨缪尔森曾经将这种近似方法与台球运动员进行对比，虽然他并没有进行数学运算，但其行为可以近似看作他能够利用必要的物理方程式计算出如何将目标球打进目标球洞。在不同价格或者预算条件下预测行为时，或者测度价格变化的影响时，一旦估计出这种近似效用函数，是非常有用的。即使这仅仅是一种近似，其结果也会足以接近我们的目的。

事实上我们选择的模型是否够用在很大程度上依赖于我们想要进行的应用。如果我们主要是希望近似行为结果，并且就研究目的而言，行为并未太过偏离理性模型的描述，则理性模型可能是最好的选择。我们称对理性行为的偏离为异象，这表明非常大的偏离是很少出现的，因此，对于大部分应用而言理性理论很可能就足够了。如果差异非常大，则我们或许需要考虑其他方法。实际上，行为经济学的很多应用，都可以用某种类型的理性过程模型来表示。例如，由于在选择时深思熟虑、精打细算需要花费成本，因此消费者在进行某些决策时会使用经验法则。在这种情况下，消费者的认知努力或许会进入效用函数，产生观测到的直觉推断。考虑到得出更好的消费选择所需花费的认知成本，即使现行选择在认知资源无限条件下不是最优的，但它或许是消费者能得到的最好选择。有时这是研究观测到的行为的成功策略。然而这通常会得到一个难以处理且在实践上很难使用的模型，虽然它更具一般性。关于研究的奥卡姆剃刀原理（Occam's razor）⊖认为，我们应该使用尽可能少的机制来解释某种关系，这或许会迫使我们使用非理性方法来对某些经济行为建模。

相反如果我们对决策者的动机感兴趣，而非在一组狭义的环境下简单的近似行为，那么近似方法或许就没什么用处了。例如，在台球桌面倾斜15°之前，用数学物理来描述台球选手的击球或许可以相对准确地描述选手的策略。在倾斜15°之后，台球选手在不熟悉的环境下，可能需要花费很长的时间才能学会在新的桌面上打球，此后我们的模型才能再次起作用。

对简单模型的需求促使古典经济学家对真实行为进行抽象，他们假定所有的决策者如此行事——他们仅关心自己的福利，对其生存的世界有充分的了解，在完备和符合逻辑的偏好条件下具有确定最佳选择的认知能力，完全有能力执行其希望采取的行动。这种全知全能假设似乎更适合上帝而非常人。19世纪的经济学家把这种超理性的人称为经济人（Homo economicus），他们也认为这是一种异常严格但非常有用的对现实世界人类行为的抽象。虽然没有人真正认为个人具有这些品质，但几乎全部经济思想都是基于这些有用的抽象发展起来的。随着理论远离经济人所具有的任意一项超人品质而向一般性发展，经济人这一术语更多地成为传统经济思想的笑柄。虽然荒谬，但作为描述人类行为的起点，它还是有非常重要的作用。

除了效用模型，微观经济理论还非常依赖如下观点——公司决策要最大化利润，其中，利润被定义为收入减去成本。相比效用最大化，这在某种程度上是一个更强的假设，因为它一般会设定选择变量和利润目标之间的关系，而利润一般是可观测的。相反，效用是不可观测的，因而它和选择变量之间的关系可能存在随意性。例如，一般的利润最大化模型可以写成如下形式：

$$\max_x pf(x) - rx - C \tag{1-4}$$

其中，x是生产过程中使用的投入量；p为公司产出的售价；$f(x)$是生产函数，它反映产出水平和投入之间的函数关系；r是投入品价格；C为运营的固定成本。要得到式（1-4）的解，我们必须定义边际收益和边际成本函数。式（1-4）中，收入为$pf(x)$，边际收益由$(\partial(pf(x))/\partial x = p\partial f(x)/\partial x$表示，既是增加单位投入而增加的收入（价格乘以售出量），也是收入函数的斜率，这里$\partial f(x)/\partial x$是生产函数的斜率，边际成本为r，是增加单位投入而增加的成本。一般而言，在租金$pf(x)-rx$足以补偿运营的固定成本条件下，当增加投入的边际收益等于生产的边际成本时，可求得利润最大化问题的解。若租金不足以补偿固定成本，企业就不会生产，因为那样做会亏损。当$p\partial f(x^*)/\partial x = r$时，边际成本等于边际收益，也就是说，解所在的点为斜率为r/p的直线与生产函数的切点。该点如图1-2所示，其中，φ是为了满足相切所需要的一个任意常数。

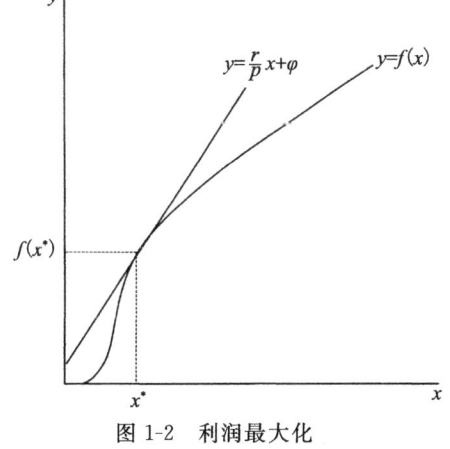

图1-2 利润最大化

⊖ 奥卡姆剃刀原理以哲学家奥卡姆的威廉（William of Occam）命名，据说威廉出生于英格兰萨里郡的奥卡姆。他指出，"如果能以较少的假设达到目的，则使用更多的假设只是徒劳"。——译者注

在一定范围和程度上，利润最大化模型通常会使用和经济人假设类似的假设。然而，与个人不同，厂商会面临来自其他厂商的竞争压力，如果它们不断做出糟糕的决策而竞争者做出更好的决策，它们就会破产或停业。判断方面的系统性错误可以被看作是生产的附加成本或者竞争劣势。由于这种原因，许多人认为行为经济学在竞争性产业环境下无立足之地，因为无法最大化利润的厂商会被更精明的厂商驱逐出市场。此外，许多在效用最大化模型下被认为是理性的行为在利润最大化时是不被允许的。利润最大化模型允许嗜好不同，但不允许使用不同的利润测量方法。因此，若厂商偏好阻碍了利润最大化，它们也会被竞争压力驱逐出市场。这给行为经济学家证明厂商存在不符合利润最大化的行为增加了困难，虽然某些情况下他们认为利润并非唯一动机。

重要的是，使用理性模型进行的分析限制了善意政策的应用范围。由于假定人们做出的选择是最佳的，因此政策只有在涉及到经济行为的人际间影响时，才会改善个体的福利。所以，对于一个决定吸烟的人，或者更极端的情况下，一个跳河的人而言，政府想要阻止他们并不能改善其状况。理性模型假设这些人在尽其所能选择最佳的结果。然而，对于不愿意吸二手烟的人来说，如果政策制定者限制其他人吸烟，他们的状况就会得到改善。一般而言，理性模型无法通过减少个体的选择来改善个体的状况。在这种意义上，理性模型不是治疗型模型。

1.3 有限理性和模型类型

虽然行为经济学的很多重要概念在赫伯特·西蒙（Herbert Simon）之前很多年就已出现，但是行为经济学的形成在很大程度上要归功于他。西蒙最早提出了有限理性（bound rationality）的概念。这种观点认为，虽然人们希望找到最优决策结果，但他们在认知能力上存在限制，在信息获取方面存在限制，在进行决策所必需的其他资源方面也可能存在限制。由于这些限制的存在，人们并不是进行优化，而是尝试通过缩小选择集合、减少所考虑结果的特征，或者通过简化选择和结果之间的关系来简化决策问题。因此，有限理性的个体使用某些简化的决策框架进行优化，而非通过做出最佳选择进行优化。自然地，这种简化的决策框架直接依赖于个体可获得的决策资源。因而个体决策与理性最优之间的接近程度不仅依赖于问题的构建方式和可得信息，还依赖于决策者的特征。因此，教育、经验、情绪、时间限制、压力或者需要同时做出多项决策等都可能影响个体决策的正确性。这种决策机制可以被称为直觉推断（heuristic），即一种简单的一般法则，可以用它来粗略估计效用或者利润最大化问题的解。在多数情况下，直觉推断很有可能产生最优值的一个近似解。正是这种对最优选择的近似能力使得它对决策者而言非常有用。然而，在某些情况下两者之间的差异是巨大而且明显的。

经济学家采用了几种方法对有限理性行为进行建模。其中有两种方法尤为重要。第一种方法是**行为模型**（behavioral model）。行为模型试图对观测到的行为进行简单的描述。在某些情况下，它利用某些函数或者附加某些东西来描述观测到的对理性决策的偏离，进而对理性行为模型进行扩展。这种模型的一个优点在于它以经验观察为基础，因而对观察结果所属环境而言它是非常准确的。另外，可以使用行为模型来描述任何类型的行为，因为它们不以任何特定的关于个体潜在动机的假设为基础。然而，也是因为如此，在很多应用方面行为模型并不是最好的工具。因为模型以观察为基础，它仅对所做的观察而言是准确的。因此如果决策环境发生了重大变化，模型就不再正确。例如，我们对某人的行为进行多次观察，在其面前摆放两种食品：苹果在左边，柠檬在右边。假设每一次我们都观察到此人选择苹果。某个行为模型或许认为此人总是选择左边的食品。当柠檬放在左边而苹果放在右边，并且此人实际上选择的是其爱吃的食品时，用该模型来预测选择结果就会令人失望。

上述行为模型之所以失败是因为它没有告诉我们为什么，而仅仅告诉我们是什么。因此，我们不能将行为模型推广到不同的环境和决策中。要进行推广，我们需要了解隐含在决策背后的实际决策机制。另外，因为行为模型无法得出个体决策的动机，因此在尝试帮助人们做出更好的决策方面，它并不能提供合适的工具。由于仅对观测到的各类行为进行描述，因此在如何改善人们的状况方面，它也不能提供任何基本原理。也是因此，我们的模型或许可以描述什么行为或者什么条件与吸烟决定相关。然而，仅仅如此并不能告诉我们政策制定者禁止吸烟是否会改善吸烟者的状况。相应地，在环境高度相似的情况下，行为模型非常适合进行预测。例如，对某个产品进行营销的企业会推导和估计消费者购买产品的行为模型。只要潜在的消费者决策问题保持不变，该模型在预测营销努力结果方面就会非常恰当和准确。

另一种方法是尝试对决策机制的动机进行建模。我们称为程序理性模型（procedurally rational model）。如果某个人的决策是符合逻辑的深思熟虑的结果，那么他是程序理性的。深思熟虑过程中或许存在感知错误或者其他限制，但是得出决策的过程本身是合乎逻辑的。因此程序理性模型尝试提供一种合乎逻辑的决策机制，由于感知错误、认知能力的限制或者决策资源的其他约束，该机制并不一定能够得到正确的选择。只要决策动机被正确地建模表示，程序理性模型对大量不同环境下的一般行为都具有很高的预测性。此外，只要模型的动机是准确的，模型会自然地给出一组规范性的行为。例如，如果通常是由于高估了属于某吸烟社会群体的好处，某个特定年龄段的人群才开始吸烟，则限制该年龄段人群获得香烟的政策是合理的。

1.4　行为经济学和实验经济学之间的特殊关系

很多重要的行为经济学概念都根源于实验经济学研究。虽然本书更多的关注行为经济学理论，但了解该理论与实验经济学这种方法论之间的关系为什么如此紧密是有益的。这与经济学中的理性假设有很大关系。

在经济学发展过程中，大部分实证研究都使用二手数据集来探索理论预示的关系。二手数据集记录了过去发生的交易以及关于决策者的人口统计和经济方面的某些属性。这些交易是自然发生的，研究者无法操控影响决策的条件或者参数。要利用此类数据了解潜在的关系，我们必须使用数学模型来解释行为。因此，要估计消费随价格变化而变化的方式，必须有一个能得出需求曲线的理论，然后再对其进行估计。就本章前面研究的两商品的消费问题而言，其需求曲线告诉我们商品1的需求量与其价格负相关，与商品2的价格正相关，[⊖] 与收入的关系无法确定。我们对模型进行检验的能力在某种程度上受到手上特定数据的限制。通常对于任何一对观测值而言，上述三个变量都会随消费者面临的其他条件的变化而变化，而研究者或许并不关心这些条件（例如供给条件），这就导致无法清晰地预测需求变化的方向。但是，我们可以使用供给与需求模型来解释利用此类二手数据估计出的商品价格和收入之间

⊖　疑有误，商品1的需求量与商品2的价格之间可能正相关（若两者为替代品），可能负相关（若两者为互补品），也可能不相关（若两者独立）。——译者注

的关系。

相反的，经济学实验给研究者很大的控制权，他们可以改变独立影响决策的变量。通常，一项实验会把很多参与者带进实验室，他们在这里进行决策并获得货币或者物质上的奖励，其中，奖励体系由实验者设计。为了检验行为背后的理论基础，不同处理组的奖励机制是不同的。因此，研究者可以对一组随机参与者样本进行实验，以确定他们在被给予10美元以后是否愿意在 $p_1=1$ 美元，$p_2=2$ 美元的条件下购买商品1。对于第二个处理组，在保持预算和商品2的价格不变的条件下提高 p_1。如果对商品1的消费增加，我们就可以拒绝理性模型。相反的，如果消费量下降我们就不能拒绝理性模型。不能拒绝并不意味着理性模型（或者任何其他不能被拒绝的模型）就是正确的。我们只不过是发现某项实验中的行为与假设的模型相符。其他实验使用不同的变量数值或许会拒绝该模型。这种能够辨别某些决策变量和观测行为之间因果联系的能力被称为**内部有效性**（internal validity）。

虽然也有一些环境允许我们使用二手数据检验理性模型，但与使用实验方法相比，这种环境相当稀少，检验也更加困难。实验方法允许我们对选项的设定进行直接控制，使得选择过程中可能出现对理性选择的明显背离。对真实世界的观测有如此众多的变量（其中许多是无法观测到的），以至于无法确定明显的背离。出于这个原因，行为经济学与实验经济学是紧密联系的。另一方面，我们必须认识到，经济学实验并不能控制所有重要的决策参数。例如，在上面的试验中，我们建议给每个参与者10美元。然而，某些参与者可能比其他参与者更加富有，因而对价格变动的敏感性有所不同。除非以某个特定的财富群体为研究对象（这在实践中是很困难的），否则很难对财富水平进行控制。另外，参与者之间偏好的不同也可能会影响研究结果。例如，如果商品1是猪肉，并且某些受试对象由于宗教原因拒绝吃猪肉，我们就有可能发现猪肉和价格之间无任何关系。然而，这并不能拒绝我们的模型。只不过是猪肉给予这些参与者非常低的效用。

通过实验得出的行为关系很难被接受，也很难直接应用它们来制定市场政策。例如，假设在实验室中我们发现在某些条件下理性模型失效了。在政策制定者可以使用这一异象之前，我们必须首先了解这些条件在自然市场中出现的可能性有多大。在自然市场环境下上述条件或许是极少甚至不可能出现的。其次，我们需要了解在更广的环境下其影响是否足够大。例如，我们或许发现在某一价格范围需求规律被违背了。但如果这种背离相对较小或者发生在非常小的价格范围内，则生产者就不太可能确定在此价格范围内提高价格是否真的会增加销售量。

只要被估计模型是正确的，利用现实数据得出的实证估计结果通常就更容易推广到其他情况。这种能够将估计得出的关系在更广范围内应用的能力被称为**外部有效性**（external validity）。为了找到支持行为经济学结论的证据，内部有效性是必要的，但要应用模型进行预测、管理、营销、政策制定等方面的工作，还需要外部有效性。若研究行为谜团时缺乏两个方面的有效性，我们就无法充满自信的应用研究结果。因此，行为经济学虽然与实验经济学联系密切，但它更倾向于将实验扩展到更现实的环境下，更倾向于使用二手数据对行为经济理论预示的行为关系进行估计。

在建立因果关系方面，实验对行为研究者而言是有用的。对参与者而言，实验也是有用的，它们可以提供教育体验，从中参与者可以学会避免有害行为。一些研究者发现经验和训练有可能让人们进行更类似于理性模型的决策。然而这并非万能药方。通常只要轻微的改变实验的条件，在某个特定实验中学会的东西就不再有用武之地。对于注重应用的决策者而言，能够知道自己存在问题可能更重要。显然，人们一般无法意识到自身存在的行为异象，即使他们知道这些异象存在于普通人群中。我们不会直接把注意力集中在实验经济学上，但会大量使用实验结果。

传 记

赫伯特 A. 西蒙（1916—2001 年）

学士，芝加哥大学，1936 年；博士，芝加哥大学，1943 年；在伊利诺斯理工学院和卡内基梅隆大学担任教职。

虽然最先学习的是工程学，赫伯特·西蒙（Herbert A. Simon）将他的人生目标确定为"硬化"社会科学和促进自然科学和社会科学的联系。他认为自己在描述和建模表示人类决策过程局限性方面的努力是这一任务的中心。他认为建立更加严谨的行为科学的关键是数学建模。然而，他的成果与同时代同样追求经济学严谨性的其他理论家有所不同，他认为通过假设剔除掉"人性"太过草率。虽然西蒙主要是由于对决策科学的贡献而被经济学家们所熟知，但他在其他许多领域都有公开发表的成果，例如，认知心理学、人工智能和经典力学。他被认为是人工智能的创始人之一，因在经济学、计算机科学、心理学、自动化和公共管理等方面的成果获得过多个知名奖项。他相信经济学还有很多东西需要向其他社会科学学习。他的成果对纯粹理性选择模型的有用性提出了质疑，他认为需要对其假设进行严格的检验。西蒙著名的论断认为，由于现实不断变化的特点，经济学中使用的均衡概念在实证研究中可能毫无用处。均衡可能永远无法达到，我们或许也无法知道我们的观测离均衡到底有多远。关于有限理性方面的成果使得西蒙在 1978 年获得了诺贝尔经济学奖。

思考题

1. 由于重点研究非理性行为，许多经济学家认为行为经济学是对经济学的一种亵渎。还有一些经济学家认为异象是如此稀少以至于研究行为异象是不重要的。理性经济学和行为经济学是相互矛盾的吗？两者在描述经济决策时所起的作用是什么？奥卡姆的剃刀原理对两者的关系是如何看待的？
2. 描述你认为自己或者朋友做出的非理性行为。你为什么会认为这些行为是非理性的？如此行事的动机是什么？
3. 行为经济学和实验经济学的联系为什么如此密切？行为经济学的经济计量方法为什么受到了挑战？
4. 阐述经济决策的理性模型、程序理性模型和行为模型之间的差异。

参考文献

Conlisk, J. "Why Bounded Rationality?" *Journal of Economic Literature* 34(1996): 669–700.

Nicholson, W., and C.F. Snyder. *Microeconomic Theory: Basic Principles and Extensions*. Eagan, Minn.: South Western College Publishers, 2008.

Simon, H.A. "Theories of Decision-Making in Economics and Behavioral Science." *American Economic Review* 49(1959): 253–283.

Simon, H.A. "Rationality as Process and as Product of Thought." *American Economic Review* 68(1978): 1–16.

Simon, C.P., and L.E. Blume. *Mathematics for Economists*. New York: W.W. Norton, 1994.

Varian, H.R. *Microeconomic Analysis*. New York: W.W. Norton, 1992.

高级概念

推导需求曲线

在本书中有时需要明确求解消费者的需求函数。这就需要对约束优化问题建立拉格朗日方程。对于约束优化问题的一阶条件而言,记住它们的一种非常简单的技巧是使用拉格朗日方程。在本例中,拉格朗日方程可以写为

$$L = U(x_1, x_2) + \lambda(y - p_1 x_1 - p_2 x_2)$$

其中,λ 是拉格朗日乘子,代表因放松约束(增加 y)而获得的边际效用。对优化理论及内点解所需条件的详细讨论请参考西蒙和布卢姆的书。当拉格朗日方程对每一个决策变量以及拉格朗日乘子的导数为 0 时,即在点 $(x_1^*, x_2^*, \lambda^*)$ 方程被解出,即

$$\frac{\partial L}{\partial x_1} = \frac{\partial}{\partial x_1} U(x_1^*, x_2^*) - \lambda^* p_1 = 0 \tag{1-A}$$

$$\frac{\partial L}{\partial x_2} = \frac{\partial}{\partial x_2} U(x_1^*, x_2^*) - \lambda^* p_2 = 0 \tag{1-B}$$

$$y - p_1 x_1^* - p_2 x_2^* = 0 \tag{1-C}$$

求解方程组可以得到需求曲线 $x_1^*(p_1, p_2, y)$ 和 $x_2^*(p_1, p_2, y)$。过程如下:

将式 (1-B) 代入式 (1-A) 中,就可得到最优消费关系

$$\frac{\frac{\partial}{\partial x_1} U(x_1^*, x_2^*)}{\frac{\partial}{\partial x_2} U(x_1^*, x_2^*)} = \frac{p_1}{p_2} \tag{1-D}$$

左边表示在最优消费点无差异曲线的斜率,右边表示预算约束线的斜率。求解式 (1-C) 得出消费量并代入式 (1-D) 就可以推导出各个商品的需求函数。

第一篇

消费者购买决策

人们每天都要进行上百次消费决策。决策如此之多,以至于消费者可能难以集中注意力、精神和思想深思熟虑每一项决策。因此,消费者购买行为也就成为行为经济学要研究的领域。考虑到消费者行为和消费者心理在市场营销领域中的重要性,这并不令人感到奇怪。本部分将对文献中发现的某些一致的行为模式进行概述。这些模式对市场经济理论而言非常重要,因为它们会影响消费者需求,进而可能通过个体行为的加总影响数量和价格。如果消费者的行为模式代表了判断错误,并且导致消费者购买了他们不想要的商品或者支付了更高的价格(相比自己的支付意愿),则这些行为模式对政策制定者而言也是重要的。此时,政策制定者或许希望增强市场透明度以促进消费者决策过程的便捷性和准确性。最后,营销人员也会对消费者购买过程中的行为模式感兴趣,因为它们能让其增加销售额或者提高消费者对其产品的感知价值。

第 2 章

交易效用和消费者定价

假设你在一家不熟悉的高档餐厅，在浏览菜单时你发现了一道喜欢的菜肴。这道菜肴看起来美味可口，但价格昂贵。考虑到餐厅的名声，你说服自己它应该值这个价：这应该会是一道很特别的菜肴。上菜时，你发现它和期望的大相径庭。尝了一口便大失所望。菜肴自带的酱汁有很大问题，比较苦，令菜难以下咽。但是，因为花了那么多钱，你还是说服自己继续吃。为什么要浪费花掉的钱呢？

消费者经常面临买什么和买多少的决策。为了做出决策，他们必须考虑购买后得到的潜在收益或者损失。成本收益分析是经济政策分析和商业计划的基本内容。该分析要求计算所从事项目的所有潜在收入或收益以及成本。基本思想是这样的，如果风险投资的预期收益超过成本，则值得冒险。说得更确切些，如果一组选择是相互排斥的（即只能从中选择一个），则个体或者厂商应该从中选择净收益最高的那一个，其中净收益被定义为总收益减去总成本。由于商品的价格以及销售氛围能够发出关于质量的信号，价格可能会影响消费者的预期。这反过来会影响消费者对商品的支付意愿。

关于消费多少的问题应该遵循边际成本等于边际收益的简单经济原则。只要初始消费产生的收益超过成本，则应该继续消费，直到边际产品的成本增加且/或收益减少至下一单位消费的净收益为零。如果在达到消费约束（例如吃完整道菜肴）后净收益仍未缩减为零，则消费者应该消费所有可能的消费量。

在我们的很多经历中，我们将价格或者氛围看作产品质量的信号。然而在餐厅用餐时，我们所点的菜量或许会使我们在吃完后还想再吃。这意味着价格未必总会反映质量差异，也意味着我们在餐厅用餐时未必会吃完每一道菜（而不管自己爱吃与否）。但是，在许多情况下人们对商品定价的反应很奇怪。交易中我们经常听到要让"钱花得物有所值"。这种想法会产生很大的影响，以至于我们不仅损失了钱，还"享受"了一次令人不愉快的用餐。本章我们会讨论理查德·塞勒（Richard Thaler）关于**交易效用**（transaction utility）的概念以及由此导致的行为异象。交易效用可以被定义为在交易过程中，因为感觉从商品中获得的价值超过支付的成本而获得的效用。这导致三种明显的异象：沉没成本谬误、固定费率偏向和参照依赖型偏好。

2.1 存在固定成本和边际成本时的理性选择

经济学家经常通过利润最大化模型来讲授固定成本的影响。如第 1 章中所见，厂商通常面临下述问题：

$$\max_{x} pf(x) - rx - C \tag{2-1}$$

其解为 x^*，在该点价格与生产函数斜率的乘积等于投入的成本，$p\partial f(x)/\partial x = r$。此时，**固定成本**（fixed cost）$C$ 并未进入该求解条件。因此，不管固定成本是增加还是减少，只要厂商选择正的产出水平，该产出水平就会保持不变。固定成本确实影响利润数量，但它不影响最大化利润所要求的投入数量。

但在效用最大化条件下却未必如此。考虑一个理性的消费者，它可以消费两种商品，其中一种商品的消费要求消费者支付一个固定的数额以获得使用权，此外每消费一单位商品还要再支付某些数额。这通常被称为**两部收费制**（two-part tariff）。一个例子是电话收费，每月收取一个固定费用，发送的每条短信要额外收费。**线性定价**（linear pricing），即每单位商品收取一个固定数额，可以看作是两部收费制的一个特例，其收取的固定费用为零。我们假定第二种商品采用线性定价方式。**固定费率定价**（flat-rate pricing），即消费者在支付固定费用后可以消费任意数量，也可以看作是两部收费制的一个特例，即每单位收取的额外费用为零。消费者的问题可以写为

$$\max_{x_1, x_2} U(x_1, x_2) \tag{2-2}$$

面临的预算约束为

$$p_0 \hat{x}_1 + p_1 x_1 + p_2 x_2 \leqslant y \tag{2-3}$$

其中，$x_1 \geqslant 0$ 是两部收费制商品的数量；$x_2 \geqslant 0$ 是线性定价商品的数量；$U(x_1, x_2)$ 是消费者的效用，该效用是消费量的函数；p_0 是为获得使用权支付的固定费用；p_1 是每单位两部收费制商品的价格；p_2 是每单位线性定价商品的价格；y 是为消费分配的总预算。最后用 $\hat{x}_1$ 表示消费者决定是否消费两部收费制商品，如果 x_1 为正，则 $\hat{x}_1 = 1$，否则为零。现在我们假定消费者消费额外数量的商品 2 时总能获得正效用。

如果固定费用 p_0 为零，该问题就变成了标准微观经济学教科书中标准的两商品消费问题。此问题的解要求消费者在效用水平最高的无差异曲线和预算约束线两者的切点处进行消费和优化，这在第 1 章中进行了阐释。

如果固定费用和线性价格都为正，并且如果仅购买商品 1 可以获得更高水平的效用，则消费者仅会购买商品 1。如果未购买商品 1，则预算约束意味着消费者会尽可能多的消费商品 2，$\bar{x}_2 = y/p_2$，相应的效用水平为 $U(0, \bar{x}_2)$。如果消费者至少购买部分两部收费制商品，则消费者的决策问题与标准的效用最大化问题非常类似，其中预算约束会向内部移动以反映预算损失 p_0。该问题如图 2-1 所示。在该图中，消费者可以选择不消费商品 1，进而在靠外的预算约束线上的点 $\bar{x}_2$ 消费（即实线代表的 $y = p_1 x_1 + p_2 x_2$，或者 $x_2 = (y - p_1 x_1)/p_2$，获得效用 $U(0, \bar{x}_2)$；消费者也可能在靠内的预算约束线上达到最大效用（即虚线代表的 $y = p_0 + p_1 x_1 + p_2 x_2$，或者 $x_2 = (y - p_0 - p_1 x_1)/p_2$，获得效用 $U(x_1^*, x_2^*)$。如果经过点 (x_1^*, x_2^*) 的无差异曲线与 x_2 轴的交点位于点 $\bar{x}_2$ 之下，则消费者的最佳选择是不购买任何商品 1 从而避免支付固定成本。此时，如图 2-1 所示，由于没有购买需要支付固定成本的商

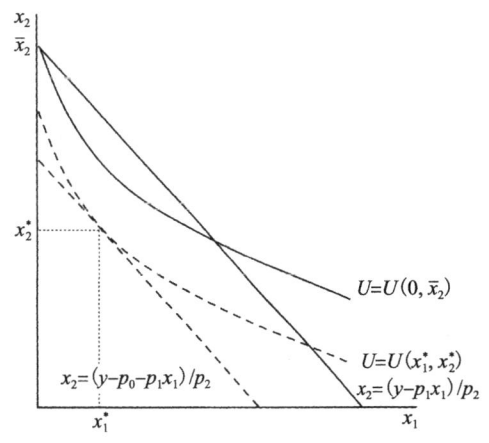

图 2-1　两部收费制条件下的效用最大化：角点解

品，提高固定费用并不能改变消费。降低该费用会导致用虚线表示的预算约束线向外移动，有可能出现一个更优的同时消费两种商品的点。

相应地，在图 2-2 中，经过点（x_1^*，x_2^*）的无差异曲线与轴 x_2 的交点在点 $\bar{x}_2$ 之上，因而支付固定费用同时消费两种商品可以获得更高水平的效用。提高或者降低固定费用会改变两种商品的消费量，构成收入扩展线的切点会随着预算线同时向东北或者西南方向移动。不管怎样，如果两种商品都是正常商品，随着固定费用的下降两种商品的购买量会增加。

最后，如果商品 1 每单位的价格为零，例如在自助餐厅，则若不消费商品 1 预算约束可以写成 $p_2 x_2 \leqslant y$，若消费商品 1 则可以写成 $p_2 x_2 \leqslant y - p_0$。图 2-3 描述了这样的预算约束线。与前面相似，如果同时消费两种商品，则在无差异曲线和预算约束相切时获得最大效用，如图 2-3 所示。

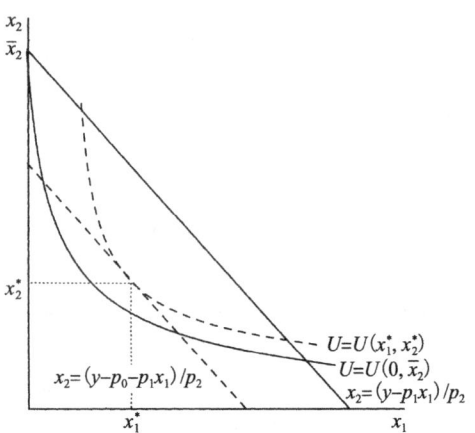

图 2-2 两部收费制条件下的效用
最大化：内点解

因为预算约束线是水平的，该点会出现在商品 1 的餍足点。**餍足点**（bliss point）是这样一种消费量，无论增加还是减少消费都会导致更低的效用水平。考虑到一个人在支付固定价格后会尽可能多的消费商品 1，因此如果没有餍足点消费者会选择消费无限数量，这种解在现实世界环境下是不可行的。如果与下方预算约束线相切的无差异曲线与轴 x_2 的交点高于位于上方的预算约束线，则同时消费两种商品总是最优的，如图 2-3 所示。另一种情况见图 2-4，其中与下方预算约束线相切的无差异曲线与轴 x_2 的交点低于位于上方的预算约束线。此时未消费商品 1，商品 2 的消费量为 $x_2 = y / p_2$。

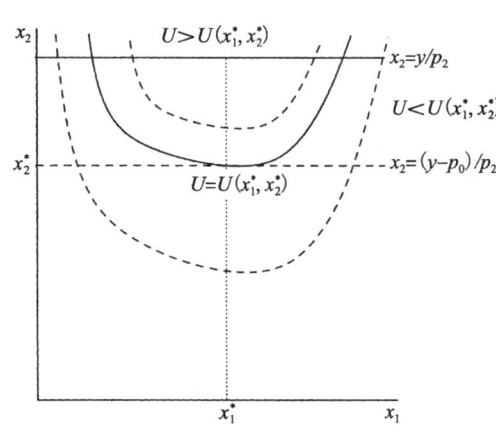

图 2-3 固定费率定价条件下的效用
最大化：内点解

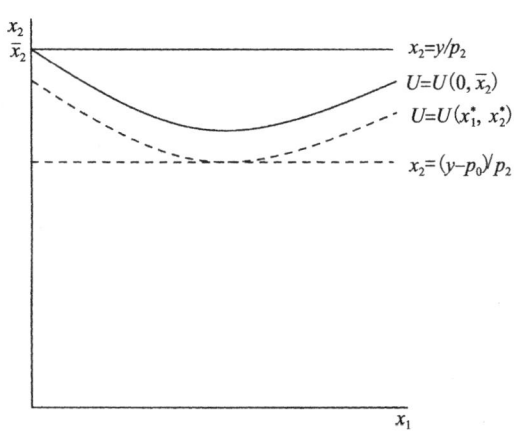

图 2-4 固定费率定价条件下的效用
最大化：角点解

在消费两种商品的情况下，提高固定价格与减少总预算的影响相似（如图 2-3 所示）。如果两种商品是互补品或者替代品，则通过调整商品 2 的消费量可以改变商品 1 消费的边际效用。此时，提高固定价格会减少商品 2 的消费量，这必然会通过改变商品 1 的边际效用移动商品 1 的餍足点或极佳点。相反，如果两种商品既不是互补品也不是替代品而是相互独立的，则增加或者减少商品 2 的消费不会影响商品 1 的边际效用。在此情况下，不管固定价格水平如何，只要商品 1 的消费量为正，其数量就不会变化。

2.2 固定成本与沉没成本

一个和固定成本相关但不同的概念是**沉没成本**（sunk costs）（如图 2-4 所示）⊖。在决策时，通过不消费有固定成本的商品（例如本章效用最大化模型中的商品 1）或者不生产此种商品（例如在利润最大化模型中），可以避免固定成本。相反，在进行消费或者生产后不管做出什么选择都会出现沉没成本，它们是不可避免的。在理性生产模型中，不管投入了多少数量，沉没成本都不会改变利润最大化的投入水平。如果从生产过程中获得的收入不能弥补生产的固定成本，厂商会停止生产，但沉没成本的多少不应影响该决策：因为它们不能被避免。因此，当考虑是否继续生产时，不应考虑已经发生的成本，仅应考虑那些可以避免的成本。

同样的，沉没成本也不应对效用最大化模型产生影响，除非它会影响预算。考虑两个具有相同预算和相同偏好的消费者。假定一个消费者为获得商品 1 的使用权而付出的沉没成本是另一个消费者的两倍。也就是说，之前消费者 1 花费了 $2S$ 以获得商品的使用权，剩余预算为 y，消费者 2 仅花费了 S 获得使用权，剩余预算仍为 y。由于他们有相同的偏好和相同的剩余预算，因此不管发生的沉没成本有多少，只要他们遵从理性选择模型，则他们的未来消费决策也应该是相同的。对该结论的数学证明感兴趣的读者请参考本章末尾的高级概念部分。

2.3 沉没成本谬误

沉没成本谬误（sunk cost fallacy）经常被描述为继续向失败的投资追加资金。人们在某个项目上花费金钱或者精力，结果却发现该项目不太可能赢利。当任何未来投资都不太可能产生正收益时，理性的个体会停止投资放弃这个项目。当人们尝试通过继续进行收益为负的活动来收回沉没成本时，我们称出现了沉没成本谬误。我们经常听到下述观点："现在我不能够放弃，因为我已经费了那么大力气，"或者"我已经花了那么多钱，不得不把它进行到底。"这些观点不符合理性的思考。如前所述，沉没成本不应该影响是否继续某项活动的决策。要继续某项活动的理性依据必须考虑未来的成本和收益，而非考虑无法避免的或者过去的花费。和沉没成本观点相对应的应该是："现在我不能够放弃，因为继续下去获得的收益会远超过投入，"或者"和收益相比，完成这个项目还需要花费的努力如此之少，所以我最好完成它。"

理查德·塞勒给出了下面两个假想的例子来说明沉没成本谬误：

"某家庭花 40 美元买了一张篮球比赛门票，比赛地点离家 60 英里。比赛当天却出现了暴风雪。他们还是决定要去看比赛，但需要注意的是，如果比赛门票是送给他们的，他们会待在家里。

某人参加了一个网球俱乐部并且支付了 300 美元的会员年费。打球两个星期后他的肘部出现发炎症状。他继续（在痛苦中）打网球，他说：'我不想浪费 300 美元'。"⊜

⊖ 疑有误，应为如图 2-3 所示。——译者注
⊜ 转载自 Journal of Economic Behavior & Organization, Vol. 1(1), Thaler, R., "Toward a positive theory of consumer choice," pp. 39-60, Copyright(1980)，获得了 Elsevier 的许可。

在这两个例子中，消费者关于现在和未来活动的决策是基于已经支付的并且不能收回的成本。显然，如果门票是赠送的就不会在暴风雪天气中去观看比赛，那么在花钱买票的情况下也不值得去观看比赛。此外，在受伤后此人可能不再愿意打网球，并且历经痛苦和困难继续打网球也不会收回会员年费。然而，上述两个假想的故事给出的理由似乎又有某些道理。我们可能认识一些这样想问题的人，回想一下，我们自己也可能有过类似的想法。如果没有好处，为什么这种想法在某些情况下如此令人信服？人们是否真的按此种方式行事？更重要的是，如果人们如此行事，避免此类行为是否会改善他们的状况？对于商品生产者和销售者而言，这有什么意义？

例如，购买通票去游乐场的人可能会受购买价格影响。花 10 美元购买通票的人到中午 1 点时可能就疲惫不堪并打算回家。但如果这个人花了 30 美元购买通票，到中午 1 点时虽然同样疲惫不堪，但他可能会觉得还没有完全实现门票的价值。因此，虽然想回家，他还是会尽量在游乐场玩更多的时间。然而要检测这种影响却很困难。例如，那些有可能在中午 1 点回家的人或许不太愿意购买通票，因此更有可能在通票价格仅为 10 美元时来游乐场。在此情况下，仅仅发现人们在价格较高时停留时间更长并不能证明沉没成本谬误；其可能仅仅证明了高价格赶走了估值较低的顾客。沉没成本谬误通常与下述观点有关，即固定使用费会影响对活动的参与程度。因此，即使继续进行此项活动的收益未必转为负，⊖但支付更多固定费用的人应该会消费更多。观察到的这种现象导致研究者进行了几项实验来研究固定费用对使用的影响。

■ 实例 2-1　剧院门票和定价程序

剧院门票预定是想让预订者为多场剧目或者演出的套票支付一笔固定费用。预订者在第一场演出开始之前收到全套门票。随后预订者可以决定是去观看演出，将门票送人，还是将门票扔掉。

霍尔·阿克斯和凯瑟琳·布勒姆尔与俄亥俄大学剧院合作，为订购门票的前 60 人随机提供不同的价格。一些人支付全价 15 美元，一些人获得 2 美元（大约 13%）的折扣，一些人获得 7 美元（大约 47%）的折扣。对于 10 场演出为一系列的前 5 场演出而言，全价组观看演出的次数要显著高于两个折扣组。因此，看似至少某些观赏者观看更多演出的原因是买门票花钱太多因而不愿错过。他们的研究结果很容易使人想起沉没成本谬误型推理过程。他们还发现对于系列演出的后 5 场而言，观看次数没有显著差异。他们认为其研究结果表明沉没成本的影响会持续相当长（但并不是无限长）的一段时间。照这样推理，人们最终会忘记与门票成本相联系的痛苦，并开始基于演出提供的愉悦程度来决定是否观看。

■ 实例 2-2　协和悖论和公共政策

为了"纪念"迟到的超音速喷气式客机，沉没成本谬误有时也被称为协和悖论。协和飞机——曾经被用作横跨大西洋的超音速飞机，最初是英国和法国政府合作的一个风险项目。1962 年，两国政府因为计划开发一种具有商业可行性的超音速客机而引起了公众的广泛关注。两国政府同意各自为项目出资 2.24 亿美元，共计 4.48 亿美元。在项目早期的设计阶段，费用就开始超出预算。到 1964 年，项目花费就超过了 9 亿美元。项目结束时，其花费是最初预计开发成本的 6 倍多。在产品开发的后期阶段，也就是 1973 年前后，两国政府都

⊖ 疑有误，这句话似乎应为"即使继续进行此项活动的收益转为负……"——译者注

开始意识到该客机不会创造足够的利润弥补未来开发和生产的成本。

由于每架客机仅有 100 个座位，并且运营成本大大高于传统型客机，因此，没有几家航空公司愿意冒险购买协和客机。虽然前景暗淡，但项目以高昂的成本为代价继续运行直至完成。仅有 14 架客机投入商业运营，其中大部分在购买时还享受了英国和法国政府的巨额补贴。这些客机在 1976～2003 年投入使用。2000 年，由一个小碎片引发的坠机事件导致 100 名乘客死亡，使得这些飞机在短期内停运。此后，随着油价的上升，以及 2001 年美国恐怖袭击事件后乘机意愿的下降，这些飞机被永久性地退役。有类似项目的其他国家政府（尤其是苏联和美国）出于对成本和可行性的担心放弃了这些项目。

当然，政治决策由政治家们做出，他们可能有着迥异于利润最大化的动机。政治家们可能认为，在得知项目注定亏损后放弃该项目可能导致公众舆论的不满。在此情况下，继续该项目对政治家而言可能是完全理性的选择，利用选民的钱完成项目会帮助他们确保自己的政治收益。事实上，可能是选民自己受沉没成本谬误迷惑。

在政治领域沉没成本谬误也很普遍。例如，当被问及 NASA 登陆火星计划的必要性以及佛罗里达州在该任务中所起的作用时，总统候选人约翰·麦凯恩（John McCain）说："在此方面已经做了太多投资。投资的基础设施异常昂贵并且数量众多。"在考虑美国从漫长的伊拉克战争撤军的可能性时，保守专栏作家卡尔·托马斯在《今日美国》强调："我们投入了太多，现在不能退出，"这呼应了总统乔治·沃克·布什早先的看法。在讨论终止导弹防御系统或者其他国防项目时，也经常听到类似主张。阿克斯和布勒姆尔援引过的例子是，20 世纪 80 年代早期两名参议员曾经因为前期的大量投资而痛惜航道项目的终止。虽然必须承认沉没成本并非继续进行这些项目的唯一理由，但对于其职业主要是进行辩论的人而言，其利用沉没成本来说服他人这一事实确实表明，这种逻辑（或者不合逻辑）是多么的有效。

2.4 理论和对沉没成本的反应

在支付了固定的使用费后，或者支付了无法收回的沉没成本后，消费者在进行消费量决策时，其需求应该为 $x_1^*(y)$，该需求完全依赖于他的剩余预算，或者购买其他互补或者替代商品的能力。如果认为所有其他商品与商品 1 的消费之间相互独立，则最优的消费水平 x_1^* 甚至与财富无关。⊖ 对固定或者沉没成本产生反应的行为模型仅需要将该成本作为一个自变量放入上述函数中，即 $x_1^*(y, p_0)$ 或者 $x_1^*(p_0)$，并且假设固定成本增加时消费者会增加消费量，即 $dx_1^*/dp_0 > 0$。销售商可以利用这种模型并根据顾客消费量与价格的关系确定利润最大化的使用费。

另一方面，如果我们想知道消费者为什么会受到固定成本影响，我们需要使用程序理性模型并对其进行检验。人们为什么会表现出沉没成本谬误，或者为什么会根据固定成本调整决策得出的数量，在此方面主要有两种解释。一种解释认为，由于相信自己进行了一次很划算的交易，消费者会从中获得某些价值，这被称为**交易效用**（transaction utility）。这与理性消费模型建模表示的仅从消费中获得的效用相对应（塞勒称这种消费效用为**获得效用**（acquisition utility））。花 10 美元在游乐场度过 4 个小时听起来是一项非常不错的交易，而为同样的体验花 30 美元就不怎么划算。因此，花 30 美元进入游乐场的人或许会考虑回家，

⊖ 此处严谨的表述应该为"最优的消费水平 x_1^* 甚至与商品 1 的（固定）价格无关"。原因参见本章末高级概念部分。——译者注

并因离开游乐场而获得某些效用,但由于感觉为游玩花费太多也会得到某些负效用。如果对负效用的感觉过于强烈,他或许会考虑延长游玩时间以增加交易效用。例如,花 30 美元在游乐场玩 6 个小时要比玩 4 个小时划算得多。

在此情况下,消费者的问题可以表示如下

$$\max_{x_1, x_2} U(x_1, x_2, z(x_1, p_0)) \tag{2-4}$$

预算约束为

$$p_0 \hat{x}_1 + p_2 x_2 \leqslant y \tag{2-5}$$

其中,z 代表消费者对交易划算程度的感知,为商品消费量和支付的固定价格的函数。实际上,这只是对前述模型的一般化表示,现在商品 1 的餍足点或极佳点依赖于为消费商品而支付的固定价格。塞勒进一步假定交易效用和消费效用是加式可分的。此时,效用函数可以写为 $U(x_1, x_2, z(x_1, p_0)) = u(x_1, x_2) + z(x_1, p_0)$。当边际消费效用与边际交易效用之和为零,即 $\dfrac{\partial u(x_1, x_2)}{\partial x_1} + \dfrac{\partial z(x_1, p_0)}{\partial x_1} = 0$ 时,x_1 出现餍足点。如果这种效用函数准确地描述了偏好,则餍足点可能会随着 p_0 的提高而增加。如果边际交易效用随着 p_0 的提高而增加,这种情况就会发生,为了达到餍足点,这要求边际消费效用为绝对值更大的负值。

对消费者消费决策受固定或沉没成本影响的另外一种更常用的解释是,人们对所有事件的评估并不一定要使用同一个效用函数。相反,丹尼尔·卡尼曼和阿莫斯·特沃斯基认为,人们将事件分类为收益或者损失。收益按照收益域的效用函数进行评估,我们用 $u_g(x)$ 表示,消费在该函数上是边际效用递减的。因此,在收益域效用表现出我们熟知的边际效用递减形状,如图 2-5 第一象限所示。我们称这种形状的曲线为凹的。相反,损失按照损失域的效用函数 $u_l(x)$ 进行评估,损失域的效用函数要比收益域的效用函数更陡峭,并且表现出边际效用递增,如图 2-5 中第三象限所示。我们称这种形状的曲线为凸的。这种形状是由下述观念引出的,即消费者

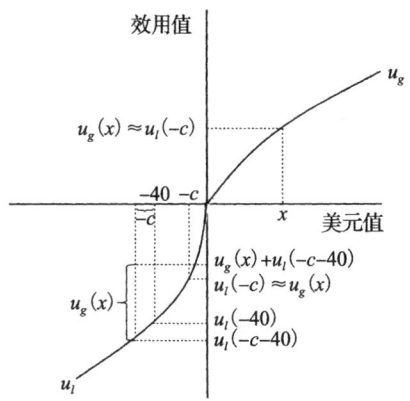

图 2-5 前景理论中的沉没成本

从损失中感觉到的边际痛苦是递减的,这也被称为**损失厌恶**(loss aversion)。^㊀损失是负的消费,因此损失的边际效用递减等同于消费的边际效用递增。该模型被称为**前景理论**(prospect theory),本书会对其进行详细的阐述和讨论。

塞勒从理论上阐明,如果商品在买后很长时间才消费,则商品成本被分类为损失并与消费产生的价值分开考虑,而不是将它们合并成一项交易并用一个效用函数进行评估。也就是说,当付钱购买商品时,消费者会开设一个心理账户并作记录。一旦完成消费,会关闭该账户并进行评估。因此,如果门票是送的,则消费者在暴风雪天观看篮球比赛获得的效用为 $u_g(x) + u_l(-c)$,其中,x 是观看比赛的价值,c 是暴风雪天驱车 60 英里的成本。在这种情况下不观看比赛获得 $u_g(0) + u_l(0) = 0$。如果消费者决定不去看比赛,则观看比赛的值肯定为负值,即 $u_g(x) + u_l(-c) < 0$。图 2-5 显示的假想情况表明人们为何会感觉观看比赛是值得的。如果人们买门票花了 40 美元,则观看比赛的效用为 $u_g(x) + u_l(-c-40)$。如果消费者在付钱后决定不去看比赛,在没有获得消费收益的条件下,他们会感觉到损失 40 美元的痛

㊀ 此处损失厌恶的概念有问题,正确的概念表述参见书后术语表——损失厌恶是指与从收益中获得的边际利益相比,人们从等量损失中体验到更大的边际痛苦。——译者注

苦，因此获得 $u_l(-40)$。若观看比赛的价值约等于驱车成本，⊖则由于损失的效用函数是凸的，$u_g(x)+u_l(-c-40)>u_l(-40)$。因此与放弃看比赛相比，通过实现某些收益，人们在关闭心理账户时会得到一个绝对值较小的负余额，继而从损失中感觉到较少的痛苦。

要注意的是，两种解释都要求消费者在评估沉没成本时，将其看作是产生现期价值的对象。在交易成本解释中沉没成本被用来产生一种交易很划算的感觉，而在损失厌恶解释中，沉没成本被用来和消费的其他成本和收益进行比较。

如果能让餐厅少雇用服务人员，进而节省的成本足以超过比萨消费额的增加，比萨店经理可能会愿意提供自助餐服务并据此进行定价。然而前面的结论表明，确定价格如何影响消费量对于最大化利润是非常重要的。如果收取较低的价格会减少了比萨的消费量，进而减少餐厅的生产成本，则这样反而会增加利润。因此，对比萨销售者而言，交易效用在确定最佳定价策略方面会起到非常重要的作用。

■ **实例 2-3　批萨自助与定价**

在进入比萨自助餐厅时，用餐者会支付一个固定的费用，然后选择应该吃多少比萨。塞勒推测，由于交易效用自助餐的价格会影响比萨的消费量。如果比萨独立于其他食品，则理性模型预测价格对比萨消费量没有影响。大卫·贾斯特和布莱恩·万辛克说服了一家比萨自助餐厅允许他们对顾客做实验。66 名就餐者在进入餐厅时被赠予一张优惠券，该优惠券可能是一杯免费饮料，也可能是餐费打五折外加一杯免费饮料。他们观察这些用餐者拿取的比萨角数，餐桌翻台后测量每个盘子里剩下的食物的重量。此外，他们还进行了访谈，以确定用餐者消费决策的动机。

他们的研究结果表明，支付半价的用餐者要比全价用餐者少吃一角比萨，少吃大约25%。当控制了性别、身高、体重或者其他重要的消费影响因素后，结果也是一样。因此，去吃自助餐的人或许会为了让花的钱物有所值而多吃，成为沉没成本谬误的受害者。另外一个有趣的结果是，在两个处理组中，认为比萨不怎么好吃的人要比爱吃的人明显吃得更多。他们将这一结果作为支持交易效用的证据。显然为了让花的钱物有所值，他们吃了更多难以下咽的比萨。

这个例子还表明，我们可以治疗性的使用行为模型，对消费者提出改善自身状况的建议。如果我们用理性消费者模型作为人们应该如何行事的规范描述，我们会建议消费者要忘记他们花了多少钱，仅为享受比萨而消费。一旦购买结束，就没有必要再考虑花费的成本。一般而言，应该基于未来成本、对未来效用或者利润的贡献对项目进行评估，而不应该基于以前的因素。

历史说明

很难说清楚沉没成本谬误是什么时候被发现或者命名的。早在 1900 年以前，经济学家们就已经认识到沉没成本的无关性，1948 年保罗·萨缪尔森和威廉·诺德豪斯编写的经典教科书《经济学》对此问题进行了简要地阐述。19 世纪关于农业和铁路管理的著作提到了沉没

⊖ 观看比赛的价值约等于驱车成本，其严谨的数学表达应该为 $u_g(x)\approx -u_l(-c)$，图 2-5 中缺了"—"号。值函数在损失域为凸意味着 $u_l(x)+u_l(y)<u_l(x+y)$。因此，根据该性质可得 $u_g(x)+u_l(-c-40)\approx -u_l(-c)+u_l(-c-40)>u_l(-40)$。——译者注

成本的概念并经常对此概念进行争论，似乎沉没成本谬误很普遍，但当时还没有沉没成本谬误这个术语。

2.5 对沉没成本谬误的理性解释

如前所述，有理由相信沉没成本或许真的对未来决策有影响。正如前述政治上的案例，中断项目通常会通过向公众发送失败信号产生未来成本。这种公共信号会对企业的未来投资以及公众对政治家能力的看法产生负面影响。此外，有时终止某个项目会涉及设备或者废弃物的处理，产生巨额的固定成本。在这种情况下，考虑到中途停止生产可能发生的固定成本，在最优点生产的边际成本可能会超过边际收益。

在消费者选择问题中，我们已经知道如果沉没成本导致收入效应（如图 2-3 所示）就会影响选择。在此情况下，较高的沉没成本会减少能够分配的财富量，随着消费者沿着收入扩展线移动（在图 2-3 中，向下移向 x_1 轴），会产生两种商品之间的替代。对于固定成本为什么也会影响厂商的生产，艾格纳·桑德默提出了一种观点。如果厂商在得知其产出销售价格之前必须对产量进行决策，作为一种减少风险的手段他们或许希望减少产量。如果厂商最大化利润的期望效用而非预期利润，这种情况就会出现，此类问题将在第 9 章涉及。在该模型中，对风险的厌恶程度由利润的效用函数 $u(\pi)$ 的形状来表示。假定 $\pi = py - c(y) - FC$，其中，p 为随机价格，y 为厂商选定的产量，$c(y)$ 为生产的变动成本，FC 是固定成本。此时，固定成本会平移利润的分布，进而改变特定价格水平上效用曲线的形状。由于给定价格水平上效用函数形状的变化必然改变其风险偏好，因此固定成本的变化会促使厂商改变产量。

最后，人们还可能从完成项目中获得某些（固定的）欢愉，而在进行边际计算时并未考虑它们。因此，马拉松参赛者在跑前 13 英里时可能会获得正的享受，在跑后面 13 英里时边际享受可能为负。事实上，如果比赛未结束，在赛程的 20～26 英里赛段，参赛者对比赛的愉悦程度开始变为负值。但是如果穿越终点线的欢愉本身足以超过 20～26 英里赛段产生的负效用之和，则继续跑向终点是理性的。在此情况下，即使项目注定要亏钱，管理层可能会认为从完成项目得到的欢愉要比发生的货币损失更重要。这种决策可能是理性的，但已经大大远离了经济理论经常使用的利润最大化假设。

2.6 交易效用和固定费率偏向

和沉没成本谬误相关的一种现象是**固定费率偏向**（flat-rate bias）。很多服务是按使用单位购买或者需要缴纳固定的使用费。例如，消费者可以在报摊购买各期杂志，或者通过预定购买该杂志。与报摊价格相比，预定通常会提供较高的折扣，但是仅当预订者会阅读订购的全部杂志时才值得花钱订购。如果预定可以使每本杂志打五折，这可能是一项不错的交易，但是你至少应该阅读一半送到家门口的杂志交易才划算。同理，与单次付费相比，如果乘车者乘坐足够的次数，公交车月票通常会提供较高的折扣。但是消费者需要确定的是其乘坐次数会减少费用而不是增加费用。当更好的选择是按使用数量付费，但消费者仍然选择固定费用方案时，我们称存在固定费率偏向。例如，电话通话服务可以使用现买现付制按分钟购买，也可以购买包月不计时的套餐。假定消费者可以选择商品消费不限量的固定费率 p_0，或者可以选择按价格 p_1 对消费量进行线性计价。则消费者问题可以修正如下：

$$\max_{x_1, x_2, \delta \in \{0,1\}} U(x_1, x_2) \tag{2-6}$$

预算约束为

$$\delta p_0 + (1-\delta)p_1 x_1 + p_2 x_2 \leqslant y \tag{2-7}$$

其中，如果选择固定费率方案 $\delta=1$，如果选择线性定价方案 $\delta=0$，x_1 是使用的分钟数，x_2 为其他商品的消费量。式（2-6）表示消费者必须选择 δ（其可能为 1 或者 0），x_1 和 x_2 以最大化消费效用。

该问题可能有两个解。如果消费者选择固定费用方案，他会如图 2-3 所示选择消费商品 1 直至餍足点。否则，他会如第一章标准消费者模型那样消费直至预算约束。重要的是，理性模型排除了两种可能出现的行为。上述两个选择在 $p_0 = p_1 \bar{x}_1$ 定义的消费水平上，即在 $\bar{x}_1 = p_0/p_1$ 时，成本是相同的。如果消费量超过 $\bar{x}_1$，使用固定费用方案更便宜。因此，使用线性计价方案时，人们的消费量不应超过 $\bar{x}_1$。相反，在消费量低于 $\bar{x}_1$ 时，使用线性定价方案更便宜。因此，使用不限量缴费方案时，人们的消费量不应低于 $\bar{x}_1$。

实际消费情况并非如此。相反，在多数情况下，消费者似乎更加偏爱固定费率定价，即使这样做并不合理。

■ 实例 2-4　电信服务

固定电话和手机计费方案通常提供固定费率和现买现付两种选择。在 20 世纪 80 年代后期，西南贝尔电话公司推出了一种地域延伸通话服务（EAS），该服务的目标对象为达拉斯区周边社区中支付长途话费较多的顾客群体，使用该服务呼叫达拉斯区不限时间。EAS 每月收费 19.85 美元。唐纳德·克里埃，戴尔·雷曼和丹尼斯·韦斯曼研究了 2 200 名 EAS 样本顾客，发现只有 24% 的顾客向达拉斯区拨打了足够多的电话，其时长若按分钟收费超过 19.85 美元的成本。因此，76% 的人在应该选择线性计价方案时却选择了固定费率，表现出固定费率偏向。当对普通长途通话行为进行考察时也发现了类似的结果（虽然没有那么明显）。因此，电话公司通过诱导顾客（占 76%）向不会使用的服务付费增加了利润。同样的，对于电话、文本和数据计费方案，今天的消费者也需要当心相对昂贵的不限量固定费率方案。

■ 实例 2-5　健身俱乐部会员

消费者可以选择固定费率和线性定价的另一种情况是参加健身俱乐部。会员通常会支付月费，这样可以随时去健身。相应地，某些健身俱乐部也允许按次付费或者会提供适合少量使用的健身卡。健身俱乐部经常哀叹，很多会员在下定决心要保持体型时加入了俱乐部，很快他们的决心消逝，于是便不再来健身。斯特凡诺·德拉·维格纳和乌尔丽克·马尔门迪尔对 3 年期间大约 8 000 名健身会员的入会决策和出勤记录进行了分析。这些会员可以缴纳每月 70 美元的月费或者花 100 美元购买 10 次的健身卡。普通会员每月来俱乐部健身的平均次数为 4.3 次。按这样的健身频率，使用健身卡健身一年仅需要花 600 美元。相反使用会员月费方案每年要花 840 美元。在整个会员期（约 3 年），按健身次数计算，相比所需费用（总计约 1 400 美元），普通会员平均多花了大约 600 美元，这样看来固定费率偏向的成本高昂。⊖

⊖ 如果按整 3 年会员期计算，普通会员每月健身 4~5 次，3 年所需费用约为 1 440~1 800 美元，按月费计算需支付 2 520 美元，多花费了大约 720~1 080 美元。对具体数字感兴趣的读者请参考进行此项研究的论文。——译者注

2.7 固定费率偏向的程序性解释

交易效用的概念似乎表明，使用固定费率会鼓励消费者使用更多该产品，因为这样会降低单位消费的平均价格。虽然表现出固定费率偏向的消费者明显并未得到划算的交易，但他们仍然会这样进行思考。在购买之前，消费者对交易效用以及消费品未来可能使用量的看法或许会非常不同。对于固定费率偏向的诱因曾经提出了几种观点。其中最核心的是基于交易效用的概念，这也是本章讨论的主题。

考虑加入健身俱乐部的消费者或许会认为，健身一次 10 美元看起来平均成本很高，这会导致低水平的交易效用。相反，每月花 70 美元获得任意次健身机会似乎是一项非常不错的交易。消费者可能忽视了或未能准确预测要健身的次数。月费选项的表述方式让消费者很难比较平均成本。因此，消费者或许仅仅考虑了每个选项的交易效用，而没有根据能够坚持下去的使用量选择成本最小的选项，这里对交易效用的感知在很大程度上依赖于问题的表述方式。

这和**框架**（framing）的概念紧密相关，⊖后续章节会对它进行更详细的讨论。表述选择的用词或措辞会极大影响消费者对替代选择的感觉。此时，在比较单次健身和月度健身价值时，消费者受到可能使用量（而非实际使用量）的影响。通过修正式（2-6）和式（2-7），该决策问题可以写成以下形式：

$$\max_{x_1, x_2, \delta \in \{0,1\}} U(x_1, x_2, \delta z_0 + (1-\delta) z_1) \tag{2-8}$$

预算约束为

$$\delta p_0 + (1-\delta) p_1 x_1 + p_2 x_2 \leqslant y \tag{2-9}$$

其中，z_0 和 z_1 分别为与固定和线性定价方案相联系的预期交易效用。若要进行与管理相关的决策，有必要对各定价方案下会影响交易效用的因素进行建模。

固定费率定价允许消费者将付款和实际消费分离开来。德雷泽·普利莱克和乔治·罗文斯坦将其称为**支付去耦**（payment decoupling）效应。⊜如果商品消费与付款同时发生，我们会将价格与消费直接联系在一起。如果消费与付款两者相距较长时间，价格与消费就未必紧密联系在一起。例如，相比买车，一些消费者使用公共交通工具或者打车可能更省钱。然而，当自己有车后，就可以奢侈的考虑为忘记购买的浴室用品去一趟便利店，并将该无关紧要的出行看作是免费的——或者至少认为这趟便利店之旅的边际成本为零。而无车一族却会面对此趟出行的成本，其可能是花 2.5 美元去便利店购买一管价值 2 美元的牙膏。诸如此类的琐碎使用可能产生的负交易效用或许会导致选择固定价格方案，即使线性价格方案可能产生更低的成本。在考察信用卡使用行为时，支付去耦可能会产生尤为重要的影响，它会使消费者忽略某些物品的直接成本，这既可能是因为账单寄送在时间上会延后，也可能是因为账单会将多项购买打包成一个到期还款总额。

另一个原因或许是因为消费者仅仅不喜欢线性定价。使用某项服务，例如手机通话服务时，现买现付方案要求理性消费者在每次使用（每分钟使用）之前，评估该使用是否值得花

⊖ 对于刚接触行为经济学的读者而言，框架这个术语很难让人理解。其通常是指决策问题不同的措辞表述方式（frame 做动词时的一个英文释义是"用特定的语言或方式来阐述"）。由于以前在翻译行为经济学和行为金融的论著时很多译者将其翻译成"框架"，经讨论本书的译者也采用了这种译法。——译者注

⊜ 耦合是指两个或以上体系之间通过各种相互作用而彼此影响。支付去耦字面意思就是支付的影响被消除掉。——译者注

费相应的成本。例如威瑞森无线公司现在提供一种现买现付资费方案，对每天的第一次通话收费 3.99 美元。每天在打第一个电话之前，你必须确定它是一个相对有价值的通话。相反，在固定费率方案下你不必进行这种评估，因为该次通话在边际上不会增加你的账单。因此，即使你使用的服务量不足，并不适用固定费率，但是为了消除与线性定价相伴的烦扰感，你或许还是会使用固定费率。要建模表示这种效应，在消费者使用线性定价方案时，可以引入一个额外的效用成本，将效用函数改写为 $U(x_1, x_2) - (1-\delta)kx_1$。这里 k 表示线性定价方案下，使用该服务的边际认知成本。如果认知成本足够大，可能会使个体选择固定费率定价方案，虽然该方案的货币成本可能更高。

最后一个可能的诱因是，消费者可能存在自我控制问题。该问题在本书的后续章节会进行更详细的讨论。本质上，如果你相信健身有利于身体健康，你或许担心健身的边际费用会妨碍进一步消费，而通过交易效用，固定服务费会激励你进行更多次健身。此时，你尝试通过购买会员身份尽力诱使自己多去健身，如此这般你会因没去健身而觉得犯了过错，因为这让健身的平均价格很高，交易效用很低。我们的健身数据直接说明这种策略是毫无效果的。

打算按固定费率提供服务的经理人可能会从固定费率偏向中获益。如果使用量不适合固定费率定价方案，但是消费者还是偏向于按照该方案购买，则对于那些使用量不超过某个临界值（在该临界值之上固定费率方案更便宜）的使用者来说，可以从他们身上增加利润。然而，对于那些在线性定价方案下会花更多钱的人来说，这时他们也可能会增加使用量。因此，固定费率定价并不总是利润最大化的策略。厂商的实际收益要依赖于消费者对固定费率方案价格的敏感性，以及有多少消费者将其消费量调整到盈亏平衡点之上。

从规范角度而言，消费相同的数量，某些消费者在线性定价方案下会改善自身状况。然而，要确定哪种定价方案更好需要花精力考察个人的使用量，比较不同方案下的成本。人们应该经常分析固定费率服务（例如手机）的使用量，结合自己的历史使用行为，确定是否存在更便宜的替代资费方案。

2.8 固定费率偏向的理性解释

对于固定费率偏向的理性解释主要有两种。第一种认为消费者或许并不能确切地知道他们的使用量会是多少。考虑到在使用量方面的不确定性，他们可能会选择固定费率方案以避免不确定性的消费成本。例如，有时某人可能会频繁使用手机打电话，然而在通常月份他可能只使用几分钟。期望效用理论认为为了消除赌局的不确定性，消费者可能愿意损失一部分平均收益。固定费率偏向也可以用类似的现象来解释，平均而言消费者愿意支付更多的数量以确保他们能够确定最终的总费用。在此情况下，虽然未来使用量是决策变量，而非由外部因素决定的随机变量，但是这些通话的价值可能是随机的。因此，多打电话但又不用面对多花钱的惩罚，此类选择权或期权的价值可能会让消费者选择固定费用方案。克里埃、雷曼和韦斯曼发现对于很多明显错误的定价方案选择，这似乎是一种合理的解释。

欧金尼奥·米拉韦特认为没有多少证据表明一开始的选择是错误的。他对肯塔基州电话使用者的预期和实际使用量进行了调查，以确定此类错误的程度。实际上，他发现使用者的预期使用量和选择的付费方案是相符的。此外，他还发现使用者对收费的反应方式表明，他们在给定使用量的条件下会最小化总成本。因此，那些错误预测其使用量的人在发现错误后，会转向正确的资费方案。他发现适合其他资费方案但却定制了固定费率方案的犯错使用者的比例要小于 6%。他认为之所以观测到这种错误是因为消费者处于过渡期，正在寻找适合他们的最佳方案。他得出的结论是，关于资费选择的理性模型是描述行为的最佳模型。米拉韦特发现在选择固定费率方案的人群中，大部分高估了他们最终的通话使用量。然而，即使电话使用数据中没有直接或者确凿的证据表明存在异象，但这些数据与可能导致反常行为的潜在行为倾向相符。即使反常行为不明显，行为经济学家还是会发现，消费者使用量预测的形成过程在辨别行为动机方面非常重要。

历史说明

虽然在此之前有很多相关的证据和讨论，但是一般认为是肯尼思·特雷恩在1994年讨论电话定价方案时，首创了固定费率偏向这个术语。在创造该术语时，他引用了其在20世纪80年代的著作。在因特网预定、软件授权、用电以及健身俱乐部会员等方面都发现过这种偏向。不仅有证据表明存在固定费率偏向，同样有证据表明采用固定费率预定的人很少会放弃该服务。因此，服务提供者不仅因此赚了更多钱，同时更有可能留住顾客。因而服务提供者有足够的动机为高端用户提供固定费率方案。

2.9 交易效用和有参照时的消费者偏好

通常对交易划算程度的感知不仅依赖于我们能够消费的数量以及产品自身的质量，还依赖于我们购买的环境。物品在某些环境下应该比其他环境下昂贵。因此，根据购买环境的不同消费者会表现出非常不同的需求行为。某些人在某些场所会拒绝购买某商品，因为太贵了，但如果所处环境让该价格显得比较合理，则这个人可能会按该价格购买。消费者会利用环境暗示或者以前类似环境下交易的记忆来确定公平的价格水平。用来进行比较以帮助决策的点被称为**参考点**（reference point）。例如，你的参考点可能是过去在某个餐厅支付的价格。如果在某个餐厅一个汉堡总是卖5美元，则若你能花3美元购买就会感觉是一项不错的交易。相反，若价格上升到6美元则会感觉是一项糟糕的交易。因此，参考点在决定消费者的交易效用方面起着非常重要的作用。参考点可能会受到环境的影响。在另一家餐厅相同的汉堡可能总是卖2美元。但如果价格突然提高到3美元，你会感觉被宰了。

■ 实例2-6 饮料需求与参照

理查德·塞勒在两个不同的假设场景下对消费者的意愿行为进行了调查。每个受访者只能看到一种场景。第一个场景让你想象炎热天气在海边，你想买一瓶喜欢的啤酒，同伴答应从一个破旧的杂货店里给你买一瓶，她问你打算花多少钱，并且如果价格小于等于你愿意支付的价格，就给你买回来。第二个场景类似，只不过你的朋友打算去一家豪华度假酒店购买，而非杂货店。要注意到两种场景都意味着受访者会买到他们喜欢的啤酒，因此两种情况下啤酒本身是相同的。与从杂货店购买相比，从酒店购买时受访者愿意支付的价格要高很多（价格中位数分别为2.65美元和1.50美元），此外，因为两种场景都要求，在朋友返回之后和朋友一起在沙滩上喝掉啤酒，因此，环境因素不太可能影响从啤酒消费中获得的效用。所以啤酒的支付意愿要受到购买场所的影响。

■ 实例2-7 网上拍卖

网上拍卖通常会提供起拍价或者一口价——在该价格水平上潜在买家可以终止拍卖并立即买下该商品。安娜·多多诺瓦和尤里·卡罗斯洛夫通过珠宝拍卖网站对标示的一口价如何影响出价进行了研究。他们发现该网站上经常会拍卖一些大众商品，它们提供了有效的行为比较机会。这允许他们比较设计和成分相同的物品进而比较它们的市场价值。然而，不同拍卖的一口价是不同的。当物品标示的一口价较高时，竞拍人会设置较高的出价，表明他们对该物品的估值高于相同物品被标示较低的一口价时。在某种程度上，一口价影响了竞价人对物品的估值，这或许是通过创建参考点做到的。

2.10 理论与参照依赖型偏好

在交易效用如何起作用方面，消费者在形成消费决策时对环境的反应给了我们很多启示。使用交易效用的概念预测行为，我们需要知道驱动决策行为的潜在参考点。因此，参考点行为理论会认为，给定购买环境，打算购买某商品的消费者会受到购买的交易效用，$z(x, p|\xi)$的影响，其中，ξ表示给定环境下的参考点。消费者也会受到消费效用的影响，如式（2-8）所示。这种类型的理论没有多少预测效力，因为它没有告诉我们参考点是如何形成的，或者我们如何确定它。

我们可以构建一个关于参考点选择的过程理性模型。例如，参考价格可以是以前在某个特定环境下（例如度假酒店）消费者观察到的平均价格。这告诉我们，在确定价格是否合理时，消费者会考虑以前观察到的价格。如果价格高于以前度假酒店的价格，消费者会认为交易很不划算，获得较低的交易效用。相反，如果价格相比以前要低，消费者会感觉做了一次不错的交易。有大量的证据表明消费者在决策时会使用参考点。在本书后续章节中我们会对这一概念进行考察。

使用以参照为基础的行为理论所面临的一个突出问题是，我们没有什么理论可以描述消费者为什么会选择某个特定的参考点。理论上不清楚的一个原因是，在实证上很难检验参考点之间的差异。在购买行为中，分离参考点的形成过程是异常困难的。将度假酒店和破旧的杂货店区分开的典型标准是什么？我们如何将不同的购买地点或者体验分成不同的类别？旁边有奢侈物品是否意味着我们会预期一个较高的价格？

另外，某些研究已经发现可以成功地操控参考点。例如，一口价制造了一个非常简单的参考点。此时，竞价人会选择购买或者不购买，但是参照一口价，他会根据他想支付的价格判断购买后的交易效用。在这种情况下，交易效用可以表示为$z(p|p_{bn})$，其中，p_{bn}是一口价，并且交易效用是p的减函数，p_{bn}的增函数。通过提高一口价，消费者更有可能愿意在一个较高的价格上购买，因为除了相同的消费效用水平，他还会获得更高的交易效用。

对于努力为店中商品定价的经理人而言，所给的启示是可以操控消费者的参考点，进而收取更高的价格以增加利润。为了让顾客感觉他们做了一项划算的交易，商店可以为所售商品标示一个比较价格。我们总是能够看到某些商店永久性的对商品标上打折促销的标签，这样做的目的就是为了诱导顾客产生这种感觉。例如，相对于仅仅标示 2 美元，相同的商品如果标示"原价 4 美元，促销价 2 美元"，则消费者更有可能购买。商品的价格并没有变化，但与原价相比消费者会感觉交易更加划算。商家经常通过操控原价和促销价来利用这种行为。一些提供天天低价的商家转而在广告宣传时，通过比较自己的价格和竞争对手的原价以达到同样的效果。

从规范的角度来看，交易效用会导致消费者产生两种类型的错误。第一，消费者或许会购买本来不想买的商品，购买仅仅是因为他们认为交易很划算。第二，消费者也可能未能购买改善自身状况的商品，因为所处的环境给出了一个更低的参考价格。在此情况下，在一家相对廉价的餐厅，消费者可能没有购买 3 美元的汉堡，但是在相对昂贵的餐厅他却愿意花 5 美元购买同样的商品。从规范角度而言，如果消费者不考虑交易效用，并且进行购买决策时所依据的价格剔除环境影响，则消费者会获得更高的消费效用。为消费者提供建议处方时的难处在于，我们不知道哪种环境代表真实的消费偏好。虽然如此，我们还是经常被建议克服此类环境依赖型偏好。例如，不食用高档酒店房间里提供的零食：其利润是异常高的。

2.11 环境依赖型偏好的理性解释

对于参照依赖型偏好主要有两种替代解释。一种解释认为，或许环境自身传递了某些信息。例如，竞价人或许没有足够的关于珠宝价格的知识，希望通过一口价来了解某些关于物品价值的信息。虽然这并不是了解商品价格的最好方式，但其他方式所花费的时间或者精力可能过高。在此情况下，被操控的或许并不是参考点，而仅仅是竞价人若去别处寻找类似商品所获价格的预期。考虑到其他信息途径的成本，从竞价中筛选信息是完全理性的。

另一种解释认为，某些环境确实会给商品带来增值。而海滩的例子通过仔细构建尝试避免该问题，事实上，在更一般的消费环境中，很难将参考点效应以及环境对价值的影响分离开。我愿意在看芝加哥小熊队棒球比赛时花更多的钱买热狗，因为我有以前另一场比赛吃热狗的美好记忆。或者我愿意在度假酒店花更多钱买饮料，因为相比杂货店我更喜欢酒店的氛围。如果氛围和消费某种特定商品是互补的，则特定环境会提高对商品的支付意愿。

> **传 记**
>
> **理查德 H. 塞勒（1945—）**
>
> 学士，凯斯西储大学，1967 年；硕士，罗彻斯特大学，1970 年；博士，罗彻斯特大学，1974 年；在罗彻斯特大学、康奈尔大学和芝加哥大学担任过教职。
>
>
>
> 虽然所有的学位都是经济学的，但理查德 H. 塞勒（Richard H. Thalar）却因将认知心理学融合到经济决策模型中而闻名。许多人认为他是行为经济学的创始人。从其早期成果开始，他就宣称消费者在情绪和感知上遭受偏向折磨。他的大部分成果是在行为金融领域，主要关注行为偏向如何影响金融市场。他奠定了迄今为止几乎所有行为经济学稿件的基础。1987～1991 年（之后也偶有发表），他在《经济展望杂志》上发表了系列以"异象"为标题的综述文章。文中阐释了看似违反理性经济模型的各种现象。对于很多理论经济学家而言，该文章使他们首次正式接触行为经济学领域，对界定和展示该领域起了重要作用。在整个行为经济学领域几乎都可以找到塞勒的痕迹。最近，他开始倡导使用行为经济学制定政策的理念，即不限制选择，但倾向于引导消费者做出合意决策。此类政策的例子在其与凯斯·桑斯坦的合著《助推》一书中进行过阐述。丹尼尔·卡尼曼赞扬了塞勒在融合心理学和经济学过程中的贡献，还赞扬塞勒给他输送了一大批学生。

思考题

1. 文章给出的一些证据表明消费者会从划算的交易中获得效用。你是否见过这种情况？即人们仅仅是由于交易划算而购买了未必符合他们最大利益的商品。

2. 如果销售商和生产商知道消费者会从划算的交易中获得效用，他们可能会利用这种心理来增加利润。你能找到证据证明销售商会采取措施操纵对所提供交易的感知吗？

3. 政策制定者注意到越来越多超重的消费者抱怨快餐店碳酸饮料的定价。多数情况下，一小杯（通常16盎司）卖2美元。但只要多付几分钱，就可以买到2倍大小的大杯，让交易更加划算。快餐连锁店为什么会给予大杯饮料这么大的折扣？在极端情况下，主要快餐连锁店会以同样的价格提供不同数量的饮料。这种做法为什么会盈利？政策制定者们建议，为了战胜肥胖应该强制要求线性定价（取消对大杯饮料的折扣）。纽约已经试图禁止销售大杯软饮料。这些政策会有效果吗？

4. 假设电话公司有两种类型的顾客。一种顾客的效用函数可以表示为 $u_1(x) = 5x - x^2 - k(x)$，其中，x 是通话的总时长，k 是顾客使用电话服务的总成本。这导致边际效用曲线为 $\frac{\partial u_1(x)}{\partial x} = 5 - 2x - \frac{\partial k}{\partial x}$。另一种类型的顾客其效用函数可以表示为 $u_2(x) = 5x - x^2 - k(x) - x/k(x)$，产生的边际效用曲线为 $\frac{\partial u_2(x)}{\partial x} = 5 - 2x - \frac{\partial k}{\partial x} - \frac{k(x) - x\frac{\partial k}{\partial x}}{[k(x)]^2}$。假定两类消费者都没有预算上的约束（因此他们会购买到边际效用降为零时）。同时假定厂商收取线性价格即 $k(x) = px$，边际成本为 $\frac{\partial k(x)}{\partial x} = p$。每种类型顾客的需求曲线是什么？（**提示**：对于每种情况，仅仅需要求解边际效用等于零时的通话量 x）。这些需求曲线是向下倾斜的吗？相反，如果厂商收取固定费用，因此 $k(x) = p$ 并且 $\frac{\partial k(x)}{\partial x} = 0$。在这种定价机制下每种类型顾客的需求曲线是什么？这些需求曲线是向下倾斜的吗？哪种类型的消费者更渴望交易效用？在每种定价机制下，其会如何影响需求？如果消费者面对两部收费制即 $k(x) = p_0 + p_1 x$，因此 $\frac{\partial k(x)}{\partial x} = p_1$，他们的需求曲线是什么样的？（不要求解需求曲线，用直觉想象它是什么样的）

5. 进一步假定提供通话服务的成本函数为 $c(x) = x^2$。利润函数由 $\pi = k(x^*) - c(x^*)$ 给出，其中 x^* 是前一练习中在给定定价机制条件下解出的最优消费量。如果消费者是第一种类型，则在线性或者固定费用定价机制下的最优价格分别是多少？写下每种定价机制下的利润函数。使用电子制表软件（例如微软的 Excel）求解最大化利润的价格，可以尝试不同的价格直到你找到产生最大利润的价格。哪种定价机制得到的利润更大？在消费者是第二种类型条件下，再做一遍上述练习。现在哪种定价机制得到的利润更大？如果电话公司认为他们的顾客两种类型都有，上述答案会如何变化？

参考文献

Arkes, H.R., and C. Blumer. "The Psychology of Sunk Cost." *Organizational Behavior and Human Decision Processes* 35(1985): 124–140.

Della Vigna, S., and U. Malmendier. "Paying Not to Go to the Gym." *American Economic Review* 96(2006):694–719.

Dodonova, A., and Y. Khoroshilov. "Anchoring and the Transaction Utility: Evidence from On-Line Auctions." *Applied Economics Letters* 11(2004): 307–310.

Just, D.R., and B. Wansink. "The Flat-Rate Pricing Paradox: Conflicting Effects of 'All-You-Can-Eat' Buffet Pricing." *Review of Economics and Statistics* 93(2011): 193–200.

Kridel, D.J., D.E. Lehman, and D.L. Weisman. "Option Value, Telecommunications Demand, and Policy." *Information Economics and Policy* 5(1993): 125–144.

Miravete, E.J. "Choosing the Wrong Calling Plan? Ignorance and Learning." *American Economic Review* 93(2003): 297–310.

Prelec, D., and G.F. Loewenstein. "The Red and the Black: Mental Accounting of Savings and Debt." *Marketing Science* 17(1998): 4–28.

Samuelson, P.A., and W.D. Nordhaus. *Economics*. New York: McGraw-Hill, 1948.

Sandmo, A. "On the Theory of the Competitive Firm under Price Uncertainty." *American Economic Review* 61(1971): 65–73.

Thaler, R. "Toward a Positive Theory of Consumer Choice." *Journal of Economic Behavior and Organization* 1(1980): 39–60.

Thaler, R. "Mental Accounting and Consumer Choice." *Marketing Science* 4(1985): 199–214.

Train, K.E. *Optimal Regulation*. Cambridge, Mass.: MIT Press, 1994.

高级概念
固定成本和理性选择

更正式的，我们可以考虑式（2-1）和式（2-2）的拉格朗日方程：[①]

$$L = U(x_1, x_2) + \lambda(y - p_0 - p_1 x_1 - p_2 x_2) \tag{2-A}$$

内点解的一阶条件给出如下：

$$\frac{\partial L}{\partial x_1} = \frac{\partial}{\partial x_1} U(x_1^*, x_2^*) - \lambda^* p_1 = 0 \tag{2-B}$$

$$\frac{\partial L}{\partial x_2} = \frac{\partial}{\partial x_2} U(x_1^*, x_2^*) - \lambda^* p_2 = 0 \tag{2-C}$$

$$y - p_0 - p_1 x_1^* - p_2 x_2^* = 0 \tag{2-D}$$

与第1章中类似，式（2-B）和式（2-C）意味着

$$\frac{1}{p_1} \frac{\partial}{\partial x_1} U(x_1^*, x_2^*) = \frac{1}{p_2} \frac{\partial}{\partial x_2} U(x_1^*, x_2^*) \tag{2-E}$$

通过预算约束可以解出 x_2，将其代入式（2-E）中可得

$$\frac{p_1}{p_2} = \frac{\frac{\partial}{\partial x_1} U\left(x_1^*, \frac{y - p_0 - p_1 x_1^*}{p_2}\right)}{\frac{\partial}{\partial x_2} U\left(x_1^*, \frac{y - p_0 - p_1 x_1^*}{p_2}\right)} \tag{2-F}$$

这定义了商品1的需求函数。改变方程中的 p_0 几乎必然会影响商品1的消费。要理解这一点，注意到随着 p_0 的上升，[②]如果要让 x_1^* 保持不变，则通过预算约束 x_2^* 必然增加。如果消费商品2的边际效用递减，则右边的分母必然变小，要求分子即商品1的边际效用同比例下降。保持 x_1^* 不变是不可能出现的。另外，如果两种商品相互独立，并且商品2表现出边际效用不变的特性，则商品1会保持不变。

若假定 $p_1 = 0$，则式（2-B）变为

$$\frac{\partial L}{\partial x_1} = \frac{\partial}{\partial x_1} U(x_1^*, x_2^*) = 0 \tag{2-G}$$

或者在代入预算约束后

$$\frac{\partial}{\partial x_1} U\left(x_1^*, \frac{y - p_0}{p_2}\right) = 0 \tag{2-H}$$

从中可以导出需求函数。式（2-H）对 x_1^* 和 p_0 进行全微分，就可以得出固定成本和商品1需求之间的关系

$$\frac{\partial^2}{\partial x_1^2} U\left(x_1^*, \frac{y - p_0}{p_2}\right) dx_1 - \frac{1}{p_2} \frac{\partial^2}{\partial x_2 x_1} U\left(x_1^*, \frac{y - p_0}{p_2}\right) dp_0 = 0 \tag{2-I}$$

或者

$$\frac{dx_1}{dp_0} = \frac{\frac{1}{p_2} \frac{\partial^2}{\partial x_2 x_1} U\left(x_1^*, \frac{y - p_0}{p_2}\right)}{\frac{\partial^2}{\partial x_1^2} U\left(x_1^*, \frac{y - p_0}{p_2}\right)} \tag{2-J}$$

如果 $\frac{\partial^2 U(x_1, x_2)}{\partial x_1 x_2} = 0$，两种商品是独立的（既不是互补品也不是替代品），此时式（2-J）中的导数为0，意味着商品1的消费不会随着固定价格的变化而变化。

---

① 原文有误。此处应为式（2-2）和式（2-3）。——译者注
② 疑有误，应该是随着 p_0 的下降。——译者注

第 3 章

心 理 核 算

假设你有本地冰激凌店的一张优惠券，用它可以免费得到一个甜筒。在某个大热天你路过这家店，并打算兑换掉你的优惠券。兑换后你沿着大街闲逛，不小心将甜筒掉到了地上，没法再吃了。起初你挺失望，但是你提醒自己甜筒是白给的，心里便好受了很多。你这样说服自己，既然没有真正花钱，那就不是真正的损失。

或者，假定你想买一套新的视频游戏。你打算为此存钱，但是你知道，你更有必要存钱买一副新的眼镜。你的视力变得更差了，开始影响你的日常生活。某天下午，你检查邮箱，发现你的祖母送给你一张支票，数额恰好可以购买新游戏或者眼镜。稍微考虑了一两分钟，你就决定购买新游戏。无论怎么看，眼镜也不像是一种礼物。

消费者必须经常性的对不同来源的收入以及不同物品上的支出进行安排。此外，人们会面临世界状态的变化（经常被称为冲击），它们会使以前的投资变得无效或者更有价值。数量众多的决策导致人们使用简单的经验法则进行决策，而不是按照经济理论建议的方式进行优化。特别地，人们可以使用被称为**心理核算**（mental accounting）⊖的系统来进行决策并对以前的决策提供理性解释。与企业使用的记账程序类似，心理核算也是对收入和支出进行记账的过程，只不过此时人们自己是自己的记账人，并且账目被记录在头脑中的分类账户中。

在第 2 章，我们详细阐述了人们如何受交易效用（购买时希望交易划算）影响。在某种意义上，当沉没成本出现时，它作为支出会被记入某个特定的心理分类账户中。为了平衡账目，人们会寻找一项数值相等或者更大的收益以注销心理账户。例如，当你进入自助餐厅并交纳餐费后，你会开设一个心理账户。只有消费了足够的食物，感到获得的价值超出了用餐成本后才会注销该账户。在此情况下，当价格较高时你可以选择消费更多。基于心理账户进行决策会直接导致上一章描述的以交易效用为基础的行为，当然这也会产生许多其他类型的反常行为。

本章详细介绍了心理核算理论并描述了明显源于此种决策法则的几类行为。特别地，我们讨论了收入来源如何决定各类支出，个体消费者如何为糟糕投资找借口，以及消费者如何在头脑中对事件进行分组以达到账户平衡。心理核算是一种消费者选择的程序理性模型，因为它告诉我们是什么驱动消费者进行了这些选择。虽然心理核算可能导致许多不同种类的反

⊖ 译为心理账户是错误的，这会混淆心理账户（mental account）的含义。心理账户仅为心理核算理论中的一个概念。——译者注

常决策，该模型本身却非常类似于大企业出于同样目的使用的会计方法。

3.1 不同来源收入条件下的理性选择

很多人有多种收入来源。某些人做好几份工作；某些人除了正式工作外，还自己做生意。即使只有一份工作，人们还会以礼物或者退款的形式获得一部分资金，这可以被看作是一种单独的收入来源。考虑面临下述消费问题的消费者

$$\max_{x_1,x_2} U(x_1,x_2) \tag{3-1}$$

面临的预算约束为

$$p_1 x_1 + p_2 x_2 \leqslant y_1 + y_2 \tag{3-2}$$

其中，y_1 是从来源 1 获得的收入，y_2 是从来源 2 获得的收入。式（3-1）和式（3-2）的解可以用间接效用函数来表示。间接效用函数的定义为 $V(k, p_1, p_2) \equiv \{\max_{x_1,x_2} U(x_1, x_2) | p_1 x_1 + p_2 x_2 \leqslant k\}$，即在给定价格和预算 $k = y_1 + y_2$ 条件下获得的最大效用。

因为效用仅来自于商品 1 和商品 2 的消费，因此只要我们的总收入保持在 k 的水平，收入的不同来源应该不影响效用水平。图 3-1 显示了在两种收入总水平 k_1 和 k_2（$k_1 < k_2$）下的预算约束以及与其相切的效用曲线。该图展示了两种情况下最优的消费束。显然，该图无法说明收入增加的来源。例如，假定 $k_1 = 100$。收入的不同来源并不会影响无差异曲线。相反，无差异曲线的形状完全是由效用函数的形状决定的，而效用函数并不是收入来源的函数，参见图 3-1。y_1

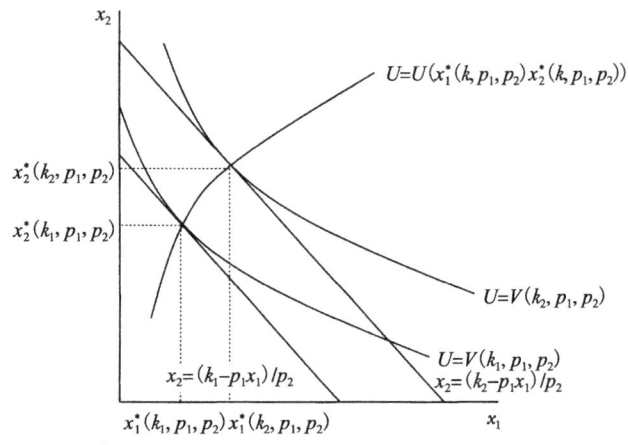

图 3-1 消费的收入效应

增加 100 会使预算约束向外移动，因此总收入等于 200，导致 $k_2 = 200$。此时，消费者会增加正常商品而减少劣质商品的消费（图形显示的是两种正常商品）。相反，如果 y_1 保持在原来的水平，使 y_2 增加 100，则总收入仍然是 200，预算约束仍然由 k_2 给出。因此，虽然收入增加 100 确实改变了消费，但增加的收入来源于哪里是无关紧要的。$y_1 + y_2 = k_2$ 描述的线上所有的点会产生相同的预算约束线并且导致相同的消费决策。这意味着间接效用函数是收入的增函数。另外，不论额外收入来源于哪里，间接效用函数值增加的数量都是相同的。

扩展线（所有可能预算水平下最优消费束代表的点的集合）由图 3-1 中从西南角到东北角延伸的曲线给出，它会经过无差异曲线和不同预算约束线的切点。因为效用独立于收入来源，扩展线是一条不依赖于收入增加来源的曲线。

因此，如果消费者按照标准理性模型行事，则只要从某种来源获得一定量收入，增加的收入就会导致选择购买的消费束发生变化。如果从其他来源（或者其他来源的组合）获得等量收入，购买行为也应该以同样的方式发生变化。按照这种解释，不论你收到的是礼金、辛苦工作挣到的工资、还是税收返还，你都应该将增加的收入花在同样的物品上。钱就是钱而已，不应该将它们看作是有差异的商品。

■ **实例 3-1　食品券还是现金**

美国营养补充援助计划（SNAP）最初是 1939 年开始的一项食品券计划。该项目的目的是为了向低收入人员或家庭提供食品购买补贴。在其发展过程中，给予受助人补贴的方式曾发生过变化。最初，受助人收到一组食品券来兑换食品。现在，受助人收到一张卡，其类似于借记卡，可以用来在超市购买食品。

历史上，收到食品券的人会在每一个受益期用完全部配额，此外还会额外花费相当多的钱在食品上。经济学家对此的解释是，他们认为该项目虽然提高了收入，但并没有扭曲受助人的购买行为。如果在食品上的花费多于食品券补贴的数量，则以现金形式补贴而不是给仅能用来购买食物的卡，他们也应该花费相同的数量在食品上。标准理论认为受助人在食品上花费的数量会使得食品的边际效用除以其价格等于其他活动的边际效用除以其价格（参见第 1 章对消费者需求的讨论）。唯一的例外是当受助人在达到最优点后没有花完食品券。食品券只能用来购买食品，并且如果在达到最优点后没有花完食品券，人们依然会花完剩下的食品券，进而会获得更多的食品。如果花完全部的食品券导致消费超过了食品和其他商品边际效用与价格之比相等的点，则受助人应该不会再花任何现金在食品上。将现金花在其他商品上会获得更高的效用。

如果除了 SNAP 补贴人们没有在食品上再花自己的钱，则说明相对于给现金，该项目可能导致人们购买了更多本不会购买的食品。因为从历史数据上看，获得食品券的人在食品上花费的数额要高于仅能用来购买食品的补贴量（这是确定政策是否会产生无谓损失的重要条件），经济学家自然认为与给现金相比，食品券补贴并没有使人们产生不同的行为。补贴现金的话其也会像食品券一样花在食品上，美国农业部曾经对这种看法进行过实验，实验中给予的是现金补贴而不是限制用途的卡。此举动的最初意图是消除和参与食品券计划相关的可能缺陷。如果项目给予现金，人们是无法区分参与人到底是用补贴的现金还是其他来源的现金购买食品的。但令人惊奇的是，当给予现金而非食品券时，受助人花在食品上的支出要少很多。因此，现金收入和指定作为食品券使用的现金收入被看成是不同的，即使两者的购买力是相同的。显然，受助人并不是在找使花费在每种活动上（在此案例中是指食品和其他所有活动）的边际美元所得边际效用相等的点。

■ **实例 3-2　购买演出门票**

当进行消费决策时，消费者经常为不同的活动建立预算系统。一旦编制了预算，它们就可以形成人工消费壁垒，这会导致以下情况：对于预算过多的某些活动，花在其上的边际美元所得边际效用可能会低于预算不足的活动。这意味着无差异曲线并不像理性模型那样和预算约束相切。此时，通过在预算之间重新分配资金，逼近最优决策原则（体现为无差异曲线和预算约束线拥有相同的斜率），消费者可以改善自身的状况。

奇普·希瑟和杰克·索尔给出的例子描述了预算如何影响行为。在实验中他们询问参与人，在花了 50 美元购买运动赛事门票后，是否还愿意再花 25 美元购买剧院门票。另外一些受试者被询问如果送给他们一张运动赛事门票后，是否还愿意购买剧院门票。第三组被询问如果已经花了 50 美元接种流感疫苗，是否还愿意花钱看表演。理性决策应该进行前瞻性思考，考虑看表演的成本和收益，而非考虑过去的支出活动。有趣的是，和送赛事门票或者已经花钱打了流感疫苗的情形相比，如果已经花钱买了赛事门票，受试者更有可能拒绝看表演的机会。此时，近期在其他娱乐项目上花过钱（控制收入效应后）似乎会减少未来在此类项目上的支出。相反，如果前面的娱乐活动是免费的，则不会产生影响。希瑟和索尔还给出了其他几个例子。如果消费者认为货币是**可替代的**（fungible），即其很容易在不同用途之间进行转移，则此类前期支出应该不会影响现期支出，因为前期支出是沉没成本。在这里我们看到了一种非常不同的沉没成本效应，它依赖于预算的种类。

3.2 心理核算理论

总体上而言，心理核算是一种对货币和交易进行分组和归类的理论，进而消费者可以对可能的权衡抉择进行系统性的评估。不同类型物品的支出被划分为不同的预算项目，例如食品券案例中的食品。人们可以将钱存进不同的有形账户，例如储蓄或者支票账户，在物理形态上人们同样将它们看作是不同类型的资金。收入也是按类型进行分类的（例如，固定收入、奖金和礼金）。心理核算理论的真正核心是人们对物品进行分类进而允许分开进行决策。分开决策可以简化决策过程。显然，很难同时考虑全部的收入、财富和交易。在决策时，通过缩小必须考虑的物品的范围，人们就可以构建一个容易驾驭的问题，方便更好地进行控制。

心理核算理论假定，人们为了记录支出并进行支出决策，会在头脑中按类别对收入和费用建立心理分类账户，而不是将所有的交易放在一起考虑进而得出最优消费束。因此，决策可以基于类别或者基于每项交易做出。可以将这种分类账看作是基于传统复式记账系统的一系列账户。复式记账系统要求每一笔交易被记录两次：一次记入借方，一次记入贷方。例如，某企业购买了某物品，假设花1 000美元买了一台计算机。企业需要同时记录花费金额以及该物品。企业将交易记录在被称为分类账的账簿中，它有两栏。左列记录借方项目，右列记录贷方项目。计算机会被记入一个详细描述"采购"活动的分类账户中，作为借方项目或损失，1 000美元被记录在左列。同时该交易还会记录在另外一个详细描述"存货"的分类账户中，作为贷方项目或收益，记录价值1 000美元的设备。因此，记账过程会确定每一项交易的收益和损失然后进行记录。

心理核算假定，人们会对每项交易或交易类别开设分类账户，将与交易相关的事件分类为收益或者损失，努力做到交易结束时账户余额为正或零。因为每笔交易都记入某个分类账户中，因此决策并不是综合做出的，而是零散做出的。所以，获得食品券的人并不是在给定财富、各种价格以及食品券数量条件下，确定整体最优的消费束。相反，他们将食品券看作是食品购买分类账户中一个数值为正的进项，因此会增加相应数量的食品消费，而不考虑这项资金可能的其他用途。

因为要根据交易类别对物品分开进行评价，所以，人们会因收入来源或所购物品种类不同而产生非常不同的行为。基本上，在考虑各项交易时，人们会创建不同的预算种类，并分别对他们进行评价。由于对收入来源进行了分类，对于不同的账户或者收入来源，人们未必将它们看作是完全可相互替代的。因此，储蓄账户中的钱和支票账户中的钱被看作是不同的。对于特定类型的交易，人们可能认为某个账户更适用。例如，人们或许认为支票账户更加适用于日常支出，而储蓄账户更加适用于持有长期资金，进而仅适用于购买更加昂贵的物品。因此，你经常会花光支票账户中的钱，但又不愿意将钱从储蓄账户转入支票账户，在进行日常购买决策时就好像储蓄账户根本不存在一样。

心理核算将预算和复式记账的概念与前一章前景理论对结果估值的理念融合在一起。每个事件必须被分类为收益或者损失。然后按照前景理论的值函数对数量进行估值，如图3-2所

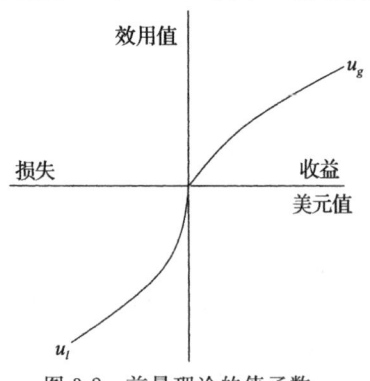

图3-2　前景理论的值函数

示。值函数一般由两个效用函数构成：一个是收益函数 $u_g(x)$，一个是损失函数 $u_l(x)$。对于潜在收益，值函数是凹的，因而表现出收益的边际效用递减。所以，收益的第 1 个美元要比第 100 个美元在边际上产生更高程度的愉悦。此外，对于损失，值函数是凸的，表现出损失的边际痛苦递减。所以，损失的第 1 个美元要比第 100 个美元在边际上更加痛苦。另外，值函数还表现出损失厌恶。这在原点附近可以看出，在收益和损失的分界点上，效用曲线是有弯折的，损失的斜率要比收益的斜率大很多。也就是说，消费者认为边际损失要比边际收益更加痛苦。我们通常用货币数量或者货币等价物来度量值函数的参数 x。因此，如果你丢了 20 美元，则 $x=-20$。相反，如果你丢了一张价值 20 美元的篮球比赛门票，则同样 $x=-20$。

某个结果是被看成收益还是损失与参考点有关。这看起来似乎是一项无关紧要的起始任务。例如，如果支付给某个员工 70 000 美元的工资，这可能会形成他的参考点。因此，使总额达到 75 000 美元的 5 000 美元的奖金会被看成是收益。相反，年薪减少 5 000 美元会被看成是损失。当同时对几项事件进行评估时这一过程会变复杂。项目分组方式的不同可能会产生不同的结果。例如，10 美元的收益和 20 美元的损失可以被编码为 $u_g(10)+u_l(-20)$ 或者 $u_l(10-20)$，这要依事件是被整合还是分离而定。本章的后续部分会对此进行更详细的讨论。如果定义参考点为 k，我们可以定义值函数为

$$v(x|k) \equiv \begin{cases} u_g(x-k) & \text{如果} \quad x \geqslant k \\ u_l(x-k) & \text{如果} \quad x < k \end{cases} \tag{3-3}$$

用符号表示时我们经常会去掉参考点，使用 $v(z)$ 表示，$v(z)=v(x-k|0)$，其中，z 为负值表示损失，为正值表示收益。

要确定某项交易或消费的函数值，对结果进行分离还是整合是非常重要的。首先，考虑某个人，他在一家价格昂贵的餐厅吃完饭后，账单比预期多出大约 30 美元。此外，假定在离开餐厅后去附近的停车场取车时，又发现用餐停车费比预期多收了 4 美元。在这里，此人预期支付的数量可以作为参考点。两种情况下，此人花费的比预期都多，相对于参考点都产生了损失。如果分离这些费用，总的体验是 $v(-30)+v(-4)$。相反，如果整合这些费用总体验为 $v(-34)$。他或许认为两者都是外出用餐产生的额外费用，因此将它们全部看作是一项损失。他或许这样想："今天晚上外出花了太多的钱。"另一种情况是，他或许将这些经历分开，因为它们是在不同时间不同地点发生的。他或许这样想："首先，为晚餐花了太多钱，然后为停车花了太多钱。"图 3-3 对两种可能的场景进行了描述。因为损失域值函数是凸的，相比加到最初损失的 30 美元上，单独评估 4 美元的损失会产生更多的效用损失。相比分离两项损失的人，这意味着整合两项损失的人会改善其状况。当结果被整合时，我们说它们被记入相同的心理账户。

对于收益而言，产生的情况恰好相反。如果此人晚餐比预期少花了 30 美元，停车费又比预期少花了 4 美元，则分离收益会改善此人的状况。图 3-3 再次表明，因为在收益域值函数是凹的，相比加到用餐节省的 30 美元上，在单独进行评估时，因停车节省 4 美元体验到的欢愉要稍高一些。因此，在此情况下对体验进行分离的人会比整合的人状况要好。

最后，如果某人既经历了一些损失又得到了一些收益，我们可以进行某些更加一般化的概括。例如，假设此人晚餐比预期少花了 30 美元，但在离开餐厅时却发现停车费竟然多花了 30 美元。如果他整合这些经历，体验到的效用是 $v(30-30)=v(0)$。相反，如果他分离

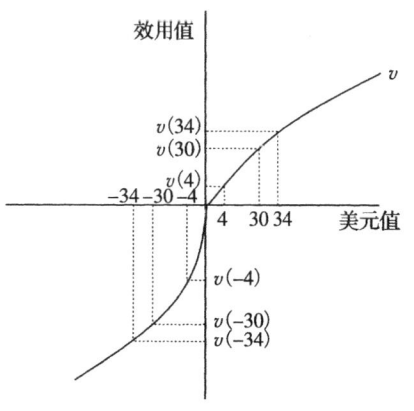

图 3-3　整合或者分离事件

这些经历，会获得 $v(-30)+v(30)$。由于损失厌恶，30 美元损失带来的痛苦要大于 30 美元收益带来的愉悦。这时，此人如果对事件进行整合则会改善其状况。这可能会使读者认为人们会策略性的选择整合或者分离事件以获得最大的效用。本章随后会讨论这种可能性。

心理核算的最后一个组成部分融合了交易效用的概念。人们使用值函数来评估消费效用——与预期相比的消费体验，同时也用值函数来评估交易效用——从特定交易中获得的享受。这就再次提出了人们对交易和消费事件是进行整合还是分离的问题。通常，我们在建模时会假设人们最大化消费和交易值函数两者之和。

心理核算是几种理论概念的集合：预算、账户、参考点、值函数、消费效用以及交易效用。和许多其他行为模型一样，该模型在很多情况下也不能对行为做出清晰的理论预测。因为理论本身对于预算或者账户如何形成无法提供特定的指导，因此在许多情况下，利用一般的心理核算框架几乎可以解释任何行为。实际上，对行为经济学的一个主要批评就是其无法做出清晰的预测，因而不太可能对提出的理论进行检验。虽然不太可能对心理核算理论进行整体检验，但有可能检验模型的不同组成部分，进而发现哪个部分有可能是最重要、最实用的部分。

3.3 预算与消费束

使用预算分类可以创建相互隔离的选择问题。标准理性模型假设所有的商品被合到一起考虑，这意味着能够达到整体最优。如果人们没有进行此类复杂优化问题所需的认知资源，他们或许会按类别将问题缩减为多个预算问题。例如，人们或许会对食品、服装、电器等等都有单独的预算。过去，人们常将这些不同用途的钱放到不同的信封里。近些年来，人们会使用软件来记录各个类别的支出。

消费者决策问题现在可以写为

$$\max_{x_1,\cdots,x_n} v(x_1,\cdots x_n | k) \tag{3-4}$$

面临一组预算约束

$$\begin{aligned} p_1 x_1 + \cdots + p_i x_i &< y_1 \\ p_{i+1} x_{i+1} + \cdots + p_j x_j &< y_2 \\ &\vdots \\ p_k x_k + \cdots + p_n x_n &< y_l \end{aligned} \tag{3-5}$$

其中，x_s 是人们选择消费的商品 s 的数量，p_s 是单位商品 s 的价格，y_m 是为第 m 个类别分配的预算，并且消费者将预算分配给 l 类 n 种商品。

对于任意类预算 m，其问题更类似于标准消费者选择问题。在该类别中存在一个预算约束。给定所有其他商品的消费水平，如果该约束是紧约束，则消费者选择在预算约束和无差异曲线的切点进行消费，参见图 3-4。要注意的是现在所有的消费选择都依赖于参考点。现在我们先忽略参考点，后面再进行深入讨论。

如果我们在不同预算之间进行比较，会发现我们未必会达到整体最优的消费束，因为预算过程施加了人为约束。图 3-5 给出了两个来自不同预算的商品，商品 1 来自于预算 1，商品 3 来自于预算 2。为这两种商品分配相同的总预算支出水平 $p_1 x_1^* (y_1 | k) + p_2 x_2^* (y_2 | k)$，⊖ 则消费者可以购买任何满足 $p_1 x_1 + p_3 x_3 < p_1 x_1^* (y_1 | k) + p_3 x_3^* (y_2 | k)$ 的消费束（这里剔除掉了

⊖ 疑有误，应为 $p_1 x_1^* (y_1 | k) + p_3 x_3^* (y_2 | k)$。图 3-5 中的预算约束线应为 $x_3 = (p_1 x_1^* + p_3 x_3^* - p_1 x_1)/p_3$。——译者注

消费需求函数中所有的商品价格参数）。然而因为该预算类别是人为虚构的，消费者并不会比较这些可能的消费束。相反，消费者为预算1中的所有物品寻找无差异曲线和预算1的切点，然后为预算2中的所有物品寻找无差异曲线与预算2的切点。预算数量的设置可能会排除掉理性的最优点。例如，式（3-1）和式（3-2）描述的是一个标准选择问题，相对于它们给出的无条件最优消费束所要求的预算数量，消费者可能为预算1分配的资金较少，而为预算2分配的资金较多。在这种情况下，相比最优，消费者会购买较少的商品1，较多的商品3。图3-5显示了这种情况。无差异曲线穿过了预算约束线，预算约束线上有很多点位于无差异曲线的东北方向，形成了预算约束的虚线部分。消费者选择其中任意一个消费点都会改善状况。这些点中的每一个都会消费更多的商品1和更少的商品3。

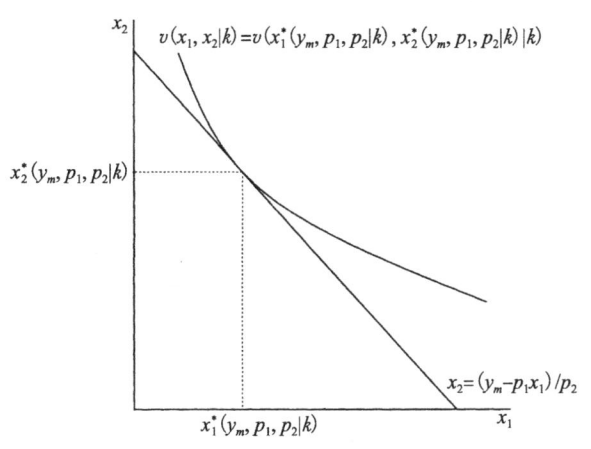

图3-4　单个预算类别下的消费问题（所有其他商品的消费保持不变）

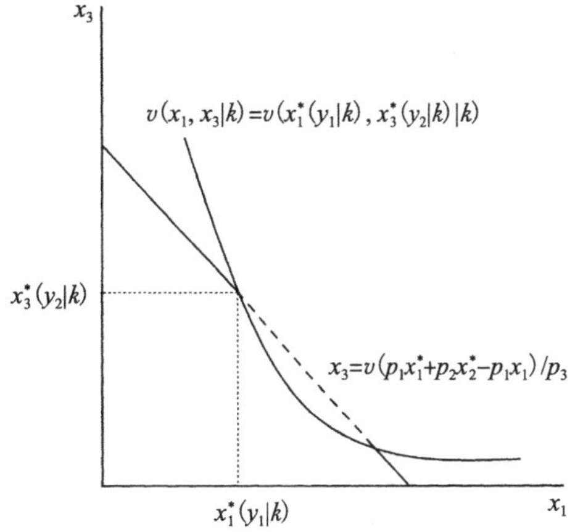

图3-5　预算之间的非优化

因此，编制预算会导致财富的错配，使得消费者能够在不增加资源的条件下改善自身状况，除非预算安排恰好与无条件最优状况下的支出完全一致。如果特定的收入来源与特定的预算相关联，则收入的任何变化都会导致资金的进一步转移。例如，如果礼金收入在预算时仅仅被用来进行娱乐或者购买让人开心的东西，则相对于所有其他物品，得到一大笔礼金会导致娱乐消遣的过度消费。相反，进行无条件优化的消费者会将这笔钱的大部分花在实用性物品上，这样他们会获得更多的效用。

式（3-4）和式（3-5）给出的消费者问题的求解过程类似于第1章中的标准消费者问题。此时，在每一个预算中，消费者每种商品的消费数量会使得预算中各种商品的边际效用与价格之比相等。用$\dfrac{\partial v(x_1^*, \cdots, x_n^* | k)}{\partial x_i}$表示产品$i$的边际效用，这一条件要求

$$\frac{1}{p_s}\frac{\partial}{\partial x_s}v(x_1^*,\cdots,x_n^*|k) = \frac{1}{p_r}\frac{\partial}{\partial x_r}v(x_1^*,\cdots,x_n^*|k) \tag{3-6}$$

这是预算约束和无差异曲线相切的标准条件。然后，我们就可以使用该预算的预算约束来确定预算中每种商品的数量。然而，此解并不意味着不同预算中商品的边际效用和价格之比相等，因为预算约束是不同的。这意味着无差异曲线会穿过总体预算约束线，只有在极少数情况下预算安排才可以达到无条件最优点。

■ 实例3-3　收入来源与支出

从2000年开始，美国政府几次降低了个人收入所得税，主要目的是为了增加消费者支

出。在很多情况下，降低所得税都被看作是对抗经济不景气的一种方式。随着所得税的降低，人们口袋里的钱更多了，进而愿意花更多。尼古拉斯·英利，丹尼斯·马和罗琳·埃德森进行了一项实验，在购物中心对购物者进行访谈，要他们回答有多少退税被花出去。某些受访者将退税看作是"扣缴收入"的返还，另外一些将其看作是"奖金收入"。当退税被看作是奖金收入时，87%的人说他们已经花出去了，而当被看作是扣缴收入的返还时，仅有25%的人说他们已经花出去了。进一步的实验证实，相比标记为应得收入的返还，收入被标记为奖金会导致更多的支出。

在2008年以前，退税一直是以退款支票的形式将减免的所得税一次性发放给纳税人。例如，2007年交纳收入所得税的人会在2008年5月收到一张300~600美元的支票。2009年一个类似的计划为每个纳税人减免了400美元的税。然而，该减免是通过直接减少工资代缴数量实施的，而不是寄送一张支票。该减免平均每周会增加7.7美元的实发工资。钱伯斯·瓦莱丽和玛里琳·斯潘塞使用调查方法来确定哪种返钱方法在增加支出方面更有效。使用大学生作为样本，他们发现相比一次性返还，以工资支票为基础定期返还更有可能促进支出。学生们表示，对于一次性返还他们会存下80%，对于工资支票返还他们只会存下35%。这个例子说明，返还的数量和时间选择会影响心理核算。或许每周很少的数量在数额上太小不足以记入分类账户，因此更有可能花出去而不是存下来。

3.4 账户、整合或者分离

值函数的形状表明，经历多项事件的人如果分离收益整合损失，则会改善其状况（参见图3-3）。事实上，对于多项事件存在四种可能：

- 如果某人经历了多项收益，$x>0$ 且 $y>0$，则值函数在收益域为凹意味着 $v(x)+v(y)>v(x+y)$（如图3-3所示）。此时，如果分离事件并且分开评估会改善人们的状况。
- 如果某人经历了多项损失，$x<0$ 且 $y<0$，则值函数在损失域为凸意味着 $v(x)+v(y)<v(x+y)$（如图3-3所示）。此时，如果整合事件并合在一起评估会改善人们的状况。
- 如果某人经历了一项损失和一项收益，$x>0$，$y<0$ 且 $x+y>0$，即收益超过损失，则如果假设强形式的损失厌恶，值函数的形状（如图3-6所示）意味着 $v(x)+v(y)<v(x+y)$。如果对于任意两个正数 z_1 和 z_2，且 $z_1<z_2$，总有 $v_g(z_2)-v_g(z_1)<v_l(z_2)-v_l(z_1)$，⊖则值函数符合**强损失厌恶**（strong loss aversion）。其要求在远离参考点的给定范围内，损失函数的斜率要大于收益函数的斜率。在参考点附近，我们总是假设损失域的斜率要比收益域的斜率陡峭。此外，由于收益的边际效用递减，收益域的斜率是递减的。因此，由于强损失厌恶，当从 x 向左移动到 $x-y$ 时，由于 $x-y$ 仍然在收益域，因此减少的效用要小于从参考点移动到 y 损失的效用。⊖在此情况下，整合事件会改善人们的状况。如果不是强损失厌恶，虽然在参考点附近值函数在损失域的斜率要大于收益域的斜率，但如果损失的边际痛苦递减的速度要快于等量收益（参见图3-7），

⊖ 因为 z_1 和 z_2 都是正数，v_l 是负数，所以书中及术语表部分对强损失厌恶概念的表述并不严谨，严谨的表示方式应该为 $v_g(z_2)-v_g(z_1)<v_l(-z_1)-v_l(-z_2)$。——译者注

⊖ 因为 $y<0$，所以这里以及图3-6和3-7中严谨的表达都应为 $x+y$。从 x 向左移动到 $x+y$ 减少的效用为 $v(x)-v(x+y)$，根据边际效用递减可得 $v(x)-v(x+y)<v(-y)$；强损失厌恶使得 $v(-y)<v(y)$，其中由于 $v(y)<0$，$-v(y)$ 是从参考点移动到 y 损失的效用；综合可得 $v(x)-v(x+y)<-v(y)$，因此 $v(x)+v(y)<v(x+y)$。——译者注

则从参考点损失 y 产生的痛苦可能会小于从 x 开始损失 y 产生的痛苦，这导致分离事件产生更多的总效用。因此，如果不是强损失厌恶，此问题的解是模糊不清的。此时，要确定整合和分离事件哪个更好，我们首先需要设定函数的形式以及事件的大小。

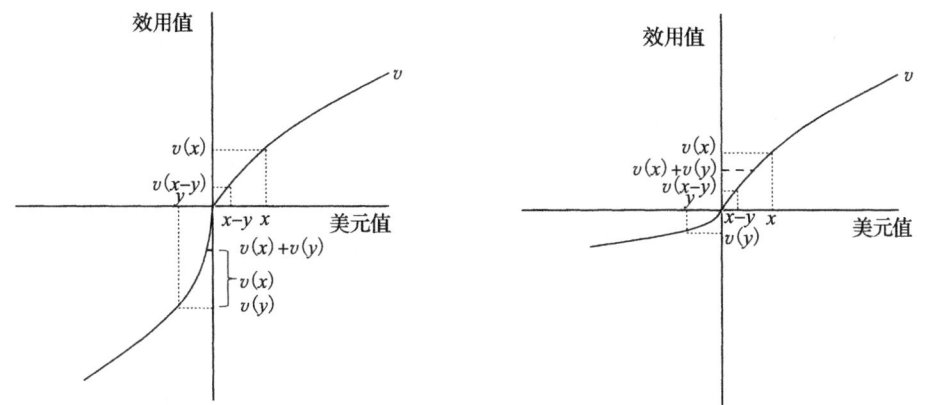

图 3-6　整合所有收益　　　　图 3-7　非强损失厌恶条件下整合所有收益

- 如果某人经历了一项损失和一项收益，$x>0$，$y<0$ 且 $x+y<0$，即损失超过收益，则在未设定值函数形式以及收益和损失大小情况下，我们无法确定整合和分离事件哪个会改善个人状况。与前面混合结果产生总收益为正的情况类似，我们可以施加某些限制来确定结果。在这种情况下，我们需要做出以下要求：对于任意两个正数 z_1 和 z_2，且 $z_1<z_2$，总有 $v_g(z_2)-v_g(z_1)>v_l(z_2)-v_l(z_1)$。⊖ 然而，这违反了损失厌恶的基本假设，即要求在参考点处收益函数的斜率大于损失函数的斜率。因此我们不考虑这种情况。然而，作为一个原则，如果收益相对于损失非常小，则应该分离它们。再次出现这种结果是因为，在离参考点较远时值函数在损失域的斜率相对较小。因此，增加等量的较小收益，从左侧离参考点非常远的点开始增加收益所增加的效用，要小于从参考点开始增加收益所增加的效用。⊜

早期关于心理核算的文献认为，为了让自己感觉更加良好，人们会产生对事件进行分组的动机。如果真是如此，面对多项收益的人会选择分离它们以最大化效用。面对多项损失的人会选择整合它们以最大化效用。另外，丢失了近期所获礼品的人最好将它看作是对某项收益的抵消，而非把它看作单项损失。这是由于值函数在损失域的斜率要比收益域的斜率陡峭的缘故。该理论被称为**享乐型编辑**（hedonic editing）理论。

然而，埃里克·约翰逊和理查德·塞勒的前期研究表明，人们并未进行享乐型编辑。约翰逊和塞勒通过提供处于不同时期的收益和损失，让受试者从中进行选择，以检验享乐型编辑假说。其想法是这样的，提供在时间上相距较远的一对收益或者一对损失，这可以让受试者更容易对结果进行分离。约翰逊和塞勒发现，受试者更喜欢分散收益，同时也更喜欢分散损失。因此，不管是正还是负，在时间上人们都偏爱将变动分散开来。

理查德·塞勒的某个更早的研究询问了受试者几个问题，在描述问题结果的方式上，其用词有意识的对整合还是分离结果进行了引导。例如，一个问题会问，某人收到通知说其意外少缴联邦所得税 150 美元，相比收到一个通知说其拖欠联邦所得税 100 美元以及另一个通知说其拖欠州所得税 50 美元的人，其感觉是好还是差。在这组问题中，受访者表现出明显

⊖ 同前面一样，严谨的表述方式应该为 $v_g(z_2)-v_g(z_1)>v_l(-z_1)-v_l(-z_2)$。——译者注
⊜ 即从 y 移动到 $y+x$ 所增加的效用 $v(y+x)-v(y)$，要小于从参考点移动到 x 所增加的效用 $v(x)$。——译者注

的分离收益、整合损失的偏好。当问题表述的用词虽然不影响实际结果但影响偏好时，我们称这种效应为**框架效应**（framing effect）。[注]此时，人们更加偏爱以整合方式表述的损失和以分离方式表述的收益。我们称这种现象为**享乐型表述**（hedonic framing）偏爱。虽然人们表现出享乐型表述偏爱，但似乎没有能力进行享乐型编辑，或者说未表现出享乐型编辑偏爱。因此，根据事件表述方式的不同，人们会感受到整合或者分离的影响，但他们未必会对表述方式进行控制。

截至目前，我们像标准效用函数一样处理值函数。但更一般的，心理核算文献认为，对于交易中付出去的钱，人们会有某种程度的损失或痛苦感，而这种痛苦应该进入值函数。因此，在购买商品后，人们获得了商品的消费价值并感觉到与价格相等的金钱损失的痛苦。消费产生的收益与支付造成的损失一起构成**获得效用**（acquisition utility）。人们还会体验到某些交易效用。如果支付价格成本的痛苦与消费价值整合在一起，则获得效用可以写为 $v_a(x-p)$，其中，v_a 为获得效用值函数，x 是商品消费所得价值的货币等值，p 是支付的价格。我们可以将 x 看作是使得消费该商品与否无差异所要求的支付数量。如果人们分离支付的痛苦和消费的愉悦，我们可以将获得效用写为 $v_a(x)+v_a(-p)$。

人们的交易效用可以写为 $v_t(-p+p_r)$，其中，v_t 是交易效用值函数，p_r 是参考价格或者让人感觉公平的支付价格。一般假定人们会整合消费与支付款项，因此购买商品的价值可以写为 $v_a(x-p)+v_t(-p+p_r)$。相反，如果购买和消费之间分隔了足够长的时间，在消费时消费者可能不再考虑支付的款项，这被称为**支付去耦**（payment decoupling）。人们使用信用卡付款会比现金付款更加放纵自己，这种现象可以用支付去耦来解释。如果人们整合价格与消费，则只要 $v_a(x-p)+v_t(-p+p_r)$ 大于这笔钱的最佳替代用途所获价值，人们就应该购买商品。如果因为支付去耦人们不再考虑价格，则只需要 $v_a(x)$ 大于最佳替代用途所获价值。

3.5 支付去耦、预购和信用卡购买

根据心理核算理论，当购买商品时，人们会象征性地开设一个心理账户，消费商品时再注销该账户。人们通过值函数对账户进行评估，以确定账户的余额是正还是负。德雷泽·普利莱克和乔治·罗文斯坦认为交易和消费活动经常会在头脑中产生此类账户，当账户余额为正时产生额外的欢愉，而余额为负时产生额外的痛苦。因此，贷款买车的人在开车时或许会想起贷款的未偿还余额。因为还未还完贷款，开车时他会不由自主地将债务和驾车收益整合在一起，使得驾车体验非常不爽。相反，支付全款买车的人开车时不会考虑买车的费用，而是仅仅考虑消费体验，使得开车成为一件乐事。支付去耦使人们在消费时勾销掉已经支付的款项，而仅意识到未付款项的重要性。普利莱克和罗文斯坦猜测，能够反复消费的商品（例如洗衣机）可以让人们忍受未来要支付的款项，而仅消费一次的商品（例如度假）则相反。他们认为人们会将未来付款**按比例分摊**（prorate）到预期的未来消费上。也就是说，在考虑未来付款的次数和多少时，消费者会考虑预期的未来消费次数和质量。因此，如果消费者面临耐用品未来还款，会这样考虑账户的价值

[注] 对于刚接触行为经济学的读者而言，框架效应（framing effect）这个术语很难让人理解。其通常是指决策问题不同的措辞表述方式会影响人们的偏好或选择，可以理解为措辞效应（frame 做动词时的一个英文释义是"用特定的语言或方式来阐述"），但要注意的是其也会受到决策者对问题的感知以及决策者个体特征的影响。由于以前在翻译行为经济学和行为金融的论著时很多译者将其翻译成"框架效应"，经讨论本书的译者也采用了这种译法，也有译者将其翻译为框定效应。——译者注

$$v\Big(\sum_{t=0}^{\infty}\delta^t(x-p)\Big) \tag{3-7}$$

其中，x 是各个时期消费的价值，p 是各个时期商品债务的还款额，δ 是贴现因子，t 表示时间。相反，如果商品一次性消费但需要未来按期支付，则在消费发生后，会这样评估账户

$$v\Big(\sum_{t=0}^{\infty}\delta^t(-p)\Big) \tag{3-8}$$

在消费还未发生时，如果消费者预期到未来这些令人生畏的款项，则按比例分摊款项会导致消费者这样行事：对于仅仅消费一次的商品偏爱预先付款，对于耐用品可能偏爱贷款购买。

在对账户进行评估时，通过分摊，消费者就可以对未来付款和未来消费进行比较。因此，如果预期的未来消费大于等于放弃的钱数，消费者会将账户评估为有正余额，即使该账户仍然存在未偿还债务。相反，如果没有未来消费，消费者会仅考虑未来付款，对账户进行评估时会忽略（或者至少低估）前期消费，导致负的余额。普利莱克和罗文斯坦这样询问受试者：为了去度假，他们是喜欢提前六个月支付每月 200 美元的费用，还是喜欢在返回后的六个月里支付每月 200 美元的费用。同时还询问受试者：为了买洗衣机，他们是喜欢提前六个月支付每月 200 美元的费用，还是喜欢在洗衣机送来后的六个月里支付每月 200 美元的费用。平均而言，受试者更加喜欢为度假预付费用，为购买洗衣机而贷款。因此，普利莱克和罗文斯坦发现的证据支持了支付去耦和按比例分摊的概念。

同样的动机也会影响信用卡消费。直觉上，我们经常使用信用卡来购买一次性用品，这看似违背了普利莱克和罗文斯坦概括的原则。一些证据表明信用卡使得消费者在消费时忽略了购买成本，非常类似于上面描述的预付选项。虽然知道还需要在未来付款，信用卡或许通过将大量不重要的购买加总为一张账单，起到了有效分离付款和消费的作用。实际上，账单模糊了单项购买的成本，继而将所付款项剔除于心理账户之外。因此，人们可以享受自己的冲动型购买而不用担心令人生畏的未来付款。

3.6 投资、开设与注销账户

心理核算模型的一个主要假设是，仅当余额为正或零时消费者才愿意注销账户。考虑一个进行投资的人。投资的初始成本为决策者设立了一个自然的参考点。任何高于参考点的回报被看作收益，而低于参考点的回报被看作损失。如果账户余额为正或零促使人们注销账户，则他们更有可能售出盈利的投资，而非亏损的投资。例如，卖掉价格下跌的房子会使卖房者的亏损成为现实。相反，继续持有等待房价反弹直至超过购买价格，可以让卖房者（在一段时间里）不用考虑投资亏损的痛苦。相反，售出所作投资会注销心理账户，坐实亏损。

这种效应可能是导致沉没成本谬误的一种原因，它使人们继续进行失败的投资或者活动，寄希望于达到心理账户的平衡。如果沉没成本持续存在于人们的记忆中，则该账户或许会永远处于亏损状态，人们就会不断地继续亏损的投资，希望最终会达到账户平衡。事实是这样吗？幸运的是，事实似乎并非如此。相反，随着时间的推移，人们会降低投资成本的价值，这一过程被称为**支付折旧**（payment depreciation）。随着时间的流逝，已付款造成的痛苦会逐渐消失，初始付款的影响会变得越来越小。人们会克服它的影响。回想一下霍尔·阿克斯和凯瑟琳布勒姆尔给出的例子，其在预定剧院门票时向受试者收取了不同的价格。虽然对于系列剧目的前半季，观看演出的次数存在显著差异，但是后半季却没有什么差异。此时，在门票上多花的钱全部折旧完毕，两组受试者观看演出时面对相同的激励。假设某人在时间 $t=0$ 花费 p 购买了某耐用商品（例如鞋子）。进一步假定消费该耐用品的价值为 x。则

在任意时点消费该商品产生的效用可以写为 $v_a(x-p\delta^t)$，其中，δ 是贴现因子，是小于 1 的正数。因此，随着时间的流逝，由于 δ^t 变得越来越小，消费的获得效用中价格所起的作用也越来越小。此外，价格在交易效用中同样会折旧，即 $v_t((-p+p_r)\delta^t)$，所以，在心理损失最小的时候账户最终会被注销。这可能会促使人们保留老掉牙的昂贵商品，扔掉或卖掉功能相对较好的便宜货。

■ **实例 3-4　投资和撤资**

假设你持有某股票投资组合。随着时间的推移，某些股票价格下跌，已经低于购买价格，而其他股票价格上涨，更值钱了。传统的经济理论认为你应该根据投资的预期未来收益进行买卖决策，而不应该根据历史价格。此外，未来的股票价格在建模时经常被表示为随机游走过程。如果股票价格是随机游走的，则预期未来价格应该等于当前价格。在我们的例子中，没有特别的理由偏爱卖出升值或贬值的股票。过去价值的变化应该不会提供关于未来表现的信息。此外，美国的税法允许人们用股票市场出现的损失抵扣部分税款。在此情况下，我们或许认为这会激励人们多售出亏损股票而非盈利股票。心理核算的预测恰好相反。根据心理核算理论行事的人会持有亏损的股票，寄希望于账户最终会平衡。因此，心理核算理论认为人们会多售出盈利股票而非亏损股票。

特伦斯·奥丁使用来自低佣金券商的 10 000 名客户的交易数据对上述预测进行了检验。他发现，这些客户更加有可能售出升值的投资而非贬值的投资。在所考察期间，他们售出并变现了资产组合中大约 15% 盈利的股票。另一方面，他们售出并变现的亏损股票仅占资产组合的 10%。这种变现收益并且避免坐实亏损的倾向被称为**意向效应**（disposition effect）。在这里，售出股票的客户用 $v(p_s-p_p)$ 来评估售出后的收益，其中，p_s 是销售价格，p_p 是购买价格。显然对于盈利股票而言，该函数值要大于亏损股票。因此，客户会愿意售出盈利股票，而希望避免坐实亏损。

售出盈利股票的客户一般不会将收益再投资于这些股票上，这说明在获得收益后他们并不是在简单地进行资产组合再平衡，即降低盈利股票的价值占比，重新回到最初的投资组合状态。很难得到客户对未来收益的预期。然而，奥丁对盈利后售出的股票以及亏损后持有的股票两者之间的实际收益率进行了比较。在售出后的 252 个交易日里，被售出的盈利股票的平均收益率大约为 2.4%。而同一时期，未售出的亏损股票的平均收益率大约为 −1%。因此，如果现实反映了人们的信念，则他们本应该卖出亏损股票。有趣的是，在 12 月这种趋势发生了反转。在 12 月，人们之所以坐实损失是为了通过售出亏损股票减免税款。然而，12 月的反转倾向并不是特别强烈，在影响上并不足以超过其他月份意向效应的影响。

■ **实例 3-5　购买健身俱乐部会员资格和出勤的再考察**

约翰·古尔维尔和迪利普·索曼提出并检验了支付折旧的概念——随着时间的推移，购买物品支付的成本对消费行为的影响越来越小。他们给出了几个关于支付折旧的假想和实验案例，其中最具有说服力的是对科罗拉多州某体育馆健身行为的研究。健身俱乐部的会员资格以年为单位购买，但款项在入会后每 6 个月支付一次。因此，在一月份入会的会员将在每年的一月份和六月份支付会费。有趣的是，不论付款在哪个月发生，付款后出勤率会出现一个明显的尖峰。从六个月的时间窗口来看，大约有 35% 的出勤发生在付款月份。相反，在付款后的第 4 或第 5 个月里，出勤占比小于 10%。研究中剔除了首次入会的会员，因为刚刚加入健身俱乐部的激动心情可能会使结果产生偏误。

想象一个考虑去健身的人。自从上次续缴会员费后，他已经健身了 $n-1$ 次，这次健身后他获得的价值为 $v_a(x_n-p\delta^t/n)+v_t(-p\delta^t+p_r(n))$。㊀ 其中，$x_n$ 是该会员在第 n 次体育馆健身上体验到的货币价值，p 是每 6 个月支付一次的会员价格，δ 是每个月的折旧率，t 是自上一次付款后经过的月数，n 是自上一次付款后去健身的次数（包括正在考虑之中的本次健身），$p_r(n)$ 是个人认为去体育馆健身 n 次的公平价格。在获得效用值函数中，支付的价格除以 n 表示成本在 n 次健身上进行摊销。在付款后的第一个月里，价格显得很高，两者都被乘 $\delta^0=1$。刚付完款后，会员还未参加健身，$n=1$，因而在付款后的第一个月里进行第一次健身的价值为 $v_a(x_1-p)+v_t(-p+p_r(1))$。几乎可以确定的是健身一次的公平价格 $p_r(1)$ 要比 6 个月的会员费少很多。因此，交易效用是一个很大的负数。同样，健身一次体验到的价值肯定要比 6 个月的会员费小很多。因此，获得效用也是一个很大的负数。因此，会员在付款时会认为账户存在损失，在其平衡账户的过程中，该账户会一直处于开状态。虽然进行第一次健身的函数值为负值，但是该值仍然要大于当月不去健身的函数值 $v_a(-p)+v_t(-p)$，因为会员至少获得了一次健身的价值。

随着时间的推移，健身次数和月数都会增加。假定折旧率为 $\delta=0.75$。在第 4 个月，如果会员健身 11 次，下一次健身的价值为 $v_a(x_{12}-0.002p)+v_t(-0.316p+p_r(12))$。㊁ 如果健身 12 次的公平价格大于 6 个月会员费的 0.316 倍，则交易效用明显为正。此时，会员不再因交易效用为负而将账户保持在开状态。现在假定该会员认为在 4 个月里的第 12 次健身的实际价值为负值（我感觉将所有的时间都花在了健身上），$x_{12}<0$。此时，该会员可以选择注销账户并停止健身。但是如果健身 12 次的公平价格要比 6 个月会员费的 0.316 倍小很多，则该会员可以通过继续健身来获得更多的潜在交易效用。要注意到，如果此时不再进行健身会得到 $v_a(-0.002p)+v_t(-0.316p+p_r(11))$。如果相对于公平价格的变化即 $p_r(12)-p_r(11)$，x_{12} 的绝对值较小，则 $v_a(-0.002p)+v_t(-0.316p+p_r(11))$ 要小于再多健身一次得到的总价值。在这种情况下，会员或许会不愿意注销账户，并仅仅为了增加交易效用而继续进行消费，这就会表现出沉没成本谬误。

3.7 参考点和无差异曲线

到现在为止，我们用经济学文献中常用的凹形曲线表示无差异曲线（如图 3-4 和 3-5 所示）。㊂ 然而，前景理论认为这种形状并不是普遍适用的。在第 4 章我们会更加详细地讨论该问题，但为了完整的阐述心理核算理论，我们应该对参考点如何影响无差异曲线有一定程度的了解。

我们通常用货币数量表示前景理论值函数中的不同结果以及参考点。当考虑单个消费活动或商品时，这种类型的分析就足够了。然而，如果我们考虑多种消费活动，则对于消费者面临的参考点，每种消费活动都会有一个参照消费水平。因此，每天早餐都会吃两个鸡蛋和一片面包的人，会将两个鸡蛋和两片面包看作收益。三个鸡蛋和一片面包也会看作收益。减少鸡蛋或者面包的数量会被看成损失。但是假定现在考虑消费一个鸡蛋和两片面包。在鸡蛋

㊀ 更加严谨的公式应该写为 $v_a(x_n-p\delta^{t-1}/n)+v_t(-p\delta^{t-1}+p_r(n))$。——译者注
㊁ 这里数值计算疑有错误，第四个月的折旧率应为 $0.75^3=0.422$，再除以 12 为 0.035。作者似乎算成了 $0.75^4=0.316$，但再除以 12 为 0.026，并不是 0.002。正确的应为 $v_a(x_{12}-0.035p)+v_t(-0.422p+p_r(12))$，实例中后面的数值应做相应修改。——译者注
㊂ 疑有误，无差异曲线为凸形。——译者注

数量上出现了损失，但在面包数量上出现了收益。如果此人是损失厌恶的，则在任何维度上因消费低于参考点而减少的效用都会大大高于同一维度上因消费超过参考点而增加的效用。

这会影响无差异曲线的形状。相对于增加一个鸡蛋，损失一个鸡蛋（消费量比参照量少了一个）会对效用产生更大的负影响。为了弥补该损失，让自己重新回到原来的无差异曲线，必须给予更多的面包。另外，增加面包对效用的影响要小于损失面包对效用的影响。因此，相比为增加一个鸡蛋（超过参考水平）所愿意放弃的面包数量，损失一个鸡蛋需要更多的面包来补偿。这意味着在参考点附近无差异曲线有一个弯折，如图3-8所示。⊖

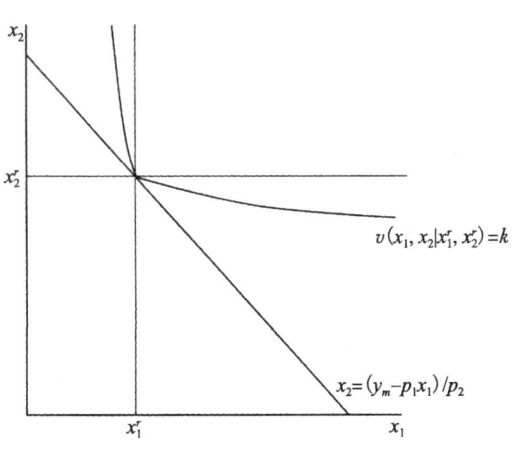

在图3-8中，商品1的参照数量由 x_1^r 给出，商品2的参照数量由 x_2^r 给出。任何在点 (x_1^r, x_2^r) 西南方向的点在两个维度上都被看成是损失，因此在这个方向上效用下降很快。任何在 (x_1^r, x_2^r) 东北方向的点在两个维度上都被看成是收益，因此在这个方向上效用上升的较慢。相反，参考点东南方向的任意点按照商品1衡量是收益（导致效用缓慢增加），按照商品2衡量是损失（导致效用迅速下降）。在该区域无差异曲线的形状相对平坦，说明商品2的损失要求更大数量的商品1补偿。参考点西北方向的任意点按照商品2衡量是收益（导致效用缓慢增加），按照商品1衡量是损失（导致效用迅速下降）。在该区域无差异曲线的形状相对陡峭，说明商品1的损失要求更大数量的商品2补偿。在参考点处斜率突然变化的事实导致无差异曲线在此出现弯折。

图3-8 有参考点时的无差异曲线

在求解受预算约束的效用最大化问题的最优条件时，曲线的弯折会产生问题。特别地，在某些无差异曲线上，可能任何点的斜率都不会等于预算约束线的斜率。对某些无差异曲线而言，不存在相切的点。如果在没有切点的条件下出现最优，则最优条件和标准条件会有很大不同。图3-8展示了这种情况。此时，预算约束线的斜率介于两个斜率之间，即当你趋近参考点时无差异曲线上半部分和下半部分两个斜率之间。如果无差异曲线的弯折点位于预算约束线上，并且满足上述条件，则在弯折点的消费束是最优的。第4章进一步讨论了在西南和东北区域会发生的情况，讨论了未直接经过参考点的无差异曲线的形状。

3.8 理性选择、诱惑、礼物对现金

理性选择模型在解释诱惑的概念时遇到了很大的困难。诱惑问题的本质在于消费者想要某些自认为不应得到的东西。传统经济学使用效用函数来同时反映消费者想要以及自认为应得到的东西，排除了诱惑的可能性。要建模表示决策者会面临诱惑这种情况，一种方式是认为应该区分物品短期和长期的影响。因此，某种商品可能会即刻产生正效用（例如，品尝到自己特别喜欢的甜点），但对效用的长期影响是负值（例如，增加了不招人喜欢的体重）。因

⊖ 需要注意的是，严格来说只要无差异曲线是严格凸的或者边际替代率是递减的，此段的所有论断也是成立的。作者的意图实际上是这样的：要达到相同的效用水平，在参考点处，由于边际替代率递减，相比增加一个鸡蛋所要求减少的面包数量，损失一个鸡蛋要求更多的面包来补偿。此外，由于损失厌恶，损失该鸡蛋所要求补偿的面包数量还需进一步增加，导致斜率不再连续，发生突然变化，进而产生弯折（也就是说，即使对于微小的变动，两者也不相等）。相关内容可参见第4章。——译者注

而，消费者问题可以表示如下

$$\max_x u(x|h_0) + \delta u(z|h_1(x)) \tag{3-9}$$

式中，$u(\cdot|\cdot)$ 是任意时期在给定健康状态 h_t 条件下消费的效用，x 是消费者在第一期选择吃掉的蛋糕数量，z 是发生在未来的消费水平（在式（3-9）中被看作是给定的），δ 是对未来效用进行贴现的因子，h_0 是初始的健康状态，$h_1(x)$ 是未来的健康状态，并且是现在吃掉的蛋糕数量的函数。可以假设增加蛋糕的消费量对未来的健康有害，因而会降低未来的效用。

在传统模型中，消费者会平衡现期效用和未来效用，选择消费量 x^* 最大化跨期效用。这清楚地表达出了以下理念，即用餐者希望现在吃蛋糕但又害怕会对未来效用产生影响。然而，诱惑问题通常还会涉及后悔。因而，用餐者经常在吃掉很多蛋糕之后感到懊悔，认为本应节制一些。这种懊悔表明个体决策者要么没有正确地认识到自己的问题，要么无法完全控制自己的行为。理性模型无法解释这种系统性的懊悔感觉。虽然消费者希望自己在未来更加健康，但是按照式（3-9）行事的消费者必定认为他做出了正确选择。

然而，赠送礼物的人却无法做到如此准确。例如，考虑你的祖母送给你一件价值 75 美元的毛衣。虽然毛衣很好，但如果送给你 75 美元的话，你会购买一个新的 MP3 播放器。在这种情况下，相比毛衣你更加喜欢 MP3 播放器。如果你的祖母直接送给你 75 美元的话，你的状况会得到改善。在理性假设下，只要消费者知道所有能够花钱购买的选项，则他们在收到现金时的状况至少和收到同等价值礼物时的状况一样好。但是如果送钱总是会改善人们的状况，人们为什么还会送其他东西呢？

3.9 预算、账户、诱惑和礼物

因为预算被看作是不可替代的，所以消费者可以使用账户作为一种抵制诱惑的手段。与储蓄账户相比，消费者通常认为从支票账户中取款更容易。基本上，他们在这个账户中存放花费比较随意的资金。相反，他们将钱存在储蓄账户中的部分原因是为了抵制诱惑。赫什·舍夫林和理查德·塞勒认为消费者将实际货币账户分为三类：现期收入、现期财富和未来财富。现期收入由近期打算花出去的资金构成。为了购买太过昂贵而无法用薪金支票购买的商品，人们会积累资金，现期财富由这些积累的资金构成。最后，未来财富是为了未来消费而存的钱，例如退休储蓄。

与这些账户三种不同的导向相对应，每一种账户对消费者支出的诱惑程度也是不同的。在现期收入账户中的钱诱惑性很强，因为它是打算在近期支出的资金。在现期财富账户中的钱诱惑性稍弱，从该账户中支取资金需要有非常适合的理由。最后，未来财富账户几乎被看作是不可触碰的。人们或许会将钱存在这些账户中来抵制花钱的诱惑。因此，人们或许希望自己的薪资各有一部分存入这三个类型的账户中，以确保自己不会把全部工资都花完。舍夫林和塞勒表明三种账户的支出倾向是不同的。人们根据他们的支出意愿将收入编码为不同的类别，然后将它们存入合适的账户中。

理论上的预测是，通过将不同的账户看作是不可替代的，并且对更具诱惑性的账户人为设定较低的数额，人们能够在某种程度上克服诱惑。在抵制特定的消费诱惑时，也可以进行类似的行为。理查德·塞勒给出了一个某对夫妇的例子，他们总是情不自禁地想买价格昂贵的红酒喝。为了限制高价红酒消费的支出，他们会约束自己仅购买价格低于 20 美元一瓶的酒。他们设定预算，将其作为一种阻止自己向诱惑妥协的人为机制。这种人为规定并不是总会产生最优行为。其可以使他们免于过度支出，但在某些场合，即使购买高价红酒会产生足够的效用，进而有足够的购买理由，这种规定也可能会阻止他们购买。塞勒指出，在这种情况下预算约束意味着，相比收到 50 美元的现金，如果这对夫妇收到 50 美元一瓶的酒作为礼物，其状况会得到改善。由于人为预算，50 美元的现金肯定不会用来购买改善自身状况的红酒。相反，红酒礼物不会受此限制，它会被消费掉，相比等值的现金，他们的状况得到了改善。因此，如果由于对某些诱惑的厌恶而将预算设定的过低，则人们收到礼物有时会改善其状况。仅当随意设定的预算恰好剔除了最优消费束时，相比现金收到礼物才会增加福利。如果该对夫妇确实喜欢 20 美元一瓶而非 50 美元一瓶的红酒，则他们会更喜欢 50 美元现金作为礼物。

■ **实例 3-6　抵制诱惑**

如果某些消费品在消费时会带来愉悦感但在长期会产生负影响，则它们被认为是有诱惑性的或者罪恶的。其他某些物品被认为是不具有诱惑性的，并且还被认为是有益的，因为相对于瞬时的消费体验他们还具有正的长期收益。某些人使用消费预算来抵制罪恶物品的诱惑。消费预算对各种情况下人们会消费的数量进行了限制。如果人们使用严格预算来限制具有诱惑性的物品的消费量，则当大量购买有折扣时，我们会预期人们不会购买太多此类物品。当有益商品（胡萝卜）买一送一时，人们可能会利用这种特价商品增加与之而来的交易效用。相反，当诱惑性商品（芝士蛋糕）特价出售买一送一时，人们或许不会购买因为他们对这些物品的消费量设定了限制。

克劳斯·沃顿布劳奇通过实验对该理论进行了检验。向受试者提供 6 盎司一袋的炸薯条，告诉他们可以买 1 袋或者以折扣价买 3 袋。提供的折扣数量在受试者中是不同的。某些受试者被告知炸薯条 75％ 不是脂肪，将炸薯条描述成相对健康的食品。其他受试者被告知炸薯条含有 25％ 的脂肪，将炸薯条描述成相对不健康的食品。如果被告知炸薯条 75％ 不是脂肪，则增加一次买 3 袋的折扣，受试者一次购买 3 袋的比例增加了 40％ 多。如果被告知炸薯条含有 25％ 的脂肪，则随着价格的下降，受试者一次购买 3 袋的比例仅仅增加了大约 10％。因此，相比将炸薯条看作诱惑性商品的人，那些将其看作有益商品的人对价格更加敏感。可以这样解释这种现象，考虑到一旦购买后会诱惑自己进行消费，人们对脂肪含量高的炸薯条的袋数设定了消费量限制。另一方面，被认为是有益的薯条不会被看作是诱惑性商品，因为人们认为它们在未来不会产生负面后果。因此它们不会面临相同的预算约束。

3.10　不同时期的理性选择

人们如何对不同时期的消费进行权衡抉择，心理核算的某些重要预测与此有关。诱惑和自我控制问题仅仅是一个例子。不同时期消费的理性选择模型假设人们是有远见的并且尽力平滑不同时期的消费。例如，一个典型的消费者跨期选择模型可以被表示为

$$\max_{\{c_t\}_{t=1}^{T}} \sum_{t=1}^{T} \delta^t u(c_t) \tag{3-10}$$

约束为

$$\sum_{t=1}^{T} c_t < w + \sum_{t=1}^{T} y_t \tag{3-11}$$

其中，u 表示任意时期消费的瞬时效用，δ 表示应用在未来各期消费上的贴现因子，按复利

计算，c_t 表示时期 t 的消费，y_t 表示时期 t 的收入，w 表示初始的财富禀赋，T 为规划期间的结束期——人们死亡的时期。式（3-11）要求在任意时期，消费者的支出不能超过他们的财富加上根据未来收入可以借入的数量。用该模型可以描述意外收益如何被支出。通常，该模型表明人们应该平滑各个时期的消费。因此，如果你突然得到一笔意外收入，则该笔资金应该进入你的收入财富条件式（3-11），并且会相对平均的分摊到未来不同时期的消费上（虽然由于对未来消费的贴现它会随时间推移而逐渐下降）。

举一个简单的例子，考虑一个两期模型，$T=2$，在时间上无贴现，$\delta=1$。像所有的消费者问题一样，通过在不同活动之间达到边际效用与消费成本之比相等，消费者实现最优化。在这个例子中，两种活动分别为时期 1 和时期 2 的消费。因为从每一种活动中得到的效用都是用同一个曲线 $u(\cdot)$ 来描述的，并且因为假定各个时期消费成本相等，因此，在 $c_1=c_2$ 时达到最优。图 3-9 用两条斜率为 1 的切线描述消费的成本。因此，任何意外获得的收入会在两个时期之间进行分配。加入贴现后只需要进行轻微的修改，即第二个时期的边际效用乘贴现因子等于第一个时期的边际效用。只要 δ 和 1 比较接近，该收入应该会被近似平均的分配。

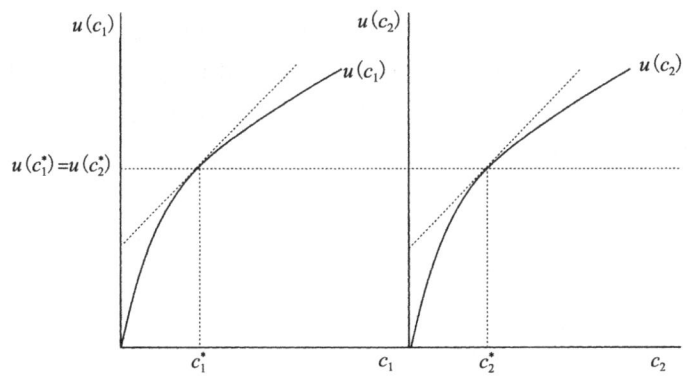

图 3-9　无贴现时的两时期消费模型

对任何时期 j 和 i，当 $\delta^i \dfrac{\partial u(c_i)}{\partial c_i} = \delta^j \dfrac{\partial u(c_j)}{\partial c_j}$ 时，出现最优解。因此，各个时期的边际效用应该按照 $1/\delta$ 逐渐增长，由于边际效用递减，消费量会随着边际效用的上升而逐渐下降。财富的意外收益应该会像预期收益一样：近似平均的在所有未来消费时期进行分配，但随着时间的推移按一定的速度下降。

■ 实例 3-7　意外收益

不管收入是符合预期的还是意外所得，传统理论都认为人们要达到最优应该将边际美元花在收益最高的活动上。行为经济学家曾经对未预期到的收入或者意外收益对支出行为的影响进行过研究。实验证据表明意外所得的支出倾向要高于预期内收入。

霍尔·阿克斯和其他研究者招募了 66 个大学生参与实验。让这些参与人填写一张问卷，然后去室内体育馆观看一场大学生篮球比赛，看完后再填写第二张问卷。在观看比赛前所有的参与人都会收到 5 美元。只不过某些参与者之前被明确告知会收到 5 美元，而其他参与者则没有明确告知。然后让参与者报告在观看比赛期间他们在小卖部花了多少钱。平均而言，在比赛期间那些预期会收到钱的人的支出不到其他人的一半。因此，那些知道自己会收到钱的人冲动花钱的可能性要小很多。

心理核算对这种现象提供了一种解释。例如，预期收入会被放入某个心理账户中，该账户被用来购买特定的物品并且在收到钱时已经做好了预算。意料之外的收入会被计入特别为非预期收入准备的单独账户中，该账户主要用来进行轻率型或者冲动型购买。因此，收入被预期到与否决定了这笔钱会进入哪个账户，进而决定了认为购买合理所要求的边际效用水平的高低，如图 3-4 所示。在此案例中，很有可能人们在冲动型预算上分配的资金数量要比整体最优的数量多，而对于计划型支出预算分配的资金数量要比整体最优的数量少。因此，冲动型预算的支出倾向要大大高于计划型支出预算。

3.11 对基于收入来源的消费的理性解释及其应用

在调和以心理核算为基础的行为和理性选择模型方面，没有进行过多少工作。然而，心理核算模型是以公司使用的会计方法为基础的。这些公司有很多资源，从事多种活动。对于这些组织中的主要决策者而言，很难追踪所有的错综复杂的活动并做出明智的决策。会计方法，包括对不同的活动设立不同的账户和预算，是作为一种记录费用和资本的方法发展起来的。这可以看作是对努力进行总体优化所需心智成本的一种反应。相对于同时考虑所有可能的活动和收入来源，将它们分成不同的组成部分可以简化问题，使决策更加容易。在管理自身的购买和收入决策时人们会面临类似的问题。我们每天要做出上百个决策。这导致在整体上进行优化的成本高昂。使用心理账户产生的福利损失或许要小于对所有的决策进行整体优化的成本。

对营销而言，心理核算表明，如何对你的产品进行分类以及如何表述购买决策是很重要的。在销售需要反复购买的产品时，对于这些持续不断的费用，通过合适的表述让它们在消费者头脑中加总到一起，就可以增加销售量。此外，分离收益也能够增加销售量。这可以解释为什么午夜电视购物节目会非常详细地描述所售产品包中的每一件物品，每介绍完一件物品就会询问："现在你愿意付多少钱？"对于单次消费品，相比向消费者提供融资支持，使用预付方式会促进销售。此外，对于可以反复使用的商品，通过融资支持将成本分摊到产品的整个生命期，可以使产品更容易销售出去。生产者巧妙地使用心理核算原则可以促进销售但又不会增加太多成本。

如果人们存在自我控制问题，则预算机制可能是一种非常有效的工具。如果自我控制不是一个明显的问题，预算的设置应该最大化各时期消费的愉悦感。更一般地，通过对支出预算进行经常性的评估，对于边际效用较低的种类削减预算，则根据心理核算原则行事的人有可能改善自己的福利。

与行为经济学的其他部分一样，心理核算也可以看成是不同推断法则的松散集合。摈弃了传统经济学中的系统性总体行为模型，行为经济学提供的替代模型通常系统性较差。特别地，心理核算包含了前景理论、复式记账以及心理预算等要素来描述各种各样的行为。由于这些行为的广泛性和可预测性，该集合在建模和预测经济行为方面是非常有用的。其中损失厌恶是行为经济学家记录的最具普遍性和系统性的一组行为之一。

行为经济学是兼收并蓄的，有时又有些零散。损失厌恶是行为经济学家提出的最为统一的理论。人们从收益中体验到的边际效用递减以及从损失中体验到的边际痛苦递减，以及从损失中体验到的边际痛苦大于从收益中体验到的边际效用，可以用来解释多种多样的行为。在心理核算框架中，损失厌恶是核心内容之一。在后续章节中我们会进一步讨论它。

传 记

乔治 F. 罗文斯坦（1955—）

学士，布兰迪斯大学，1977 年；博士，耶鲁大学，1985 年；在芝加哥大学与卡内基-梅隆大学担任教职。

乔治·罗文斯坦获得了经济学学士和博士学位。在经济学文献中，他为心理影响融入跨期选择模型奠定了基础。他在心理核算、非一致性偏好、偏好预测和神经经济学方面也做出了突出贡献。他的基础性研究工作认识到人们的状态会影响人们对事件的感知。此外，人们很难预测其状态变化如何影响决策。例如，不饿的人可能无法预期到在未来处于饥饿状态时会难以抑制诱惑。此本能因素的变化可能导致人们面临无法抗拒的诱惑，继而在饮酒、用药和性行为方面做出非常冒险的选择。最近，他在关于神经经济学（使用大脑成像来描绘决策过程的领域）方面的研究成果找到了一些证据，表明人们各自使用单独的过程对现金和信用卡购买进行评估。可以认为该成果至少在部分上证明了心理核算框架的有效性。他的开创性研究成果使他成为美国心理学协会会员和美国科学艺术研究院院士。

思考题

1. 考虑某个高中生，父母每天上学都会给他 3 美元作为"午饭钱"。放学后这个学生会勤工俭学，赚点"零花钱"。除了午饭钱，该学生每周还会花 5 美元自己赚的钱在午餐上。假定她父母将给的午饭钱减少到 2 美元每天，与此同时，同样的工作工资每周却增加了 10 美元。对于午餐花费，理性选择模型认为会怎么变化？心理核算理论会做出什么样的预测？

2. 假定你管理着一组生产小型工具的工人。你知道利润在很大程度上依赖于生产的数量和质量。为了让小组成员好好干活儿，你决定奖励表现好的员工而惩罚表现差的。如何使用享乐型表述让这种奖励惩罚机制更加有效？这种享乐型表述与享乐型编辑建议的分离和整合有什么不同？

3. 假定你是一名政府部门监管人员，你非常关注意向效应以及其对财富创造的潜在影响。可以采取什么样的政策来减少售出盈利股票，增加售出亏损股票？政府现在会对售出的亏损股票实行减税。但这种减税政策只会鼓励在 12 月份售出亏损股票。什么样的政策会鼓励人们在平时多售出亏损股票？

4. 你现在正在考虑给两个朋友买礼物。两个人都喜欢视频游戏。但是他们都减少了在此方面的预算，因为游戏很容易让人着迷。达纳总是会情不自禁地购买首次上市的昂贵游戏，而不是等到价格降下来后再购买。因此，达纳限制自己只能购买低于 35 美元的游戏。相反，艾弗里总是情不自禁地玩很长时间游戏，而忘了其他重要任务。因此，艾弗里限制自己只能在其他人的家里玩游戏。对达纳而言，收到价值 70 美元的游戏做礼物和收到 70 美元做礼物，哪一个更好？对艾弗里而言哪一个更好？答案为什么会不同？

5. 假定阿基拉有两种收入来源。预期收入 y_1 用在健康食品 x_1 和服装 x_2 上。非预期收入 y_2 用在甜点 x_3 上。假定值函数为 $v(x_1, x_2, x_3) = (x_1 x_2 x_3)^{\frac{1}{3}}$，因此，商品 1 的边际效用为 $\frac{\partial v(x_1, x_2, x_3)}{\partial x_1} = \frac{1}{3} x_1^{-\frac{2}{3}} (x_2 x_3)^{\frac{1}{3}}$，商品 2 的边际效用为 $\frac{\partial v(x_1, x_2, x_3)}{\partial x_2} = \frac{1}{3} x_2^{-\frac{2}{3}} (x_1 x_3)^{\frac{1}{3}}$，商品 3 的边效用为 $\frac{\partial v(x_1, x_2, x_3)}{\partial x_3} = \frac{1}{3} x_3^{-\frac{2}{3}} (x_1 x_2)^{\frac{1}{3}}$。假定 $y_1 = 8$，$y_2 = 2$，商品的价格为 $p_1 = 1$，$p_2 = 1$，$p_3 = 2$。在给定预算条件下消费水平分别是多少？要找到答案，让同一预算内所有商品消费的边际效用相等，然后，让预算内所有商品的成本等于预算。假定阿基拉的预期收入额外增加了 4 美元，$y_1 = 12$，$y_2 = 2$，消费会如

何变化？相反，假定阿基拉的非预期收入额外增加了 4 美元，$y_1=8$，$y_2=6$，消费会如何变化？什么样的消费束会最大化效用？那一个预算被设定的过低？

6. 考虑本章给出的体育馆健身问题，杰米对参与健身的感知价值为，$v_a(x_n-p\delta^t/n)+v_t(-p\delta^t+p_r(n))$，其中，$x_n$ 是杰米在第 n 次体育馆健身上体验到的货币价值，p 是每 6 个月支付一次的价格，δ 是每个月的折旧率，t 是自上一次付款后经过的月数，n 是自上一次付款后去健身的次数，包括正在考虑之中的本次健身，$p_r(n)$ 是杰米认为去体育馆健身 n 次的公平价格。假定会员成本是 25 美元。此外，假定杰米认为在 6 个月的窗口期内健身 n 次的价值 $v_a(n)=5n-n^2-\delta^t 25/n$。同样假定杰米认为去健身 1 次的公平价格为 4 美元，因此，交易效用为 $v_t(n)=-25\delta^t+4n$。付款的折旧率为 $\delta=0.5$。每 6 个月内必须做几次健身才能获得正的账户余额？如果仅 1 次健身就能以盈利状态注销账户，则必须经过多少时间？

参考文献

Arkes, H.R., and C. Blumer. "The Psychology of Sunk Cost." *Organizational Behavior and Human Decision Processes* 35 (1985): 124–140.

Arkes, H.R., C.A. Joyner, M.V. Pezzo, J. Nash, K. Siegel Jacobs, and E. Stone. "The Psychology of Windfall Gains." *Organizational Behavior and Human Decision Processes* 59(1994): 331–347.

Chambers, V., and M. Spencer. "Does Changing the Timing of a Yearly Individual Tax Refund Change the Amount Spent vs. Saved?" *Journal of Economic Psychology* 29(2008): 856–862.

Eply, N., D. Mak, and L.C. Idson. "Bonus or Rebate? The Impact of Income Framing on Spending and Saving." *Journal of Behavioral Decision Making* 19(2006): 213–227.

Gourville, J.T., and D. Soman. "Payment Depreciation: The Behavioral Effects of Temporarily Separating Payments from Consumption." *Journal of Consumer Research* 25(1998): 160–174.

Heath, C., and J.B. Soll. "Mental Budgeting and Consumer Decision." *Journal of Consumer Research* 23(1996): 40–52.

Odean, T. "Are Investors Reluctant to Realize their Losses?" *Journal of Finance* 53(1998): 1775–1798.

Prelec, D., and G. Loewenstein. "The Red and the Black: Mental Accounting of Savings and Debt." *Marketing Science* 17(1998): 4–28.

Shefrin, H.M., and R.H. Thaler. "The Behavioral Life Cycle Hypothesis." *Economic Inquiry* 26(1988): 609–643.

Thaler, R.H. "Mental Accounting and Consumer Choice." *Marketing Science* 4(1985): 199–214.

Thaler, R.H., and E. Johnson. "Gambling with the House Money and Trying to Break Even: The Effects of Prior Outcomes on Risky Choice." *Management Science* 36(1990): 643–660.

Wertenbroch, K. "Consumption Self-Control by Rationing Purchase Quantities of Virtue and Vice." *Marketing Science* 17(1998): 317–337.

第 4 章

维持现状偏向和默认选项

吉尔是一名转校生,她几个月前刚来到学校并且决定住在校外。在到这里的第一天,当饿的时候,她在公寓附近的一条街道上逛悠,这条街上坐落着十几家餐厅。每家餐厅看起来都不错,最后她随意选择了一家就走了进去。从那以后,她也尝试过附近一些其他的餐厅,并且其中有一些也相当不错,但她大多还是在这家餐厅用餐。这家餐厅并不是离公寓最近的,尽管如此她还是认为多走一段路是值得的。

同样考虑一个第一次购买汽车保险的人,他正在与保险业务员接洽。保险非常复杂,涉及到对几个不同的参数进行决策(例如,撞车承保范围、免赔额)。购买人希望保险能便宜一些,但他发现很难确定自己对各类承保的需求概率、自己需要的承包范围,也无法确定自己支付免赔额的频率。在描述完所有可能的参数和选项后,保险业务员说:"这是我们的标准保单,"然后将一个描述标准保单承保范围的文件夹放在桌上。"可以在这个保单上增加额外条款或者删减一些选项,但这是我们推荐的保单。"在考虑了几分钟后,他决定购买标准保单。从此以后,当有机会重新审视自己的保险时,例如续保时,他仍然会继续选择标准保单。

一个简单的决定——甚至一个偶然事件——都可以产生习惯性行为,它会持续很长时间,其间我们不再怎么关注该问题。一个人总是走某条路去上班,这一事实可能导致即使发现了风景更美的或者更近的路,他还是继续走原路上班。当其他可能更好的选择出现时,人们或许会拒绝改变。环境似乎会促使人们进行某些行动,而人们经常以此为基础形成什么是正确选择的观念。在很多情况下,存在默认选项。**默认选项**(default option)是当决策者没有做出明确的选择时会被自动选取的选项。例如,如果消费者没有要求安装其他操作系统,很多品牌的电脑会安装 Windows 操作系统。

本章将进一步探讨前景理论的基础,以解释人们为什么会偏爱现状,人们对所拥有物品的估价为什么会高于未拥有的相同物品。此外,我们讨论在政策制定和商业应用方面,如何利用默认选项形成消费者选择。在许多方面,可以将默认选项的使用看作是当前行为经济学对公共政策的最为成功的贡献。

4.1 理性选择和默认选项

标准经济学选择模型认为,人们根据从选择中获得的效用对每一个选项进行评价,然后选择效用最大的选项。因此,默认选项在个体决策者头脑中应该没有什么特别的地方。例如，某人要在两个可能选择 x 和 y 之间选出一个，如果消费 x 获得的效用要大于消费 y 获得的效用，$u(x)>u(y)$，则消费者就会选 x。如果消费 y 获得更多效用，则会选择 y。

假定 x 表示选择一辆自动挡汽车，y 表示选择一辆同样的手动挡汽车。除非消费者要求购买手动挡汽车，否则自动挡汽车通常是默认选项。例如，如果住在多雪地区，手动挡会提高湿滑地面上驾车者的操控能力，消费者可能会决定购买手动挡汽车。除非顾客就是喜欢选择任何被称为是"默认"的东西，否则被称为"默认选项"不应该改变是选择 x 还是 y 的偏好。因此，只要可以免费进行选择，并且只要两个选项对顾客而言是有差异的，则被称为"默认选项"不应该影响选择。因此，如果汽车制造商突然将手动挡作为默认选项，则只要不用太多额外花费，我们会预期大部分消费者将继续选择自动挡汽车。在这种情况下，仅当选项从结果上看没有太大差异，或者仅当转换到非默认选项的成本很大时，我们才会预期默认选项会影响选择。在其他情况下，即如果决策成本很低且结果相对差异较大，我们会预期改变默认选项没有多少影响。

■ **实例 4-1　器官捐献者**

在美国和许多其他国家，一个经常出现的问题是缺乏合适的器官捐献者。肾脏、肝脏和其他器官衰竭的人，如果能够更换新近死亡人士的健康器官，则会极大地延长其生命。每年有成千上万的人死于缺乏合适的器官。合适器官缺乏的一个主要原因是大部分美国人选择死后不捐献自己的器官。仅有 28% 的美国公民在器官捐献卡上签字，成为了器官捐献者。

埃里克·约翰逊和丹尼尔·戈德斯坦发现不同国家的器官捐献水平与设定的默认选项关系非常密切。在美国、丹麦、英国和德国，只有明确表示愿意成为器官捐献者，人们在死时才会成为器官捐献者。在这些国家中，器官捐献者的比例低于 28%，在丹麦大约仅为 5%。相反，在澳大利亚、奥地利、比利时、法国、匈牙利、波兰、葡萄牙和瑞典，只要人们没有明确表示反对，人们就会成为器官捐献者。除了瑞典，这些国家选择器官捐献的比例要超过 98%；瑞典的捐献比例大约为 85%。

为了确定这种效应在多大程度上是由选择成本造成的，约翰逊和戈德斯坦进行了一项网上实验，让受试者进行虚拟选择。让其中一些受试者想象他们刚刚搬到一个新地方，在这里如果人们没有明确说明愿意捐献，就不会成为器官捐献者。另外一些受试者面临相同的场景，只不过被告知，除非明确说明不愿意捐献，否则会自动成为器官捐献者。最后，在没有设定默认选项条件下，让第三组受试者说明他们的偏好。对于需要决定参加捐献的处理组，捐献率为 42%，与之相对应，对于需要决定不参加捐献的处理组和没有默认选项的处理组，捐献率分别为 82% 和 79%。我们将偏爱默认选项的倾向称为**默认选项偏向**（default option bias）。

■ **实例 4-2　杂志预定**

一些专业协会的会员资格通常会要求会员订购研究性杂志。例如，多年来美国经济学会的会员费中就包含三种杂志的预定：《美国经济评论》《经济文献杂志》和《经济展望杂志》。随着杂志印刷成本的增加，一些协会尝试通过向减少杂志预定种类的会员提供折扣以节省成本。这就提出了如何设定默认选项的问题。美国经济学会曾考虑向仅预定三种杂志中的两种而以电子版形式获取第三种的会员提供折扣。丹尼尔·卡尼曼、杰克·奈奇和理查德·塞勒提到，许多进行过该决策的著名经济学家相信，与获得两种杂志作为默认选项（然后选择第三种杂志要额外付费）相比，如果三种杂志作为默认选项（然后剔除一种便给予折扣），则会有更多会员预定全部三种杂志。

4.2 偏好形成、框架和默认选项

理性选择模型假设人们具有结构良好和一致的偏好。但极有可能的是人们对很多面临的选择还未形成偏好，这是可以理解的。如果情况真是如此，人们可能过多受问题表述方式或者其他有助于确定估值的难以察觉的暗示影响。约翰逊和戈德斯坦认为默认选项通过为随后决策提供锚定点来影响选择。基本上，在不存在偏好时，人们会去寻求建议或者暗示。而默认选项恰好起到了这种作用。

这并不是偏好似乎会受到建议或者暗示影响的唯一领域。例如，丹·艾瑞里、乔治·罗文斯坦和德雷泽·普利莱克进行了一项实验，向多名 MBA 学生展示平均零售价格在 70 美元左右的不同物品。首先问每个学生他们是否愿意以自己社会保障号码的最后二位数字为价格购买该物品。记录下或是或否的回答。然后，询问他们愿意为每件物品支付的最大数量。再用某个随机装置随机确定售价，那些所给意愿价格高于这个价格的人可以按意愿价格购买该物品。有趣的是，受试者给出的意愿购买价格与其社会保障号码的最后二位数字有很高的相关性。因此，社会保障号码以 99 结尾的人愿意支付的价格要高于以 01 结尾的人。很明显，一个人的社会保障号码不太可能决定从消费某组选定的商品中获得的效用。社会保障号码也不太可能是这些不同商品的互补品或者替代品。相反，受试者似乎是按照**锚定与调整**（anchoring and adjusting）机制行事的。

锚定与调整假定在形成信念时，尤其是用数字表示信念时，人们会使用方便获取的数字作为锚定点，并且最终确定的信念是围绕该锚定点进行调整的结果。因此，当被问及是否愿意支付与自己社会保障号码的最后二位数字相同的数量时，人们会以它作为锚定点。再被问及愿意支付的最大数量时，他们从锚定点开始进行上下调整来近似他们的偏好。因为锚定点被用来形成偏好，最终的信念会包含最初用来构建答案的锚定点的痕迹。因此，社会保障号码后二位数较大的人会给出相对较高的意愿支付价格，而那些此二位数较小的人会给出相对较低的意愿支付价格。在这个案例中，社会保障号码成为帮助创建一组偏好的简单工具。类似的试验表明在其他环境下也存在这种效应。

运用到默认选项问题上，默认选项可能起到了类似于锚定点的作用，因为在决策过程中它被给予特别的**显明性**（salience）或者突出性地位。因此，虽然人们会对所有的选项形成不同的偏好，但因为是默认选项，人们将其偏爱的选择锚定在默认选项上，给予它特别的显明性地位。此外，被命名为默认选项还可能会起到影响决策者对决策问题感知的作用。从这个意义上说，偏好中的锚定点与参考点所起的作用非常相似。当默认的是捐献器官时，考虑到其他人利益的损失，人们会将死后保留自己的器官看作相对较小的收益。相反，若默认的是不捐献，人们会感觉死后再失去自己的器官是伤口撒盐、落井下石。这样，偏爱默认选项可能导致参考点的设定，进而决定偏好。

要理解地更透彻是要清楚如果默认选项和替代选项包含关于取舍的抉择，则从一个选项转到另一个会同时涉及某些东西的损失和其他东西的收益。例如，对于选择两种杂志的选项，其损失是一种杂志，而收益是某些现金。图 4-1

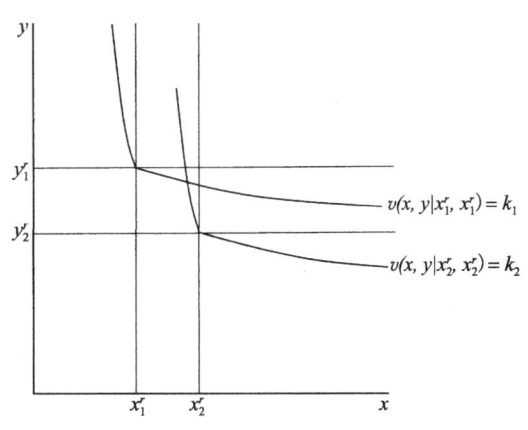

图 4-1 两个参考点下的权衡抉择

展示了有两个可能的参考点产生的无差异曲线。假定此人正在考虑 (x_1^r, y_1^r) 或者 (x_2^r, y_2^r)。与第 3 章所讨论的一样，选定某个参考点会改变无差异曲线的形状。在参考点上，一种商品数量的减少被看成损失，要求大量增加另一种商品的数量作为补偿。这样在参考点上，无差异曲线会产生弯折。

图 4-1 中函数值为 k_1 的曲线表示以 (x_1^r, y_1^r) 为参考点并且经过该点的无差异曲线。明显的，点 (x_2^r, y_2^r) 会产生较低的效用值，因为它位于我们考察的无差异曲线的下方。基本上，给定参考点 (x_1^r, y_1^r)，(x_2^r, y_2^r) 没有提供足够多的商品 x 来补偿商品 y 的损失。如果参考点是 (x_2^r, y_2^r)，函数值为 k_2 的曲线表示经过该点的无差异曲线。当使用 (x_2^r, y_2^r) 作为参考点时，(x_1^r, y_1^r) 明显较差，因为它位于我们考察的无差异曲线的左侧。基本上，(x_1^r, y_1^r) 没有提供足够多的商品 y 来补偿商品 x 的损失。值得注意的是，这些无差异曲线是相交的，这与理性传递性偏好的要求相矛盾。选定参考点改变了与选定的参考点相关的无差异曲线的形状，这可能导致产生非传递性偏好以及两个选项之间偏好的反转。如果选择默认选项在本质上指定了参考点，这或许就可以解释默认选项在形成选择方面的重要作用。人们强调与非默认选项相关的损失而非收益，导致许多人选择默认选项。用这样的方式，聪明的市场营销人员或者政策制定者就可以塑造目标受众的偏好。

有趣的是，在相同的参考点下，如果多个选择同时被做出，人们倾向于做出一致的选择。因此，对于一组决策而言，一旦参考点或者锚定点设定好后，人们对权衡抉择的反应方式类似于理性决策。然而，如果多个选择分开做出，不同选择可能会有不同的参考点，这可能导致选择结果与一致性偏好相矛盾。例如，艾瑞里，罗文斯坦和普利莱克给出了一个随意确定的锚定点（一个数字），然后询问一组受试者如果要让他们倾听时间长短不同的难听噪音需要多少补偿。虽然回答符合标准选择理论，即噪音长度越长所需补偿越大，但是锚定点似乎会影响人们给出的第一个补偿数量。相比首先被问及历时较长噪音的人，那些首先被问及历时较短噪音的人要求更多的补偿。实际上，在历时最长噪音和历时最短噪音被首先问及时，两者所要求的补偿是相等的。虽然在很多情况下偏好似乎是一致的，但它们可能是由随意锚定造成的。

■ 实例 4-3　退休储蓄和默认选项

在谈及退休储蓄问题时，经常讨论使用默认选项来塑造行为。有很多证据表明需要增强工作人口为退休而多储蓄的倾向，以降低未来公共支出。大约有 50% 的美国人在死亡之前花光了他们的退休储蓄。布里奇特·马吉安和丹尼斯·谢伊考察了某公司员工加入 401(k) 退休计划的情况。这类计划一般要求从员工工资中缴纳某个最低的数量。然后，雇主会额外向退休账户缴纳一定数量。在退休提取账户资金之前，该账户中的资金可以累积并且可以获得免税的投资收益。在 1998 年 5 月之前，如果愿意加入，该公司允许员工选择加入 401(k)。在此之后，除非员工决定退出，否则会自动加入。在控制了年龄差异之后，他们比较了默认选项改变前后的参与率，发现默认选项改变后参与率提高了大约 50%。因此，有意减少退休储蓄不足的老年人数量的政策制定者，可以简单地设置一个默认选项来诱导人们增加储蓄，同时又不用限制员工选择是否参与的自由。

■ 实例 4-4　保险和起诉权

州政府通常会为辖区内汽车保险合约的类型提供"指导"。很多州曾一度考虑限制事故后人们提起法律诉讼的类型。特别地，在这方面曾经进行过激烈争论——允许一种保险合约对任何损害具有完全的求偿权，而对于另一种价格便宜一些的合约，限制其持有人在某些类型的法律诉讼中求偿的金额。埃里克·约翰逊领导的一个研究小组曾经进行过一个实验，让受试者想象他们搬到了另外一个州，他们需要确定保险的承保范围。给一个小组完整权利的保险合约作为默认选项，给第二个小组有限权利的保险合约作为默认选项，同时给第三个小组两种类型的合约而不设定默认选项。两种合约选择在不同小组中的价格是固定不变的。默认选项为完整权利的小组中，53%保留完整权利，而当默认选项为有限权利时，仅仅有28%保留完整权利。在中性小组中，48%决定选择完整权利合约。因此，人们愿意为起诉权支付的数量依赖于选择的表述方式。相对于默认选项不包括该权利，如果默认选项包括该权利，则放弃该权利需要更多的金钱补偿。

■ 实例4-5 现状偏向和健康保险

默认选项偏向是现状偏向的一种特殊情况。现状偏向是一种偏爱事物保持现在状态的一般倾向。如果人们处于某种状态很长一段时间，他们或许会将这种状态看作参考点。就像在默认选项偏向中一样，如果现状是参考点，则对于任何维度的损失人们都会要求大量补偿。基本上，在大部分情况下选择默认选项相当于什么都不做，继而停留在现在状态。

威廉·萨缪尔森和理查德·泽克豪泽对现状偏向提供了数量众多的案例阐释。其中最有说服力的一个是他们对哈佛大学教工健康保险计划选择的分析。随着时间的推移，哈佛大学增加了向员工提供的保险计划选项。对于那些继续任职的教职员工而言，每年仅有非常小的部分（大约3%）改变了他们的计划。然而，新员工却大部分选择以前没有出现过的选项。萨缪尔森和泽克豪泽发现新老教工新计划的参加率有非常大的差距。相对于新员工，任期较长的人更有可能维持老的健康保险选项。

4.3 现状偏向的理性解释

在援引现状偏向时要当心。在某些情况下，存在数额较大的转换成本。例如，转换健康保险计划可能需要找一个新的主治医师。此时，与前任医师建立工作关系时所投入的时间和资源就会白白损失掉。实际上，哈佛大学的教工更愿意在能够保留现任医师的不同计划之间进行转换。现状偏向并不总是由转换成本造成的。萨缪尔森和泽克豪泽还提到一个例子，一个人每天午餐时吃鸡肉沙拉三明治。在这个例子中，可能是因为现状偏向导致此人不愿意探究他是否喜欢其他选项。这也可能是由于对这种三明治强烈且明显的理性偏好造成的。如果偏好在时间上是稳定的，理性模型会预测面临同样的决策时，人们会持续不断地做出同样的选择。

历史说明

在20世纪80年代后期，萨缪尔森和泽克豪泽发现和命名了现状偏向。最近，自从埃里克·约翰逊的成果发表后，政策制定者非常热衷于探讨使用默认选项来改善公共福利的可能性。然而，在此方面必须小心谨慎。虽然默认选项在塑造行为方面很有效，它们同样在形成偏好方面也很有效。在此情况下，存在的一个重要问题就是政策制定者的正确角色应该是什么。政策制定者采取措施塑造人们对普通事件的偏好，这是合理的吗？另外，我们这里描述的默认选项在不限制个人可进行的选择条件下，以相对无成本的方式来构造选择问题。如果给出默认选项相对麻烦，或者在选项之间转换时存在困难，或者默认选项的使用如此普遍以至于令人恼怒，情况就会有所不同。例如，如果7:00 AM之前不打电话说明你想要别的东西，每天中午就会自动收到一份鸡肉沙拉三明治，并从你的账户中扣除 10 美元，你会变得恼怒异常（虽然萨缪尔森和泽克豪泽发现至少一个人会非常乐意这种安排）。此外，在对不同选项没有强烈偏好的情况下，或者尤其是在偏好还没有形成的情况下，默认选项比较有效。这可能会限制默认选项在成熟政策领域的有用性，因为在这些领域人们对偏好和结果有比较多的思考。例如，近期要求小学生午餐自带水果和蔬菜的尝试导致扔到垃圾桶中的水果和蔬菜数量急剧增加。

4.4 参考点、无差异曲线和消费者问题

在前面的章节中，我们用财富函数值来定义损失厌恶。我们还使用损失厌恶构造了无差异曲线，但是在对不同消费品的权衡抉择环境下，我们并没有正式定义损失厌恶。考虑某个必须在一组消费束中进行选择的人。标准经济理论假设存在某种促使人们进行选择的偏好关系。我们可以使用关系符号"≻"表示偏好，$x \succ y$ 意味着偏好消费束 x 胜于消费束 y。类似的，$x \succeq y$ 意味着消费束 x 至少和 y 一样好，$x \sim y$ 意味着人们认为消费束 x 与 y 无差异。"理性"假设偏好关系是完备和可传递的。完备性仅要求给定两个消费束，人们能够在两者之间分配一种偏好关系。传递性要求对于任何三个消费束 x，y 和 z，若 $z \succ y$，$y \succ x$，则 $x \succ z$ 不可能出现。

如果人们有一组偏好满足完备性和传递性，就有可能用消费束的效用函数 $u(x)$ 表示偏好，而人们行事的目的是为了最大化该效用函数。违反可传递性通常被称为**偏好反转**（preference reversals）。最简单的偏好反转的例子是，在一种情况下我们观察到人们严格偏好某个消费束，即 $x \succ y$，但在另一种情况下却又严格偏好另外一个，即 $y \succ x$。我们观察到的现状偏向或者默认选项偏向似乎就属于这种情况。效用最大化是以一组稳定的理性偏好为基础的。因此，如果没有这种基本关系，我们就不能够用常用的效用最大化来描述行为。

阿莫斯·特沃斯基和丹尼尔·卡尼曼建议通过假设人们具有参照依赖型偏好来克服这一问题。在这里，我们将参考状态（不是参考点）定义为导致偏好发生变化的某些外部条件的集合。因此，给定某一参考状态，人们就有一组理性偏好。然而，如果进行不同选择时允许参照发生变化，则偏好未必是理性的。**参考结构**（reference structure）是以参考状态为下标的一组偏好关系"$\succ_r$"的集合。考虑在同一参考结构中有两种不同的参考状态，r_1 和 r_2。给定某一参考状态 r_1，偏好关系 $\succ_{r_1}$ 必须是完备和可传递的。然而，这是有可能的，即 $x \succ_{r_1} y$，$y \succ_{r_2} x$。如果人们按照某一参考结构行事，则有可能找到一组以参考状态为下标的效用函数 $v_r(x)$，将人们的偏好表示为消费束和参考状态的函数。此外，人们的行事方式似乎是在给定观察到的参考状态条件下，最大化效用函数。标准效用理论是参照依赖型模型的一个特例，其中参考状态对偏好没有影响。

就目前为止我们使用的这种模型来看，我们假定参考状态由一个消费束来体现，它被称为**参考点**（reference point）。假定某个消费束由数量不等且非负的 n 种商品构成，它可以写为 $x = (x_1, \cdots, x_n)$，其中，x_1 表示商品 1 的消费量，以此类推。给定该参考点，我们就可以定义**消费空间中的损失厌恶**（loss aversion in consumption space）。

用 x 和 y 表示任意两个消费束，$x_i > y_i$ 且 $y_j > x_j$。此外，用 r 和 s 表示消费空间中任意两个参考点，$x_i \geq r_i > s_i$，$s_i = y_i$，且 $r_j = s_j$。如果对于任意消费束和参考点，它们满足以下条件，当 $x \sim_s y$ 时，$x \succ_r y$，则这一参考结构表现出损失厌恶。

该条件的两商品例子由图 4-2 给出。当参考点是 r 或 s 时，消费束 x 按商品 i 衡量是收益，按商品 j 衡量是损失。对每个参考点而言，消费束 y 按商品 j 衡量是收益。然而，当参考点是 s 时，消费束 y 按商品 i 衡量既非收益也非损失；而从参考点 r 的角度来看，消费束 y

按商品 i 衡量明显是损失。因为考虑参考点 r 时，y 按商品 i 衡量是损失，与 i 的减少仅仅被看作是收益的减少相比，这要求更多数量的商品 j 来补偿 i 的损失。因此，与 s 相比，r 意味着一条更加陡峭的无差异曲线经过消费束 x，因为 s 意味着收益的减少而非损失。[一]这种损失厌恶的概念使得损失厌恶原则更加一般化，前面曾用它来表示损失厌恶的无差异曲线。然而，这一简单形式却可以允许多种多样的行为，进而降低了行为预测的明确性，同时还会允许观测到的行为相互矛盾。因此，对无差异曲线形状的进一步限制似乎是有必要的。

前景理论一般假定损失厌恶，同时还假定人们会体验到收益的边际效用递减和损失的边际痛苦递减，通常导致损失区域凸形状的值函数，收益区域凹形状的值函数。随着远离参考点，个体的敏感性会逐渐递减，**敏感性递减**（diminishing sensitivity）这种概念也可以应用到消费空间中。

用 x 和 y 表示任意两个消费束，$x_i > y_i$ 且 $y_j > x_j$。此外，用 r 和 s 表示消费空间中任意两个参考点，$r_j = s_j$，且 $y_i > s_i > r_i$ 或者 $r_i > s_i \geq x_i$。如果对于任意消费束和参考点，它们满足以下条件，当 $x \sim_s y$ 时，$x \succ_r y$，[二]则这一损失厌恶型参考结构表现出敏感性递减。

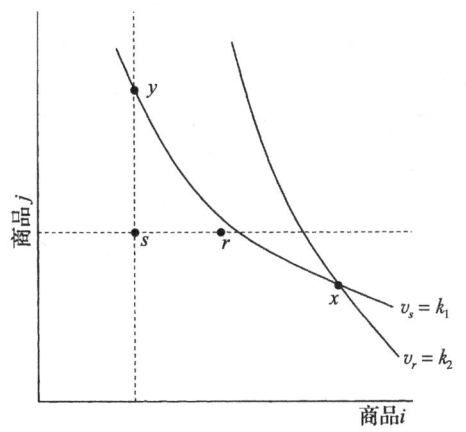

图 4-2　消费空间中的损失厌恶　　图 4-3　消费空间中的敏感性递减

对两组不同的参考点而言，满足敏感性递减的参照依赖型结构在图 4-3 中进行了展示。从参考点 r 或 s 的角度来考虑，x 和 y 按商品 i 衡量都可以看成是收益，按商品 j 衡量，可以将 y 看成收益而 x 看作损失[三]。差别在于在商品 i 维度上，相比 s 这些消费束距离 r 较远。当从 y 移动到 x 时，收益是 $x_i - y_i$ 单位商品 i。由于收益的边际效用递减，当实现的收益距离参考点较近时，该收益应该会对效用产生更大的影响。因此，相比参考点 r，如果从参考点 s 进行评估，则该收益会更有价值。因为从 r 进行评估，从 $x_i - y_i$ 单位商品上获得的收益较小，所以相比 s，如果从参考点 r 进行评估，则从 x_i 移动到 y_i 要求较少的商品 j 补偿。这导致无差异曲线 $v_r(x)$ 的斜率要比 $v_s(x)$ 平坦。这种效应可以解释"上钩后转移销售方法"为什么会如此有效。该常用营销技术通常会以低于原价（可能从不会按原价出售）很多的价格对某些商品进行广告宣传，然而，当顾客到店后，广告产品已经被售完或者由于各种其他原

  [一]　可以这样理解：以 s 作为参考点，从 x_i 移动到 y_i 是收益的减少。以 r 作为参考点，则从 x_i 到 r_i 为收益减少，但从 r_i 再移动到 y_i 为损失增加。后者要求更多数量的商品 j 来补偿 i 的损失。——译者注

  [二]　疑有误，应该为 $y \succ_r x$。——译者注

  [三]　需要注意的是，从定义上看，敏感性递减对 x_j，y_j 的数量相对于 $r_j = s_j$ 是多还是少并没有要求，只要求 $y_j > x_j$。因此它们按商品 j 衡量是收益还是损失是不会产生影响的。因此，这里的后半句话是没有必要的，其只适用于图 4-3 这个特例。——译者注

因已经没有了，但还有一些以稍高价格出售的相似商品（可能质量更好）。根据原价和原商品设定参考点使得顾客对交易其他方面变化的敏感性降低。⊖

相应地，如果我们从参考点 $\hat{r}$ 和 $\hat{s}$ 进行评估，也会发现相同的关系。由于损失的边际痛苦递减，相比参考点 $\hat{r}$，从参考点 $\hat{s}$ 进行评估，损失 $x_i - y_i$ 影响很大。因此，相比 $\hat{r}$，从参考点 $\hat{s}$ 进行评估，则从 x_i 移动到 y_i 要求更多的损失补偿。这又导致无差异曲线 $v_{\hat{s}}(x)$ 的斜率要比 $v_{\hat{r}}(x)$ 大。

相反，如果决策者表现出损失的边际痛苦不变以及收益的边际效用不变，我们称偏好表现出**敏感性不变**（constant sensitivity）。用 x 和 y 表示任意两个消费束，$x_i > y_i$ 且 $y_j > x_j$。此外，用 r 和 s 表示任意两个参考点，$r_j = s_j$，且 $y_i > s_i > r_i$ 或者 $r_i > s_i \geq x_i$。如果对于任意消费束和参考点，它们满足以下条件，当 $x \sim_s y$ 时，$x \sim_r y$，则这一损失厌恶型参考结构表现出敏感性不变。

在此情况下，相对 r 和 s 的无差异曲线肯定是相同的，因为不论从哪个参考点评估，从 x_i 减少到 y_i 产生的函数值损失是相同的。距离参考点的远近不会影响损失的边际痛苦。敏感性不变限制了能够产生的偏好反转的类型。当考虑参考点 r 和 s 时，敏感性不变意味着在消费束 x 和 y 之间不会发生偏好反转，除非至少在一个维度上两者从一个参考点来看是收益，而从另一个来看是损失。否则，即使在进行不同决策时参考点发生变化，偏好也会满足传递性。在敏感性递减条件下，即使消费束在任意维度都没有改变损失或者收益状态，偏好反转也有可能发生。

特沃斯基和卡尼曼提出了一种特殊的偏好结构，它在探讨无差异曲线形状和偏好时非常有用处。首先，如果偏好可以用 $v_r(x) = U(R_1(x_1), \cdots, R_n(x_n))$ 形式的效用函数来表示，并且

$$R_i(x_i) = \begin{cases} u_i(x_i) - u_i(r_i) & \text{如果} \quad x_i \geq r_i \\ (u_i(x_i) - u_i(r_i))\lambda_i & \text{如果} \quad x_i < r_i \end{cases} \tag{4-1}$$

则我们称偏好结构表现为损失厌恶不变。其中，$u_i(\cdot)$ 是一个增函数，λ_i 是一个正常数，表示损失厌恶的程度；因此 $v_r(x)$ 中的每一个变量 $R_i(x_i)$ 类似于前景理论中商品 i 的值函数。不失一般性，假设 $u_i(r_i) = 0$。给定某个参考点，对于任何在收益域的商品，$u_i(\cdot)$ 表示收益的函数值。在损失域，该函数要乘以一个因子 $\lambda_i > 1$，以增大损失的影响，这样在每个维度，值函数在参考点处会产生弯折。如果我们可以将效用函数写成 $v_r(x) = \sum_{i=1}^{n} R_i(x_i)$ 的形式，我们称该参考结构表现为**加式损失厌恶不变**（constant additive loss aversion）。这相当于假定人们对每种商品都表现出损失厌恶的偏好，并且假定商品间不是替代品或者互补品。

如果参考结构表现出损失厌恶不变，则无差异曲线相对直观的形状如图 4-4 所示。在每个象限，无差异曲线都是平

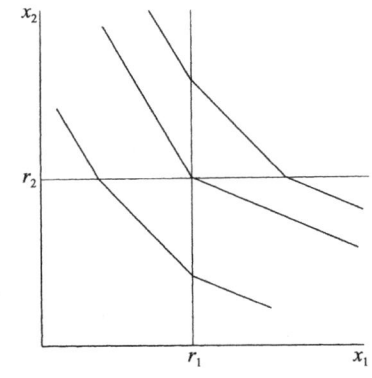

图 4-4 损失厌恶不变条件下的无差异曲线

⊖ 该营销技术的基本原理在于对参考点的操控。以非常低的促销价作为参考点时（可以用 r 表示），消费者更偏好广告商品（该商品代表的消费束可以用 y 表示，相应的无差异曲线为 v_r）。在被告知广告商品售完后，参考点变为广告商品（即变为 s），此时价格稍高的相似商品与广告商品变得无差异（相似商品代表的消费束可以用 x 表示，相应的无差异曲线变为 v_s）。因此，该策略的参考点应该分别为促销价和原商品，而非原价和原商品。——译者注

行的。然而，在每个维度经过参考线时无差异曲线都会弯折。在西北方向的象限中，无差异曲线变得更陡峭，因为损失单位商品1需要更多的商品2补偿。在东南方向的象限中，无差异曲线变得更平坦，因为损失单位商品2需要更多的商品1补偿。在东北和西南方向的象限中，无差异曲线斜率适中，因为在此区域两种商品同样处于收益或者损失状态。损失厌恶不变条件下无差异曲线的推导过程在本章末尾高级概念部分给出，感兴趣的读者可以作为参考。无差异曲线存在平直部分会导致以下可能性，即其与预算约束线的切点对价格变化不是特别敏感。也就是说，随着预算约束斜率的变化，在相对较大的价格变动区间，最优点有可能仍然为同一个弯折点，导致某种消费束选择的现状偏向。

4.5 损失厌恶的进化论解释

虽然人们希望效用最大化似乎与我们的直觉相符，但效用为什么会是参照依赖型的就有点难以理解了。平均而言，如果人们按照标准效用最大化原则行事似乎会改善自身状况，进而可能有更大的机会生存下来并生儿育女，将基因遗传给下一代。但是，我们的身体似乎进化的适合于感知变化而忽略现状。你可能有这种经历，在一间黑屋子里某人打开了电灯。电灯刚亮的时候，你可能很难受并恼火。经过简短的调整之后，你的眼睛适应了光线，灯光变得令人愉悦，或者至少变得不怎么引人注意了。我们对温度、疼痛或者背景噪声的反应与此类似。

旧金山探索博物馆里的一项展示给出了一个非常好的例子。当你进入展示区域后，会出现一张小塑料卡片，灯光会照在它上面。当你观察这张卡片时，它似乎是白色的。然后，在它旁边会出现第二张卡片，只不过这张卡片更加明亮一些。现在非常明显的是第一张卡片不再是白色的了，稍微有点发灰，而第二张卡片似乎是白色的。卡片会持续不断地出现，直到最后你会发现第一张卡片实际上是全黑的。仅仅是因为出现的时候灯光照在它上面并且没有其他的卡片作为参照，它才似乎是白色的。

我们本能地使用参照和变化进行决策。从进化基础上来看这似乎是非常有用处的。想象这样一个世界，不管变化是否出现，你每时每刻都在非常敏锐的体验每一种感觉。当你被一条未被发现的蛇咬到后，或者意外被某个热东西烫伤了，你或许不会立即产生反应，因为它可能并没有引起你足够的注意。如果直到有变化发生你才会注意发生了什么，那么咬伤和烫伤才会立即引起注意，这样在严重伤害出现之前就可以给你提供足够多的时间反应。

损失厌恶是一种本能属性的证据来自基思·陈、文卡特·拉什米纳拉亚和劳里·桑托斯的研究成果。他们研究了一群僧帽猴。通过在猴群中引入一种货币，他们可以观察交易行为并进行经济实验。在研究中，他们发现猴子和人类行为一样，在很多相同的情况下也会表现出损失厌恶。由于猴群中缺乏在人群中发现的社会交流，因此研究者得出的结论认为，这类行为是遗传下来的而不是通过学习学会的。因此，损失厌恶或许是由进化压力驱动的一种适应性，而非孩童时期从社会交往或者训练中学会的一种技能。

■ 实例 4-6　禀赋效应

假定你刚买了一辆新车。你在网上订购了该汽车，选择了你想要的所有部分，几天后你从销售商那里提到了新车。开回家后，你将车停在车库，还花了几分钟欣赏你的新座驾。回到房间后，你发现一条来自销售商的手机短信。除了音响系统不如你的强劲外，有一个人订购了一辆在各方面和你一模一样的汽车。销售商意外的将那人订的车给了你。他们通知你可以把车开回去，换回你自己订购的车。你考虑了几分钟，但是最终决定让那个人开走你订购的车。驾驶另外一辆汽车和驾驶你已经了解的这辆汽车可能会有所不同。几个星期后，你按照自己最初的想法对音响系统进行了升级。

4.6 理性选择、获得与放弃商品

理性选择模型假设，获得商品后增加的效用等于商品被拿走后损失的效用。考虑以下情况，某人消费了数量为 x_2 的商品 2 但没有消费商品 1。他的效用可以写为 $u(0, x_2)$。如果被给予 x_1 数量的商品 1，他的效用增加数量为 $u(x_1, x_2) - u(0, x_2)$。如果随后商品 1 被全部拿走，他损失的效用为 $u(x_1, x_2) - u(0, x_2)$，最后仍然获得最初的效用水平 $u(0, x_2)$。

再考虑人们为了获取某商品所愿意支付的最大数量问题。某人现在只能获得商品 2。因此他会求解

$$\max_{x_2} u(0, x_2) \tag{4-2}$$

面临的预算约束为

$$p_2 x_2 \leqslant w \tag{4-3}$$

其中，w 是财富，p_2 代表商品 2 的价格。如果对于商品 2 的消费而言，效用函数是严格增函数（即商品 2 越多越好），则求解该决策问题后他应该消费 $x_2^* = w/p_2$，获得效用 $u(0, x_2^*)$。现在考虑给这个人提供一单位的商品 1。如果购买减少了总体效用水平，则他不会愿意购买。相反，如果购买此单位商品能够让他获得更高水平的效用，则他显然愿意支付更多，并且仍然会改善自身状况。因此，要求解决策者愿意支付的最大数量，我们必须找到一个单位商品 1 的价格，能够让这个人停留在同样的无差异曲线上。假定他购买单位商品 1 的价格为 p_1，则会花在商品 2 上的剩余财富为 $w - p_1$。这会导致一个新的商品 2 的最优数量 $\hat{x}_2^* = \dfrac{w - p_1}{p_2} = x_2^* - p_1/p_2$。因此，如果商品 x_1 的最高支付意愿（WTP）用 p_1^{WTP} 表示，则

$$u\left(1, x_2^* - \frac{p_1^{\mathrm{WTP}}}{p_2}\right) = u(0, x_2^*) \tag{4-4}$$

现在我们再看看放弃相同的商品人们愿意接受的最低数量。假定某人最初拥有一单位的商品 1，我们希望确定他愿意以多少钱卖出该商品。此时，他的初始消费可以描述如下

$$\max_{x_2} u(1, x_2) \tag{4-5}$$

面临的预算约束为

$$p_2 x_2 \leqslant w \tag{4-6}$$

求解该问题，$x_2^* = w/p_2$，获得的效用为 $u(1, x_2^*)$。由于 x_2^* 明显要大于 $\hat{x}_2^*$，显然当此人拥有单位商品 1 时获得的效用水平为 $u(1, x_2^*)$，其要大于 $u(1, \hat{x}_2^*)$——单位商品 1 被收取愿意支付的最高价格后获得的效用。如果此人按价格 p_1 售出单位商品 1，则预算约束变为 $w + p_1$。这时他会选择 $\tilde{x}_2^* = \dfrac{w + p_1}{p_2} = x_2^* + p_1/p_2$。因此，若售出单位商品 1 愿意接受的最低价格（或者接受意愿（WTA））用 p_1^{WTA} 表示，则

$$u\left(0, x_2^* + \frac{p_1^{\mathrm{WTA}}}{p_2}\right) = u(1, x_2^*) \tag{4-7}$$

值得注意的是，式（4-7）与式（4-4）是不同的，理性决策者的一般表现为最低接受愿意 p_1^{WTA} 大于最高支付意愿 p_1^{WTP}。

要理解这一点，考虑一种特殊的加式效用形式，$u(x_1, x_2)=u_1(x_1)+u_2(x_2)$。在此情况下，式（4-4）意味着

$$u_2\left(x_2^* - \frac{p_1^{\text{WTP}}}{p_2}\right) = u_2(x_2^*) + u_1(0) - u_1(1) \tag{4-8}$$

该方程表明，如果此人有 x_2^* 单位商品 2，并且失去了 $\frac{p_1^{\text{WTP}}}{p_2}$ 单位，这会减少从商品 2 中获得的效用，减少数量为 $\Delta u_1 \equiv [u_1(1)-u_1(0)]$，如图 4-5 所示。式（4-7）意味着

$$\begin{aligned} u_2\left(x_2^* + \frac{p_1^{\text{WTA}}}{p_2}\right) &= u_2(x_2^*) + u_1(1) - u_1(0) \\ &= u_2(x_2^*) + \Delta u_1 \end{aligned} \tag{4-9}$$

因此，如果此人有 x_2^* 单位商品 2，并且再被给予了 $\frac{p_1^{\text{WTA}}}{p_2}$ 单位，这会增加从商品 2 中获得的效用，增加数量为 Δu_1。如果商品 2 的效用表现出边际效用递减，则相比减少 Δu_1 单位效用所需减少的商品 2 数量，要使效用增加 Δu_1 必须增加更多数量的商品 2。因此，商品 2 的边际效用递减意味着 $\frac{p_1^{\text{WTP}}}{p_2} < \frac{p_1^{\text{WTA}}}{p_2}$ 或者 $p_1^{\text{WTP}} < p_1^{\text{WTA}}$。这是由于财富效应造成的。赋予此人单位商品 1 会增加此人的全部资源，进而改变每种商品的边际效用及其价值。然而，如果商品 1 的价值相对于总体财富而言较小，我们会预期此种财富效应也较小，效用函数则可以用直线近似。微积分背后隐含的基本观念就是，在较小的变动范围内连续且平滑的函数可以用直线近似。在这个例子中，如果商品 2 的效用函数是一条直线，则 $p_1^{\text{WTP}} = p_1^{\text{WTA}}$。因此，如果商品 1 的价值较小，我们可以认为 $p_1^{\text{WTP}} \approx p_1^{\text{WTA}}$。例如，我们可以预期，对于一件小礼物比如咖啡杯，应该不会产生多少财富效应，这意味着支付意愿 WTP 和接受愿意 WTA 的数值几乎是相等的。

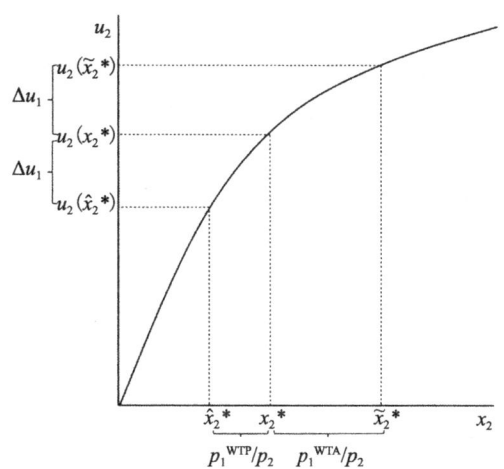

图 4-5　支付意愿（WTP）和接受愿意（WTA）之间的差距

4.7　损失厌恶和禀赋效应

因为特定数量的收益产生的效用变化小于等量损失产生的效用变化，损失厌恶预测，在商品被纳入参考点前后，商品会呈现出不同的价值。因此，可能会购买的商品被评估为一种潜在收益，而商品在购买后最终会被纳入参考点。一旦商品被纳入参考点，放弃该商品会被看成是一种损失。所以，损失厌恶预测，人们为获取商品愿意支付的钱数，要大大低于被纳入参考点后放弃该商品愿意接受的钱数。这种效应被称为**禀赋效应**（endowment effect）。

如前所述，如果消费的效用可以用一条直线来表示，则支付意愿和接受愿意两者的大小应该总是想等的。此外，如果赋予某人某商品导致财富发生变化时，效用函数可以用一条直线来近似，则两者之间也应该是近似相等的。损失厌恶表明不论财富的变化有多小，我们都不能使用直线来近似效用函数。这是因为函数在参考点 x_2^* 处有弯折，参考点以下斜率较陡

峭，以上较平坦，如图 4-6 所示。图 4-6 同时给出了两条在参考点处相等的有弯折和标准的效用函数曲线。要注意到在此条件下，弯折曲线的支付意愿（WTP）必定较小，而接受愿意（WTA）必定较大。这意味着即使对于较小的财富变化，效用函数也似乎是凹的。因此，即使对于非常小的财富变化，我们也会观察到 $p_1^{\text{WTP}} < p_1^{\text{WTA}}$，这表明支付意愿（WTP）和接受愿意（WTA）之间差距较大。

■ **实例 4-7　损失厌恶和禀赋效应**

丹尼尔·卡尼曼，杰克·奈奇和理查德·塞勒设计了一系列的试验，来检验损失厌恶预测的禀赋效应。为了达到检验目的，需要使用某件价值相对较小的物品，这样对于理性决策者而言，支付意愿（WTP）和接受愿意（WTA）应该近似。在其中一个实验中，一些

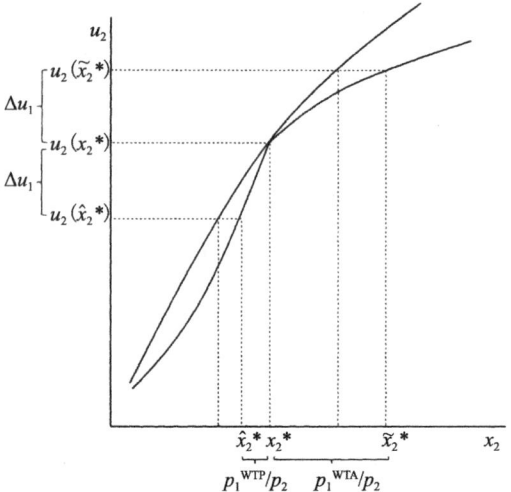

图 4-6　损失厌恶、支付意愿（WTP）和接受愿意（WTA）之间的差距

参与者被带到一间屋子里。其中给一半参与者一个杯子，另一半不给。然后参与者被告知他们有机会在市场上购买或者销售这种杯子。对于那些拥有杯子的人，询问他们卖出杯子所愿意接受的最小钱数。这一信息被用来确定杯子的供给表。对于那些没有杯子的人，让他们报告购买杯子所愿意支付的最大钱数。这一信息被用来确定杯子的需求表。用得到的供给表和需求表的交点来确定杯子的价格。

所有支付意愿高于市场确定的价格的人，按照市场价格买到杯子，所有接受意愿低于市场价格的人，按照市场价格卖出杯子。接受意愿的中位数为 5.25 美元，支付意愿的中位数仅约为 2.25 美元。再次参考图 4-5，这要求在 x_2^* 之上的边际效用大约为 x_2^* 之下边际效用的一半左右。此外，这还要求财富在 2.25+5.25=7.50（美元）的变动区间内，财富的边际效用必须下降超过 50%！当用价值更小的笔做实验时也得到了相似的结果。

这表明效用函数如前景理论所认为的那样，在参考点附近确实有弯折。此外，该试验似乎还表明，在收到商品时它会被立即纳入参考点。因此，在收到礼物或者禀赋发生类似的变化时，个体的偏好会非常迅速地发生变化。最后，这些实验在相同的参与人群中进行了好几次，每一轮实验都会得到非常相似的结果。这表明与很多其他不怎么理性的行为不同，此类行为有可能在市场上持续存在。对于商品的估价，由于拥有该商品的人要比没有该商品的人高很多，因此就市场影响而言，这会减少市场上的交易数量。

■ **实例 4-8　退款保证和免费试用**

在美国，很多商店都会为他们的商品提供退款保证。如果发现他们并不像其想象的那样喜欢所购商品，这类保证允许消费者退货并退款。许多商店要求退货必须在 30 天之内进行，但是有些商店会提供终生退款保证。商店为什么会愿意提供退款保证呢？首先，对于正打算购买的商品，消费者可能会面临某种不确定性。例如，当在商店购买时，消费者或许感觉某件衣服非常合身并且感觉和自己衣橱里的衣服非常搭配，但他们担心到家的时候感觉会有所不同。或者，他们或许并不确定某件电子产品是否和家中的其他设备兼容。退款保证向消费者提供了某种保险，降低了购买风险。因此，在购买和体验产品之前，退款保证增加了产品

价值进而促进了销售。其次，一旦购买了商品，由于禀赋效应商品会产生某些增值。因此，在购买之前消费者或许认为他们会退掉不兼容的电子设备，但是一旦购买之后，他们会认为退货是一种损失。因此，他们或许会保留该商品并且还可能进一步购买其他商品，以使得最初购买的商品更加有用处。退款保证降低了消费者的购买门槛，即降低了购买商品时预期商品必须具有的最低价值，同时它提高了消费者的退货门槛，即提高了商品对消费者而言所具有的价值。因此退款保证有可能提高销售商的利润。

另外一个相关的营销技术是免费试用。和退款保证非常相似，免费试用向消费者提供了这样一种机会，即可以不用花钱就可以拥有某商品一段时间。免费试用期结束后，消费者必须决定是买下来还是退回去。禀赋效应表明一旦顾客拥有了某商品，他们就不太愿意再放弃它。因此，与先买后用相比，营销者可以收取一个更高的价格。

4.8 禀赋效应的理性解释

对于禀赋效应有几种可能的理性解释。一种解释是认为，人们在获得商品之前，面临着商品价值的不确定性。因此，在决定愿意支付的价格时，我或许认为该商品最多值 7 美元，最少值 2 美元，但平均而言我感觉它值 4 美元。在这种情况下，我或许只愿意支付 3 美元，由于不确定性其要低于我对价格猜测的平均值。另一方面，如果给予我某件商品，我确定了它的价值，则我会愿意接受该价值作为交换。因此，如果商品价值是 4 美元，则我愿意接受的价格 4 美元会高于我愿意支付的价格 3 美元。然而，很多人指出，杯子和笔的价格是相对确定的。因此，很难想象这些物品的价值有很大的不确定性。

另外，禀赋效应是否会持续存在也是一个问题。约翰·李斯特进行了一组实验，实验在一个体育收藏卡展览会上设立了糖果和杯子交易市场。当市场参与者是业余体育卡收藏者时，他发现了禀赋效应存在的证据，但是当市场参与者是体育卡交易商时，禀赋效应却消失了。他认为由于进行体育卡交易，体育卡交易商拥有丰富的关于交易市场的经验。因此，当参与者对市场和交易环境足够熟悉时，就有可能消除禀赋效应。有趣的是，这种经验并不仅仅适用于人们经常参与的市场。显然，体育卡交易商在买卖杯子和糖果方面没有多少经验。

历史说明

禀赋效应这个术语是由塞勒在 1980 年的论文中提出的，该论文描述了各种各样的消费者行为异象。这种效应很快引起了环境和资源经济学家的注意。研究环境政策问题的经济学家经常需要确定无法在市场上进行交易的商品的价值。因此，他们可能需要确定一个新的购物中心对本地消费者的价值，以决定是否值得付出相应的环境成本。他们会询问潜在消费者对新的购物中心的支付意愿。相反，当购物中心建成后，那些居住在附近的人们可能无法再看到优美的风景，还需要面对交通客流量增加、噪声以及整晚亮如白昼的灯光等问题。会询问这些人对这些不便的接受意愿。然后，通过考察需要购物中心的人是否可以支付足够的数量补偿那些不需要的人，经济学家就可以确定购物中心是改善了还是恶化了福利。在早期研究阶段就已经发现，相对于支付意愿，接受意愿的数额似乎要大出很多。这促使杰克·奈奇，一位著名的环境和资源经济学家，开始在实验的基础上研究禀赋效应问题，并发表了一系列的论文，其中的顶峰之作是与丹尼尔·卡尼曼和理查德·塞勒的合作成果。奈奇的研究成果证实了实验中无差异曲线可能会交叉，并且支付意愿和接受意愿的差异与发生的财富变化并不成比例。禀赋效应对用来确定环境商品价值的很多技术提出了质疑，进而在该领域应用行为经济模型产生了丰硕的成果。

> **传 记**
>
> **阿莫斯 N. 特沃斯基（1937—1996）**
>
> 学士，希伯来大学，1961年；博士，密歇根大学，1965年；在希伯来大学和斯坦福大学担任教职。
>
> 作为一名训练有素的认知心理学家，阿莫斯·特沃斯基是倡导对推理过程中的系统性偏向进行研究的先驱者。他的研究成果包括：人们如何错误判断随机结果的概率、对收益和损失的估值、问题表述方式对决策的影响、模糊选择的处理等。其大部分有影响的成果是和丹尼尔·卡尼曼合作完成的，卡尼曼在特沃斯基去世后主要由于他们的合作成果获得了诺贝尔经济学奖。特沃斯基的研究成果发展了决策中直觉推断的概念，成为理性选择模型的一种替代，其意味着人们可能会由于没有能力进行必要的计算而犯判断错误。这种偏向并不局限于教育程度不高的人，即使在同行评议的物理学期刊文章中也时有发现。他还帮助建立了一个跨学科的研究中心——斯坦福冲突解决和谈判中心。在他的职业生涯中，他曾经获得麦克阿瑟奖，入选美国艺术与科学学院和国家科学院，被授予了多个荣誉博士学位。除了学术贡献外，特沃斯基还是以色列的战斗英雄，曾在3次战争中服役。他曾经救过战友的命，冒着生命危险将倒在即将爆炸的爆炸物上的战友推了出去，自己却在爆炸中受伤。特沃斯基死于癌症，享年59岁。

思考题

1. 默认选项在引导公众行为方面被证明非常有效，这可能是通过帮助个体形成成本不存在的偏好起作用的。假定为了增加学生钙的摄入量，某所学校决定在购买的学校午餐中增加一小盒普通脱脂牛奶。学生们对牛奶非常熟悉并且已经形成了偏好。以前，学生们可以在不额外加钱的条件下，按照意愿选择高脂牛奶、巧克力牛奶或者不要牛奶。这种默认和本章案例中默认选项起作用的方式有什么不同？

2. 通常会发现那些愿意换工作的人会挣更多的钱。基本上，这些人会定期的寻找新工作，当获得比现任工作更好的工作机会时就会换工作。然而，一小部分雇员在通知被解雇之前却不会找工作。使用行为经济学的术语和模型，解释这一小部分雇员为什么在工作安全的时候不会积极地寻找新工作。另外，考虑那些被告知可能会很快失去工作的雇员。他们失去工作的可能性与工作业绩无关，而主要是因为公司结构发生了变化，并且找到新工作后他们预期可能会挣更多的钱。用禀赋效应来说明，在找到新工作之前和之后，员工对找工作的结果的价值是怎么看的？

3. 一家新奇事物商店担心顾客会因不熟悉商店所售物品继而不愿意购买。店主考虑对所售商品进行店内示范或者提供某种类型的退款保证。对每种情况，用图形表示消费者的值函数并描述利润的变化。每种措施对店内商品的定价会有什么影响？

4. 再次考虑为获取某商品所愿意支付的最大数量以及放弃该商品愿意接受的最低数量问题。考虑一个叫特里的人，他根据式（4-4）和式（4-7）所示模型行事。假定效用函数为 $u(x_1, x_2) = x_1^{.5} + x_2^{.5}$，财富 $w = 100$，$p_2 = 1$，因此 $x_2^* = 100$。对于100单位商品1，求解最大支付意愿和最小接受意愿。那个数量更大？如果只考虑1单位商品1，答案会如何变化？两种情况下的最大支付意愿和最小接受意愿在数值上是否比较接近？为什么？如果 $u(x_1, x_2) = x_1^5 x_2^5$ 答案会如何变化？

5. 现在假定特里表现出加式损失厌恶不变，
$v_r(x_1, x_2) = R(x_1) + R(x_2)$，

$$R(x_i) = \begin{cases} x_i - r_i & \text{如果} \quad x_i \geq r_i \\ 2(x_i - r_i) & \text{如果} \quad x_i < r_i \end{cases}$$

做和问题 4 一样的练习。两者的答案有什么不同？为什么会这样？

参考文献

Ariely, D., G. Loewenstein, and D. Prelec. "'Coherent Arbitrariness': Stable Demand Curves without Stable Preferences." *Quarterly Journal of Economics* 118(2003): 73–105.

Chen, K., V. Lakshminarayanan, and L. Santos. "The Evolution of Our Preferences: Evidence from Capuchin Monkey Trading Behavior." Cowles Foundation Discussion Behavior No. 1524, Yale University, 2006.

Johnson, E.J., and D. Goldstein. "Do Defaults Save Lives?" *Science* 302(2003): 1338–1339.

Johnson, E.J., J. Hershey, J. Meszaros, and H. Kunreuther. "Framing, Probability Distortions, and Insurance Decisions." *Journal of Risk and Uncertainty* 7(1993): 35–51.

Kahneman, D., J.L. Knetsch, and R.H. Thaler. "Experimental Tests of the Endowment Effect and the Coase Theorem." *Journal of Political Economy* 98(1990): 1325–1348.

Kahneman, D., J.L. Knetsch, and R.H. Thaler. "The Endowment Effect, Loss Aversion, and Status Quo Bias." *Journal of Economic Perspectives* 5(1991): 193–206.

Knetsch, J.L., and J.A. Sinden. "Willingness to Pay and Compensation Demanded: Experimental Evidence of an Unexpected Disparity in Measures of Value." *Quarterly Journal of Economics* 99 (1984): 507–521.

List, J.A. "Neoclassical Theory versus Prospect Theory: Evidence from the Marketplace." *Econometrica* 72(2004): 615–625.

Samuelson, W., and R. Zeckhauser. "Status Quo Bias and Decision Making." *Journal of Risk and Uncertainty* 1(1988): 7–59.

Thaler, R. "Toward a Positive Theory of Consumer Choice." *Journal of Economic Behavior and Organization* 1(1980): 39–60.

Tversky, A., and D. Kahneman. "Loss Aversion in Riskless Choice: A Reference Dependent Model." *Quarterly Journal of Economics* 106(1991): 1039–1061.

高级概念

损失厌恶不变条件下无差异曲线的形状

为了推导损失厌恶不变条件下无差异曲线的形状，我们必须找到满足以下条件的所有点

$$v_r(x) = U(R_1(x_1), R_2(x_2)) = k \tag{4-A}$$

其中，k 为任意一个常数，我们现在仅考虑两种商品的情况。只要我们不在参考点上求解，则式 (4-A) 中的函数是可微的，因此我们可以对式 (4-A) 进行全微分得到

$$\frac{\partial}{\partial R_1} U(R_1(x_1), R_2(x_2)) \frac{\partial}{\partial x_1} R_1(x_1) dx_1 + \frac{\partial}{\partial R_2} U(R_1(x_1) R_2(x_2)) \frac{\partial}{\partial x_2} R_2(x_2) dx_2 = 0 \tag{4-B}$$

或者

$$\frac{dx_2}{dx_1} = -\frac{\frac{\partial}{\partial R_1} U(R_1(x_1), R_2(x_2)) \frac{\partial}{\partial x_1} R_1(x_1)}{\frac{\partial}{\partial R_2} U(R_1(x_1), R_2(x_2)) \frac{\partial}{\partial x_2} R_2(x_2)} \tag{4-C}$$

对式（4-1）进行微分，我们得到

$$\frac{\partial R_i(x_i)}{\partial x_i} = \begin{cases} \frac{\partial u_i(x_i)}{\partial x_i} & \text{如果} \quad x_i > r_i \\ \lambda_i \frac{\partial u_i(x_i)}{\partial x_i} & \text{如果} \quad x_i < r_i \end{cases} \tag{4-D}$$

因此，我们可以将式（4-C）写为

$$\frac{dx_2}{dx_1} = -\frac{\frac{\partial}{\partial R_1} U(R_1(x_1), R_2(x_2)) \frac{\partial}{\partial x_1} u_1(x_1)}{\frac{\partial}{\partial R_2} U(R_1(x_1), R_2(x_2)) \frac{\partial}{\partial x_2} u_2(x_2)} z \tag{4-E}$$

其中

$$z = \begin{cases} 1 & \text{如果} \quad x_1 > r_1, x_2 > r_2 \\ \dfrac{\lambda_1}{\lambda_2} & \text{如果} \quad x_1 < r_1, x_2 < r_2 \\ \lambda_1 & \text{如果} \quad x_1 < r_1, x_2 > r_2 \\ \dfrac{1}{\lambda_2} & \text{如果} \quad x_1 > r_1, x_2 < r_2 \end{cases} \qquad (4\text{-}F)$$

在任何维度经过参考点时,上述导数按照 z 而发生不连续的变化。在图 4-4 的上半部分,当无差异曲线经过线 r_1 时,左侧无差异曲线的斜率是右侧斜率的 λ_1 倍。在下半部分,参考线左侧无差异曲线的斜率也是右侧斜率的 λ_1 倍。同样,当从图形的上半部分移动到下半部分时,无差异曲线的斜率会除以一个因子 λ_2,产生更加平坦的无差异曲线。

在加式损失厌恶不变的特殊情况下,式(4-E)可以简单地写为

$$\frac{\mathrm{d}x_2}{\mathrm{d}x_1} = -\frac{\dfrac{\partial}{\partial x_1}u_1(x_1)}{\dfrac{\partial}{\partial x_2}u_2(x_2)}z \qquad (4\text{-}G)$$

这看起来很像标准无差异曲线乘以一个损失厌恶因子 z。

第 5 章

赢者诅咒与拍卖行为

设想瑞克在某个在线拍卖网站的拍卖列表中发现了一枚稀有硬币。拍卖会持续两个星期。瑞克对硬币收藏非常熟悉，非常了解该硬币的价值。当发现该拍卖时，他就根据自己认可的硬币价值设置了一个出价，由于到目前为止他的出价最高，所以他很高兴。然后，他就等着拍卖结束，每天查拍卖价格看他的出价是否仍然是最高的。在拍卖即将结束的当天，他发现某个人的出价比他高了至少 10 美元。瑞克立即加价 20 美元，却发现自己的出价又被超过了。他随后又增加了 30 美元，成为出价最高的人并且赢得了该硬币。瑞克非常高兴自己赢得了拍卖，对于比认可价值多花费了 50 美元似乎并不恼火。

与以前相比，随着网上拍卖的出现，人们进行竞价和拍卖的经历也越来越多。大部分参与网上拍卖的人都认为拍卖参与人需要在某种程度上赌胜负和耍心机。很多学生给出了他们认为是最优的策略。例如，某个学生建议直到拍卖快结束时再出价，这样对于你的出价对手就很难产生反应，因而有利于赢得拍卖物品。大部分情况下，这些策略都表明要计谋或者让其他竞价人对你的行动和策略感到意外是很重要的。在拍卖中，人们对其他人行动的最佳反应是什么？在拍卖环境中，什么样的心理偏向会主导个体行为？本章描述在拍卖中发现的有规律的行为以及它们对策略、市场营销和采购的含义。当某人的行为会影响他人所得结果以及他人行为会影响自己所得结果时，我们称人们在进行**博弈**（game）。经济学家通常使用博弈论模型来预测或者描述博弈行为。本章以博弈论的基本要素为基础，融合某些行为推断法则，来描述对博弈论方法预测的偏离。

5.1 拍卖中的理性竞价

在网上最常用的拍卖方式是**次高价拍卖**（second-price auction）。在次高价拍卖中，出价最高的人赢得拍卖物品，并且支付价格由次高价决定。n 人参与的拍卖可以被描述为 n 个参与人之间的博弈。每个参与人对拍卖物品的估价或许是不同的。用 v_i 代表拍卖物品对参与人 i 的货币价值。每个参与人的行为必定依赖于其从每种可能策略中获得的收益。正式的，博弈包括所有参与人可采取的一组行动和一组收益，其中每个收益值对应所有参与人一组可能的行动。因此要说明某个博弈，我们必须列出参与人，每个参与人可采取的行动，以及每一种结果的收益。首先，让我们考察一种次高价密封拍卖，通常被称之为**维克里拍卖**（Vickrey auction）。密封拍卖意味着竞价人在提交自己的出价时不知道其他人的出价。因为参与人无

法观察到其他人的出价,所以参与人无法以其他参与人的行动为条件确定自己的行动。在此情况下,竞价人的收益可以设定为

$$\pi_i = \begin{cases} v_i - p & \text{如果} \quad x_i > p \\ 0 & \text{如果} \quad x_i \leqslant p \end{cases} \tag{5-1}$$

其中,p 是次高出价,因而也是拍卖品的成交价;x_i 是竞价人 i 的出价。首先考虑出价 $x_i < v_i$。在此情况下,如果竞价人赢得拍卖,$x_i > p$,则竞价人获得的是商品的价值,但损失的是拍卖成交价格,导致的净收益是 $v_i - p > 0$。因为该价值为正,竞价人此时能从赢得拍卖中受益。

另一种可能是假定竞价人输掉了拍卖,即 $x_i < p$。此时,竞价人获得的收益为 0。如果成交价高于他的出价但低于他对物品的估值,即 $v_i > p > x_i$,则提高出价到任意高于 p 的水平都会赢得拍卖,并获得 $v_i - p > 0$ 的收益,这绝对比出价低于 p 的状况要好。因此,如果竞价人的出价低于其对物品的估值,并且成交价格也低于其估值,则在拍得该物品符合其最大利益时,竞价人有可能无法拍得该物品。

相反,假定竞价人的出价高于其估值,即 $x_i > v_i$。如果出价高于成交价,则他赢得拍卖物品,获得的收益为 $v_i - p$。如果 $v_i > p$,则该值为正,否则非正。因此,若成交价高于竞价人的估值但低于其出价,即 $x_i > p > v_i$,则与出价低于 p 相比,竞价人的状况绝对恶化了。因此,如果竞价人的出价高于其对物品的估值,只要成交价高于其估值,这都会导致他以高于商品价值的价格获得商品,产生损失。

最后,假定竞价人的出价恰好等于其估值,即 $x_i = v_i$。此时,如果成交价低于其出价,他会获得 $v_i - p > 0$,这是在任何可能出价条件下他能获得的最大收益数量。[⊖]相反,若成交价高于其出价,他获得的收益为 0。这时提高出价能让他赢得该物品,但必定产生损失,因为他支付的数额要高于物品对他的价值。因而在这种情况下,不论具体出价是多少,0 是他能够获得的最佳结果。[⊜]不管所有竞价人的出价组合产生什么样的成交价,在所有策略中,按照自己的估值出价会获得最大收益。在任何可能的策略和所有可能结果中,若某策略对个人而言总是产生最大收益,该策略被称为**占优策略**(dominant strategy)。在这个例子中,维克里拍卖的每个参与人都有一个占优策略,即不管其他人怎么做,自己应该按自己对物品的估值出价。因此,理性模型会预测,不管怎样,人们都会按其估值出价。此时,对物品估值最高的竞价人赢得拍卖,并支付次高估值买下该物品。

相反,假定人们可以观察到其他人的出价,并且如果愿意可以次序加价。此时,当所有其他出价低于竞价人的估值时,竞价人应该报一个高于所有其他人的出价。如果随后发现其他人又报出了一个高于其出价但仍然低于其估值的价格,他应该再次提高其出价。然而,一旦有出价高于其估值,他应该停止竞价。这样产生的结果是,对物品估值最高的竞价人最终会报出最高的价格,并支付次高出价,而次高出价由次高估值给出,这与密封拍卖是完全一样的。因此,在次高价拍卖中,耍计谋没有用处。拍卖时,人们只要在一开始就按自己对物品的估值出价,然后静等来看其他人出价的高低就可以了。

最后,考虑最高价拍卖。**最高价拍卖**(first-price auction)是一种拍卖机制,其中出价最高的竞价人赢得拍卖物品但必须支付他自己对物品的出价。此时,赢者的收益可以描述如下

⊖ 不论 $x_i < v_i$,$x_i > v_i$ 还是 $x_i = v_i$,赢得拍卖的最高收益都是 $v_i - p$。只不过在第二种情况下,存在降低出价或者输掉拍卖会增加收益的可能性。——译者注

⊜ 不论 $x_i < v_i$,$x_i > v_i$ 还是 $x_i = v_i$,输掉拍卖的最高收益都是 0。只不过在第一种情况下,存在提高出价会增加收益的可能性。——译者注

$$\pi_i = \begin{cases} v_i - x_i & \text{如果} \quad x_i = p \\ 0 & \text{如果} \quad x_i < p \end{cases} \tag{5-2}$$

因此，若出价即为成交价，则赢者获得的收益是物品价值减去其出价；若出价低于成交价则获得0。如果是公开报价最高价拍卖，则竞价人可以观察到其他人的出价。如果有出价高于其估值，他会选择报出一个较低的价格，无法拍到物品，收益为零。相反，如果其他参与人的最高出价低于其估值，为了拍到商品，他会选择报出一个稍高一丁点的价格，以获得大小为其估值与其出价（实际上就是次高出价）之差的收益。因此，公开报价最高价拍卖产生的结果与次高价拍卖相似。除了估值最高的竞价人会根据次高估值报价以获得商品外，其他每个人的出价都会达到其估值水平。因此，在多种类型的拍卖中，对商品估值最高的竞价人会赢得拍卖，并且会支付与次高估值相等的数额。

在更加一般的博弈问题中，并不总是能够找到占优策略。当参与人得到的结果依赖于其他参与者的行动时，进行预测的主要工具是利用**纳什均衡**（Nash equilibrium）概念。要定义纳什均衡，首先需要定义几个有用的术语。

定义**节点**（node）为博弈中的任意一点，在该点上参与人 i 要进行某项决策，并且在该点上有参与人可得的各种信息。例如，在玩井字棋游戏时，游戏开局让玩家1处于一个节点上，他可以在九个方格中任选一个填写他的记号，并不知道玩家2会如何应对。如果玩家1将他的记号放在了中心方格中，这会让玩家2处于一个节点上，在该点上玩家1已经将他的记号放在了中心方格中；现在他知道玩家1将其记号填在了哪里，并且可以在剩下的八个方格中任选一个填写他的记号。如果玩家1将他的记号放在了左上方格中，我们就会处于一个不同的节点上，在该点上仍然剩下八个方格，只不过现在左上方格被占了，而中心方格是空的。

策略（strategy）是博弈过程中在每个可能的节点（如果会到达该节点），参与人意图做出的决策的集合。有必要区分开策略和行动。行动可以是"将X填在中心方格中"。而策略是一长串的行动（每个节点都对应一项行动），例如，"如果玩家1的第一步是在左上角填O，则我的第一步是在中心方格填X；如果玩家1的第一步是在中上方格填O，则我的第一步是……"以此类推，策略描述博弈过程中对每一项行动或者行动历史的反应。用符号 S_{-i} 表示所有其他参与人采取的策略，则可以用 $\pi_i(s_i|S_{-i})$ 表示在其他参与人采取策略 S_{-i} 时，参与人 i 采取策略 s_i 获得的收益。

纳什均衡是一个策略集合 $S=\{s_1,\cdots,s_n\}$，使得对于每一个参与人 i 而言，$\pi_i(s_i|S_{-i}) \geqslant \pi_i(s_i'|S_{-i})$，其中 $S=s_i \cup S_{-i}$。在直观上，纳什均衡是一个策略集合，其中每一个参与人都会采取一种策略，该集合使得在给定所有其他参与人的策略条件下，每一个参与人都达到收益最大化。因此，给定所有其他参与人的策略，任何一个参与人不会因为选择不同的策略而改善自身状况。在次高价拍卖中，纳什均衡为每个竞价人按照自己的估值出价。公开报价最高价拍卖的纳什均衡为，除了估值最高者按照稍高于次高者的估值出价外，其他每个竞价人都按照自己的估值出价。一般而言，如果某个参与人有占优策略，则纳什均衡必定要求该参与人采取占优策略。在博弈过程中，普遍认为纳什均衡是理性的基本要求。

■ **实例5-1　次高价拍卖**

约翰·卡格尔、罗纳德·哈尔斯塔和丹·莱温进行了一组实验，对预测的不同类型拍卖的纳什均衡进行检验。实验中给受试者随机分配一个赢得拍卖的个人估值——也就是说，每个人被分配了一个值，如果赢得拍卖他们获得的价值为该数值，并且每个人被分配的数值是不同的。该估值采用了一定量的货币形式，如果他们恰好赢得了拍卖会获得与之相等的收益。会告知他们拍卖的运作机制，并且会进行几轮维克里拍卖。在每一轮拍卖中，都会给受试者分配一个新的个人估值。纳什均衡策略为每个人按照自己在此轮拍卖中的个人估值出价，但是从平均值来看，出价要大大高于分配的个人估值。出价平均要比个人估值高出12%～20%，个人估值越低，该百分比越大。在受试者经历多轮维克里拍卖后，并没有证据证明出价会趋向于（按自己的估值出价的）占优策略。这就产生了一种令人感到奇怪的情况，在80%的拍卖中拍卖价格（由次高竞价人的出价决定）要高于次高估值，36%的赢得拍卖的人支付的价格要高于他们的个人估值。这36%的赢者只是字面意义上的赢者，因为他们是唯一在拍卖中亏钱的人。

5.2 出价过高的程序解释

虽然没有多少研究直接考察在维克里拍卖中人们为什么会出价过高，卡格尔，哈尔斯塔和莱温提出了一种程序解释。维克里拍卖机制本身并不透明，因为在设置其出价时，竞价人并不能直接看明白其行动时所面临的权衡抉择。竞价人或许认为提高自己的出价并不存在直接成本，因为一旦赢得拍卖并不要求他们支付自己的出价——只需要支付次高出价。如果他们将次高出价看作是固定的并且低于其估值，他们就不会意识到提高自己的出价存在成本。另一方面，提高自己的出价会增加他们赢得拍卖的机会。在没有意识到提高出价存在成本的情况下，他们会过度看中能否赢得拍卖。不幸的是，按照高于自己的估值出价才可以赢得的拍卖，以及按照自己的估值出价无法赢得的拍卖，却恰恰是自己不需要赢得的拍卖。在任何情况下，如果要赢得拍卖必须按照高于自己的估值出价，则赢得拍卖后会产生损失。有助于理解这类行为的一种方法是，将其看作锚定和调整的结果。就像竞价人基于随意的锚定点确定自己对物品的支付愿意一样，现在竞价人也是根据锚定点形成自己的出价。此时，竞价人的锚定点是赋予他们的个人估值。然后，由于错误地认为从锚定点开始提高自己的出价不会有惩罚，他们会向上调整，这一过程很有可能使得出价最高的人成为输家。

■ 实例 5-2 出价的时机与在线拍卖

在线拍卖网站 eBay 网采用了次高价拍卖方式，但是当前成交价格（或者当前的次高出价）在整个拍卖期间是可见的。在拍卖结束前的任何时刻，参与人都能够修改他们的出价，在设定的拍卖结束时间所有出价为最终出价。亚马逊网站也采用一种非常类似的拍卖机制。主要差异在于虽然也有设定的拍卖结束时间，但是如果在最后 10 分钟仍然有新的出价，则竞价会额外延长 10 分钟。这种时间的延长可以发生好几次。因此，直到集中竞价时间结束并且至少在过去的 10 分钟里不再有新的出价，拍卖才会结束。亚马逊引入这种特征是为了消除广泛存在的"突然袭击"现象。突然袭击是指，竞价人观察其他人的出价行为，然后在最后一刻出价，以阻止其他人对他的出价产生反应。一些在线网站提供某种软件，专门用来在 eBay 网拍卖中进行突然袭击。

如果所有的竞价人理解了博弈的规则，并且确定性地知道自己对商品的估值，则占优策略是按自己的估值出价，然后静等拍卖结束。如果在最后一刻有出价超过自己，他们应该高兴自己输掉了拍卖，因为这保证他们支付的数量不会超出自己的估值。然而，实际情况并非如此。相反，阿尔文·罗斯和阿克塞尔·奥肯菲尔斯发现，在 eBay 网拍卖结束的最后时刻会出现竞价行为的迅速增加，表明很多竞价人采用了突然袭击策略。相反，亚马逊上的拍卖更加接近于经济学家通常建模表示的"泰然处之、一劳永逸"的竞价行为。如果理性表明竞价行为应该是与其他人的行为无关的一次性出价，那么为什么还要担心突然袭击现象呢？

5.3 理性水平

对于人们为什么会进行突然袭击，存在几种解释。如果其他所有人采用的策略都是按照自己的估值一次性出价，则你也采取同样的策略是理性的。这会产生一个纳什均衡。现在假定其他人不采用纳什均衡策略。例如，假定你知道某些人会进行"竞购战"，即如果你的出价超过了他们，他们总是会再报一个稍高一点的价格。因而，如果你在博弈早期就按照自己的估值出价，则他们肯定会出一个稍高的价格并赢得拍卖，那么你就不可能得到任何好处。相反，如果你等到最后时刻才按照自己的估值设置出价，他们可能就没有时间反应，你就有可能获得拍卖物品并获得潜在的净收益。

另外一种可能是，其他人或许错误地忽略了拍卖的运作机制，将拍卖看作是序贯最高价拍卖。假定某些参与人天真地按照低于自己的估值设置出价，等到竞争者报出更高的出价后再提高他们的出价。我们称这为**增量报价行为**（incremental bidding behavior）。在此情况下，推迟到最后时刻才报价，让其他的竞价人没有机会反应，再次成为最优策略。通过这样做，次高出价被最小化，竞价人在赢得拍卖后能够最大化他们的净收益。

最后，在竞购商品的过程中，人们对商品的喜爱程度或许会增加。例如，通过禀赋效应，竞价人或许会将拍卖物品纳入到自己的参考点，这进而增加了他们的估值，导致拍卖临近结束时报出更高的价格。例如，如果人们知道自己的报价在一段时间内是最高出价，他们或许开始认为拍卖商品已经成为他们的囊中之物，继而增加了他们对商品的估值。如果随后的出价超过了他们以前的出价，他们会觉得有必要报出一个更高的价格。

丹·艾瑞里、阿尔文·罗斯和阿克塞尔·奥肯菲尔斯的一项后续研究使用实验环境来确定突然袭击行为背后的原因。他们让参与人进行实验性拍卖，拍卖模仿 eBay 和亚马逊网上拍卖的特征，只不过竞价发生在明确的竞价期内，并且拍卖对象的价值是引致值。如前面另一项实验所描述的那样，**引致值**（induced values）意味着随机分配给受试者一个赢得拍卖后会获得的数值。他们找到的一些证据表明，采取突然袭击行为是对其他人进行增量报价的理性反应。这会产生一种有趣的情况，人们会对看似不怎么理性的行为产生理性反应。这导致某些文献假设存在几种不同类型的参与者，他们的老练程度或者理性水平是不同的。

例如，戴尔·斯塔尔和保罗·威尔逊提出了几种类型的参与人，第一种类型完全不进行策略性的思考，相反仅仅是随机选择某种行动（这些行动会被赋予相同的概率）。第二种类型考虑他们自己的收益，并且认为所有其他人简单地随机选择其行动（其可以被看作是理性模型的初级层次）；也就是说，这种类型的参与人认为只有他们自己是策略性参与者。我们可以想象出更高层次类型的参与者，他们考虑策略性参与者和非策略性参与者的构成，然后根据预期的行为制定策略。因此，在博弈中，我们必须区分非理性行为、由他人的非理性行为诱发的理性反应行为。

■ **实例 5-3 英式拍卖和《万智牌》**

在英式拍卖中，拍卖师先报出一个初始价格。所有愿意支付这一价格的人要表明他愿意在该价格水平上购买。然后拍卖师会稍微提高一点价格。每次提价后，竞价人必须再次表明他意愿在该价格水平上购买。当仅剩下一个竞价人仍然愿意购买时拍卖结束。大型拍卖行在拍卖古董时会使用几种不同形式的英式拍卖。英式拍卖也可以被称为公开报价最高价拍卖，因为出价最高的人赢得拍卖，并且在整个拍卖过程中所有人都知道其他人的出价。此时的占优策略如下：竞价人应该持续表明他的购买意愿直到价格高于他对商品的估值。因为当仅剩下一个竞价人时拍卖结束，所以成交价格恰好是在次高出价人对商品估值的基础上增加一点。因此，不论是从价格还是从赢者来看，英式拍卖和维克里拍卖应该会产生相同的结果。

大卫·勒金·莱利使用现场实验来验证两种拍卖的等价性。实验中拍卖的是角色扮演游戏《万智牌》中的交易卡牌。在该游戏中，每张卡牌代表一种能够释放的咒语，给予卡牌的持有人一种非常有趣的游戏体验。勒金·莱利使用维克里拍卖方式拍卖 184 张交易卡牌，使用英式拍卖方式拍卖另外 184 张交易卡牌。参与人是从网上聊天社区招募的，在这些社区经常交易和拍卖此类卡牌。因此，我们可以认为这些人是有经验的交易者。特意选择了价值和质量相似的卡牌进行拍卖。研究结果并不是特别一致。在竞价人数量较多的拍卖中，维克里拍卖的出价要大大高于英式拍卖的出价。然而，在竞价人数量较少的拍卖中，得到的证据却支持相反的结果。

前述卡格尔，哈尔斯塔和莱温的实验室试验使用随机分配的个人估值却发现，维克里拍卖的出价通常高于（预期也应高于）英式拍卖的出价。维克里拍卖的出价持续高于估值，但是大部分英式拍卖的出价低于估值（虽然只是低很少的数量）。此外，英式拍卖的参与人在每场拍卖后都会调整他们的策略，最终趋向于按照估值出价。因此，在英式拍卖中，随着经验的增加，竞价人最终会确认并且使用自己的占优策略。

5.4 竞价的经验法则和透明度

维克里拍卖和英式拍卖为什么会产生差异？在前面，我们推断在维克里拍卖中，人们锚定在他们的估值上，然后因为向上调整会明显增加赢得拍卖的概率但又不存在明显的成本，所以他们会向上调整出价。在英式拍卖中，价格是**透明的**（transparent）。这意味着在出价时，竞价人知道如果自己赢得拍卖价格会是多少。此外，英式拍卖机制将全部注意力集中在价格上。因此，在英式拍卖中，不需要竞价人花太多的精力进行推理就能够确定自己的占优策略。如果价格超过他们的估值，他们就不会再报价。在维克里拍卖中，确定占优策略要求较高程度的认知努力，导致竞价人放弃了确定最优出价，转而采用经验法则确定出价，例如锚定和调整法则。英式拍卖机制的透明性不仅有助于推导出报价的占优策略，还有助于不断学习。即使在前面几轮英式拍卖中人们难以发现自己的最优出价，但听着宣布的价格不断提高，再看看剩下的仍然愿意购买的竞价人，再听听宣布的价格，此后人们就很难坚持以下观点——即人们应该按照高于他们对物品的估值出价。

虽然在维克里拍卖中人们有很强的倾向出价过高，但在英式拍卖中他们却在某种程度上表现出较弱的出价较低的倾向。这值得进行进一步的分析。在维克里拍卖中，人们似乎锚定在他们的估值上并向上进行调整。在实验室中进行的维克里拍卖，竞价人除了被随机赋予的估值之外，没有给他们任何可以作为锚定点的数值。在前一章我们知道，在引导参与人给出其支付意愿的过程中，展示一个数字会影响最终的出价。因为没有其他任何数字可以作为锚定点，被随机赋予的估值就成为出价的锚定点。在英式拍卖中，竞价过程总是开始于一个最低报价，然后慢慢增加直到剩下最后一个竞价人。对于那些出于各种原因无法利用拍卖的透明性确定出价的占优策略的人来说，这个最初报价可能起到了锚定点的作用。因此，那些使用该最初报价作为锚定点的人会对出价进行向上调整，趋近于但又不会完全达到最优或占优策略的出价，导致所谓的出价较低行为。实际上，帕特里克·巴扎睿和阿里·霍达斯库发现，使用他们设计的次高价拍卖机制，提高最低报价会增加 eBay 网稀有硬币拍卖的收入。这表明在维克里拍卖和英式拍卖中，最低报价水平会影响竞价行为。

最后，在万智卡牌拍卖实验中，没有明显的证据表明维克里拍卖的出价较高，这值得进一步讨论。在很多公开的实验室实验中，维克里拍卖会产生明显高于英式拍卖的出价。该网上现场实验的结果对这种结论提出了质疑。然而，该实验是在非常有经验的网上社区进行的，对于实验使用的所有卡牌，该社区都有活跃的交易市场。有可能的是这种市场环境只会吸引那些具有丰富拍卖和报价经验的人。虽然实验室实验并没有证明经验会改善竞价行为，但是实验室给出的是一个很特殊的样本。在实验室获取经验的过程中，不允许竞价人退出拍卖。然而，公开拍卖，例如进行的万智卡牌拍卖，只会吸引那些偏爱通过拍卖获得自己的卡牌的人。那些在过去的拍卖中"上过当"的人或许已经退出并不再参与任何拍卖。因此，即使在维克里拍卖中竞价人未表现出学习效应，但是由于糟糕的竞价人被市场淘汰，有经验的竞价人更有可能按照占优策略行事。

5.5 荷式拍卖和最高价拍卖下的理性出价

某些拍卖机制无法为竞价人指示出明确的占优策略。最高价密封拍卖就是这样一种类型的拍卖。在此拍卖中，出价最高的竞价人赢得拍卖并且必须支付其出价。此外，因为是密封拍卖，在确定自己的出价时，竞价人无法观察到其他人的出价。如果在给出自己的出价之前，不允许竞价人观察其他人的出价，则不存在这样一个简单的占优策略出价，即不论其他竞价人如何选择都会产生明显更高收益的出价。

在所有情况下，按照自己的估值出价保证竞价人的收益为 0。如果其出价不是最高的，则既不用付钱，也不会获得任何收益。如果其出价是最高的，则支付的数额恰好是其估值，从所拍商品中获得的价值恰好弥补了支付的数额。从拍卖中获得正收益的唯一方法是按低于对商品的估值出价。假定竞价人 i 给出的报价是 $x_i = v_i - k$，其中，k 是一个正常数。此时，如果有其他竞价人出价 $x_j = v_i - k/2$ 并赢得拍卖，参与人 i 获得的收益为 0，既没有获得拍卖物品也不用付钱。很明显，参与人 i 可以做得更好。如果出价高于 x_j 且低于 v_i，则参与人 i 可以赢得拍卖，支付出价后获得正收益。因此，参与人在报价时面临权衡抉择。随着出价越来越接近自己的估值水平，参与人提高了赢得拍卖并获得某个正收益的概率。然而，随着参与人提高自己的出价，他们提高了自己最终支付的价格，因此也减少了赢得拍卖最终所获收益。要讨论出价的最优策略，我们需要使用基本的概率工具，还需要对不确定性条件下的决策进行探讨。

考虑某个随机变量 z，取值为任意实数。我们称该变量可能取值的集合为 z 的**支集**（support）。因此，如果 z 为投掷一个六面的骰子，则支集为 $\{1, 2, 3, 4, 5, 6\}$。假设随机变量表现出可预测的属性，这些属性允许我们讨论某些结果相对于其他结果出现的可能性大小。例如，当某个质地均匀的骰子被投掷几百次时，每个数字被掷出的频率大约为总投掷次数的 1/6。如果一个随机变量被抽取很多次（接近无穷），则某个结果的**概率**（probability）为该结果出现次数所占的比例。因此，概率是一个介于 0 和 1 之间的数字，表示某个特定结果出现的可能性。此外，随机变量的一次取值包含在其支集内的概率（通过将支集内各个结果出现的概率相加求得）肯定为 1。因此，掷骰子的点数在 1 和 6 之间（包括 1 和 6）的概率肯定为 1。支集之外任何结果出现的概率肯定为 0——掷出 7 点的概率为 0。

随机变量的**期望值**（expectation）或者均值可以被定义为 $E(z) = \sum_{i=1}^{n} p_i z_i$，其中，$p_i$ 是结果 z_i 的概率，$E(\cdot)$ 是期望运算符。期望值仅仅是一个大样本中所有结果按其相对频率加权后之和，因此它表示从某个分布中进行一次取值的平均结果。若单项决策产生的收益是随机分布的，我们称为**不确定性**（uncertainty）条件下的决策。通常，经济学家们假设在面临不确定性时，人们尝试最大化期望收益 $\max_{x} E(\pi(x))$。因此，在最高价密封拍卖中，竞价人尝试求解

$$\max_{x} E(\pi_i) \tag{5-3}$$

其中

$$\pi_i = \begin{cases} v_i - x_i & \text{如果} \quad x_i = p \\ 0 & \text{如果} \quad x_i < p \end{cases} \tag{5-4}$$

在这里，由于成交价格依赖于拍卖中所有其他人的竞价策略，因此产生了不确定性。特别地，如果每个人都将其出价构造为自己估值 v_i 的函数，则潜在的不确定性来自于出价集合中估值的概率分布。因此，由于不知道其他人对拍卖物品的估值是多少，竞价人面临不确定性。如果人们能以某种方法观察到每个拍卖参与人的个人估值，则人们就可以很容易地按照刚好低于自己估值的竞价人的估值出价，得到熟知的对维克里拍卖的理性预测结果。如果不具备此条件，则竞价人必须根据自己的估值、参与拍卖的竞价人数量以及对其他人可能估值的信念来出价。

假定估值是对某随机变量的一次独立观测，其任一结果出现的概率为 $p(v)$。然后假定所有的竞价人都会选择一个出价，该出价是自己估值的特定函数，即 $x(v_i)$，并且假定估值越高出价就越高，也就是说，每个竞价人都会使用相同的报价函数。如此这般，出价就成为一个有分布的随机变量，并且出价 $x(v)$ 的概率为 $p(v)$。竞价人 i 出价 $x(v_i)$ 赢得拍卖的概率等于抽取 $n-1$ 次估值所产生的出价都小于 $x(v_i)$ 的概率，其中，n 为竞价人的数量。假定我们按大小顺序对估值重新编号，使得只要 $i>j$，则 $v_i>v_j$。则竞价人 j 给出的报价低于 $x(v_i)$ 的概率恰为 $\sum_{j=1}^{i} p(v_j)$。如果个体的估值都取自同一分布并且相互独立，则所有 $n-1$ 个竞价人出价低于 $x(v_i)$ 的概率为每个个体出价低于 $x(v_i)$ 的概率的乘积，即 $\left[\sum_{j=1}^{i} p(v_j)\right]^{n-1}$。因此，出价 $x(v_i)$ 的期望收益可以表示为 $E(\pi_i) = (v_i - x_i)\left[\sum_{j=1}^{i} p(v_j)\right]^{n-1}$，即其他所有竞价人出价较低的概率乘以相应的价值收益。最大化期望收益意味着增加 x_i 直到期望边际收益变为 0。出价低于该值意味着竞价人提高出价可以增加期望收益，而出价高于该值意味着降低出价会获得更高的收益。

找出此种博弈的纳什均衡是很困难的。例如，假定估值取自整数集合 0～100 上的均匀分布。⊖ 均匀分布赋予每个结果相同的概率。因此，任何竞价人的估值为 10 的概率为 0.01，估值为 100 的概率也为 0.01。让我们首先考察每个人按照自己的估值出价这种可能情况。如果参与人 i 认为每个人都会按照自己的估值出价，则若对于所有的 $j \neq i$，都有 $x_i > x_j$，则出价 x_i 的收益为 $v_i - x_i$。当参与人 i 按照自己的估值出价时，$x_i = v_i$，同时其赢得拍卖的概率是 $\left[\sum_{j=1}^{i} p(v_j)\right]^{n-1} = [0.01v_i]^{n-1}$。⊖ 因此，期望收益是 $E(\pi_i) = (v_i - x)[0.01v_i]^{n-1}$。如果恰好按照自己的估值出价，则 $x = v_i$，意味着期望收益是 0。相反，如果竞价人的出价稍高于自己的估值但又未超过下一个更高的估值，则赢得拍卖的概率保持不变。只要赢得拍卖的概率保持为正，则若出价超过自己的估值，期望收益为负。因此，如果其他人都按照估值出价，则任何人出价高于其估值不符合其利益。相反，如果参与人的出价稍低于其估值，即 $v_i - x > 0$，则只要赢得拍卖的概率保持为正，期望收益为正。因此，如果其他所有人都按照估值出价，个体竞价人有出价低于其估值的激励，这会改善他的状况。因此，每个人都按照估值出价不可能是纳什均衡，因为如果其他人都按照估值出价，则每个个体参与人尝试不同的策略

⊖ 严格来说，应该假定估值在整数集合 1（而非 0）到 100 上服从均匀分布。——译者注

⊖ 该等式之所以成立是因为，v_i 的取值为 1～100 之间的整数，因此抽取 $v_j \leq v_i$ 的可能次数恰为 v_i，所以 $\sum_{j=1}^{i} p(v_j) = 0.01v_i$。——译者注

会改善其状况。所以，相比英式拍卖或者维克里拍卖，最高价密封拍卖会产生不同的结果。

相反，假设其他所有人按照估值的一定比例 α 出价。因此，如果我的估值是 50 且 $\alpha=0.5$，则我的出价是 25。这样如果参与人 i 出价 αv_i，则赢得拍卖的概率，即参与人 i 所取估值高于所有其他人的概率是 $\left[\sum_{j=1}^{i}p(v_j)\right]^{n-1}=[0.01v_i]^{n-1}$。在此情况下，赢得拍卖的期望收益 $E(\pi_i)=(v_i-\alpha v_i)\ [0.01v_i]^{n-1}=(1-\alpha)v_i^n[0.01]^{n-1}$。如果其他人的出价是他们估值的 α 倍，并且下一个最高的估值是 v_i+1，则出价的增幅若小于 α 不会增加赢得拍卖的概率。因此，如果出价高于 αv_i 但低于 $\alpha v_i+\alpha$，则赢得拍卖时的收益下降但赢得概率保持不变，这会减少期望收益。将出价提高 α 产生的收益是 $E(\pi_i)=(v_i-\alpha v_i-\alpha)[0.01(v_i+1)]^{n-1}$，由于出价超过了那些估值比自己高 1 单位的人，因此赢得拍卖的概率提高了。相反，降低出价会马上降低赢得拍卖的概率，赢得概率减少 $[0.01]\ (v_i^{n-1}-(v_i-1)^{n-1})\geqslant[0.01]^{n-1}$，⊖ 因为出价有可能低于其他估值为 v_i 出价为 αv_i 的人。但是一旦竞价人降低了出价，在出价降低 α 之前，赢得拍卖的概率不会再进一步下降，因而会不断提高赢得拍卖的收益。当 α 使得出价增加 α 或者减少 α 都会降低期望值时，即

$$E(\pi_i|x=\alpha v_i+\alpha)=(v_i-\alpha v_i-\alpha)[0.01(v_i+1)]^{n-1}<(1-\alpha)v_i^n[0.01]^{n-1} \quad (5\text{-}5)$$

且

$$E(\pi_i|x=\alpha v_i-\alpha)=(v_i-\alpha v_i+\alpha)[0.01(v_i-1)]^{n-1}<(1-\alpha)v_i^n[0.01]^{n-1} \quad (5\text{-}6)$$

时出现纳什均衡。

利用式（5-5）求解 α 得

$$\alpha > \frac{v_i(v_i+1)^{n-1}-v_i^n}{(v_i+1)^n-v_i^n} \quad (5\text{-}7)$$

利用式（5-6）求解 α 得

$$\alpha < \frac{v_i(v_i-1)^{n-1}-v_i^n}{(v_i-1)^n-v_i^n} \quad (5\text{-}8)$$

对于任意数量的参与人，任意数值 v_i，当 $\alpha=(n-1)/n$ 时，上述两个条件总能满足。在更一般的最高价拍卖中，如果估值的取值在实数区间 $[0,\bar{v}]$ 上服从均匀分布，则导致纳什均衡的出价是

$$x_i^* = \frac{v_i(n-1)}{n} \quad (5\text{-}9)$$

因此，正确的策略依赖于博弈中参与人的数量，随着 n 变大，出价会提高并趋近于估值。感兴趣的读者在本章末尾的高级概念部分可以看到该结论的推导过程。

另外一种常用的拍卖形式是荷式拍卖。拍卖过程中，拍卖师开始先报出一个高价。然后拍卖师一点一点地降低价格直到有一个投标人表示其愿意支付该价格。这种形式的拍卖经常被用来大批量销售鲜花，以及公司和公共债券。因为当第一个投标人表示其愿意购买时拍卖结束，因此，在拍卖结束之前，竞价人没有任何关于他人估值或者愿意出价的信息。所以，尽管运行机制存在差异，荷式拍卖的表现与最高价密封拍卖完全一样。出价最高的人赢得拍卖并支付其所报价格，只不过在观察到其他人的任何行动之前就必须确定该出价。

■ 实例 5-4 荷式拍卖

詹姆斯 C. 科克斯、布鲁斯·罗伯逊和弗农 L. 史密斯较早对荷式拍卖和最高价密封拍卖

⊖ 疑有误，此处应为 $[0.01]^{n-1}(v_i^{n-1}-(v_i-1)^{n-1})\geqslant[0.01]^{n-1}$。——译者注

进行了实验对比。理性竞价经济模型认为两种拍卖机制应该产生相同的出价,并且在某种程度上这些出价应该低于个人对商品的估值。他们发现荷式拍卖的出价通常低于同类最高价拍卖。在最高价拍卖中,被赋予最高估值的竞价人赢得拍卖的比率大约是88%,相比荷式拍卖该比例仅为80%。因此,在荷式拍卖中,估值较低的竞价人有更大的倾向报价超过估值最高的竞价人。此外,他们还发现最高价拍卖和荷式拍卖的出价要高于次高价拍卖。锚定和调整模型认为,在荷式拍卖中,竞价人会锚定在开场报价上并且未能充分向下调整,因而应该出价过高,情况似乎应该如此。荷式拍卖以可能的最高价格作为开始,提供了一个较高的锚定点,这应该会导致更高的总体出价。最高价密封拍卖没有提供明确的锚定点,但向竞价人提供了一个引致值,即一旦赢得拍卖竞价人会获得的数额。因此,锚定和调整模型认为,最高价拍卖的总体出价要低于荷式拍卖,该预测却未得到实验室实验的支持。另外,两种拍卖中实际出价要比理论预测高出很多。

当大卫·勒金·莱利进行系列实验在网上拍卖《万智牌》中的交易卡牌时(参见实例5-3),他还使用荷式拍卖和最高价拍卖分别拍卖了175张交易卡牌。最后他发现,荷式拍卖的出价要比最高价拍卖高很多,这与锚定和调整理论的预测相一致。实际上,在最高价拍卖中价值大约为3美元一张的卡牌,在使用荷式拍卖时出价会增加大约0.30美元。很难说清楚为什么实验室实验和现场实验会产生如此不同的结果。一个可能的原因是,现实生活中拍卖吸引了特定类型的人群,与可能参与实验室实验的人群相比,他们可能是不同的。然而,在此情况下,那些在现实世界中选择参加拍卖的人成为错误锚定的牺牲品。

历史说明

拍卖在很久以前就被用来确定稀有物品或者定价困难商品的价格。在17世纪早期,荷式拍卖因为在荷兰作为鲜花拍卖的拍卖机制而闻名。当时,郁金香刚被引进到欧洲。它们鲜艳的色彩和新奇性引起了人们对这种新品种花卉的狂热兴趣。由于郁金香球茎相对于巨大的需求量而言少得可怜,通过拍卖将球茎卖给出价最高的人成为一种惯例,由此产生了荷式拍卖。1634~1637年,郁金香球茎的拍卖价格狂涨了好几倍,单个球茎的最高价格达到了5 200荷兰盾,相当于今天的几十万美元。郁金香球茎价格的急剧和不合理上涨后来被称为"郁金香狂热"。购买球茎的投资者希望再卖出去以迅速获取暴利。1637年,在哈勒姆的拍卖中,拍卖参与人的出价没有达到投资者的预期水平。这个消息迅速扩散吓坏了持有郁金香球茎的投资者。价格迅速下跌,球茎变得几乎一文不值(跌幅接近100%),于是荷兰政府暂停了所有的郁金香交易。虽然不太可能是主要影响因素,但是荷式拍卖的运行机制本身也可能起到了一定的作用,它开始先设置一个高价,那些不断进入市场的、新的、毫无经验的竞价人或许会锚定在较高的起拍价上,最终导致过高的出价以及价格的快速上涨。

5.6 英式拍卖、荷式拍卖和最高价拍卖的理性价格⊖

虽然没有好的理由解释为什么最高价拍卖和荷式拍卖的出价会存在不同或者为什么有人会按照高于自己的估值出价,但是对于荷式拍卖和最高价拍卖为什么会比次高价拍卖产生更高的成交价格却有某些理性的解释。在本章推导最优出价的过程中,我们假设人们最大化期

⊖ 这里的最高价拍卖指的是最高价密封拍卖。作者将英式拍卖(公开报价最高价拍卖)看作是一种次高价拍卖(类似于维克里拍卖)。——译者注

望收益。该假设排除了以下可能性，即相对于高风险的选择人们更加偏爱低风险的选择，这也被称为**风险厌恶**（risk aversion）。例如，某个策略有50%的机会获得五分钱的收益，50%的机会产生五分钱的亏损，该策略的期望收益为零。假定还可以选择另外一个策略，它有50%的机会获得1 000 000美元，有50%的机会损失1 000 000美元。该策略的期望收益也为零，但是很多人更倾向于选择赌注较低的策略，因为它的风险更低。更一般地，风险偏好通常用货币的效用函数$u(\pi)$来表示，因此人们最大化的是收益的期望效用而非期望收益本身。如果效用函数是递增的并且表现出收益的边际效用递减（也就是说效用函数是一个凹函数），则给定相同期望收益，消费者偏爱低水平的风险（这在第6章还会进行更加详细的讨论）。

在维克里和英式拍卖中，如果竞价人最大化期望效用，则占优策略仍然会占上风。在这些拍卖中，不管其他人如何出价，按照自己的估值出价总是最优的，因此它不会涉及不确定性。相反，在荷式拍卖和最高价拍卖中，不存在占优策略，每一个可能的出价都会涉及某种程度的不确定性。虽然荷式拍卖和英式拍卖两者应该产生相同的行为，但是风险厌恶会导致更高的出价。本质上，更高的出价会减少赢得拍卖后的收益，但会增加赢得拍卖的概率，使得出价更加安全。另一方面，不管出价是多少，输掉拍卖的收益是零。因此，与风险中性时（最大化期望收益）的出价相比，出价较高会减少出价涉及的风险，但是以减少期望收益为代价。风险厌恶可能导致出价在某种程度上高于我们讨论的纳什均衡时的出价。另外，对于所拍物品的预期成交价而言，在最高价拍卖和荷式拍卖中，风险中性时的报价通常会产生与维克里拍卖和英式拍卖相同的价格。因此，风险厌恶一般会导致在荷式拍卖和最高价密封拍卖中的成交价格更高，这种现象已经被观测到。尽管如此，所观测到的报价的很多属性还是与风险厌恶或任何类型的纳什均衡策略不相一致。

5.7 不确定性条件下的拍卖

考虑拍卖过程中一种不同类型的不确定性。例如，假设竞价人之所以希望竞拍某物品是为了以后将它卖给第三方。对于所拍物品在未来能够卖出的价格，人们或许并不确定。因此，竞价人可能并不确定自己对该物品的估值。此外，一些拍卖对象对于所有的参与人具有某些共同的内在价值。例如，当竞拍一口油井时，通常每个竞价人并不能确定油井中石油的实际储量，但是所有竞价人都认为是石油的市场价值决定了油井的价值。在此情况下，估值不是主观的，因为拍卖对象不是给竞拍人消费的，而是用来获取一些货币收益（例如，通过在市场上出售）。这被称为**共同价值拍卖**（common-value auction）。在共同价值拍卖中，对于竞拍物品的最终价值，不同的竞价人或许有不同的估计或者信念，并且必须在无法确定性地得知会得到的价值条件下形成出价。此时，对价值的估计会起到非常重要的作用。通常被认为属于共同价值拍卖的有：石油开采租约拍卖、职业体育自由运动员拍卖、备受期待的图书（例如，近期几任总统及其顾问写的传记）出版权拍卖等。

5.8 不确定性条件下的理性竞价

假定n名竞价人在进行最高价拍卖，拍卖物品的共同价值为v，并且对每个竞价人而言该值是未知的。此外，假定每个竞价人i会对v进行估计，所得的不同估计值被记为$\hat{v}_i$。例如，某棒球大联盟球队总经理或许会使用前期表现来估计某个恢复自由之身的棒球运动员的价值。真实价值是未知的，但我们假定每一个估计值随机取自某个分布，分布的概率函数为

$p(\hat{v})$,其中$\hat{v}$定义在集合 $\{v-k/2, \cdots, v+k/2\}$ 上,k 是某个为偶数的正整数,估计值的平均值 $E(\hat{v}) = v$。则每个竞价人必须制定自己的出价,该出价为以下问题的解

$$\max_x E(\pi_i) \tag{5-10}$$

其中

$$\pi_i = \begin{cases} v-p & \text{如果} \quad x_i = p \\ 0 & \text{如果} \quad x_i < p \end{cases} \tag{5-11}$$

它要受所有其他竞价人策略的影响。

这里存在的问题是,竞价人需要知道如何利用关于潜在价值的不完美信号来制定最优出价。给定人们收到的信号 $\hat{v}_i$,该价值可能比真实价值高出 $k/2$,也可能比真实价值低 $k/2$。$\hat{v}_i$ 比 v 大 $k/2$ 的概率为 $p(v+k/2)$,比 v 大 $k/2-1$ 的概率为 $p(v+k/2-1)$,以此类推。因此,收到信号 $\hat{v}_i$ 的竞价人会认为,该概率函数代表了自己对赢得拍卖所获真实价值的信念。如果 $\hat{v}_i$ 比 v 大 $k/2$ 的概率为 $p(v+k/2)$,则对竞价人而言,$v = \hat{v}_i - k/2$ 的概率也会等于 $p(v+k/2)$。因此,该信号产生了一个关于所有可能价值的概率分布。

该分布还会告诉竞价人关于其他拍卖参与人可能获得的估计值的情况。例如,如果竞价人 i 获得的估计值是 $\hat{v}_i$,则竞价人 j 得到估值 $\hat{v}_j = v_i - k$ 的概率等于 $p(v+k/2)p(v-k/2)$。㊀之所以会如此,要注意到给定设定的概率函数,$\hat{v}_j$ 比 $\hat{v}_i$ 小 k 的唯一方式是 $\hat{v}_i = v+k/2$ 且 $\hat{v}_j = v-k/2$。如果我们假定每一个估计值都独立取自该分布,则抽取到 $\hat{v}_i = v+k/2$ 且 $\hat{v}_j = v-k/2$ 的概率恰好是两个单独取值的概率的乘积。另外,$\hat{v}_j = v_i - k + 1$ 的概率为 $p(v+k/2)p(v-k/2+1) + p(v+k/2-1)p(v-k/2)$。㊁此时,有两种可能的方式让两个估计值相差 $k-1$。要么 $\hat{v}_i$ 是最高的可能估计值且 $\hat{v}_j$ 比最低的可能估计值大 1(概率为 $p(v+k/2)p(v-k/2+1)$),要么 $\hat{v}_i$ 比最高的可能估计值小 1 且 $\hat{v}_j$ 是最低的可能估计值(概率为 $p(v+k/2-1)p(v-k/2)$)。两个事件中有一个发生的概率为事件单独发生的概率之和。

举一个简单的例子,假定存在三种可能的估计值,$\{v-1, v, v+1\}$,其概率服从均匀分布,因此 $\hat{v}$ 取三值中任何一个的概率 $p(\hat{v}) = 1/3$,并假设 $n=2$。假定竞价人 1 抽取到拍卖商品价值的一个估计值,$\hat{v}_1 = 10$。则真实价值可以为 9,10,或 11,㊂并且每个结果的概率均为 1/3。此外,竞价人 2 能够抽取到的可能估计值为 8,9,10,11 或 12。要找到纳什均衡,假定竞价人 1 认为其他竞价人会根据某个规则 $x_2 = b(\hat{v}_2)$ 形成报价。给定真实价值 v,则某个特定的出价 x 高于竞价人 2 的出价的概率为 $\sum_{j=v-1}^{b^{-1}(x)} p(j) = \sum_{j=v-1}^{b^{-1}(x)} 1/3$,其中,$v-1$ 为给定 v 后对手能抽取到的最低可能估计值,$b^{-1}(x)$ 为使对手产生出价 x 的估值。此时,出价 x 的期望收益为㊃

$$E(\pi) = \left(\frac{1}{3}\right)(9-x)\left[\sum_{t=8}^{t=\max\{b^{-1}(x),10\}} \frac{1}{3}\right] + \left(\frac{1}{3}\right)(10-x)\left[\sum_{t=9}^{t=\max\{b^{-1}(x),11\}} \frac{1}{3}\right]$$

$$+ \left(\frac{1}{3}\right)(11-x)\left[\sum_{t=10}^{t=\max\{b^{-1}(x),12\}} \frac{1}{3}\right] \tag{5-12}$$

其中方程右边第一项是如果可能的真实价值 $v=9$ 时竞价人的收益,乘以 $v=9$ 的概率(1/3),

㊀ 疑有误,此处应该为 $\hat{v}_j = \hat{v}_i - k$。——译者注
㊁ 疑有误,此处应该为 $\hat{v}_j = \hat{v}_i - k + 1$。——译者注
㊂ 分别对应 $\hat{v}_1 = v+1$,$\hat{v}_1 = v$,$\hat{v}_1 = v-1$ 三种情况,即 $v \in \{9, 10, 11\}$。由于 $\hat{v}_2 \in \{v-1, v, v+1\}$,所以 $\hat{v}_2 \in \{8, 9, 10, 11, 12\}$。——译者注
㊃ 疑有误,式(5-12)中求和符号的上标中的 max 应该为 min。——译者注

再乘以出价 x 会赢得拍卖的概率。第二和第三项的构成类似，分别是 $v=10$ 和 $v=11$ 时的情况。假定 $b(\hat{v}_2)=\hat{v}_2-1$，因此，$b^{-1}(x)=x+1=\hat{v}$。则在此情况下出价为 9 会得到 $E(\pi)=1/9$，[⊖]出价为 10 会得到 $E(\pi)=-1/9$，出价为 11 会得到 $E(\pi)=-1$。此外，出价稍低于 9 会产生较低的期望收益，因为这剔除了 $v>9$ 时赢得拍卖的可能性，导致仅在 $v=9$ 时产生一个较小的收益（小于 1）。[⊖]因此，出价低于 9 产生的期望收益会小于 $1/9$。出价稍高于 9 提高了赢得拍卖时可能的成交价格，但又不会提高赢得拍卖的概率，进而导致更低的期望收益。因此，当面对的对手根据 $b(\hat{v}_j)=\hat{v}_j-1$ 报价时，自己的最优出价为 $b(\hat{v}_1)=\hat{v}_1-1$。可以证明对于任何可能的 $\hat{v}_i$，情况都是一样，因此，在这种情况下，出价比自己估计的价值少 1 构成了纳什均衡。

这种策略剔除了出价过高的可能性。通过对得到的估计值减 1，出价低于估计值的数量恰为出价的最大可能失误。如果获得的估计值是 10，人们立刻知道最低的可能价值是 9。因此，通过出价为 9，人们可以保证自己获得非负的收益。如果两个竞价人的出价都比自己的估值小 1，则估值取值较高的竞价人会赢得拍卖。

假设拍卖对象的真实价值 v 取自集合 $[\underline{v},\overline{v}]$ 上的均匀分布，并且对其价值的估计服从连续的均匀分布，且 $\hat{v}$ 的支集为 $[v-\varepsilon, v+\varepsilon]$。在 n 个竞价人参与拍卖的情况下，共同价值拍卖的纳什均衡出价由下式给出[⊜]

$$b(\hat{v}) = \hat{v} - \varepsilon + \frac{2\varepsilon}{N+1} e^{-(\frac{N}{2\varepsilon})[\hat{v}-(\underline{v}+\varepsilon)]} \tag{5-13}$$

因此，理性模型预测人们的出价为他们的估值减去一个修正项，该修正项会减少出价过高的概率，再加上另一个修正项，如果估计出的价值过低，该修正项会向上调整出价。随着对价值的估计超过 $\overline{v}+\varepsilon$，第二个修正项会变得很小。因为对所得价值估计值最高的竞价人而言，第二个修正项有可能变得非常小，因此，其期望收益为 $v-b(\hat{v})=v-v-\varepsilon+\varepsilon-\frac{2\varepsilon}{N+1}$ $e^{-(\frac{N}{2\varepsilon})[\overline{v}-(\underline{v}+\varepsilon)]} \approx 2\varepsilon/n$，其肯定为正值。同样，随着竞价人数量的增加，两个修正项会变得越来越小，进而将出价提高到越来越接近价值的估计值。罗伯特·威尔逊的研究成果表明，如果每个竞价人关于商品估值的信息独立取自同一分布，并且该分布实际上是商品真实价值的非平凡函数，则最高的出价会非常接近物品的真实价值。每个竞价人肯定希望在纳什均衡时获得非负的平均利润，否则报出一个更低的价格符合他们的最大利益。实际上，当对价值的最大估计值即 $\hat{v}=v+\varepsilon$ 被取到，并且竞价人的数量 N 趋向于无穷时，符合式（5-13）的最高出价会出现。在此情况下，出价趋向于 v。因此，在此模型中，应该没有人的出价会高出潜在的真实价值。

■ 实例 5-5 石油开采租约

政府通常使用最高价或者次高价密封拍卖来拍卖近海石油开采权。石油公司会根据它们

⊖ 计算过程需假定当竞价人 1 和 2 出价相同时，竞价人 1 会输掉拍卖。否则出价为 9 时的期望收益为 $4/9$。——译者注

⊖ 此段部分的很多推断疑有问题，因此建议读者自己做必要的计算。例如，作者并未说明最小的加价单位是否为 1，若最小的加价单位可以很小，则出价稍低于 9 并未完全剔除 $v>9$ 时赢得拍卖的可能性，比如 $v=10$ 时赢得拍卖的概率为 $1/3$，并不为 0。此时，剔除了 $v=11$ 时赢得拍卖的概率，其变为 0。由此产生的问题是，若假定当竞价人 1 和 2 出价相同时竞价人 1 输掉拍卖且最小加价单位可以非常小，则出价为 9 并不会获得最大期望收益（请读者自己计算，例如出价 9.1 或 8.9 的情况）。——译者注

⊜ 如果信号在 $\underline{v}$ 或者 $\overline{v}$ 的 ε 中，则该式必须在某种程度上进行修正。该书中忽略了此种情况。详情请参见约翰·卡格尔和让·弗朗索瓦·理查德。

对该地区石油储量的估计来出价竞拍开采权。这些估计值是由为参加竞拍的石油公司工作的地理学家给出的。

1971年，3名在石油产业工作的物理学家发现，在墨西哥湾的石油开采租约利润率非常低。他们发现从1950年到20世纪60年代末期，其收益大约和储蓄互助社的收益相当——都异常低。他们认为之所以出现这种情况是因为在拍卖价值不确定的商品时，出价最高的竞价人过高估计商品价值的概率也最高。因此，出价最高的竞价人最有可能过高出价，进而最有可能在租约上产生损失。实际上，卡彭，克拉普和坎贝尔发现最高的出价通常是次高出价的4倍多，这说明出价最高的竞价人实际上过高估计了油井的价值。

沃尔特·米德，阿斯比约恩·摩斯约德和菲利普·索伦森发现，同一时期的石油开采租约产生的平均净现值为－192 128美元。实际上，在所有的石油开采租约中有78%（占绝大部分）没有开采到石油或者开采的石油不足以弥补勘探和租赁成本。然而，确实产生利润的少数租约利润率却很高，导致整体的回报率在美国所有产业中处于平均水平。进一步的研究还表明，高回报率的租约都是由在自己的邻近土地上竞标的公司获得的，对于这些土地他们或许拥有额外的信息。那些只为单一租约进行竞价，附近没有自己的土地的公司在这些租约上的平均收益要小很多。这意味着对石油开采租约进行竞价的企业似乎没有遵循纳什均衡策略。

■ **实例5-6 自由运动员**

在职业体育界，对于大名鼎鼎、众所周知的人物经常爆发竞标大战。在职业棒球大联盟中，任何运动员在当前合同到期后如果已经在联盟中打满六年就会成为自由运动员。这意味着他有机会和任何喜欢的球队洽谈新合约。符合资格的运动员会在10月15日宣布他们的自由运动员身份，感兴趣的球队随后就会开始竞价程序。由于任何球队的出价通常是保密的，并且"商品"的价值主要看他的比赛能力，所以这比较类似于不确定性条件下的共同价值最高价拍卖。

詹姆斯·卡桑和理查德·道格拉斯研究了最后支付给自由运动员的薪水，发现支付给他们的报酬过高。他们首先估计了全队平均重击球（本垒打的总数除以总击球次数）得分的边际收入以及三振出局与保送上垒的比率。然后，他们对自由运动员的薪水以及他们重击球的次数和三振出局与保送上垒的比率进行了比较。在他们研究的44个自由运动员中，有28个薪酬过高。相比他们对球队的价值，平均向薪酬过高的自由运动员多支付了20%。因为多付的报酬如此之高，以至于在平均水平上自由运动员整体相对于其价值被支付了过高的报酬。

在图书出版权拍卖中，也发现了类似的结果。当某个名人打算写书时，图书出版商有时会竞拍图书出版权，并且在图书出版之前付钱购买出版权。在大多数情况下，这些图书赚钱并不多，不足以补偿预付款。其他的例子出现在首次公开发行的股票上，在上市交易的第一天其价格会发生引人瞩目的系统性上涨。

5.9 赢者诅咒与锚定和调整

如果某个竞价人没有考虑到其信息的不确定性或者与之竞争的竞价人数量，则相对于纳什均衡策略他或许会过高出价。此外，当他对价值的估计较高时，相对于纳什均衡的期望收益，竞价的期望利润或许会变低甚至变为负值。这种现象被称为**赢者诅咒**（winner's curse)。因为出价最高的人最有可能给出高于商品潜在真实价值的报价，如果他没有考虑到纳什均衡时最优出价的错综复杂性，则他非常有可能因为赢得拍卖而亏钱。

要从行为理论上描述为什么会发生这种情况，有两点非常重要。第一，虽然市场价格是很多市场参与者行为的结果，但拍卖价格却只是几个竞价人出价的结果——在最高价格拍卖中只是一个竞价人出价的结果。因此，在有100个参与人的拍卖中，一个非理性的竞价人碰巧取到了一个较高的估值，他就有可能导致行为异象。异常的市场价格要求几乎所有参与者的行为是非理性的——这不太可能发生。因此，市场是非常稳定和稳健的。拍卖是非常不稳定的，其结果依赖于每一个个体参与者。第二，共同价值最高价拍卖的纳什均衡是异常复杂的。即使在非常简单的版本中（在本章我们用它推导出了纳什均衡），我猜想（根据以往的教学经验）虽然学生能够理解出价应该低于估计价值的理念，但是很多学习经济理论的学生不能充分理解策略是如何得出的。我忽略了更加复杂的一般纳什均衡竞价策略的推导过程，因为它太冗长了，几乎所有的博弈论教材以及讨论共同价值拍卖最优出价的学术论文都会删掉它。所以，那些在数学和理论上训练有素的人即使花费了大量时间和精力也很难理解该策略，然而对于参加拍卖的没有受过此类训练的人却认为该策略理所当然，这很是令人奇怪。

在不确定性条件下竞价的典型行为模型基于锚定和调整模型。竞价人会意识到他们估计值的错误并意识到他们需要盈利。因此，他们会锚定在自己的估计价值上并且向下调整，来获得一个更接近于纳什均衡出价的报价。然而，因为他们的锚定点很高，他们并不能充分向下调整，因而出价太过接近于锚定点。该模型的一个结论是，竞价人数量越多，赢者诅咒出现的概率越大。对于商品的潜在价值，当每个参与人独立抽取估计值时，抽取的次数越多，对价值的最高估计显著高于真实价值的概率也越大。假设要使得估计值大于等于真实价值所要求的价值估计值为 $\bar{v}$，抽取到 $\hat{v} > \bar{v}$ 的概率为 p。则有 n 个人竞价时，没有人抽取到 $\hat{v} > \bar{v}$ 的概率为 $(1-p)^n$，显然它随着 n 的增加而递减。因此，相比少量拍卖参与者，参与者人数很多时，我们会预见到将出现更多的赢者诅咒。

另外一个行为模型假设人们在考虑个体竞价行为时，低估了竞价人之间信息差异的影响。因此，虽然竞价人或许正确预期到了竞争者的出价，他们或许没有完全将出价的差异归因于对潜在价值估计的差异。相反，他们或许认为这种差异是由于对手的糟糕策略导致的。在共同价值未知的商品交易中，这种可能性常被用来解释赢者诅咒和其他几种异象。

令人注目的是，在此类博弈中，埃里克·埃塞和马修·拉宾提出了一种纳什均衡的替代方法。在纳什均衡中，假定人们知道价值估计值的分布，并根据该分布预期其他参与者的策略，然后制定自己的策略。与之不同，埃塞和拉宾假设人们知道其他人所采取行动的真实分布，但是他们假设这些行动与相关的价值估计值之间不存在特定的关系。因此，其他人行动的分布并不代表策略行为，只是被看作是某些静态环境变量。这样，我们就可以将**被彻底诅咒的均衡**（fully cursed equilibrium）定义为，在给定其他参与人行动的分布条件下，每个参与人最大化其期望收益。更加一般的，**χ-被诅咒的均衡**（χ-cursed equilibrium）假定所有其他参与人的行动与他们的相关价值估计值无关的概率为 χ，而按照对价值的估计采取完全策略性行动的概率为 $1-\chi$。

以前面部分考察的简单最高价拍卖为例，来分析其被彻底诅咒的均衡。对于估计值 $\hat{v}$ 存在三个可能数值：$\{v-1, v, v+1\}$，它们服从均匀概率分布，因此对于 $\hat{v}$ 的每一个可能取值 $p(\hat{v}) = 1/3$，并且假定 $n=2$。再次假定参与人1的取值 $\hat{v}_1 = 10$。在前面我们得出，另外一个参与人的价值估计值的概率分布为

$$p(\hat{v}_2) = \begin{cases} \frac{1}{9} & \text{如果} \quad \hat{v}_2 = 8 \\ \frac{2}{9} & \text{如果} \quad \hat{v}_2 = 9 \\ \frac{1}{3} & \text{如果} \quad \hat{v}_2 = 10 \\ \frac{2}{9} & \text{如果} \quad \hat{v}_2 = 11 \\ \frac{1}{9} & \text{如果} \quad \hat{v}_2 = 12 \end{cases} \tag{5-14}$$

这使得另一个参与人的行动 z 的概率分布为

$$p(z) = \begin{cases} \frac{1}{9} & \text{如果} \quad z = b(8) \\ \frac{2}{9} & \text{如果} \quad z = b(9) \\ \frac{1}{3} & \text{如果} \quad z = b(10) \\ \frac{2}{9} & \text{如果} \quad z = b(11) \\ \frac{1}{9} & \text{如果} \quad z = b(12) \end{cases} \tag{5-15}$$

此外，设 $\mu = E(v) = \sum_v p(v)v$，即为给定所考察的参与人收到的信号条件下拍卖物品的期望价值。拍卖中该期望价值恰好是信号自身的数值。在该例子中，$\mu = \hat{v}_1 = 10$。给定上述分布，参与人 1 会求解下述问题

$$\max_x E_\chi(\pi) = (\mu - x) \sum_{b(\hat{v}_2) < x} p(b(\hat{v}_2)) = (10 - x) \sum_{b(\hat{v}_2) < x} p(b(\hat{v}_2)) \tag{5-16}$$

其中，E_χ 表示在给定被诅咒信念条件下的期望，概率 $p(b(\hat{v}_2))$ 来自式（5-15）。纳什均衡和被诅咒均衡的关键区别在于参与人如何评估某个出价的潜在收益。这里参与人用赢得拍卖的整体期望收益 $10-x$ 乘以出价 x 赢得拍卖的概率。然而，参与人似乎将赢得拍卖与所获收益看作是不相关的。他没有意识到当他出价过高时，他赢得拍卖的概率也会提高。当参与人没有考虑其他人出价的策略性特征时，则可能的真实价值和其他参与人的出价之间的关系也未被考虑。

将其与式（5-12）进行比较，在该方程中，参与人考虑了潜在真实价值对其他人出价的影响。例如，如果实际价值较低（此例中为9），则另一个参与人取值为8的概率从0增加到1/3。式（5-12）在确定期望收益时将这种可能性考虑进来，而被彻底诅咒的均衡却未考虑这些。参与人仅考虑了在给定所获信号条件下的平均价值，然后在该价值基础上考虑赢得拍卖的机会。参与人的行事方式就好像赢得拍卖独立于潜在价值一样。

回想一下，纳什均衡策略为出价比估计价值少 1。如果参与人 2 的出价策略为 $b(\hat{v}) = \hat{v} - 1$，则当你获取的估计值是 10 时，考虑出价为 9 的收益：

$$E_\chi(\pi) = 1 \times \left(\frac{1}{9} + \frac{2}{9}\right) = \frac{1}{3} \tag{5-17}$$

相反，出价稍高于 9，比如 9.1，产生的收益为

$$E_\chi(\pi) = \frac{9}{10} \times \left(\frac{1}{9} + \frac{2}{9} + \frac{1}{3}\right) = \frac{3}{5} \tag{5-18}$$

该值要比 1/3 大很多。因此，按照比估计值小 1 出价不可能是被彻底诅咒的均衡。实际上，会产生某个概率分布使得参与人不想提高出价的唯一策略是 $b(\hat{v})=\hat{v}$，产生 $E_\chi(\pi)=0$。此外，真实期望收益是在给定某个特定的潜在真实价值条件下，由赢得概率乘以赢得收益得到的。出于简化，假定如果出价相等，所考察的竞价人输掉拍卖。因此，潜在价值是 9 的概率是 1/3，如果价值是 8 而出价为 10，⊖ 则赢得拍卖的概率为 2/3（另一个参与人取值为 8 或 9 的概率）。此时赢得拍卖的所获价值是 −1。价值为 10 的概率为 1/3，此时赢得概率是 1/3（另一个参与人取值为 9 的概率），此时赢得价值为 0。真实价值为 11 的概率为 1/3。此时赢得概率是 0。因此，给定 $\hat{v}=10$，出价为 10 赢得拍卖的真实期望利润为

$$E(\pi) = (-1) \times \frac{1}{3} \times \frac{2}{3} + 0 \times \frac{1}{3} \times \frac{1}{3} + 0 = -\frac{2}{9} \tag{5-19}$$

因此，平均而言，赢者会亏钱。所以，理性竞价人不会遵循此策略。

更一般的，埃塞和拉宾证明在有大量竞价人的维克里拍卖中，竞价人的真实期望收益为负值，而当参与人数量较少时，情况或许会发生变化。在几个涉及各种不确定性博弈的实验中，他们找到了此类行为的一些证据。被诅咒的均衡与前面提到的关于理性水平或者人们对他人行动的预期程度的文献密切相关。在被诅咒的均衡中，参与人不相信其他人会对他们拥有的私人信息产生反应，相反，他仅是将他们的行动看作是给定的。

■ 实例 5-7　实验证据

约翰·卡格尔和丹·莱温（以及休斯敦大学的其他人）进行了几组经济学实验，在有效控制的环境下检验赢者诅咒。实验让受试者参加一系列的共同价值最高价密封拍卖。在每一个拍卖中，物品的真实价值 v 随机抽取自已知区间 $[\underline{v}, \overline{v}]$ 上的均匀分布，并且竞价人并不知道该分布。给予每个竞价人对价值的一个私人估计值 $\hat{v}$，它在宽度已知的区间 $[v-\varepsilon, v+\varepsilon]$ 上服从均匀分布。拍卖中真实价值的支集从小到 12 美元到大到 500 美元不等。此外，他们还控制了拍卖中竞价人的数量，从少到三人到多到七人。在超过五个竞价人的所有拍卖中，实现的平均利润为负，充分证明了赢者诅咒。在几乎所有的处理组中，赢者获得的利润严格少于纳什均衡出价所得出的数量。或许最令人困惑的是，赢者通常不是所赋价值估计值最高的参与人。实际上，竞价人越多这种现象就越普遍。这或许表明，某些人对竞争环境的反应是出价大大超过他们自己的估计价值。在许多轮的拍卖过程中，赢得前面拍卖的竞价人会表现出某些学习效应，最终趋向于纳什均衡行为。

威廉·萨缪尔森和麦克斯·贝泽曼使用了 MBA 学生进行假想选择实验，实验描述了一个兼并收购问题。经常是这样，当某个公司决定要收购另一家公司时，收购公司支付的数量会超过被收购公司的价值，在投资上获得负收益。许多学者将这种现象和赢者诅咒联系在一起，也就是说许多私有公司会使用其私人信息而忽略公众可得的信息（体现在公开交易股票的价格上的关于公司价值的信息）。例如：

假设你是某家大型医药公司的 CEO，你正在考虑收购一家同行业的较小公司。一旦你决定收购这家小公司，你需要支付现金购买该公司所有的流通股票。该公司在某个项目上进行了大量投资，研发一种治疗常见癌症的新药。在最好的情况下，如果项目成功，该公司的价值是每股 100 美元。如果该项目没有研发出这种新药，公司的价值接近于 0 美元每股。你认为股票价值可能是介于 0～100 美元之间的任何数，并且它们出现的可能性是相同的。因为两家公司所从事的工作类似，因此一旦收购这家公司，有可能会节省某些成本。所以该公

⊖　疑有误，应该为"如果价值是 9 而出价为 10"。——译者注

司对你所在的公司的价值是其对市场的价值的 1.5 倍。这家小公司已经知道他们的项目是会成功还是失败,并且仅会接受超过预期每股公平价格的出价。你会报什么样的价格?

该问题的正确答案应该考虑出价被接受后获得的价值数量。萨缪尔森和贝泽曼进行了试验让参与者进行类似的决策。如果任何每股 x 美元的出价被接受,则公平价值至多是每股 x 美元,否则出价会被拒绝。如果可能价值服从每股 $0\sim x$ 美元的均匀分布,则出价被接受时每股的期望价值是 $E(x)=x/2$。在此情况下,收购小公司的期望价值是每股 $1.5E(x)-x=3x/4-x=-x/4$。因此,如果该公司愿意接受你的报价,则你不会想要这家公司。最优的出价为零。然而就像在被诅咒的均衡中一样,如果竞价人没有考虑该公司的策略行动,只考虑到了期望收益,则竞价人会使用小公司的期望值来计算潜在收益,而不是以公司是否接受出价为条件来计算。这时期望价值是每股 50 美元。收购这家小公司的期望收益是该期望价值的 1.5 倍,即 75 美元,因此竞价人出价时会选择介于 $50\sim75$ 美元之间的一个数值。

萨缪尔森和贝泽曼的实验给予某些参与人货币激励,支付给他们收购所得价值的一部分。事实上,不管是否给竞价人货币激励,所有人对该公司的出价都是一个正数,违反了最优策略。在两种情况下,超过一半的出价介于 $50\sim75$ 美元之间,这表明行为与被诅咒的均衡行为类似。

■ 实例 5-8 建筑承包商

建筑公司通常需要对较大的项目进行竞价,按收入和利润衡量,这些大项目的价值非常巨大。然而,此时建筑公司按照自己愿意支付的数量出价,但是在工程建设过程中他们会面对某些未知的成本。建筑项目涉及的不确定性会导致成本产生剧烈地波动。考虑到需要经常参加拍卖竞标,人们或许会预期建筑公司面临赢者诅咒问题,导致利润受到侵蚀,并且项目也可能失败。在实验室试验中,建筑承包商确实成为赢者诅咒的牺牲品。但是在现实生活中的建筑项目竞标中,关于赢者诅咒的证据却少得可怜。道格拉斯·戴尔和约翰·卡格尔利用对建筑承包商的访谈以及某些公开的竞价数据来研究为什么实验室结果和现实世界结果之间会存在差异。基本上,他们发现了三个实际原因可以用来解释为什么建筑项目竞标过程中很少出现赢者诅咒。

首先,在任何特定项目上,承包商都会监测自己和其他人出价之间的差异。他们的监测异常严密,对于不同类型项目的最高和次高出价之间的平均差值有很好的感觉。当最低报价(赢得拍卖)和次低报价之间的差值超过 7% 时,他们经常向其他竞价人询问以确定差异出现的原因,这明显表明他们了解并担心赢者诅咒的出现。承包商也非常清楚需要提高报价来应对建造过程中可能出现的无法预料的随机成本。

其次,允许承包商避免赢者诅咒问题的第二种机制是在所有的报价被宣布后,如果在计算报价时存在计算错误可以撤回明显胜出的报价。在此情况下,如果在最高和次高出价差距很大的基础上胜出,承包商会重新评估报价来寻找差异出现的原因。如果差异是由于错误造成的,他会撤回报价。

最后,承包商有能力调整成本。例如,在建造过程中某些规划可以改变,使得竞价人可以通过在施工期间重新协商获得较高回报。从该研究中得到的一个启示是,赢者诅咒确实是一种威胁,但是具有丰富竞价经验的行业或许会找到一些经验法则或者其他机制来减少或者消除这种威胁。

历史说明

赢者诅咒这个词语是由卡彭，克拉普和坎贝尔在20世纪五六十年代对石油开采租约的研究中首创的。来自不同行业的现场数据推动了对赢者诅咒的早期研究。在描述可以得到相似结论的很多不同现象方面，这一概念变得非常流行。赢者诅咒激发理查德·塞勒以及约翰·卡格尔和丹·莱温等撰写研究型著作以及其他作者出版一系列流行书籍。对于参与竞价的人而言，其含义是很明显的。人们必须仔细考察其出价，以保证出价低于自己认可的商品的最低可能价值。当有大量的竞价人或者个人在制定报价方面没有经验时，这是尤其重要的。虽然这可能导致在有利可图时输掉拍卖，但相比在无利可图时赢得拍卖，这是更好的结果。从卖方的角度来看，吸引大量无经验的竞价人参加拍卖是更好的选择，因为这最有可能产生超过拍卖物品真实价值的报价。

5.10 赢者诅咒的理性解释

大部分对赢者诅咒的理性解释都会涉及到现场数据的缺陷（需用这些数据来阐明赢者诅咒效应）。不幸的是，在现实环境中一般不大可能观察到个人关于物品价值的信息。同样也不太可能准确确定某个物品或者某种尝试的期望利润。

例如，在对石油开采租约的研究中，为了确定收益的净现值是正还是负，有必要对未来消费设定某个特定的贴现因子。如果未来的贴现因子较小就会得到一个较大的回报率。此外，在所研究期间通常存在没有预料到的石油价格的急剧上升。同样的，对棒球运动员薪酬过高的估计极大依赖于对运动员价值的基本假设。除了重击球、三振出局和保送上垒之外肯定还存在其他影响因素。最后，风险厌恶会改变最优出价，整体上导致更高的出价。因此，如果赢得拍卖的竞价人是风险厌恶的，我们会预期他们实现的平均利润会低于期望收益最大化时的数量，虽然这些利润的平均值不一定是负值。

所有这些因素使我们很难确定性地说在自然状态下观测到了赢者诅咒。因此，很多人认为赢者诅咒仅仅是一种幻觉。然而，这种现象似乎对几个行业对未知价值的反应方式产生了极大影响。像在建筑行业看到的某种简单机制的出现说明人们会发展出某些经验法则来处理赢者诅咒问题，虽然他们不完全了解问题背后的数学原理。这些法则从系统性的经验中发展出来，这提供了关键的证据，说明在某些环境下存在赢者诅咒并且其影响很大，在长期内足以导致惯例习俗发生变化。

传 记

马修·拉宾（1963—）

学上，麦迪逊威斯康星大学，1984年；博士，麻省理工学院，1989年；在加州大学伯克利分校担任教职。

马修·拉宾（Mattew Rabin）在本科期间学习的是经济学和数学。受过的训练导致他虽然使用行为方法，但是他的方法是基于对现象的严格数学建模。他的大部分研究成果在博弈论环境下使用行为概念。他的早期成果认为当决定如何行为时，人们会考虑其他人提供的激励。例如，人们或许会希望帮助过去对自己好的人，伤害过去伤害过自己的人。他的成果对拍卖的行为理论、风险和不确定性、博弈中廉价谈判（无约束力的谈判）的影响、未来事件的贴现和预期、概率

判断偏向以及福利分析等都做出过贡献。他的同事将他描述为一个如饥似渴地读者，进行新的研究之前会搜集与之相关的各个学科的所有相关文献。2001 年，他获得了约翰·贝茨·克拉克奖，该奖项通常会授予年龄小于 40 岁并且在经济学领域做出过突出贡献的经济学家。他还获得过麦克阿瑟奖（通常被称为"天才"奖）。就个人而言，马修·拉宾被公认为是一名富有魅力的教师和主讲，天生就有超常的幽默感。说明他个性幽默的一个例子是，在其个人简历中列出的第一项职业荣誉称号是 1981 年被斯普林布鲁克高中同学评选为"最喜欢表达自己观点的人"。

思考题

1. 假定你准备通过拍卖销售某件古董。为获得可能的最高销售价格你会如何设计拍卖？什么类型的行为异象是应该重点考虑的？在拍卖中竞价人的数量和经验所起的作用是什么？

2. 现在假定你准备在拍卖中购买某件自用物品。在制定报价时你应该考虑什么因素？你应该尽力避免什么行为倾向？相反，如果您购买该物品是为了以后重新销售，则会有什么不同？

3. 建筑承包商在对建筑项目进行竞价时通常会计算预计成本，加上一定比例的利润，然后将该数字乘以 2，将它作为报价提交上去。在其他拍卖领域也发现过类似经验法则。你认为这种经验法则为什么会发展出来？要用它们达到什么目的？在什么情况下承包商使用这种经验法则会恶化其状况？

4. 假定两个人正在进行维克里拍卖，拍卖商品的价值可能是 10 美元或者 20 美元。此外，假定每个竞价人收到一个价值信号 x_n，x_n 等于真实价值的概率为 0.8，等于另一个可能数值的概率为 0.2。除了这个信号之外没有其他可得信息。每一个参与人必须根据自己收到的信号确定一个报价。被彻底诅咒的均衡会建议采用什么竞价策略（例如，如果你收到的信号是 10 美元，你的出价应该是多少，如果你收到的信号是 20 美元，你的出价应该是多少）？假定参与人的出价只能是整数，并且按照正文中给出的例子来做。那么，如果参与人 1 的取值 $x_1 = 10$，则赢得拍卖的平均价值为 $\mu = 0.8 \times 10 + 0.2 \times 20 = 12$，参与人 2 获得各可能信号的概率为（与式 (5-14) 类似）

$$p(\hat{x}_2) = \begin{cases} 0.8 \times 0.8 + 0.2 \\ \times 0.2 = 0.68 & \text{如果} \quad \hat{x}_2 = 10 \\ 0.8 \times 0.2 + 0.2 \\ \times 0.8 = 0.32 & \text{如果} \quad \hat{x}_2 = 20 \end{cases}$$

如果参与人 1 的取值 $x_1 = 20$，则赢得拍卖的平均价值为 $\mu = 0.8 \times 20 + 0.2 \times 10 = 18$，参与人 2 获得各可能信号的概率分布为

$$p(\hat{x}_2) = \begin{cases} 0.8 \times 0.8 + 0.2 \\ \times 0.2 = 0.68 & \text{如果} \quad \hat{x}_2 = 20 \\ 0.8 \times 0.2 + 0.2 \\ \times 0.8 = 0.32 & \text{如果} \quad \hat{x}_2 = 10 \end{cases}$$

假定万一出价相同，两个参与人都会获得拍卖物品的价值。首先尝试以下策略，即在给定每个人收到的信号条件下，每个参与人的出价为博弈的期望价值。证明这构成了一个被诅咒的均衡。此时，期望利润（实际的而非感知的）是多少？这些策略会构成贝叶斯纳什均衡吗？如果不能，你能找到贝叶斯纳什均衡吗？

参考文献

Ariely, D., A. Ockenfels, and A.E. Roth. "An Experimental Analysis of Ending Rules in Internet Auctions." *RAND Journal of Economics* 36(2005): 890–907.

Baraji, P., and A. Hortaçsu. "The Winner's Curse, Reserve Prices and Endogenous Entry: Empirical Insights from eBay Auctions." *RAND Journal of Economics* 34(2003): 329–355.

Capen, E.C., R.V. Clapp, and W.M. Campbell. "Competitive Bidding in High-Risk Situations." *Journal of Petroleum Technology* 23(1971): 641–653.

Cassing, J., and R.W. Douglas. "Implications of the Auction Mechanism in Baseball's Free Agent Draft." *Southern Economic Journal* 47(1980): 110–121.

Cox, J.C., B. Roberson, and V.L. Smith. "Theory and Behavior of Single Object Auctions." *Research in Experimental Economics* 2(1982): 1–43.

Dyer, D., and J.H. Kagel. "Bidding in Common Value Auctions: How the Commercial Construction Industry Corrects for the Winner's Curse." *Management Science* 42(1996): 1437–1475.

Eyster, E., and M. Rabin. "Cursed Equilibrium." *Econometrica* 73(2005): 1623–1672.

Kagel, J.H., R.M. Harstad, and D. Levin. "Information Impact and Allocation Rules in Auctions with Affiliated Private Values: A Laboratory Study." *Econometrica* 55(1987): 1275–1304.

Kagel, J.H., and D. Levin. "The Winner's Curse and Public Information in Common Value Auctions." *American Economic Review* 76(1986): 894–920.

Kagel, J.H., and J.-F. Richard. "Super-Experienced Bidders in First-Price Common Value Auctions: Rules of Thumb, Nash Equilibrium Bidding, and the Winner's Curse." *Review of Economics and Statistics* 83(2001): 408–419.

Lucking-Reiley, D. "Using Field Experiments to Test Equivalence between Auction Formats: Magic on the Internet." *American Economic Review* 89(1999): 1063–1080.

Mead, W.J., A. Moseidjord, and P.E. Sorensen. "The Rate of Return Earned by Lessees under Cash Bonus Bidding of OCS Oil and Gas Leases." *Energy Journal* 4(1983): 37–52.

Roth, A.E., and A. Ockenfels. "Last-Minute Bidding and the Rules for Ending Second Price Auctions: Evidence from eBay and Amazon Auctions on the Internet." *American Economic Review* 92(2002): 1093–1103.

Samuelson, W.F., and M.H. Bazerman. "The Winner's Curse in Bilateral Negotiations." *Research in Experimental Economics* 3(1985): 105–137.

Stahl, D.O., and P.W. Wilson. "On Players' Models of Other Players: Theory and Experimental Evidence." *Games and Economic Behavior* 10(1995): 218–254.

Wilson, R. "A Bidding Model of Perfect Competition." *Review of Economic Studies* 44(1977): 511–518.

高级概念
贝叶斯纳什均衡与不确定性条件下的竞价行为

在处理可能估值的闭联集时,我们使用**概率密度函数**(probability density function)来表示特定取值落在某个特定区间的可能性。用 z 表示定义在支集 $[\underline{z}, \overline{z}]$ 上的随机变量。则概率密度函数是一个函数 $f(z)$,其使得 z 落入任一区间 $[z_1, z_2]$ 的概率为 $\int_{z_1}^{z_2} f(z)\mathrm{d}z$。因此,$\int_{\underline{z}}^{\overline{z}} f(z)\mathrm{d}z = 1$,并且如果概率密度是连续的,则任何单个结果的概率是 $\int_{z_1}^{z_1} f(z)\mathrm{d}z = 0$。此时,我们将期望函数定义为 $E(z) = \int_{\underline{z}}^{\overline{z}} z f(z)\mathrm{d}z$。让 $F(z) = \int_{\underline{z}}^{z} f(z)\mathrm{d}z$。因此,$F(z)$ 是从分布中抽取某个数值低于 z 的概率。在此情况下,给定某个关于估值的概率密度 $g(v)$,如果竞价人相信其他人会按照出价函数 $x_i = b(v_i)$ 出价,则出价 x 的期望收益为 $E(\pi_i) = (v_i - x)[G(b^{-1}(x))]^{n-1}$。这里 $b^{-1}(x)$ 是会产生出价 x 的估值。因此,$G(b^{-1}(x))$ 是从估值分布中抽取到某个值(该值会低于产生出价为 x 的估值)的概率。要得到所有其他参与人的出价都低于 x 的概率,只需要将这些概率相乘 $n-1$ 次即 $[G(b^{-1}(x))]^{n-1}$。因此,这是给定出价 x 后赢得拍卖的概率。如果我们求期望收益对 v_i 的导数,可得[⊖]

$$\frac{\mathrm{d}}{\mathrm{d}v_i}E(\pi_i) = [G(b^{-1}(x))]^{n-1} - (v_i - x)(n-1)[G(b^{-1}(x))]^{n-2}$$
$$\times \frac{\mathrm{d}}{\mathrm{d}v}G(b^{-1}(x)) \frac{\mathrm{d}}{\mathrm{d}x}b^{-1}(x) \frac{\mathrm{d}x}{\mathrm{d}v}(v_i)$$
$$- [G(b^{-1}(x))]^{n-1} + \frac{\mathrm{d}}{\mathrm{d}x}E(\pi_i) \frac{\mathrm{d}}{\mathrm{d}v_i}b(x) \quad (5\text{-A})$$

当在最优出价点上进行评估时,$\frac{\mathrm{d}}{\mathrm{d}x}E(\pi_i) = 0$,因此,式(5-A)中的第二项为 0。所以,在纳什均衡时

$$\frac{\mathrm{d}}{\mathrm{d}v_i}E(\pi_i) = [G(b^{-1}(x))]^{n-1} \quad (5\text{-B})$$

此外,注意到没有竞价人的出价会低于最低的可能估值。每个竞价人都知道所有其他竞价人的最低估值为 $\underline{v}$,并且如果出价低于该值肯定会输掉拍卖。同时,没有人的出价会高于自己的估值。因此可

⊖ 疑有误,正确的公式应为 $\frac{\mathrm{d}}{\mathrm{d}v_i}E(\pi_i) = [G(b^{-1}(x))]^{n-1} - \frac{\mathrm{d}x(v_i)}{\mathrm{d}v}[G(b^{-1}(x))]^{n-1} + (v_i - x)(n-1)[G(b^{-1}(x))]^{n-2} \times$
$\frac{\mathrm{d}}{\mathrm{d}v}G(b^{-1}(x)) \frac{\mathrm{d}}{\mathrm{d}x}b^{-1}(x) \frac{\mathrm{d}x(v_i)}{\mathrm{d}v} = [G(b^{-1}(x))]^{n-1} + \frac{\mathrm{d}}{\mathrm{d}x}E(\pi_i) \frac{\mathrm{d}x(v_i)}{\mathrm{d}v_i}$

知,不管最优出价原则是什么,抽取到最低可能估值的竞价人肯定会按照自己的估值出价,$b(\underline{v})=\underline{v}$。然后,在给定式(5-B)和条件$b(\underline{v})=\underline{v}$时,通过求解微分方程我们就可以得到最优出价策略。求解式(5-B)可得

$$E(\pi_i) = k + \int_{\underline{v}}^{v_i} [G(b^{-1}(x(v)))]^{n-1} dv = k + \int_{\underline{v}}^{v_i} [G(v)]^{n-1} dv \qquad (5\text{-}C)$$

其中,k是一个任意常数,第二个等号之所以成立是因为假定$x(v)=b(v)$;也就是说,所有具有相同估值的竞价人出价也相同。期望收益函数(再次假定具有相同估值的竞价人会给出相同的报价)可以定义为

$$E(\pi_i) = (v_i - x)[G(v_i)]^{n-1} \qquad (5\text{-}D)$$

代入式(5-C)可得

$$k + \int_{\underline{v}}^{v_i} [G(v)]^{n-1} dv = (v_i - x^*)[G(v_i)]^{n-1} \qquad (5\text{-}E)$$

求解式(5-E)可得最优出价为

$$x^* = v_i - \frac{k + \int_{\underline{v}}^{v_i} [G(v)]^{n-1} dv}{[G(v_i)]^{n-1}} \qquad (5\text{-}F)$$

最低估值使得$b(\underline{v})=\underline{v}$成立的条件允许我们求解出常数$k=0$。因此,最优出价为

$$x^* = v_i - \frac{\int_{\underline{v}}^{v_i} [G(v)]^{n-1} dv}{[G(v_i)]^{n-1}} \qquad (5\text{-}G)$$

在v的分布是支集$[0, \overline{v}]$上的均匀分布这种特殊情况下,概率密度在支集中为$g(v)=1/\overline{v}$,否则为0。因此,$G(v) = \int_0^v 1/\overline{v} dv = v/\overline{v}$。所以,$\int_0^{v_i} [G(v)]^{n-1} dv = \int_0^{v_i} [v/\overline{v}]^{n-1} dv = v_i^n/(\overline{v}^{n-1} n)$。因此,

$$x^* = v_i - \frac{\overline{v}^{n-1} v_i^n}{n \overline{v}^{n-1} v_i^{n-1}} = v_i - \frac{v_i}{n} = v_i \frac{(n-1)}{n} \qquad (5\text{-}H)$$

这就是式(5-9)给出的结果。像这种在不确定性博弈中使用的纳什均衡概念被称为**贝叶斯纳什均衡**(Bayesian Nash equilibrium)。此种均衡与下述要求有关,即每一个参与者必须对均衡时其他所有对手的策略和收益具有某种信念。并且对于相关估值的分布,要求每个参与者都有相同的先验信念,给定对手的相关估值每个参与者都会预料到对手的正确策略。

第二篇

信息与不确定性

许多决策在其进行时所涉及的结果都是未知的。例如，购房者可以选择购买洪水或地震保险，但必须在洪水或地震会明显对其房产造成伤害之前做出决定。投资、教育、家庭规划、生产和其他决策都要求决策者在形势明朗之前采取行动。对于人们在面临不确定性时如何决策，经济学已经提出了完善和直觉上令人满意的理论；该理论建立在约翰·冯·诺依曼和奥斯卡·摩根斯坦提出的理性决策框架成果之上。

然而，在风险决策方面，早就存在一些关于行为异象的证据。因为结果的随机性特点，此类决策尤其容易受到行为异象影响。例如，考虑购房者在不买保险符合其最大利益时购买了房屋洪水险的例子。这或许是因为她高估了发洪水的相对频率。也就是说，由于她家附近发洪水相对罕见，考虑到她承受的风险，她最好不购买保险而直面洪水造成灾难性损失的风险。考虑到发洪水相对少见，在未见过洪水爆发的情况下，对于多年内洪水爆发频率的信念，她或许不用特别关注或者对其进行修正。

对于相对较少发生的事件，即使其相对发生频率差异较大，人们在区分它们时也会遇到困难。行为经济学家已经发现了几种相对容易预测的行为异象，并且就这些异象发生的原因提出了几种不同的理论。本书的这一部分介绍了很多此类理论，它们可以分为三个大类：学习理论、不确定性条件下的决策理论以及选择归并。我们先介绍选择归并，因为用它可以相对容易地从消费者理论过渡到风险条件下的决策理论。

第 6 章

归并决策

设想你的朋友在一门很重要的课程上还差最后一篇论文要交。该篇论文的分值大约占课程得分的一半。现在是星期五下午 7:00，他必须在星期一上午 9:00 之前完成该论文。他认为完成论文大约需要 6 小时的艰苦钻研。但是，他现在正玩角色扮演游戏玩得兴起，在开始钻研论文之前他非常渴望再玩至少 20 分钟游戏。在思量其选择时，他认为 20 分钟不会让他拖后太久，因为这只是很少的一点时间。此外，相比能够在游戏上取得的进展，20 分钟也不会让他在论文上取得太大进展。因此，他决定玩游戏。20 分钟过后，他又面临相同的决策。但是，相比剩下的可以写论文的时间，20 分钟看起来仍然是非常短的一段时间。因此他继续玩。在凌晨 3:00 左右，在玩了 8 个小时的游戏之后，他决定上床睡觉，第二天再写论文。他很后悔花了那么多时间玩游戏，他意识到他本可以在论文上取得重大进展，或许这个时候已经完成了论文。他哀叹道："我怎么就玩了 8 个小时游戏呢？要是花 8 个小时写论文多好呀？"

设想另外一个例子，一家由两个人领导的公司：一名 CEO 和一名运营总监。CEO 对公司负有最终责任，总监直接监管由 8 名小组领导人构成的高级管理层。每个小组的领导人都具有某些自主权，可以决定是否要进行某些项目。令 CEO 感到忧虑的是，虽然公司是盈利的，但利润未达到他的要求。为了解问题出现的根本原因，他让总监来研究这一问题。总监和小组领导人碰头并详细询问了他们的决策过程。他发现每个小组都在进行相对安全的项目。各小组都摒弃了一些风险项目。例如，一个典型的风险项目会以 50% 的概率产生 20 000 000 美元的收益，以 50% 的概率产生 10 000 000 美元的亏损。考虑到单个小组的总预算仅为 20 000 000 美元左右，该总监认为放弃这些风险项目是合理的。他给 CEO 撰写的报告详细描述了类似的决策过程，同样放弃了来自这 8 个小组的风险项目。CEO 在读到这 8 个项目的潜在收益时——每个以 50% 的概率产生大约 20 000 000 美元的收益，以 50% 的概率产生 10 000 000 美元的亏损，他计算出期望值为 40 000 000 美元，并且亏钱的可能性低于 15%。⊖ 他立即解雇了该运营总监。

与前面讨论的框架效应非常类似，多项决策如何被组合到一起对哪个结果看起来更具有吸引力有非常大的影响。如果在未来 48 个小时之内需要完成一项重要的课堂作业，没有几

⊖ 只有 8 个项目中至少有 6 个项目亏损时，整体才会出现亏损。因此亏损的概率为 $C_8^6 \times 0.5^2 \times 0.5^6 + C_8^7 \times 0.5^1 \times 0.5^7 + C_8^8 \times 0.5^8 \approx 14.45\%$。——译者注

个人会在开始写作业之前选择先玩几个小时的游戏，但是对于一次玩 20 分钟的决策，若是多次单独决定，许多人却会选择玩游戏。此外，虽然某项单独的投资选择看起来风险很大，但是一组具有同样风险的多个选择可能看起来非常有吸引力。**归并**（bracketing）或者选择归并指的是选择如何被组合到一起。通常选择会自然按照时间安排进行分组。例如，在决定午饭或者晚饭吃什么之前，我们通常会先确定早餐吃什么。但是关于早餐吃多少和吃什么的决策会极大地影响午餐到底吃什么。一旦你午饭吃了一顿大餐，你会觉得再吃一顿异常丰盛的晚餐非常不舒服。

决策归并与享乐型编辑和表述紧密相关。然而，享乐型编辑和表述仅仅涉及人们如何评估事件（对它们的估值是大还是小），而选择归并直接涉及到决策本身如何做出（在进行选择时考虑哪个变量或者如何抉择）。选择归并对风险和无风险选择都有重要启示。然而，讨论风险选择要求对不确定性条件下的理性选择进行某些概述，因此本书在信息和不确定性部分设置了本章。我们回顾了多项决策的理性模型以及被广泛接受的风险决策理性模型：期望效用理论。在第 9 章会更加详细地讨论该模型，包括它的公理基础（即为什么我们认为它是理性的）。

6.1 确定性和不确定性条件下的多重理性选择

理性选择理论通常假设人们通过单项决策购买整个消费束，而不是进行一系列的单独决策来购买消费束中的每项物品。为了让理论能够处理人们进行的多种多样的购买决策，这种抽象被认为是有必要的。但实际上，只有非常少的购买决策是同时做出的。例如，设想我们希望用模型表示某一天的午餐和晚餐的食品消费。出于简化，假设午餐只能购买两种食品：要么买花生酱三明治 x_1，要么买火腿三明治 x_2。同样，假设晚餐也只能购买两种食品：要么买牛排 y_1，要么买意大利面 y_2。此外，假设此人必须吃午餐和晚餐（因此不可以选择不消费），并且两个午餐选项和两个晚餐选项所花费的成本是相同的。如果对于午餐和晚餐消费，此人打算在午餐时间统一进行决策，我们可以用以下模型表示个人的问题

$$\max_{x\in\{x_1,x_2\}, y\in\{y_1,y_2\}} U(x,y) \tag{6-1}$$

此时对于晚餐和午餐有四种可能的消费束。假定用餐者的偏好可以表示为 $U(x_1, y_1) > U(x_2, y_2) > U(x_2, y_1) > U(x_1, y_2)$，因此，用餐者最喜欢午餐吃花生酱三明治而晚餐吃牛排，最不喜欢午餐吃花生酱三明治而晚餐吃意大利面。如果将所有的选择放在一起，这名用餐者总是会选择最偏爱的消费束。

相反假定用餐者按次序做出选择，因此午餐在中午做出决定而晚餐在晚上做出决定。在进行午餐决策时，如果用餐者能够确定晚餐决策时可得的选项，则迭代这些决策应该不会影响选出的消费束。在午餐时间，用餐者仍然会这样考虑，与两种可能的晚餐选项相结合哪种午餐会给他最大的效用，并且会决定午餐吃花生酱三明治，晚餐打算吃牛排。当到了吃晚餐时，考虑到午餐吃了花生酱三明治，牛排看上去会更加具有吸引力，因而用餐者会按计划行事。我们可以将这种迭代决策表示为

$$\max_{x\in\{x_1,x_2\}} \{\max_{y\in\{y_1,y_2\}} U(x,y)\} \tag{6-2}$$

它总会得到和式（6-1）同样的数学结果。要弄明白这一点，可以考虑按次序求解式（6-2），先求解大括号里面的表达式（就像博弈论中的逆推法一样）。此时，此人会在给定 x 的条件下选择 y 来最大化效用，因此如果 $x=x_1$ 会选择 y_1，如果 $x=x_2$ 会选择 y_2。解出 y 作为 x 的函数之后，我们再求出其在 x 上的最大值。在这个例子中，用餐者会在 (x_1, y_1) 与

(x_2, y_2) 两者之间进行选择,得到的选择结果为 (x_1, y_1)。因此在理性模型中,如果用餐者在每个时点都知道未来会面对的所有选择,分割或按顺序决策不应对最终决策产生任何影响。该结论被称为**分割独立性**(segmentation independence)。在所有的理性模型中,只要可得的选择在事先是已知且确定的,则决策的分离或分割应该不会影响最终决策。

当使用风险选择理性模型时,如果选择的结果是未知的,某种形式的分割独立性也会成立。而被广泛接受的风险决策理性模型是**期望效用模型**(expected utility model)。现在我们简要介绍一下期望效用模型。在后面的章节,我们会阐述期望效用的基础,以及它被认为是理性模型的原因。

期望效用模型假设人们最大化效用的期望值(或者均值)。例如,考虑某个赌局,以 1/2 的概率得到 100 美元,1/2 的概率得到 −100 美元。如果我们可以重复试验无限次,概率表明了某一事件发生次数所占的百分比。在这个例子中,如果重复试验很多次,赌局的期望值可以通过各结果乘该结果出现次数的百分比然后求和得到,$E(\pi) = 0.5 \times 100 - 0.5 \times 100 = 0$。给定赌局的一个大样本观测结果,它实际上是我们会得到的平均值。因此平均而言,接受该赌局既没有收益也没有损失。相反,假设人们的货币效用函数为 $u(\pi)$,$u(100) = 1$,$u(-100) = -2$,$u(0) = 0$。则效用函数的期望值通过各结果的概率乘该结果的效用然后求和得到,$E(u(\pi)) = 0.5 \times u(100) + 0.5 \times u(-100) = 0.5 \times 1 - 0.5 \times 2 = -0.5$。这时该赌局的期望效用小于零(因为损失 100 美元产生的效用损失大于获得 100 美元产生的收益),因此,人们偏爱拒绝该赌局并且获得财富不发生变化的效用 $u(0) = 0$。相反,如果每一美元产生的效用不变,也就是说如果 $u(1) = 1$,则 $u(-100) = -100$,$u(100) = 100$,$u(0) = 0$。在此情况下,期望效用为 $E(u(\pi)) = 0.5 \times 100 - 0.5 \times 100 = 0$。因此,是否接受该赌局对其是无差异的。

图 6-1 描绘了某人对某个赌局的估值情况,该赌局以 0.5 的概率获得 x_1,以 0.5 的概率获得 x_2,x_1 和 x_2 分别是一笔钱。从该赌局获得的期望收益为 $E(x) = 0.5x_1 + 0.5x_2$,由 x 轴上与 x_1 和 x_2 距离相等的点表示。如果此人可以确定性地获得赌局的期望值,获得的效用为 $u(E(x))$,如 y 轴所示。相反,若他根据期望效用评估该赌局,期望效用由 $E(u(x)) = 0.5u(x_1) + 0.5u(x_2)$ 给出,它恰为 y 轴上与 $u(x_1)$ 和 $u(x_2)$ 距离相等的点。注意到图 6-1 中效用函数的形状是凹的,其表现出财富的边际效用递减。这意味着效用函数在区间 $E(x)$ 和 x_2 上的斜率要小于区间 x_1 和 $E(x)$ 上的,导致区间 $u(x_1)$ 和 $u(x_2)$ 的中点低于 $u(E(x))$。因此,赌博者偏爱

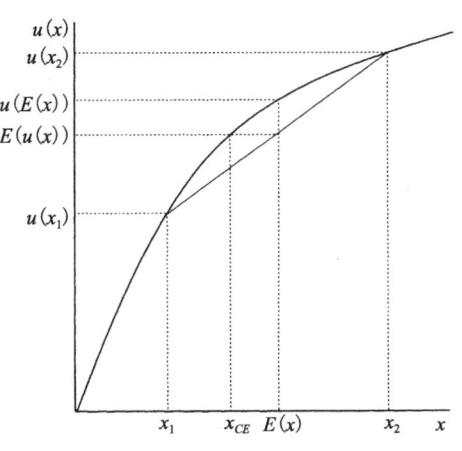

图 6-1 期望效用理论下的风险厌恶

获得确定性的赌局期望值,而不愿意接受赌局并获得赌局的期望效用。

另外,我们可以将**确定性等值**(certainty equivalent)定义为一笔确定性的货币数量,它产生的效用水平与该赌局的期望效用相同,即 $u(x_{CE}) = 0.5u(x_1) + 0.5u(x_2)$,其中 x_{CE} 为确定性等值。在图 6-1 中,确定性等值小于赌局的期望值,反映出人们通常愿意为了确定性而放弃一定数额的货币。一般而言,如果人们愿意接受少于期望值的数额以获得确定性,则称他们是**风险厌恶的**(risk averse)。

在期望效用模型中,财富的边际效用递减(由凹的效用函数反映)意味着风险厌恶。财富的边际效用递减仅要求下一个美元对富人的效用要小于其对穷人的效用。考虑一个更加一

般的赌局，该赌局以 α 的概率获得 x_1，以 $1-\alpha$ 的概率获得 x_2。如果对于任意数量的货币 x_1 和 x_2，效用函数使得

$$u(\alpha x_1+(1-\alpha)x_2) > \alpha u(x_1)+(1-\alpha)u(x_2) \tag{6-3}$$

或者赌局的期望效用小于期望值的效用，则此人表现出风险厌恶。这必定意味着确定性等值小于赌局的期望值（因为它会产生较低的效用）。因为 $0<\alpha<1$，

$$u(\alpha x_1+(1-\alpha)x_2) = \alpha u(\alpha x_1+(1-\alpha)x_2)+(1-\alpha)u(\alpha x_1+(1-\alpha)x_2) \tag{6-4}$$

将式（6-4）代入式（6-3）得

$$\alpha[u(\alpha x_1+(1-\alpha)x_2)-u(x_1)] > (1-\alpha)[u(x_2)-u(\alpha x_1+(1-\alpha)x_2)] \tag{6-5}$$

如果假定 $x_2>x_1$，式（6-4）两边同除以 $\alpha(1-\alpha)(x_2-x_1)$ 得到

$$\frac{u(\alpha x_1+(1-\alpha)x_2)-u(x_1)}{(1-\alpha)(x_2-x_1)} > \frac{u(x_2)-u(\alpha x_1+(1-\alpha)x_2)}{\alpha(x_2-x_1)} \tag{6-6}$$

方程右边的分母同时加上和减去 x_2，两边的分母再重新组合可得

$$\frac{u(\alpha x_1+(1-\alpha)x_2)-u(x_1)}{(\alpha x_1+(1-\alpha)x_2)-x_1} > \frac{u(x_2)-u(\alpha x_1+(1-\alpha)x_2)}{x_2-(\alpha x_1+(1-\alpha)x_2)} \tag{6-7}$$

注意到方程左右两项类似于效用函数的斜率或者导数，都具有我们熟悉的因变量变化除以自变量变化的形式。左项是效用函数在 x_1 和 $\alpha x_1+(1-\alpha)x_2$ 之间的斜率，右项是效用函数在 x_2 和 $\alpha x_1+(1-\alpha)x_2$ 之间的斜率。因此，式（6-7）仅仅说明曲线上半部分的斜率要小于曲线下半部分的斜率。再想一想式（6-3），该方程条件就是凹函数或者收益的边际效用递减的一般条件。因此总体上，在期望效用理论中凹的效用函数意味着风险厌恶。

相反如果效用函数是线性的，$u(x)=\phi x$，其中 ϕ 是一个纯量常数，则该效用函数意味着风险本身是无关紧要的。这种情况由图 6-2 给出。这时，效用函数的斜率总为常数。因此，不论初始财富是多少，一美元对他而言价值都是一样的。此时，与式（6-7）类似的方程为

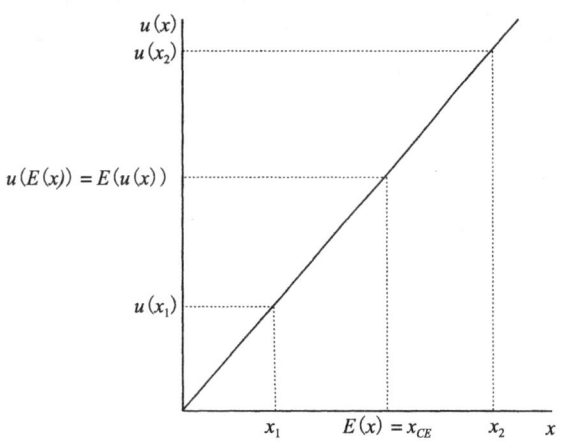

图 6-2 期望效用理论下的风险中性

$$\frac{u(\alpha x_1+(1-\alpha)x_2)-u(x_1)}{(\alpha x_1+(1-\alpha)x_2)-x_1} = \frac{u(x_2)-u(\alpha x_1+(1-\alpha)x_2)}{x_2-(\alpha x_1+(1-\alpha)x_2)} = \phi \tag{6-8}$$

同样，期望效用可以计算为

$$E(u(x)) = \alpha\phi x_1+(1-\alpha)\phi x_2 = \phi[\alpha x_1+(1-\alpha)x_2] = u(E(x)) \tag{6-9}$$

因此，如果效用函数是线性的，则不论风险有多大，赌局的期望效用总是等于赌局的期望值的效用。如果人们是**风险中性的**（risk neutral），则赌局的期望值总是等于确定性等值。在期望效用模型中，风险中性的决策者总是由线性效用函数来表示。

最后，考虑凸效用函数的情况，此时，人们是**风险喜好的**（risk loving），这意味着其偏爱赌局胜于期望值。因此，这时我们将式（6-3）的关系倒过来，

$$u(\alpha x_1+(1-\alpha)x_2) < \alpha u(x_1)+(1-\alpha)u(x_2) \tag{6-10}$$

通过与前面相同的步骤变换得到

$$\frac{u(\alpha x_1+(1-\alpha)x_2)-u(x_1)}{(\alpha x_1+(1-\alpha)x_2)-x_1} < \frac{u(x_2)-u(\alpha x_1+(1-\alpha)x_2)}{x_2-(\alpha x_1+(1-\alpha)x_2)} \tag{6-11}$$

因此，高于赌局期望收益部分的斜率必定大于低于赌局期望收益部分的斜率。图 6-3 给出了这种可能性。此时，确定性等值高于赌局的期望值。同样，赌局的期望效用高于赌局的期望值的效用。总体上，凸效用函数意味着风险喜好行为。

长期以来经济学家如此迷恋期望效用模型的部分原因是由于模型的简单性。各种风险偏好完全由效用函数的曲率来反映，它表明人们在各种财富水平上如何评估货币的价值。如果效用函数是凹的，则人们为买彩票所愿意支付的数量要小于彩票中奖的期望值（是一个非常小的数值），因为人们可能赢得的第一千万个美元（以及高于初始支出的每一个美元）的价值要比买彩票必须支付的单位美元价值小得多。相反，如果效用函数是凸的，则人们愿意支付的数量要大于彩票的期望值，因为人们可能赢得的高于彩票购买支出的每一个美元的价值要大于购买彩票支付的单位美元。

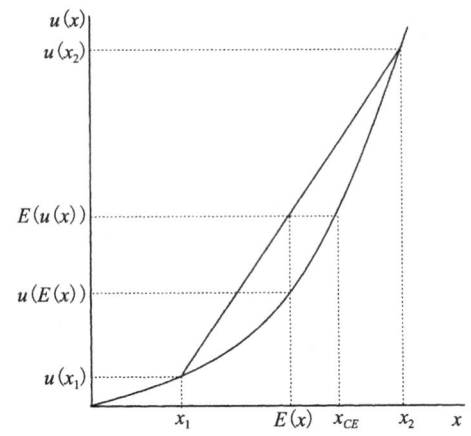

图 6-3　期望效用理论下的风险喜好

通常用绝对或者相对风险厌恶系数来测度风险厌恶。绝对风险厌恶系数为 $R_A = -u''(w)/u'(w)$，其中，$u'(w)$ 是财富的边际效用，$u''(w)$ 是在 w 处财富边际效用曲线的斜率。系数 R_A 是效用函数凹度的一个简单测度：越向内弯曲，R_A 值越大。**绝对风险厌恶**（absolute risk aversion）水平越高，决策者越不愿意接受任何赌局。另一个紧密相关的风险厌恶的测度是**相对风险厌恶**（relative risk aversion），由 $R_R = wR_A$ 给出，其中，w 是财富。相对风险厌恶程度越高，决策者越不愿意拿自己特定部分的财富冒险。通常，经济学家认为相对风险厌恶系数在 1～3 之间。

有了期望效用理论的基本工具，现在设想某个人必须决定是否接受两个赌局。一个赌局以 α 的概率获得 x_1，以 $1-\alpha$ 的概率获得 x_2。第二个赌局以 β 的概率产生 y_1，以 $1-\beta$ 的概率产生 y_2。出于简化，我们假设赌局是相互独立的，因此一个赌局的结果不依赖于另一个赌局的结果。在此情况下，接受两个赌局会产生一个新的赌局，以 $\alpha\beta$ 的概率产生 x_1+y_1，以 $\alpha(1-\beta)$ 的概率产生 x_1+y_2，以 $(1-\alpha)\beta$ 的概率产生 x_2+y_1，以 $(1-\alpha)(1-\beta)$ 的概率产生 x_2+y_2。我们称其为**复合赌局**（compound gamble），因为它是由另外两个赌局组合在一起构成的。因此，同时接受两个赌局的期望效用是 $E(u(x+y)) = \alpha\beta u(x_1+y_1) + \alpha(1-\beta)u(x_1+y_2) + (1-\alpha)\beta u(x_2+y_1) + (1-\alpha)(1-\beta)u(x_2+y_2)$。现在假定 $E(u(x+y)) > u(0) > E(u(y)) > E(u(x))$，其中，$u(0)$ 是拒绝了两个赌局的效用。与式（6-1）和式（6-2）描述的选择问题一样，接不接受每个赌局的选择与是否分割是不相关的。也就是说，如果要求同时做出选择，这个例子中的人会选择两个赌局。如果要求先选是否接受 x，然后再选是否接受 y，则只要了解了向他提供的这两个选择，这个人应该做出同样的决策。如果选择了 x，他会认为再选 y 是有益的，相反如果拒绝了 x，则再选 y 是无益的。因此，要么同时选择 x 和 y，要么两者都不选。

保罗·萨缪尔森发现，在单个风险和多个风险之间进行选择时，这种分割独立性会产生某些影响。假设某人不愿意接受赌局 x，因为他认为该赌局风险太大。则他非常有可能不愿接受两个相同的赌局 x。特别地，假设接受赌局 x 的最大收益或损失都是 k。因为风险偏好是由货币效用函数确定的，因此人们的行为依赖于其财富水平。假定某人的初始财富为 w。如果他的风险偏好使得他在财富区间 $[w-(n-1)k, w+(n-1)k]$（n 为某个正整数）任一给定的财富水平上都不愿意接受该赌局，则他也不会愿意接受 n 个相同赌局 x 的组合。[⊖]分割所起的作用和前面一样。如果某人在财富区间 $[w-k, w+k]$ 上不愿接受赌局 x，假定用某种方法强迫他接受赌局 x。则不管第一个赌局的结果如何，他仍然会不愿意接受第二个赌局，因为财富仍然处于该相关区间内。如果此人在次序决策时单独拒绝了每一个赌局，则由于分割独立性他也会拒绝两个合在一起的赌局。因此，如果你不愿意接受以 50% 的机会赢得 200 美元而以 50% 的机会输掉 100 美元的赌局，则如果你的财富变动 2 000 美元这种偏好还是会持续下去，你应该同样不愿意接受 10 次这样的机会。

■ 实例 6-1 保罗·萨缪尔森和他的同事

某天，保罗·萨缪尔森和他的同事们在外面吃饭，进餐时他提议与在座的所有人打个赌。如果他们能够正确预测一次硬币抛掷的结果，他就给他们 200 美元，否则他们就输掉 100 美元。他的一个同事（萨缪尔森评价他是一名没有学习过多少高等数学的著名学者）回答说："我不会和你打赌，因为我觉得损失 100 美元的痛苦要大于赢得 200 美元获得的快乐。但如果你愿意打 100 次这样的赌，我就会接受。"愿意接受 100 次这样的赌局但不愿意接受一次，这表明该同事的偏好受到了分割与否的影响。更确切地说，他愿意接受多次不喜欢的赌局违反了基本的理性选择模型。

值得注意的是，该同事说损失 100 美元的痛苦要大于赢得 200 美元获得的快乐，这表明损失厌恶在起作用。另外，明显的是，单个赌局的合意性要依赖于该决策是独立做出还是（与再接受多次相同赌局的决策）联合做出。萨缪尔森认为这可能表明行为并不符合期望效用理论，或者人们在理解分散风险等概念如何起作用方面存在困难。在此例中，100 次赌局产生损失的概率（低于 1%）要大大低于 1 次赌局（50%），但是可能损失的数量却大了很多（10 000 美元和 100 美元）。在期望效用模型中，相对于损失概率的降低，潜在损失的增加必定占主导地位。

因此，分散投资虽然可以降低损失的概率，但是如果在一开始投资就不合意，则分散化不会像变魔术一样将糟糕的投资变好。考虑萨缪尔森给出的两次赌局的组合。此时，该同事以 0.25 的概率损失 200 美元，以 0.50 的概率赢得 100 美元，以 0.25 的概率赢得 400 美元。这个时候我猜很多读者或许会认为这个赌局要比初始赌局更加具有吸引力。然而正常情况下，在期望效用理论中，拒绝初始赌局应该导致理性决策者同样拒绝后面这个赌局。那么，为什么将赌局组合到一起会让它们看起来更具有吸引力呢？

6.2 资产组合问题

我们经常要考虑某些类似于股票投资组合的问题，其中人们要同时决定在几种活动上分别投资多少。例如，假定投资者可以将其财富分别投资在两种资产上。一种是安全资产，其可以确定性地得到恰好等于投资量的收益。因此，如果该投资者投资 x 于安全资产上，卖出资产后他会获得 x 的收益。第二种是风险资产，投资于该资产的每一个美元在售出时价值为 z，其中，z 是一个随机变量。假定 z 的期望值为 $\mu > 1$。财富为 w 的投资者投资于安全和风险资产上并希望最大化期望效用，他会求解

$$\max_{w_z} E[u((w-w_z)+w_z z)] \tag{6-12}$$

[⊖] 实际上，要求的财富区间是非常小的，甚至可以忽略。然而，用给定的区间来解释在直觉上更容易理解。事实上，该区间只需要包含当前财富与赌局确定性等值的 n 倍之差即可。

其中，w 用来投资的财富，w_z 是投资于风险资产上的财富数量。该问题的近似解为：

$$w_z = \frac{\mu - 1}{\sigma^2 R_A} \tag{6-13}$$

其中，R_A 是绝对风险厌恶系数，数值 $\sigma^2 = E[(x-\mu)^2]$，通常称为 z 的**方差**（variance）。方差测度 z 的数值的离散程度——我们认为数值 z 可以偏离均值多远。σ^2 的值越大，投资的风险越大。因此，风险厌恶程度越高，在风险资产上的投资越少。同样的，资产的风险越高（方差越大），对风险资产的投资越少。另外，增加风险资产相对于安全资产的期望收益会增加对风险资产的投资。感兴趣的读者可以参见高级概念部分对风险组合问题的推导过程。

■ **实例 6-2　股权溢价之谜**

从历史数据上来看，股票投资的收益率要远高于债券投资的收益率。例如，1871～1990年，股票的收益率大约是每年 6.5%，而债券的收益率在 1% 左右。从任何较长的投资规划期来看（超过 30 年），股票收益率压倒性地超过债券（通常超过 7 倍多），这使得人们产生了一个疑问，为什么还有人会投资于债券呢？债券通常被看作是一种相对无风险的投资，尽管它们也有很大的风险。只要发行主体仍然在偿还债务，债券就会按照固定的名义收益率进行支付。发行主体可以是公司或政府。因此，如果发行主体破产就可能违约。同时，在整个债券发行期内通货膨胀会侵蚀收益率。但是，如果我们用前面给出的资产组合问题模型来考虑这个问题，则收益率 μ 大约为 7。此外，通常认为相对风险厌恶程度的取值范围大约为 1～3。因此，绝对风险厌恶系数介 1 和 3 分别除以财富总量这两个数值之间，是一个非常小的数。如果我们取 3，⊖ 则可以将式（6-13）表示的公式重写为

$$w_z = \frac{3w}{\sigma^2} \tag{6-14}$$

其中，w_z 是投资在股票上的最优货币数量，σ^2 是股票资产组合收益率的方差，w 是财富总量。

股票资产组合的方差依赖于投资期。如果我们考虑较长时间范围内某个具有代表性的股票资产组合，它的方差实际上会非常小，要小于 3。此时最优的投资数量会超过要投资的财富总量，再无债券投资空间。更加一般地，要使人们购买债券，经济学家们估计出的相对风险厌恶水平必定在 30 左右，是经济学家们使用的合理上限的 10 倍。要正确理解这一点，考虑以下赌局，其以 0.50 的概率赢得 100 000 美元财富，0.50 的概率赢得 50 000 美元财富。该投资者为该赌局愿意支付的最低数额肯定为 50 000 美元，因为这是可能的最差结果。相对风险厌恶系数为 30 的投资者认为该赌局的确定性等值是 51 209 美元，虽然该赌局的期望值为 75 000 美元。因此，对他而言以 50% 的机会赢得额外的 50 000 美元仅值 1 209 美元。这是一个令人吃惊并且不合理的风险厌恶水平。因此，我们可以得出的一个合理结论是：股票价格表明了一种对不确定性条件下理性决策模型的背离。

6.3　窄归并与宽归并

使用决策归并模型并结合损失厌恶，我们可以解释实例 6-1 和实例 6-2。**归并**（bracketing）是指对决策进行分组。如果一组选择在做出时考虑到了每一个单独选择对集合中所有

⊖ 疑有误，此处应该是取 2。——译者注

其他选择的影响,我们说它们被归并到一起。举一个简单例子,如果我选择早餐吃得很少,则我会偏爱午饭吃得较多。如果在决定吃一个简单早餐时,我预计到需要一顿丰盛的午餐,则我的早餐和午餐决策是归并到一起的。如果忽略了午餐对早餐的影响,则这些决策是分开归并的。如果一项决策仅仅和一小组决策归并到一起则称其是窄归并的。如果一项决策和一大组决策归并到一起则称其是宽归并的。通常人们根据决策的构建方式对它们进行归并。因此,如果同时给就餐者几项决策(例如晚餐喜欢什么主菜和配菜),它们或许会被归并到一起。相反,如果决策是次序给出的(例如,早餐、午餐、晚餐会吃什么),它们很可能不会被归并到一起。

什洛莫·博纳兹和理查德·塞勒发现利用损失厌恶和归并可以很容易地解释萨缪尔森同事的行为。例如,假设他的货币值函数为

$$v(x) = \begin{cases} x & 如果 \quad x \geq 0 \\ 2.5x & 如果 \quad x < 0 \end{cases} \tag{6-15}$$

用值函数代替财富的效用函数之后,实例6-1中赌局的期望效用是 $E(v(x))=0.5\times v(200)+0.5\times v(-100)=100-125=-25$。因此,他会拒绝该赌局,因为产生的期望值为负。同样,如果强迫他接受一次赌局,然后问他是否接受第二次,计算方法是一样的。这是因为即使连续7次获得了200美元的收益,他也会将第八次赌局产生的损失评估为损失,导致损失比收益产生更加严厉的惩罚。不论从哪个起始点来看,100美元的潜在损失要比200美元的潜在收益显得更加突出,这与保罗萨缪尔森同事的想法是一样的,这会导致负的期望效用。相反,假定向这个人同时提供两次赌局,这样就产生了一个归并范围更广的选择。这时,期望值为 $E(v(2x))=0.25\times v(400)+0.5\times v(100)+0.25\times v(-200)=100+50-125=25$。因此,这个人会选择接受两次组合在一起的赌局,但他不会选择接受单独进行的单次赌局。对于100次同样的赌局也是如此。

要注意到值函数可以解释这种选择的一个原因是:式(6-15)中的值函数违背了萨缪尔森要求的条件。因为值函数的上下两部分都是线性的,如果赌博者将所有的结果都解释为收益或者都解释为损失,则单个赌局会被接受。例如,如果所有的结果都被解释为收益,所有的数值都会被看作是大于零的,$x>0$ 且 $v(x)=x$。期望值为 $E(v(x))=0.5\times 200+0.5\times(-100)=50$。如果所有的数值都被看作损失也会得到同样的结果。因此,赌局被拒绝的范围是非常小的,仅仅是那些跨越值函数弯折点的赌局才会被拒绝。

相反,考虑一种理性模型中常用的效用函数,$u(x)=1-\exp\{-R_A x\}$。它通常被称为绝对风险厌恶不变的效用函数,因为不论 x 为何值该函数的绝对风险厌恶系数都是 R_A。不论我们选择绝对风险厌恶参数值为多少,$u(0)=0$,因此当且仅当期望效用为正时,赌博者才会接受赌局。如果我们选择参数为 $R_A=0.1$,则单个赌局的期望效用为负值,$E(u(x))=-11\,012.23$,两个赌局的期望效用为 $E(u(2x))=-1.2\times 10^8$。如果在赌博者接受赌局之前,我们随意给他增加200美元的财富(一次赌局会导致的财富的最大变化),则新的效用函数变为 $u(x+200)=1-\exp\{-R_A(x+200)\}$,拒绝任何赌局产生的效用大约为1。此时,单次赌局的期望效用稍小于1,因此赌局仍然会被拒绝。我们可以推断如果起始财富在0~200美元之间的任意水平上,单次赌局都会被拒绝。

有可能找到一个参数,使得人们会接受多次赌局并拒绝初始赌局。但是这些参数违反了萨缪尔森的条件,即在财富区间 $[w-200, w+200]$ 会拒绝单次赌局。如果我们选择 $R_A=0.004\,812\,118\,25$,则单次赌局的期望效用为 $E(u(x))=-1.1\times 10^{-10}$,这表明会拒绝单次赌局。两次赌局的期望效用为 $E(u(2x))=2.1\times 10^{-10}$,表明会接受联合赌局。然而,如果我们在初始财富上随意增加200美元,则会接受单次赌局,即 $E(u(x+200))>u(200)$,因此萨

缪尔森的条件不成立。

博纳兹和塞勒认为股权溢价之谜也可能是由于损失厌恶以及投资决策的窄归并一起造成的。投资规划期的长度会影响资产组合收益率的方差或者波动。债券具有较低且稳定的收益率，相对而言方差不怎么变化，股票具有较高的收益率但是短期内的波动也相对较高。因此，任意给定某天，某个股票组合的收益率可能会从-10%变动到10%，但是在30年的投资期内，同样的股票其收益率方差会非常小。在某种程度上这类似于赌一次硬币抛掷与赌连续100次硬币抛掷的平均结果。虽然平均收益率是相同的，但是方差却大大减小了。因此，如果投资规划期较长，股票和债券之间收益率的差异会导致人们将其全部资产投资于股票上。

如果规划期较短，则相对于平均收益而言方差非常大，因此式（6-14）的右边会比较小，人们不会将全部财富投资于股票上，导致其也会持有债券。博纳兹和塞勒假设人们相对于自己的规划期而言会窄归并其投资决策。因此虽然某个投资者打算投资30年，他或许会过于频繁的评估其资产组合，就好像他的投资规划期很短一样。根据股票和债券收益率数据进行模拟，他们发现股票相对于债券的高收益率与损失厌恶的投资者按年对其决策进行评估（或者归并）相一致。因为他们的行为就好像在最大化一年期内投资的期望效用，而非要投资的更长时期，所以通过减少持有的债券并增加持有的股票他们可能会改善自身状况。但是，在每年评估收益率时，波动和亏损导致他们购买债券并且忽略了他们较长的规划期。

理查德·塞勒和他的杰出同事们进行了一系列的实验来检验投资的时间归并问题。归并理论认为，如果人们经常评估他们的投资，他们会进行窄归并，并且不论规划期长短他们都会倾向于风险较小的投资。因此，如果在整个时期不允许对结果进行评估，则在较长的时期内人们愿意承担更大的风险。在不允许进行评估时，投资者在本质上面临的是一个复合赌局，它由n个单期赌局构成，n是能够进行评估之前经过的期数。当允许评估时，就好像面对着n个依次进行的单个赌局。宽归并会使人们产生赞成赌局的看法。

让80名参与人在两种投资上（基金A和基金B）分配100单位的资产。他们被告知，一单位基金A的每期收益率取自以下分布——均值为0.25%，标准差（被定义为方差的平方根）为0.177%。基金B的每期收益率取自以下分布——均值为1.00%，标准差为3.54%。因此，B的风险更高，但它的收益率均值是A的4倍。

受试者被随机分成几个处理组。在第一个处理组中，让受试者进行200次决策，每次决策在各期期末观测到该期收益率之后进行。要求第二个处理小组中的受试者进行25次决策，每八个时期被合并在一起进行决策。要求第三个处理小组中的受试者进行5次决策，需要40个时期合在一起。对于基金A和B的收益率，不管使用哪一个处理小组，都会用相同的随机取值，因此所有处理组的所有受试者在每一个决策期会看到相同的历史收益率。受试者只有在进行决策时才会观测到收益率。在整个实验过程中，那些被要求每期进行决策的人将资产投资于A（低风险选择）的比例超过50%。那些决策次数较少的人将资产投资于安全资产选项的比例低于50%，平均在$30\%\sim40\%$之间。因此，仅仅通过控制评估的频率，研究者就发现受试者对风险变得更加敏感。

人们会根据短期优先顺序进行长期投资选择，这种看法与**饮鸩止渴**（melioration）的概念密切相关。饮鸩止渴是一个实验心理学概念，人们选择在当期产生最大效用的选项，忽略了他们的决策对未来选择和体验的影响。经济学家们曾经用很多不同的行为模型来解释饮鸩止渴现象。决策归并提供了一种解释，其中给予人们的选择在构建方式上会使人们忽略未来产生的后果。例如，在投资决策的例子中，人们进行在短期内有吸引力的投资，而忽略了潜在投资在长期内的某些特性。在本书的第三篇考察时间贴现时,我们还给出了其他的饮鸩止渴模型。

到现在为止,我们讨论了按照时间顺序归并决策会影响投资决策的可能性。但也有可能的是人们以投资组合中的各单项投资为基础归并决策。在这种情况下如果投资者使用宽归并,他会求解

$$\max_{\{x_1,\cdots,x_2\}} E\Big[C + v\Big(\sum_{i=1}^{n} x_i z_i\Big)\Big] \tag{6-16}$$

约束条件为

$$C = w - \sum_{i=1}^{n} x_i \tag{6-17}$$

其中,x_i 表示在资产 i 上的投资量,z_i 是一个随机变量,代表资产 i 的收益率,$v(\cdot)$ 是损失厌恶的值函数,其参考点为 $\sum_{i=1}^{n} x_i$(也就是说,参考点为投资额),C 表示现期消费支出(消费 C 的效用为 C),w 是财富总量。出于简化,在这里我们没有考虑投资的跨期特征。

在这个例子中,如果总收益低于 $\sum_{i=1}^{n} x_i$,则投资者会经历整体亏损。值函数的弯折形状使得投资者表现出风险厌恶,会选择风险水平较低同时收益率也可能较低的投资组合。但是在最优资产组合中,也有可能有几只股票的风险很大,因为它们的风险会被其他 n 种投资平均掉。如果 n 很大并且投资收益率之间相互独立,则整体亏损的可能性会变得非常小,平均而言整体收益率为正。这种结果类似于萨缪尔森的赌局,当 n 增加时,亏损的概率会下降。但是,如果资产组合决策是窄归并的,我们可以将问题表示为

$$\max_{\{x_1,\cdots,x_2\}} E\Big[C + \sum_{i=1}^{n} v(x_i z_i)\Big] \tag{6-18}$$

预算约束同上。差异在于现在值函数中(参考点为 x_i)的各种投资是单独进行评估的。此时,投资者会变得异常厌恶任何单独投资中产生的损失。这时,会根据每种投资的投资收益或者损失对之进行评估。因此,即使资产组合的整体收益率为正,在投资 i 上损失 1 美元也会让投资者感觉异常痛苦。这种对单只股票收益率的关注意味着投资者不能充分利用分散投资的好处,而是追求所有投资的亏损风险都达到最小。

尼古拉斯·巴伯瑞斯和黄发现这种窄归并的模型形式与市场上投资决策的模式非常吻合,在可以进行相对安全的投资时,该模型会导致以下情形:要向损失厌恶者证明进行风险投资的正当性,股票的收益率必须非常高才可以。明显的,通过进行宽归并而不是窄归并人们可以获得更高的收益率。巴伯瑞斯和黄认为式(6-18)可能会由于人们在某只股票上出现了亏损而占据上风。人们或许觉得单只股票的亏损表明了个人的投资能力以及自己决策的失败。

6.4 归并资产组合问题

将式(6-17)代入式(6-16)中,我们可以将宽归并优化问题重新写成以下形式

$$\max_{\{x_1,\cdots,x_2\}} E\Big[w - \sum_{i=1}^{n} x_i + v\Big(\sum_{i=1}^{n} x_i z_i\Big)\Big] \tag{6-19}$$

如果我们忽略值函数的弯折(也就是说,使用一个平滑函数来表示收益和损失),则问题的解可以写为

$$x_i = \frac{\mu_i}{R_A \sigma_{ii}} + \frac{\frac{1}{v''} - \left(\sum_{j \neq i} x_j \sigma_{ij}\right)}{\sigma_{ii}} \qquad (6\text{-}20)$$

其中，v''是边际效用函数的斜率（收益域为负，损失域为正）。$\sigma_{ij} = E[(z_i - \mu_i)(z_j - \mu_j)]$，当$i=j$时，其是投资$i$的方差，当它们不相等时，其是投资$i$和$j$的协方差。协方差是对随机变量之间相关性的一种测度。正的协方差表明随机变量之间是正相关的（当一个变大时，另一个也可能会变大，例如身高和体重），负的协方差表明负相关，例如速度和重量。对于该问题的求解过程，感兴趣的读者可以参考高级概念部分的归并资产组合问题。

相反，如果假定决策是窄归并的，则将式（6-17）代入式（6-18）中可得

$$\max_{\{x_1, \cdots, x_2\}} E\left[w - \sum_{i=1}^n x_i + \sum_{i=1}^n v(x_i z_i)\right] \qquad (6\text{-}21)$$

它的解为

$$x_i = \frac{\mu_i}{R_A \sigma_{ii}} + \frac{\frac{1}{v''}}{\sigma_{ii}} \qquad (6\text{-}22)$$

注意到该解与式（6-20）非常类似，只不过去掉了所有的协方差项。这意味着了投资者未能意识到投资选项收益率之间的相关性（这允许分散投资以减少风险）。特别的，负相关的投资允许人们创建能够降低结果方差的资产组合。如果风险是负相关的，式（6-20）表明宽归并的决策者会增加该资产的投资水平。相反，如果风险是正相关的，窄归并的投资者也会忽略它，通过过度投资于同向波动的股票，其要比宽归并时承担了更大的风险。损失厌恶会扩大这种效应。

6.5 进一步说明

从根本上说，如果一项决策会影响其他决策可以进行的选择，则与宽归并相比窄归并让人们的状况恶化了。如果一组决策的某些属性在单个决策中不明显或者没有出现时，此种情况就有可能发生。例如，当只有一只股票时，不太可能进行分散化投资。要分散化投资，人们必须能够评估不同股票之间收益率的协方差，而当考察单只股票时不会评估这种属性。当某个具有吸引力的属性出现在一组选择而非单个选择中时，窄归并会使得决策者做出次优选择。

6.6 效用函数和风险厌恶

期望效用理论认为所有的风险行为是由于财富边际效用的变化或者效用函数的凹凸性质决定的。如果函数是凹的，决策者的行事方式会规避风险。如果函数是凸的，则决策者会追逐风险。通常，经济学家假设人们是风险厌恶的，表现出财富的边际效用递减。对于财富效用函数的曲率，马修·拉宾得到了一个重要发现。微积分所根据的一个基本原则是：在非常小的自变量区间上，任何连续并且平滑的函数可以近似为一条直线。因此，虽然正弦函数$\sin(x)$的图形在$[0, 2\pi]$上上下波动，但是如果我们在$[0, 0.0001]$上绘制其图形时却可用一条直线来近似。因此，在较小的财富变动区间，标准的凹效用函数也可以用一条直线来近似。直线形式的效用函数表现出风险中性，使得人们选出最大化期望收益的选择而不考虑赌局的方差。因此，当赌局涉及非常小的一笔资金时，最大化期望效用的人的行为方式

就近似于他们是风险中性的一样。

马修·拉宾完全改变了这一原则。如果人们对于较小的赌局是风险厌恶的，则它还会告诉我们对于稍大一点的赌局效用函数的凹度会怎样。更确切地，假定向某人提供一个赌局，以 0.50 的概率得到 $x_1<0$，以 0.50 的概率得到 $x_2>0$。另外，假定该赌局的期望值为正，但是我们观察到这个人拒绝了该赌局。这种可能性被描绘在图 6-4 中。在此情况下，我们知道 $u(0)>E(u(x))$。因此我们也知道 $u(0)>0.5\times u(x_1)+0.5\times u(x_2)$。这意味效用函数的凹度至少应该像图 6-4 中加粗的线段一样。知道了这一点，我们就能用这些线段找到其他也肯定会被拒绝的更大的赌局。

因此，假定对于所有的 w，$U(w)$ 是严格递增并且弱凹的。假定存在 $g>l>0$，使得对于所有的 w，这个人会拒绝以 0.50 的概率获得 g 并以 0.50 的概率损失 l 的赌局。则这个人也会拒绝以 0.50 的概率赢得 mg 并以 0.50 的概率损失 $2kl$ 的赌局，其中，k 为任意正整数，并且 $m<m(k)$，其中

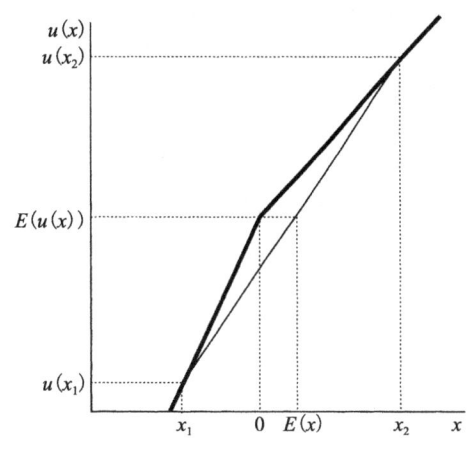

图 6-4 效用函数的校准

$$m(k)=\begin{cases} \dfrac{\ln\left(1-\left(1-\dfrac{l}{g}\right)2\sum_{i=0}^{k-1}\left(\dfrac{g}{l}\right)^i\right)}{\ln(l/g)} & \text{如果} \quad 1-\left(1-\dfrac{l}{g}\right)2\sum_{i=0}^{k-1}\left(\dfrac{g}{l}\right)^i>0 \\ \infty & \text{如果} \quad 1-\left(1-\dfrac{l}{g}\right)2\sum_{i=0}^{k-1}\left(\dfrac{g}{l}\right)^i\leqslant 0 \end{cases} \quad (6\text{-}23)$$

这是一个比较复杂的命题，但是举几个例子可以帮助我们阐明这为什么是重要的。例如，假定某人不愿意接受以 0.50 的概率赢得 110 美元，以 0.50 的概率损失 100 美元的赌局。则这个人肯定也会拒绝以 0.50 的概率赢得 990 美元，以 0.50 的概率损失 600 美元的赌局。如果这个人会拒绝以 0.50 的概率赢得 120 美元，以 0.50 的概率损失 100 美元的赌局，则这个人也会拒绝任何以 0.50 的概率损失 600 美元的赌局，而不管可能的收益有多大。虽然人们会拒绝上述较小的赌局看似是合理的，但是对于以 50% 的概率赢得无限数量的钱这样的便宜事，任何人都会拒绝似乎是不合理的。表 6-1 给出了更多结果。

表 6-1 应用拉宾定理的例子 （单位：美元）

如果你会拒绝		你也会拒绝	
以 0.50 的概率赢得	以 0.50 的概率损失	以 0.50 的概率赢得	以 0.50 的概率损失
110	100	555	400
		1 062	600
		∞	1 000
550	500	2 775	2 000
		5 313	3 000
		∞	5 000
1 100	1 000	5 551	4 000
		10 628	6 000
		∞	10 000

拉宾将这看作是人们将损失厌恶与窄归并结合在一起的进一步的证据。首先，要注意到我们根据函数的平滑性和凹性得到式（6-23）。损失厌恶消除了平滑性，允许函数在参考点处有弯折。因此，不论赌局有多小，都不存在一条简单的直线可以近似值函数。此外，函数在损失区域是凸的，这限制了我们使用图6-4得出的结论的能力。

这种结果也可以扩展到连续选择和连续分布情形，结果会变得更加怪异。注意到连续选择必定涉及到在边际上对非常小的风险进行权衡抉择。因此，许多关于效用函数形状的信息会包含在这些连续决策中。有趣的是，像这样的校准结果在损失厌恶（以及其他风险决策行为模型）环境中也可以得到。这些模型在宽归并条件下无法解释这些异象，这表明了对决策归并进行建模的必要性。

■ 实例6-3　归并的实验例子

归并如何影响决策的一个明显的例子是由阿莫斯·特沃斯基和丹尼尔·卡尼曼通过假想实验给出的。首先让参与人做两个选择：

假想你面对下面一对同时出现的决策。首先思考一下两个决策，然后表明你偏爱的选项。

决策1。请在以下两者之间做出选择：
A. 确定性地赢得240美元；
B. 以25％的概率赢得1 000美元，75％的概率一无所获。

决策2。请在以下两者之间做出选择：
C. 确定性地损失750美元；
D. 以75％的概率损失1 000美元，25％的概率没有任何损失[⊖]。

在150个参与人中，绝大部分人会同时选择A和D。

首先，注意到选A意味着风险厌恶，而选D则意味着风险偏爱。选项A发生在收益域，选项D发生在损失域。因此，这种选择模式表明效用函数在收益域是凹的，在损失域是凸的。这种结果支持了损失厌恶的概念，即值函数在收益域是凹的，在损失域是凸的。其次，注意到要求参与人同时处理这些决策。因此，选择A和D是偏爱选择A和D的复合赌局而不是这些赌局的其他组合。A和D的复合赌局以75％的概率损失760美元，以25％的概率赢得240美元。

考虑另外一个选择，即B和C的复合赌局（同时选择这两个的人少于13％）。该赌局以75％的概率损失750美元，以25％的概率赢得250美元。B和C的复合赌局明显优于A和D的复合赌局，因为它会以相同的概率产生更多的钱。明显的，如果赌局以复合形式给出，人们会选择B和C而非A和D。窄归并可能是由于从单个赌局计算复合赌局时所面临的困难导致的，继而产生次优决策。在此情况下，选择缺乏透明性导致窄归并。

■ 实例6-4　是喜欢多样性还是不喜欢

假定现在是万圣节，你正在玩"不给糖就捣蛋"的游戏。你拜访了三家人，他们恰好提供相同的三种糖果。在第一家，允许你选择一种糖果，你选择了你最喜欢的。在第二家，也允许你选择其中一种，你还是决定选择你最喜欢的。在第三家允许你选择两种，你决定选择一种你喜欢的和另外一种糖果。丹尼尔·里德和乔治·罗文斯坦在万圣节时设立了三个这样

⊖ Tversky, A., and D. Kahneman. "Rational Choice and the Framing of Decisions." *Journal of Business* 59, Issue 4(1986): S251 - S278, University of Chicago Press.

的家庭，并观察这些个体恶作剧者的选择。在只允许选择一种的人家，人们倾向于选择相同的糖果。在允许孩子们选择两种糖果的人家，恶作剧者绝大多数选择了两种不同的糖果。

大多数时间，我们按顺序做决策，每次进行一个。例如，某些人或许每天都会购买午餐，每天到底吃什么的决策是相互独立的。但是有时我们做一次决策来决定几个时期的消费。例如，某些自带午餐的人每周或者更长时间才购买一次食材。在此情况下，我们很自然地认为，顺序选择即前者是窄归并的，而单次选择即后者是宽归并的。

伊塔马尔·西蒙森让班里的学生在六种零食中做出选择：花生、墨西哥炸玉米片、杏仁牛奶巧克力、士力架、奥利奥饼干或者奶酪饼干。学生们会在下课时拿到这些零食，每周得到一次并连续获得三周。会让一些班上的学生在获得零食那天当场选出，而让其他班的同学在首次发零食之前选出三周想要的零食。总共有362名学生参与了次序或者联合选择两种实验。在次序选择情况下，9%的学生每周选择不同的零食。在联合选择情形中，45%的学生每周选择不同的零食。里德和罗文斯坦重复了该实验，但是在联合选择情形下，在收到第二次和第三次零食那天他们会询问学生是否想改变主意。稍微低于半数的学生在此时想修改他们的选择，而这些想要改变的人会希望减少选出的种类。

6.7 归并和多样性

人们在宽归并时似乎要比窄归并时更看重多样性。这或许并不太令人吃惊，因为对于单项物品，人们是很难识别多样性的。这种属性只有在选择被组合到一起时才会出现。这就引出了一个问题：谁会改善自身状况呢？通常我们认为进行宽归并决策的人会改善自身状况，因为他们会考虑一项决策如何影响另一项决策。但是宽归并也可能以其他方式起作用。在此情况下，相比自己的真实意愿，宽归并决策或许会更看重多样性。要知道上述零食选择是相隔一周做出的。如果人们每天都吃同样的东西，经过一小段时间后单调性就会使其不再选择自己最喜欢的食物。但是如果你决定每个星期五吃同样的食物，则在中间六天里仍有足够的多样化的空间。因此，人们会表现出**多样化偏向**（diversification bias）。

在很多不同的环境下，这种偏向也会很明显。例如，在退休规划中，即使某些选项相对没有多少吸引力，人们也倾向于将其为退休而进行的投资平均分散在所有可能的选项上。在此情况下，人们在进行宽归并选择时寻求多样性，即使当消费发生时这会使他们的状况恶化。此种类型的多样化追求与决策的构建方式有很大关系。例如，假定一名游客要在一个新的城市游览一个星期，并且要决定这个星期去哪里吃饭。如果给他一个餐厅列表，按它们提供的菜肴类型进行分类，这可能使得用餐者选择一个传统的美国餐厅、一家中国餐厅、一家意大利餐厅等。相反，如果给出的列表是按城市区域划分的，他可能会选择每天在不同的地区用餐。

6.8 对多样性的理性归并

西蒙森对他的研究结果进行了解释，认为人们或许仅仅是因为不确定未来对个别零食的偏好，所以寻求多样性作为多样化所得结果和最大化期望效用的一种手段。里德和罗文斯坦尝试对这一假设进行检验。如果人们不确定个人的偏好，则人们应该不能准确预测自己随后的选择。事实上，当要求学生们预测在顺序选择中他们会如何选择时，他们是异常准确的，并且做出的选择几乎没有什么差异。此外，在同时做出选择的情形下，学生们预测，如果让他们顺序做出选择他们会追求较少的多样性。人们似乎在某种程度上意识到了归并如何影响多样性追求。不管怎样，预测的准确程度似乎与人们不确定未来自己对物品偏好的理念相矛盾。

■ 实例6-5 烟瘾

香烟以及其他包含强力毒品成分的物品具有非常强的致瘾性。这些物品会提供某些瞬时的愉悦感或快感，使得它们在任何时点都具有非常高的吸引力。然而，随着吸烟者产生某种抗药性，香烟中的毒品成分对于身体的影响是递减的。因此，吸烟好多年的人无法从一支香烟所含尼古丁中获得与新吸烟者相同的快感或愉悦感。那么它是如何使人成瘾的呢？通常我们认为，使用过程中边际效用递减会导致消费的中断。比如，比萨的消费会表现出边际效用递减。因此，我们从第三块比萨中获得的愉悦程度要低于第一块。当愉悦感足够低时，就不值得再吃了，我们就会停止吃比萨。如果我们每顿饭都吃比萨，则最后随着比萨的边际效用递减，我们会变得厌倦这种单调性，会开始尝试吃其他的食物。香烟为什么会有所不同呢？

考虑我们能从事的其他替代活动。例如，假设吸烟的唯一替代活动是进行体育锻炼。若人们经常吸烟，跑步或者呼吸会变得困难。更一般的，如果长期从事与吸烟不相容的活动使得人们感觉有必要戒烟时，则从事这些活动不会带来多少愉悦感。实际上，如果吸烟导致替代活动愉悦程度的减少量超过了吸烟愉悦程度的减少量，则吸烟者或许会变得越来越渴望吸烟，因为与之相比其他任何事情的吸引力看起来会降低。事实上，已经证明吸烟和其他毒品的使用对从其他活动中获得的愉悦感有强烈的负面影响。如果真是如此，即吸烟会减少未来所有活动的愉悦感，人们为什么还会选择吸烟呢？

归并或许起到了某种作用。在任何时点，吸烟者会考虑吸烟带来的快感以及其他可能的社交优势。但是对吸一支烟的窄归并选择忽略了香烟对所有未来活动效用的影响。因此，窄归并会导致饮鸩止渴：仅关注现在却损害了长期目标。许多吸烟者在被问及时都表示希望戒烟。但是，只有很少人会拒绝下一只香烟。

6.9 偏好改变、加总和选择归并

理查德·伯恩斯坦和几名同事提出了一个简单的适合此种情况的饮鸩止渴模型。假定有两个决策期，消费者在每个决策期可以在两种消费品之间进行选择：香烟 x 和其他消费品 y。假定吸烟会影响第二个时期香烟和其他商品消费的效用，但是进行另一种活动不会影响未来效用。消费者的理性决策问题可以表示为

$$\max_{x_1,x_2,y_1,y_2} u_1(x_1,y_1)+u_2(x_2,y_2,x_1) \tag{6-24}$$

面临的预算约束为

$$p_x(x_1+x_2)+p_y(y_1+y_2)\leqslant w \tag{6-25}$$

这里，$u_1(x_1,y_1)$ 是第一期消费的效用，它是该期香烟消费和其他消费活动的函数，$u_2(x_2,y_2,x_1)$ 是第二期消费的效用，它是两个时期香烟消费和第二个时期其他消费的函数，w 是两个时期消费的总预算，p_1 和 p_2 分别是香烟和其他消费的价格[⊖]。但是在饮鸩止渴条件下，消费者不会考虑第一期香烟消费对第二期香烟和其他商品消费的影响。因此，消费者会进行窄归并，行事方式就好像是在求解

⊖ 疑有误，应该为 p_x 和 p_y。——译者注

$$(\max_{x_1,y_1} u_1(x_1,y_1)) + (\max_{x_2,y_2} u_2(x_2,y_2,x_1)) \tag{6-26}$$

面对的预算约束同为式（6-25）。求解式（6-26）的决策者会忽略时期 1 消费产生的所有未来后果，只是在时期 2 为自己的天真付出代价。

通过式（6-26）的求解条件可以找到一个点，在该点上第一期内香烟和其他消费的边际效用除以消费价格是相等的。但是这忽略了香烟给未来消费带来的附加成本。如果香烟减少了未来消费的效用，则也应该考虑这种成本。因此，正确的解由式（6-24）给出，其中在时期 1 香烟消费的边际效用加上时期 1 香烟消费对时期 2 效用的边际影响，两者之和除以消费价格等于其他商品消费的边际效用除以其价格。由于忽略了对未来效用的附加成本，吸烟者在第一期消费的香烟数量远高于最优数量。此外，如果香烟使得在第二期香烟消费比其他商品消费更具有吸引力，同样也会导致在第二期香烟消费数量超过最优数量。

假定两种商品有相同的价格。则表现出饮鸩止渴的吸烟者在第一期会让香烟和其他消费品的边际效用相等。我们进一步假定第一期的效用是加式的并且吸烟者从其他商品的消费中获得的边际效用为常数，即 $u_1(x_1, y_1) = u_{x1}(x_1) + ky_1$。则我们可以用图 6-5 来描述该问题。

这时，吸烟者如果表现出饮鸩止渴，他会让时期 1 香烟消费的边际效用 u'_{x1} 等于时期 1 其他消费品的边际效用 $k = u'_{y1}$，得到 x_1^M。最优情况下，他应该让香烟在两个时期的边际效用之和等于其他商品的边际效用。也就是说，时期 1 香烟的边际效用 u'_{x1} 加上时期 1 香烟消费对时期 2 的边际效用 u'_{x2} 等于 k。㊀ 如果在第二期的边际效用为负，则香烟的最优消费会高于饮鸩止渴时的最优水平。㊁ 相反，如果在第二期的边际效用为正，则饮鸩止渴的最优会低于真实最优。在这种情况下，由于没有考虑个人行动的未来成本，窄归并可能会导致成瘾行为。

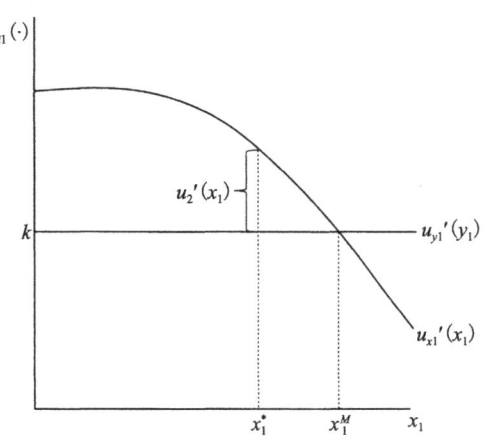

图 6-5　吸烟问题中的饮鸩止渴

6.10　成瘾和饮鸩止渴

我们可以想象一系列的在行动 x 和 y 之间的选择。在第一期，选择 x 获得 10 单位的效用，选择 y 获得 7 单位的效用。但是选择 x 会导致下一期选择 x 的效用减少 1 单位，下一期选择 y 的效用减少 2 单位。因此，如果某人在第一期选择 x，在第二期此人可以选择 x 并获得 9，或者选择 y 并获得 5。不对未来期进行贴现并且进行此选择超过 7 期的人应该在第一期选择 y，并且继续选 y 直到倒数第七期，㊂ 此时未来效用的减少变得不再重要。另一方面，一旦选择 x，y 就会变得越来越没有吸引力。因此，在重复选择的基础上窄归并决策选择 x 可能导致这样一种状态，此后宽归并决策也会导致选择 x。这将成瘾描绘成了一个光滑的斜坡，不知情或者天真的人成为几项糟糕决策的牺牲品。然而，这些决策以某种方式改变了激励，进而改变人们所希望的路径，即使人们已经开始充分了解到个人行动的后果。因此，随着时间的推移，一些沾染极度有害恶习的人的理性选择是继续可能毁灭自我的行为。

㊀　疑有误，图 6-5 中该边际效用符号为 $u'_2(x_1)$，这种表示方法不容易混淆。——译者注

㊁　疑有误，这里香烟的最优消费应该低于饮鸩止渴时的最优。——译者注

㊂　之所以如此是因为，在倒数第 7 期，不论是选择 x 还是 y，最后 7 期得到的总效用都是 49。——译者注

■ 实例 6-6　实验证据

理查德·伯恩斯坦和其同事进行了一组尝试性实验，来看人们是否能够弄清楚一种选择对未来可得选择的影响。让参与人玩一个简单的电脑游戏，屏幕上显示两台"取款机"。在 400 个时期中，每一期选中某个机器，机器上就会标注一笔分发的钱数。收益的设置反映了前面讨论的香烟问题，因为一台机器被选择次数的多少会影响未来选择该机器的收益，而另一台被选择次数的多少则无影响。然后他们比较了受试者的行为来看结果到底是接近饮鸩止渴型最优还是真实最优。事实上，几乎所有受试者得到的收益介于两者之间，表明行为可能并不像窄归并所描述的那么简单。

■ 实例 6-7　纽约出租车问题

纽约市的出租车司机可以灵活的决定每天工作多长时间。出租车司机以 12 个小时为一班按固定的费用租用出租车（在 20 世纪 90 年代，该费用大约是 80 美元），如果愿意可以决定提前归还出租车。如果出租车还晚了，他要面对一笔罚金。任何时段的收益极大地依赖于当天的状况。例如，很多人喜欢在下雨天乘坐出租车，这样可以避免因为长时间步行而变成落汤鸡。文化节庆事件也会产生需求高峰。传统的经济理论认为，当需求较高时每小时的工资也相对较高，出租车司机应该选择工作更长的时间。当短时期内工资较高时，付出相同的努力可以赚更多的钱。另一方面，当短期内工资较低时，司机们应该工作较短的时间，因为劳动的边际收益较低。

科林·凯莫勒和几名同事对出租车司机的行为进行了研究，以确定在临时冲击（比如天气）影响他们的工资时，他们是否按照经济理论那样做出反应。他们发现，对于个体出租车司机而言，某一天的小时工资实际上与工作时间是负相关的。也就是说，每小时劳动的边际收益越高，司机们决定工作的时间越短。更确切地说，在经验较少的出租车司机群体中，劳动的供给弹性接近于−1；也就是说，每小时的收入每增加百分之一，工作时间减少百分之一。这与出租车司机每天设定特定的收入目标，在达到目标后就下班是一致的。如果司机们是损失厌恶的，他或许会将出租车的租金（加上生活费用）作为参考点，当低于该水平时会感觉产生了很大的损失。然而这种收入目标的解释只有在司机们每天窄归并劳动供给选择时才说得通。如果同时考虑好几天，人们就可以利用多天内的工资平均效应，当生意较少时早收工，而当生意较多时决定工作更长时间。平均而言，如果对工资激励产生理性反应，在不增加工作时间的情况下，出租车司机可以提高 8% 的收入。这或许也可以解释为什么在雨天很难打到出租车。

■ 实例 6-8　每天只花一美元

窄归并可能导致人们忽略小额交易造成的后果。例如，在不考虑进行的小额交易次数时，不超过一美元的交易本身似乎并不值得关注。这被称为**点滴效应**（peanuts effect）。通常，财务建议专栏给想要缩减支出的人们提出的建议是：先看看自己数额最小的交易。例如，人们或许认为在当地的咖啡店买一杯咖啡并不是一项较大的支出，因此其是不重要的。但是，每天花在这些小项目上的钱会很快地增加。在对汽车，电器，家具出租服务进行广告时，经常使用这种效应。例如，汽车零售商通常强调每月的支出数量，而不是总成本。"每月仅花 450 美元"就买一辆汽车要比"仅花 37 000 美元"看上去更便宜。慈善组织的早期商业广告通常这样建议，每天仅花一杯咖啡的钱就可以帮助那些需要帮助的人。里德，罗文斯坦和拉宾思忖道："想象一下对下述捐款请求的反应——捐款'每年仅仅需要花费 350 美元，只是一台小冰箱的成本'。"

6.11　窄归并和动机

有证据表明窄归并也有可能导致较高的整体效用。在某些情况下，窄归并可以作为一种自我控制工具来使用。从表面上看，在用了很长的篇幅讨论窄归并如何导致成瘾和糟糕行为之后，这似乎违反了我们的直觉。然而，我们经常观察到人们有意识地使用窄归并来实现更宏大的目标。例如，许多瘾君子会尝试"每次以天为单位"避免使用成瘾物。类似的俗语是"千里之行始于足下"。在这两个例子中，目标都是将困难并且看似不可能完成的任务分解成很小并且可以完成的任务。对于瘾君子而言，在接下来的 40 年里停止成瘾行为听起来非常困难。但是停止一天是很容易完成的。同样，归并过广也使得人们很难验证在目标上取得的进步。如果一个人的目标是一年存 5 000 美元，在此期间很容易挥霍无度，因为在完成目标之前还剩有很多时间。相反，如果目标是每次发工资时省下 210 美元，就可以迅速知道自己是否偏离了计划轨道，以及在达成目标的前提下是否还有挥霍的空间。

6.12　行为归并

里德，罗文斯坦和拉宾给出了归并的几种可能原因以及会影响归并行为的可能因素。其中包括社会经验法则、决策的时间安排、认知能力的局限以及动机。联合决策会迅速变得异常复杂，以至于要求人们对决策进行窄归并以产生合理的反应，这是很容易理解的。食品消费就是一个很好的例子。最优化要求用餐者考虑会一起做出的所有食品决策。但是，在一天内一个人平均要做 200~300 次食品决策（是什么、什么时候、在哪里，等等）。将这些问题放在一起考虑会花费太多的时间和精力。因此，如此做是否会改善人们的状况并不是特别清楚。

理性模型没有考虑此类优化问题的认知成本。决策的时间安排使得人们自然地进行顺序归并。当某项决策出现在我们面前时，在某种程度上我们会被迫考虑它。因此，我们通常在决策出现时进行决策并按照顺序归并决策。回到我们食品决策的例子，早晨我们会决定早餐吃什么，而不会考虑之后吃什么。在中午时分我们需要被迫决定午餐吃什么。这时我们的早餐决策或许会影响午餐决策，因为当天早餐吃的多少会影响我们饥饿或者内疚与否。但在决定午餐时我们不会考虑晚餐。如果决策的顺序是进行归并的主要驱动因素之一，则我们的决策更多的具有后顾性而非前瞻性。

社会经验法则明显也会起作用。社会经验法则包括这样一些情况，其中社会通过传统习惯已经将某些决策或者项目归并到一起。因此，我们会有每天吃几次饭以及在什么时间吃饭的习惯。这些习惯会影响我们做出什么类型的选择。例如，里德，罗文斯坦和拉宾发现，相比询问一周中每天会吃多少面包布丁，当被问及每个工作日和每个周末分别会吃多少面包布丁时，人们会希望消费更多的面包布丁。将周末分开归并会使人们有机会将其看作是一个有别于日常习惯的例外，继而消费更多平常努力限制消费的商品。

历史说明

归并问题在经济学和市场营销文献中已经潜存了很长时间，但是归并问题的首次正式提出要归功于伊塔马尔·西蒙森对选择顺序问题的考察。点滴效应以及决策分割等问题是由理查德·塞勒，丹尼尔·卡尼曼和丹·洛瓦洛等人在提出心理核算和其他行为经济现象时附带提出的。丹尼尔·里德，乔治·罗文斯坦和马修·拉宾对这些概念进行了正式的阐述，他们的工作奠定了本章的基础。这些模型在解决成瘾文献中的谜团方面具有非常重要的价值。瘾君子们表现出无法自制的冲动和沉溺行为，但是也有证据表明他们会对金钱刺激产生反应并且停止成瘾行为。这与大部分其他以心理为基础的成瘾模型不相一致，因为这些模型认为成瘾行为会忽略行动造成的货币后果。恰恰相反，经济激励可以允许窄归并决策以远离成瘾物质，进而使得饮鸩止渴最优与整体最优相一致。

一般原则会指导消费者尽可能使用宽归并。在几乎所有的情况下这会导致更好的决策。然而，也有一些明显的例外，例如使用窄归并激励行为（比如戒除致瘾物质）时或者在宽归并决策认知成本非常高时。作为一名营销人员，你想要引导消费者进行的归并类型在很大程度上依赖于你所销售的产品类型。对于要预先花费较大数额但是会提供延迟收益的商品而言，在使用宽归并时更有可能购买该商品。因此，大学经常会吹嘘成为本校校友的长期收益以及自己校友会组织的强大力量。相反，若现期提供较大收益（未来可能会花费更多成本）则最好使用窄归并进行销售。因此，在销售汽车时会以它们的视觉感染力、驾驶体验以及其他现在可以体验到的东西为卖点。

6.13 归并行为的理性解释

对于成瘾行为和理性模型有必要进行一个简短说明。盖瑞·贝克和凯文·墨菲 20 世纪 80 年代后期提出了一个理性成瘾模型，对于成瘾以及无法自制地冲动行为，经常用它来提供政策建议。他们的模型假定致瘾商品随着消费会提供越来越大的效用。因此，随着时间的推移，高度成瘾的人会通过进一步发展自己的恶习进行优化。然而这种模型要求成瘾的人通常不会因为自己上瘾而后悔或者改变他们的消费模式。事实似乎并非如此。相反，许多瘾君子希望戒除恶习并且为自己最初的沾染而懊悔不已。这种懊悔与非理性成瘾是一致的。在本章我们给出了一个成瘾模型，其中致瘾物质会减少所有活动的价值但是会增加成瘾活动的相对效用。在本书的第三篇，还会讨论另外一个非理性成瘾模型。

传 记

德雷泽·普利莱克（1955—）

学士，哈佛大学，1978 年；博士，哈佛大学，1983 年；在麻省理工学院和哈佛大学担任教职。

德雷泽·普利莱克（Drazen Prelec）是一名训练有素的实验心理学家和应用数学家。综合这些技能，他的成果包括对人类非理性的数学建模以及决策的神经科学等方面。他在消费者决策的行为经济学、风险选择、自我控制以及时间贴现方面都做出了突出的贡献。在神经科学方面，他的研究成果在人们面对不同类型的选择时使用核磁共振成像技术来映射大脑的活动区域。他的实验性工作研究了付款机制（现金或者信用卡）是否会影响人们愿意的支出数额等问题。他关于自我控制方面的研究成果对归并和时间贴现作出了很大贡献。其最近的研究考察人们为何会积极获取象征成功的指标，即使这些指标与成功不存在因果关系。普利莱克在许多顶级的经济学、商学和心理学杂志上发表过文章，在这三个学科领域都担任相关职务。他还是著名的约翰—西蒙—古根海姆奖获得者。

Courtesy of Drazen Prelec

思考题

1. 财务规划师和投资顾问经常指导他们的客户持有较大范围的投资组合以减少整体风险。在一个人的资产组合中有大量不相关或者负相关的投资来减少投资收益率的方差。乍看起来，这些顾问似乎是认为当投资被组合到一起时会更具有吸引力。将其与本章讨论的风险加总偏向进行对比。这种分散化是一个好主意么？如果不允许投资者进行分散化投资，他还会愿意购买资产组合中的任何一项单项投资吗？

2. 期望效用理论认为所有的风险偏好都是由于财富的边际效用递减造成的。我们已经简短地讨论了某些怀疑这些假设的原因。为什么财富的边际效用递减会与风险偏好相关联呢？你能想到什么对风险行为的其他解释吗？这些不同的动机会引出哪些不同于财富边际效用递减的行为呢？

3. 许多小农场通过合作协议销售他们的蔬菜作物。订购者提前支付作物的部分款项。当作物收获时，订购者收到（通常是每周一次）交付的农产品。这些农产品包括农场主当年决定种植的特定作物。设想你自己是该系统中的一个订购者。你可以按照固定费用预订或者一年当中根据需要购买蔬菜。假定考虑预定的人在时节开始之前进行宽归并，整年分批购买蔬菜的人进行窄归并。归并会如何影响所购蔬菜的类型和数量？如果你正在对这种预定合同进行营销，你如何使用归并来鼓励购买。

4. （a）假定斯凯勒面对是否接受某个赌局的选择，该赌局以 0.50 的概率得到 120 美元，以 0.50 的概率得到 -100 美元。假定斯凯勒的偏好可以由式（6-15）的值函数来表示。她会接受该赌局么？她会愿意接受四个此类赌局吗？

（b）假定悉尼会拒绝单个这样的赌局。考虑某个赌局会以 0.50 的概率产生 600 美元的损失，以剩余概率获得 x 的收益。如果我们知道悉尼按照期望效用行事，则 x 至少应该为多少他才有可能愿意接受这个新的赌局？使用式（6-23）找到答案。

5. 假定罗萨里奥面对两个时期的时间分配问题。罗萨里奥在每个时期可以分配十个小时的时间在两种活动上：工作和家庭。在第一个时期的效用函数为 $u_1(x_1, 10-x_1) = x_1^{0.5}(10-x_1)^{0.5}$，其中，$x$ 是花在工作上的时间，$10-x$ 是和家人一起度过的时间，下标指的是时期。因此在第一个时期工作时间的边际效用是 $\frac{\partial u_1}{\partial x_1} = 0.5x_1^{-0.5}(10-x_1)^{0.5} - 0.5x_1^{0.5}(10-x_1)^{-0.5}$。在第二个时期，效用函数为 $u_2(x_2, 10-x_2, x_1, 10-x_1) = x_1 x_2^{0.5} + (10-x_1)(10-x_2)^{0.5}$。第二个时期工作时间的边际效用为 $\frac{\partial u_2}{\partial x_2} = 0.5x_1 x_2^{-0.5} - 0.5(10-x_1)(10-x_2)^{-0.5}$。因此，两个时期的总效用为 $u_1 + u_2 = x_1^{0.5}(10-x_1)^{0.5} + x_1 x_2^{0.5} + (10-x_1)(10-x_2)^{0.5}$，导致时期 1 工作的整体边际效用为 $\frac{\partial u}{\partial x_1} = 0.5x_1^{-0.5}(10-x_1)^{0.5} - 0.5x_1^{0.5}(10-x_1)^{-0.5} + x_2^{0.5} - (10-x_2)^{0.5}$，时期 2 工作的整体边际效用为 $\frac{\partial u}{\partial x_2} = 0.5x_1 x_2^{-0.5} - 0.5(10-x_1)(10-x_2)^{-0.5}$。让每一个时期工作时间的边际效用等于零就可以找到最优的时间配置。如果罗萨里奥宽归并，则两个时期在工作和家庭上的最优时间配置是多少？如果他表现出饮鸩止渴，则罗萨里奥会如何分配时间？每个解的效用水平是多少？

参考文献

Barberis, N., and M. Huang. "Mental Accounting, Loss Aversion, and Individual Stock Returns." *Journal of Finance* 56(2001): 1247–1292.

Benartzi, S., and R.H. Thaler. "Myopic Loss Aversion and the Equity Premium Puzzle." *Quarterly Journal of Economics* 110(1995): 73–92.

Camerer, C., L. Babcock, G. Loewenstein, and R. Thaler. "Labor Supply of New York City Cabdrivers: One Day at a Time." *Quarterly Journal of Economics* 112(1997): 407–441.

Hernstein, R.J., G.F. Loewenstein, D. Prelec, and W. Vaughan, Jr. "Utility Maximization and Melioration: Internalities in Individual Choice." *Journal of Behavioral Decision Making* 6(1993): 149–185.

Rabin, M. "Risk Aversion and Expected-Utility Theory: A Calibration Theorem." *Econometrica* 68(2000): 1281–1292.

Read, D., and G. Loewenstein. "Diversification Bias: Explaining the Discrepancy in Variety Seeking Between Combined and Separated Choices." *Journal of Experimental Psychology: Applied* 1 (1995): 34–49.

Read, D., G. Loewenstein, and M. Rabin. "Choice Bracketing." *Journal of Risk and Uncertainty* 19(1999): 171–197.

Samuelson, P.A. "Risk and Uncertainty: A Fallacy of Large Numbers." *Scientia* 98(1963): 108–113.

Simonson, I. "The Effect of Purchase Quantity and Timing on Variety Seeking Behavior." *Journal of Marketing Research* 32(1990): 150–162.

Thaler, R.H., A. Tversky, D. Kahneman, and A. Schwartz. "The Effect of Myopia and Loss Aversion on Risk: An Experimental Test." *Quarterly Journal of Economics* 112(1997): 647–661.

Tversky, A., and D. Kahneman. "Rational Choice and the Framing of Decisions." *Journal of Business* 59(1986): S251–S278.

高级概念

资产组合问题

资产组合问题可以写为如式（6-12）一样的形式

$$\max_{w_z} E[u((w-w_z)+w_z z)] = \int_{-\infty}^{\infty} u((w-w_z)+w_z z) f(z) dz \tag{6-A}①$$

其中，w_z 是投资于风险资产上的数量，w 是用来分配在两种资产上的财富总量，$f(z)$ 是概率密度函数。该问题的一阶条件可以写为

$$E[u'(w-w_z)+w_z z(z-1)] = \int_{-\infty}^{\infty} u'((w-w_z)+w_z z)(z-1) f(z) dz = 0 \tag{6-B}②$$

在使用期望效用理论时，我们经常使用泰勒序列近似得出结果。在这个例子中，我们可以在投资组合的期望值 $E((w-w_z)+w_z z)=(w-w_z)+w_z\mu=\overline{w}$ 附近进行泰勒序列近似。对边际效用函数进行一阶泰勒序列展开得到

$$u'(w_z+(w-w_z)z) \approx u'(\overline{w})+u''(\overline{w})w_z(z-\mu) \tag{6-C}③$$

使用来自式（6-C）的近似边际效用函数，式（6-B）的一阶条件可以变为

$$E[u'((w-w_z)+w_z z)](z-1) \approx E[u'(\overline{w})(z-1)+u''(\overline{w})w_z(z-\mu)(z-1)] = 0 \tag{6-D}$$

或者，对第二项继续进行运算最终得到④

$$u'(\overline{w})(\mu-1)+u''(\overline{w})w_z E[(z-\mu)^2+\mu(z-\mu)-(z-\mu)]$$
$$=u'(\overline{w})(\mu-1)+u''(\overline{w})w_z\sigma^2 = 0 \tag{6-E}$$

其中，$\sigma^2=E[(z-\mu)^2]$；数值 σ^2 通常被称为 z 的方差，它测度 z 的数值的离散程度。σ^2 的值越大，投资的风险越大。之所以得到式（6-E）的结果是因为 $E[(z-\mu)]=\mu-\mu=0$。因此，一阶条件使得

$$w_z = \frac{\mu-1}{\sigma^2 R_A} \tag{6-F}$$

其中，$R_A=-u''/u'$ 为绝对风险厌恶系数。

---

① 疑有误，式（6-A）右边应该为 $\max\limits_{w_z}\int_{-\infty}^{\infty} u((w-w_z)+w_z z)f(z)dz$。——译者注

② 疑有误，式（6-B）和式（6-D）的左边应为 $E[u'((w-w_z)+w_z z)(z-1)]$。——译者注

③ 疑有误，该式左边应为 $u'((w-w_z)+w_z z)$。——译者注

④ 需要进行如下变换 $(z-\mu)(z-1)=(z-\mu)(z-\mu+\mu-1)$。——译者注

高级概念
归并资产组合问题

现在我们假设式（6-16）和式（6-18）中的 v 是连续可微的。这使我们可以再次使用泰勒序列展开式来近似宽归并和窄归并条件下的决策原则并对行为进行比较。因此，我们忽略了损失厌恶的可能性，它涉及的函数在参考点处有弯折。用式（6-19）得到的一阶条件为

$$E\left[-1+v'\left(\sum_{i=1}^{n}x_{i}z_{i}\right)z_{i}\right]=0 \tag{6-G}$$

和前面一样，我们使用一阶泰勒序列展开式在均值附近对边际值函数近似。得到

$$v'(y) \approx v'(E(y)) + v''(E(y))(y - E(y)) \tag{6-H}$$

这时资产组合价值 $y=\sum_{i=1}^{n}x_{i}z_{i}$，收益率的期望值为 $E(y)=\sum_{i=1}^{n}x_{i}\mu_{i}$，其中，$\mu_{i}$ 是投资 i 的收益率均值。对于值函数中的变量，我们用 $\overline{w}=E(y)$ 表示该数值是一个常数。因此，我们可以将式（6-G）的一阶条件重写为

$$E\left[-1+v'(\overline{w})z_{i}+v''(\overline{w})\left(\sum_{j=1}^{n}x_{j}z_{j}-\sum_{j=1}^{n}x_{j}\mu_{j}\right)z_{i}\right]=0 \tag{6-I}$$

进一步变形为[⊖]

$$-1+v'(\overline{w})\mu_{i}+v''(\overline{w})E\left[\sum_{j=1}^{n}x_{j}(z_{j}-\mu_{j})(z_{i}-\mu_{i})+\sum_{j=1}^{n}(z_{j}-\mu_{j})\mu_{i}\right]$$

$$=-1+v'(\overline{w})\mu_{i}+v''(\overline{w})\left(\sum_{j=1}^{n}x_{j}\sigma_{ij}\right)=0 \tag{6-J}$$

在这里，当 $i=j$ 时，$\sigma_{ij}=E(z_{j}-\mu_{j})(z_{i}-\mu_{i})$ 是投资 i 的方差，当它们不相等时，是投资 i 和 j 的协方差。因此，求解式（6-J）得到

$$x_{i}=\frac{\mu_{i}}{R_{A}\sigma_{ii}}+\frac{\frac{1}{v''}-\left(\sum_{j\neq i}x_{j}\sigma_{ij}\right)}{\sigma_{ii}} \tag{6-K}$$

相反，如果假定决策是窄归并的，则式（6-21）的一阶条件为

$$E[-1+v'(x_{i}z_{i})z_{i}]=0 \tag{6-L}$$

再次使用泰勒序列近似式（6-H），只不过现在 $y=x_{i}z_{i}$，$E(y)=x_{i}\mu_{i}$。因此，式（6-L）可以写为

$$E[-1+v'(\overline{w})z_{i}+v''(\overline{w})x_{i}(z_{i}-\mu_{i})z_{i}]=0 \tag{6-M}$$

进一步完成运算得到

$$-1+v'(\overline{w})\mu_{i}+v''(\overline{w})x_{i}\sigma_{ii}=0 \tag{6-N}$$

或者

$$x_{i}=\frac{\mu_{i}}{R_{A}\sigma_{ii}}+\frac{\frac{1}{v''}}{\sigma_{ii}} \tag{6-O}$$

⊖ 疑有错误，中括号中第二项应该为 $\sum_{j=1}^{n}x_{j}(z_{j}-\mu_{j})\mu_{i}$。——译者注

第 7 章

代表性和易得性

康奈尔大学篮球队在 2008 年、2009 年和 2010 年赢得了常春藤联盟冠军。在此过程中，该队开创了好几项三分投篮团队纪录。在访谈过程中，球队教练被问及在每场特定比赛中他是如何决定使用哪名球员的。他列出了几个关键因素，例如攻防上与对手球队各球员位置的对应关系，但是他还提到让最近几场比赛中连续投篮命中的球员上场的重要性。当继续追问时，他承认有一些因素会导致这种连续命中，但是他觉得如果平时很优秀的球员在一场比赛中状态不佳，他会让他下场并使用平均投篮命中率较低的队员。实际上，许多教练、球员和球迷感觉他们能够快速辨别某个队员是处于投篮连续命中的高峰还是低谷。

在进行风险决策时，人们首先必须认真对待潜在的不确定性。也就是说，对于涉及不确定性结果的两个选择，人们在做出决策之前首先必须对每个选择的不确定性程度形成一种感知。因此，要决定哪一名篮球队员上场，教练需要确定己方投篮者的可靠性程度以及己方每名球员阻止对方球队关键球员得分的可能性程度。教练在让队员上场比赛之前无法得知该队员的表现会怎样。但是教练可以利用以前的表现形成关于该球员会如何表现的信念，进而帮助他决定哪一个球员会上场比赛以及比赛多长时间。

科学家们在尝试决定几个假说中哪一个为真时，通常也会发现自己处于类似的情况之下。在进行实验之前，他们无法确定性地知道哪一个假设表现最好。科研数据通常存在很多弱点，对于潜在的真实关系提供的信息过少。在此情况下，很难从得到的数据中确定因果效应。但是，为了发表研究的结果，有必要从这些缺乏说服力的数据中得出一些结论。本章考察人们在面对不确定性时如何使用可得信息形成信念。这些信念是投资、雇用、战略以及企业管理各方面决策的基础。事实上，我们总是会面临不确定性，并且考虑到我们的认知局限性，我们在面对不确定性结果时形成了推断法则和其他工具来简化学习过程并形成感知。为了理解这些推断法则对决策结果的影响，首先有必要对基本的统计理论进行回顾。

7.1 统计推断和信息

基本的统计问题假定，对于我们感兴趣的随机变量，我们会观察到多次独立取值。我们或许不知道该随机变量的潜在分布，但是我们希望使用手头较少的观测值来了解该分布。通常我们会知道（或者假设我们知道）随机变量的概率密度函数的形式，但是我们需要使用数据来估计函数的参数。

例如，设想抛掷一枚硬币。我们相信存在一个固定的概率 p，使得每次抛掷硬币的正面向上。但是我们无法确切地得知 p 是多少，并且希望找出它。我们可以尝试的一种方法是抛掷几次硬币，来看看正面和反面出现的频率。假定我们抛掷硬币 20 次，正面出现 8 次。则我们可以估计出正面出现的概率为 $\hat{p}=8/20=0.4$。我们在多大程度上确定这就是正确答案呢？点估计除了一个最佳猜测外没有告诉我们任何东西。它没有告诉我们对该猜测的确定性程度。

要考虑该问题，我们或许希望考察在得到正面的概率是其他数值时正面出现 8 次的概率。假定正面出现的概率为 p。则在 n 次抛掷中得到 k 次正面的概率恰好为 k 次正面 $n-k$ 次反面的概率乘以抛掷 k 次正面 $n-k$ 次反面的不同组合数量。这通常被称为二项式概率函数：

$$f(k) = \frac{n!}{k!(n-k)!} p^k (1-p)^{n-k} \tag{7-1}$$

因此，20 次抛掷中出现 8 次正面的概率为 $125\,970 \times p^8(1-p)^{12}$。

假定我们想知道这枚硬币是否真的是质地均匀的（即 $p=0.5$）。要确定这一点，一个常用的方法是使用统计检验。正式的，假定我们想要检验的原假设是 $p=0.5$，备择假设是 $p<0.5$。当我们的估计 $\hat{p}$ 较大时我们不能拒绝原假设，而当 $\hat{p}$ 较小时，我们会拒绝原假设，而接受备择假设。开始时我们会设定一个拒绝原假设的概率水平。像科学类期刊中常用的一样，在原假设为 $p=0.5$ 时，如果观察到 8 次或者更少正面的概率小于 $\alpha=0.05$，我们就会拒绝原假设。在 $p=0.5$ 条件下观察到 8 次正面的概率为 $f(8)\approx 0.12$。在 $p=0.5$ 条件下观察到 8 次或者更少正面的概率为 $\sum_{k=0}^{8}f(k) \approx 0.25$。因此，因为该概率要大于 0.05，我们无法拒绝原假设 $p=0.5$。相反，如果原假设是 $p=0.65$，我们得到的相应概率为 $\sum_{k=0}^{8}f(k) \approx 0.02$，它要小于 0.05。在此情况下我们会拒绝原假设而接受备择假设 $p<0.65$。这被称为**单尾检验**（one-tailed test），因为备择假设是以不等号的形式给出的，因此只有在观测结果在假设数值一边时（在这个例子中是小于），才能拒绝原假设。

相反，假定原假设是 $p=0.7$，备择假设是 $p\neq 0.7$。在此情况下，我们会拒绝太大或者太小的值，拒绝是对称的。因此，如果拒绝原假设的概率水平为 $\alpha=0.05$，则如果观察到正面出现的次数小于等于 8 次的概率小于 $\alpha/2=0.025$，或者如果观测值大于等于 8 次的概率小于 $\alpha/2=0.025$，则我们会拒绝原假设。如果两个条件中任何一个成立，我们就可以拒绝原假设。这被称为**双尾检验**（two-tailed test）。给定原假设为 $p=0.7$，得到 8 次或更多正面的概率为 $\sum_{k=8}^{20}f(k) \approx 0.99$，得到 8 次或更少正面的概率为 $\sum_{k=0}^{8}f(k) \approx 0.01$。因为得到 8 次或更少正面的概率小于 $\alpha/2=0.025$，我们拒绝原假设 $p=0.7$。

给定我们观测到的取值，我们或许还会对确定真实值所落区间感兴趣。这被称为**置信区间**（confidence interval）。例如，一个 95% 的置信区间给出了原假设 p 的最大和最小值，使用双尾检验在 $\alpha=1-0.95=0.05$ 的水平上可以拒绝这两个原假设。在此例中，95% 的置信区间是 [0.19，0.64]。之所以如此是因为，如果假定 $p=0.19$，则 $\sum_{k=8}^{20}f(k) \approx 0.025$，它等于 $\alpha/2$。只要 p 小于该值，我们就可以在 $\alpha=0.05$ 的显著性水平上拒绝原假设。同样，如果假定 $p=0.64$，则 $\sum_{k=0}^{8}f(k) \approx 0.025$。只要 p 大于该值，我们就可以在 $\alpha=0.05$ 的显著性水平上拒绝原假设。

这里讨论的置信区间和统计检验构成了科学**推断**（inference）的重要基础。这里推断是指我们从能够观测到的数据中得出的信息。在大多数问题中，科学家们假设随机变量服从**正态分布**（normal distribution）。二项分布有一个参数，在我们的例子中是正面出现的概率，但是正态分布有两个参数：均值和方差。我们经常用 μ 来表示随机变量的均值或者期望值，而用 σ^2 表示方差。一般而言，如果序列 $\{x_i\}_{i=1}^n$ 中的每一个数值都取自同一个均值为 μ 方差为 σ^2 的正态分布，则从该分布中抽取 n 次的平均值 $\hat{\mu} = \sum_{i=1}^n x/n$ 也服从正态分布，并且均值为 μ 方差为 σ^2/n。另外，我们可以定义一个变量 z 使得

$$z = \frac{\hat{\mu} - \mu}{\sqrt{\frac{\sigma^2}{n}}} \tag{7-2}$$

它总是服从均值为 0 方差为 1 的正态分布，被称为**标准正态分布**（standard normal distribution）。当我们进行式（7-2）所示的转换时，我们称在进行标准化。

虽然很难使用正态分布来计算概率（因此这里我们省去了这部分内容），但是标准正态分布却是众所周知的。事实上所有的统计书籍、电子表格软件和统计软件都有相应的工具，你可以利用这些工具确定 z 高于或者低于某个临界值的概率。因此，在进行假设检验时使用标准正态分布非常方便。一个标准正态随机变量的 95% 的置信区间近似为 $[-1.96, 1.96]$。通常，我们并不知道方差或者并不对方差提出假设。然而，如果用对方差的估计 $\hat{\sigma}^2 = \sum_{i=1}^n (x_i - \hat{\mu})^2/(n-1)$ 来代替 σ^2，并且如果 n 足够大，则式（7-2）近似服从标准正态分布。因此，考虑式（7-2），如果用我们观测到的平均值来代替 $\hat{\mu}$，用我们的初始假设值来代替 μ，用观测次数代替 n，用我们对方差的估计来代替 σ^2，我们就可以使用得到的数值来检验原假设。如果得到的 z 要么大于 1.96 或者小于 -1.96，则我们就可以在 $\alpha = 0.05$ 的水平上拒绝均值等于 μ 的原假设，接受均值不等于 μ 的备择假设。如果检验被拒绝，我们可以说分布的均值与 μ 有**显著差异**（significantly different）。

统计学在很大程度上依赖于大样本数据的使用。有更多的观测值使得估计更加可靠、波动性更小。该论断的具体体现就是经常被误解的**大数定律**（law of large numbers）。大数定律有很多不同的形式。

弱大数定律的表述如下。

大数定律

用 $\{x_i\}_{i=1}^n$ 表示一个独立的随机变量序列，服从相同的均值为 μ 方差为 σ^2 的分布。则对于任何 $\varepsilon > 0$，$\lim_{n \to \infty} P(|\hat{\mu} - \mu| < \varepsilon) = 1$，其中，$P$ 表示概率函数。

因此，随着观测次数增加到无限大，观测样本的均值在概率上趋向于真实均值。例如，如果我们有一枚质地均匀的硬币，并且抛掷很多次，随着抛掷次数趋向于无穷，正面出现的比例会接近 0.50。但是假定我们抛掷硬币 10 次，碰巧出现了 9 次正面的和 1 次反面。大数定律并不认为未来抛掷会出现更多的反面来平衡以前的抛掷结果。相反大数定律认为平均而言，以后的 n 次取值会出现一半的正面。这样，随着 n 趋向于无穷，最终在前 10 次抛掷中多出来的正面相对于样本规模而言会变得很小。因此

$$\lim_{n \to \infty} \frac{9 + 0.5n}{10 + n} = 0.5 \tag{7-3}$$

要确定我们会从取自某分布的一些观测值中了解多少信息，有必要理解统计**独立性**（independence）的概念。如果我们知道一个随机变量的实现值不会提供关于另一个随机变量的任何信息，则这两个随机变量是独立的。例如，如果我抛掷一枚硬币出现了正面，这不会改变下一次我抛掷硬币会出现正面的概率。另外，我们可以考虑一下随机变量相关的情况。例如，如果我们知道玉米的价格较高，则这增加了波旁威士忌酒（由玉米酿制）价格也较高的概率。更正式地，如果 $P(A\cup B)=P(A)P(B)$，⊖ 其中，P 是概率函数，我们说两个事件 A 和 B 是独立的。如果两个随机变量 x 和 y 是相互独立的，则 $E(xy)=E(x)E(y)$。若一个随机变量的实现值较大会增加另一个出现较大结果的概率，我们说他们是**正相关**（positively correlated）的。如果一个随机变量出现较大结果会导致另一个随机变量以更高的概率出现较小结果，我们说它们是**负相关**（negatively correlated）的。更正式地，我们可以定义相关系数为

$$\rho(x,y)=\frac{E(xy)-E(x)E(y)}{\sqrt{\sigma_x^2\sigma_y^2}} \tag{7-4}$$

如果 x 和 y 是正相关的，相关系数为小于 1 的正数。如果 x 和 y 是负相关的，相关系数为大于 -1 的负数。如果 x 和 y 是独立的，则相关系数为零。

最后，我们需要使用贝叶斯法则。考虑图 7-1 展示的一个由带有颜色和数字的球形成的维恩图。如果我们认为该图显示了所有宾果⊜球构成的总体，则总共有 18 个球，6 个白球，7 个奇数球。当同时具有两条不同的信息时，贝叶斯使用统计理论来确定学习的最优规则。假定将图中的球放进大阶梯教室前面的一个宾果笼中，老师会从中随机抽取。你坐在大阶梯教室的后面，可以看到取出的球的颜色，但是因为离的太远无法看到球上面的数字。假定我们想知道事件 $A=\{$取到奇数球$\}$ 是否会发生。我们不知道 A 是否会发生，即使它确实发生了我们也无法观测到。但是我们可以观察到事件 $B=\{$取到白球$\}$，并且 A 和 B 具有统计独立性。此

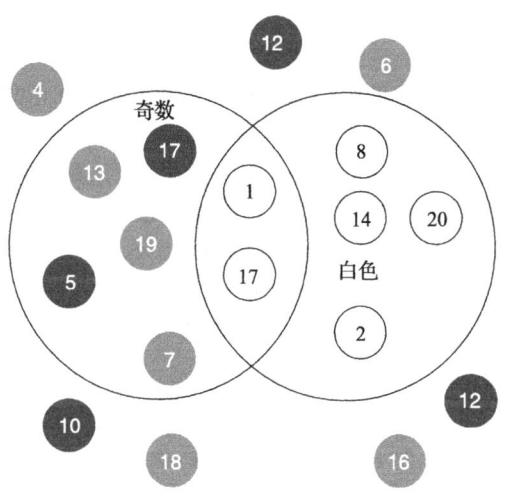

图 7-1　彩色数字球维恩图

时从盛装全部宾果球的宾果笼中抽取到奇数球的概率与从仅盛装白色宾果球的宾果笼中抽取到奇数球的概率是不同的。

进一步假定，对于不管 B 是否发生 A 发生的可能性，我们具有某些信念。在这个例子中，我们知道 18 个球中有 7 个是奇数球，使得 $P(A)=7/18$。我们想知道观测到 B 会告诉我们关于 A 的什么信息。贝叶斯法则告诉我们如何结合基础概率信息以及可观测的抽取结果信息来更新我们对不可观测事件的信念。关于 A 的概率的先验信念，我们可以用 $P(A)=7/18$ 表示。该函数通常被称为**先验**（prior）函数，它表示在我们无法观测到 B 的情况下，我们认为 A 会发生的概率。我们还知道只有两个球既是白球也是奇数球。所以我们知道 A 和 B 同时发生的概率为 $P(A\cap B)=2/18$。则当 A 发生时 B 发生的概率 $P(B|A)$——也被称为**条件概率函数**（conditional probability function），可以被定义为

⊖　疑有错误，此处应为 $P(A\cap B)$。——译者注
⊜　宾果（bingo）一种赌博游戏。——译者注

$$P(B|A) = \frac{P(A \cap B)}{P(A)} = \frac{2/18}{7/18} = \frac{2}{7} \qquad (7\text{-}5)$$

也就是说，在 A 发生的条件下 B 发生的概率恰好为两者都发生的概率（两者同时发生的次数比例）除以 A 发生的概率（不管 B 发生与否 A 发生的次数比例）。该条件概率密度通常被称之为**似然函数**（likehood function），它告诉我们在拿到奇数球条件下其为白球的概率。

但是我们真正想知道的却是 $P(A|B)$，即在取到白球的条件下其为奇数球的概率。变换式（7-5），我们发现

$$P(B|A)P(A) = P(A \cap B) = \frac{2}{18} \qquad (7\text{-}6)$$

进行同样的运算可得

$$P(A|B)P(B) = P(A \cap B) = \frac{2}{18} \qquad (7\text{-}7)$$

将式（7-6）和式（7-7）组合到一起，我们可以得到贝叶斯法则

$$P(A|B) = \frac{P(B|A)P(A)}{P(B)} = \frac{\left(\frac{2}{7}\right)\left(\frac{7}{18}\right)}{\frac{6}{18}} = \frac{1}{3} \qquad (7\text{-}8)$$

在这里，$P(B)=6/18$，这是因为总共有 6 个白球。因此，如果我们观察到拿出 1 个白球，则该球是奇数球的概率为 1/3。

再举一个例子来说明如何使用该法则是有益的。假定你知道有两个装满红球和白球的容器。容器 1 中有 80 个红球和 20 个白球。容器 2 中有 50 个红球和 50 个白球。我投掷一颗骰子然后选择一个容器，但不让你看到选择的是哪个容器。如果掷出 3 或者更大的数字，我就选择容器 2，否则选择容器 1。之后我从选择的容器中取出一个球，让你观察球的颜色。假定这个球是红色的。则我取球的容器是容器 1 的概率是多少？我们可以将式（7-8）重写为

$$P(容器1|红球) = \frac{P(红球|容器1)P(容器1)}{P(红球)} \qquad (7\text{-}9)$$

我从容器 1 中取球的无条件概率恰好是六面的骰子掷出 1 或者 2 的概率，$P(容器1)=\frac{1}{3}$。在选定容器 1 的条件下取到红色球的概率恰好是容器 1 中红色球的比例，$P(红球|容器1)=\frac{4}{5}$。最后，抽取到红色球的无条件概率可以这样计算，用每个容器中抽取到红球的概率乘以从该容器中取球的概率，然后求和，$P(红球)=P(红球|容器1)P(容器1)+P(红球|容器2)P(容器2)$，即 $P(红球)=\frac{4}{5}\times\frac{1}{3}+\frac{1}{2}\times\frac{1}{3}=\frac{3}{5}$。因此，利用式（7-9），我们可以得出我取球的容器是容器 1 的概率 $P(容器1|红球)=\dfrac{\frac{4}{5}\times\frac{1}{3}}{\frac{3}{5}}=4/9$。因此更有可能的是我取球的容器是容器 2。在市场环境下经济学家经常用贝叶斯法则作为学习模型。它可以作为价格预期模型来使用，或者在博弈论中作为一个学习竞争者偏好的模型来使用。

7.2 准度训练

就像任何一个曾经教过统计学的人会告诉你的一样，人们在推断概率问题时会遇到很大

的困难。在非常基本的层次上，人们似乎很难做出准确的概率预测。在大部分天气预报中我们都会找到概率预测的例子。例如，预报员预测降水概率为 60%。准确性包括两个重要组成部分。首先，预测的相关概率接近 1 或者 0 会比较好。也就是说，在做活动计划时，预测降水概率为 99% 要比降水概率为 50% 有用得多。我们称准确性的这一组成部分为**精度**（precision）。其次，准确性意味着被预测事件发生的频率必须为给出的相关概率。也就是说，当预报员预测降水概率为 50% 时，就应该有大约一半的机会下雨。我们称准确性的这一组成部分为**准度**（calibration）。

在准度和精度之间存在基本的权衡取舍。假定你所居住的地区大约每 5 天就会下一次雨。则如果对当时的特定天气情况没有特别去了解，在要求做预报时预报员可以简单地说每天的降水概率为 20%。该预测的准度是较好的，因为确实有 20% 的时间在下雨。但是由于预报中信息含量较低，大部分人会感觉失望。对天气情况进行更深入的了解之后，预报员就可以对某些天预测较高的概率而对某些天预测较低的概率。事实上，在短期内天气预报的准度是异常良好的。因此，你可以信赖天气预报，虽然由于所根据的气象科学的水平其在精度上存在某些局限性。

当预测经济在短期内的变化时，通常经济学家们的准度是良好的（虽然精度并不高）。然而，当预测几个月以后的情况时，他们的准度是非常差的。他们倾向于夸大经济继续沿着当前路径运行的概率。通常情况下人们并不能很准地给出概率。决策过程中一些细微的线索或者确定特定事件概率的过程都可能使得个体的概率预测产生偏误，本章和下一章的大部分都会讨论这是如何发生的。

■ 实例 7-1 出租车和颜色

考虑丹尼尔·卡尼曼和阿莫斯·特沃斯基给出的下述问题：

某天晚上一辆出租车肇事逃逸。该城市由两家出租车公司运营：蓝色出租车公司和绿色出租车公司。你得到了以下数据：城市中 85% 的出租车是绿色的，15% 是蓝色的，事发现场的某个目击者确认肇事出租车是一辆蓝色出租车。在同样的能见度条件下对该目击者进行了测试，在 80% 的测试实例中他正确识别出了颜色。那么交通肇事出租车是蓝色出租车而非绿色出租车的概率是多少？

在多次实验中让参与者回答该问题。绝大多数参与者认为交通肇事出租车是蓝色出租车的概率为 80%，这个概率为目击者在同样能见度条件下正确识别出租车颜色的概率。然而，这忽略了该出租车是蓝色或者绿色的基础概率。在这种情况下贝叶斯法则认为，在目击者确认为蓝色出租车的条件下出租车是蓝色的概率为

$$P(蓝色|目击者说是蓝色) = \frac{P(目击者说是蓝色|蓝色)P(蓝色)}{P(目击者说是蓝色)} \tag{7-10}$$

这里，出租车是蓝色的先验概率为 $P(蓝色)=0.15$。在出租车是蓝色的条件下目击者确认为蓝色的概率是 $P(目击者说是蓝色|蓝色)=0.80$。最后目击者确认为是蓝色出租车的概率可以通过以下方式求出：出租车是蓝色的概率乘以出租车实际是蓝色条件下目击者确认为是蓝色的概率再加上出租车是绿色的概率乘以出租车实际是绿色条件下目击者确认为是蓝色的概率或 $P(目击者说是蓝色)=P(目击者说是蓝色|蓝色)P(蓝色)+P(目击者说是蓝色|绿色)P(绿色)=0.80×0.15+0.20×0.85=0.29$。代入该数值可得

$$P(蓝色|目击者说是蓝色) = \frac{0.80 \times 0.15}{0.29}$$

$$\approx 0.41 \tag{7-11}$$

因此，即使目击者确认该出租车是蓝色的，若将看到一辆蓝色出租车的基础概率考虑进来的时候，实际上更有可能的是该出租车是绿色的。

■ 实例 7-2　宾果游戏

大卫·格雷瑟进行了一组实验，实验中让 341 名参与者猜测一系列的宾果球取自哪一个宾果笼。总共有 3 个宾果笼，第一个里面有标明数字 1~6 的 6 个球。第二个里面有 6 个球，其中有 4 个标记为 N，2 个标记为 G。第三个里面也有 6 个球，其中有 3 个标记为 N，3 个标记为 G。试验的进行过程非常类似于前面给出的贝叶斯法则的例子。参与者要接受几轮测试。在每次测试中，不会让参与者看到宾果笼。会告知他们先从宾果笼 1 中取出一个球。如果出现某组数字，则会从宾果笼 2 中连续抽取 6 个球。如果从宾果笼 1 中取得的数字未包含在上述集合中，则从宾果笼 3 中取球。每次抽取后，会宣布球上的字母，然后把该球重新放回宾果笼中，因此一个球有可能被抽取好几次。然后让参与者写出他们认为这 6 个球取自哪一个宾果笼。在多数情况下，如果参与者给出正确答案会获得一些奖励。

参与者会对每个宾果笼被选择的先验概率产生反应。但是，他们的反应要比贝叶斯法则的预测弱很多。例如考虑这种情况，某个样本有 4 个球标记 N，2 个球标记 G。这时，样本和宾果笼 2 中球的分布完全一样。但我们是从宾果笼 2 中抽取的概率极大地依赖于从宾果笼 1 中抽取的初始条件。例如，如果初始的取值小于等于 2，我们会从宾果笼 3 中抽取球，否则从宾果笼 2 中抽取球，⊖ 贝叶斯法则会得到

$$P(宾果笼\,2\,|\,4N2G) = \frac{P(4N2G\,|\,宾果笼\,2)P(宾果笼\,2)}{P(4N2G\,|\,宾果笼\,2)P(宾果笼\,2)+P(4N2G\,|\,宾果笼\,3)P(宾果笼\,3)}$$

$$= \frac{(2/3)^4(1/3)^2(1/3)}{(2/3)^4(1/3)^2(1/3)+(1/2)^4(1/2)^2(2/3)} \approx 0.41 \tag{7-12}$$

但是在这种情况下，多数人会选择宾果笼 2 而不是 3。因此，参与者似乎更多的关注了抽取出的球的分布，而非从宾果笼 2 中取球的基础概率。在几乎所有的情况下，进行选择时人们似乎更多地受到了所取球与两个可能的宾果笼相似程度的影响，而非宾果笼 1 初始抽取所确定的从两个宾果笼取球的概率影响。

如果将式 (7-12) 中的无条件概率去掉，我们会得到

$$\frac{P(4N2G\,|\,宾果笼\,2)}{P(4N2G\,|\,宾果笼\,2)+P(4N2G\,|\,宾果笼\,3)} = \frac{(2/3)^4(1/3)^2}{(2/3)^4(1/3)^2+(1/2)^4(1/2)^2}$$

$$\approx 0.58 \tag{7-13}$$

这会更加接近于人们对从哪个笼子中取球的预测。就像上面出租车的例子一样，基础概率似乎被忽略了。但是格雷瑟发现其他证据表明基础概率并不总是被忽略。如果从宾果笼 2 中取球的初始概率是 1/2，则 $P(宾果笼\,2\,|\,4N2G) \approx 0.58$。最后，如果从宾果笼 2 中取球的初始概率是 2/3，则 $P(宾果笼\,2\,|\,4N2G) \approx 0.73$。因此，随着基础概率的变化，是从宾果笼 2 中取球的概率也会变化。在决定会选择哪个笼子的时候，虽然人们倾向于忽略基础概率，但是某些受试者的答案确实会对基础概率产生反应。一致发现，当从宾果笼 2 中抽取球的概率变小时，选择宾果笼 2 的参与者比例也会变小。但是这种效应并不是很大，并不足以让大部分参与者与贝叶斯法则相一致。

⊖ 疑有误，从式 (7-12) 来看，应该是如果初始取值小于等于 2，会从宾果笼 2 中抽取球，否则从宾果笼 3 中抽取球。——译者注

7.3 代表性

上述两个例子中的行为都表现出所谓的**代表性直觉推断**（representativeness heuristic）。丹尼尔·卡尼曼，阿莫斯·特沃斯基认为，表现出代表性直觉推断的人在确定事件概率时根据的是——事件在本质特征上与其总体的相似程度以及事件反映数据产生过程显明特征的程度。在贝叶斯更新框架下，这会导致基础概率被低估或者完全被忽视的情形发生。

在格雷瑟的实验中，很容易就能够明白这一点。从两个笼子中任选一个抽取宾果球得到的分布结果与两个宾果笼中球的分布要么相同要么近似。虽然在宾果笼 3 中标示 N 和 G 的球的数量是相同的，但是也有可能从中取出四个球标示 N 两个标示 G 的样本。但是如果我们不知道从宾果笼 1 中抽取的相关概率，四个球标示 N 两个标示 G 的样本更加有可能取自宾果笼 2。但是给定最初抽取选定宾果笼 2 的相对较低的概率，上述样本抽取自宾果笼 2 的可能性迅速变小。但是，该样本看起来更像宾果笼 2。在这种意义上，该样本更能代表宾果笼 2 而非宾果笼 3。因此说服自己相信该样本更加有可能取自宾果笼 2 变得更加容易。

在出租车的例子中，目击者确认出租车是蓝色的。当时，要么出租车是蓝色的并且目击者是正确的，要么出租车是绿色的并且目击者是错误的。我们被告知目击者 80% 的时候是正确的。因此，目击者确认出租车是蓝色的情况更能代表出租车实际上是蓝色的情况。在两个例子中先验信息被忽略了。这种形式的代表性通常被称之为**基率忽视**（base rate neglect）。

格雷瑟根据扩展的贝叶斯法则构建了一个基率忽视模型。因为他发现人们并非完全忽略基础概率，而似乎是仅仅低估了它们，他想知道基础概率或者先验概率在形成信念方面所起的作用有多大。扩展的贝叶斯法则可以写为

$$P(A|B) = \frac{[P(B|A)]^{\beta_L} [P(A)]^{\beta_P}}{[P(B|A)]^{\beta_L} [P(A)]^{\beta_P} + [P(B|-A)]^{\beta_L} [P(-A)]^{\beta_P}} \tag{7-14}$$

其中，$-A$ 是除了 A 之外所有可能事件的集合，β_L 是一个参数，它代表了赋予似然信息的权重，β_P 也是一个参数，它代表了赋予先验或基础概率信息的权重。当 $\beta_L = \beta_P = 1$ 时，扩展的贝叶斯法则简化为标准贝叶斯法则。格雷瑟使用其实验数据对加权参数进行了估计，发现 $\beta_P = 1.82$，$\beta_L = 2.25$。因此，相比先验信息的波动，似然信息的波动对决策会产生更大的影响，但是先验信息并不是被完全忽略的。与经历过几次实验测试的人相比，参与者在刚开始时要稍微偏向于似然信息，这说明人们会形成某些经验。因此数据似乎证实了基率忽视的概念。

基率忽视可能导致有偏的决策。例如，股票价格指数短期内连续下跌通常会迅速导致人们开始谈论衰退或者熊市。但是，熊市是相对罕见的，因此有一个相对较低的基础概率。大多时候连续多日下跌仅仅是短期内的一个偶然事件。但是，连续多日下跌更加能够代表熊市而非牛市。这时基率忽视有可能影响投资决策，导致人们过早且仓促地得出结论。

基率忽视只是代表性直觉推断如何对信念产生影响的一个例子。一般而言，代表性导致人们夸大其认为事件概率类似于所得数据的信念。这可能导致几种偏向，它们在本质上类似于基率忽视但是可能根本未涉及基础概率。在了解代表性如何影响信念以及最终决策时，举出几个例子是有帮助的。

■ **实例 7-3 琳达**

考虑丹尼尔·卡尼曼和阿莫斯·特沃斯基给出的下述问题。

琳达目前 31 岁、单身，心直口快并且非常聪明。她所学的专业为哲学。在学生期间，

她非常关心种族歧视和社会公平问题,她还参加过反核能示威游行。

请使用概率对下述结论进行排序,用 1 表示可能性最大,8 表示可能性最小。

(a) 琳达是一名小学教师。
(b) 琳达在书店工作并上瑜伽课。
(c) 琳达积极参与女权运动。
(d) 琳达是一名精神病学社会工作者。
(e) 琳达是美国妇女选民联盟的成员。
(f) 琳达是一名银行职员。
(g) 琳达销售保险。
(h) 琳达是一名银行职员并积极参与女权运动。

当参与心理实验的人们回答该问题时,(c) 选项的平均排序分值为 2.1;因此人们相信琳达会积极参与女权运动是非常有可能的。(f) 选项的平均排序分值为 6.2,它被认为是相对不太可能的事件。但是 (h) 选项的平均排序分值为 4.1,介于两者之间。要注意的是选项 (h) 是 (c) 和 (f) 的交集。明显的,琳达同时为银行职员并积极参与女权运动的可能性肯定要小于其是银行职员的可能性。如果不太可能是银行职员并且也不积极参与女权运动,则这些事件应该具有相等的概率,对两者的评分也应该是平分秋色的。如果其中一个有可能成立而另一个不太可能成立,则两者同时成立的概率肯定会更小。实际上,大约有 90% 的参与者——即使在学习过概率和统计等高级课程的人们当中——在排序时也认为 (h) 要比 (f) 更有可能发生。

7.4 联合偏向

当参与者在其头脑中对这些概率进行排序时,他们被琳达的描述吸引,倾向于按照各选项对该描述的代表性程度对它们进行排序。因此,参与者或许觉得只有相对较少的银行职员会密切关注社会公平,因此这种结果被认为是不太可能的。但是如果我们考虑一个女权主义的银行职员,这一团体很有可能非常关注社会公平,因此人们认为该事件更有可能发生。这被称为**联合效应**(conjunction effect)。通过将相对不具代表性的事件(银行职员)与非常有代表性的事件(女权主义者)相结合,两者的联合被认为要比不具代表性的事件更有可能发生,因为相关描述对联合事件更具代表性。这种效应或许会产生直觉推断和偏向,导致成见、偏执或者其他可能的不合意现象。在本章的后面部分还会讨论这种可能性。

■ 实例 7-4 过早预测选举结果

2000 年的总统选举因其难以确定获胜者而引人注意。实际上,在最终宣布乔治 W. 布什赢得选举之前,最高法院花费了一个多月的时间并且采取了好几项法律行动。混乱集中发生在对佛罗里达州选票的计数上。如果佛罗里达热衷于布什,布什就会获得当选总统的必要选票。相反如果佛罗里达热衷于艾伯特·戈尔,戈尔就会获得当选总统的足够选票。

胜选之夜尤其有意思。在多数现代选举中,新闻媒体会以"选民新闻中心(VNS)"的名义进行合作,开展(投票站)出口处民意调查以确定获胜者。选举人在离开投票点后会被采访,询问他们是如何投票的。然后这些数字会报告给新闻媒体,当确定它们已经有了足够多的数据可以进行预测之后,新闻网络通常会预测选举获胜者。新闻节目在确定它们知道结果之前会非常谨慎,不会宣布某个特定的候选人在某个州获胜。它们作为可靠的新闻来源的声誉依赖于这种准确性。从多年的经验来看，在胜选之夜电视观众在上床睡觉之前早已习惯了会宣布一个获胜者。在 2000 年的胜选之夜到来时，几乎每个州的选举结果都与预期的候选人（每个州得票最多的候选人）相符，但是在佛罗里达州发生的事情却非常奇怪。

在计票的早些时候，即下午 7：50，新闻网络预测戈尔会在佛罗里达胜出。晚些时候，即下午 9：54，新闻网络收回了前面的预测，声称结果仍然是不明确的。再晚些时候，即第二天凌晨 2：17，他们宣布布什将会在佛罗里达获胜并且最终赢得选举。此时，戈尔已经决定承认对手选举获胜。他与乔治 W. 布什通话并祝贺他选举获胜。不久之后，戈尔又打电话要收回他所说的话，这肯定是一个异常尴尬的通话。在凌晨 3：58，新闻网络收回了它们对佛罗里达的预测，声称结果仍然是不明确的。同样的逆转在其他几个州也发生过几次，但是它们并不能左右选举的最终结果。考虑到上述预测的彻底失败，VNS 被中止了，新闻机构开始决定在计票总数得到官方确认之前保留其预测结果。到底是什么导致上述历史性的、令人产生误解的反转呢？主要媒体的预测者怎么会得出如此令人难以置信的错误统计结果呢？

最终的官方计票结果为 2 912 790 对 2 912 253，对布什有利，有 138 067 张选票选择了其他候选人。在预测戈尔赢得选举时，无法得到计票总数数据。但是在预测布什选举获胜时，他领先了 50 000 票。因此，在什么时点你会对趋势有足够的自信并做出预测呢？合法选票（忽略那些无法核实的选票）的真实分布是 48.85% 支持布什，48.84% 支持戈尔，2.31% 支持其他候选人。当进行此类预测时，我们应该进行如下预测：如果实际选票总数是平局的话，在何时我们可以确定现在观测到的选票总数是不可能发生的。

假定瓶子里有 6 000 000 个彩球。出于简化我们假定一部分是红色的，另一部分是白色的（因此没有其他候选颜色）。我们开始将这些球从瓶子里面取出，在某个时点，当我们抽取的总数 $n > 50 000$ 时，我们观察到红球要比白球多 50 000 个。在给定上述观测条件下，平局的概率是多少？计算这一概率的公式实际上是非常复杂的。用 n_r 表示取出的红球数量，n_w 表示取出的白色球数量，n 表示取球总数，N 表示瓶子里球的总数。我们取出的红球比白球多 k 的概率可以表示为

$$P(n_r - n_w > k | n) = \sum_{n_r = \frac{1}{2}(n+k)}^{\min\{n, \frac{N}{2}\}} \left[\frac{\binom{n}{n_r} \binom{N-n}{\frac{N}{2} - n_r}}{\binom{N}{\frac{N}{2}}} \right] \quad (7-15)$$

其中⊖

$$\binom{x}{y} = \frac{u!}{x!(y-x)!} \quad (7-16)$$

其是从总数为 y 的物体中取出 x 个可能的排序数量。数字较大时，该公式计算比较困难。为了模拟结果，我们假定仅有 600 个投票人，300 个选布什，300 个选戈尔。这时 50 000 票的差距仅相当于 5 票。对于不同的取球总数观察到 5 票差异且有利于红球的概率由表 7-1 给出。

从表 7-1 中可以看出，从瓶子里 600 个球中只有取出至少 550 个，观察到出现 5 票差距的概率才会低于 20%。如果我们将这些数字还原为最初的投票问题，则情况似乎是这样的，只有计票到等价的 5 500 000 选票之后，观察到出现 50 000 票差距的概率才会显著下降。虽然对于相应 6 000 000 无记名投票的概率这是一个挺糟糕的近似，但是也已经达到了我们的

⊖ 疑有误，式（7-16）应为 $\binom{y}{x} = \frac{y!}{x!(y-x)!}$。——译者注

目的。新闻网络是根据一个选区接一个选区的数据进行预测的。只有在选区的民意调查结束并且本地选票被统计之后他们才会收到数据。他们碰到的问题是要考虑所报数据的顺序。

他们首先得到的是来自东部城郊选区所报的数据，其中大部分选戈尔。因此，如果他们预料到早期数据主要来自戈尔选区，他们应该也会预期在早期戈尔会大幅领先。当西部乡村地区（布什选区）开始报数据时，布什会超越戈尔的领先地位并领先 50 000 票。但是，在迈阿密市中心（戈尔选区）和其他城市还没有报告相关结果，这些地区的选票总数需要花更长的时间进行计数。新闻网络使用的预测方式肯定会高估观测到的趋势会持续的概率。在选举预示布什领先，但是在较大的更倾向于选戈尔

表 7-1　不同样本规模出现 5 票差距的概率

$n=$	概率
595	0.031
550	0.230
500	0.292
400	0.333
300	0.342
200	0.333
100	0.292
50	0.230
5	0.031

的地区的数据仍未出现之前，他们应该知道领先 50 000 票并不足以让其得出正确的预测结果。事实上，领先地位会持续下去的可能性要小于 70%。简单地说，过早得出了预测结果，虽然了解并使用了统计模型，但是他们还是做出了这种预测。

7.5　小数定律

总体上，心理学家和经济学家们发现，人们倾向于认为从某个分布中得到的一个小样本在所有方面都会非常类似于进行抽取的总体。大数定律告诉我们当有大量观测值时，观测值的样本均值会趋向于真实均值。这样，当我们有一个大样本观测值时，该样本的属性类似于进行抽取的总体是非常有可能的。但是小样本不会提供同样的保证。如果我们抛掷一枚质地均匀的硬币四次，我们观察到的结果是 0 次、1 次、3 次和 4 次正面的可能性可能要大于恰好 2 次正面。但是，人们认为结果为两次正面（这更能代表质地均匀硬币的抛掷结果）要比实际更有可能发生。

这种夸大小样本代表样本产生基础过程的概率的倾向，被阿莫斯·特沃斯基和丹尼尔·卡尼曼开玩笑似的称为**小数定律**（law of small numbers）。顾名思义，人们在处理小样本数据时就好像他们在处理非常大的样本数据一样。例如，人们在预测选举结果时或许会过度依赖早期投票形成的趋势。同样的，人们或许也会过度依赖短期内的业绩数据。例如，每年都会有一个去年收益率最高的共同基金名单在金融媒体上广为流传。许多人根据这个名单选择购买哪一个基金。然而，任何一年的结果都不太可能是未来业绩的良好预测指标。例如，2008 年排名前 10 的共同基金中只有 3 家在 2007 年也位于前 10 名之内。即使我们考虑五年期的业绩最优者，前 10 名中只有 4 家在 2007 和 2008 年仍然榜上有名。这种较高的波动性表明业绩几乎是完全随机的。但是，人们的行为方式就好像这种差异是系统性的，因为该小样本被认为能够代表共同基金业绩的潜在真实差异。

马修·拉宾根据小数定律提出了一个学习的行为模型。首先对该模型进行直观地描述是有益的。假定我们在考虑重复抛掷一枚质地均匀的硬币。我们知道任何一次抛掷出现正面的概率是 0.5，并且我们还知道此概率并不依赖于前一次抛掷得到的是正面还是反面。我们可以将人们对会得到什么结果的信念用盛装有 N 个球的瓮内球的分布表示。我们称其为**虚拟瓮**（mental urn），以强调它仅仅是一个建模时用到的概念，实际上并不存在。其中一半球被标

记为"正面",表明了正面会被掷出的概率,一半球被标记为"反面"。此人认为一系列的抛掷应该会代表潜在的真实概率,因而应该出现大约一半正面。每一次抛掷意味着从瓮中抽取一个球。

假定虚拟瓮中最初有 6 个球,其中 3 个标记为"正面",3 个标记为"反面"。因此初始信念为出现正面的概率是 3/6＝0.5。然后假定进行第一次硬币抛掷,结果为正面,这导致从虚拟瓮中拿走了一个标记为正面的球,因此下一次抛掷的信念为出现正面的概率是 2/6≈0.3[⊖]。因此,当掷出正面后,观察者觉得反面会更有可能被掷出以达到序列平衡,使得其更能代表整体概率。

此外,拉宾假定会定期对虚拟瓮进行补充,例如每当抛掷两次以后。在这一过程中,虚拟瓮中球的数量决定了观察者的偏误程度有多大。例如,如果我们考虑的是一个有 1 000 个球的虚拟瓮,偏误就会非常小。在这种情况下,在掷出一个正面后,会认为正面出现的概率从 0.5 变为 0.499。另一方面,如果虚拟瓮中球的数量为 2,则认为该概率从 0.5 变为 0。这一过程导致观察者认为抽取是负相关的,虽然实际上它们是独立的。因此,观察者认为正面更加有可能在反面而非正面出现之后出现。实际上,不管先前掷出的是正面还是反面,该概率总是 0.5。更新虚拟瓮中的球数会产生以下效应:小数定律适用于局部的系列抽取而非整个过程。这可以被看作是小数定律的采样窗口。

拉宾的模型可以被用来描述推断过程。例如,假定弗雷迪面临的问题是要决定某个基金的好坏。在这个例子中假定只有两种类型的共同基金:好的和差的。好基金有 2/3 的时间会获得好收益,1/3 的时间获得较差收益;差基金 1/2 的时间获得好收益,1/2 的时间获得较差收益。弗雷迪[⊖]认为只有 1/3 的共同基金是好的[⊜]。通过考察以前的收益,他发现某个共同基金在过去五年里的业绩如下:好、好、差、差、好。一个理性的人会使用贝叶斯法则得到

$$P(好基金|3好2差)=\frac{P(3好2差|好基金)P(好基金)}{P(3好2差|好基金)P(好基金)+P(3好2差|差基金)P(差基金)}$$
$$=\frac{(2/3)^3(1/3)^2(2/3)}{(2/3)^3(1/3)^2(2/3)+(1/2)^3(1/2)^2(1/3)}\approx 0.68 \qquad(7-17)$$

相反,假定弗雷迪相信小数定律并且有两个虚拟瓮。一个虚拟瓮代表在为好基金的条件下得到好或者差收益的概率。另一个虚拟瓮代表在为差基金的条件下得到好或者差收益的概率。该问题与格雷瑟的例子非常相似。进一步假定好基金虚拟瓮中有 3 个球:两个被标记为"好收益",一个被标记为"差收益"。同样假定差基金虚拟瓮中有 4 个球:两个被标记为"好收益",两个被标记为"差收益"。最后假定每个瓮中的球被抽取两次后就会被重新装满或者更新。这时,在给定共同基金是好的条件下,取值被观察到的概率要依赖于我们观察到的好收益和差收益的次序。例如,如果我们从好基金虚拟瓮中抽取,则取出的第一个球被标记为"好收益"的概率是 2/3。随后取出的第二个球被标记为好收益的概率则变为 1/2(因为第一个球已经被取走了)。在第二个球被取出后,虚拟瓮被重新装满,现在第三个球是好收益的概率又变为 2/3。按这种方法计算,好基金观察到上述抽取序列的概率为

$$P(好好差差好|好基金)=(2/3)(1/2)(1/3)(0)(2/3)=0 \qquad(7-18)$$

相同的序列来自差基金的概率为

[⊖] 疑有误,概率应为 2/5＝0.4。——译者注
[⊖] 拉宾将所有相信小数定律的人都称为弗雷迪。
[⊜] 疑有误,式(7-17)中 $P(好基金)=2/3$,表明有 2/3 的基金是好基金。如果有 1/3 的基金是好基金,则式(7-17)的结果的 0.41。——译者注

$$P(\text{好好差差好}|\text{差基金}) = (1/2)(1/3)(1/2)(1/3)(1/2) = 1/72 \tag{7-19}$$

因此，相信小数定律的人应用贝叶斯法则会得到

$$P(\text{好基金}|\text{好好差差好}) = \frac{0 \times (2/3)}{0 \times (2/3) + (1/72) \times (1/3)} = 0 \tag{7-20}$$

在此情况下，弗雷迪觉得一家好基金不太可能连续两年业绩糟糕。一旦连续两年实现的业绩都很糟糕，弗雷迪立即认为他所观察的这个基金不可能是好基金。因此，他会选择不进行投资，而实际上他所买卖的这家基金是好基金的概率要高于是差基金的概率。调整虚拟瓮的容量使其变大会导致结果更加接近贝叶斯法则。另外，（保持球的总数量不变）虚拟瓮被更新的频率越低，会导致在更新之前取值高度相关的预期越强。因此，弗雷迪在虚拟瓮被更新之前，会从第二次、第三次或者第四次抽取中推断出越来越多的信息。注意到在这个例子中，恰好是因为这个原因使得第二次抽取排除了它是一只好基金。⊖

一般而言，小数定律使得人们根据非常少的信息仓促得出结论。样本前一部分的取值被过度认为代表了整体，进而导致仓促的判断。当根据数据进行判断时，应该考虑到数据的波动性以及每一个数据样本中所包含的信息量。过早地判断可能会基于异常的或者不具代表性的样本。另外，还要注意到其他人也有可能根据较小的并且可能不具代表性的产出样本来判断人们的努力程度。因此，在早期对一名新员工形成初始判断时，该员工最好还是投入一些额外的努力。

■ **实例 7-5 可复制性标准**

在科学研究中，可复制性成为验证研究结果有效性的标准。因此，某个科学家使用实验检验某个假设，并公开发表相关结论。而其他感兴趣的人通过进行相同的实验尝试重新得到相关结果来证实这些结论。但是可复制性是由什么构成的呢？

在本章的前面部分我们回顾了统计检验的原理。几乎所有的实验结论都是按照统计检验进行报告的。例如，某个科学家可能对某种疗法（例如化学物质 A 的存在）对某个特定的种群（例如细菌 B）的影响。因此，他会取出几个细菌 B 的样本，在可控制的条件下使用化学物质 A。他还会取出几个额外的细菌 B 的样本，让它们处于相同的可控条件下但是不引入化学物质 A。然后就所提假设涉及的目标对象，他会对每个样本进行测量。例如，他或许对实验后仍然存活的细菌细胞数量感兴趣。他会测量每个样本中的该数量并使用统计量来检验原假设：不同处理和控制样本中的均值相等。

典型的，在假设真实均值相等的条件下，如果观察到均值存在差异的概率小于 5%，科学家们会拒绝该假设。⊜这通常用下列形式的检验统计量来进行检验

$$t = \frac{\hat{\mu}_1 - \hat{\mu}_2}{\sqrt{\frac{n_1 S_1^2 + n_2 S_2^2}{n_1 + n_2 - 2}\left(\frac{1}{n_1} + \frac{1}{n_2}\right)}} \tag{7-21}$$

其中，$\hat{\mu}_i$ 是处理组 i 的样本均值，n_i 是处理组 i 的样本规模，S_i^2 是处理组 i 的样本方差。我们通常检验的原假设是 $\mu_1 = \mu_2$，备择假设是 $\mu_1 \neq \mu_2$。如果样本较大，该检验统计量近似服从标准正态分布。如果两个均值相等，则 t 应该接近于 0。如果两个均值不等，则 t 应该距离 0 较远。被普遍接受的统计理论建议，给定合理的观测数量，如果 $t > 2.00$ 或者 $t < -2.00$，则两个均值相等的可能性小于 5%。此时我们称差异在统计上是显著的。但是，如果我们得

⊖ 疑有误，应该是第四次抽取，或者第一次更新后第二次抽取。——译者注
⊜ 疑有误，应为如果观察到均值相等的概率小于 5%，则会拒绝原假设。——译者注

到的结果缺乏说服力，我们或许希望再获取一个更大的样本来证实两者的差异。要注意到，如果均值和样本方差保持不变，增加样本规模会使得 t 变大。

阿莫斯·特沃斯基和丹尼尔·卡尼曼想知道科学家在理解可复制性如何起作用方面，小数定律是否会发挥作用。他们让 75 名具有博士学历并且受过大量统计训练的心理学家来考虑某名同事报告的看似不令人信服的结论。该结论通过对 15 名受试者进行试验获得，得到的检验统计量 $t=2.64$，在 $\alpha=0.0275$ 的水平上拒绝了两个处理组均值相等的原假设（也就是说，97.25% 的置信区间并不包含处理组和控制组两者具有相同均值的可能性）。另外一个研究者使用另外 15 名受试者尝试复制该结果，发现了相同方向的均值差异，但是此时均值之间的差异并不大，不足以在 $\alpha=0.05$ 的常用水平上拒绝均值相等的原假设。然后他们让受试心理学家们考虑，均值之间的差异需要有多大才能认为复制是成功的。绝大部分受试者认为，如果复制性研究得到的检验统计量低于 $t=1.70$，则我们未能复制研究结果，会对初始结论提出质疑。因此他们会认为任何得到 $t<1.70$ 的研究是与前期研究相矛盾的。

我们再看一下检验统计量，在第一个研究中我们得到

$$t^1 = \frac{\hat{\mu}_1^1 - \hat{\mu}_2^1}{\sqrt{\frac{15S_1^2 + 15S_2^2}{28}\left(\frac{2}{15}\right)}} = 2.46 \tag{7-22}$$

其中，上标 1 表明该结果来自初始样本。对于 15 个新的观测值，复制性研究得到

$$t^2 = \frac{\hat{\mu}_1^2 - \hat{\mu}_2^2}{\sqrt{\frac{15S_1^2 + 15S_2^2}{28}\left(\frac{2}{15}\right)}} = 1.70 \tag{7-23}$$

现在我们假定将第一次和第二次研究的数据混合到一起。假定样本方差是相同的，我们会得到

$$\hat{\mu}_1 - \hat{\mu}_2 = \frac{2.46 + 1.70}{2}\sqrt{\frac{15S_1^2 + 15S_2^2}{28}\left(\frac{2}{15}\right)} = 2.08\sqrt{\frac{15S_1^2 + 15S_2^2}{28}\left(\frac{2}{15}\right)} \tag{7-24}$$

因此

$$t = \frac{2.08\sqrt{\frac{15S_1^2 + 15S_2^2}{28}\left(\frac{2}{15}\right)}}{\sqrt{\frac{30S_1^2 + 30S_2^2}{58}\left(\frac{2}{30}\right)}} = 2.99 > 2.46 \tag{7-25}$$

实际上，如果我们进行一项新的研究并且发现 $t=1.70$，这会增强我们对前期研究结果的信心，现在我们可以在 $\alpha=0.0056$ 的水平上拒绝原假设。相反，心理学家们认为第二个研究与第一个研究是相矛盾的。由于相信小数定律，他们认为如果第一个研究是正确的，则第二个研究也应该以非常高的概率得到一个非常接近于第一个研究的检验统计量。事实上，该概率有点过大了。也就是说，给定较小的样本规模，他们认为该数据对潜在过程的代表性应该比真实程度高。

类似的问题是让心理学家们考虑某个学生进行的实验，在两个处理组中，每个处理组用 40 只小动物进行实验，得出的检验统计量为 2.70。在理论上该结果非常重要。然后让心理学家们考虑在发表成果之前是否需要进行复制性研究，如果需要的话还需要进行多少次观测。大部分心理学家建议进行复制性实验，建议的受试对象数量的中位数为 20。当被问及如果复制性试验得到的检验统计量仅为 1.24（其不能拒绝均值相等的原假设）会怎么做时，1/3 的心理学家建议努力为初始研究和复制性研究受试对象两者之间的差异寻找一个解释。特沃斯基和卡尼曼注意到初始组和复制组之间的统计性差异非常小。复制性研究中的处理效

应大约是初始样本处理组效应的 2/3。尝试解释这种差异就相当于尝试解释为什么一枚硬币在一次抛掷中出现正面而另一次抛掷会出现反面一样。几乎可以肯定的是差异是完全由随机误差造成的。但是，相信小数定律的人会将小样本中非常小的差异归因于系统性原因。在追求科学进步以及发表成果的过程中，这会产生灾难性的后果。在早期医学研究中有很多例子，由于未能正确理解复制性实验中的统计结果从而产生了对人们有害无益的结果。

■ 实例 7-6 惩罚和奖励

代表性直觉推断可能会导致人们相信本不存在的因果关系。例如，假设你在管理一家飞行学校。心理学家们通常认为在教学中正强化或者对良好行为进行奖励是一种有效的工具。因此，你决定在获得优异的飞行成绩后给予受训者奖励。在实行该政策几个月后，你发现每一名飞行员在因为好飞行成绩而获得奖励后，下一次飞行成绩通常会较差——有时会异常糟糕。实际上，大部分没有获得奖励的飞行员在下一次飞行中会进一步提高成绩。发现这一点后，你开始怀疑心理学家们的结论，并且改变了政策。现在你决定不再对好的飞行成绩进行奖励，而是对糟糕的飞行成绩进行惩罚。在几个月以后开始再次对政策效果进行评价。这次你感觉非常满意，因为你发现学生们在受到惩罚后几乎总是会提高成绩。很明显这是一种非常有效的政策。

事实上，丹尼尔·卡尼曼和阿莫斯·特沃斯基向一组研究生提出了类似的问题，他们发现所有的人都认同以上故事的逻辑。这个例子来自丹尼尔·卡尼曼在军队中的经历，飞行教官们相信奖励导致糟糕的成绩而惩罚导致更好的成绩。然而，在飞行训练中学员每次飞行都取得较大的进步几乎是不可能的。进步要花很长的时间。因此，成绩的较大变化非常有可能是由于各种条件（例如，天气、任务、休息时间或者警觉性）的随机变动造成的。因此，一次异常优异的飞行几乎肯定是由于非常好的运气。假定异常优异的飞行成绩出现的概率为 0.10。如果奖励和惩罚对飞行员的成绩没有影响，则每次好的飞行成绩之后下一次飞行表现较差的概率为 0.9。同样如果异常糟糕的飞行成绩出现的概率为 0.10，则下一次飞行成绩会提高概率为 0.90。这被称为**均值回归**（reversion to mean）。在均值或者平均值附近的成绩是最有可能出现的结果。因此，较高的成绩之后最有可能是较低的成绩，而较低的成绩之后最有可能出现较高的成绩。然而，在这个例子中，人们很难理解均值回归是造成这种情况的一个可能原因。

在更加一般的情况下，均值回归会成为明显随机的事件会发生的神秘但系统性原因。例如，假定你观察一台老虎机一段时间。由于均值回归，你会发现在得到较大收益之后，则下一次拉下拉杆很可能会得到一个较低收益。此外，如果你观察到一次零收益（这是最普遍的结果），则下一次拉动拉杆会出现较高收益的概率也会较高。这会导致你得出结论认为：你应该玩最近没有给出大奖的老虎机，如果你赢钱了应该换一台机器。这当然是一种统计谬误。事实上，每一次拉动拉杆各种可能收益出现的概率是相同的。得到 x 美元收益的概率并没有提高或者降低；每一次拉动拉杆该概率是保持不变的；相反，与前一次拉动相比得到更高或者更低收益的概率变化了。因为前一次拉动拉杆所得结果是随机事件，它就成为确定随后结果是更高还是更低的临界值。如果你觉得玩一台刚刚获得零收益的老虎机是一场公平的赌局，则在同一台机器上得到较大收益后你也应该愿意拉动拉杆。

可以用拉宾的信念模型来建模表示这种异象。假定赌博者的虚拟瓮中有十个球，其中一个球被标记为"赢"，九个球被标记为"输"。每一次赌博就从虚拟瓮中取出一个球，然后调整下一次拉动拉杆会赢的感知概率。经过一系列的 0 收益（输）之后，赢得概率会提高。赢得一次后，赌博者会感觉再赢一次的概率为零，继而停止赌博。因此，小数定律会导致人们错误解释一系列随机数字，使得人们认为它们是系统性的。

■ 实例 7-7　热手

在观看一场篮球比赛时，我们往往会对最佳球员的一长串投篮命中感到惊奇。通常现场解说员会记录某个球员连续命中而不产生失误的投篮数量。实际上，91%的篮球球迷相信，在球员一次投篮命中后，下一次投篮命中的概率会更高。这使得84%的篮球球迷认为应该让球掌控在连续投篮命中几次的球员手中。

托马斯·季洛维奇，罗伯特·瓦隆和阿莫斯·特沃斯基利用篮球比赛的录像和档案对连续投篮命中进行了研究。他们的分析主要集中在费城76人队上，但是在新泽西网队和纽约尼克斯队上也会发现相似的结果。在对76人队进行访谈时，他们发现队员们相信系统性的连续命中。球员们说一旦他们连续命中几次后，他们就会感觉不会再失误。然后季洛维奇，瓦隆和特沃斯基使用收集到的整个赛季的数据，在给定前期表现的条件下计算投篮命中百分比。如果球员刚才一次投篮失误，则他下次投篮命中的比例为54%。如果球员刚才一次投篮命中，则下一次投篮命中的比例为51%。在连续两次命中后，其概率为50%。在对篮球球迷进行调查时，他们预期命中率50%的投手一旦第一次投篮命中，则有61%的机会第二次投篮命中。但估计出的一次投篮和下一次投篮结果之间的相关系数为−0.039。这个数值非常小，在统计上与零并不存在差异，这表明认为球员应该会连续命中只是一种错觉。基本上，每次投篮与前一次投篮之间是相互独立的。它们是来自相同分布的两次不相关的取值。季洛维奇，瓦隆和特沃斯基还分析了每一场比赛的投篮命中百分比，来看队员在一场比赛中的表现与其他场次比赛是否有差异。同样的，他们发现没有证据表明球员们会在比赛上出现热手或者冷手现象。同时他们还发现也没有证据表明罚球会表现出连续命中。例如，拉里伯德在1980~1981赛季在罚球失误后的罚球命中率为91%，而在罚球命中后的命中率仅为81%。

康奈尔大学篮球队曾经被招募来检验**热手**（hot hand）理论，该理论认为球员们会经历连续命中或者连续不中。研究中对球员们进行了配对。其中一个球员投篮，另外一个观察投篮者。对于每次投篮，允许每个人下一个或大或小的赌注。如果所下赌注较小，则命中后赢得二分钱失误后损失一分钱。如果下大赌注，则命中后赢得五分钱失误后损失四分钱。投篮者和观察者的赌注与前一次投篮结果高度相关。因此，当前一次投篮命中后他们会更多的下大赌注。然而，他们所预测的结果与实际投篮结果之间是不相关的。有几项分析发现对热手效应的感知会影响与连胜球队相关的博彩市场。随着球队连胜场次的增加，设定的强队获胜所需分差会扩大。但是分数差越大，该队输的概率就越高。

明显地，球员和球迷对投篮之间的关系存在误解。实际上，该研究结果发表之后引起了球队教练们相当大的愤怒。来自职业和大学级别球队的几个著名教练对该研究结果提出了严厉的批评。例如，在报纸上鲍比·耐特的看法在显著位置上被刊载引用，他认为这些研究人员不懂篮球比赛。相应地，我们认为这些教练们在计算时使用的虚拟瓮过小。人们从连续命中中推断出了过多的信息，而其实际上完全符合投篮命中平均水平。相应地，他们认为自己正在从一个更加有利的虚拟瓮中取球——该虚拟瓮代表的事件实际上并不存在。

■ 实例 7-8　赌徒谬误

当在赌场里玩轮盘赌时，一个有红色和黑色格子的转盘会转动，赌博者押注指针将停留处的颜色。明显的，每次旋转是一个独立的随机事件，政府博彩委员会会定期检查设备的公平性。

雷切尔·科洛森和詹姆斯·苏达利对赌场中押注轮盘赌的赌徒行为进行了观察。例如，他们发现如果前一轮旋转转出了红色，或者前三次旋转结果比较平均，人们倾向于50%的时间押红色50%的时间押黑色。然而，当连续转出四次同一颜色时，人们就开始反向押注。在连续四次出现黑色后，大约58%的人押红色。连续五次出现黑色后，大约65%的人押红色。在连续六次或以上出现黑色后，85%的人押红色。但是，不管是连续六次转出黑色还是仅仅一次转出黑色，之后红色或者黑色出现的可能性都是一样的。这种现象被称为**赌徒谬误**（gambler's fallacy）。这时，人们知道各种结果的概率，并且他们相信（根据小数定律）随着抽取次数的增加，抽取结果应该变得均等并趋向于正确比率。因此，他们开始越来越重的押注在较少出现的结果上。

乍一看，这似乎与热手偏向恰好相反。在热手偏向中，连续序列导致人们打赌该序列会继续下去。在赌徒谬误中，连续序列导致人们反向下注打赌序列不会继续下去。关键的区别在于在热手偏向中，相关概率是未知的。因此，赌博者尝试从表现中推断出相关概率。因此，根据拉宾的模型，赌博者尝试计算出哪一个虚拟瓮最能代表相关数据。如果虚拟瓮较小，则选出的特定虚拟瓮会随投篮连中结果而变化。相反，在赌徒谬误中每种结果的概率是透明的。例如一个标准的轮盘有18个红格、18个黑格和两个绿格。每个格子大小相同，导致红色出现的概率大约为47%。在这种情况下，赌徒知道进行抽取的虚拟瓮是什么样的，但是使用虚拟瓮中剩下的球来预测未来结果。因此取出的红色越多，虚拟瓮中剩下的红球越少，下一次抽取到黑球的概率就越大。在投注州彩票时，也可以观察到相同的模式。在某个中奖号码被抽取到后，第二天买彩票时选择该号码的人数会下降大约1/3，在近一个月的时间里（或者直到再次抽出该号码）选择该号码的人数仍然会低于正常水平。

对于玩彩票还发现了另外一个有趣并且可能相关的异象。与选定号码给他们相比，当允许人们自己选择号码时，他们会赋予彩票更高的价值。埃伦·兰格进行了一项研究，他在超级碗主题彩票名义下向大约50个人销售了彩票。每张彩票上都有一名职业足球运动员的画像以及一个相应的数字。允许一半的参与者选择自己的彩票，其他另一半会指定一张彩票给他们。在抽奖的那一天，一名实验人员会与参与人接洽，询问他们愿意多少钱卖出他们的彩票。被指派彩票的人愿意售出的价格大约为1.96美元，但是那些自己选择的人直到价格达到8.67美元后才愿意放弃其彩票。该实验以及相似的实验表明人们相信他们自己在某种程度上可以控制随机事件。例如，**控制幻觉**（illusion of control）导致人们在玩掷双骰子赌博游戏时，如果他们想要掷出一个大数，则会用力投掷。此外，与被告知某个随机事件过去曾经发生过相比，当被告知该事件未来会发生时，人们愿意对随机事件的未知结果下更大的赌注。在许多情况下，人们会说服自己他们有能力影响那些超出自身控制范围的事件。

7.6 保守主义与代表性

代表性，即从给定信息中得出太多结论，似乎是很普遍的影响学习和决策的因素。但是人们并不总是仓促得出结论。实际上，沃德·爱德华兹在20世纪60年代进行了一系列的实验，发现了所谓的**保守主义**（conservatism）。如果代表性意味着学得过快，则可以认为保守主义是学习太慢。他进行的一系列实验和后来大卫·格雷瑟所做的非常相似，只不过在他的实验里每个容器中有几百个球，同样也抽取较少的次数。在他的实验中，他发现基础概率，或者每种球被取出的先验信息，获得的权重要高于按照贝叶斯法则得出的。因此，受试者会坚持他们的初始信念而不考虑得到的新信息。什么可以解释这种差异呢？

罗宾·贺加斯和希勒尔·艾因霍恩的成果尝试回答该问题，他们向参与者展示各种类型的序列信息来看它们如何影响信念。当信息不太复杂并且比较容易理解时，人们似乎会非常快速的更新信念，表现出**近因**（recency）效应。近因效应与代表性直觉推断是一致的。当信息非常复杂并且要求花费大量认知努力来识别时，他们发现初始信念会持续下去——表现出**首因**（primacy）效应。首因效应与爱德华兹的保守主义是一致的。因此，在爱德华兹的实验中，可能是由于从上百个球的分布中取出少数几个球所提供的信息处理起来太困难，进而导致保守主义。其含义是简单信息更加有可能改变人们的想法。经过充分论证但是很复杂的论据或许难以达到目的。

■ 实例 7-9 疾病与意外死亡

与风险和风险感知最紧密相关的决策之一是为延长我们的寿命而采取的防范措施。人们有许多不同的死亡方式，我们也可以采取许多不同的行动来防止特定形式的死亡。例如，一个有中风家族病史的人可以调整个人的膳食减少中风的可能性。值得采取哪种行动在很大程度上依赖于我们认为以某种形式死亡的可能性有多大。例如，绝大多数人（大约80%）感觉意外死亡（例如车祸、意外跌落）要比中风更容易导致死亡。这会导致人们更加担心自己的驾车习惯或者周边的悬崖峭壁而非自己的膳食。然而事实上，你因中风而死亡的可能性大约是所有因意外原因而死亡的总和的两倍。事实上，你更加有可能因为某种疾病而死亡，其是因某些意外而死亡的15倍以上。只有57%的人认为因为疾病而死亡的可能性要大于因意外而死亡。大约有70%的人认为被谋杀的受害人要高于自杀人数。实际上，自杀和他杀的比值接近1.5。

对于人们对可能死因的预测如此糟糕的原因，虽然有很多可能的解释，但萨拉·利希滕斯坦和一些研究人员认为这在一定程度上要归咎于新闻报道。对41种不同死因的新闻报道量以及61名参与者对不同死因普遍性的估计结果进行比较，他们发现了非常高的相关关系。参与者们认为像他杀这种死因（新闻媒体对这种死因的报道频率要大大高于中风）要更加普遍。重要的是，新闻报道的多寡与不同死因的实际普遍程度并不怎么相关。

与代表性相一致，利希滕斯坦在他们的数据中也发现了人们忽略基础概率的证据。例如，参与者们感觉由于天花而死亡的可能性要大大高于由于天花疫苗引发并发症而死亡的可能性。实际上，部分程度上由于天花疫苗的出现，天花病例很少出现，因此，因为天花而死亡的人也非常之少。相反，几乎所有的学龄儿童都会接种天花疫苗。虽然因为天花接种而死亡的概率非常小，但是接种的绝对数量导致因为接种疫苗而死亡要比因天花疾病本身而死亡更加普遍。

■ 实例 7-10 以 R 开头

如果你拿出一本标准英语词典并统计其收录的单词数量，你认为以字母 R 开头的单词多还是 R 在第三个位置的单词多？阿莫斯·特沃斯基和丹尼尔·卡尼曼向152名参与者询问了该问题，对于字母 K、L、N 和 V 他们也询问了类似的问题。如果你打算尽可能写出你所知道的以 R 开头的单词，你可能会很容易填满一张列表。这是因为我们倾向于按照首字母对单词进行分类。我们经常按照字母顺序列出单词。此外，这些单词第一个音节的发音基本相同。相反，如果让你创建一个你所知道的 R 作为第三个字母的单词列表，这个列表可能会非常短。我们一般不会按照第三个相同的字母对单词进行分类。这是一个不熟悉的任务，因此我们无法创建一个较长的列表。实际上，英语中以 R 作为第三个字母的单词数量要多于 R 作为首字母的单词数量。例如，就本段内容而言，R 作为第三个字母的单词有 16 个，但只有一个是以 R 开头的。参与者认为以字母 R 开头的单词大约是以 R 作为第三个字母的单词的两倍多。对于其他字母也得到了相似的结果，虽然它们更多地出现在第三个字母位置而非开头。

7.7 易得性直觉推断

就像前面两个例子中所阐明的一样，人们倾向于根据事件实例被回想起来的容易程度来评估事件的概率。这种根据人们回想某事件的难度来判断概率的倾向被称为**易得性直觉推断**（availability heuristic）。易得性直觉推断自然地导致人们夸大那些容易回想起来的事件的概率，低估那些难以回想起来了的事件的概率。因此，对暴力性死亡的新闻报道使得人们相信这种死亡很普遍。同时，新闻较少报道因疾病而死亡的新闻，这导致人们在比较时判断这类死亡并不常见，虽然它们在统计上非常普遍。这种结果会影响害怕死亡的人的行动。易得性偏向对于政策制定者或者营销人员而言是一种非常有用的工具。毫无意外，相对于非吸烟者，吸烟者倾向于认为吸烟不太像一种死亡威胁。但是两个组群都明显高估了吸烟致死的概率，这会令你感到吃惊。通过大力宣传吸烟对健康的危害，信息战使得公共舆论产生了成见，使得人们相信香烟要比实际上更加致命。但是，这种看法几乎肯定会减少二手烟对其他人的危害，也会对因此而戒烟的人产生益处。

易得性直觉推断极大地依赖于对可能事件的了解程度以及回想这些事件所必需的认知过程。报纸和公共信息战会影响了解程度，使得这些被讨论或评论的事件看起来更加普遍。相反，单词构建任务阐明了认知过程如何影响概率判断并使之产生偏差。对于不熟悉的任务，例如用特定的第三个字母构建单词列表，会导致低估相关结果概率。

举另外一个例子，考虑从 10 个可能的公交站点中构建一条公交线路。则恰好经过其中两个公交站点的线路能够构建多少条？与途经其中 8 个站点的线路条数相比，是多了还是少了？实际上线路条数是相等的。但是，由于可能的站点数量明显较多而途经站点数量较少，第一个任务看起来更容易。得出途经 8 个站点的可能线路的任务更加困难。因此，大部分人直觉上预测停留 2 站的可能路线要多于停留 8 站的路线。在消费者评估产品故障风险时也发现了同样的结果。如果故障发生在品牌名称引人注意和与众不同的产品上，人们更有可能将其故障发生概率评估为高。与众不同的名称使得人们更容易记住相关故障。

与易得性直觉推断相关的一个现象是**错误共识**（false consensus）。人们倾向于相信其他人持有与自己相同的信念和偏好。因此，人们会夸大自己的观点和行动在总体中的普遍性或与其他人的相似性。

■ 实例 7-11 地震保险

在处理风险和不确定性时，易得性直觉推断可能会导致某些奇怪的行为。罗杰·谢勒，德怀特·安德森和马克·克劳斯提到了一个非常明显的例子。1989 年 10 月 17 日下午 5：04（恰好在世界职业棒球大赛第三场比赛，即奥克兰运动家队与旧金山巨人队的比赛之前），旧金山港湾区发生了一次大地震。地震的里氏震级为 7.1，导致旧金山和奥克兰的很多建筑和公路坍塌。几十人在地震中死亡，并且造成了几十亿美元的损失。

有人或许认为这一事件会对保险产业造成严重的负面影响。在该事件发生后，保险行业对上过地震保险的受损财物负有赔偿责任。但令人意外的是，保险公司的股票价格在 1989 年地震后明显上涨。那些密切关注地震保险市场的人注意到，在大地震后对地震保险的需求急速上升。大量的新闻报道以及看到的震灾场景使得人们暂时性的认为地震变得更有可能发生，继而购买保险来应对可能的损失。在地震曾经发生过的断层上，由于地震本身释放了一部分对断层线的压力，地震风险实际上会下降。因此，人们正好是在事件发生概率下降的时候进行投保的。事实上，1989 年大地震后观察到的对地震保险需求的增加，在补偿了地震造成的数十亿美元损失之后仍有剩余。另外，保险需求的增加并不仅仅局限于旧金山港湾区。相应地，整个国家的地震保险需求都大大增加了，包括那些地震罕有发生的地区。

7.8 偏向、偏执和易得性

雇用员工通常意味着一项重大而且有风险的投资。一旦某人被雇用后，公司通常需要花费大量的时间对新雇员进行培训以适应特定的岗位。对于特定的岗位，要确定新员工是否适合、受教育程度是否足够或者是否有令人满意的职业道德，可能要花费好几个月的时间。即使确定了其不适合该职位，为了避免打官司和其他意想不到的状况，解雇员工也可能需要花费大量资源。一旦发布了招聘广告，有意者通常会通过发送简历或者填表的方式应聘工作。此时，经理或者人力资源专员会审查简历，确定最有希望的应聘者。他们会召集这些应聘者进行面试，之后会确定胜出者。在该过程中的每一个环节，雇主必须根据不完全信息对应聘者进行评估，并估计他对某个岗位的适宜概率。由于可利用信息如此之少，因此行为直觉推断非常有可能会起作用。

在过去的几十年，政府和私人雇主面临巨大的压力，他们被要求在招聘过程中消除种族偏见。许多人认为竞争性市场会消除种族歧视。直觉上，在现行工资水平下任何公司都愿意聘用生产率最高的工人，这会产生更多的利润进而迫使有种族歧视的公司破产。因此（在顾客没有种族偏向时）雇主在聘用过程中也应该不会考虑种族。许多雇主在广告宣传时都标榜自己在招工时会一视同仁，声称他们拥有适宜的制度保证那些历史上曾经受过歧视的种族的应聘者能够得到公正的评价。此外，联邦和地方政府部门也必须遵守评价少数族裔应聘者时应遵循的原则。随着评价过程的巨大变化，我们会预期对简历和应聘者的评价是公正和公平的。

玛丽安·伯川德森和德希尔·穆莱纳桑尝试检验就业市场的公正性程度。他们进行了一项实验，实验中他们虚构了很多虚拟人物的简历。对这些简历他们随机分配姓名，其中刻意选择了一些能够表明种族背景的姓名。例如，一些简历的姓名是托德或者布拉德，另外一些简历的姓名是贾马尔或者达内尔。后一组的姓名表明应聘者是黑人。因为这些姓名是随机分配在简历上的，因此对于不同种族姓名而言，简历的质量被维持在相同的水平上。根据招聘广告发送简历后，研究人员记录每一份简历收到的电话回访数量。发音像白人的姓名大约有 9.5% 的机会收到要求面试的电话。相反，发音像黑人的姓名仅仅有 6.5% 的机会——少了大约 1/3。这种模式在政府空缺岗位以及在私人部门岗位上都是一样的。如果雇主积极追求公平的竞争环境，他们为什么还会歧视具有同样资历的少数族裔应聘者呢？事实上，该项研究涉及的许多雇主也对研究结果感到吃惊，并且与研究者联系寻求改善建议。虽然某些雇主有意识地歧视少数族裔，似乎也存在一些群体，他们的歧视是无意识的。这为什么会发生呢？

可能的原因有很多。但是，易得性直觉推断可能提供了一种解释。迈伦·罗斯巴特和一组研究人员进行了几项心理学实验来考察成见的形成。在一项实验中，对属于某假想群体的一些虚拟人物，向人们展示关于他们的一系列描述，例如"约翰很懒"。同样的描述在一个序列中会出现好几次。罗斯巴特发现若应对的是较小的人群（16 人），参与者能够正确预测群体中表现出特定特征的人所占的比例。但是，当人数很多时（64 人），对表现出某特征的人的预测比例要依赖于描述该特征的短语的重复频率。因此，如果"约翰很懒"在序列中出现了 4 次，则参与者就开始认为该群体中会有更多懒惰的人。也就是说，某条信息出现的频率会影响信息的易得性，导致成见。因此，当大量的新闻文章谈论学业成绩和成就、犯罪率或者其他关于求职者合意性的潜在指标方面的种族差异时，它们可能不经意间改变了人们对待属于某个种族的人的方式。

另外一个实验尝试确定总体中一小部分人的极端属性会如何影响易得性以及成见。告知参与者 50 个人的身高，每次一个，然后让他们猜测身高超过 6 英尺的人的数量。在两个处理组中，都恰有 10 个人的身高高于 6 英尺，平均身高都是 5 英尺 10 英寸。但在极端组条件下，最高的人身高是 6 英尺 11 英寸，在控制组条件下，最高的人身高是 6 英尺 4 英寸。在控制组中人们认为有大约 10 个人的身高高于 6 英尺，在极端组条件下他们认为有 15 个人。因此，由于最大的数字要比 6 英尺大很多，人们认为该组中有更多的人高于 6 英尺。对该组进行评价时，身高的极端性导致该属性更强的易得性。同样的，群体中少数人的极端行为案例可能导致对整个群体产生不公正的成见。在对没有多少个体特征或能力信息的简历进行主观判断时，很难消除这种偏见。通过使用更加客观的度量指标（例如获得的最高学历、工作经验年限）对简历进行初步筛选，企业或许能够克服这种偏见。如果直到应聘者数量很少时才进行主观决策，并且决策者能够对每一个应聘者进行面试，则这种成见效应能够被最小化。

历史说明

在 20 世纪 50 年代后期，心理学家沃德·爱德华兹开始考察贝叶斯法则作为行为模型的适宜性。他最感兴趣的是想要发现信息处理背后的认知过程以及可能影响该过程的因素。他早期关于保守主义的研究成果对大卫·格雷瑟，丹尼尔·卡尼曼，阿莫斯·特沃斯基后来的研究产生了极大的影响。爱德华兹考察了人们通常会如何误解概率，这方面的相关研究成果发现人们通常会高估小概率而低估大概率。在后面的章节将会看到，这一发现成为不确定性条件下行为决策研究的基础。爱德华兹是阿莫斯·特沃斯基的指导教师。爱德华兹的研究成果直接影响了特沃斯基和卡尼曼首次引入代表性直觉推断的研究以及随后发展出小数定律概念的相关研究成果。经济学家们现在进行的工作是尝试将这些概念融入数学模型中，并探索其在经济决策中的应用。易得性直觉推断就是一个相关的概念，其中较小的有代表性的样本是最容易被回想起来的事件。虽然它明显是重要的经济行为决定因素（参见地震的案例），但是在经济建模中正式构建易得性直觉推断的研究还非常少。

传　记

丹尼尔·卡尼曼（1934—）

学士，耶路撒冷希伯来大学，1954 年；博士，加州大学伯克利分校，1961 年；在耶路撒冷希伯来大学、英属哥伦比亚大学、加州大学伯克利分校以及普林斯顿大学担任过教职。

丹尼尔·卡尼曼（Daniel Kahneman）在大学本科期间主修了心理学和数学，博士主修的是心理学。大学本科毕业后，他在以色列军队服役，其间被分配的工作是评估新兵的性格以确定他们是否适合接受军官培训。在取得一些经验后，他发现他们使用的方法没有什么预测能力，然而它们仍然被用来确定军衔。他将这一谜团称为**有效性幻觉**

Koren/Polaris/Newscom

(illusion of validity),他在随后的研究中使用了这一概念。他认为他在军队中进行的很多工作直接导致后来的系列研究,他也因此而闻名。他将其早期职业生涯比喻为"单调乏味的工作",由大量乏味且无说服力的研究构成。在卡尼曼的一次课上,阿莫斯·特沃斯基偶然讨论了爱德华兹关于保守主义的研究成果,就人们是否会仓促得出结论或者人们是否未对新信息产生反应等问题引发了激烈争论。由此争论开始,两人开始进行合作。卡尼曼对判断和决策心理学的贡献主要是和特沃特基合作完成的,为行为经济学的很多研究内容奠定了基础。后来与理查德·塞勒的合作正式将直觉推断和偏向引入到经济决策模型中。最近的研究关注什么使得某项体验令人愉悦或者不悦以及我们如何回想体验。这一工作有可能重新定义我们对效用和享受的概念。由于他对行为经济学发展的贡献,卡尼曼获得了2002年的诺贝尔经济学奖。此外他还获得了为数众多的奖项以及荣誉学位。卡尼曼将他对心理学现象的好奇心归因于他的成长经历。虽然在以色列建国之前出生于巴勒斯坦,但他的大部分童年时光是在法国度过的。在二战期间,作为被纳粹占领的法国地区的犹太人,他们家为了避免被战俘集中营拘禁经常搬家。他的父亲曾经被拘禁了六个月,后来在其雇主的努力下才被释放。在这种环境下,母亲对人类行为简短描述的喋喋不休成为他主要的娱乐以及好奇心的来源。

思考题

1. 在本章,简单提到了错误共识是易得性直觉推断的一种形式。考虑某个企业家,他开发了一种产品并且发现该产品对自己的生活非常有用。就他关于该产品可以畅销到一般受众的信念而言,错误共识是如何认为的?该信念会如何影响其创办新企业销售该产品的投资决策,这会对投资风险产生什么影响?假定我们打算研究企业家的一个较大样本,他们都在围绕自己的需求开发产品。在错误共识条件下,什么类型的企业家更有可能成功?

2. 2003年,安迪·派提特成为纽约扬基棒球队的投手,该队赢得了美国联盟冠军,获得了世界职业棒球大赛资格。在赛季后期,扬基队与下面三个球队有一系列赛事:明尼苏达、波士顿和佛罗里达队。在每个系列比赛中,派提特都在第二局比赛担任投手并且获胜。一个著名的体育赛事专栏作家注意到这一点并且写了一篇文章,高度评价他在系列比赛中第二局比赛担任投手这一令人瞩目的连胜记录。在整个赛季,派提特在29场比赛中担任投手并赢得了21场比赛。这是连续获胜吗?为什么体育专栏作家认为这是一种连胜?你如何从这种感知中获利?对该作家的信念进行建模,假定个体有两个虚拟瓮。其中一个虚拟瓮(平均)有三个球,两个被标记为"赢",一个被标记为"输"。假定另一个虚拟瓮(连胜)也有三个球但是都标记为"赢"。假定不对虚拟瓮进行更新。它使得专栏作家将这一系列获胜解释为连胜的最低连胜概率是多少?相反假定虚拟瓮在每场比赛后即被刷新,则现在在人们认为观察到连胜之前,连胜的条件概率必须是多少?

3. 假定牛市出现的无条件概率是0.8,熊市出现的概率是0.2。在牛市中,股价在一周内上涨的概率是0.7,下跌的概率是0.3。相反,在熊市中,股价在一周内上涨的概率是0.4,下跌的概率是0.6。出于简化,假设股价在一周内的变化是独立的。在过去10周里,我们观察到四周价格上涨六周价格下跌。则观察到现在是熊市的概率是多少?假设某个有线电视新闻分析师,按照格雷瑟关于信念更新的扩展贝叶斯模型行事,$\beta_P = 1.82$,$\beta_L = 2.25$。新闻分析师赋予熊市的概率是多少?最后假定另外一个与之竞争的分析师按照拉宾的虚拟瓮模型行事,每当得到两周的数据后刷新虚拟瓮。进一步假定该分析师在每个虚拟瓮中都有十个球,标记为"上升"和"下降"的球的分布与实际概率一致。则他赋予熊市的概率是多少?如果分析师在每个虚拟瓮中都有 100 个球会怎样？

4. 许多彩票将获胜奖金在选择了获胜号码的人们当中平均分配。知道了这一点后，人们如何利用赌徒谬误来增加购买彩票的期望收益？在什么条件下这样做是有利可图的？

参考文献

Bertrand, M., and S. Mullainathan. "Are Emily and Greg More Employable than Lakisha and Jamal? A Field Experiment on Labor Market Discrimination." *American Economic Review* 94 (2004): 991–1013.

Clotfelter, C.T., and P. J. Cook. "The 'Gambler's Fallacy' in Lottery Play." *Management Science* 39(1993): 1521–1525.

Croson, R., and J. Sundali. "The Gambler's Fallacy and the Hot Hand: Empirical Data from Casinos." *Journal of Risk and Uncertainty* 30(2005): 195–209.

Edwards, W. "Conservatism in Human Information Processing." In D. Kahneman, P. Slovic, and A. Tversky (eds.). *Judgment under Uncertainty: Heuristics and Biases*. New York: Cambridge University Press, 1982, pp. 359–369.

Folkes, V.S. "The Availability Heuristic and Perceived Risk." *Journal of Consumer Research* 15(1988): 13–23.

Gilovich, T., R. Vallone, and A. Tversky. "The Hot Hand in Basketball: On the Misperception of Random Sequences." *Cognitive Psychology* 17(1985): 295–314.

Grether, D.M. "Bayes Rule as a Descriptive Model: The Representativeness Heuristic." *Quarterly Journal of Economics* 95(1980): 537–557.

Hogarth, R.M., and H.J. Einhorn. "Order Effects in Belief Updating: The Belief-Adjustment Model." *Cognitive Psychology* 24(1992): 1–55.

Kahneman, D., and A. Tversky. "On Prediction and Judgment." *Oregon Research Institute Research Bulletin* 12(1972).

Kahneman, D., and A. Tversky. "On the Psychology of Prediction." *Psychological Review* 80(1973): 237–251.

Langer, E.J. "The Illusion of Control." In D. Kahneman, P. Slovic, and A. Tversky (eds.) *Judgment under Uncertainty: Heuristics and Biases*. New York: Cambridge University Press, 1982, pp. 231–238.

Lichtenstein, S., P. Slovic, B. Fischoff, M. Layman, and B. Combs. "Judged Frequency of Lethal Events." *Journal of Experimental Psychology: Human Learning and Memory* 4(1978): 551–578.

Rabin, M. "Inference by Believers in the Law of Small Numbers." *Quarterly Journal of Economics* 117(2002): 775–816.

Rothbart, M., S. Fulero, C. Jensen, J. Howard, and P. Birrel. "From Individual to Group Impressions: Availability Heuristics in Stereotype Formation." *Journal of Experimental Social Psychology* 14(1978): 237–255.

Shelor, R.M., D.C. Anderson, and M.L. Cross. "Gaining from Loss: Property-Liability Insurer Stock Values in the Aftermath of the 1989 California Earthquake." *Journal of Risk and Insurance* 59(1992): 476–488.

Tversky, A., and D. Kahneman. "Belief in the Law of Small Numbers." *Psychological Bulletin* 76(1971): 105–110.

Tversky, A., and D. Kahneman. "Availability: A Heuristic for Judging Frequency and Probability." *Cognitive Psychology* 4(1973): 207–232.

Tversky, A., and D. Kahneman. "Judgments of and by Representativeness." In D. Kahneman, P. Slovic, and A. Tversky (eds.) *Judgment under Uncertainty: Heuristics and Biases*. New York: Cambridge University Press, 1982, pp. 84–100.

第 8 章

证实和过度自信

在过去几年里，从不同角度抗议政治偏见的呼声将矛头对准了新闻媒体。有趣的是，不论从哪一个角度都会听到非常不同的指责。特别地，大部分政治保守派人士在被问及时都会谴责网络媒体以及有很强自由主义偏向的各大报纸刊物。然而，当询问政治自由派人物时，他们声称同样的媒体表现出保守主义偏向。如果我们认为两组人士都是诚实的，他们似乎在看到完全相同的信息时却得出了恰好相反的结论。实际上，由于存在的既定偏见，许多人会刻意选择看上去更加适合自己口味的新闻媒体来获取新闻。因此，保守人士倾向于浏览保守主义倾向更强的网络，而自由派人士倾向于浏览自由主义倾向更强的网络。这时，他们会浏览那些总体上证实他们已持有信念的新闻，不太可能看到让自己质疑或者放弃自身信念的新闻。是什么驱动人们进入这些安全信息避难所呢？

其他有趣的行为在企业家身上也可以看到。企业家们承担着很大的财务风险，他们押注自己的商业创意能够使企业成功。然而，多数此类商业冒险都以失败告终，留下的只不过是黄粱一梦、金钱损失以及通常伴随而来的婚姻失败。即使那些成功建立企业的也倾向于认为，投入大量的精力却赚取很少的钱，还不如自己找一份另外的工作。考虑到占主导的普遍失败，为什么一些理性的人还会承担这种风险呢？另外，在已经确立的公司之间，我们经常会看到兼并潮。一家公司购买另一家，希望两者的结合会比单独运营带来更大的利润。如果这些公司执行某些相同的职能，就有可能剔除这些冗余部分，进而减少成本并获得同样的收入。然而结果通常并非如此。实际上，大部分兼并使得进行收购的公司的利润率更低。什么原因导致公司系统性的误判此类兼并的收益呢？

本章建立在前一章的基础之上，探究人们搜寻新信息的方式，以及这如何系统性的影响信念和接下来的行动。在搜寻新信息时，我们经常可以选择查看什么类型的信息。例如，我们可以选择阅读做保守主义诠释或者做自由主义诠释的新闻。某些新闻更倾向于证实我们当前持有的信念，而其他新闻却倾向于否定我们当前持有的信念。在不确定性条件下进行决策时，我们经常不得不努力处理相互矛盾的信息，在不同的信息源之间进行选择。我们的选择会影响感知的正确性以及决策成功的可能性。

8.1 理性信息搜寻

对于初次接触的学生来说，信息搜寻模型可能难以理解。这是因为信息搜寻涉及两个层次的不确定性。第一个层次的不确定性是关于个体想要了解的经济现象（例如未来股票市场价格）。第二个层次的不确定性是关于所得信息产生的信号（例如，该信号会预示价格上升还是下降，该信号是否准确反映了未来事件）。信息信号通常在建模时表示为随机变量，其分布要依赖于潜在的不确定性。

举一个简单的例子，考虑某个农场主正在进行生产决策。在知道天气状况之前，他必须决定播种数量 x。如果天气状况好，则播种 x 会收获 $\alpha_g x$ 蒲式耳的小麦。如果天气状况差，则播种 x 会收获 $\alpha_b x$ 蒲式耳的小麦，并且 $\alpha_g > \alpha_b > 0$。购买和播种的成本由成本函数 $C(x)$ 给出，并且生产出的小麦可以按照价格 p 售出。假定农场主最初认为好时节出现的概率为 P_g（其是准确地）。则在没有更多信息的条件下，风险中性的农场主会求解

$$\max_x P_g p \alpha_g x + (1-P_g) p \alpha_b x - C(x) \tag{8-1}$$

我们将该问题的解写为 $x^*(P_g)$。

假定现在能得到两种不同的天气预报，可以进一步向农场主提供未来天气状况信息。每一种天气预报的预测要么是 GOOD 要么是 BAD。用 y 表示选择的天气预报。当天气预报 y 预测 GOOD 时，好天气出现的概率为 $P(good|GOOD, y)$。同样，当天气预报 y 预测 BAD 时，差天气会出现的概率为 $P(bad|BAD, y)$。这里我们假定这些概率都是贝叶斯更新的结果。进一步假定农场主知道这些条件概率，并且只允许他选择其中一个天气预报。在做投入决策之前农场主可以看到天气预报。因此投入决策是以获得的天气预报为基础的。给定天气预报 y 预测的状态 STATE，其中，STATE 可以是 GOOD 也可以是 BAD，农场主会求解 ⊖

$$\max_x P(state|STATE, y) p \alpha_g x + (1-P(state|STATE, y)) p \alpha_b x - C(x) \tag{8-2}$$

我们通常将式（8-2）的解写为 $x^*(STATE, y)$。

此外，给定选择的天气预报，我们可以确定收到预测为 GOOD 以及为 BAD 的概率。用 $P(STATE, y)$ 表示在给定选择的天气预报条件下，收到的天气预测为 STATE 的无条件概率。则出于一致性，肯定有

$$P(GOOD, y) = P_g P(good|GOOD, y) + (1-P_g) P(bad|GOOD, y) \tag{8-3}$$

和 ⊖

$$P(BAD, y) = P_g P(good|BAD, y) + (1-P_g) P(bad|BAD, y) \tag{8-4}$$

由于好天气出现的无条件概率是 P_g，所以这些式子肯定是成立的。表 8-1 汇总了给定天气预报 y 时的可能结果以及得到的概率。

表 8-1 概率状态和预测

预测	天气		无条件概率
	good	bad	
GOOD	$P(good|GOOD, y)$	$P(bad|GOOD, y)$	$P(GOOD, y)$
BAD	$P(good|BAD, y)$	$P(bad|BAD, y)$	$P(BAD, y)$
无条件概率	P_g	$1-P_g$	

我们假定 $P_g = 0.7$。并且假定在两个可能的天气预报中，一个在预测天气时是百分百确

⊖ 疑有误，式（8-2）的严谨表示应该为 $\max_x P(good|STATE, y) p \alpha_g x + (1-P(good|STATE, y)) p \alpha_b x - C(x)$。——译者注

⊖ 式（8-3）和式（8-4）疑有误。全概率公式应该为 $P(GOOD, y) = P_g P(GOOD|good, y) + (1-P_g) P(GOOD|bad, y)$ 和 $P(BAD, y) = P_g P(BAD|good, y) + (1-P_g) P(BAD|bad, y)$。其中，已知的条件概率 $P(GOOD|good, y)$，$P(GOOD|bad, y)$，$P(BAD|good, y)$，$P(BAD|bad, y)$ 也被称为似然函数。——译者注

定的，而另外一个倾向于证实好天气会来临的初始信念。假定天气预报 $y=1$ 是异常准确地。因此，$P(good|GOOD,1)=1$ 且 $P(bad|BAD,1)=1$，因此在收到信号后，农场主可以非常确定的知道未来天气状况。另外，假定天气预报 $y=2$ 的情况如下：$P(good|GOOD,1)=0.7$ 且 $P(bad|BAD,1)=0.3$，[注]因此不管给出的信号是什么，农场主仍然认为好天气出现的概率是 0.7。通过选择第二个预报，不论出现的信号是什么，农场主都无法获得新信息。在此情况下，$x^*(GOOD,2)=x^*(BAD,2)=x^*(P_g)$。因为不论天气预报结果是什么，农场主都会选择相同的投入，因此农场主收到天气预报 2 和没有收到任何信号一样会获得相同的利润，如式 8-1 所示。因此，信号 2 对农场主而言没有任何价值，对这种预测他也不会愿意花钱购买。相反，在信号 1 条件下，农场主可以完全弄清楚天气会怎么样，并且在每种状态下可以选择最大化利润的投入水平。因此农场主似乎是在求解[注]

$$P_g \max_{x_g}(p\,\alpha_g\,x_g - C(x)) + (1-P_g)\max_{x_g}(p\,\alpha_b\,x_b - C(x)) \tag{8-5}$$

其中，x_g 是好天气状态下的计划投入，x_b 是差天气状态下的计划投入。这时农场主可以根据状态确定投入水平，并且在各种状态下获得最大可能的利润。明显地，式（8-5）实现的利润要大于式（8-1），此时农场主对于两种可能的状态只能选择一种投入水平。因此，这种信号对农场主而言必定是有价值的，值得支付有预报和无预报时预期利润的差值。

一般而言，随着信息确定性或者准确性的提高，信息的价值也会增加。也就是说，在收到预测信号时，世界所有可能状态的概率越贴近 1 或者零，该信号就具有更高的价值。不同状态的概率越贴近极端值，人们的规划能力就越强，就越能避免不确定性带来的平均利润的下降。如果某个预测信号几乎总是产生与当前持有信念相似的信念，我们称之为**证实性预测**（confirming forecast）。就规划目的而言证实性预测没有什么价值。因为它不会改变信念，因此也就不会改变计划的选择。因此，在这种意义上，证实性预测没有任何价值。

相反，如果信息能够加强当前对某种状态的信念，我们也可以认为该信息是证实性的，例如，某个天气预报能够使人们相信好天气出现的概率高于初始信念 0.7。该信号是有价值的，因为它导致能够更好地分清楚世界不同的可能状态，继而允许做出更好的决策。然而，这种预报肯定也使得你能够更加准确地预测较差状态。也就是说，如果 $P(good|GOOD,y) > P_g$，则 $P(bad|BAD,y) > (1-P_g)$。因此，该信息也有可能否定当前信念。一个理性的经济人总是弱偏好更加准确的信念集合，而不管该信念是否类似于当前信念。

■ 实例 8-1 分数的客观性

许多学生都有这样的经历，感觉其获得的分数不公平。经常能够听到学生的抱怨，他们对自己的成绩感到异常吃惊，感觉教师或者教授在给成绩时存在不利于自己的偏向。

这里给出一些证据，下次当你面对此类争议时它们或许是有帮助的。约翰·达利和佩吉特·格罗斯进行了一系列实验，其中让受试者观看一个四年级女生的录像带，然后让他们评估其学业能力。控制组只观看成绩测验时女孩回答问题的录像带。平均而言该组认为她在阅读和人文科学方面的成绩非常接近年级水平，但在数学上稍低于年级水平。另一个小组观看女孩玩耍的录像带，并且不允许他们观看成绩测验的答题情况。这个小组中有一半的参与者会看到这个女孩在高档社区玩耍，另一半参与者看到她在低收入社区玩耍。那些观看女孩在

[注] 疑有误，应为 $P(good|GOOD,2)=0.7$ 且 $P(bad|BAD,2)=0.3$。——译者注

[注] 疑有误，该式的第二项应为 $(1-P_g)\max_{x_b}(p\alpha_b\,x_b-C(x))$。——译者注

高档社区玩耍的人的评分结果是：阅读和人文科学成绩稍高于年级水平，数学成绩达到年级水平。观看他在低收入社区玩耍的人的成绩评定结果为：三项都稍低于年级水平。显然这两组受试者都没有机会真正观察到她在这些科目上的能力，因此他们的评价结果仅仅代表了他们的先验信念。

让第三组人先观看女孩儿玩耍的录像带，然后观看成绩测验状况，最后让他们对其表现进行评价。在这种情况下，在观看他玩耍时观察者有机会形成对女孩的初始信念，然后他们使用考试测验结果来更新他们的信念。这时，那些看到女孩在高档社区玩耍的人的评分结果是：阅读和人文科学成绩大大高于年级水平，数学成绩稍高于年级水平。看到他在低收入社区玩耍的人的成绩评定结果为：三项都大大低于年级水平。

因此，不论他们对女孩能力的初始信念是什么，所有看到她成绩测验表现的参与者都会强化他们的初始看法。如果他们最初认为她的成绩高于年级水平，则在看到测验表现后他们会认为她的成绩大大高于年级水平。如果最初认为成绩低于年级水平，则在看到测验表现后他们认为成绩大大低于年级水平。这发生在观看了完全相同的成绩测验表现录像带之后。明显地，同样的证据在不同的旁观者眼中会有所不同。

■ 实例 8-2　翻看卡片和逆否命题

在实践中很难建立事件之间的因果联系。决策者通常会搜寻信息来帮助建立一种决策规则。例如，我们可能假设纽约市在下雨时股票价格通常会下跌。一种检验该假说的方式是研究纽约市下雨天的股票价格数据，检验在这些天股价的平均变化是否为负。另一种方法是，我们可以仅收集股价上涨的日子里的天气数据，检验下雨天是否大于零。这看起来似乎是检验该假设的一个不太明显的方法，但是同样也有很强的效力。然而，获取关于股票价格在晴天变动的数据并不能用来检验或者支持该假设。事实上原假设和晴天没有任何关系。有可能的是平均而言价格在晴天和雨天都上涨（例如如果天气和股票收益没有任何关系）。但是，如果我说平均而言股票价格在晴天会上涨，许多人或许会增强他们对和雨天相关的原假设的信心，认为这在某种程度上使得雨天的价格更有可能下跌。在处理**逆否命题**（contrapositive statements）时这种错误比较普遍。"如果 P 为真，则 Q 为真"和"如果 P 不为真，则 Q 不为真"两个形式的命题互为逆否命题，⊖寻找证据支持逆否命题可以作为证实原假设的一种手段，在此过程中人们经常会犯错误。

P. C. 沃森进行了几项实验来研究此种因惑如何影响信息搜寻。向实验参与者展示四张随机排列的卡片。告诉他们每张卡片的一面有一个数字，另一面有一个字母。例如，在一个处理组中向他们展示四张卡片，向上的一面分别显示"D"，"3"，"B"，"7"，如图 8-1 所示。然后询问参与

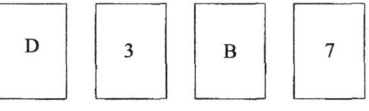

图 8-1　沃森实验中卡片的可见部分

者，要检验假设"如果任何一张卡片的一面上是 D，则另一面上是 3"，他们需要翻看哪张卡片。很明显，要检验该假设人们需要翻看"D"卡片，这是每一个参与者都能够确定的。但是人们还需要翻看卡片"7"。如果该卡片的反面是"D"，则该假设是错误的。仅有 20% 的参与者能够确定需要翻看卡片"7"。另外，有 74% 的参与者认为有必要翻看卡片"3"来检验该假设。这当然是错误的。如果我们翻看卡片"3"并且发现另一面写着"K"，我们只是成功地发现在这张卡片上不能使用该规则，因为规则只是说"D"的另一面会出现什么。相

⊖　疑有错误，其逆否命题应为"如果 Q 不为真，则 P 不为真"。——译者注

应地，如果我们发现卡片"3"的另一面是"D"，这也不能证实或者否定该假设。因此，通过翻看卡片"3"并不能获得任何新信息。

沃森和其他人的后期研究在科学家和尝试应用科学原理的学生身上也发现了同样的偏向。在人们有一个初始假设后，一般倾向是其进行的检验能够显示假设关系但是不能拒绝该假设（例如翻看卡片"3"）。我们称这种信息为**证实性的**（confirmatory），因为它能够显示假设的关系，提供了某种程度的证实，虽然它没有能力拒绝该关系。相反，我们将诸如翻看卡片"7"此类信息称之为**证伪性的**（disconfirmatory）。证伪性证据不可能显示假设的关系（翻看卡片"7"我们无法看到一面有"3"另一面有"D"的卡片）但是能够拒绝该假设。克利福德·迈纳特，迈克尔·道尔蒂和赖安·泰迪尼发现在实验中不管是指导参与者寻找证实性证据还是证伪性证据，他们大约有70%的时候倾向于寻找证实性证据。因此，关于证实性和证伪性信息，即使给决策者一些指导，他们也很难区分两者。这进一步说明，决策者有明显的搜寻证实性而非证伪性信息的倾向。

8.2 证实偏向

人们有强烈的倾向寻找那些有可能证实自己当前持有信念的信息，而非那些让自己重新思考的信息。另外，人们也倾向于将新信息解释为支持自己当前持有的信念。这种倾向被称为**证实偏向**（confirmation bias）。通过搜寻那些只能证实当前持有信念的信息，新信息不能改变人们的想法；因此，翻看卡片3而非卡片7的人正在寻找证实性信息。此外，人们倾向于忽视、质疑并且过分仔细地检查那些与自己当前持有信念相矛盾的信息，而将那些符合当前信念的信息看得过于表面化，继而强化当前持有信念。因而人们更有可能将模糊信息看作是证实而非证伪当前持有的信念。随机给定一条信息，表现出证实偏向的人在很大程度上会将该信息解释为支持自己已经持有的信念。作为该原则的一个阐释例子，塞勒最初在《经济学展望杂志》发表的系列文章在介绍行为经济学领域时指出，在很大程度上行为经济学旨在与经济学家的证实性偏向作斗争。绝大部分经济学研究寻找有可能证实古典经济模型的证据，而行为研究寻找古典模型可能失败的证据。

我们将搜寻证实性信息或者对证伪性信息吹毛求疵的这种倾向称为**基于假设的筛选**（hypothesis-based filtering）。马修·拉宾和约珥·施拉格指出虽然人们使用当前假设来为搜寻和解释信息提供相关情报是合理和理性的，但是接着继续使用该解释或者得出的信息作为该假设的进一步证据是不合理的。为了让人们理解这一结果，他们给出的例子是教师对考试的评分。当教师遇到模糊或者古怪的答案时，他会以自己对学生的了解来解释该答案的意思，确定学生对学习科目的掌握程度，进而给该试题打分。这是非常合理的。然而，一旦教师根据教学过程中自己对学生对课程内容掌握程度的了解对考试答案评分后，则此后再用得出的成绩作为该学生对课程内容掌握程度的进一步证据是无效的。此时，成绩并不包含初始假设以外的信息，而该假设被用来过滤学生考试答案所包含的信息。

其他两种情况通常会导致证实偏向。第一种情况是当信息模棱两可并且需要对其进行解释时，人们通常根据他们最初持有的信念来解释该信息，进行基于假设的筛选。这会导致以下情况：模糊信息几乎总是被看作是证实和强化当前持有的信念。例如，对一篇小论文的评分方式可能会根据对完成该任务所需努力的判断表现出证实偏向，而多项选择题不会表现出此偏向。第二种情况是人们在探察随机事件相关关系方面遇到困难时。因此，当他们的信念围绕可能起因事件以及可能结果事件之间的相关关系时，人们倾向于在因果关系不存在时证实这种关系。例如，如果本来就认为存在热手现象，则在没有进行严格统计分析条件下，体育迷或许在观看几场篮球比赛后就觉得证实了这种现象。相信投篮命中正相关通常导致人们将一连串的投篮命中看作是相关的，虽然这种相关关系并不存在。

拉宾和施拉格根据世界的两种可能状态提出了一个证实偏向模型。再次考虑农场主的例子，他希望知道播种时节天气的好（good）与坏（bad）。假定在播种时节的前一周，农场主都会收到关于天气的不同预报，要么预测 GOOD，要么预测 BAD。这些预测之间被认为是相互独立的，在好天气条件下预测为 GOOD 的概率 $P(GOOD|good)>0.5$，在差天气条件下预测为 BAD 的概率 $P(BAD|bad)>0.5$。最初，假定农场主认为有 0.5 的概率是好天气。现在假定天气预报所传达的信息有些模糊不清，导致证实偏向。并且在播种时节前一周里，农场主收到一系列的预测（例如 GOOD，GOOD，BAD，……），但是农场主感知到的系列预测可能是有所不同的。我们用 $\widehat{GOOD}$ 来表示对 GOOD 预测的感知，用 $\widehat{BAD}$ 来表示对 BAD 预测的感知。在任意时刻，如果农场主认为或好或坏的天气更有可能出现，则他以 $q>0$ 的概率误解证伪信息，而以概率 1 正确感知证实信息。然后农场主根据贝叶斯法则更新信念，就好像他的感知等同于现实一样。因此，如果他感知到的信号为 $\widehat{GOOD}$，$\widehat{GOOD}$，$\widehat{BAD}$，他的感知信念可以写为[⊖]

$$\hat{P}(good|\widehat{GOOD},\widehat{GOOD},\widehat{BAD})$$
$$=\frac{0.5\times(P(GOOD|good))^2(1-P(GOOD|good))}{0.5\times(P(GOOD|good))^2(1-P(GOOD|good))+0.5\times(1-P(BAD|bad))^2(P(BAD|bad))}$$
(8-6)

其中，分子上的 0.5 是对好天气会出现的贝叶斯先验信念，它再乘以好天气确实出现的条件下预测为 GOOD 的概率的幂（预测为好天气的次数，这个例子里为 2），再乘以好天气确实出现的条件下预测为 BAD 的概率的幂（预测为差天气的次数，这个例子里为 1），分母包括分子项再加上一个使用差天气出现条件下的概率形成的类似项。注意到感知信念独立于感知预测的排序。因此，如果农场主感知的序列为 $\widehat{BAD}$，$\widehat{GOOD}$，$\widehat{GOOD}$，他仍然会维持相同的信念。如果感知预测同实际预测一样也是相互独立的，则该结论应该是正确的。然而，在这个例子中，由于感知信号相互依赖，所以感知排序实际上确实会影响该事件的实际概率。

假定先验信念是好天气出现的概率为 0.5。如果人们第一个感知到的信号为 $\widehat{GOOD}$，并且人们的初始信念也不偏向于好天气或者坏天气，因此感知必定是准确的。然而，一旦感知到第一个 $\widehat{GOOD}$，人们的信念变为

$$\hat{P}(good|\widehat{GOOD})$$
$$=\frac{0.5\times(P(GOOD|good))^1(1-P(GOOD|good))^0}{0.5\times(P(GOOD|good))^1(1-P(GOOD|good))^0+0.5\times(1-P(BAD|bad))^1(P(BAD|bad))^0}$$
$$=\frac{P(GOOD|good)}{P(GOOD|good)+(1-P(BAD|bad))}>0.5 \tag{8-7}$$

其中，最后一个不等号之所以成立是因为 $P(GOOD|good)>0.5$ 和 $P(BAD|bad)>0.5$。这时如果下一个信号是 GOOD，它会被准确地感知为 $\widehat{GOOD}$。但是如果下一个信号是

⊖ 这一部分作者的表述似乎存在很多不严谨甚至矛盾的地方，因此，译者根据自己的理解进行了很多注释。限于译者的理解，希望读者在阅读过程中斟酌权衡。式（8-6）要表达的是，在农场主不存在证实偏向的条件下（即正确感知证实性以及证伪性信号），使用贝叶斯法则得出的对好天气会出现的概率的判断。这也应该是好天气会出现的实际概率，但作者似乎将其定义为感知概率，这从对后面所举例子的说明来看尤为明显。——译者注

BAD，则有 q 的概率被感知为 $\widehat{GOOD}$。因此，即使考虑到该信号有被误解的可能性，第二次感知到 $\widehat{GOOD}$ 应该也不会导致信念变动太大。这时，在给定天气确实为好天气的条件下，感知到第二个 $\widehat{GOOD}$ 的概率是

$$P(\widehat{GOOD}|\widehat{GOOD},good) = [P(\widehat{GOOD}|good) + q(1 - P(\widehat{GOOD}|good))] \quad (8\text{-}8)$$

并且

$$P(\widehat{GOOD}|\widehat{GOOD},bad) = [qP(\widehat{BAD}|bad) + (1 - P(\widehat{BAD}|bad))] \quad (8\text{-}9)$$

实际上，这是在农场主认为好天气更有可能出现的任何时期感知到 $\widehat{GOOD}$ 的实际概率。㊀因此，一个了解自己存在信号误解倾向的真正贝叶斯主义者会认为（比较式（8-6））㊁

$$P(good|\widehat{GOOD},\widehat{GOOD},\widehat{BAD})$$
$$= \{0.5 \times P(\widehat{GOOD}|good)P(\widehat{GOOD}|\widehat{GOOD},good)(1 - P(\widehat{GOOD}|\widehat{GOOD},good))\}$$
$$\div \{0.5 \times P(\widehat{GOOD}|good)P(\widehat{GOOD}|\widehat{GOOD},good)(1 - P(\widehat{GOOD}|\widehat{GOOD},good))$$
$$+ 0.5$$
$$\times (1 - P(\widehat{BAD}|bad))P(\widehat{GOOD}|\widehat{GOOD},bad)(1 - P(\widehat{GOOD}|\widehat{GOOD},bad))\} \quad (8\text{-}10)$$

举一个例子，假定 $P(\widehat{GOOD}|good) = 0.75$ 且 $P(\widehat{BAD}|bad) = 0.6$，$q = 0.5$。则对序列 $\widehat{GOOD},\widehat{GOOD},\widehat{BAD}$ 的感知概率是㊂

$$\hat{P}(good|\widehat{GOOD},\widehat{GOOD},\widehat{BAD}) = \frac{0.5 \times (0.75)^2(1-0.75)}{0.5 \times (0.75)^2(1-0.75) + 0.5 \times (1-0.6)^2 \times (0.6)}$$
$$\approx 0.59 \quad (8\text{-}11)$$

然而，好天气会出现的真实概率为㊃

$$P(good|\widehat{GOOD},\widehat{GOOD},\widehat{BAD})$$
$$= \{0.5 \times 0.75 \times [0.75 + 0.5 \times (1-0.75)] \times (1 - [0.75 + 0.5 \times (1-0.75)])\}$$
$$\div \{0.5 \times 0.75 \times [0.75 + 0.5 \times (1-0.75)] \times (1 - [0.75 + 0.5 \times (1-0.75)]) + 0.5$$
$$\times (1-0.6)[0.5 \times 0.6 + (1-0.6)] \times (1 - [0.5 \times 0.6 + (1-0.6)])\} \approx 0.49 \quad (8\text{-}12)$$

因此，农场主在客观上会持有错误的信念，在差天气实际上更有可能出现时相信好天气会更有可能出现。㊄一般而言，就农场主感觉更有可能出现的状态而言，对该状态的感知概率要大于该状态的客观概率。不论收到多少预测这种状态会持续下去。

图 8-2 显示了对拉宾-施拉格假设筛选模型的两个模拟结果。就两者而言，认为好天气会出现的先验信念被设定为 $P(good) = 0.5$。在好天气是真实状态条件下收到好天气信号的概率 $P(\widehat{GOOD}|good) = 0.8$。在差天气是真实状态条件下收到差天气信号的概率 $P(\widehat{BAD}|bad) = 0.8$。最后，如果信号是证伪性的误解该信号的概率 $q = 0.25$。在每次模拟中使用随机数发生

㊀ 式（8-8）为在好天气会出现的条件下，并且农场主认为好天气更有可能出现的时候，感知到第二个 $\widehat{GOOD}$ 的概率。式（8-9）为在差天气会出现的条件下，但是农场主认为好天气更有可能出现的时候，感知到第二个 $\widehat{GOOD}$ 的概率。——译者注

㊁ 式（8-10）是农场主存在证实偏向的条件下（即正确感知证实性信号而以 q 的概率错误感知证伪性信号），使用贝叶斯法则得出的对好天气会出现的概率的判断。这应该是农场主对好天气会出现的感知概率，但作者似乎将其定义为实际概率，这从后面所举例子的说明来看尤为明显。——译者注

㊂ 如果读者认同译者的看法，则式（8-11）应该为实际或真实概率。——译者注

㊃ 如果读者认同译者的看法，则式（8-12）应该为感知概率。——译者注

㊄ 如果译者的看法是正确的，则从此例来看，农场主应该是在好天气更有可能出现的条件下，相信差天气更有可能出现。作者在这里用这个例子来说明证实偏向并不是十分恰当，译者认为应该与图 8-2 一样，将信号顺序改为 $\widehat{BAD},\widehat{GOOD},\widehat{GOOD}$ 来举例更为恰当。——译者注

器产生了 9 期的天气状况和天气信号。图 8-2a 中显示的情况为：感知概率趋同于贝叶斯信念（和事实）。㊀ 在这个例子里，天气是差天气。第一个天气预报为 BAD，好天气的贝叶斯概率迅速降为 0.20。然后收到两个 GOOD 预测，导致对好天气出现概率的贝叶斯信念增加到 0.8。最后，一连串的 BAD 预测最终导致好天气出现的贝叶斯概率趋向于 0。基于假设的筛选模型以更快的速度趋向概率 0，因为在收到第一个 BAD 后，会对之后的所有好天气信号进行折扣。由于初始信息倾向于差天气，因此导致其以更快的速度趋向于事实。

但也有可能初始信息并不总是准确地。图 8-2b 显示了这样一种情况，由假设筛选形成的感知偏离了贝叶斯概率（和事实）。在这个模拟中，天气是好天气，但是第一个信号是 BAD。这再次使感知倾向于差天气，导致假设筛选模拟过程对后两次收到的 GOOD 信号进行折扣，贝叶斯信念上升到 0.8 时感知信念仍然基本持平。下一个 BAD 信号锁定了天气为差天气的信念，导致这时额外的 GOOD 信号不会明显改变感知。

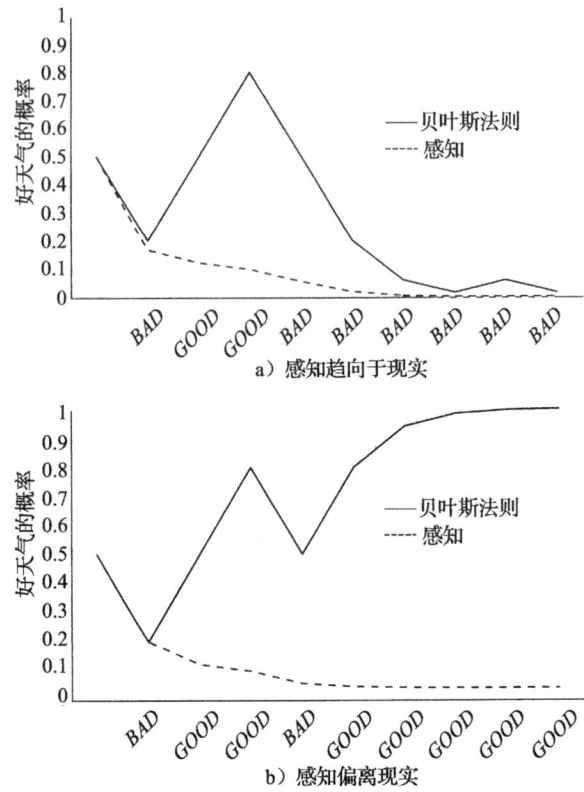

图 8-2　对拉宾-施拉格假设筛选模型的模拟

当某人预测某种状态最有可能出现并且对该状态概率的估计要高于客观测度得出的概率时，我们称这个人是**过度自信**（overconfident）的。大部分证实偏向的研究表明过度自信是基于假设进行筛选的自然结果。在证实偏向条件下，人们未能从新信息中了解太多应该了解的信息。这与第七章中讨论的保守主义现象紧密相关。因此，在某些方面证实偏向现象可以看作是代表性的反向力量。

■ 实例 8-3　业务总裁与兼并

公司经常收购或者兼并其他公司，希望借此降低成本。如果公司执行相同的职能，表面上合并后的公司可以削减重复业务的资本和劳动力成本，以更低的成本同时为之前的两个企业执行相同的职能，进而获得更高的利润。因此，如果你是一名业务总裁，正在考虑兼并另一家公司，则需要花费大量的精力评估兼并成本，兼并后削减成本的可能性，以及兼并的可能净收益。如果公司以合理的方式对这些进行评估，则平均而言兼并似乎会增加公司利润。

实际上，事实恰好相反。在所有的兼并收购中，会对购方公司产生增值的不到总数的一半，只有 30% 的收购导致的利润增加达到了确定的收购目标。考虑到可怜的成功率，乌尔丽

㊀ 从图 8-2 也可以看出作者在行文过程中存在的矛盾。对于此图中的前三个信号，贝叶斯法则线（实线）实际上是根据式（8-6）画出的，并且作者认为贝叶斯概率描述了事实；而感知线（虚线）是根据式（8-10）画出的（当然还需要根据信号顺序进行调整）。但作者在前面是根据式（8-6）定义感知概率或感知信念，根据式（8-10）定义真实概率。这是矛盾的。——译者注

克·马尔门迪尔和杰弗里·塔特认为进行兼并的 CEO 高估了他们自己从被收购公司获得收益的能力。另外，他们将此现象与普遍的对自己公司会成功的过度自信联系在一起。CEO 经常被给予股票期权，即在期权到期日之前可以按照固定价格购买公司股票的选择权。通常，如果股票的现价高于期权设定的价格，我们说期权处于"实值"状态。这时 CEO 会对实值期权进行行权，以设定的价格购买股票，然后以更高的市场价格售出股票。一般而言，当人们持有实值期权时，只有认为股票价格会进一步上涨，才会继续持有期权。对于实值期权只是持有而非行权是一次高风险的赌博，赌公司会继续增值。马尔门迪尔和塔特使用持有的实值期权作为 CEO 对公司未来过度自信程度的测度。他们发现过度自信程度更高的 CEO 也更加有可能进行兼并行为。因此，对兼并前景的过度自信似乎可以解释某些兼并活动。

维姬·博根和大卫·贾斯特发现，在公司收集关于兼并的潜在信息时，证实偏向可能会产生这种过度自信。他们进行了一项经济学实验，实验中让参与者担任某公司的 CEO 职位，该公司正在考虑收购另一家公司。参与者使用网络浏览器访问相关网页，这些网页中含有与兼并相关的潜在成本、收益、法律问题和市场问题等信息。计算机会记录访问次数以及每个参与者在每种类型信息上花费的时间。最后让参与者确定是否参与对目标公司的竞价以及出价的多少。然后会支付给参与者一部分其行动所得的期望利润。从不同的网页中可以得到足够的信息来计算每种场景下的期望利润。

实验中使用了两个不同的处理组。其中一组由学习商业管理的大学生构成，另外一组主要由财富 500 强公司的执行官们组成。有大约不到 1/3 的执行官愿意访问展示兼并成本信息的网页——这些信息有可能否定兼并是有利可图的信念。超过一半的执行官从来没有检查成本，但只有大约 18％的其他参与者没有查看成本信息。因此，他们主要在搜寻潜在收益信息——证实性信息。在查看每页的信息后让参与者表明他们可能的决策。对于兼并的利润率执行官们也更不愿意改变自己的想法。因此，实验中执行官们似乎表现出强烈的证实偏向。这种证实偏向可能导致过度自信，继而产生糟糕的兼并行为。

■ 实例 8-4 政治偏向和信息

越来越多的声音开始谴责新闻媒体在报道政治事件时存在偏向。佩尤研究中心会开展几次民意调查定期对媒体的偏向进行研究。在 2000 年，他们发现 48％的被调查者声称新闻媒体中没有特定的偏向，32％的人认为存在某些偏向。在 2004 年，感觉没有偏向的人下降为 38％，39％的人基于其所从属的党派认为存在偏向。如果我们仅限于考察那些确认自己是政治保守的共和党或者政治自由的民主党人士的话，多数被调查者认为媒体存在偏向。在保守的共和党人之中，47％的人认为媒体表现出民主党偏向，只有 8％的人认为媒体报道有利于共和党。在自由的民主党人之中，36％的人认为报道有利于共和党，只有 11％的人认为新闻报道有利于民主党。一些人或许争辩说他们之所以看法不同是因为他们察看了不同的媒体。例如，从福克斯新闻获取新闻的共和党人是民主党人士的两倍。查看主要网络新闻报道的人多是民主党人士而非共和党人士，该比例也为 2∶1。但是如果进一步研究所指责的偏向，福克斯新闻更多的是被指责偏向共和党，而主要网络新闻更多的是被指责偏向民主党。因此，观众们倾向于将大部分新闻报道评估为偏向于反对自己的信仰，并且他们选择性地观看在某种程度上偏向于自己观点的新闻。⊖

查理斯·洛德，李·罗斯和马克·莱珀尝试研究政治主张会如何影响人们处理信息的过

⊖ Pew Research Center for the People and the Press. "Perceptions of Partisan Bias Seen as Growing—Especially by Democrats." News Release, January 11, 2004.

程。他们让151名参与者完成一份问卷,以确定自己是赞成死刑还是反对死刑。几个星期后,48名参与者被召回让他们参与某项训练。在这48个人当中,有一半表明自己相信死刑是有效的防止犯罪的威慑力量,并且认为研究会支持他们的立场。另一半相信死刑是无效的威慑力量,并且认为研究会支持他们的立场。

让参与者阅读两张索引卡片,卡片上写的是对某个研究性论文的简短总结。例如,

克罗纳和菲利普斯(1977)比较了14个州在采纳死刑前后一年的谋杀率。14个州中有11个州在采纳死刑后谋杀率下降了。该研究支持了死刑威慑的有效性。

或者,

帕尔默和克兰德尔(1977)比较了死刑法律不同的10对相邻州的谋杀率。在10对中的8对中,有死刑的州的谋杀率更高。该研究驳斥了死刑威慑的有效性。

在读完这些简短的总结之后,允许参与者阅读某些对这些特定研究的评论,然后让他们对该研究结果的说服力进行打分。死刑的支持者认为支持死刑威慑的研究要比反对死刑威慑的研究更令人信服。同样,死刑的反对者认为反对死刑威慑的研究更有说服力。在察看了同样的信息后,死刑的支持者报告说他们会更加支持死刑,而反对者认为自己会更加反对死刑。一旦政治主张形成,更多的信息通过证实偏向或许只是起到了极端化自己观点的作用。

■ 实例 8-5 哈佛的学生是过度自信的

回想一下未知参数的 $x\%$ 的置信区间:它是根据样本数据得出的一个区间,使得如果我们能够重复无限次实验产生该数据样本,则该区间有 $x\%$ 的机会包含未知参数值。一种直观的思考方式是:该参数有 $x/2$ 的概率大于置信区间的上限,有 $x/2$ 的概率小于置信区间的下限。⊖ 如果我们只有非常少的信息,以此为基础确定两个端点,则置信区间会比较宽。相反,对于参数值如果我们有很多信息,则区间应该会非常窄。除了根据统计数据得出一个置信区间之外,让人们根据他们自己对世界的了解创建置信区间也是可以的。如果受访者是准确校准的,则这看起来似乎是合理的,例如他们能够得出两个数值使得美国去年进口的外国汽车数量超过较大数值的概率是 0.01,低于较小数值的概率是 0.01。如果我们能够对几条冷僻知识进行同样的实验,则我们就可以测度受访者是否是准确校准的。在询问了上百个问题之后,如果我们知道正确数值,我们就能够确定真实值高于或者低于受访者区间估计的百分比。

马克·阿尔伯特和霍华德·莱福在20世纪60年代后期最先对1000多名哈佛大学的学生进行了该种实验。最初让学生们构建的是 50% 和 98% 的置信区间(也就是真实值低于这些数值的概率为 0.01,0.25,0.75 和 0.99),还要让他们确定一个数值使得高于和低于该值的概率都是 0.50。对于10个未知的数值,他们需要确定这些区间。举几个例子:

1. 除去那些从不喝酒的人,一年级学生回答自己喜欢波旁威士忌而非苏格兰威士忌的比例。

4. 1968年7月的盖洛普民意测验对成年美国人的一个代表性样本进行了以下调查:如果在中东爆发全面战争,美国是否应该出兵帮助以色列。受访者认为应该出兵的比例为多少。

6. 在1968年波士顿及其邻近地区的电话簿黄页中列出的"内科和外科医生"数量。

8. 1965年美国生产的鸡蛋数量(以百万为单位)。

⊖ 疑有误,$x/2$ 应该为 $\dfrac{x}{2}\%$。——译者注

9. 1967年美国进口的外国汽车数量（以千为单位）。

最初有800名MBA学生回答了上述和其他问题。表8-2比较了真实值和哈佛学生回答的置信区间。举例来说，考虑第一个问题，该问题询问学生其他学生偏爱波旁威士忌而非苏格兰威士忌的比例。事实上，42.5%的学生偏爱波旁威士忌。没有学生能够确定的知道该数值，但是在派对或者其他社交聚会场合他们有可能了解其他人喜欢喝什么。如果让他们给出一个数字使得只有0.01的概率让一小部分人喜欢波旁威士忌，人们或许先猜测真实百分比，然后减少该数字直到觉得只有非常小的概率（确切地说是0.01）数量会低于该点。对于不了解其他人喝什么的学生（例如他们没有参加过此类聚会），他们应该猜测一个极端低的数字来反映他们缺乏了解，例如可能是2%这个数字。如果对于真实比例他们非常了解（或许以前他们进行过调查），他们应该选择一个非常接近于事实的数字，或许是40%。当每个学生都进行过这种调查时，即如果所有人都是准确校准的，则平均而言100个人里应该只有一个人选择的数字高于真实数值。但是，表8-2表明100个人里有三个人选择的数字高于真实数值。这表明学生们在评估自己有多了解其他学生的饮酒偏好方面并不成功。

表8-2 哈佛大学学生置信区间的准确性

		真实数值属于以下区间的百分比						
序号	题目	小于0.01	小于0.25	小于0.50	大于0.50	大于0.75	大于0.99	真实数值
1	波旁威士忌	3	19	39	61	21	10	42.5
4	以色列	51	92	98	2	1	0	10.4
6	医生	24	38	50	50	37	27	2 600
8	鸡蛋	9	11	24	76	66	58	64.588
9	汽车	25	40	58	42	33	26	697

首先考察"小于0.01"的第一列。如果学生们是正确校准的，对于每一个问题真实数值小于0.01百分位数所占百分比应该为1。实际上最贴近该数字的是对问题1的回答，只有3%，是应该数值的3倍。实际上，对于要求回答的全部10个问题，只有两个问题在"小于0.01"一列的数字是正确的。平均而言，真实值低于学生给出的0.01百分位数的比例为15.8%。

有人或许会争辩说这些问题太难了，因此学生们只能在非常少的知识基础上得出答案。如果他们欠缺相关知识，正确地回答应该降低他们对0.01百分位数的估计值，以反映他们欠缺相关知识。例如，人们可以确定电话簿上医生的数量超过10个。同样的，"高于0.99"那一列数值很多超过了0.01，如果学生们是准确校准的，则该列数值应该为0.01。对于所有的10个问题，26.8%的0.99分位数低于真实值，但是本应有1%低于真实值。平均而言，75%的置信区间只有大约33%的时候包含真实值。98%的置信区间大约有57%的时候包含真实值。明显的这些置信区间过窄了，这是一种形式的过度自信。哈佛大学学生认为他们要比实际上更清楚地知道答案，然而给出的置信区间却以非常高的概率不包含真实值。

阿尔伯特和莱福认为应该有可能通过训练使人们避免过度自信。因此，在完成第一轮答题后，就学生自己和其他学生在完成这项任务时的表现，给予学生反馈，强调他们的置信区间相对于正确的置信区间宽度太窄了。经过这样的训练后，再问这些学生10个类似的问题。经过训练后，50%的置信区间大约43%的时候包含真实值，98%的置信区间只有大约77%的时候包含真实值，情况得到了改善。但是，即使经过训练后并且意识到了过度自信问题，学生们仍然没有尽可能地扩大自己的置信区间以说明自己欠缺相关知识。对于极端值这个问题尤其突出。在其他类似的实验中，让参与者找出99.8%和99.98%的置信区间，结果只有大约 45% 的时候包含真实值。因此，即使我们意识到自己的过度自信，过度自信仍然会持续存在。

■ **实例 8-6　企业家精神和风险**

　　创建一个新的企业会涉及巨大的风险。在开始经营的第一年，10 个新企业中就有 4 个失败，在开始运营的前几年里，10 个里面几乎有 9 个全部失败了。重要的是，通常新企业的所有者在经营的前几年里所赚的钱要大大少于参与传统就业。考虑到巨大的风险以及投入的时间、金钱和资源，是什么驱使一些人要成为企业家呢？某些人或许认为和其他人相比，企业家只不过是风险厌恶程度较低，愿意承担所面临的较大风险。

　　在一个研究中，罗伯特·布鲁克豪斯比较了企业家和非企业家对一系列问题的回答，这些问题旨在测度人们承担风险的倾向。基本上，他询问他们是否愿意接受一系列简单的赌局。罗伯特发现，企业家和非企业家在承担财务风险意愿方面并没有特别的不同。如果一个人承担了更大的风险，但是又并不偏爱更大风险，那么是什么在驱动这种行为呢？

　　一种可能性是企业家们没有像其他人一样感知到他们面临的风险。例如，洛厄尔·布森尼兹和杰伊·巴尼对一组企业家和一组大公司的经理进行了一项过度自信测试。该测试询问参与人一组有两个可能答案的问题。要求参与者猜测哪一个是正确答案并且估计出他们认为自己是正确的概率（允许他们选择 0.5，0.6，0.7，0.8，0.9 或者 1）。除了确定的概率是 0.5 之外，与完美校准预示的正确率相比企业家们的实际正确率要低很多。例如，当他们确定自己 90% 肯定他们选择了正确答案的时候，他们大约有 70% 的时候是正确的。另外，除了正确概率是 0.8 之外（这时经理和企业家们是一样的），在每一个置信水平上企业家们要比经理们更加过度自信。因此，企业家们只不过是没有意识到他们在商业冒险中所面临的风险水平。

　　科林·凯莫勒和丹·洛瓦洛使用经济实验来检验过度自信和创业活动之间的联系。将参与者分组并让他们决定是否进入某个市场。所有的参与者必须在不与其他人交流的情况下做出决策。如果某个参与者决定不进入该市场，他们会获得 K。如果他们决定进入，会分配给他们一个序号。在每一轮实验中，一定数量 c 的参与者被设定为市场容量。排序最前的 c 个参与者会获得 K 加上某些基于序号的奖励（在该组中所有 c 个参与者会获得总共 50 美元的奖励）。那些排序在 c 之后的参与者会获得 K 减去 10 美元。其中一些参与者根据他们回答一组难题的能力分配序号（在各轮实验结束后），其他人只是随机分配一个序号。但是在决定是否进入市场之前，就会告知参与者是技能还是运气决定序号。当序号是由技能决定时，人们根据对自己相对于其他人能力的信念进入市场。相反，当序号是由随机装置确定的时候，个体能力不会在决策中发挥作用。对于参与了不同版本实验（随机和以技能为基础）的受试者而言，77% 在随机分配序号的实验中每轮能够获得很高的利润。平均而言，参与者在随机分配序号的实验中多挣了 1.31 美元。实际上，在玩以技能为基础的游戏时，111 名参与者中只有 52 个获得了正的利润。因此，参与者似乎倾向于高估自己的技能超过其他参与者的概率。

8.3　风险厌恶与生产

　　在理性（期望效用）模型下，面对是否要进行创业的决策，如果创业的期望效用大于其他选择的效用，即如果

$$E[U(\pi)] > U(\overline{\pi}) \qquad (8\text{-}13)$$

人们会决定冒险创业。其中，π 是新企业可能产生的随机利润，$\overline{\pi}$ 是在创业条件下被放弃的机会产生的确定性收入。要理解风险厌恶和过度自信对进行创业的不同影响，考虑对效用函数在利润均值 μ_π 处的泰勒扩展式。该近似式为[⊖]

$$U(\pi) \approx U(\mu_\pi) + U'(\mu_\pi)(\pi - \mu) + \frac{1}{2}U''(\mu_\pi)(\pi - \mu)^2 \qquad (8\text{-}14)$$

将式（8-14）代入式（8-13）中得到

$$E\left[U(\mu_\pi) + U'(\mu_\pi)(\pi - \mu) + \frac{1}{2}U''(\mu_\pi)(\pi - \mu)^2\right]$$
$$> U(\mu_\pi) + U'(\mu_\pi)(\overline{\pi} - \mu) + \frac{1}{2}U''(\mu_\pi)(\overline{\pi} - \mu)^2 \qquad (8\text{-}15)$$

上式等价于

$$U(\mu_\pi) + \frac{1}{2}U''(\mu_\pi)\sigma_\pi^2 > U(\mu_\pi) + U'(\mu_\pi)(\overline{\pi} - \mu) + \frac{1}{2}U''(\mu_\pi)(\overline{\pi} - \mu)^2 \qquad (8\text{-}16)$$

其中 σ_π^2 是 π 的方差。式（8-16）两边同时减去 $U(\mu_\pi) - \mu$，再除以 $U'(\mu_\pi) > 0$ 得到[⊖]

$$\mu_\pi - \frac{1}{2}R_A \sigma_\pi^2 > \overline{\pi} - \frac{1}{2}R_A(\overline{\pi} - \mu)^2 \qquad (8\text{-}17)$$

其中，R_A 是绝对风险厌恶系数，通常被认为要大于 0。因此，从新企业所得利润的方差越大，人们越不可能创办新企业。相反利润均值越高，人们越有可能创办企业。如果人们对从新企业中所得利润分布的均值或者方差存在感知错误，这有可能导致他们在本应放弃的时候决定进行创业。

8.4　过度自信

　　过度自信可以分为两个类别。到目前为止我们讨论过度自信时，将它看作是一种对人们持有正确观点的概率的普遍夸大。这种类型的过度自信在心理学文献中被提及的时候最多，该种类型的过度自信通常起源于某种形式的证实偏向。这种类型的过度自信必然导致人们相信自己要比实际上面临更少的不确定性（例如，更低的利润方差）。为清楚起见，我们称其为**对自己知识的过度自信**（overconfidence of one's knowledge）。相反，许多人用过度自信这个术语表示一种信念的偏向，支持对自己更加有利的结果。例如，企业家们或许不仅未感知到新企业利润分布的潜在方差，而且还可能认为平均实现的利润要大大高于实际会实现的利润。我们称这种使得信念偏向于有利于自身福利的倾向为**乐观主义过度自信**（optimistic overconfidence）。

　　有趣的是，在许多情况下很难区分开这两种类型的过度自信。企业家精神的实例给出了一个有趣的例子。在这个例子中，高估自己会获得的利润与低估自己面临的风险大小对进入决策有相同的影响。凯莫勒和洛瓦洛设计的试验目的很明确，是为了考察人们如何评估自己的能力——主要是乐观主义过度自信的函数。该试验的两个处理组中人们都面临着风险，并且在两个处理组中都可能表现出对自己知识的过度自信。只有以技能为基础的处理组直接涉及对自身能力的评估。不幸的是，几乎所有的对过度自信的直接检验都混淆了这两种类型的过度自信。例如，布森尼兹和巴尼对概率判断是否是良好校准的进行了检验，表面上尝试发

　　[⊖] 疑有错误，式（8-14）、式（8-15）和式（8-16）中所有的 μ 应该为 μ_π。——译者注
　　[⊖] 疑有错误，式两边同时减去 $U(\mu_\pi)$ 即可。——译者注

现人们对自己知识的过度自信。不幸的是，此概率是通过参与者对一系列的问题做出正确回答的能力进行评估得出的。因此，对概率的判断也会受到乐观主义过度自信影响。同样地，让人们猜测置信区间时，也可能是由于高估了自己猜测出正确答案的能力导致未能尽量扩大置信区间。

一般而言，对于比较客观的旁观者而言，每种过度自信都会导致决策看起来过于草率或者在信息欠缺条件下做出。潜在的企业家们在未能认识到所涉及的风险或者在高估获利能力条件下创办企业。股票交易者或许没有尽可能地分散投资，认为选择的某项特定投资的风险要大大小于实际风险。一般来说，人们倾向于过度自信。然而，当面对更加困难的问题时，他们变得更加过度自信。因此，自己没有掌握多少信息的问题会激发过度自信，而百分百确定的问题实际上会导致自信不足。平均而言，当人们说某些事情肯定会发生时，其发生的频率大约为 80%——因此不可能发生的事件大约有 1/5 的时候会发生。㊀

■ 实例 8-7 性别差异与交易

股票交易的理性模型认为人们应该很少交易股票。直觉上，如果每个人都接触到同样的信息，则对于股票的未来价值他们肯定具有相同的预期。因此，如果所有人都是理性的并且没有人拥有私人信息，则交易任何公司的股票都是没有必要的，除非此人是为了变现而售出股票，比如说要为退休提供收入。然而事实上，在纽约股票交易所每年有大量的股票换手（例如，1998 年有 76% 的股票换手）。这看起来完全违背了理性交易模型。如果 $E(p_{t+1}) - (R_A/2)\sigma^2 > p_t$，则风险厌恶的个体应该愿意购买该股票，其中，$p_{t+1}$ 是股票的未来价值，p_t 是现期交易价格，R_A 是绝对风险厌恶水平，σ^2 是对股票未来价值的感知方差。$(R_A/2)\sigma^2$ 项可以被称为**风险溢价**（risk premium），或者投资股票时对所涉及风险水平的罚金。任何持有股票的人当且仅当 $E(p_{t+1}) - (R_A/2)\sigma^2 < p_t$ 时才会愿意售出股票。如果关于股票的未来价值，每个人都有相同的信念，并且如果所有人都有相同的风险厌恶水平，则在 $p_t = E(p_{t+1}) - (R_A/2)\sigma^2$ 时，没有人愿意在较低的水平售出或者在较高的水平购买。因此，这就决定了市场价格，没有人具有任何特别的买卖动机。

给定该模型，通常人们应该将现期价格看作是股票未来价值的信号。因此，理性学习的人会修正自己的信念以符合市场观点。相反，那些过度自信的人或许没有将市场价格看作是股票真实价值的信号。相反，他们会将自己的信念与市场价格的差异看作是一种机会。例如，假定某个交易者确信股票价值高于市场价格。如果他是理性的，那么他会从价格中得知他高估了其价值并且向下修正自己的信念。相反，如果他是过度自信的，则会认为自己是正确的概率要高于事实。因此，他可能会未能充分向下调整自己的信念，并且会决定购买更多的股票。这样，相比对市场的正确感知，过度自信导致人们执行更多的交易。另外，如果他购买股票并且他对未来价值的感觉是错误的，由于赚钱的数量平均要小于没有购买股票，他会感到很吃惊。如果初始信念是认为未来股票价值低于市场价格，同样的故事会导致售出股票并赚得低于预期的利润。

㊀ 疑有误，这个例子只能说明过度自信，无法说明自信不足。在猜测置信区间时，如果给出的置信区间过窄，说明存在过度自信；若给出的置信区间过宽则说明自信不足。例如，在哈佛大学学生的答题实验中，对于问题 1 的 0.25~0.75 的置信区间，如果人们是准确校准的，则应该有 50% 的时候正确答案落入此区间。但实际上该区间包含 60% 的正确答案，学生们所给出的置信区间过宽，说明存在适度的自信不足。作者这里似乎只是想要说明难易效应，对于较难的问题可能导致过度自信，而较容易的问题可能导致自信不足。有兴趣的读者可以参见 Lucy F. Ackert 和 Richard Deaves 所著 *Behavioral finance: psychology, decision-making, and market* 一书中的第六章第 109 页。——译者注

布莱德·巴布尔和特伦斯·奥丁认为虽然男性和女性都是过度自信的，但是男性要比女性更加过度自信。另外，在进行能够彰显"阳刚之气"的任务方面，男性显得尤其过度自信。他认为股票交易通常被看作是一种能够彰显"阳刚之气"的任务，因此他们尝试在交易模式上发现以性别为基础的过度自信痕迹。他们考察了1991~1996年将近40 000户家庭的投资数据。单身女性平均每个月买卖其股票资产组合的大约4%，单身男性平均每月买卖其股票资产组合的大约7%。因此，男性的换手率更高。但是，与理性理论预测的接近0%的换手率相比，男性和女性都表现出相对较高的换手率。另外，这些交易降低了资产组合的收益率。与没有进行交易相比，单身男性平均每月少赚了约0.24%，每年少赚了约3%。与没有进行交易相比，单身女性平均每月少赚了约0.12%，每年少赚了约1.5%。

男性和女性通常对风险也表现出不同的态度。通常男性的风险厌恶程度要低于女性，因此他们也愿意花更多的钱来购买风险股票。风险厌恶程度低于市场上的其他人也可能导致过度交易。风险厌恶程度比市场平均水平低的人愿意花更多钱购买股票，因为他们不关心风险，要求低于平均水平的风险溢价。举一个极端的例子，考虑一个风险中性的人，$R_A=0$。对于价格水平处于或者低于未来期望价值的任何股票，风险中性的人都会愿意购买。因此，现期市场价格中包含风险溢价的任何股票都会被风险中性的投资者所购买。同时，风险中性的投资者的行为目的是最大化投资的期望价值，找到一个最大的平均收益率。因此，如果交易的差异只是由于风险厌恶的差异造成的，则那些交易更多次数（风险厌恶程度低）的人应该获得更高的平均收益率。风险厌恶的差异不能解释男性的交易模式，因为交易导致男性的平均收益率较低。这肯定是由于对风险的误解而非对面临风险的不同态度造成的。

■ 实例8-8 业余与职业

某项职业中不论什么样的常见任务，我们预期工作经验都会帮助人们锤炼技能。在临床环境下，斯图尔特·奥斯坎普尝试考察业余和职业心理医生在识别或者预测行为模式方面能力的差异。因此，奥斯坎普想要模拟心理医生在系列会诊中揭示和形成信息的方式。实验向参与者展示某个病人的一系列背景故事和信息。信息总体上包括按时间顺序排列的四个阶段，每个阶段包含病人生命的不同时期。在展示每个阶段的信息之后，会询问每个参与者25个相同的关于病人行为的多项选择题，这些问题与展示的信息相关联但并不能直接从这些信息中找到答案。例如，一个问题询问病人大学时在社交场合扮演的角色是什么（例如，"逃避并沉默寡言"或者"扮演小丑"）。然后，让参与者对自己答案的信心程度进行评价，也就是让其对自己的答案是正确的概率进行评估。参与者由职业心理医生、心理学研究生和心理学本科生组成。

表8-3按照阶段给出了奥斯坎普实验中所有参与者的平均准确率和信心程度。预测行为的准确率确实随着所得病人信息的增加而稍有提高（从26%到大约28%）。但是，与信心程度的增加（从33%到53%）相比，实际准确率的改善是微乎其微的。参与者不仅在每一个阶段都表现出过度自信，他们的过度自信水平还随着所得信息的增加而提高。这种模式与证实偏向是高度一致的，证实偏向中人们在收到某些信息后会更加相信自己的结论。虽然在所有的参与者中都观察到了这种行为模式，但是在经验较少的本科学生中这种模式最为明显。有经验的和无经验的参与者在预测时都表现出同样的准确率水平，但是经验越少，则对自己的答案就更加有信心，尤其是在第四阶段。因此，咨询专家的价值或许不在于他们提供的诊断。相反，专家的真正价值或许只是他们能够意识到其所提供诊断内含的不确定性水平。

表 8-3 各阶段的平均准确率和信心程度

	阶段 1	阶段 2	阶段 3	阶段 4
准确率百分比	26.0	23.0	28.4	27.8
信心程度	33.2	39.2	46.0	52.8

■ **实例 8-9　优于一般**

我们中有许多人认为自己是一个非常好的司机。那么到底有多好呢？奥拉斯·文森让美国和瑞典的 161 名参与者来评价自己的整体驾驶技能。在瑞典参与者中，大约 69% 认为自己开车要比所有司机中的 50% 好，而 93% 的美国司机认为自己开车要比所有司机中的 50% 好。人们明显地高估了自己的驾驶能力。对于一些其他技能（例如，标准化测试成绩或者平均成绩），也发现了相似的结果。同样地，迈克尔·罗丝和菲奥里·西可立对几十对已婚夫妇进行了访谈，单独让每个配偶评估自己在各种家务劳动中的贡献比率。在 20 种不同的活动中，有 16 种丈夫和妻子的贡献率相加要超过 100%。因此，整体来说家庭成员中至少有一个高估了自己对家务劳动的贡献。在篮球队或者班级活动中也发现了同样的结果。人们似乎对自己的工作给予了太多的赞美，并且认为自己完成工作的水平是多数其他人无法达到的。

8.5　自我助益偏向

与乐观主义的过度自信紧密相关，人们倾向于以自利的方式对信息进行有偏处理。因此，人们会高估自己完成某项任务的能力并且会高估自己对特定任务的贡献。最后，人们解释模糊信息的方式会夸大自己的重要性或者价值。这类判断错误被称为**自我助益偏向**（self-serving bias）。在许多不同的环境下，这种效应似乎很普遍。人类学家认为自我助益偏向在帮助人们产生自信或者信心方面是有益的。但是，这种偏向也会产生不利后果。例如，在股票市场上那些错误认为自己在挑选赢者和输者能力方面有天赋的人最终可能会因为这种偏向而付出代价。同样，在简历中或者求职时夸大自己以前成就的人可能会籍此为口实被罢黜职务。更加有趣的是，对于正在和他人签署合同的人或者组织而言，自我助益偏向可能会产生负面影响。例如，某个承包商可能会高估自己完成某个建筑项目的能力。这会导致他在对项目投标时声称自己要比其他承包商能够节约成本和时间。一旦项目开始，现实就会暴露承包商的乐观主义偏向。随着成本或者时间超出了投标承诺，承包商开始自食其果。

■ **实例 8-10　诚实交纳什一税**

许多教会要求教民捐赠以支持教会慈善或其他服务，其中某些教会提出的规范要求要比其他教会更加严格。摩门教（LDS）成员认为圣经要求他们捐赠自己收入的 10%。但是，对于什么应该被认为是收入的问题，教会会避免提供清晰的指引。例如，某个定期按照收入缴纳什一税的摩门教成员从亲属手中继承了一笔遗产，他可能认为对于这一部分遗产没有必要缴纳什一税。

戈登·达尔和迈克尔·兰索姆对摩门教会成员进行了一项调查，就什么类型的收入教民应该缴纳什一税问题询问他们的看法。另外，他们还询问这些受试者以前的历史收入。对于金融收益，他们发现了中度自我助益偏向的证据。例如，更多拥有房产的教民（43%对34%）认为，出售房产价格高于初始购买价格所得收入不应该缴纳什一税。相反，对于遗产、股票投资所得收入或者公共福利收入需要缴纳什一税，在这一点上意见是相对一致的。与之相比，那些很少去教堂的人更倾向于认为，几乎所有的收入来源都没有必要缴纳什一税。例如，每周都去教会的人中10个里面大约有9个认为对于遗产收入有必要缴纳什一税。对于一个月去教会1~2次的人而言，该比例只有大约65%。对于股票升值收益、房产收益，或者公共福利也发现了同样的差异。在这个例子中，对摩门教会忠诚度较低的人似乎倾向以一种自利的方式来改变对神诫的解释。此外，他们发现大部分受试者对于什么收入应该缴纳什一税这个问题并不会寻求建议。通过寻求建议，他们或许会发现自己可能需要缴纳更多的什一税才能够达到自己理想中的德行。因此，类似于证实偏向，自我助益偏向会影响信息搜寻，使得人们会避开那些有可能损害自己福利的信息。

8.6 不良信息有害吗

值得指出的是信息的价值仅仅来源于它会如何改变一个人的行动。再次考虑农场主的例子。在这个例子中，农场主想知道天气状况的好坏。但是只有在农场主能够根据天气状况未雨绸缪时信息才有价值。因此，如果知道未来少雨导致农场主投资水利或者减少种子或者化肥投资，则这种信息是有用的。采取这些措施可以使得农场主在给定条件下赚取更多的利润（或者减少损失）。一旦所有的生产投入决策已经做出并且无法逆转，则信息不再有价值。天气好与天气坏时的利润会有所不同，但是如果农场主在两种状态下并不能采取措施改变自己的策略，则信息不会提高期望利润。在这方面，应该意识到误导性信息并不总是减少信息使用者的效用或者利润。如果人们已经对此做出了反应（例如，投票、政治献金或者采取激进主义措施），则看到并且相信某新闻媒体的所有报道都偏向于保守主义观点——甚至有些言过其实——或许并不会损害人们的效用。只有在其怂恿人们采取了行动，而且如果可以获得更准确的信息人们本不会采取这些行动时，信息才是有害的。

明显地，这种观点也适用于过度自信之类的错误信念。因此，如果过度自信没有改变人们的行动，则他不会对人们产生损害。但是，在过度自信条件下，人们可以得出更强的结论。事实上，许多心理学家已经发现在某些情况下过度自信会带来很多好处。例如，如果对自己能力的过度自信导致表现更好或者更放松时，这种好处就出现了。比如，在准备不足和紧张时，认为自己笨嘴拙舌的人在演讲时说话会更加结结巴巴，或者说话缺乏内容或者重点。在同样的准备水平上，认为自己是一名很好的演说家的人，只是由于不紧张可能会表现得更好。奥利弗·孔特和安德鲁·波斯特韦特发现当表现依赖于信心水平时，过度自信实际上能够提高效用或福利。在此情况下，即使依据不好的信念或者信息行事也可能会改善福利。

■ 实例 8-11 自我助益偏向和谈判僵局

当对谈判过程建模时，经济学家通常假定如果出现僵局双方都会面临较大的成本。例如，如果劳资谈判失败，在罢工过程中工会成员面临大量收入损失，而由于停工或者使用非熟练工人代替，雇主也会面临大量利润损失。同样的，当原告起诉被告时，在诉讼费和律师费上双方也会面临高昂的成本。因此，通常寻求庭外和解符合他们的最大利益。如果事实真的如此，为什么一些案件还要打官司呢？为什么罢工如此常见呢？

琳达·巴布科克和乔治·罗文斯坦认为，自我助益偏向或许可以回答这两个问题。他们进行了两项研究来考察自我助益偏向是否对谈判破裂起作用。第一个研究做了一个实验，让参与者了解一项真实法庭诉讼的证据和诉讼过程，其起因于得克萨斯州的一次交通事故。让参与者评估法官对这个案件的判决。在被赋予了原告或者被告身份之后，对参与者进行配对，然后让他们就赔偿数量协商出一个解决方案，并且威胁说如果他们无法达成协议，会执行法庭强制解决方案，双方会面临额外的成本。在一种情况下，参与者在了解法庭诉讼过程之前得知自己在谈判中充当的角色。在这种情况下，原告认可的和解赔偿额要比充当被告的参与者高出大约 18 555 美元，并且未能达成和解的比例接近 30%。相反，那些在了解法庭诉讼过程之后得知自己扮演角色的参与者协商的赔偿额仅相差 6 936 美元，并且只有 6% 未达成和解。

第二项研究是一项现场研究。他们对宾夕法尼亚州所有学区的校长和教师工会的主席进行了调查。为达到工资协商的目的，让双方列出他们认为与自己所处学区相仿的学区。答案表现出假设的自我助益偏向。工会主席们列出的学区平均工资是 27 633 美元。相反，校方董事会的校长们列出的学区的平均工资是 26 922 美元。两者之间大约相差 2.4%。然后将这些回答与以前劳资纠纷的发生量和发生率进行了比较。他们发现可比收入 1 000 美元或者以上的差距会增加大约 49% 的罢工概率。因此，教师、学生和董事会都深受自我助益偏向之苦。

历史说明

弗朗西斯·培根爵士在其 1620 年的专著《新工具论》中哀叹道："一旦接受了某种观点，人类的认知就会……搜集所有证据以获得支持和赞同。"因此，在 4 个世纪以前，他首先清晰阐释了证实偏向。此外，他关于逻辑的推理说明证实偏向是一个相对成熟的概念，在进行科学探索时需要避免它。随后，哲学家大卫·休谟在 18 世纪 40 年代在此研究基础之上，对我们使用归纳推理将假设检验结果从一种环境推广到另一种环境的能力提出了彻底质疑。这一争论导致产生了现在使用的更加严格的科学论证和检验规则。沃森最早对这种心理偏向进行了直接检验，发现结果大大支持了培根的早期论断。

过度自信的现代概念最初是由斯图尔特·奥斯坎普在考察有经验和无经验的心理医生在诊断或者预测行为的准确性时提出的。他得出的整体结论，即业余者的答案同样准确但更加自信，已经被推广到很多不同的环境下，其中就包括经济预测。

传 记

科林 F. 凯莫勒（1959—）

学士，约翰霍普金斯大学，1977 年；MBA 硕士，芝加哥大学，1979 年；博士，芝加哥大学，1981 年；在西北大学、宾夕法尼亚大学、芝加哥大学和加州理工学院担任教职。

在 22 岁时，科林·凯莫勒就已经获得了金融专业硕士学位，并且在芝加哥大学商学院获得了行为决策理论博士学位，然后开始在西北大学担任教师。在行为理论和实验经济方法方面他是一名学识渊博并且声望卓著的学者。他最为知名的研究成果是关于风险和不确定性条件下的决策和行为博弈理论。凯莫勒写了第一本关于行为博弈理论的书,他还写了大量的文章以及一些图书的章节来发展行为博弈论。同时他还对神经经济学领域的发展做出了突出贡献,2005~2006年担任神经经济学学会会长。凯莫勒还是计量经济学学会院士和美国艺术和科学学院院士。除了学术工作,凯莫勒还对朋克音乐很感兴趣,从1983年开始创建并运营自己的唱片公司。他的唱片公司——发烧唱片,为一些芝加哥地下乐队录制过唱片,例如Bonemen of Baruma乐队和Big Black乐队。

思考题

1. 证实偏向导致人们以非常不同的方式解释相同的信息。考虑到这种偏向非常普遍,因此人们在形成初始观点时要当心。如果证实偏向是普遍存在的,则这对于争议性话题(对于这些问题人们往往持有非常不同的观点)可得信息源的质量意味着什么?当人们声称证据强烈支持自己的观点时,我们应该相信他们吗?存在获得无偏评估的方式吗?

2. 假定你持有某只股票,你正在考虑是卖出还是继续持有。最初你认为该股票长期会升值的概率为0.7。当长期价值下跌的概率达到0.5时,你决定售出该股票。在你日复一日的对股票价值变化的观察过程中,每天的结果都起到了预测未来价值的作用。另外,假定 $P(RISE|rise)=0.6$,其中,$RISE$ 意味着长期未来价值上升,$rise$ 意味着每天观察到的价值上升。相应地,$P(FALL|fall)=0.6$,其中,$FALL$ 意味着股票长期未来价值下跌,$fall$ 意味着每天观察到的价值下跌。如果某个信号与你的当前信念相矛盾,假定你误解该信号的概率 $q=0.4$。根据拉宾和施拉格的证实偏向模型,你需要观察到多少天价格下降才会卖出股票?这时贝叶斯信徒认为下跌的概率是多少?如果你具有完美感知($q=0$),则你需要观察到多少天价格下降才会卖出股票?

3. 在这一章中,通过说明理性人会偏爱准确信息而不管它如何与当前假设相关联,我们给出了信息搜寻的理性模型。人们应该继续搜寻新信息直到他们足以确定问题的答案,这时不确定性程度无法证明值得花费成本再搜寻新信息。证实偏向可能会导致过度自信,即人们未能认识到自己面临的不确定性水平。对表现出证实偏向的人来说,这对其信息搜寻而言意味着什么?他们什么时候会停止搜寻信息?对于那些选择在不同阶段不再继续接受教育的人来说,这意味着什么?这种结果表明应该采取什么样的教育政策?

4. 政府经常要求人们上保险,例如,要求所有的驾驶员购买汽车保险来赔偿车祸对他人造成的损失。房屋所有者通常被银行要求对房产购买保险。为什么会存在这些要求?如果人们确实意识到他们面临的这些风险,这种要求还有必要吗?过度自信者的一个特征是,当他认为不太可能发生的事件发生时,他会持续不断地感到惊诧不已。在这些例子中,如果人们未被要求购买保险会发生什么事情?如果政府在准备应对突发事件时也表现出某种过度自信会产生什么问题?什么样的机制可以阻止政府行为的过度自信?

5. 假定我们考虑自由竞争市场上的生产者。所有的生产者都是价格接受者并赚取利润,$\pi=pq-c(q)$,其中,p 是随机变量。因此,利润的均值为 $E(\pi)=\mu_p q-c(q)$,利润方差为 $VAR(\pi)=\sigma_p^2 q^2$。另外,假定每个生产者财富的期望效用函数可以近似表示为 $E(u(\pi))=E(\pi)-(R_A/2)VAR(\pi)$,并且每个生产者的行为是为了最大化财富的期望效用。考虑某些生产者是过度自信的而其他生产者不是过度自信的情况,哪一类会生产更多(q 更大)?平均而言哪一类会获得更高利润?假定平均价格持续下降,则停工的条件是什么?是理性的还是过度自信的生产者首先停工?在竞争性环境下,这对厂商的理性意味着什么?

参考文献

Alpert, M., and H. Raiffa, "A Progress Report on the Training of Probability Assessors." In D. Kahneman, P. Slovic, and A. Tversky (eds.). *Judgment under Uncertainty: Heuristics and Biases.* New York: Cambridge University Press, 1982, pp. 294–305.

Babcock, L., and G. Loewenstein. "Explaining Bargaining Impasse: The Role of Self-Serving Biases." *Journal of Economic Perspectives* 11(1997): 109–126.

Barber, B.M., and T. Odean. "Boys will be Boys: Gender, Overconfidence and Common Stock Investment." *Quarterly Journal of Economics* 116(2001): 261–292.

Bogan, V., and D.R. Just. "What Drives Merger Decision Making Behavior? Don't Seek, Don't Find, and Don't Change Your Mind." *Journal of Economic Behavior and Organization* 72 (2009): 930–943.

Brockhaus, R.H. "Risk Taking Propensity of Entrepreneurs." *Academy of Management Journal* 23(1980): 509–520.

Busenitz, L.W., and J.B. Barney, "Differences Between Entrepreneurs and Managers in Large Organizations: Biases and Heuristics in Strategic Decision-Making." *Journal of Business Venturing* 12(1997): 9–30.

Compte, O., and A. Postlewaite, "Confidence-Enhanced Performance." *American Economic Review* 94(2004): 1536–1557.

Dahl, G.B., and M.R. Ransom. "Does Where You Stand Depend on Where You Sit? Tithing Donations and Self-Serving Beliefs." *American Economic Review* 89(1999): 703–727.

Darley, J.M., and P.H. Gross. "A Hypothesis-Confirming Bias in Labeling Effects." *Journal of Personality and Social Psychology* 44(1983): 20–33.

Malmendier, U., and G. Tate. "Who Makes Acquisitions? CEO Overconfidence and the Market's Reaction." *Journal of Financial Economics* 89(2007): 20–43.

Mynatt, C.R., M.E. Doherty, R.D. Tweney. "Confirmation Bias in a Simulated Research Environment: An Experimental Study of Scientific Inference." *Quarterly Journal of Experimental Psychology* 29(1977): 85–95.

Oskamp, S. "Overconfidence in Case-Study Judgments." *Journal of Consulting Psychology* 29(1965): 261–265.

Rabin, M., and J.L. Schrag. "First Impressions Matter: A Model of Confirmatory Bias." *Quarterly Journal of Economics* 114(1999): 37–82.

Ross, M., and F. Sicoly. "Egocentric Biases in Availability and Attribution." *Journal of Personality and Social Psychology* 37 (1979): 322–336.

Svenson, O. "Are We all Less Risky and More Skillful than our Fellow Drivers?" *Acta Psychologica* 47(1981): 143–148.

Wason, P.C. "Reasoning About a Rule." *Quarterly Journal of Experimental Psychology* 20(1968): 273–281.

第9章

风险和不确定性条件下的决策

在很多职业领域中，就业市场存在有规律和普遍认同的周期。例如，由于大学生通常在6月毕业，因此许多雇主会集中精力在此后不久招聘初级岗位人员投入工作。由于较高的薪水及其员工的未来职业机会，一些雇主备受追捧。考虑一个不怎么受追捧的雇主，他很难提供市场上普遍提供的薪金水平。通常在这样的市场上，不受追捧的雇主要比同行更早开始人员招聘过程，并且在其竞争者开始招聘之前结束招聘。这种提前录用的设计会让应聘者陷入两难境地。考虑一名获得提前录用函的高质量人才。他可以选择接受并获得较低的薪水，但会确定性的得到一份稳定工作。相反，如果拒绝了该工作机会，他则承担了风险，有可能无法找到更加合意的工作。如果提供的薪水足够低，则在真正地招聘高峰到来时他会有非常高的概率找到一个薪水更加丰厚的工作。但是在手边没有另一个工作机会时，是很难拒绝一份工作的。

人们经常会面临风险条件下的决策问题。通常，风险条件下的决策模型包括两个模型成分：对结果的偏好模型以及风险感知模型。理性的风险决策模型极大依赖于以下假设：人们知道任何风险选择的可能结果以及每种结果的概率。在前面的章节，我们讨论了几种与人们如何处理概率信息相关的异象。风险选择的行为模型通常根据实验环境下观测到的行为来构建信念模型部分。例如，相对于概率性结果，人们似乎会以非常不同的方式看待确定性结果，这种效应会使得劣等公司提前提供工作机会更加有利可图。再比如，尽管平均收益率更高，人们或许仍然不愿意投资于股票市场，而选择收益较低的储蓄账户。有趣的是，对风险选择的实验观察有时候与前面章节讨论的一般行为相矛盾。

研究风险决策的经济学有点挑战性。在标准消费环境下，我们可以观察到某人是否选择购买一个苹果。我们相对确定的知道此人了解买与不买两种选择的特点，并且我们也能相对确定的知道这些特点是什么。在风险环境下，我们可以观察到某人是否选择购买某只特定股票，并且我们也能观察到随后股票价值的变动。但是，要想观察到购买者认为的每种可能结果的概率或者实际概率分布，这绝非是很容易就能做到的。通过以实验结果为基础构建选择模型，理论家们希望回避上述测度问题。在一项实验中，实验者可以自由选择概率和结果并且精确的设定它们。相对于实地观测，这种可控性具有非常大的优势，但是它也可能会产生一些缺点。这些实验展示的风险选择可能无法代表现实世界中人们面临的选择。

许多决策是在未能清楚了解可得选择、选择产生的可能结果或者这些结果的相对概率条件下做出的。例如，考虑大学新生的专业选择问题。虽然有可能确定大学里所有可供选择的专业，但是对于每一个可能专业却很难知道可以学到什么类型的知识以及潜在的就业选择是什么。这种关于可能性的不明确性导致全部学生中接近一半（由于发现了使其走上不同方向的新信息）至少换过一次专业。许多学生推迟到最后一刻才选专业。另外，一些学生在寻找合适专业的过程中选修了过多学分。这导致一些大学（例如，威斯康星大学）对选修太多学分的学生收费，尝试鼓励他们尽早确定专业并尽早毕业。本章的后半部分描述的经济理论研究人们如何处理诸如此类的模糊选择以及其对结果的影响。

由于引入和检验风险决策模型相对容易，这导致出现了很多相互对立的模型。在本章和下一章我会介绍在行为风险文献中出现的一些最重要的行为概念以及提出的一小部分模型。对于希望了解更多风险决策模型处理的读者可以参见克里斯·斯塔默所写的文献综述。

9.1 风险条件下的理性决策

弗兰克·奈特在其 20 世纪 20 年代关于风险重要性的著作中，区分了**风险**（risk）和**不确定性**（uncertainty）两个术语。**奈特风险**（Knightian risk）是指这样一种情况：决策者不能百分百确定哪个结果会出现，但是知道所有可能的结果以及每个结果的相关概率（或者至少对这些概率有一个主观认识）。在赌场中进行的赌局明显属于这种类别，许多金融投资也可以归入此类。相反，**奈特不确定性**（Knightian uncertainty）是指这样一种情况：所有可能结果的集合或者每个结果的相关概率都未知。因为潜在的灾难无法预测和不可知而面临的风险可以被看作是产生了奈特不确定性。例如，在 2001 年 9 月 11 日之前，在美国本土没有人曾经经历过灾难性的恐怖袭击，例如对纽约和华盛顿的袭击。由于从未经历过，人们很难了解其在金融上对投资者的可能影响有多大，或者难以了解导致的可能结果的概率有多大。由于害怕未知和不可知事物，担心全面崩溃的人们会将资金抽离股票市场。现在奈特不确定性在文献中通常被称之为**模糊性**（ambiguity），以避免与风险这个术语可能产生的混淆。通常我在使用术语风险和不确定性时，两者是可以互换使用的，而将奈特不确定性称为模糊性。

期望效用理论（expected utility theory）是最为常用的风险决策理性模型。该模型假定人们会选出提供的财富期望效用最大的选择。期望效用理论最初是由丹尼尔·伯努利在 1738 年尝试解决圣彼得堡悖论时首先提出的。假定你有机会参加一个赌局。如果参加该赌局，一枚硬币会被抛掷 n 次，其中，n 是第一次正面被掷出之前硬币所需的抛掷次数。然后你会获得 2^n 美元。如果存在这样一个赌局，则为了参加该赌局你愿意支付多少钱？在 18 世纪早期，许多人认为该赌局收益的期望值或许是该赌局价值的理想表示，但是任何人都愿意支付该赌局的期望值看起来又是令人难以置信的。在这个特定的赌局中，期望值为

$$E(x) = 0.5 \times 2 + 0.5 \times 0.5 \times 2^2 + 0.5 \times 0.5 \times 0.5 \times 2^3 \cdots +$$
$$= \sum_{i=1}^{\infty} (0.5)^i \times 2^i = \sum_{i=1}^{\infty} 1 = \infty \tag{9-1}$$

如果人们最大化期望收益，他会愿意支付任何有限的价格以参与该赌局。伯努利认为人们对金钱的评估肯定会由于他们所积累的财富多少而有所不同。因此，相比名下只有几百美元的人，一美元对于亿万富翁的价值要小得多。这使得伯努利提出人们最大化**财富效用**（utility of wealth）的期望值的观点。例如，假定赌博者的效用函数是自然对数函数（其表现出递减的斜率）。在此情况下，期望效用为

$$E(u(x)) = \sum_{i=1}^{\infty} (0.5)^i \times \ln(2^i) = \ln(2) \sum_{i=1}^{\infty} \frac{i}{2^i} \approx 1.39 \tag{9-2}$$

这与赢得 4 美元获得的效用是相等的。因此，这个人为参与赌局至多愿意支付 4 美元。

该模型之所以被认为是理性的是因为它是以三个理性公理为基础的。理性公理是一种进行理性选择的规则，经济学家通常假定所有的决策者必须遵守这种规则。用 ≻（读做"偏好于"）代表一组理性偏好。则 ≻ 必定满足排序、连续和独立性公理。我们主要关注排序和独立性公理，因为它们是许多风险选择行为模型出现的主要原因。

【排序公理】

偏好 ≻ 肯定是完备和可传递的。完备性表明如果 A 和 B 是任意两个赌局，则要么 $A \succ B$（意味着 A 会被选择而非 B），要么 $B \succ A$，或者 $A \sim B$（意味着赌博者对 A 和 B 感觉是无差异的）。另外，传递性意味着如果 A，B 和 C 是任意三个赌局，若 $A \succ B$，$B \succ C$，则 $A \succ C$。

与确定性条件下进行选择时理性所要求的一样（参见第 1 章对完备性和可传递性的讨论），排序公理对不确定性条件下的选择施加了同样的要求。因此，赌博者必须能够评估所有可能的赌局，并且所拥有的偏好必须是无法产生循环的。因此，任何优于特定赌局的赌局肯定也会优于劣于该特定赌局的所有赌局。

【连续性公理】

如果 $A \succ B \succ C$，则恰好存在一个数值 r 使得人们既不会偏好 B，也不会偏好以概率 r 产生赌局 A 以概率 $1-r$ 产生赌局 C 的联合赌局；我们将其写为 $rA+(1-r)C \sim B$。此外，对任意 $p>r$，人们偏好以概率 p 产生赌局 A 以概率 $1-p$ 产生赌局 C 的联合赌局胜于赌局 B（我们将其写为 $pA+(1-p)C \succ B$），并且对任意 $q<r$，人们偏好赌局 B 胜于以概率 q 产生赌局 A 以概率 $1-q$ 产生赌局 C 的联合赌局（我们将其写为 $B \succ qA+(1-q)C$）。

连续性公理要求被偏好的赌局的发生概率小幅上升肯定会提高该赌局的价值。对于排序和连续性公理的详细定义和讨论可以参见本章末尾的高级概念部分。

决策遵循排序、连续性和独立性公理的人，其行事方式就好像他们在努力最大化从赌局中获得的财富的期望效用一样。因此，以概率 p 获得 100 美元，$1-p$ 获得 0 美元的效用可以被表示为 $pu(100)+(1-p)u(0)$，其恰好是赌局的期望效用。这就给出了以下结论：当面对涉及风险的选择时，遵循这三个理性公理的人的行事方式就好像他们在最大化期望效用一样。

期望效用理论还意味着**随机占优**（stochastically dominant）的赌局总是会被选择。例如假定给你以下选择：

赌局 X	赌局 Y
以概率 0.4 赢得 10 美元	以概率 0.5 赢得 11 美元
以概率 0.6 赢得 3 美元	以概率 0.5 赢得 3 美元

在这个例子中，赌局 Y 总是以更高的概率赢得较多的钱数。用 $P(X>k)$ 表示赌局 X 产生的结果大于 k 的概率。正式的，如果对于所有的数值 k 总有 $P(X>k) \leqslant P(Y>k)$，我们说赌局 Y 随机占优于赌局 X。因此，对任何奖金水平，以更高的概率赢得更多奖金的赌局总是随机占优的。例如，$P(X>3)=0.4<P(Y>3)=0.5$。同样 $P(X>10)=0<P(Y>10)=0.5$。不论 k 的数值是多少，相同的关系总是成立。

只要赌局 Y 随机占优于赌局 X，则 $\sum_z P(Y=z)U(z) \geqslant \sum_z P(X=z)U(z)$，意味着人们总是选择 Y。要明白这一点，注意到 $\sum_z P(Y=z)U(z) \geqslant \sum_z P(X=z)U(z)$ 等价于 $\sum_z [P(Y=z)-P(X=z)]U(z) \geqslant 0$，如果赌局 Y 随机占优于赌局 X 并且效用是正值其必定成立。这时任何明智的决策者似乎都会选择 Y。在这个例子中，赌局 Y 占优于赌局 X。然而，更常见的是，并非总是能够找到某个随机占优的赌局。例如考虑以下赌局：

赌局 X'	赌局 Y'
以概率 0.6 赢得 10 美元	以概率 0.5 赢得 11 美元
以概率 0.2 赢得 3 美元	以概率 0.3 赢得 3 美元
以概率 0.2 赢得 0 美元	以概率 0.2 赢得 0 美元

在这个例子中，$P(X'>3)=0.6>P(Y'>3)=0.5$，但是 $P(X'>10)=0<P(Y'>10)=0.5$。因此，两个赌局都不占优。

■ 实例 9-1 生成货币泵

许多人认为人们必须表现出可传递的偏好，因为不具有可传递偏好的人会成为**货币泵**（money pump）的吸金对象，成为他人的摇钱树。例如，如果特里表现出的偏好使得 $A>B>C>A$，罗宾希望在特里身上获得好处，他可以免费向特里提供一个机会来参与赌局 A。然后，一旦罗宾确定特里会参与赌局 A，则如果特里愿意支付一小笔钱，他就可以向特里提供赌局 C。一旦特里接受了 C，则如果特里愿意支付一小笔钱，罗宾就可以向特里提供赌局 B。然后，罗宾可以向特里提供 A 来换取一小笔钱，并再次开始上述过程。如果特里的偏好是稳定的并且不可传递的，理论上罗宾就可以继续这样做直到特里一无所有。现实中这种阴谋诡计似乎不会成功。但是，这并不能注定不可传递偏好概念的失败。

假定给你一系列的选择，每个选择在两个可能赌局之间做出。假定首先让你选择。

赌局 A	赌局 B
以概率 0.4 赢得 10 美元	以概率 0.7 赢得 7.50 美元
以概率 0.6 赢得 3 美元	以概率 0.3 赢得 1 美元

格拉哈姆·卢慕斯，克里斯·斯塔默和罗伯特·萨格登发现实验中大约有 51% 的参与者选择赌局 B 而非 A。假定接着让你选择。

赌局 C	赌局 D
以概率 1 赢得 5 美元	以概率 0.7 赢得 7.50 美元
	以概率 0.3 赢得 1 美元

实验中的参与者大约有 88% 选择赌局 C 而非 D。最后考虑以下选择。

赌局 E	赌局 F
以概率 0.4 赢得 10 美元	以概率 1 赢得 5 美元
以概率 0.6 赢得 3 美元	

实验中的参与者大约有 70% 选择赌局 E 而非 F。然而我们注意到，赌局 E 和赌局 A 是

相同的，同样赌局 B 和 D，赌局 C 和 F 分别也是相同的。接近 30％的受试者选择了 A，C 和 F，这意味着 A＞B＞C＞A。⊖ 向 200 名参与者提供了几组类似的赌局，其中有 64％至少在一组赌局上表现出某种程度的偏好循环。因此，大部分人似乎受到了不可传递偏好的影响，违背了排序公理。

实际上，对于个体对赌局的偏好，实验已经发现系统性的不可传递性。这种不可传递性被称为**偏好反转**（preference reversal）。这种偏好反转模式最初是由萨拉·利希滕斯坦和保罗·斯洛维克发现的，他们让受试者在实验中完成两种不同的任务。首先让参与者在多对赌局中进行选择。然后，在经过一段时间后，让人们对每个赌局单独进行竞价，揭示他们对每个赌局的支付意愿。每个赌局的构成均为以某个简单的概率赢得一笔设定的钱数，而以剩余概率损失特定数量的钱数。在选择实验中，对赌局进行配对，使得其中一个赌局有可能赢得较大的一笔钱（被称为 **$-赌局**（$-bet），读作 "dollar-bet"），而另一个赌局有更大的概率赢得数量为正的一笔钱数（称为 **P-赌局**（P-bet））。

利希滕斯坦和斯洛维克发现人们虽然倾向于选择 P-赌局而非 $-赌局，但是他们通常会为 $-赌局付出更高的价格。这类似于上面给出的行为模式，其中，赌局 A 代表 $-赌局，赌局 B 代表 P-赌局。这时对 P-赌局的估价低于 5 美元而对 $-赌局的估价高于 5 美元。然而，许多人倾向于接受 P-赌局而非 $-赌局。在拉斯维加斯赌场大厅重做了利希滕斯坦和斯洛维克的实验，允许参与者在不参与赌局的情况下在赌局之间进行反复转换。许多人确实落入了货币泵陷阱，虽然大部分人最终发现了自己的非理性。如果你去拉斯维加斯要当心实验经济学家。实际上，经济学家们对可能违背排序公理的疑虑使得它成为行为经济学中被检验和证实次数最多的现象。

■ 实例 9-2　随机劣势

发现对随机占优的违背或许令人感到吃惊，但事实上在经济学实验中找到这种例子是相对容易的。最为著名的例子是由丹尼尔·卡尼曼和阿莫斯·特沃斯基给出的，他们让 124 个人在两张彩票之间做出选择，这两张彩票描述了盒子中不同颜色弹球的比例以及随机抽取出的弹球的特定颜色会产生的奖金数量。

赌局 A		赌局 B	
弹球	奖金	弹球	奖金
90％白色	0	90％白色	0
6％红色	赢得 45 美元	7％红色	赢得 45 美元
1％绿色	赢得 30 美元	1％绿色	输掉 10 美元
3％黄色	输掉 15 美元	2％黄色	输掉 15 美元

参与者们被告知会从他们当中随机抽取一部分人，其选择产生的结果会使用真实货币来衡量。很明显，赌局 B 随机占优于赌局 A。在 B 中，只有 2％的概率损失 15 美元，剩下 1％的概率现在分配给损失 10 美元的可能性。赌局 B 有额外 1％的机会赢得 45 美元，在 A 中这 1％重新分配给了赢得 30 美元的机会。但是，参与者中有接近 60％的人选择赌局 A。人们被那些有较少负结果并且有较多正结果的选择所吸引，虽然有较少负结果的选择对参与者并非有利。

展示赌局的方式如果使得占优更加明显会导致更多比例的人识别出占优选项。例如，当

⊖ 疑有误，应该是 "接近 30％的受试者选择了 A，C 和 E，这意味着 A＞C＞B＞A"。——译者注

要求他们进行以下选择时。

赌局 C		赌局 D	
弹球	奖金	弹球	奖金
90％白色	0	90％白色	0
6％红色	赢得 45 美元	6％红色	赢得 45 美元
1％绿色	赢得 30 美元	1％绿色	赢得 45 美元
1％蓝色	输掉 15 美元	1％蓝色	输掉 10 美元
2％黄色	输掉 15 美元	2％黄色	输掉 15 美元

所有的答题者都选择赌局 D。当赌局以令人费解的方式给出时，人们似乎求助于直觉推断和经验法则来做出选择。我们将描述的明晰程度称为**透明度**（transparency）。当选择以透明的方式给出时，行为异象通常会被最小化。迈克尔·伯恩鲍姆和胡安·纳瓦雷特发现在经济学实验中由于缺乏透明度而违背占优关系是一种常见的现象。

9.2 不可传递偏好建模：懊悔与相似性

为什么我们会观察到违背排序公理的现象呢？对此主要有三种解释。一种解释是基于以下理念：偏好反转仅仅说明人们在使用不同的过程来执行不同的任务（这里任务是指选择和估值）。因此，概率和价值是以不同的方式进入决策过程的，这要依赖于让人们去执行那一项任务。例如，当要求人们阐明自己的支付意愿时，其会引导人们锚定在能够赢得的钱数上，然后再根据不确定性向下调整。对于可赢得数量较大的赌局，这可能导致更高的支付意愿。相反，当要求人们在两个赌局之间进行选择时，人们可能会更加重视所涉概率，会选择更安全的赌局。虽然这可能是经济学家们的主流观点，但卢慕斯，斯塔默和萨格登设计的实验主要是为了挑战这种观念——应对方式是偏好反转的唯一来源。在实例 9-1 描述的实验中，他们非常仔细地不让人们确定自己的支付意愿，而是询问他们在每种情况下更加偏爱两个赌局中的哪一个，这些赌局中包括几个退化的赌局。

格拉哈姆·卢慕斯和罗伯特·萨格登提出了**懊悔理论**（regret theory），将其作为偏好反转之所以会发生的一种程序理性的解释。懊悔理论假定人们对某个赌局的偏好依赖于可以选择的其他可能选项。因此，我们不能像使用期望效用那样表示人们对某个单一赌局的估值。相反，我们需要知道他所面临的替代选择是什么。更具体而言，懊悔理论假定人们的效用函数为 $U(x, y)$，其中，x 表示人们可以获得的钱数或者实物，y 表示放弃的选项产生的结果。我们称该效用函数为懊悔理论效用函数。虽然增加 x 会导致更高的效用，但是随着 y 的增加人们会因为未选择被放弃的赌局而感到越来越失望，因此增加 y 会降低效用。例如，相对于替代选择产生的收益是 20 美元，如果替代选择产生的收益是 1 美元，则人们在获得 5 美元时会感觉更好。懊悔理论假定人们最大化懊悔理论效用函数的期望值。

懊悔理论效用函数表现出两个额外的重要属性。首先，对于所有结果 x，y，$U(x, y) = -U(y, x)$ 并且 $U(x, x) = 0$。满足这些条件的懊悔理论效用函数被称为是**斜对称**（skew symmetric）的。斜对称属性意味着当替代选择是 5 美元时，从 10 美元的结果体验到的正效用与能够获得 10 美元时获得 5 美元体验到的负效用是加法逆关系[⊖]。因此，愉悦和失望要求

⊖ 加法逆关系是指两者相加之和恰好等于 0。——译者注

某种程度的对称。其次，对于任何结果 $x>y>z$，肯定有 $U(z,x)<U(y,x)+U(z,y)$。这种属性被称为**懊悔厌恶**（regret aversion）。这意味着在最高奖金为替代选项时获得最低奖金所感到的懊悔程度，要大于最高奖金为替代选项时获得中等奖金感觉到的懊悔程度加上中等奖金为替代选项时获得最低奖金感觉到的懊悔程度。也就是说，人们会偏爱两个较小程度的失望，而非一个较大程度的失望。图 9-1 展示了一个懊悔效用函数的例子。你会立即发现该函数与前景理论的值函数非常相似，只不过它在 $x=y$ 的左侧是凹的，右侧是凸的。现在我们在原点处有一个替代结果而非参考点。懊悔厌恶意味着效用函数的斜率肯定随着 x 和 y 之差的增加而增大。保持 y 不变，这在图形中表现为 x 高于 y 的数量越多斜率就越大，并且 x 低于 y 的数量越多斜率就越大。

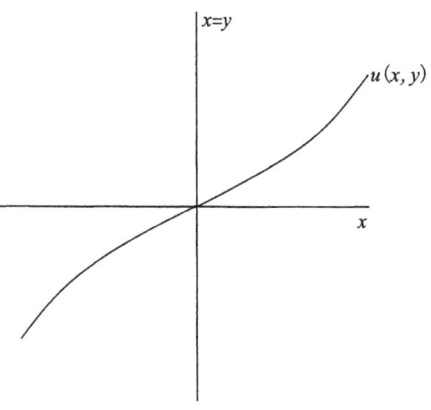

图 9-1　保持 y 不变条件下的懊悔理论效用函数

假定多米尼克可以押注于正在比赛的两只足球队：球队 A 和球队 B。如果多米尼克押注于球队 A 并且 A 获胜，他会赢得 100 美元。如果多米尼克押注于球队 A 但是 B 获胜，他会输掉 100 美元。相应地，如果多米尼克押注于球队 B 并且 B 获胜，他会赢得 50 美元，但是如果球队 B 输掉比赛，他会输掉 50 美元。最后假定球队 A 获胜的概率是 0.3。则在球队 B 可选的条件下选择球队 A 获得的期望懊悔效用为

$$EU(A|B) = 0.3U(100,-50) + 0.7U(-100,50) \tag{9-3}$$

在球队 A 可选的条件下选择球队 B 获得的期望效用为

$$EU(B|A) = 0.3U(-50,100) + 0.7U(50,-100) = -EU(A|B) \tag{9-4}$$

最后一个等式是斜对称属性得出的结论。一种选择获得的期望懊悔效用恰好等于另一种选择获得的期望懊悔效用的相反数，这肯定总是成立的。因此，我们只需要检验任一选择获得的期望懊悔效用是否为正，就可以确定会选择哪一个。因此，如果

$$0.3U(100,-50) + 0.7U(-100,50) > 0 \tag{9-5}$$

就会选择押注于球队 A。

考虑实例 9-1 给出的选择，只是现在我们将赌局 A，B 和 C 改写成表 9-1 的形式，它们仍然代表该实例给出的赌局，只不过使用了不同的具有稳定概率的世界状态。在这个例子中，每种世界状态由赌局各可能选项的特定结果构成。这实际上是实例 9-1 描述的实验中，卢慕斯，斯塔默和萨格登展示这些赌局的真实方式。因此，赌局的结果之间是相关的（这并不会改变期望效用的计算结果）。

表 9-1　三个赌局（参见实例 1）

	状态		
	1	2	3
概率	0.4	0.3	0.3
赌局 A	10.00	3.00	3.00
赌局 B	7.50	7.50	1.00
赌局 C	5.00	5.00	5.00

给定选择 A 和 B，如果

$$EU(B|A) = 0.4U(7.5,10) + 0.3U(7.5,3) + 0.3U(1,3) > 0 \tag{9-6}$$

则会选择 B。另外，给定 B 和 C，如果

$$EU(C|B) = 0.4U(5,7.5) + 0.3U(5,7.5) + 0.3U(5,1) > 0 \tag{9-7}$$

则会选择 C。最后，给定 A 和 C，如果

$$EU(A|C) = 0.4U(10,5) + 0.3U(3,5) + 0.3U(3,5) > 0 \tag{9-8}$$

则会选择 A。如果式（9-6），式（9-7）和式（9-8）能够同时成立，⊖则懊悔厌恶能够解释这种行为。现在，我们假设式（9-6）和式（9-7）成立，这意味着 $A > B$ 并且 $C > B$。⊖他们两个本身并没有违反排序公理，与期望效用理论是一致的。但是，给定 $A > B$ 和 $C > B$，期望效用理论不允许 $A > C$。在懊悔理论中，式（9-8）意味着 $A > C$。让我们考察在式（9-6）和式（9-7）同时成立的条件下式（9-8）是否成立。在状态 1 三个赌局的可能结果为 $10 > 7.5 > 5$。懊悔厌恶属性告诉我们 $U(5,10) < U(7.5,10) + U(5,7.5)$。两边同乘 -1，注意到斜对称意味着 $U(10,5) = -U(5,10)$，可以得到

$$U(10,5) > -U(5,7.5) - U(7.5,10) \tag{9-9}$$

在状态 2 三个可能结果为 $7.5 > 5 > 3$。懊悔厌恶意味着 $U(3,7.5) < U(5,7.5) + U(3,5)$。两边同时减去 $U(5,7.5)$，并且注意到斜对称意味着 $U(3,7.5) = -U(7.5,3)$，可以得到

$$U(3,5) > -U(7.5,3) - U(5,7.5) \tag{9-10}$$

在状态 3 三个可能结果为 $5 > 3 > 1$，懊悔厌恶意味着 $U(1,5) < U(3,5) + U(1,3)$。两边同时减去 $U(1,3)$，并且注意到斜对称意味着 $-U(5,1) = -U(1,5)$，可以得到

$$U(3,5) > -U(1,3) - U(5,1) \tag{9-11}$$

不等式（9-9），式（9-10）和式（9-11）左边是 C 可选择的条件下选择 A 产生的所有可能结果（参见式（9-8））。因此，懊悔厌恶和斜对称约束意味着 $EU(A|C) > -EU(B|A) - EU(C|B)$。由于该不等式的右方为负（由式（9-6）和式（9-7）得出），因此只要 $EU(A|C)$ 为正值其就会同时满足懊悔理论和式（9-8）。因此，该理论允许式（9-6）～式（9-8）所表明的偏好循环类型。

但是并非所有的偏好循环类型都被懊悔理论所允许。如果选择 A 胜过 B，则

$$EU(B|A) = 0.4U(7.5,10) + 0.3U(7.5,3) + 0.3U(1,3) < 0 \tag{9-12}$$

并且如果选择 B 胜过 C

$$EU(C|B) = 0.4U(5,7.5) + 0.3U(5,7.5) + 0.3U(5,1) < 0 \tag{9-13}$$

现在式（9-9），式（9-10）和式（9-11）意味着 $EU(A|C) > -EU(B|A) - EU(C|B) > 0$，因此这时 A 肯定会被选择而非 C。所以，虽然 $A > C > B > A$ 有可能发生，但是 $A > B > C > A$ 是不可能发生的。事实上，实验发现的大多数对排序公理的违背在本质上属于懊悔厌恶所预测的类型而非被懊悔厌恶所排除的类型。也就是说，如果人们在评估个体赌局时考虑未被选择的选项成为最佳选项时所感觉到的懊悔程度，则我们应该会发现某些类型的不可传递性。特别的，人们总是会循环向给出的平均懊悔程度最低的那些赌局。在此例子中，每个赌局在三种世界状态中有两种状态要占优于至少一个其他选择，导致对该赌局的偏好胜于另外一个选项。⊜类似的，如果较差赌局的最佳结果总是与占优赌局的最差结果配对，则人们或许会违背随机占优（参见第 2 个思考题）。

⊖ 在本段和下一段中，原文引用式标号时存在很多错误，比如在论述过程中将式（9-6）～式（9-11）分别说成是式（9-8）～式（9-13），为了增强内容的易读性，译者进行了相应的调整。——译者注

⊖ 疑有误，这里式（9-6）意味着 $B > A$。因此，后面应该相应为"给定 $B > A$ 和 $C > B$"。——译者注

⊜ 疑有误，仔细比较各赌局三种状态下的结果，似乎无法得出该结论。——译者注

要注意到，我们证明的上述结果是在每个选项的分布在统计上**相互依赖**（dependent）条件下得出的。也就是说，之所以出现该结论是因为在同样的状态下会出现某些特定的结果。对于一组给定的偏好，偏好循环的可能性或许依赖于赌局之间是否是相互独立的（因而一个赌局的结果不会为我们提供关于另一个赌局结果的任何信息）。如果赌局之间是独立的，则偏好循环就不会发生。然而，在替代赌局相互独立的条件下懊悔理论仍然预测会出现偏好循环。该理论还预测对于相互依赖的赌局某些人会表现出偏好循环，但是对于结果概率相同但统计上独立的赌局他们不会表现出偏好循环。因此，当赌局如表 9-1 所示时，一些人或许会选择 $A \succ C \succ B \succ A$，但是当赌局如实例 9-1 所示时，他们却不会这样选择。

阿里尔·鲁宾斯坦提出了一种替代的程序理性决策机制，它可以解释这种特定的基于**相似性**（similarity）的偏好循环模式。鲁宾斯坦提出了一种在两个赌局之间进行选择的三阶段过程。首先，赌博者考察这些赌局以确定某个赌局是否随机占优于另外一个。如果某个赌局随机占优，则会选择该赌局。如果两个赌局都不随机占优，则赌博者会比较概率以及赌局的结果。如果概率相似，则人们会根据结果进行决策。如果结果相似，人们会根据概率进行决策。如果两者都不相似，则赌博者会根据某些其他机制进行决策。作为一个例子，考虑以下一对赌局。

赌局 X	赌局 Y
以概率 p_x 赢得 x 美元	以概率 p_y 赢得 y 美元
以概率 $1-p_x$ 赢得 0 美元	以概率 $1-p_y$ 赢得 0 美元

如果 r 和 q 非常接近，使得赌博者感觉他们是相似的，则两者的关系可表示为 $r \approx q$。鲁宾斯坦的决策步骤可以概括为：

步骤 1：如果 $x > y$ 并且 $p_x > p_y$，则赌局 X 被选择。如果 $y > x$ 并且 $p_y > p_x$，则赌局 Y 被选择。如果上述两者都不满足，则转向步骤 2。

步骤 2：如果 $p_y \approx p_x$ 但是 $x \not\approx y$，则选择收益更大的赌局。如果 $x \approx y$ 但是 $p_y \not\approx p_x$，则选择收益的概率较大的赌局。如果上述条件都不满足，则转向步骤 3（这里没有对其进行阐述）。

乔纳森·利兰对鲁宾斯坦的机制进行了修正以考察更加复杂的赌局。大体上，他提出步骤 1 应该考虑赌局的期望效用。如果两个赌局的期望效用相似（也就是说，不存在明显占优的赌局），则会比较概率和结果来进行决策。在两个赌局产生的期望效用相似的情况下，虽然鲁宾斯坦最初的构想排除了赌博者会选择随机占优赌局的可能性，但是这种一般化却允许如此。

再次考虑实例 9-1 中给出的选择。当比较赌局 A 和 B 时，两者都不是随机占优的。在比较赌局的过程中，7.50 美元和 10 美元或许被认为是相似的，3 美元和 1 美元或许也被认为是相似的。但是 0.7（赋予 7.50 美元的概率）要比 0.4（赋予 10 美元的概率）大很多。因此，这会导致赌博者选择 B。在比较赌局 C 和 D 时，两者也不是随机占优的。如果 5 美元和 7.50 美元被认为是相似的，则赌博者会明显选择 C（以概率 1 获得相应收益）。在比较 E 和 F 时，3 美元和 5 美元是相似的，而 10 美元要大很多。因此，这会导致赌博者选择 E，表现出观察到的行为模式。但是，这种对偏好循环的解释对所涉赌局是独立还是相互依赖的并没有要求。因此，相似性预测偏好反转在赌局独立和相依时都会经常发生。实际上，利兰发现与赌局相依情况相似，在赌局独立条件下偏好反转也很有可能发生。

■ **实例 9-3　彩票、诉讼和懊悔**

在很长时间里，经营公开批准销售彩票的人们一直在寻找创新的方式来吸引潜在顾客购买彩票。这导致产生了很多类型的即开型彩票以及很多其他彩票销售机制。在荷兰，彩票玩家可以购买两种类型的彩票来获得玩彩票的愉悦。第一种是标准类型彩票，人们买彩票时选出一组数字，如果该数字被抽中就会中奖。第二种类型是一种邮政编码彩票。对于这种彩票，玩家可以买也可以不买。彩票上的数字是他们居住地的邮政编码。如果他们的邮政编码被选中就会中奖。但是如果他们没有购买彩票并且其邮政编码被选中，则他们的邻居们赢得奖金而非他们自己。这种结果可能会导致因为没有购买彩票而后悔。相反，未购买标准彩票通常意味着你的头脑中并不存在一组选出的数字，因此你就不会知道如果你恰好购买了彩票本可以赢得大奖。

对于这两种彩票，马塞尔·泽兰博格和里克·皮埃特斯对荷兰的可能彩票玩家进行了调查。相比标准彩票，有更大比例的玩家将懊悔感觉与邮政编码彩票联系在一起。此外，这种被预期到的懊悔感觉会影响人们购买彩票的意向。因为得知自己丧失了中奖机会而预期的后悔程度越高，他们越有可能购买邮政编码彩票。相反，懊悔与购买标准彩票没有什么关系。

就寻求庭外和解而非法庭审判的可能性对法学专业学生进行调查时，克里斯·格思里也发现了类似的情绪。寻求法庭审判通常是一项有风险的主张。法庭或许会做出有利于你的判决，并且裁定给你一大笔赔偿金。相反，法庭也可能做出不利于你的判决，在此情况下你不仅无法获得赔偿还会产生大量的诉讼费用。在许多情况下，很多原告人会因为相似的犯罪行为而提起诉讼。例如，某家工厂的多名工人或许会因不安全工作条件导致的伤害而提起诉讼。如果他们的律师拥有相同的技能水平，则每个案子有相同的胜诉机会。在此情况下，单个工人或许会决定寻求庭外和解，但是如果其他工人没有这样做，其就有可能知道在寻求法庭审判时会得到的可能结果。格思里发现法学专业学生相信，如果诉讼当事人无法得知法庭审判的可能结果，他们就更有可能寻求庭外和解。这或许意味着若类似案子并行处理，人们寻求庭外和解的可能性会非常小，而将他们的案子合并在一起可能会导致他们避免寻求法庭审判。懊悔可能会驱使人们以非常大的代价冒更大风险。

9.3　独立性和风险条件下的理性决策

期望效用还要求行为要符合独立性公理。该公理对人们如何评价复合赌局进行了描述。**复合赌局**（compound gamble）是这样一种赌局：其由以固定概率获得某些其他赌局构成。

> 【独立性公理】
>
> 用 A、B 和 C 表示三个赌局。如果 $A>B$，则人们偏好以概率 p 产生赌局 A，概率 $1-p$ 产生赌局 C 的复合赌局胜过以概率 p 产生赌局 B，概率 $1-p$ 产生赌局 C 的复合赌局。这可以简单表示为 $pA+(1-p)C>pB+(1-p)C$。

独立性公理要求对两个赌局的偏好不应该受共同的偶然事件影响。因此，在只有两匹赛马时如果我偏爱在红马上押注 5 美元而非押注于蓝马，则如果第三匹马（甚至更多马匹）加入比赛，我应该仍然偏爱押注红马而非蓝马。假定押注在获胜马匹上会让你的赌金翻倍，但是押注在其他马匹上不会产生任何收益。另外，假定红马战胜蓝马的概率是 0.6。则在只有两匹马比赛时押注于红马（赌局 A）意味着接受了一个以 0.6 的概率获得 10 美元，0.4 的概率获得 0 美元的赌局。在只有两匹马比赛时押注于蓝马（赌局 B）以 0.6 的概率获得 0 美元，0.4 的概率获得 10 美元。大部分人会选择赌局 A，因为它以更高的概率获得奖金。现在假定第三匹马（绿马）也参加了比赛。在三匹马条件下，假定绿马以 0.2 的概率赢得比赛，剩下 0.8 的概率如以前那样分布：红马以 $0.8\times 0.6=0.48$ 的概率赢得比赛，蓝马以 $0.8\times 0.4=0.32$ 的概率赢得比赛。如果只允许选择押注于红马或蓝马，独立性公理要求赌博者仍然偏好押注于红马。这时，可以将赌局 C 看作是在绿马肯定赢得比赛的条件下押注于红马或蓝马。这会导致以概率 1 获得 0 美元。三马比赛中选择押注红马相当于接受了一个复合赌局，该赌局以概率 0.8 获得赌局 A，概率 0.2 获得赌局 C。三马比赛中选择押注于蓝马也相当于接受了一个复合赌局，该赌局以概率 0.8 获得赌局 B，概率 0.2 获得赌局 C。

在应用独立性公理时，人们必须谨慎以充分设定每一个赌局。例如，假定我们考虑某男子答应晚上约会时去找他的妻子。他们在电话上讨论是去打保龄还是去看电影，但是在他们做出最终决定之前电话中断了。因此，他必须选择是去保龄球馆还是去电影院，而他的妻子有可能会做出相反的选择。看电影和打保龄对该男子自己而言是无差异的，但是对每种活动他更喜欢和自己的妻子一起去而非单独去。在此情况下，我们或许忍不住要说，如果与妻子一起打保龄或者与妻子一起看电影两者对丈夫而言是无差异的，即 u（保龄，配偶）$=u$（电影，配偶），则下面三个赌局对丈夫而言也应该是无差异的。

赌局 A	赌局 B	赌局 C
配偶肯定去看电影	配偶肯定去打保龄	配偶以 0.5 的概率去看电影
		配偶以 0.5 的概率去打保龄

但是事实上并非如此。在这个例子中，我们没有充分设定这些赌局。如果该男子知道他的妻子会去看电影（赌局 A），他会选择去看电影并且获得更高的效用水平 u（电影，配偶）。如果该男子知道他的妻子会去打保龄球（赌局 B），他也会选择去打保龄并且获得更高的效用水平 u（保龄，配偶）。相反，如果他认为赌局 C 更符合实际情况，不论他做出哪一个选择（例如，去打保龄）都会导致以 0.5 的概率独自活动，使得 $U=0.5u$（保龄，配偶）$+0.5u$（保龄，独自一人）$<u$（保龄，配偶）。这时，对赌局的设定没有考虑人们的反应。假定在去取车的路上，该男子偶然遇到他的妻子，她迅速蒙上他的眼睛并驱车带他去参加其中一种活动。现在他肯定能够与他的妻子在一起了，看电影和打保龄两者对他而言是无差异的。如果我们以该男子的妻子选择参加哪种活动为背景考虑赌局 A，B 和 C，则现在可以应用独立性公理。因为他知道自己会和妻子在一起，赌局 A 产生的效用为 u（电影，配偶），赌局 B 产生的效用为 u（保龄，配偶）。但是这时如果妻子决定简单地通过抛掷硬币来决定参加哪种活动（赌局 C），丈夫获得的效用为 $U=0.5u$（保龄，配偶）$+0.5u$（电影，配偶）$=u$（保龄，配偶）。因此，他不在意妻子开车带他去哪里。

对任何退化赌局（只有一个可能结果的赌局），排序公理意味着我们可以使用效用函数表示对它们的偏好。因此，我们可以定义函数 $u(x)$，其中，x 表示能够确定性获得的一笔钱数。连续性和独立性公理会告诉我们该效用函数如何与对风险赌局的偏好联系在一起。根据连续性和独立性公理，我们知道对于任意两赌局的组合的效用，我们可以将其表示为每个赌局的概率乘以从该赌局中获得的效用然后再求和，这样就产生了期望效用模型。

自从 20 世纪 40 年代约翰·冯·诺依曼和奥斯卡·摩根斯坦在其开创博弈论领域的著作中再次引入了期望效用之后，经济学家们总体上接受了它。期望效用所依据的那些公理作为行为原则是有道理的。很难论证希望尽其所能最大化自身福利的人们会违背这些明晰并符合逻辑的规则。然而，这些理性公理对于行为和偏好却做出了某些非常严格的预测。

理解期望效用理论的一种简单方式是利用不同赌局的无差异曲线，这些赌局涉及相同结果但是不同的结果概率。图 9-2 展示了对有 3 种结果赌局的无差异曲线，该图被称为单位单纯形或者**马尔沙克-马基纳三角形**（Marschak-Machina triangle）（为纪念雅各布·马尔沙克和马克·马基纳）。图中 x 轴表示赢得 0 美元的概率，y 轴表示赢得 100 美元的概率。第三个结果的概率（赢得 50 美元）没有用坐标轴表示。因此，三角形中的每一个点表示一张彩票，该彩票赢得 0 美元的概率由 x 轴坐标表示，赢得 100 美元的概率由 y 轴坐标表示，赢得 50 美元的

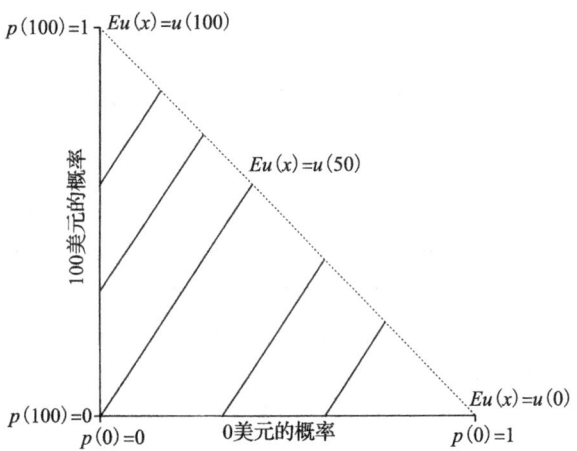

图 9-2　涉及 100 美元、50 美元和 0 美元结果的复合赌局的无差异曲线

概率等于剩余概率（1 减去 x 轴和 y 轴坐标）。x 轴上的点表示的赌局以概率 0 赢得 100 美元。因此，这条线上所有的点表示的赌局可以赢得 50 美元或者 0 美元。点 (0，0) 表示的赌局会确定性地赢得 50 美元。点 (1，0) 表示确定性地赢得 0 美元。y 轴上的点表示的所有赌局以概率 0 赢得 0 美元。点 (0，1) 表示的赌局确定性地赢得 100 美元。从图形左上方向右下方倾斜的虚线代表三角形的边界。在该边界上 100 美元和 0 美元结果的概率之和为 1，因此赢得 50 美元的概率为 0。

三角形中从左下方向右上方延伸的平行线表示无差异曲线。与确定性获得 50 美元的效用相等的无差异曲线被标注了出来。因为我们用 y 轴表示赢得 100 美元的概率，用 x 轴表示赢得 0 美元的概率，因此该条曲线左边的所有无差异曲线表示比 50 美元更高的效用水平，右边表示更低的效用水平。你会注意到所有的无差异曲线都是平行的直线。用 y 表示赢得 100 美元的概率，x 表示赢得 0 美元的概率。在三角形中，一条无差异曲线是满足式

$$yu(100) + xu(0) + (1-x-y)u(50) = k \tag{9-14}$$

的所有概率 y 和 x。求解式（9-14），用 x 来表示 y 可以得到

$$y = \frac{k - u(50)}{u(100) - u(50)} + x \frac{u(50) - u(0)}{u(100) - u(50)} \tag{9-15}$$

因为 k 的值和效用值都是固定的，其总是表示一条直线，斜率为

$$\frac{\Delta y}{\Delta x} = \frac{u(50) - u(0)}{u(100) - u(50)} \tag{9-16}$$

因此，期望效用理论意味着所有的无差异曲线必定是直线，每一条都有相同的斜率。这种属性驱使人们对期望效用理论进行了多种检验。

注意到式（9-15）中直线的斜率是由 50 美元和 0 美元效用之差与 100 美元和 50 美元效用之差的比率构成的。回顾第 6 章，人们的风险偏好与财富效用函数的曲率相关。赌博者的风险厌恶程度越高，随着财富的增加，其效用函数斜率下降的越快。如果赌博者是风险厌恶的，我们应该观察到 0～50 美元区间效用函数的增加量要大于 50～100 美元区间的增加量（要得出斜率的标准公式两个区间都要有 50 美元的增加量）。更一般的，我们可以通过 $u(50) - u(0)$ 与 $u(100) - u(50)$ 之间的比率来测量效用函数斜率的下降速度。更高的风险厌恶程度意味着 $u(100) - u(50)$ 要比 $u(50) - u(0)$ 小得多，说明式（9-16）的右边数值更大。因此，

对于人们的偏好,风险厌恶程度越高,无差异曲线的斜率就越大。当 x 轴和 y 轴分别表示数值最大和最小的结果时,情况总是如此。⊖

■ 实例 9-4 阿莱悖论

莫里斯·阿莱是最早对风险决策的期望效用模型提出批评的人之一,认为它剔除了许多进行风险决策时所涉及的重要心理因素。他使用对赌局之间的假想选择来进行论证,大部分读者都认可这些赌局似乎对期望效用理论提出了质疑。例如,假定你必须在以下两个赌局之间做出选择:

赌局 A	赌局 B
	以概率 0.1 获得 500 美元
确定性获得 100 美元	以概率 0.89 获得 100 美元
	以概率 0.01 获得 0 美元

现在假定你在以下两个赌局之间做出选择:

赌局 C	赌局 D
以概率 0.11 获得 100 美元	以概率 0.10 获得 500 美元
以概率 0.89 获得 0 美元	以概率 0.90 获得 0 美元

许多人选择 A 而非 B,因为该赌局可以确定性的获得一笔钱。但是,对于 C 和 D 非常少的人会选择 C,因为在 C 中增加 1% 的赢得概率感觉似乎并不足以补偿从 500 美元到 100 美元的收益减少量。

但是上述两个决策却违背了理性公理。注意到 A≻B 意味着

$$U(100) > 0.1U(500) + 0.89U(100) + 0.01U(0) \tag{9-17}$$

或者

$$U(100) > \frac{0.1}{0.11}U(500) + \frac{0.01}{0.11}U(0) \tag{9-18}$$

相应地 D≻C 意味着

$$0.1U(500) + 0.90U(0) > 0.11U(100) + 0.89U(0) \tag{9-19}$$

或者

$$U(100) < \frac{10}{11}U(500) + \frac{1}{11}U(0) \tag{9-20}$$

该式明显与式 (9-17) 相矛盾。⊜ 这经常被称为**阿莱悖论**(Allais' paradox)或者**共同结果效应**(common outcome effect)。

共同结果效应这个术语指的是赌局的结构。赌局 A 和 C 可以被看作是以 0.11 的概率获得 100 美元,0.89 的概率获得 X 美元,在 A 中 X=100,在 B 中 X=0。⊜ 赌局 B 和 D 可以被看作是以 0.1 的概率获得 500 美元,0.89 的概率获得 X 美元,0.01 的概率获得 0 美元,在 B 中 X=100,在 D 中 X=0。在所有赌局中,X 是共同结果(在两个选项中有相同的数

⊖ 疑表述有误,正确表述应为"当 x 轴和 y 轴分别表示数值最小和最大的结果时,情况总是如此"。——译者注
⊜ 其明显与式 (9-18) 相矛盾。——译者注
⊜ 疑有误,应为"在 C 中 X=0"。——译者注

值和概率)。期望效用理论意味着数值 X 不应该影响赌博者的选择。但是，这里我们已经观察到人们改变了他们的偏好，这依赖于 X 等于 100 还是 0。经济学实验反复多次发现了风险选择中的共同结果效应。

这是一种对独立性公理的违背。在马尔沙克-马基纳三角形中这相对容易理解，如图 9-3 所示。赌局 C 和 D 是通过向右平移 A 和 B 赌局 0.89 单位（获得 0 美元的概率增加 0.89）得到的。线段 AB 和线段 CD 的长度恰好一样长，并且两者具有相同的斜率。回想在独立性公理条件下，在马尔沙克-马基纳三角形中的无差异曲线是向上倾斜的平行直线。另外，被偏好的赌局应该位于无差异曲线的西北方向。如果 D 偏好于 C，则无差异曲线的斜率必定使得 D 处于其西北方向，C 处于其东南方向（如图所示）。然而，我们无法找到一条具有相同斜率的直线，使得 A 处于其西北方向，C 处于其东南方向。⊖ 因此，在三角形的不同部分，无差异曲线肯定改变了斜率，西边的无差异曲线应该更陡峭。这是一种得出风险选择违背独立性公理的常用方法。

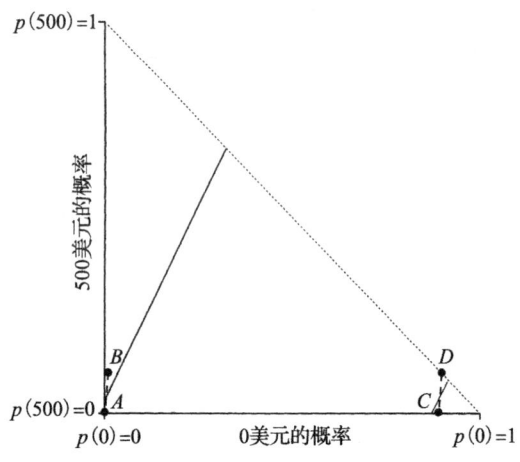

图 9-3　马尔沙克-马基纳三角形中的共同结果效应

阿莱的选择问题也是**确定性效应**（certainty effect）的一个例子。确定性效应这个术语适用于下述选择，即决策者对于确定性结果表现出非理性偏好。例如，在这个例子中之所以选择 A 或许是因为确定性效应，但是在马尔沙克-马基纳三角形中具有相同关系但不涉及确定性的赌局（例如 C 和 D）却会表现出相反的偏好。倾向于违反独立性公理的人通常偏爱确定性结果，观察到的这种现象导致了以下假设的提出：人们感觉概率之和并不为 1。相反，他们将以概率 p 获得结果 X 感知为以概率 $\pi(p)$ 获得效用 $U(X)$，其中，$\pi(p)$ 使得 $\pi(p)+\pi(1-p)<1$，这种属性被称为**次加性**（subadditivity）。因此，相比确定结果，不确定结果被低估了。在这种被称为**概率加权**（probability weighting）的框架下，$A \succ B$ 意味着

$$U(100) > \pi(0.1)U(500) + \pi(0.89)U(100) + \pi(0.01)U(0) \tag{9-21}$$

或者

$$U(100)[1-\pi(0.89)] > \pi(0.1)U(500) + \pi(0.01)U(0) \tag{9-22}$$

相应地 $D \succ C$ 意味着

$$\pi(0.1)U(500) + \pi(0.90)U(0) > \pi(0.11)U(100) + \pi(0.89)U(0) \tag{9-23}$$

或者

$$\pi(0.11)U(100) < \pi(0.1)U(500) + [\pi(0.90)-\pi(0.89)]U(0) \tag{9-24}$$

假定从 0 美元中获得的效用是正数，则如果 $\pi(0.11)<[1-\pi(0.89)]$ 或者 $[\pi(0.90)-\pi(0.89)]>\pi(0.01)$，式（9-24）和式（9-22）可以同时成立。在选择偏好中概率加权是一种表示对概率产生系统性感知错误的方式。因此，次加性可以作为对共同结果效应的一种解释。

克里斯·斯塔默是认为懊悔厌恶可以解释共同结果效应的经济学家之一。使用上面的例子，如果赌局之间是独立的，$A \succ B$ 和懊悔理论意味着

⊖ 疑有误，应为"B 处于其东南方向"。——译者注

$$0.1U(100,500) + 0.89U(100,100) + 0.01U(100,0) > 0 \tag{9-25}$$

或者

$$0.1U(100,500) + 0.01U(100,0) > 0 \tag{9-26}$$

$D > C$ 意味着⊖

$$0.11 \times 0.10 U(100,500) + 0.11 \times 0.90 U(100,0)$$
$$+ 0.89 \times 0.10 U(0,500) + 0.89 \times 0.90 U(0,0) < 0 \tag{9-27}$$

或者

$$U(100,500) + 9U(100,0) + \frac{89}{11}U(0,500) < 0 \tag{9-28}$$

只要 $U(0, 500)$ 是一个足够大的负数,式 (9-26) 和式 (9-28) 就不会产生矛盾。在这个例子中,如果在本可以获得 500 情况下却获得了零,人们会感到如此的懊悔以至于他们的偏好发生了反转。斯塔默和其他研究者已经发现了一些证据表明共同结果效应和相关的行为是由于可能产生的懊悔导致的。

■ 实例 9-5 同比例效应

阿莱还发现了**同比例效应** (common ratio effect)。考虑下面的选择(选自卡尼曼和特沃斯基):

赌局 A	赌局 B
确定性获得 3 000 美元	以概率 0.80 获得 4 000 美元
	以概率 0.20 获得 0 美元

现在假定你在以下两个赌局之间做出选择:

赌局 C	赌局 D
以概率 0.25 获得 3000 美元	以概率 0.20 获得 4000 美元
以概率 0.75 获得 0 美元	以概率 0.80 获得 0 美元

卡尼曼和特沃斯基发现大约 80% 的受试者会选择赌局 A,大约 65% 会选择赌局 D。然而,同时选择 A 和 D 违背了期望效用理论。要明白这一点,注意到 $A > B$ 意味着

$$U(3\,000) > 0.8U(4\,000) + 0.2U(0) \tag{9-29}$$

$D > C$ 意味着

$$0.25U(3\,000) + 0.75U(0) < 0.2U(4\,000) + 0.8U(0) \tag{9-30}$$

或者

$$U(3\,000) < 0.8U(4\,000) + 0.2U(0) \tag{9-31}$$

明显地,式 (9-31) 和式 (9-29) 不能同时成立。这又是由于所涉及的赌局的结构而产生的同比例效应。赌局 C 可以被看作是以 0.25 的机会获得赌局 A,0.75 的机会获得 0 美元。同样的,赌局 D 可以被看作是以 0.25 的机会获得赌局 B(导致以 0.20 的概率获得 4 000 美元),0.75 的机会获得 0 美元。因此,赌局 A 和 B 的结果的概率之比在赌局 C 和 D 中保持

⊖ 此式之所以成立是因为赌局 C 相当于确定性获得 100 美元(A 赌局)和确定性获得 0 美元(设为 E 赌局)两个赌局的复合赌局。因此,C 和 D 之间的选择相当于以 0.11 的概率获得 A,0.89 的概率获得 E 与 0.11 的概率获得 D,0.89 的概率获得 D 之间的选择。——译者注

不变，然后再加上一个共同结果。考虑到涉及的赌局 A，这种特定形式的同比例效应也可以看作是确定性效应的一个例子。

与共同结果效应类似，同比例效应同样违背了独立性公理。这从图 9-4 中可以看出。在三角形中赌局 A 和 B 构成了一条线段，该线段与连接 C 和 D 的线段有相同的斜率。因此，使得 A 处于其西北方向 B 处于其东南方向的任何无差异曲线都意味着它们也会使得 C 处于其西北方向 D 处于其东南方向。⊖ 相反的是，观察到的选择结果表明无差异曲线在三角形的西边部分要比东南角部分更加陡峭。与共同结果效应相似，概率加权和懊悔对违反期望效用理论提供了两种不同的解释。

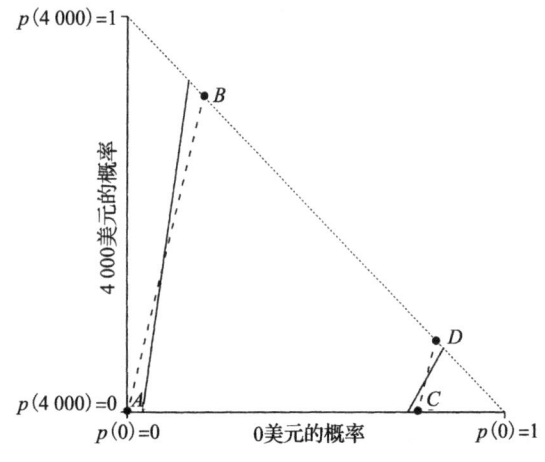

图 9-4　马尔沙克-马基纳三角形中的同比例效应

9.4　允许违反独立性

同比例和共同结果效应都表明无差异曲线在马尔沙克-马基纳三角形的西边部分要比东南角部分更加陡峭。这导致某些人认为无差异曲线并不是平行的，而是在马尔沙克-马基纳三角形中呈扇形散开的。拯救这些公理或者行为准则（它们构成了期望效用理论的基础）的一种方式是用**介中性公理**（betweenness axiom）来代替独立性公理。

【介中性公理】

如果 $A \succ B$，且 C 是一个复合赌局，其以概率 p 得 A，以概率 $1-p$ 得 B，则介中性意味着 $A \succ C \succ B$。

介中性公理允许无差异曲线有不同的斜率，但它仍然要求无差异曲线是直线。因而，无差异曲线可以是如图 9-5 所示的形状。要理解无差异曲线肯定是直线，考虑位于同一条无差异曲线上的赌局 A 和 B。任何位于点 A 和 B 之间的赌局都表示由 A 和 B 组合而成的一个赌局（我们将其定义为 C）。因此，介中性要求 A，B 和 C 对赌博者而言是无差异的，所以 C 也肯定位于该无差异曲线上。

首先利用介中性提出的一种理论被称为**加权期望效用理论**（weighted expected utility theory）。用 $p_1, \cdots, p_n$ 表示与结果 $x_1, \cdots, x_n$

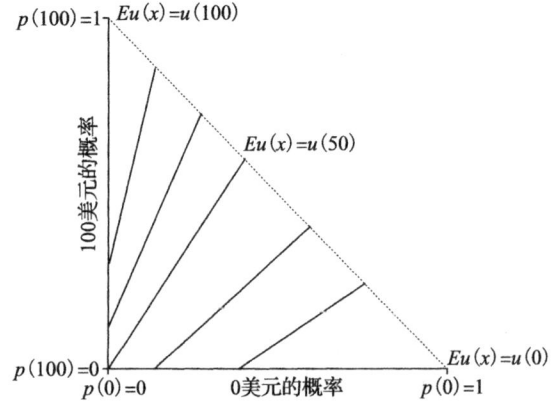

图 9-5　介中性条件下的无差异曲线

⊖ 作者所谓的西北方向和东南方向可以理解为左方和右方。——译者注

相关的概率。则加权期望效用偏好假定人们的行为会最大化其加权效用，该效用可以表示为

$$U = \frac{\sum_{i=1}^{n} p_i u(x_i)}{\sum_{i=1}^{n} p_i v(x_i)} \tag{9-32}$$

其中，$u(x)$ 是标准的财富效用函数，$v(x)$ 构成某种函数，用其来对特定结果的相关概率进行加权。要得到无差异曲线，考虑使得

$$\frac{p_1 u(x_1) + p_2 u(x_2) + (1 - p_1 - p_2) u(x_3)}{p_1 v(x_1) + p_2 v(x_2) + (1 - p_1 - p_2) v(x_3)} = k \tag{9-33}$$

的所有点 (p_1, p_2)，其中，式 (9-33) 的左边对应着式 (9-32) 对加权效用的定义，右边只是一个常数。进行变换后可得

$$p_1[u(x_1) - u(x_3) - k(v(x_1) - v(x_3))] + p_2[u(x_2) - u(x_3) - k(v(x_2) - v(x_3))]$$
$$+ [u(x_3) - kv(x_3)] = 0 \tag{9-34}$$

因为各结果以及函数 u 和 v 都是固定的，上述得到的式子相当于标准直线形式 $p_1 c_1 + p_2 c_2 + c_3 = 0$。要想弄清楚无差异曲线的斜率可以是不同的，注意到 k 是常数 c_1, c_2 和 c_3 的一个参数。因此，斜率的大小依赖于无差异曲线表示的效用水平。

在拟合数据方面，一些学者发现在三角形中加权效用模型要比期望效用模型好得多。但是，其他一些学者也发现了明显的违背介中性的证据。科林·凯莫勒和泰克-华·霍在实验室环境下发现有明显的证据表明人们的无差异曲线是非线性的。然而有趣的是，无差异曲线的形状极大依赖于给出的赌局的类型。特别地，涉及损失的赌局产生的无差异曲线模式非常不同于那些涉及收益的赌局。

9.5 无差异曲线的形状

对于马尔沙克-马基纳三角形中表示不同点的赌局，通过反复让人们在成对赌局中进行选择，实验经济学家们已经发现了许多关于无差异曲线形状的规律。图 9-6 给出了实验室对涉及收益的赌局进行实验发现的无差异曲线一般形状的一个例子。一般而言，在三角形的西北角部分无差异曲线要比 45°线更加陡峭，在三角形的东南角部分要比 45°线更加平坦。在横轴和纵轴附近，无差异曲线表现出明显的扇形散开趋势。但是在三角形的中心部分这些曲线是近乎平行的。在三角形的斜边附近，有一些不充分的证据表明这些曲线实际上是扇形汇聚的。因此，违反期望效用的部分最有可能出现在三角形的边附近，在这些位置会涉及非常大和非常小的概率。有趣的是，当考察涉及损失的赌局时，无差异曲线似乎是围绕45°线的镜像（参见图 9-7）。这种镜像导致某些相似但又有某些明显差异的属性。特别的，人们在

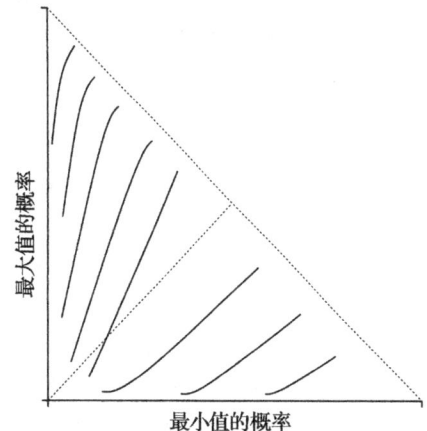

图 9-6 三角形中涉及收益的赌局的无差异曲线

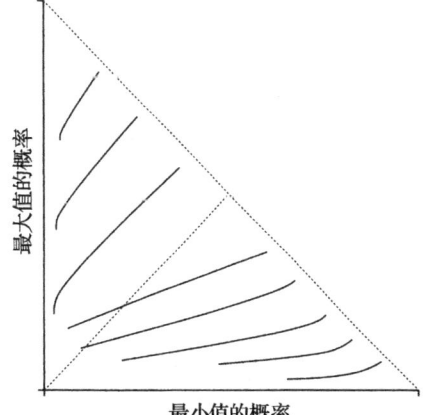

图 9-7 三角形中涉及损失的赌局的无差异曲线

三角形中心位置显得更加偏爱风险（无差异曲线变得更加平坦）。

9.6 关于概率权重形状的证据

马尔科姆 G. 普勒斯顿和菲利普·巴拉塔最早使用概率权重进行实验来描述对期望效用理论的背离。他们进行了几项实验，实验中对不同的简单赌局（以某概率赢得某结果，剩余概率赢得零）进行拍卖。他们发现对于赌局的支付意愿近似与奖金的数量呈线性关系，但是与结果的概率呈现高度的非线性关系。这导致他们假设人们会以非常系统的方式错误感知概率。特别的，人们似乎高估了小概率而低估了大概率。对于这些感知概率的一般形状，类似的实验也证实了他们的早期发现。这种系统性的错误感知可以解释某些对期望效用的背离，例如同比例和共同结果效应。

一种著名的风险决策理论假定人们追求最大化感知期望效用，其中人们的感知用**概率权重**（probability weights）来描述（前面实例 9-3 和实例 9-4 曾经讨论过）。概率权重由函数 $\pi(p)$ 给出，它将概率映射到单位区间。一般将 $\pi(p)$ 看作是真实概率的增函数，并且对于所有的 $p<\bar{p}$，$\pi(p)>p$，对于 $p>\bar{p}$，$\pi(p)<p$。此外，实验证据表明当 $p<\bar{p}$ 时，$\pi(\cdot)$ 是凹函数，当 $p>\bar{p}$ 时，$\pi(\cdot)$ 是凸函数。一个典型的概率加权函数如图 9-8 所示。一般而言，固定点（使得 $\bar{p}=\pi(\bar{p})$ 的点 $\bar{p}$）被认为要小于 0.5。对于概率加权函数，一种常用的函数形式由下式给出

$$\pi(p) = \frac{p^{\gamma}}{(p^{\gamma} + (1-p)^{\gamma})^{\frac{1}{\gamma}}} \tag{9-35}$$

该函数与图 9-8 所示的函数一样具有相同的反 S 形状。概率加权意味着在合适的条件下（例如，如果所有的概率都大于 $\bar{p}$）会出现次加性。相应地，如果所有结果的概率都小于 $\bar{p}$，概率加权也会意味着超加性（概率之和大于 1），这表明在某些情况下人们过度偏爱不确定性结果胜过确定性结果。

最后，概率加权函数使得偏好成为概率的非线性函数。例如，使用上面的加权函数，某个赌局的价值由下式给出

$$V = \sum_{i=1}^{n} \frac{p_i^{\gamma}}{(p_i^{\gamma} + (1-p_i)^{\gamma})^{\frac{1}{\gamma}}} U(x_i) \quad (9-36)$$

考虑到该函数相对于概率的高度非线性特征，无差异曲线肯定也是高度非线性的，这有可能允许我们解释

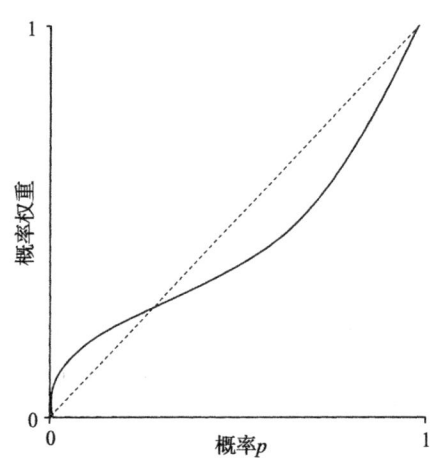

图 9-8 典型的概率加权函数

无差异曲线扇形散开或者扇形汇聚的特征。特别的，如果概率加权函数的斜率仅仅在非常高或者非常低的概率处才会发生较大变化，则这就可能解释为什么三角形中无差异曲线的斜率只在三角形的边附近（或者说在某些概率肯定较低而其他概率必定较高的位置）才会表现出变化。

■ 实例 9-6 性能保证

实验室试验的证据表明人们在处理小概率时的表现非常糟糕。特别的，概率加权表明人们在处理小概率事件时就好像它们要比实际更经常发生一样。这有可能导致人们过高估计对

小概率事件上保险的价值。例如，许多电子设备通常可以选择购买延长质保。其保证在一段特定时间内一旦产品出现问题会对其进行更换。

例如，在某家知名的零售连锁店出售的一种价值 400 美元的媒体播放器可以以 50 美元的价格选择购买两年质保。MP3 播放器出现问题的可能性非常小。假定在前两年里有 1/20 出现问题（此概率引自该产品的生产商）。则期望更换成本为 400 美元×0.05＝20 美元。在这个例子中，零售商收取的费用是期望更换成本的 250%！这是多么高的利润率！但是为什么人们愿意对这种承保支付如此高的价格呢？假定人们是完全风险中性的，但是他们根据概率加权行事。如果对产品出问题的感知概率 $\pi(0.05)>0.125$，则购买者就会愿意购买非常不公平的保险合约。

某些保险和风险相关行为表明一些其他行为效应也可能起作用。例如，许多房屋所有者不愿意购买洪灾保险，虽然其价格相对较低并且还有联邦政府补贴。这时，人们似乎低估了向他们提供的这种保险的价值。类似的，考虑购买彩票时的个体行为。彩票的售价要大大高于它们的期望收益，然而人们仍然会经常购买这些彩票。这些行为似乎与概率加权不一致。⊖ 原因可能是由于涉及的收益或者惩罚过于巨大，导致其他决策机制占优，这非常类似于前面讨论的 P-赌局和 $-赌局。

9.7 不偏爱较劣选择的概率权重

基于概率加权进行决策预测人们会表现出对被随机占优的赌局的偏好。例如，假定概率加权函数使得 $\pi(0.9)=0.89$ 且 $\pi(0.1)=0.12$。进一步假定效用函数为 $U(x)=\ln x$。如果赌博者的偏好由这些函数描述，则人们明显偏好 20 美元胜过 19 美元（效用分别为 2.99 和 2.94）。相反，如果我们考虑某个赌局（赌局 A），其以概率 0.9 获得 20 美元，以概率 0.1 获得 19 美元，我们会得到

$$U(A) = \pi(0.9)\ln 20 + \pi(0.1)\ln 19 \approx 0.89 \times 2.99 + 0.12 \times 2.94 \approx 3.02 \quad (9\text{-}37)$$

但是这意味着赌博者会偏爱赌局 A 胜过确定性地获得 20 美元。这当然是愚蠢的行为。理性的人绝对不会愿意用 20 美元来交换一个可能获得 20 美元也可能获得 19 美元的赌局。这种情况之所以会出现是因为感知概率的**超加性**（superadditive）。也就是说，概率权重之和大于 1（$\pi(0.9)+\pi(0.1)=0.89+0.12=1.01$）。这种超加性导致人们感知随机结果要好于确定性结果。虽然有可能发现人们会选择被占优的赌局，但这通常被认为是由于对赌局的不透明表述而非对概率的错误感知导致的。因此，加权概率偏好的这种属性似乎是不合理的。

约翰·奎金提出了一种方法来解决该问题，概率权重不再仅仅是概率的函数，而是结果的排序的函数。假定赋予赌局结果 $x_1, \cdots, x_n$ 的概率为 $p_1, \cdots, p_n$，其中 $x_1<x_2<\cdots<x_n$，$i=2, \cdots, n$。则奎金的排序依赖期望效用可以被定义为

$$V = \sum_{i=1}^{n} U(x_i)\left[\pi\left(\sum_{j=1}^{i} p_j\right) - \pi\left(\sum_{j=1}^{i-1} p_j\right)\right] \quad (9\text{-}38)$$

在我们例子中，$x_1=19$，$x_2=20$，$p_1=0.1$，$p_2=0.9$。因此，排序依赖效用为

$$V = \ln(19)\pi(0.1) + \ln(20)[\pi(0.9+0.1) - \pi(0.1)] \quad (9\text{-}39)$$

只要加权函数 $\pi(1)=1$，则排序依赖权重之和肯定为 1（在这个例子中，$\pi(0.1)+\pi(0.9+$

⊖ 疑有误，人们愿意购买彩票的倾向是可以用概率加权来解释的，即人们赋予极低的中奖概率更高的概率权重。——译者注

$0.1)-\pi(0.1)=\pi(0.9+0.1)=\pi(1)=1$。因此如果 $\pi(1)=1$，则式 (9-39) 中给出的排序依赖期望效用肯定要小于 $U(20)=\ln(20)$。要明白这一点，注意到现在 V 等于如下赌局的期望效用：该赌局有相同的结果，概率分别为 $\pi(0.1)$ 和 $\pi(0.9+0.1)-\pi(0.1)$，其必定小于确定性获得 20 美元的效用。因为权重之和为 1，现在可以用它们表示感知到的某个替代赌局中的概率。不管有多少可能的结果同样的结论都会成立。因此，排序依赖期望效用允许对概率的非线性感知但是仍然保留了偏爱随机占优赌局的属性。

9.8 违背期望效用的现实含义

对于决策者而言，风险选择文献的实际含义是非常清楚的。当独立处理问题时，人们在处理风险选择问题时会遇到困难。当选择变得错综复杂或者难以处理时，人们会犯严重错误。另外，人们在处理极端概率时也会遇到困难。因此，对于处理风险选择问题的人来说，使用更加严密的决策过程通常是一个好的建议。如果人们对所涉及赌局的均值和方差能进行简单的计算，人们就很难成为诸如选出了被占优赌局此类问题的受害者。执行此类建议时面临的主要问题是人们通常无法观察到概率。当进行投资选择时，我们可以获得关于以前收益的历史数据，但无法获得关于未来收益的可靠信息。使用严格的统计分析，我们可以得到比简单感觉或感知更好地对概率分布的估计，但其同样有偏误，有其自身统计上的问题。但是在很多情况下，简单计算可以让选择变得更加清晰明了。例如，当产品提供延保时，询问自己必要的产品故障概率，让延保价格等于期望更换成本，可能会为你省一大笔钱。如果要求的概率超过了对性能的合理预期，就不要购买。

从营销风险产品或风险管理类产品的企业角度来看，通过过度强调小概率事件，强调懊悔的可能性，或者强调某风险选择有独特吸引力的属性来增加对产品的需求，是一件很简单的事情。当销售小概率风险保险时，或者当人们意识到有可能会因为错过上保险的机会而懊悔时，过度强调小概率事件应该会允许赚取可观的利润。相应地，将注意力集中在某项选择的极端结果和极端概率上，会吸引那些使用相似性推断法则决策机制的人。因此，彩票会强调和宣传赢得巨奖的人，而非赢得概率或者可得的较小奖金。

■ 实例 9-7 埃尔斯伯格悖论

假定给你两个瓮，每一个里面都装有 100 个要么是红色要么是黑色的宾果游戏球。在第一个瓮中，你知道有 100 个球，并且你知道其中只有红球或者黑球，但是你不知道每种颜色到底有多少个。但是允许你观察第二个瓮，并且你发现其中恰好有 50 个红球 50 个黑球。你被告知如果抽取到红球会获得 100 美元，如果抽取到黑球获得 0 美元。然后给你一个选择，可以在任意两个瓮中取球。你会选择哪一个呢？为什么？在这种情况下大部分人决定选择从第二个瓮中取球，声称是因为了解抽取到红球的概率。假定这是你的选择。相反假定现在再给你一个机会抽取球，但是告诉你如果抽取到黑球会获得 100 美元。你会选择哪一个瓮呢？大部分人再次决定选择第二个。但是，这种选择组合违背了关于信念和概率的标准公理。

考虑一个期望效用最大化的人，他选择了第一个瓮，[⊖]希望抽取到一个红球。在不丧失结论的通用性条件下，我们设 $U(0)=0$。则选择瓮 2 意味着

$$0.50U(100) > p_r U(100) \tag{9-40}$$

⊖ 疑有误，此处应为选择了第二个瓮。——译者注

这意味着 $0.50 > p_r$，其中，p_r 是人们对从第一个瓮中抽取到红球的概率的信念。相反，在希望抽取到一个黑球时选择第二个瓮意味着

$$0.50U(100) > (1-p_r)U(100) \tag{9-41}$$

其中，$1-p_r$ 是人们对从第一个瓮中抽取到黑球的概率的信念。式（9-41）意味着 $0.50 < p_r$，这与式（9-40）相矛盾。不存在符合概率定律的信念集合，使得人们在上述的两个赌局中同时选择第二个瓮。相反，人们做出这样的选择似乎是为了避免与第一个瓮相关联的模糊性，而非形成什么信念。

该悖论是由丹尼尔·埃尔斯伯格在 1961 年提出来的，其设计目的是用其来考察人们或决策者如何处理各结果概率未知的情况。十年后，丹尼尔·埃尔斯伯格自己面对一项非常重大的决策，赌注很大且各结果的概率未知。他在决策方面的专长被用来帮助研究美国战略并提供建议，帮助进行关于越南战争的决策。在研究背景文件资料过程中，他确信三任总统政府在战争行动和获胜前景方面欺骗了公众。在选民们没有充分信息的条件下，总统被迫对其认为无法获胜的战争进行升级。埃尔斯伯格面临着艰难选择：要么公开其接触的机密文件，揭露对公众的欺骗，或者继续保持这些文件的机密状态。如果他保守秘密，他就有可能保住其工作，战争会升级，导致伤亡会继续。如果公开文件资料，战争可能停止，但他可能丢掉其工作，可能因叛国罪被起诉，导致至少一段时间的牢狱之灾，甚至可能身死。

1971 年，他联系了纽约时报并将相关文件交由它来公开。相关的五角大楼文件揭露了几任政府的多起欺骗案例，其中最臭名昭著的是约翰逊政府，这促使美国在尼克松总统任期内从越南撤军。尼克松总统政府针对埃尔斯伯格提起了几起诉讼，使其面临近 115 年的牢狱之灾威胁。法庭后来驳回了这些起诉，部分原因是由于尼克松政府采用了一些非法途径收集证据。有趣的是，在针对尼克松总统的弹劾程序中，有两起诉讼是由于其对丹尼尔·埃尔斯伯格案的处理方式，善恶终有报，这可以被看作是一种如诗一般的正义。

9.9 当你不知道会发生什么时怎么做

埃尔斯伯格悖论中描述的现象通常被称之为**模糊厌恶**（ambiguity aversion）。当决策者倾向于选择结果和概率信息明确的选项，胜过结果或信息未知或模糊的选项时，我们说他表现出模糊厌恶。就本书的目的而言，我们明确考查可能结果已知（或者至少相信它已知），但每个结果的概率未知的情况，我们会称这些情况表现出**模糊性**（ambiguity）或者**不确定性**（uncertainty）。模糊厌恶的本质是必须同时持有至少两组相互矛盾的信念。对于从第一个瓮中抽取到红球的概率，理性理论（这时被称为**主观期望效用理论**（subjective expected utility））建议我们应该持有一组信念，并且这些信念应该满足标准的概率定律，而且我们所有的决策都应该以该组信念为基础。在埃尔斯伯格悖论中，人们表现出模糊厌恶，因为他们的行事方式似乎是这样的，如果他们希望抽取到红球则认为 $p_r < 0.5$，如果他们希望抽取到黑球则认为 $p_r > 0.5$。伊扎克·吉尔博和大卫·迈德勒提出了一种不确定性条件下的程序理性决策模型，假定人们选择最差可能概率集合中表现最好的选项，这被称为模糊选择条件下**最大化最小值期望效用理论**（maxmin expected utility theory），假定用 $P(x)$ 表示人们对选择行动 x 产生的结果持有的可能信念集合，用 $\{p_y\}$ 表示选择行动 x 时，结果 y 的一个可能的概率分布，则按照最大化最小值期望效用理论行事的人会选择

$$\max_x \left(\min_{\{p(y)\} \in P(x)} \sum_y p(y)U(y) \right) \tag{9-42}$$

因此，人们选择的行动使得自己在最差可能概率集合万一占上风时能最大化自身福利。举一个例子是有帮助的。

假定努尔面对在赌局 A 和 B 之间的选择。赌局 A 以概率 p_A 获得 100 美元，$p_0 < p_A < p_1$，剩余概率获得 0 美元。赌局 B 以概率 p_B 获得 50 美元，$p_2 < p_B < p_3$，剩余概率获得 0 美元。则努尔会按照下式评估赌局 A，

$$V(A) = \min_{p_A \in (p_0, p_1)} p_A U(100) + (1 - p_A)U(0) = p_0 U(100) + (1 - p_0)U(0) \quad (9\text{-}43)$$

也就是说，决策者假定最差的可能概率集合是正确的。努尔会按照下式评估赌局 B ⊖

$$V(A) = \min_{p_B \in (p_2, p_3)} p_B U(50) + (1 - p_B)U(0) = p_2 U(50) + (1 - p_2)U(0) \quad (9\text{-}44)$$

如果 $V(A) > V(B)$ 或者

$$p_0 U(100) + (1 - p_0)U(0) > p_2 U(50) + (1 - p_2)U(0) \quad (9\text{-}45)$$

则努尔会选择 A。本质上，最大化最小值期望效用优化者假定每个赌局的最差结果会发生。在这个例子中，关于赌局 A 的最差可能信念，或者产生最低效用的信念是 $p_A = p_0$。类似的，关于赌局 B 的最差信念是 $p_B = p_2$。然后，决策者根据这些最差情景进行选择。将这个例子放入式（9-42）所示模型中，则可能行动 x 是选择 A 或者 B。可能结果 y 在 A 中为 100 美元或者 0 美元，在 B 中为 50 美元或者 0 美元。概率集合 $P(x)$ 在 $x = A$ 时为 (p_0, p_1)，$x = B$ 时为 (p_2, p_3)。

如果我们考虑埃尔斯伯格悖论的例子，选择瓮 2 相当于

$$V(瓮\ 2) = 0.50 U(100) + 0.5 U(0) \quad (9\text{-}46)$$

因为我们被明确告知一半的球是红色，一半是黑色。在瓮 1 中，没有告诉我们红球和黑球的数量。可能根本就没有红球。因此选择瓮 1 的价值等于

$$V(瓮\ 1) = \min_{p \in [0,1]} p U(100) + (1 - p)U(0) = U(0) \quad (9\text{-}47)$$

这时，选择瓮 2 明显要优于瓮 1。但在取到黑球会获得奖励的条件下，如果让我们考虑做同样的选择题，计算方法是一样的。我们没有被告知相关概率，就我们所知道的信息而言，可能没有黑球。因此式（9-47）仍然成立。

一个更一般的模糊决策模型是由保罗·奇拉达托，法比奥·马凯罗尼和马西莫·马力纳奇提出的，被称为 **α-最大化最小值期望效用理论**（α-maxmin expected utility theory）。他们的理论是基于如下理念：即决策者给予最差可能信念的权重大小，表明了其对模糊性的厌恶程度。对某给定行动，用 $\{\underline{p}(y)\}$ 表示产生最小期望效用的信念集合，也就是 $\operatorname*{argmin}_{\{p(y)\} \in P(x)} \sum_y p(y) U(y)$ 的解（最大化最小值问题的解对应的概率）。此外，定义 $\{\overline{p}(y)\}$ 为产生最大期望效用的信念集合，或者 $\operatorname*{argmax}_{\{p(y)\} \in P(x)} \sum_y p(y) U(y)$ 的解（对应着最大可能期望效用的那些概率）。则 α-最大化最小值期望效用优化者根据式（9-48）行事

$$\max_x \left(\sum_y (\alpha \underline{p}(y) + (1 - \alpha) \overline{p}(y)) U(y) \right) \quad (9\text{-}48)$$

其中，$\alpha \in [0, 1]$。这里 α 可以被看作是衡量模糊厌恶程度的指数。α 越接近于 1，模糊厌恶程度越高。$\alpha > 1/2$ 的人被认为是模糊厌恶的，而 $\alpha < 1/2$ 的人被认为是模糊偏爱的。当 $\alpha = 1$ 时，该模型简化为最大化最小值期望效用模型，导致人们仅仅对某给定选择的最差可能信念产生反应。如果 $\alpha = 1/2$，则对每个事件的感知概率恰好等于最大化最小值式子解的概率的 1/2 加上最大化期望效用式子解的概率的 1/2。在只有两个可能结果的简单例子中，即使结果进行了

⊖ 疑有误，此处 $V(A)$ 应该为 $V(B)$。——译者注

互换主观概率也可能是相同的（就像抽取到黑球而非红球会获得奖励一样）。这意味着偏好满足主观期望效用模型。我们将 α 称之为**模糊厌恶系数**（coefficient of ambiguity aversion）。

举个例子，再次考虑埃尔斯伯格悖论。选择瓮2的价值仍然由式（9-46）给出，因为这时相关概率是明确给出的。在选择瓮1的情况下，获得100美元的概率可以是 [0, 1] 之间的任意数值。最佳状况信念，也就是那些产生最高期望效用的信念为 $p(100)=1$，而最差状况信念为 $p(100)=0$。因此，决策者会按照下式对瓮1进行估值

$$V(瓮\ 1) = (\alpha \times 0 + (1-\alpha) \times 1)U(100) + (\alpha \times 1 + (1-\alpha) \times 0)U(0)$$
$$= (1-\alpha)U(100) + \alpha U(0) \tag{9-49}$$

将该式与式（9-46）进行比较，如果 $\alpha < 1/2$，则人们会选择瓮1，这意味着模糊偏爱行为。这时人们假定结果更接近于更加乐观的信念。如果 $\alpha > 1/2$，人们会选择瓮2，这意味着模糊厌恶。在 $\alpha > 1/2$ 条件下，人们认为结果更接近于更加悲观的信念。最后，如果 $\alpha = 1/2$，两个瓮对于人们而言是无差异的，这反映了人们缺乏关于瓮1的信息。一些实验证据表明，对于损失人们的行为方式是模糊偏爱的，而对于收益是模糊厌恶的。这种可能性意味着模糊厌恶和风险厌恶行为之间是紧密相关的。

■ 实例9-8 政策制定时的模糊性

在许多环境下，例如在考虑新技术、规章或战略变革时，模糊性相对普遍。考虑某致命疾病，当感染者接受常规疗法治疗后，其有3/4的机会致死。相应地提出了一种新疗法。虽然没有进行临床试验对该新疗法进行充分检验，但是研究者相信新疗法的存活概率区间为 $p \in [\underline{p}, \overline{p}]$。批准临床试验的监管部门是模糊厌恶的，其模糊厌恶系数为 α。监管部门正在考虑是否批准对该新疗法进行临床试验。假定监管部门获得的效用如下：如果治疗后病人存活，$U(存活)=100$，如果病人死亡，$U(死亡)=0$。因此，根据期望效用理论监管部门对当前疗法的估值为

$$V(当前疗法) = 0.25 \times U(存活) + 0.75 \times U(死亡) = 25 \tag{9-50}$$

相反，新疗法会产生模糊性。在这个例子中，如果监管委员会知道新疗法的存活概率，则他们对新疗法的估值为

$$V(新疗法) = p \times U(存活) + (1-p) \times U(死亡) = 100p \tag{9-51}$$

其中，$\max_{p} 100p = 100\overline{p}$，$\min_{p} 100p = 100\underline{p}$。因此，监管部门对使用新疗法的模糊前景的估值为

$$100(\alpha \underline{p} + (1-\alpha) \overline{p}) \tag{9-52}$$

因此，只有在 $25 < 100(\alpha \underline{p} + (1-\alpha)\overline{p})$ 或者 $0.25 < (\alpha \underline{p} + (1-\alpha)\overline{p})$ 时，才会批准对新疗法进行临床试验。如果监管部门是完全模糊厌恶的，即 $\alpha=1$，则只有 $\underline{p} > 0.25$ 时，他们才会批准临床试验。也就是说，只有在确保会降低死亡概率时，才会对新疗法进行临床试验。相应地，如果监管部门是完全模糊喜好的，则如果 $\overline{p} > 0.25$ 他们就会批准。也就是说，只要新疗法能够有机会降低死亡率概率，就会批准进行临床试验。最后如果我们考察 $\alpha=0.5$ 的情况，则如果 $0.5 < \underline{p} + \overline{p}$，监管部门就会批准试验。因此，如果最大可能概率大于0.25的程度至少等于最小可能概率小于0.25的程度，才会批准试验。

在这个例子中，模糊厌恶可能导致监管部门限制新试验，即使其有极大可能产生更好的结果。面对全球气候变化，模糊厌恶也被用来描述政府对食品安全恐慌和污染物排放规制的反应。在上述情况下，由于灾难性结果产生的可能性，模糊厌恶使得政府过度监管。

历史说明

弗兰克 H. 奈特是首先认识到经济决策中风险的核心作用的经济学家之一。在 20 世纪 20 年代，他提出的假说认为企业家精神源自对市场风险以及营销新产品模糊性的极大承受能力。奈特的这些早期研究成果为后来约翰·冯·诺依曼和奥斯卡·摩根斯坦的风险经济学的发展开辟了道路，他们提出了期望效用理论，后来肯尼斯·阿罗进一步发展了该理论。绝大部分风险和不确定性决策的行为模型直接建立在期望效用基础之上。其中许多模型尝试仿效冯·诺依曼提出的直觉上的公理化定义，其他模型探索使用类似于阿罗在期望效用环境下提出的简单风险行为指数。此外，模糊和模糊厌恶理论的产生是对奈特区分的风险和不确定性的直接反应。奈特自己关于风险和不确定性的著作明确预示了心理学在经济学中的重要地位。

传 记

莫里斯·菲力克斯·查尔斯·阿莱（1911—2010 年）

巴黎综合理工学院，1933 年；巴黎高等矿业学院，1936 年；博士，巴黎大学，1949 年；在巴黎高等矿业学院、巴黎大学、日内瓦国际研究研究生院担任教职；在多家国际研究中心担任职务。

莫里斯·阿莱 20 世纪 30 年代在大学接受工程学和数学训练，之后开始工程学方面的工作，研究采矿行业中的常见问题。1941 年开始在矿物文档和统计局担任行政官员，在此期间阿莱出版了他的第一部学术研究著作，其中有一系列的章节研究福利经济学的基础性工作。保罗·萨缪尔森曾经写道，如果这些研究成果是用英语来写的话，"则整整一代经济理论就会采用不同的路线"。阿莱的学生杰拉德·德布鲁曾经因为拓展阿莱得出的结论而荣获诺贝尔奖。在经济学领域，阿莱的学术研究成果的分布范围广泛，奠定了许多被广泛使用的宏观经济模型的基础，其还研究了应用经济学中能源使用、采矿以及其他领域等方面的问题。某些人会觉得他因为阿莱悖论而闻名是很奇怪的事情，因为在某种程度上讲它位于阿莱的主要研究内容之外。但是不管怎样，阿莱悖论的发表在许多方面标志着第一篇真正意义上的行为经济学出版物的出现，激发了后续研究者，例如丹尼尔·卡尼曼和阿莫斯·特沃斯基等的研究。虽然他或许并不认为自己是一名行为经济学家，但是他提出的问题引发了人们对替代风险决策理论，进而最终对各种环境下的替代决策理论的广泛兴趣。他的贡献并不限于对经济学的贡献。阿莱发表的论文还包括工程学、理论物理和历史等方面。1988 年他因为对有效市场研究的贡献而获得诺贝尔经济学奖。

思考题

1. 考虑给定的如下效用函数 $U(x)=\ln x$ 以及可能结果为 10 美元，20 美元和 30 美元的一组赌局。对于每一项练习，使用电子表格或者其他数值工具是有帮助的。

    (a) 在马尔沙克-马基纳三角形中画出期望效用表明的无差异曲线。无差异曲线的斜率是多少？

    (b) 现在假定决策者最大化概率加权效用，权重由下式给出

    $$\pi(p) = \frac{p_i^{0.7}}{(p_i^{0.7}+(1-p_i)^{0.7})^{\frac{1}{0.7}}}$$

    画出几条无差异曲线的例子。相对于 (a) 中的无差异曲线，概率加权对这些曲线的形状有什么影响？

(c) 重复(b)中的练习,现在假定决策者最大化排序依赖期望效用。因此,现在概率加权函数应使用累积概率。

(d) 最后,考虑给定的如下懊悔效用函数

$$U(x,y) = \begin{cases} (x-y)^2 & \text{如果 } x \geq y \\ -(x-y)^2 & \text{如果 } x < y \end{cases}$$

假定替代选择会确定性的获得19美元,画出表示的无差异曲线,并比较该无差异曲线与上述其他模型无差异曲线的形状。当被放弃的赌局发生变化时这些曲线如何变化?

2. 假定存在三种可能的自然状态,如下表所示:

自然状态	1	2	3
概率	0.35	0.4	0.25
赌局1	1 000美元	2 000美元	3 000美元
赌局2	1 800美元	1 800美元	1 800美元
赌局3	2 500美元	1 500美元	1 500美元

(a) 当在三个可能赌局之间进行两两选择时,要使得懊悔理论效用函数能够预测偏好循环需要什么条件?画出一个满足这些条件的函数的例子。

(b) 在概率加权期望效用最大化条件下,给出相同的选择会有可能出现偏好循环吗?阐明原因。

(c) 在排序依赖期望效用最大化条件下,给出相同的选择会有可能出现偏好循环吗?阐明原因。

3. 证明实例9-4中发现的同比例效应可以通过概率加权或者懊悔理论来解释。要做到这一点,请找出符合这些模型并产生实例9-4中选择结果的效用和加权函数。

4. 考虑两个赌局,每一个的结果分别为10美元、20美元、30美元和40美元。赌局1中这些结果的概率分别为 p_{10}, p_{20}, p_{30}, $1-p_{10}-p_{20}-p_{30}$,赌局2的概率分别为 q_{10}, q_{20}, q_{30}, $1-q_{10}-q_{20}-q_{30}$。假定赌局2随机占优于赌局1。因此 $p_{10} > q_{10}$, $p_{10}+p_{20} > q_{10}+q_{20}$, $p_{10}+p_{20}+p_{30} > q_{10}+q_{20}+q_{30}$。证明最大化排序依赖期望效用的人肯定偏爱赌局2胜过赌局1。

5. 假定你是政策制定者,正在考虑制定一个新的税种来应对气候变化。对于碳排放会导致灾难性气候变化的概率,当前的气候研究是相互冲突的。假定灾难性气候变化出现的概率等于 $0.3 \times c^\varphi$,其中, c 表示二氧化碳排放量,它要依赖于所听取的科学家的意见, φ 最小为0.1,最大为0.9。作为一名政策制定者,你希望最大化期望的社会福利。如果发生灾难性的气候变化,则不论其他产品生产多少,社会福利会等于0。如果不发生灾难性的气候变化,则社会福利由排放行业的利润给出, $\pi = (p-t)y - k(y) = (3-t)y - 0.15y^2$,其中, y 是产出, p 是产出价格, $k(\cdot)$ 是生产成本, t 是征收的税率。厂商选择 y 来最大化利润,因此 $y=(3-t)/0.3$。二氧化碳排放量为 $c=y$。

(a) 假定你表现出 α 最大化最小值期望效用偏好, $\alpha=1$(完全模糊厌恶)。你会选择什么税率?如果灾难性气候变化没有出现,则社会福利会达到怎样的水平?如果有必要你可以使用电子表格软件来确定答案。

(b) 假定 $\alpha=0$(完全模糊偏爱)。你会选择什么税率?如果灾难性气候变化没有出现,则社会福利会达到怎样的水平?如果有必要你可以使用电子表格软件来确定答案。

(c) 假定一个权威性研究发现 $\varphi=0.2$。则使得期望社会福利最大化的税率是多少?产生的期望社会福利是多少?如果没有发生灾难性的气候变化产生的社会福利是多少?

参考文献

Allais, P.M. "Le comportement de l'homme rationnel devant le risque: critique des postulats et axiomes de l'école Américaine." *Econometrica* 21(1953): 503–546.

Birnbaum, M., and J. Navarrete. "Testing Descriptive Utility Theories: Violations of Stochastic Dominance and Cumulative Independence." *Journal of Risk and Uncertainty* 17(1998): 49–78.

Camerer, C.F., and T.-H. Ho. "Violations of the Betweenness Axiom and Non-Linearity in Probability." *Journal of Risk and Uncertainty* 8(1994): 167–196.

Ellsberg, D. "Risk, Ambiguity, and the Savage Axioms." *Quarterly Journal of Economics* 75(1961): 643–669.

Ghirardato, P., F. Maccheroni, and M. Marinacci. "Differentiating Ambiguity and Ambiguity Attitude." *Journal of Economic Theory* 118(2004): 133–173.

Gilboa, I., and D. Schmeidler. "Maxmin Expected Utility with Non-Unique Prior." *Journal of Mathematical Economics* 18(1989): 141–153.

Guthrie, C. "Better Settle than Sorry: The Regret Aversion Theory of Litigation Behavior." *University of Illinois Law Review* 1999 (1999): 43–90.

Kahneman, D., and A. Tversky. "Prospect Theory: An Analysis of Decision under Risk." *Econometrica* 47(1979): 263–292.

Kahneman, D., and A. Tversky. "Rational Choice and the Framing of Decisions." *Journal of Business* 59(1986): S251–S278.

Leland, J. "Generalized Similarity Judgments: An Alternative Explanation for Choice Anomalies." *Journal of Risk and Uncertainty* 9(1994): 151–172.

Leland, J. "Similarity Judgments in Choice Under Uncertainty: A Reinterpretation of the Predictions of Regret Theory." *Management Science* 44(1998): 659–672.

Lichtenstein, S., and P. Slovic. "Reversals of Preference Between Bids and Choices in Gambling Decisions." *Journal of Experimental Psychology* 89(1971): 46–55.

Loomes, G., C. Starmer, and R. Sugden. "Observing Violations of Transitivity by Experimental Methods." *Econometrica* 59(1991): 425–439.

Machina, M.J. "'Expected Utility' Analysis Without the Independence Axiom." *Econometrica* 50(1982): 277–323.

Marschak, J. "Rational Behavior, Uncertain Prospects, and Measurable Utility." *Econometrica* 18(1950): 111–141.

Preston, M.G., and P. Baratta. "An Experimental Study of the Auction-Value of an Uncertain Outcome." *American Journal of Psychology* 61(1948): 183–193.

Quiggin, J. "A Theory of Anticipated Utility." *Journal of Economic Behavior and Organization* 3(1982): 323–343.

Rubinstein, A. "Similarity in Decision-Making Under Risk (Is There a Utility Theory Resolution to the Allais Paradox?)" *Journal of Economic Theory* 66(1995): 198–223.

Starmer, C. "Testing New Theories of Choice under Uncertainty using the Common Consequence Effect." *Review of Economic Studies* 59(1992): 813–830.

Von Neumann, J., and O. Morgenstern. *Theory of Games and Economic Behavior*. Princeton: Princeton University Press, 1944.

Zeelenberg, M., and Pieters, R. "Consequences of Regret Aversion in Real Life: The Case of the Dutch Postcode Lottery." *Organizational Behavior and Human Decision Process* 93(2004): 155–168.

高级概念

坚持独立性、排序和连续性公理的决策者，其行为方式就如同他们在最大化其选择所得财富的期望（或均值）效用一样。正文已经对排序和独立性公理做了定义。

【连续性公理】

如果 $A>B>C$，则恰好存在一个数值 r 使得人们既不会偏好 B，也不会偏好以概率 r 产生赌局 A 以概率 $1-r$ 产生赌局 C 的联合赌局（我们将其写为 $rA+(1-r)C \sim B$）。此外，对任意 $p>r$，人们偏好以概率 p 产生赌局 A 以概率 $1-p$ 产生赌局 C 的联合赌局胜于赌局 B（我们将其写为 $pA+(1-p)C>B$），并且对任意 $q<r$，人们偏好赌局 B 胜于以概率 q 产生赌局 A 以概率 $1-q$ 产生赌局 C 的联合赌局（我们将其写为 $B>qA+(1-q)C$）。

连续性公理所施加的理念是增加被偏爱的赌局的概率（因而降低较差赌局的概率）会增加人们对该赌局的偏爱程度。降低被偏爱的赌局的概率会产生反向效果。假定 A,B 和 C 都是退化的（也就是说，它们以概率 1 获得某个特定结果）。例如，假定 A 确定性获得 100 美元，B 确定性获得 50 美元，C 确定性获得 0 美元。则连续性意味着我只能找到一个概率 r，或许是 0.6，使得如下两个赌局对我们而言是无差异的：其中一个赌局以 0.6 的概率获得 100 美元，0.4 的概率获得 0 美元，另一个赌局确定性的获得 50 美元。增加获得 100 美元的概率，降低获得 0 美元的概率会使得赌博者选择复合赌局；相反，降低获得 100 美元的概率，增加获得 0 美元的概率会使得赌博者选择获得 50 美元的赌局。

第 10 章

前景理论与风险或不确定性下的决策

2007 年 10 月 12 日，随着道琼斯工业平均指数创历史新高达到 14 093 点，美国投资者狂欢庆祝。股票市场欣欣向荣，许多人都在竞相购买股票。与过去十年相比，房屋价值也急剧增加，为那些投资于房地产的人们带来了极大的财富。许多人贷巨款购买房产进行投资，指望房价继续上涨以增值。由于一大群婴儿潮一代要准备退休，许多人通过股票和房地产投资赚取了大量财富，他们觉得在财务上已经为长期且舒适的退休生活做好了充分准备。但是，就在这时，情况开始转差。

在 8 月到 10 月之间，房屋价格开始出现轻微下降，但是到 11 月房屋价值的下降对投资者来说已经变得不容忽视。股票价格也开始缓慢下跌。虽然大部分预测者明确预测未来一段时间房地产和股票市场会出现亏损，但是乐观的投资者开始这样劝说自己："我现在不能出场，我会亏钱的。"诸如此类的情绪也很常见："我不想在亏损的时候售出。我要等着价格反弹到购买时的水平，然后出局。"2008 年 1 月，房地产价格开始急剧下跌。现在许多房屋的估值低于未偿付的抵押贷款。那些指望通过出售其房产获取资金来偿付抵押贷款的人现在被迫违约。贷出这些款项的银行也陷入了困境。经过短暂的稳定期之后，房地产市场进入急剧下跌期，从 2008 年 8 月到 2009 年 2 月房价下降了近 30%。股票市场注意到了这一变化。到 2008 年 10 月，股票价格开始暴跌，仅仅一天就曾下跌了 18%。最终，即使亏损投资者也准备卖出股票。到 2009 年 3 月，道琼斯工业平均指数仅为 6 627 点。股票市值蒸发了近 53%。大量财富毁于一旦，婴儿潮一代不得不面临这样一个事实：他们或许不得不延迟几年退休并且可能要缩减计划开支。

我们打算低买高卖，但结果通常是事与愿违。当亏损投资明显不会有好的表现时，为什么投资者如此愿意持有亏损的投资？虽然在进行新投资时，没有什么人考虑会亏损的投资，但是如果退出意味着坐实亏损则许多人都不愿意退出亏损的投资。损失厌恶对决策者处理风险决策的方式会产生深远的影响。在很多方面，风险选择经济学中引入损失厌恶已经成为行为经济学的基础。1979 年，丹尼尔·卡尼曼和阿莫斯·特沃斯基以损失厌恶为基础提出了一个风险选择模型，被称为**前景理论**（prospect theory）。对许多经济学家而言，前景理论是他们接触的第一个行为模型。对于存在风险时的行为，前景理论做出了强有力的预测，为经济选择中行为偏向的存在提供了一些最有说服力的证据。

■ **实例 10-1　镜像效应**

假定在你所拥有的财富基础上额外给你 1 000 美元。然后在下面两个赌局中进行选择：

赌局 A	赌局 B
以 0.5 的概率获得 1 000 美元	确定性获得 500 美元
以 0.5 的概率获得 0 美元	

丹尼尔·卡尼曼和阿莫斯·特沃斯基让 70 名参与者在这两个选择中做出决定，有 84% 的人选择选项 B。选择选项 B 并不是特别令人吃惊。赌局 A 的期望值为 $0.5 \times 1\,000 + 0.5 \times 0 = 500$，等于赌局 B 的价值。因此，任何风险厌恶的人会选择赌局 B 胜过赌局 A。询问另外一组 68 名参与者下述问题：

在你所拥有的财富基础上额外给你 2 000 美元。现在让你在下面两个赌局中进行选择：

赌局 C	赌局 D
以 0.5 的概率获得 −1 000 美元	确定性获得 −500 美元
以 0.5 的概率获得 0 美元	

就所有方面而言，该选择完全等同于赌局 A 和赌局 B 之间的选择。使用期望效用理论，赌局 A 的期望效用为 $0.5 \times U(w+1\,000+1\,000) + 0.5 \times U(w+1\,000)$，其中，$w$ 表示你当前拥有的财富数量。相应地，赌局 C 的期望效用表示为 $0.5 \times U(w+2\,000-1\,000) + 0.5 \times U(w+2\,000)$。两者明显是一样的。此外，赌局 B 的期望效用为 $U(w+1\,000+500)$，这与赌局 D 的期望效用 $U(w+2\,000-500)$ 也是相同的。因此，按照期望效用理论行事并且选择赌局 B 的人必定也会选择赌局 D。然而，给定上述选择 69% 的参与者会选择赌局 C。平均而言，在 C 和 D 之间进行选择时参与者是风险喜好的，但在 A 和 B 之间进行选择时是风险厌恶的。这是**镜像效应**（reflection effect）（观察到人们对收益与同等大小损失的风险偏好恰好相反的一种倾向）的一种特殊情况。

卡尼曼和特沃斯基通过让参与者在一系列类似的赌局之间进行选择发现了这种效应，只不过他们设定的货币结果围绕原点进行映射（也就是将正值变为负值），而没有如前面问题所展示的那样对财富进行调整。但不管怎样，大部分参与者在收益之间进行选择时是风险厌恶的，但在损失之间进行选择时是风险喜好的。这些选择的结果展示在表 10-1 中。在没有进行财富调整的条件下，这些赌局并不能真正证明违反了期望效用。例如当在表 10-1 中第一行的两个正值赌局之间进行选择时，选择 B 意味着 $0.8 \times U(w+4\,000) + 0.2 \times U(w) < U(w+3\,000)$。在相应的负值赌局中选择 A 意味着 $0.8 \times U(w-4\,000) + 0.2 \times U(w) > U(w-3\,000)$。因为在正值赌局和负值赌局中，是在不同的点上对效用函数进行估值，因此并不矛盾。但是，如果在每一财富水平上这都成立（如结果所表明的那样），则意味着矛盾。财富效用函数在相同的结果范围内不能既是凹的又是凸的（这种违反出现在本部分的第一个例子中，其进行了财富调整）。然而，这恰好是镜像效应的含义。

表 10-1　镜像赌局①

赌局 A		赌局 B		选择 A 的百分比	
概率	结果（美元）	概率	结果（美元）	正值赌局	负值赌局
0.800	±4 000	1.000	±3 000	20	92
0.200	±4 000	0.250	±3 000	65	42

(续)

赌局 A		赌局 B		选择 A 的百分比	
概率	结果（美元）	概率	结果（美元）	正值赌局	负值赌局
0.900	±3 000	0.450	±6 000	86	8
0.002	±3 000	0.001	±6 000	27	70

① 参见实例 10-1。对于每一个赌局，剩余概率都被赋予结果 0 美元。最初赌局是以谢克尔⊖计价的。

■ 实例 10-2 分离效应

卡尼曼和特沃斯基还发现了另外一种奇怪的异象，可由下面的选择问题阐明。

考虑下面的两阶段博弈。在第一阶段，有 0.75 的概率结束博弈但不会赢得任何东西，有 0.25 的概率进入第二阶段。如果达到第二阶段，你可以在下述两者之间选择：

赌局 E	赌局 F
以 0.8 的概率获得 4 000 美元	确定性获得 3 000 美元
以 0.2 的概率获得 0 美元	

你必须在博弈开始之前做出选择，也就是说，在得知第一阶段的结果之前做出。

在面对该问题的 141 名参与者中，78% 的人选择赌局 F。如果我们选择赌局 E，我们有 0.25 的概率进入第二阶段，然后有 0.8 的概率获得 4 000 美元，或者有 0.25×0.8=0.2 的总体概率获得 4 000 美元，0.8 的概率获得零。相应地，如果选择赌局 F，我们有 0.25 的概率获得 3 000 美元，0.75 的概率获得 0 美元。因此我们可以将该复合赌局重写为：

赌局 E'	赌局 F'
以 0.2 的概率获得 4 000 美元	以 0.25 的概率获得 3 000 美元
以 0.8 的概率获得 0 美元	以 0.75 的概率获得 0 美元

有趣的是，当这样表示时，65% 的参与者会选择赌局 E' 而非 F'。在这个例子中，偏好似乎极大地依赖于对赌局描述的透明性程度。明显的，人们不会像期望效用所假设的那样简化复合彩票。另外，还询问了一些参与者在如下两者之间如何进行选择：

赌局 E''	赌局 F''
以 0.8 的概率获得 4 000 美元	确定性获得 3 000 美元
以 0.2 的概率获得 0 美元	

该赌局与上述问题中在分离状态下第二阶段的赌局完全一样（赌局 E 和 F）。这时，80% 的参与者会选择赌局 F''，这与初始问题中 78% 的比例非常接近。决策者似乎忽略了复合彩票中的第一阶段，仅仅关注后面的阶段。总体而言，我们会预期参与者在进行决策时会剔除赌局的共有部分，例如，在这个例子中彩票的第一阶段。

10.1 风险厌恶、风险喜好和损失厌恶

回想第 6 章，在期望效用最大化理论中，风险厌恶是由凹效用函数来表示的。随着赌局

⊖ 谢克尔（shekel）是新以色列的标准货币单位。——译者注

收益的增加，边际美元的效用（效用函数的斜率）会下降。与一次性获得等于赌局期望值的收益相比，这导致参与者从赌局中获得的期望效用较少。图 10-1 展示了这样一个效用函数，参与者面对以概率 0.5 获得 x_1 美元，概率 0.5 获得 x_2 美元的赌局。因此，赌局的期望值为 $E(x)=0.5(x_1+x_2)$，恰好是横轴上 x_1 和 x_2 之间的中点。相反，赌局的期望效用为 $E(u(x))=0.5(u(x_1)+u(x_2))$，恰好是纵轴上 $u(x_1)$ 和 $u(x_2)$ 之间的中点。当效用函数是凹时，这个点总是小于 $U(0.5(x_1+x_2))$。对于是接受 $x_{CE}<E(x)$ 还是接受赌局，对参与者而言是无差异的。因此，凹效用函数与风险厌恶行为是相关联的。

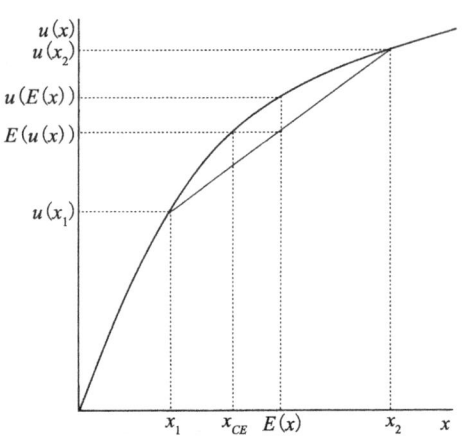

图 10-1　风险厌恶和凹性

当决策者的财富效用函数是凸的时候，事实恰好相反。这时，赌局的期望效用为 $E(u(x))=0.5(u(x_1)+u(x_2))$，且总是要大于 $U(0.5(x_1+x_2))$，如图 10-2 所示。因为效用函数是凸的，纵轴上 $u(x_1)$ 和 $u(x_2)$ 之间的中点对应的效用函数上的点总是在赌局期望值的右边。接受 $x_{CE}>E(x)$ 和接受赌局对参与者而言是无差异的。在凸效用函数条件下，相比接受等于赌局期望值的货币数量，接受赌局会改善决策者自身的状况。也就是说，他们是风险喜好的。因此，凸效用函数与风险喜好行为是相关联的。

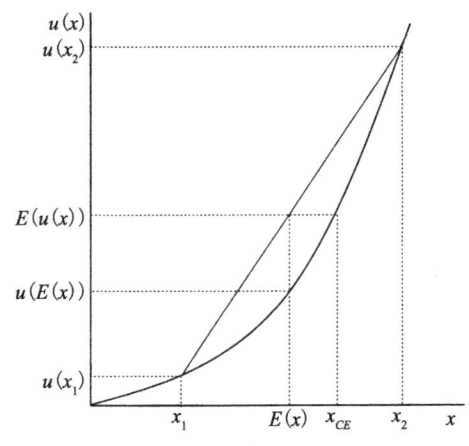

图 10-2　风险喜好和凸性

在前面的章节中，"损失厌恶"被用来描述消费者选择环境下的行为。例如，当人们将沉没成本分类为损失，而将继续某种活动所得未来好处看作是与该损失相关联的收益时，人们倾向于表现出沉没成本谬误（参见第 2 章中"理论和对沉没成本的反应"部分）。卡尼曼和特沃斯基根据以下理念提出了前景理论，即人们将每个事件都分类为收益或者损失，然后使用独立的效用函数来评估它们。我们通过收益域的效用函数（用 $u_g(x)$ 表示）对收益进行评估，它是凹的。因此，人们在收益域表现出边际效用递减。在赌局和彩票环境下，效用函数的自变量是财富，或者赌局结果的货币数量。因此，效用函数在收益域表现出财富的边际效用递减，这与风险厌恶行为相关联。使用关于损失的效用函数 $u_l(x)$ 对损失进行评估，损失域的效用函数不仅要比收益域的效用函数陡峭，而且它还是凸的。因为损失域的效用函数一般要比收益域的效用函数陡

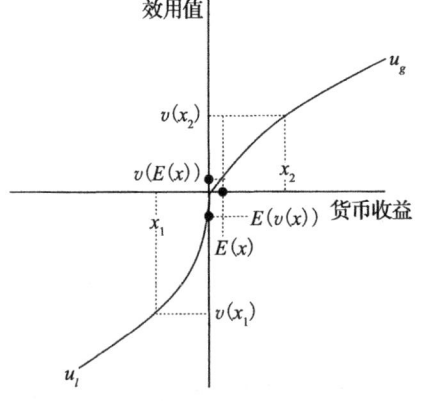

图 10-3　风险厌恶与前景理论的值函数

峭，所以整个函数在参考点处是有弯折的（参见图 10-3）。因此损失与风险喜好行为相关联。

某一结果被看作收益还是损失是相对于参考点进行测度的。在赌局环境下，我们通常将

财富水平的现状看作参考点。假定我提供了一个基于硬币抛掷的赌局。如果硬币正面向上，我给你 50 美元。如果硬币反面向上，我从你那儿赢得 30 美元。在这个例子中，你会将正面分类为 50 美元的收益，反面看作 30 美元的损失。在更加一般的环境下，参考点或许并不是当前财富水平（或者零收益），而是收益的某些其他显著的参照水平 k。例如，如果考虑赌场中老虎机的收益，赌博者必须放入 1 美元才能玩，k 或许是 1 美元。如果将我们的参考点定义为 k，我们可以将值函数定义为

$$v(x|k) \equiv \begin{cases} u_g(x-k) & \text{如果 } x \geqslant k \\ u_l(x-k) & \text{如果 } x < k \end{cases} \tag{10-1}$$

通常使用如下形式 $v(z) = v(x-k|0)$，我们就可以在符号中省略参考点，在这种情况下任何负值代表损失，正值代表收益。

显然，对于最大化值函数期望值的人们来说，如果只是处理可能的收益则人们的行为是风险厌恶的，如果只处理可能的损失则是风险喜好的。这两种情况与上面两个图形中展示的情况是一样的。然而，由于值函数既是凸的也是凹的，因此当收益和损失都涉及时，赌博者的行为可能表现出风险厌恶也可能表现出风险喜好。行为极大依赖于风险的大小以及它是偏向于收益还是偏向损失。考虑图 10-3，它表示某个相对较小的风险。这时，损失函数更加陡峭的斜率导致整个函数更像一个凹函数。虽然 x_2 要稍稍大于 $-x_1$，但在 x_1 处值函数的值低于参考值（$v(0)$）的程度要大于在 x_2 处值函数的值高于参考值的程度。因此 $E(v(x)) < v(E(x))$，赌博者的行为表现出风险厌恶。

相反，考虑图 10-4 展示的赌局，其涉及相对更大的数量。这时，与陡峭的损失函数相比较，收益函数的凹性并没有占据压倒性优势。因此 $E(v(x)) > v(E(x))$。相对于收益损失越多，行为越有可能会表现出风险喜好属性。此外，涉及的数量越大，赌博者越有可能会表现出风险喜好行为。当赌局所涉及的数量较小或者数量偏向于收益时，赌博者越有可能会表现出风险厌恶行为。因此，前景理论预测人们会表现出风险喜好和风险厌恶行为。两者之中哪种行为占优势依赖于所涉及的赌注的大小，以及赌博者处理的是收益、损失还是两者兼有。这种观察形成了前景理论分析风险决策的基础。

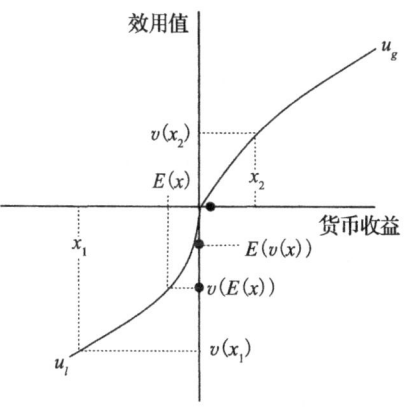

图 10-4　风险喜好与前景理论的值函数

回到实例 10-1，如果我们认为参考点是由结果被表述为收益还是损失决定的，则前景理论值函数能够解释镜像效应。将问题作为收益还是损失进行表述决定了赌博者的行为是风险喜好还是风险厌恶的。因此不管在现有财富基础上额外给你 1 000 美元还是 2 000 美元，-500 美元的结果是一种损失，而 500 美元的结果是一种收益。这时，选择赌局 B 而非赌局 A 意味着 $0.5 \times v(1\,000) + 0.5 \times v(0) < v(500)$，这意味着风险厌恶行为。相反，选择赌局 C 而非赌局 D 意味着 $0.5 \times v(-1\,000) + 0.5 \times v(0) > v(-500)$，这意味着风险喜好行为。虽然赌局的最终货币结果是相同的，但是将选择表述为收益还是损失会导致人们以非常不同的方式考虑这些结果，导致损失厌恶。

10.2　前景理论

卡尼曼和特沃斯基提出了前景理论，将其作为镜像效应之谜的一种可能解决方法。对于非常相似的赌局，值函数简明地解释了风险偏好如何会发生剧烈跳转。然而，仅仅使用值函

数并不能解释前面章节中观察到的许多其他对期望效用理论的背离。要解释这些不同的效应，卡尼曼和特沃斯基提出了前景理论的三要素形式来处理风险条件下的选择问题。这三个要素是编辑、概率加权和值函数。

编辑（editing）是指决策过程的一个阶段，在该阶段决策者对决策进行评估准备。在该阶段，决策者尝试简化自己的决策，继而使得对潜在前景的评估更加容易。决策者重新组织各选择中的信息，有时会稍微更改信息使得决策更加容易。编辑阶段旨在描绘决策者的实际动机和深思熟虑的过程。因为编辑需求是以决策者有限的认知能力为基础的，所以它可以被认为是一种程序理性模型。编辑阶段包括六种类型的活动：

i. **编码**（coding）：决策者确定某个参考点（通常是其现期财富水平或者某些默认结果）。然后根据参考点将这些结果编码为收益或者损失。

ii. **合并**（combination）：合并相同结果的概率。因此，如果决策者被告知要投掷一枚质地均匀的骰子，并且如果出现奇数就会赢得 300 美元，则他会将掷出 1，3 和 5 的概率合并在一起 $\left(即 \frac{1}{6}+\frac{1}{6}+\frac{1}{6}=\frac{1}{2}\right)$。

iii. **分离**（segregation）：确定性的结果和风险结果被分割开来。因此，一个以概率 0.5 获得 40 美元，概率 0.5 获得 65 美元的赌局被看作是确定性获得 40 美元，并且再以概率 0.5 获得 25 美元，概率 0.5 获得 0 美元。

iv. **删减**（cancellation）：当被考虑的选择都有共同部分时，在做选择时会剔除这些共同部分。假定某人在 A 和 B 之间进行选择：选择 A 以概率 0.25 获得 40 美元，概率 0.25 获得 60 美元，概率 0.50 获得 0 美元；选择 B 以概率 0.25 获得 40 美元，概率 0.75 获得 65 美元。第一个结果会被删除，因为它们是相同的，由此得到选择 A 以概率 0.25 获得 60 美元，概率 0.50 获得 0 美元；选择 B 以概率 0.75 获得 65 美元。

v. **化简**（simplification）：对概率和结果进行四舍五入。因此 0.49 的概率会被看作是 0.50。同理，1 001 美元的数量会被看作是 1 000 美元。

vi. **占优检测**（detection of dominance）：对赌局进行考察以确定某个赌局是否一阶随机占优于另一个。如果一个赌局明显占优于另一个，则会选择这个赌局。

活动 i，ii，iv 和 v 会产生特定的对期望效用理论的背离。例如，i 通过允许使用值函数使得产生镜像效应成为可能。活动 iv 会产生前面描述的分离效应。在实例 10-2 中，应用 iv 意味着共有的第一阶段彩票会被排除在考虑之外，导致观察到的偏好反转。因为这些编辑活动代表决策者对风险决策的实际推理方式，它们有可能成为强有力的工具。

前景编辑模型有两个重大缺陷。第一个缺陷是，上述不同活动的应用顺序会影响对被编辑赌局的评估。按顺序应用 i 到 vi 与按倒序或者按某种其他的随机顺序应用可能意味着不同的决策。因此，作为一个模型，编辑无法做出特别具体的预测。例如考虑下面两个选择：

赌局 G	赌局 H
以 0.49 的概率获得 1 000 美元	以 0.50 的概率获得 999 美元
以 0.51 的概率获得 0 美元	以 0.50 的概率获得 0 美元

注意到如果首先应用 v 并且只对概率进行四舍五入，我们会得到以下赌局：

赌局 G'	赌局 H'
以 0.50 的概率获得 1 000 美元	以 0.50 的概率获得 999 美元
以 0.50 的概率获得 0 美元	以 0.50 的概率获得 0 美元

这时我们可以应用 vi，并且发现赌局 G' 占优于赌局 H'，继而选择 G。相反如果我们首先对数量进行四舍五入，我们会得到：

赌局 G''	赌局 H''
以 0.49 的概率获得 1 000 美元	以 0.50 的概率获得 1 000 美元
以 0.51 的概率获得 0 美元	以 0.50 的概率获得 0 美元

这时我们会发现赌局 H'' 占优于赌局 G'' 并且选择 H''。同理，按照不同的顺序应用编辑阶段的各种活动可能产生不同的结果。此外，从第 9 章中的某些异象可以明显看出人们并不总是能检测到占优。因此有可能会找到一些异常复杂的赌局，使得人们选择被占优的赌局。

第二个缺陷是对于许多真实世界的风险决策编辑是难以应用的。例如，如果我们考虑股票投资，人们并没有被告知特定结果的概率，并且选择可能并不仅仅涉及两个或者三个潜在赌局。相反，在一个连续的数值区间上结果可能是任意数值，并且决策的数量也可能是连续的（例如要购买的股票数量）。在此情况下，许多编辑活动变得毫无意义。由于这一点，前景理论的许多经济学应用忽略了除编码之外编辑阶段的所有其他要素。

一旦编辑阶段出现了，此后决策者会通过使用概率加权函数以及值函数来对赌局进行评估。卡尼曼和特沃斯基最初提出使用一个次加性的概率加权函数，这在第九章中介绍过。因此，决策者会最大化

$$V = \sum_i \pi(p_i) v(x_i) \tag{10-2}$$

其中，p_i 是结果 i 的概率，x_i 是 i 的结果。使用概率加权函数允许许多类似于第 9 章描述的异象，包括确定性效应、共同结果效应以及阿莱悖论。相应地，要消除次加性概率加权函数产生的偏好的不可传递性，通常如第 9 章所述一样使用排序依赖加权函数来进行替代。我们称使用排序依赖权重的前景理论为**累积前景理论**（cumulative prospect theory）。

10.3 前景理论与无差异曲线

当涉及概率权重时，在马尔沙克-马基纳三角形中推导出无差异曲线有些困难。如果我们考虑结果为 100 美元，50 美元和 0 美元的所有可能赌局，我们感兴趣的是满足以下条件的所有概率值（参见式 9-3 ⊖）

$$\pi(y)v(100) + \pi(x)v(0) + \pi(1-x-y)v(50) = k \tag{10-3}$$

其中，x，y 和 $1-x-y$ 分别是获得 100 美元，0 美元和 50 美元的概率 ⊜。为了举例起见，我们设 $v(0)=0$（做出该假设并不会丧失一般性）。在没有设定概率加权函数条件下，我们无法确定三角形中所示曲线的形状。但是针对 x 和 y 对式（10-3）进行全微分可得

$$\frac{dy}{dx} = \frac{v(50)}{\frac{\pi'(y)}{\pi'(1-x-y)}v(100) - v(50)} \tag{10-4}$$

利用上式我们可以在局部粗略估计曲线的形状。其中，$\pi'(\cdot)$ 是概率加权函数的导数（或者斜率）。因此，无差异曲线的形状依赖于各个结果的概率。

我们知道斜率更加陡峭的无差异曲线反映了更强的风险厌恶程度。在这个例子中，当

⊖ 疑有误，应参见式 9-14。——译者注
⊜ 疑有误，x，y 和 $1-x-y$ 分别是获得 0 美元，100 美元和 50 美元的概率。——译者注

$\pi'(y)$ 相对于 $\pi'(1-x-y)$ 较小时，斜率更加陡峭。回想第 9 章，相比接近于 0.5 的概率，我们认为概率加权函数对于较小和较大的概率会更加陡峭（参见图 9-8）。因此，式（10-4）告诉我们，相对于中等或者最小结果的概率，当最大结果的概率接近 0.5 时，人们倾向于更加风险厌恶。相反，相对于中等结果的概率，当最大结果的概率比较极端时，人们的行事方式更加风险喜好。当收益的概率相对较小时会出现风险喜好行为，这是概率加权函数的主要贡献。

如果我们考虑损失 100 美元，50 美元或者 0 美元时无差异曲线的形状，我们必须记得对坐标轴进行重新调整。现在 y 轴，其表示较优结果的概率，对应着损失 0 美元，而 x 轴，表示最差结果的概率，现在对应着损失 100 美元。在这种情况下，式（10-4）可以改写为

$$\frac{dy}{dx} = \frac{\frac{\pi'(x)}{\pi'(1-x-y)}v(-100) - v(-50)}{v(-50)} \tag{10-5}$$

在比较式（10-4）和式（10-5）时，值得注意的是这两个式几乎恰好是彼此的乘法逆元素（区别在于一个值函数的自变量是负值）。相对于中等结果的概率，如果最小结果的概率比较极端，则赌博者会表现出更高的风险厌恶程度。因此，前景理论的参考点意味着关于损失的无差异曲线接近于围绕 45°线的镜像，这在实验室实验中已经被观察到，如图 9-6 和图 9-7 所示。这在某种程度上进一步证明，人们根据参考点进行决策并且他们表现出损失厌恶偏好。

■ 实例 10-3　前景理论、风险厌恶、风险喜好与观察到的行为

使用 25 名参与者的实验室实验数据，特沃斯基和卡尼曼尝试找出累积前景理论的参数，进而可以用它解释某些风险选择的结果。每名参与者都被要求在几个赌局之间进行选择，每个赌局都有一对可能结果。虽然数据有限，但是他们能够找到对观察到的行为提供相对较好拟合的参数。他们估计出的模型形式如下

$$v(x) = \begin{cases} x^\alpha & \text{如果 } x \geq 0 \\ -\lambda(-x)^\beta & \text{如果 } x < 0 \end{cases} \tag{10-6}$$

$$\pi(p|x) = \begin{cases} \dfrac{p^\gamma}{(p^\gamma + (1-p)^\gamma)^{\frac{1}{\gamma}}} & \text{如果 } x \geq 0 \\[2ex] \dfrac{p^\delta}{(p^\delta + (1-p)^\delta)^{\frac{1}{\delta}}} & \text{如果 } x < 0 \end{cases} \tag{10-7}$$

所有的参数值都被假定为正。依据与概率相联系的结果是收益还是损失，式（10-7）中的排序依赖加权函数允许权重有所不同。值函数中参数 α 和 β（式（10-6））决定了值函数的曲率（凹度或者凸度）。参数 λ 决定了在参考点处损失与收益的边际效用之间的差异程度，较小的 λ（正值）对应着较大的斜率差异。㊀ 他们发现

$\alpha = 0.88$

$\beta = 0.88$

$\lambda = 2.25$

$\gamma = 0.61$

$\delta = 0.69$

因此，对于收益和损失而言，值函数的曲率是相同的，但斜率的差异非常大（超过 2 倍）。

㊀ 疑有误，应为较大的 λ（正值）对应着较大的斜率差异。——译者注

图 10-5 画出了估计出的值函数,对于收益有我们熟悉的凹形,对于损失值函数是凸的。然而,最显著的特征是在收益和损失域斜率的明显差异。图 10-6 展示了估计出的收益和损失域的概率加权函数。两者都表现出我们熟悉的形状,高估小概率,低估大概率。虽然这些函数的系数存在一些差异,但是加权函数都非常相似,这或许表明究竟是对收益还是损失进行编码对概率加权并没有什么影响。虽然这些曲线非常接近,但是在曲线穿过 45°线的点上,两个概率存在显著差异(对于收益而言是 0.33,对损失而言是 0.37)。

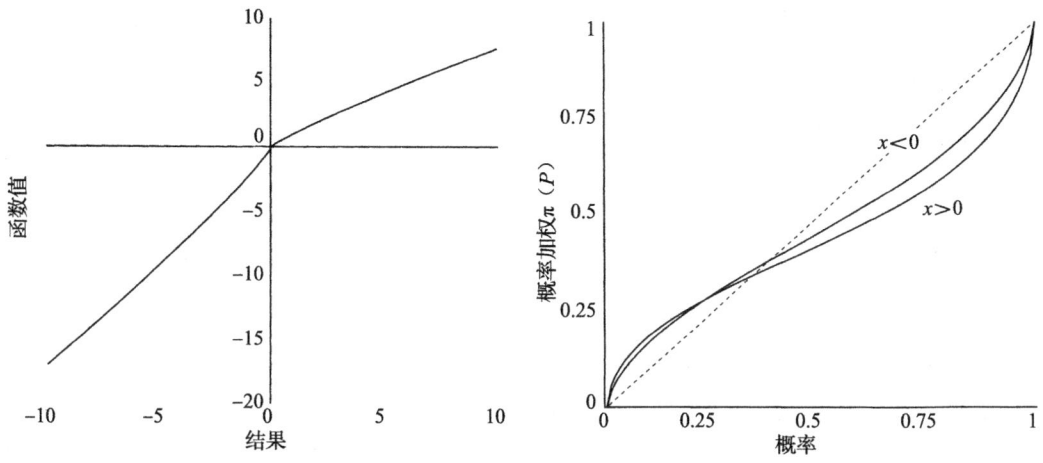

图 10-5 累积前景理论下的值函数　　　　图 10-6 累积前景理论下的概率加权

图 10-7 和图 10-8 分别展示了特沃斯基和卡尼曼对收益和损失估计出的无差异曲线。它们与图 9-6 和图 9-7(它们根据的是实验室观测)的相似性是异常明显的。在这里,随着我们向三角形的斜边移动,无差异曲线呈扇形散开。此外,无差异曲线的模式是围绕 45°线的镜像,这在实验上已经被观察到并且在前面部分从数学上进行了验证。在无差异曲线与三角形斜边的交汇处,其形状模式存在一个显著区别。在图 10-7 和图 10-8 中,无差异曲线在接近三角形斜边时都是平行的。实验室实验通常发现无差异曲线在斜边周围呈扇形汇聚,尤其是在三角形斜边的中心附近。因此,虽然累积前景理论并不完美,但它为风险条件下观察到的实验室行为提供了一个非常好的近似。实际上,在大多数实验室和计量检验中,相对于其他

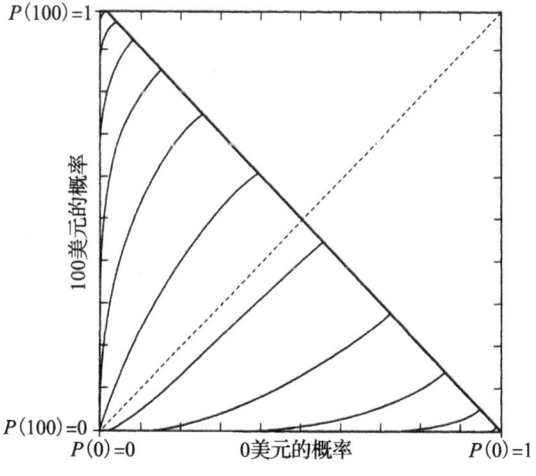 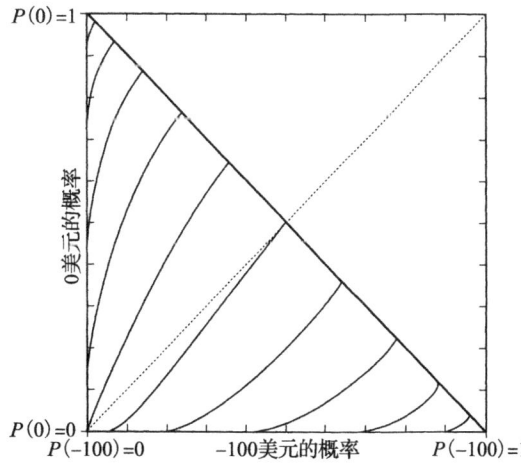

图 10-7 在马尔沙克-马基纳三角形中的累积前景理论:收益　　　　图 10-8 在马尔沙克-马基纳三角形中的累积前景理论:损失

模型累积前景理论表现得很好。虽然该模型通常表现得很好,但是检验哪种模型能最好地预测行为的大部分研究发现不同的人符合不同的模型。此外,哪种模型表现得最好似乎也依赖于给出的风险选择的类型。例如,当面临收益和损失之间的权衡抉择时,前景理论表现得尤其好。相反当只是处理收益,并且赌局之间存在相关关系时,懊悔理论似乎表现得更好。

■ 实例 10-4 在观看赛马后第二天注销心理账户

在观察赛马赌徒的赌博行为时,许多行为异象会出现。一般而言,人们可以押注 2 美元赌某匹马获胜,或者赌某匹马至少获得亚军(得到第一或者第二名)或者至少获得季军(得到第一、第二或者第三名),另外人们通常还可以下许多其他可能的赌注。所有下某个特定类型赌注(例如押注某匹马获胜)的钱会被汇集到一起。因此,如果 1 000 个人押注 2 美元赌不同的马会获胜,则资金池会是 2 000 美元。赛马场会从资金池中抽取分成,通常大约为 18%,余下部分在那些选对了马匹的人之间进行平均分配。参与者通常能够得到关于每匹马的获胜概率信息。通常最受欢迎的马匹的获胜概率平均为 0.32,下一匹最有可能赢得比赛的平均获胜概率为 0.21,再下一匹为 0.15,诸如此类。虽然这些概率相对稳定,但是押注的收益要依赖于其他人的行动。

穆赫塔尔 M. 埃利考察了人们在整个晚上决定如何下赌注。他发现在前半夜,人们倾向于押注最受欢迎的马,而在后半夜押注获胜可能性极小的选择。考虑某个按照累积前景理论行事的赌马者,他在第一轮比赛开始之前怀揣 500 美元来到赛马场。在第一轮比赛中,他考虑押注最受欢迎的前三匹马之一,这看起来是风险较小的赌注。如果在第一场比赛中有更多比例的人押注在最受欢迎的马匹上,则收益会比较低。出于简化,假定有 10 000 名赌马者总共押注了 20 000 美元。如果比例为 θ 的赌马者在第一轮比赛中押注最受欢迎的马匹,则最受欢迎的马赢得比赛会使得他们获得 20 000 美元 $\times (1-0.18) \div (\theta \times 10\,000) = 1.64/\theta$ 美元。这时,如果在第一场比赛中要使得获胜后赢得的奖金超过所下赌注,则 $\theta < 0.82$。此外,在获胜概率是 0.32 时,下注后的期望收益是 $0.32 \times 1.64/\theta$ 美元 $\approx 0.52/\theta$ 美元。要使得该期望值高于价格为 2 美元的赌注,必定要有 $\theta < 0.26$。同理,对于第二匹或者第三匹最受欢迎的马,只有押注在它们身上的比例分别低于 0.17 和 0.12,期望值才会超过支付额。

假定赌马者预期会有 12% 的参与者押注在最有可能获胜的马上,只有 9% 的人押注在获胜机会排名第二的马匹上。考虑实例 10-2 中给出的累积前景理论模型[⊖],这时押注排名第一的马的价值为

$$V = \pi(0.32|13.67-2)v(13.67-2) + (\pi(1|-2) - \pi(0.32|13.67-2))v(-2)$$
$$\approx 0.33 \times 8.69 + 0.67 \times (-4.14) \approx 0.08 \tag{10-8}$$

其中,1.64/0.12 美元 = 13.67 美元是 12% 下同样赌注的人赢得比赛后的收益。相反,押注在第二受欢迎的马匹上的价值为[⊖]

$$V = \pi(0.21|18.22-2)v(18.22-2) + (\pi(1|-2) - \pi(0.21|18.22-2))v(-2)$$
$$\approx 0.27 \times 16.22 + 0.67 \times (-4.14) \approx 0.07 \tag{10-9}$$

其中,1.64/0.09 美元 = 18.22 美元是 9% 下同样赌注的人赢得比赛后的收益。注意到这是一个更有风险的前景,获胜的概率更低,并且期望收益也更低。但是,如果第二受欢迎的马匹获胜,则有可能获得更高的收益(18.22 美元对 13.67 美元)。因为在收益域是风险厌恶的,赌马者宁愿押注在胜算第一而非胜算第二的马匹上。

现在假定赌马者输掉了前八场赌局,正在考虑押注第九场也就是最后一场比赛。现在他

⊖ 疑有误,应为实例 10-3。——译者注
⊖ 疑有误,式 (10-9) 的得数应该 $\approx 0.267 \times 11.61 + 0.733 \times (-4.14) \approx 0.065$。——译者注

只有 484 美元，而非刚进场时的 500 美元。如果他记住了损失并且不调整参考点，则他要赢得的数量至少要比押注数量高出 16 美元才能回到他的参考点 500 美元。净赚 11.67 美元会导致损失减少，总损失变为仅 4.33 美元。额外损失 2 美元导致的总损失为 18 美元。对当前状况的估值为 $v(-16)=-25.81$，赌马者会愿意接受任何改善自身状况的赌局。因此，按照前面那样进行计算我们可以得到

$$V = \pi(0.32|-2.33-2)v(-2.33-2) + (\pi(1|-18) - \pi(0.32|-2.33-2))v(-18)$$
$$\approx 0.33 \times (-8.17) + 0.67 \times (-28.36) \approx -21.66 \tag{10-10}$$

相反，如果我们考虑押注在胜算较低的马匹上[⊖]

$$V = \pi(0.21|2.22-2)v(2.22-2) + (\pi(1|-18) - \pi(0.21|2.22-2))v(-18)$$
$$\approx 0.27 \times 0.27 + 0.67 \times (-28.63) \approx -20.91 \tag{10-11}$$

现在赌马者偏爱风险更大的马匹，因为它虽然增加了风险，但是允许更大的收益和返回到财富参考点的可能性。因为赌马者现在在损失域编码所有的结果，他的行为方式是风险喜好的。随着损失的累积，人们变得越来越愿意冒险接受赢得概率较低潜在收益较高的赌局。一天之中押注的风险变得越来越大，这种马场押注模式似乎是一种相对比较稳健的现象，由于更多的参与者孤注一掷，这通常导致在每天的最后一场比赛上风险较大的马收益率较低。

■ 实例 10-5　风险厌恶的合同工

劳工合同在拟订时通常会依据一个基本的工资水平，然后再加上一些业绩优异奖金，也有可能再减去一部分业绩不佳罚金。这种合同似乎是对前景理论的一个自然应用。

考虑某比萨饼销售公司和某个工人之间的合同。工人可以选择高付出或者低付出。在高付出情况下，生产出高质量比萨的概率为 1。在低付出情况下，生产出高质量比萨的概率为 0.5。相比销售低质量比萨，公司可以以更高的价格销售高质量比萨。但是假定公司无法观察到工人付出的努力程度，只能观察到比萨的质量。另外，假定工人高付出所花费的努力程度成本相当于 2 效用单位，而低付出只花费工人 1 个效用单位。公司正在努力想办法确定如何拟定合同。

假定对于高质量产出公司考虑支付给工人 r_h，但是对于低质量产出支付 r_l。进一步假定他们将该合同描述为某个基本工资水平 r_l 和奖金 $r_h - r_l$（如果产出的质量较高）。如果工人签署了合同，他必须选择付出怎样的努力程度。工人会将基本工资水平纳入参考点，将高工资看作收益，低工资看作无损益。使用特沃斯基和卡尼曼的值函数和概率加权函数，选择高付出水平的函数值为

$$V_h = \pi(1|r_h)v(r_h - r_l) - 2 = (r_h - r_l)^{0.88} - 2 \tag{10-12}$$

其中，付出努力的成本与合同保证的收益是分离的。相反，付出低水平努力会得到

$$V_l = \pi(0.5|r_l)v(0) + (1-\pi(0.5|r_l))v(r_h - r_l) - 1$$
$$= 0.58 \times (r_h - r_l)^{0.88} - 1 \tag{10-13}$$

如果 $V_h > V_l$，或者

$$r_h - r_l > 2.68 \tag{10-14}$$

则工人会选择付出高水平的努力。

如果公司宣布合同以 r_h 为基本工资，并且若比萨的质量很差就处以 $r_h - r_l$ 的罚金，则工人会将高工资率看作是无损益，而将低工资率看作损失。则高付出的值为

$$V_h = \pi(1|r_h)v(0) - 2 = -2 \tag{10-15}$$

相反，付出低水平努力会得到

⊖ 式（10-11）中的 0.07 应为 0.73。——译者注

$$V_l = \pi(0.5|-(r_h-r_l))v(-(r_h-r_l))+(1-\pi(0.5|-(r_h-r_l)))v(0)-1$$
$$= 0.45\times(-2.25)\times(r_h-r_l)^{0.88}-1 \tag{10-16}$$

因此，如果

$$r_h - r_l > 0.99 \tag{10-17}$$

则工人会选择付出高水平的努力。注意到式（10-17）中的值要比式（10-14）中的低很多。因此，如果支付的工资按照损失而非收益进行表述，则激励员工时在工资方面应该会花费更少的奖金。但是，首先我们无法明确这会对工人签订合同的意愿有什么样的影响。注意到在式（10-15）和式（10-16）中，我们比较的是履行合同后所得到的负值。工人们是否愿意接受该合同是不清楚的，除非在基本工资中存在一个溢价可以补偿潜在的损失。如果情况真的如此，则在工人的雇佣成本和激励成本之间或许存在权衡取舍。

10.4 前景理论解决了全部问题吗

对于实验室中观察到的大部分风险决策以及实地观察到的许多行为，前景理论可以相对有效地解释它们。然而，其中大部分风险具有非常特殊的形式。本章和第 9 章中给出的大部分风险是二分式选择问题。也就是说，决策者可以选择接受或者拒绝赌局。此外，我们讨论的大部分赌局只会产生一小组离散结果。在许多情况下只有两个或者三个可能结果。经济学家研究的大部分风险决策并非如此简单。如果我们希望研究投资行为，则面对股票、债券、房地产或者大宗商品的可能组合，每位投资者可以进行的投资选择几乎是无限的。另外，对于可以利用的资金，他们可以投资任意的数量。因此，大部分令人关注的投资决策并不是二分式的。此外，大部分投资潜在收益的波动范围非常大。人们可能亏损掉全部投资，也可能会翻倍，或者收益落在两者之间的任何位置。实验室环境缺乏现实性导致许多人质疑前景理论以及其他风险决策行为模型的正确性。这些模型或许只有在面对上述特殊决策问题时才会起作用。

格拉哈姆·卢慕斯是最早在实验室环境下研究连续选择型投资问题的学者之一。他设计了一个特别的实验以有限的方式反映常见的投资问题。在决策 1 中，他给予参与者 20 美元，让他们在两个投资 A_1 和 B_1 之间配置资金。在标准投资问题中，投资者必须将资金配置在多种不同投资上，根据结果的不同这些投资会有非常不同的收益。通常，投资者通过分散投资组合来减少面对的风险大小。在卢慕斯的实验中，参与者以 0.6 的概率获得投资于 A_1 的数量，以 0.4 的概率获得投资于 B_1 的数量。期望效用最大化者会求解

$$\max_{A_1 \leq 20} 0.6U(A_1) + 0.4U(20-A_1) \tag{10-18}$$

式（10-18）的解出现在两种投资的期望边际效用相等的时候。这如图 10-9 所示，其中，纵轴是特定结果概率加权的边际效用，横轴表示在投资 A_1 和 A_2 之间的分配。⊖ 当向图形的右方移动时，分配给 A_1 的数量增加，B_1 的数量减少。标记为 $0.6U'(A_1)$ 的曲线表示结果 A_1 的概

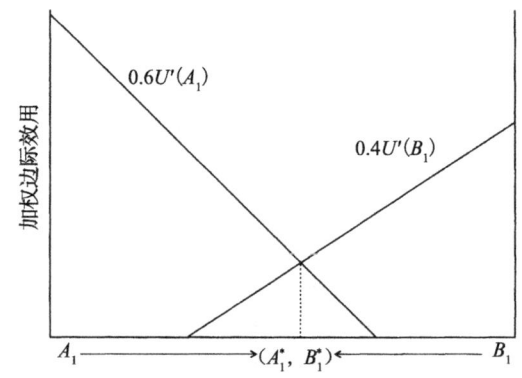

图 10-9 卢慕斯关于资产组合问题的最优配置

⊖ 疑有误，A2 应该为 B1。——译者注

率 0.6 乘以所分配财富的边际效用 $U'(A_1)$。人们会持续增加对 A_1 的分配直到从 A_1 获得的加权边际效用等于从 B_1 获得的加权边际效用——标记为 $0.4U'(B_1)$ 的曲线。该点在图中由 (A_1^*, B_1^*) 表示。如果假定将所有的资金都分配在一种投资上不是最优的，则该点出现在 $0.6U'(A_1)=0.4U'(20-A_1)$ 处。

该一阶条件可以写为

$$\frac{U'(20-A_1)}{U'(A_1)} = \frac{0.6}{0.4} = 1.5 \tag{10-19}$$

对于决策 2，再给参与者 20 美元，让他们在 A_2 和 B_2 两者之间分配资金。但是这次告诉他们会以 0.3 的概率获得 A_2，0.2 的概率获得 B_2，以剩余概率 0.5 获得 0。这时，期望效用最大化者会求解

$$\max_{A_2 \leqslant 20} 0.3U(A_2) + 0.2U(20-A_2) + 0.5U(0) \tag{10-20}$$

让两种投资的期望边际效用相等可以得到 $0.3U'(A_2)=0.4U'(20-A_2)$，[⊖]该式可以改写为

$$\frac{U'(20-A_2)}{U'(A_2)} = \frac{0.3}{0.2} = 1.5 \tag{10-21}$$

因为在式（10-19）和式（10-20）中，[⊜]边际效用的比例都等于 1.5，所以任何期望效用最大化者肯定会选择 $A_1=A_2$，$B_1=B_2$。这是因为决策 2 与决策 1 是成比例的。这相当于一个两阶段问题，在第一阶段有 0.5 的概率进行决策 1，0.5 的概率获得 0 美元收益。在 85 名参与者中，24 人选择 $A_1=A_2$，$B_1=B_2$。剩下的人中，1 人选择 $A_2>A_1$，60 人（参与者的大部分）选择 $A_1>A_2$。

明显地，期望效用无法描述绝大部分参与者的行为。那么其他理论如何呢？让我们考虑任意一种使用概率权重的理论（包括前景理论）。这时，在决策 1 中决策者会求解以下问题

$$\max_{A_1 \leqslant 20} \pi(0.6)U(A_1) + \pi(0.4)U(20-A_1) \tag{10-22}$$

得到的解为

$$\frac{U'(20-A_1)}{U'(A_1)} = \frac{\pi(0.6)}{\pi(0.4)} \tag{10-23}$$

决策 2 使得决策者求解

$$\max_{A_2 \leqslant 20} \pi(0.3)U(A_2) + \pi(0.2)U(20-A_2) + \pi(0.5)U(0) \tag{10-24}$$

其解为

$$\frac{U'(20-A_2)}{U'(A_2)} = \frac{\pi(0.3)}{\pi(0.2)} \tag{10-25}$$

由于概率加权函数对概率的扭曲，式（10-23）和式（10-25）意味着决策问题中不同的资金配置。然而通常认为概率加权函数在 0.3 和 0.4 之间的某个位置穿越 45°线。高于该位置概率权重应该低于概率，低于该位置其应该高于概率。因此，$\frac{\pi(0.6)}{\pi(0.4)} < \frac{\pi(0.3)}{\pi(0.2)}$，意味着 $\frac{U'(20-A_1)}{U'(A_1)} < \frac{U'(20-A_2)}{U'(A_2)}$。[⊜]考虑到所有的结果都被编码为收益，人们应该表现出风险厌

⊖ 疑有误，该式应该为 $0.3U'(A_2)=0.2U'(20-A_2)$。——译者注

⊜ 疑有误，应该为式（10-19）和式（10-21）。——译者注

⊜ 得出该结论的依据似乎是有问题的。因为在 $\pi(0.6)$ 小于 0.6 的同时，$\pi(0.2)$ 会大于 0.2，因此无法直接判断两个比例的大小。例如，利用式（10-7）计算 $\pi(0.6)=0.474$，$\pi(0.4)=0.37$，$\pi(0.3)=0.318$，$\pi(0.2)=0.261$，所以 $\frac{\pi(0.6)}{\pi(0.4)}=1.29>1.22=\frac{\pi(0.3)}{\pi(0.2)}$。因此，本段最后得出的结论，即大部分参与者的行为方式并不符合概率加权模型，也似乎是有问题的。——译者注

恶，意味着对于更大的收益其边际效用是递减的。因此，对于更大的数值 A，$U'(20-A)$ 变得更大，$U'(A)$ 变得更小，意味着 $\frac{U'(20-A)}{U'(A)}$ 随着 A 的增加而增加。考虑到概率加权使得我们认为 $\frac{U'(20-A_1)}{U'(A_1)} < \frac{U'(20-A_2)}{U'(A_2)}$，因此 $A_1 < A_2$，在85名参与者中只在1人身上观察到了这种结果。大部分参与者的行为方式并不符合概率加权模型。虽然还没有出现替代理论来解释这种异象，但是与实验室经常进行的简单二分式选择问题相比，这可能预示着连续选择问题或许源于非常不同的行为。

10.5 前景理论和较小赌局中的风险厌恶

通过考察马修·拉宾发现的并在第6章讨论过的小风险问题，可以进一步说明我们或许并未完全了解如何进行风险选择。如果我们尝试使用期望效用理论来解释所有风险厌恶行为，则我们能够解释它的唯一工具是财富的边际效用递减，或者效用函数的凹性。微积分最基本的原则是这样一种经验，即连续函数在较小的区间是接近线性的。因此，当赌注是一小笔钱时，财富效用函数应该是接近线性的，这意味着局部的风险中性。相反，如果对于非常小的赌局我们观察到风险厌恶行为，则这意味着效用函数肯定是极端凹的，这不符合常理。这导致拉宾得出了下述定理（更加详细和更加符合直觉的讨论参见第6章）。

假定对于所有的 w，$U(w)$ 是严格递增并且弱凹的。假定存在 $g > l > 0$，使得对于所有的 w，某人会拒绝以 0.50 的概率获得 g 并以 0.50 的概率损失 l 的赌局。则这个人也会拒绝以 0.50 的概率赢得 mg 并以 0.50 的概率损失 $2kl$ 的赌局，其中，k 为任意正整数，并且 $m < m(k)$，其中

$$m(k) = \begin{cases} \dfrac{\ln(1 - (1 - \frac{l}{g})2\sum_{i=0}^{k-1}(\frac{g}{l})^i)}{\ln(l/g)} & \text{如果 } 1 - (1 - \frac{l}{g})2\sum_{i=0}^{k-1}(\frac{g}{l})^i > 0 \\ \infty & \text{如果 } 1 - (1 - \frac{l}{g})2\sum_{i=0}^{k-1}(\frac{g}{l})^i \leqslant 0 \end{cases} \quad (10\text{-}26)$$

表面上，不举例说明很难阐释清楚。假定某人会拒绝以 0.50 的概率赢得 120 美元，0.50 的概率损失 100 美元的赌局。如果此人是严格风险厌恶的并且按照期望效用理论行事，则此人也会拒绝任何以 0.50 的概率损失 600 美元的赌局，而不论可能收益有多大。虽然人们或许会拒绝较小的赌局看似是合理的，但是几乎任何人都会拒绝以 50% 的概率赢得无限数量的金钱这样一个便宜赌局似乎是不合理的。在表 10-2 中还给出了其他几个例子。拉宾将这看作是人们容易受到损失厌恶影响的进一步的证据。要注意到我们是依据效用函数的平滑性和凹性来得到该结果的。损失厌恶并不一定要求平滑性，可以允许函数在参考点处有一个弯折。因此，不论多么小的赌局，只要不存在一条直线来近似值函数，则在较小赌局中仍然有可能存在高度风险厌恶的行为并且对于更大的赌局也不会产生荒谬行为。如表 10-2 所示，经济学家通常所说的较小数量并不是非常小。通常当我们谈论较小的风险时，我们指的是该风险相对于某些其他赌局比较小。

表 10-2　应用拉宾定理的例子　　　　　　　　　　　　（单位：美元）

如果你会拒绝		你也会拒绝	
以 0.50 的概率赢得	以 0.50 的概率损失	以 0.50 的概率赢得	以 0.50 的概率损失
110	−100	555	−400
		1 062	−600
		∞	−1 000
550	−500	2 775	−2 000
		5 313	−3 000
		∞	−5 000
1 100	−1 000	5 551	−4 000
		10 628	−6 000
		∞	−10 000

威廉·尼尔森注意到该问题并不仅限于期望效用。例如，如果我们使用有排序依赖权重的期望效用，我们也可以得到下述类似定理：

假定对于所有的 w，$U(w)$ 是严格递增并且弱凹的。用 π 表示概率加权函数，$\bar{p}=\pi^{-1}\left(\dfrac{1}{2}\right)$。假定存在 $g>l>0$，使得对于所有的 w，排序依赖期望效用最大化者会拒绝以概率 $\bar{p}$ 获得 g 并以概率 $1-\bar{p}$ 损失 l 的赌局。则这个人也会拒绝以概率 $\bar{p}$ 赢得 mg 并以概率 $1-\bar{p}$ 损失 $2kl$ 的赌局，其中，k 为任意正整数，并且 $m<m(k)$，其中，$m(k)$ 的定义参见式（10-26）。

因此，如果在前面的例子中我们将概率进行简单的调整，使其产生的概率权重为 0.5，则该例子仍然会成立。例如，使用特沃斯基和卡尼曼对排序依赖加权函数的估计值，0.5 的概率权重对于收益而言对应着 0.36 的概率，对于损失而言对应着 0.64 的概率。因此，任何会拒绝以 0.36 的概率赢得 120 美元，0.64 的概率损失 100 美元赌局的人，也会拒绝任何以 0.64 的概率损失 600 美元的赌局，而不论他们可以以剩余 0.36 的概率赢得多少。对于表 10-2 中所有的例子，类似的结果都会成立。

该定理本身或许并不能被看作有损于前景理论，因为我们仍然可以认为通过参考点处的弯折我们可以消除这种结果。但是，这样做只不过是对问题进行了平移。例如考虑以下例子，某人在赢得 600 美元与以 0.36 的概率赢得 720 美元并以 0.64 的概率赢得 500 美元之间进行选择。如果他们选择 600 美元并且将其分类为 600 美元的收益，则在赢得 600 美元⊖与以 0.64 的概率赢得 0 美元剩余 0.36 的概率赢得任意数量的赌局之间，他们也会选择前者而非后者。要注意到该论断只有在 600 美元被看作是收益的条件下才会成立。相反，如果它被并入参考点，问题就会如前面一样。进而人们或许认为该 600 美元会被看作是新的参考点。然而，我们有可能设计一些巧妙的赌局，对于这些赌局不太适合将该 600 美元看作是参考点但是会产生相同的结果。我们必须记住模型是对如何进行决策的近似和简化。因此，总是有可能在其合理适用范围之外使用模型。这对于行为模型而言尤其如此，因为它们并未打算提供一种统一的行为理论，而是对经常观测到的现象提供一种与发

⊖ 疑有误，这里应该是 0 美元。这里所要说明的是对于两个赌局——赢得 600 美元与以 0.36 的概率赢得 720 美元并以 0.64 的概率赢得 500 美元，选择前者意味着在将 600 美元纳入参考点后，在赢得 0 美元与以 0.36 的概率赢得 120 美元并以 0.64 的概率赢得 −100 美元之间不会选择后者，进而会拒绝任何以 0.64 的概率损失 600 美元并以剩余 0.36 的概率赢得无限数量的赌局。——译者注

现环境相适应的描述。

■ 实例 10-6　为鸡毛蒜皮的小事而庸人自扰

在买房时，贷款机构通常要求买房者购买某种形式的房屋保险。然而，对于所购保险的构成，银行通常给予房屋所有人非常大的灵活性，允许申请人自由增加承保范围并选择保险理赔时的免赔项目。当购买保险时，房屋所有人同意每年向保险公司缴纳保险费。作为回报，保险公司在指定系列事件造成损失后同意给房屋所有人一张支票。该支票足以偿付房屋维修费用、房屋内承保物品价值损失减去保险免赔额。例如，因为龙卷风遭受 35 000 美元损失的房屋所有人，如果所购保险的免赔额为 1 000 美元，则会收到一张 34 000 美元的支票。免赔条款还会对是否会申请理赔产生影响。例如，如果免赔额为 1 000 美元，仅仅遭受了价值 700 美元损失的房屋所有人不太可能申请理赔，因为理赔要求无法得到保险公司的任何偿付。

免赔条款允许房屋所有人与保险公司共担某些风险，以此换取更低的年度保费。同时，因为向房屋所有者提供了一系列可能的保费和免赔额，因此免赔条款的选择提供了一个反映房屋所有者风险偏好的窗口。风险喜好的房屋所有人自己可能并不需要保险，之所以购买保险纯粹是因为贷款者的要求。在这种情况下，他有可能选择非常高的免赔额，承担更大的风险比例以获得非常低的平均保费。例如，一栋价值 181 700 美元的房屋的承保费用可以是 504 美元加上 1 000 美元的免赔额。同样房屋的保险费用也可以是 773 美元的年度保费加上 100 美元的免赔额。标准保险合约一般会设定 1 000 美元，500 美元，250 美元或者 100 美元的免赔额。贾斯廷·斯奈德使用 50 000 名借款者的数据来考察购房者如何选择免赔额水平，同时还考察所涉及的风险抉择。多数购房者（48%）选择免赔额为 500 美元的保险合约。另外 35% 的人选择 250 美元的免赔额。较小比例（17%）的购房者选择 1 000 美元的免赔额，非常小比例（0.3%）的购房者选择 100 美元的免赔额。

表 10-3 显示的是按照免赔额水平提供给房屋所有人的平均年保费。考虑某个风险中性的房屋所有人，他要在 1 000 美元和 500 美元的免赔额之间做出选择。选择 500 美元的免赔额意味着在损失数量超过 500 美元时，房屋所有人为了减少 500 美元的维修成本（免赔额之差）要确定性的多支付大约 100 美元（715 美元－615 美元）。我们不知道理赔申请超过 500 美元的概率。但是如果我们将申请 500 美元理赔额的概率记为 p_{500}，那么，如果

$$p_{500} 500 \text{ 美元} > 100 \text{ 美元} \tag{10-27}$$

风险中性的购买者应该偏好 500 美元的免赔额胜过 1 000 美元的免赔额。这意味着 $p_{500} > 0.20$。虽然我们并不知道申请理赔的实际概率，但是我们知道每个家庭的申请数量仅为 0.043 件，这意味着申请理赔的家庭所占百分比最大为 4.3%（某些家庭或许会申请多次理赔）。因此，理赔的概率有可能非常接近 0.04——相对于 0.20 而言非常小。对于 500 美元免赔额和 250 美元免赔额之间的选择，房屋所有人为了以 $p_{250\text{美元}}$ 的概率获得 250 美元（500 美元免赔额和 250 美元免赔额之间的差额）额外支付了 85 美元（801 美元－716 美元）。⊖在这种情况下，如果

$$p_{250} 250 \text{ 美元} > 85 \text{ 美元} \tag{10-28}$$

则风险中性的房屋所有人偏好 250 美元的免赔额。这意味着 $p_{250} > 0.34$，然而每个家庭平均每年的申请数量仅为 0.049 件。

⊖ 疑有误，符号应该为 p_{250}，额外支付数量应为 86 美元（802 美元－716 美元）。——译者注

表 10-3 房屋所有人的保险和约

免赔额（美元）	平均年度保费（美元）	每户年度理赔申请的赔付次数	选择百分比
1 000	615 82	0.025	17
500	715 73	0.043	48
250	802 32	0.049	35
100	935 54	0.047	0.3

任何选择 500 美元或者 250 美元免赔额的人所支付的数量明显高于保险支付增加额的期望值，表明房屋所有人是极度风险厌恶的。但是他们的风险厌恶程度到底如何呢？在我们拥有有限信息的条件下很难弄清楚。期望效用最大化者应该求解

$$\max_i qU(w - D_i - r_i) + (1-q)U(w - r_i) \tag{10-29}$$

以此来选择免赔额，其中，i 可以是 1 000 美元，500 美元，250 美元或者 100 美元，q 是达到理赔申请要求的受灾概率，D_i 是免赔额 i，r_i 是免赔额为 i 的保险合约的年度保费，U 表示财富的效用函数。将效用函数设定为⊖

$$U(w) = \frac{x^{(1-\rho)}}{(1-\rho)} \tag{10-30}$$

并使用理赔率（表 10-3 中第 3 列）作为受灾概率，对于数据集中的每一个人，施耐德能够确定其参数 ρ 的边界。该参数是风险厌恶程度的一种测度。ρ 的值越高，房屋所有人的风险厌恶程度越高。使用该参数的下限，施耐德就能够确定 ρ 水平相同的保险购买人是否会愿意接受以下形式的赌局：以概率 0.50 赢得一笔钱 G，以 0.50 的概率输掉 1 000 美元，这非常类似于拉宾的校准定理。事实上，他发现在所有情况下，超过 92% 的房屋所有人不愿意接受以下赌局：以 0.50 的概率损失 1 000 美元，而不管以另外 0.50 的概率赢得多少钱。这清楚地表明，房屋所有人表现出的风险厌恶水平超过了我们认为是合理的水平。

因为所有的结果都涉及损失，另外一种解释（前景理论）在通常定义条件下无法解释该问题。考察式（10-29），注意到所有可能的结果小于当前财富。在损失域，房屋所有人应该是风险喜好的，意味着他们应该只会购买免赔额为 1 000 美元的保险和约，之所以购买保险仅仅是因为银行强迫他们购买。此外，对概率的错误感知似乎也不可能解释这种现象，因为房屋所有人需要高估接近五倍的损失概率。例如，假定我们考察最简单形式的损失厌恶值函数，它仅仅由两条直线组成：

$$V(x) = \begin{cases} x & \text{如果 } x \geq 0 \\ \beta x & \text{如果 } x < 0 \end{cases} \tag{10-31}$$

其中，$\beta > 1$。如果房屋所有人根据式（10-31）评估货币结果并且他们将保费看作是损失，则如果

$$\pi(q)V(-500-715) + (1-\pi(q))V(-715)$$
$$> \pi(q)V(-1\,000-615) + (1-\pi(q))V(-615) \tag{10-32}$$

或者将式（10-31）代入式（10-32）

$$\beta[\pi(q)(-1\,215) + (1-\pi(q))(-715)] >$$
$$\beta[\pi(q)(-1\,615) + (1-\pi(q))(-615)] \tag{10-33}$$

房屋所有人会偏好 500 美元的免赔额胜过 1 000 美元的免赔额。进行化简，则如果

⊖ 该效用函数通常被称之为相对风险厌恶程度不变形式的效用函数。

$$\frac{\pi(q)}{1-\pi(q)} > 0.25 \tag{10-34}$$

房屋所有人会偏爱较小的免赔额。但是考虑到损失的概率接近 0.04，并且给定本章之前给出的加权函数的参数，可以得到 $\frac{\pi(q)}{1-\pi(q)} \approx 0.11$。因此仅仅概率加权本身并不能够解释极度的风险厌恶行为。

分离可能是该谜团的关键。如果房屋所有人并没有把保费看作是损失（分离支付额），则对于两种结果如果 V 的期望值之差超过了价格的变动，或者

$$\pi(q)V(-500) + (1-\pi(q))V(0) - 715$$
$$> \pi(q)V(-1\,000) + (1-\pi(q))V(0) - 615 \tag{10-35}$$

前景理论会认为人们会偏好 500 美元的免赔额。在这里注意到保费的支付数量并没有在值函数中进行考虑，因为它被分离出来了。房屋所有人并没有将它看作是损失，因为他是计划内的费用。将式（10-31）代入式（10-35）中可以得到

$$-\pi(q)\beta 500 - 715 > -\pi(q)\beta 1\,000 - 615 \tag{10-36}$$

或者

$$\pi(q)\beta > 0.2$$

如果我们假定 $q \approx 0.4$,[⊖] 则 $\pi(q) \approx 0.1$。另外，β 的值通常被认为要大于 2，这表明对年度保费进行分离的前景理论或许可以解释某些保险行为。

历史说明

一些研究考察对期望效用理论的违背现象，对于这些研究经常提出的一种抱怨是它们基于人为设计的实验。人们很少处理实验室实验中给出的简单类型赌局。实验室实验经常涉及小笔数量的金钱，它们或许并不能激发合乎理性的反应。此外，实验室环境中给出的大部分赌局只涉及较少数量的可能结果，并且各结果具有确定的概率（例如，可以用马尔沙克-马基纳三角形表示的赌局）。现实生活中风险选择的特点通常是概率未知，但或许对有可能发生什么有一个总体了解。例如，人们可能不知道某只股票在未来价值会上升的概率。相反，我们基于前期经验和以前收益率的数据进行猜测。此外，选择经常并不是在两个可能赌局之间进行，而是在一个连续统中。例如，对于某只共同基金我可以购买任意数量的股份（甚至股份的一部分）。因此，问题的类型或许不是选择"这个或那个"而是选择"多少"。最后，被用来研究非期望效用模型的选择实验经过特别设计，会产生违背期望效用理论的选择结果。在许多现实世界例子中，并不会展示给人们明显违反期望效用理论的选项。因此，对于行为模型在何时有用处，会存在某些限制。

但是，从这一系列文献中发展出来几个主题，它们具有明显的实际应用价值。其中包括懊悔厌恶、对概率的系统性感知错误、当赌局在某些方面相似时使用推断法则进行选择等。虽然这些或许并不能应用在所有风险选择条件下的行为研究中，但是在许多环境下它们确实做出了很大的贡献。卡尼曼和特沃斯基的风险选择的前景理论模型已经获得了广泛应用，因为它体现了实验环境下发现的最为广泛的多种异象。在一般经济学这个学科中，前景理论在许多方面已经成为行为经济学最有代表性的部分。

⊖ 疑有误，此处应为 $q \approx 0.04$。——译者注

传 记

彼得 P. 瓦克（1956—）

硕士，奈梅亨大学，1979 年；博士，蒂尔堡大学，1986 年；在莱顿大学、蒂尔堡大学、阿姆斯特丹大学、马斯特里赫特大学和伊拉斯姆斯大学担任教职。

彼得·瓦克早期在数学领域接受训练，集中在概率、统计和优化方面。此后很快开始研究风险条件下的经济决策问题。在风险和不确定性决策方面，瓦克是全世界闻名的重要理论家之一。利用数学理论来考察风险行为，他完成了几十篇文章，成为被引用率最高的经济理论家之一。他的研究成果赢得了几个重要奖项，其中包括医学决策学会职业成就奖。瓦克被引用最多的文章包括考察不同概率或决策加权方案的使用的文章、发展累积前景理论模型以及其他几种风险决策行为模型的文章、探索效用基数度量的文章等。瓦克已经写了两本书，其中一本给出了风险以及不确定性条件下使用前景理论进行决策的详细处理过程。在关于风险和不确定性的研究文献方面，它拥有异常广博的知识。作为对该领域的一项贡献，他出版带注解的风险研究领域的参考书目并每年更新，这些书对于进入该领域的每一个人都极其有用。

思考题

1. 考虑金姆，它可以在下述前景之间进行选择

赌局 A	赌局 B
以 0.24 的概率赢得 60 美元	以 0.25 的概率赢得 65 美元
以 0.24 的概率赢得 33 美元	以 0.25 的概率赢得 30 美元
以 0.52 的概率赢得 0 美元	以 0.50 的概率赢得 1 美元

(a) 应用编辑阶段的每个步骤改写这些赌局。结果是否依赖于应用这些步骤的顺序？

(b) 使用特沃斯基和卡尼曼估计出的累积前景理论函数（出现在式（10-6）和式（10-7）中），以及他们估计出的参数计算两个赌局的值。该模型预测哪个赌局会被选择？该结果是否依赖于编辑阶段应用各步骤的顺序？

2. 股票市场投资在本质上是有风险的。假定萨莎大量投资于有正盈利前景的某高科技公司。之后有报告声称该公司的主要技术面临竞争对手的司法诉讼。如果他们成功驳回该诉讼，他们就会获得人们预期的可观利润，产生预期的投资收益率。如果失败，他们的商业模式就会遭受无法挽回的破坏，股票就会变得一文不值。法律专家认为司法诉讼有 60% 的机会会成功。在此期间，作为对该消息的反应，股票价格会急剧下跌。萨莎以前投资了 1 000 000 美元，现在它的价值只有 400 000 美元。前景理论认为萨莎对该消息以及股票贬值的可能反应会是什么？风险水平发生了什么样的变化？萨莎的可能参考点是什么？请你描述一下风险厌恶程度的变化。萨莎现在是会清仓还是继续持有股票？为什么？这如何解释股票市场崩盘时的行为？

3. 你现在拥有一批价值 400 000 美元的珍贵艺术品。假定你的偏好可以由实例 10-3 中给出的累积前景理论模型来表示。你正在考虑购买某保险和约，一旦你的艺术品收藏遭到损坏保险会全额赔付。假定你的艺术品受到损坏的概率为 0.03。

(a) 考虑将艺术品的当前价值作为你的参考点，则为承保你愿意支付的最大数量是多少？将其表示为 400 000 美元的百分比。

(b) 现在假定正在填写相关文件时，你被告知某意外事件将你的收藏品损毁了一半，现

在你的珍贵艺术品价值仅为 200 000 美元。如果我们考虑将 400 000 美元作为参考点，现在为购买保险（一旦剩余艺术品遭到破坏，该保险会全额赔付 200 000 美元）你愿意支付的作为 200 000 美元的最大比例是多少？

4. 考虑实例 10-5 中的合同问题。假定在考虑是否接受合同时，工人尽力最大化以下函数 $U(b) + \max_{i \in \{h, l\}} V_i$，其中，$U(b) = b^{0.88}$，$b$ 的值为合同中支付的基本工资水平，V_i 如式（10-12）~ 式（10-17）所给出。如果工人不接受合同，他会获得 0 美元。

(a) 对于高基本工资水平并且对糟糕表现进行惩罚的合同而言（因此 $b = r_h$），工人愿意接受的最低基本工资水平是多少？导致的 r_h，r_l 是多少？

(b) 对于低基本工资水平并且对优异表现进行奖励的合同而言（因此 $b = r_l$），工人愿意接受的最低基本工资水平是多少？导致的 r_h，r_l 是多少？

(c) 假定公司可以以 10 美元销售高质量比萨，以 7 美元销售低质量比萨。为了最大化利润公司会提供哪种合同。

参考文献

Ali, M.M. "Probability and Utility Estimates for Racetrack Bettors." *Journal of Political Economy* 85(1977): 803–815.

Kahneman, D., and A. Tversky. "Prospect Theory: An Analysis of Decision Under Risk." *Econometrica* 47(1979): 263–292.

Loomes, G. "Evidence of a New Violation of the Independence Axiom." *Journal of Risk and Uncertainty* 4(1991): 91–108.

Neilson, W. "Calibration Results for Rank-Dependent Expected Utility." *Economics Bulletin* 4(2001): 1–4.

Rabin, M. "Risk Aversion and Expected-Utility Theory: A Calibration Theorem." *Econometrica* 68(2000): 1281–92.

Snydor, J. "(Over)insuring Modest Risks." *American Economic Journal: Applied Economics* 2(2010): 177–199.

Tversky, A., and D. Kahneman. "Advances in Prospect Theory: Cumulative Representation of Uncertainty." *Journal of Risk and Uncertainty* 5(1992): 297–323.

第三篇

时间贴现与长期和短期

社会通常会认为某些活动是充满诱惑的、罪恶的或者容易沉溺的。在标准的经济学框架中这些概念是很奇怪的。如果理性决策者决定做某事，那是因为他们觉得在全面考虑所有状况后这对他们而言是最好的。那么，为什么社会会充满鄙夷地看待吸烟或者吸毒的年轻人呢？肥胖症已经成为一个重要的政策问题，许多人认为我们应该采取行动控制人们随心所欲大吃大喝的能力。肥胖症还会产生某种外部性，虽然这些外部性主要与公立医疗相关（比如医疗保险和医疗救助计划）。公众似乎更加愿意禁销某些食品或者对某些食品征税，而不是简单地将肥胖症导致的并发症排除在公立医疗保障范围之外。

对于有短期收益但是长期成本的决策，人们是如何做出的，在此方面行为经济学家已经发展出一种综合性的理论。在许多情况下，人们似乎愿意让自己从事某些短期内对自身有害的行为，寄希望于它能够提供长期收益。例如，考虑到浪费金钱或者无法为未来支出存储足够数量的可能性，人们通常偏爱按月收取款项而非一次性获得全部款项。在上述情况下，人们似乎与自己发生了冲突。一种行动路线提供了短期收益但是有可能在未来产生太大的负面影响，因此，人们最好放弃短期利益以保证长期福利。在某些情况下，明智的行动路线是如此明显，以至于我们希望限制其他人采取错误路线的能力。即使拥有了解相应权衡抉择的所有必要信息，在选择会改善自身状况的路径方面，我们也面临着极大的困难。

在这一部分，我们讨论产生时间不一致偏好的时间贴现模型。对于诱惑和沉溺这些模型预测出了相似的行为。依赖于人们对自己沉溺倾向的了解程度，贴现或许会导致人们寻找自我控制的手段。和风险决策模型一样，在所有行为经济学模型中这些模型已经成为最为常见和使用最广泛的模型之一。

第 11 章

自相矛盾：推测和事后聪明偏向

2003年3月19日，乔治 W. 布什总统宣布美国侵入伊拉克。在此之前，就伊拉克是否有生化武器项目违反了与美国1991年签署的停火协议，美国和世界曾经有过历时长达数月之久的争论。伊拉克还有其他公然违反停火协议的举动，其中包括向美国飞行员开火。但是，布什政府将存在迅速发展的生化武器项目，对地区局势造成了威胁作为入侵的最重要依据。

在这些论据中最让人记忆犹新的或许是2003年2月5日美国国务卿科林·鲍威尔在联合国安理会上给出的证据。当时他展示了所谓化学武器移动工厂以及化学武器储存掩体的卫星图片，他还出示了一些其他情报，言之凿凿地证明伊拉克一直在蓄积力量，对中东地区的稳定性构成了威胁。他还曾播放过伊拉克军方通讯的录音带，恰好在联合国检查小组到达之前命令"取消在无线电通讯中出现的'神经毒剂'这一表述用语"。美国众议院、其他几个主要国家以及联合国最终采信了这些情报证据，认为这些足以证明采取军事行动的合理性。

然而，美国侵入伊拉克后却没有发现此类武器。另外，美国发现也没有证据表明伊拉克曾经拥有过任何此类武器。在无法找到生化武器这一结果变得明朗之后不久，成千上万的博客和政治评论声称，战前情报实际上无可争议的表明生化武器并不存在。但是如果真的如此容易就能够识破当时所做的辩护，为什么还有那么多的人盲目相信呢？在侵入前的某一时刻中情局局长曾称此案为"定局"。如果这个案子如许多人声称的那样没有什么说服力，他为什么如此肯定呢？

我们所处的环境经常会影响我们的判断。考虑购买一个台球桌。家中没有此类娱乐设施的人拜访有此类设施的朋友家，发现玩几场九球规则游戏非常有趣。这种台球桌是一大笔投资，新台球桌花费的成本为3 000～10 000美元。在拜访朋友家并玩了几次台球后，你或许会说服自己较高的价格是值得的。然而，看看整个美国的地下室，有成千上万的台球桌是闲置的。

在说服自己花了一大笔钱购买台球桌后，许多人在头几个月会玩上几次，之后便会厌倦该游戏。当朋友来访时也仍然会拿出台球杆打上几杆，朋友们也可能会非常兴奋。但是大部分时候，台球桌只是占据着相当大的地方被尘封。为什么有些人会花费如此大笔的金钱购买没有什么用处的东西呢？这是难以让人理解的。但是这似乎很常见。

在确定自己在其他环境下会如何感觉或者思考方面，我们会遇到困难。这可能导致我们做出异常糟糕的决策，尽管我们对此决策仍然确信不疑。我们购买自己认为将来会需要的物品，结果在过些时候只能将其作为毫无用处的东西遗弃掉。我们或许还会声称我们早就知道会如此。在这一章我们考察**推测偏向**（Projection bias）和**事后聪明偏向**（hindsight bias）。推测偏向讨论的是推测我们在某些未来时刻如何感觉。事后聪明偏向讨论的是我们回想起来以前在做出判断时可以获得的信息。对于两种偏向我们会讨论其支持证据以及如何对它们进行建模。

这些偏向会产生**时间不一致偏好**（time-inconsistent preferences）。也就是说，我们认为在某些其他时间自己会需要的与那时我们实际需要的并不一致。我们会自相矛盾。此类自相矛盾的证据是非常有说服力的。此外，即使对于经过深思熟虑以及非常重大的问题，其中包括上大学、结婚甚至发动战争的决策，我们也倾向于表现出这种自相矛盾。在流行的经济学理性决策框架中，很难调和这种系统性的懊悔心理。对于这些内心冲突以及它们如何产生，心理学家们已经做了很多阐述。行为经济学研究成果对于此类行为的潜在影响以及如何避免这种影响提供了进一步的启示。

11.1 跨期选择的标准模型

当人们进行的决策会影响未来可能的选择时，经济学家们倾向于做出一系列的简化假设。这些假设在本质上并不是理性人所必需的。然而，这些假设看似是合理的，并且它们允许我们对复杂问题做出简单预测。首先考虑一个两期决策模型（在后面的章节中我们再考虑更多时期）。某人拥有的初始财富为 w_1。在时期 1，此人选择一部分 w_1 来为现期消费 c_1 购买商品，然后消费掉这些商品。剩下的财富被储存起来直到第二个时期。在时期 2，使用所有剩余财富 $w_2 = w_1 - c_1$，为消费 c_2 购买商品，消费完这些商品后就会死去。一个一般消费模型会假设此人求解[⊖]

$$\max_{c_1} U(c_1, w - c_1) \tag{11-1}$$

其中，$0 \leqslant c_1 \leqslant w_1$，$U(c_1, c_2)$ 是在时期 1 消费 c_1 时期 2 消费 c_2 的效用。该模型允许时期 1 的消费与时期 2 的消费之间是互补品或者替代品。也就是说，当时期 2 的消费增加时，时期 1 消费的边际效用可以增加也可以下降。

当然我们也可以额外增加一些属性，例如允许价格在两个时期之间发生变化（现在我们假设一单位消费花费一单位财富），允许储蓄获得利息，或者允许人们在第二个时期获得额外财富。但是，不管是否增加这些属性，该模型与第 1 章中给出的两商品消费问题几乎是一样的，其中，时期 1 的消费是一种商品，时期 2 的消费是另一种商品。该一般跨期消费模型的图形表示参见图 11-1。预算约束由直线 $c_2 = w - c_1$ 表示。预算约束的斜率为 -1。凸的曲线表示无差异曲线。每一条无差异曲线表示的所有点都满足 $U(c_1, c_2) = k$，k 为常数。因此，在该曲线上的每一个消费束对人

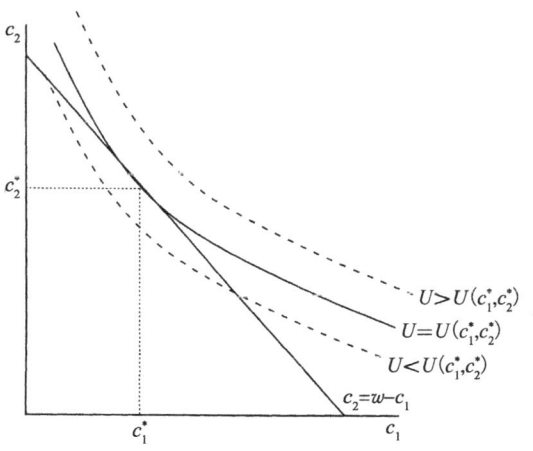

图 11-1 跨期选择的一般模型

⊖ 疑有误，公式中 w 应为 w_1。——译者注

们而言都是无差异的。假定随着人们远离原点,也就是从图形的西南方向东北方向移动,效用是增加的。因此,同时位于预算约束线上和最东北方向无差异曲线上的点为该问题的解。在图形中,该点为 (c_1^*, c_2^*),无差异曲线的斜率也为 -1。

在这个模型中,对于偏好现期消费胜过下一期消费的人,其无差异曲线负斜率的绝对值更大,表明为了维持无差异关系,减少一单位现期消费必须用更多的时期 2 消费来补偿。无差异曲线斜率的绝对值更大还会导致最优消费束向预算约束线的东南方向移动。相反,对于偏好时期 2 消费胜过现期消费的人,其无差异曲线斜率的绝对值非常小,导致最优消费束处于预算约束线的西北部分。在可选择集合中无差异曲线的斜率可因位置的不同而不同。因此,以下情况是有可能的:有相对较多 w 的人可能有更加陡峭的无差异曲线并且选择在时期 1 消费更多,而同一个人在财富较少时具有相对平坦的无差异曲线,并且在时期 2 消费更多(反之也有可能)。该模型有很大的灵活性。就很多研究目的而言,经济学家们觉得这个一般模型忽略了一些重要信息,这些信息与个体对现期和未来消费的偏好有关。

经济学家通常相信人们偏好现期消费胜过未来消费。因此今天的一个汉堡要比明天的一个汉堡更加有吸引力。此外,经济学家们倾向于认为人们在一个时期内的消费偏好在时间上是相对稳定的。因此,如果我今天开始吃一包薯片,在我吃的时候,边际效用下降的速度与我明天吃相同的薯片时的下降速度几乎是一样的。因此,在大部分应用中,跨期选择的经济学模型通常对式(11-1)的模型进行修正,假定

$$U(c_1, c_2) = u(c_1) + \delta u(c_2) \tag{11-2}$$

其中,$u(c)$ 为任何时期内从该时期消费获得的效用(通常被称之为**瞬时效用函数**(instantaneous utility function)),δ 是应用在未来消费上的贴现因子。除了贴现因子,每个时期的效用函数是相同的。通常 $0<\delta<1$,表明未来消费的效用要小于现期消费的效用。该模型通常被称为**加式模型**(additive model),因为不同时期消费的效用是加式可分的。在任何点 (c_1, c_2) 上无差异曲线的斜率遵循以下形式

$$\frac{dc_2}{dc_1} = -\frac{u'(c_1)}{\delta u'(c_2)} \tag{11-3}$$

其中,$u'(c_i)$ 表示时期 i 消费的边际效用。

因此,增加 δ 会降低曲线的斜率,表明更加偏好时期 2 的消费,降低 δ 会增加曲线的斜率,表明更加偏好现期消费。许多经济学家将贴现因子 δ 看作是耐心的一种测度。如果 $\delta=1$,消费者认为未来消费与现期消费价值相同。如果我们假定消费的瞬时效用随着消费的增加而增加,并且表现出消费的边际效用递减,则消费者在 $c_1=c_2=w/2$ 时达到最优。相应地,如果 $\delta=0$,则消费者只关心现期消费,$c_1=w$,$c_2=0$。

在对投资决策、自然资源使用、谈判过程中的策略互动以及其他一些应用的建模过程中,这种相加形式的跨期效用函数使用非常普遍。对于长期规划问题——所涉及的时期 $n>2$,其使用最为广泛。然而,不管是使用跨期选择的加式模型还是更加一般的模型,这些模型都依赖于如下理念:人们能够预测未来时期他们的消费效用函数。即使使用这些模型来考察风险决策问题,经济学家通常也会假定风险是由不知道未来时期会消费多少导致的,而非来自与消费效用函数有关的风险或者不确定性。

■ 实例 11-1 对慢性肾脏疾病的适应

在美国,平均每九个成年人中就有一个受到肾脏疾病影响,这种疾病总是会改变人的一生。轻度肾病会导致肾脏功能下降。这通常要求病人遵循严格的膳食计划、戒除许多想吃的食物、计算卡路里、限制液体摄入量。另外,病人还必须坚持严格的锻炼计划。在非常严重

的情况下，病人还必须进行肾透析。肾透析通常要求每周去透析中心三次，在一张椅子上坐一个小时，其间病人的血液通过透析机进行处理。两个针头会插入病人体内，连接导管将血液抽出并将血液再次送回到循环系统。透析机起到了人工肾脏的作用，清除血液中的杂质，减少血液的含水量。透析病人必须每周进行几次这样的治疗，否则毒素就会迅速在体内积累进而导致死亡。通常要求透析病人邻近家庭治疗中心并且不能去旅行。透析后病人经常感觉虚弱或者恶心。简而言之，透析疗法令人不悦，但是它是延长生命所必需的。表面上看，如果肾脏疾病严重到需要进行透析的地步，人们会预期生活质量急剧下降。因此，当对健康人群进行调查时，他们实际上认为进行透析会显著降低生活质量，这并不令人奇怪。

大卫 L. 萨基特和乔治 W. 托伦斯对189人进行了调查，询问他们在感染某些疾病后对生活质量的体验。要求研究中的参与者按照某个量表对各种疾病进行评分，其中，1表示得病和完全健康对答题者而言无差异，0表示得病和死亡对答题者而言无差异。平均而言，如果在余生中要求他们去医院进行透析治疗，人们认为他们的生活质量为0.32。相反，若询问现在正在进行透析治疗的病人同样的问题，他们对生活质量的平均评分为0.52。虽然0.52和1相差很大，它和0.32也同样相差很大。为什么透析病人的感觉要比其他人认为他们的感觉好那么多呢？一种可能的解释是肾病病人在他们的答案中使用了不同的量度。一旦你的生活质量下降了，你或许无法记得"非常健康"好到什么程度，因此你的"1"相当于健康人的"0.6"。事实上似乎并非如此。其他一些研究对使用模糊生活质量量表和明确量表进行测度的问题进行了比较，发现明确量表实际上会产生了更大的数值差异。

在另外一项研究中，研究者找到等待肾脏移植的病人，询问在一年内获得和未获得肾移植条件下他们对生活质量会有什么样的体验。然后在一年后他们对这些病人进行追踪调查，发现他们在预测自己生活质量方面表现出同样的偏向。那些还没有获得肾移植的病人的状况要比他们认为自己的状况好，那些已经获得肾移植的病人的状况要比他们认为的差。

在预测自己未来福利方面人们的表现如此糟糕，其中一个原因是对于生活实际上会怎样，人们给出的是下意识判断而非理性推理。彼德 A. 优贝尔，乔治·罗文斯坦和克里斯多夫·杰普森发现，如果让健康人考虑自己可能的对肾病和透析治疗生活的适应方式，他们对生活质量的预测会改善，在某种程度上接近真正病人报告的水平。一旦人们开始考虑自己的适应能力，他们或许意识到他们最为喜爱的某些东西仍然是有可能得到的。人们在预测自己会如何适应未来环境方面有很大困难，这会影响他们对未来效用的预测能力。

■ 实例 11-2 根据天气选择大学

许多学生被佛罗里达或者南加利福尼亚州温暖的天气所吸引。因为更加宜人的适合沙滩或者其他户外运动项目的天气而拒绝更好的教育机会，在学生中是一个常见的问题。因此，我们会预期在某个异常糟糕的天气参观美国东北部地区（一个因为恶劣天气而闻名的地区）大学会导致学生质疑自己能否在四年的这种惩罚中存活下来。然而，首先假定的是这所学校没有多少途径进行社交或者户外活动。

在某所具有学术挑战性的学校，尤里·西蒙森发现在差天气参观学校会增加该学生注册的实际的概率。他分析了562名已经被学校录取并且在决定注册之前参观过学校的申请人的决定。在562名参观者中，259名最终决定接受录取通知书。然后，他利用距离学校最近的国家海洋与大气管理局气象站收集学生参观学校时各天的云量数据。云量的量程以0到10表示，0表示完全晴朗的天气，10表示阴云密布的天气。令人惊奇的是，他发现云量每增加一个点，接受录取通知书的概率增加0.02~0.03，具体大小依其他控制变量的使用情况而定。

乍一看，人们或许认为这意味着预备生源被吸引到了多阴雨地区，这似乎是违反直觉的。相反，西蒙森认为这种结果之所以出现是因为，人们当前手头的选项造成对未来面临选项的评估方式发生偏误。当天气晴朗时，人们或许希望花时间进行户外休闲活动而非死啃书本。在如此晴朗的天气游览一所知名高校或许会凸显可从事的休闲活动的欠缺。因此，当学生们考虑名牌大学和有更多休闲选择的大学时，他们或许会选择有更多休闲机会的学校，而不想在阳光明媚时待在屋里读书。

在阴云密布的天气参观学校会使得户外活动的吸引力下降。实际上，78%的学生投票声称他们喜欢在阴天而非晴天学习。因此，在有很多阴云覆盖时参观名校的学生处于这样一种状态，他们要比其他情况下更喜欢学习。这种体验支配了他们预期未来在上学时会体验到的预测效用。在这种情况下，他们认为自己不会再关心户外运动是否欠缺，并且决定上名校。进而，在学术上有挑战性的然而在休闲上受到挑战的全国各所大学的大学录取人员通常希望下雨。

11.2 为未来的自我做出决策

大学录取的故事以及面对肾脏疾病的实例两者的关键在于**推测偏向**（projection bias）。推测偏向假定人们认为自己评估未来选项的方式与今天评估它们的方式相同。他们倾向于忽略其间会发生变化的某些因素的影响。在天气和大学录取的案例中，对天气的个别观察（阴天或者晴天）与整体气候没有多少关系。在大学里，每天学生选择从事某种活动会获得效用 u（活动|大学，w），其中，活动表示选择的活动，可能数值为 {学习，休闲}，大学表示选择的大学，可能取值为 {名牌，派对}，w 表示天气，可能取值为 {阴天，晴天}。假定在名牌大学，休闲选项非常无趣味但是仍然稍微好于学习（只是一种简单概括）。因此，在某个晴朗天气，学生会决定去休闲，他获得的效用为 u（休闲|名牌，晴天），并且 u（学习|名牌，晴天）＜u（休闲|名牌，晴天）。但是在阴天，该学生选择学习，u（休闲|名牌，阴天）＜u（学习|名牌，阴天）。

假定考虑在另一所大学（派对大学），进行学习的机会非常无趣。因此对于学习而言，在派对大学进行学习产生的效用要严格小于晴天或者阴天在名牌大学进行学习的效用，u（学习|派对，天气）＜u（学习|名牌，天气）。在派对大学休闲机会引人入胜，因此 u（休闲|名牌，晴天）＜u（休闲|派对，晴天）。晴天的时候总是会选择休闲。然而，在阴天时，虽然有机会进行的学习很无趣，但是仍然偏爱学习胜过休闲。实际上，u（学习|派对，晴天）＜u（休闲|派对，阴天）＜u（学习|派对，阴天）＜u（休闲|派对，晴天）。[⊖]

假定在每一年，两所大学恰好有一半的天气是晴天一半的天气是阴天。因此，如果所考察的某个学生根据加式效用模型决定去上哪一所大学，贴现因子 $\delta=1$，我们可以将上名牌大学的效用表示为

$$U(\text{名牌}) = \frac{N}{2} u(\text{学习}|\text{名牌},\text{阴天}) + \frac{N}{2} u(\text{休闲}|\text{名牌},\text{晴天}) \tag{11-4}$$

⊖ 疑有误，对于 u（学习|派对，晴天）＜u（休闲|派对，阴天）＜u（学习|派对，阴天）＜u（休闲|派对，晴天），如果是作为结论我们是无法推导出的，如果是作为假设是没有必要的。对于这个例子我们只需要做出以下假设：不论在名牌还是派对大学，学生们在晴天偏爱休闲，阴天偏爱学习；晴天在名牌大学休闲的效用要小于派对大学，阴天在派对大学学习的效用要小于名牌大学。即 u（学习|大学，晴天）＜u（休闲|大学，晴天），u（休闲|大学，阴天）＜u（学习|大学，阴天）；u（休闲|名牌，晴天）＜u（休闲|派对，晴天），u（学习|派对，阴天）＜u（学习|名牌，阴天）。——译者注

其中，N 是上学的天数。相应地，在派对大学学生会获得

$$U(派对) = \frac{N}{2}u(学习|派对,阴天) + \frac{N}{2}u(休闲|派对,晴天) \tag{11-5}$$

如果 u（学习|名牌，阴天）$-u$（学习|派对，阴天）$<u$（休闲|派对，晴天）$-u$（休闲|名牌，晴天），则 U（派对）$>U$（名牌），不论参观学校当天天气怎样，学生会选择派对大学。相反，如果 u（学习|名牌，阴天）$-u$（学习|派对，阴天）$>u$（休闲|派对，晴天）$-u$（休闲|名牌，晴天），则不论参观学校当天天气怎样，学生会选择名牌大学。

但是，假定学生们忽略了天气对休闲或者学习效用的影响，根据特定某天天气的状态测量未来效用。这时，在阴天参观学校的学生会觉得

$$U(名牌) = N \times u(学习|名牌,阴天) \tag{11-6}$$

但是，感觉上派对大学所得效用为

$$U(派对) = N \times u(学习|派对,阴天) \tag{11-7}$$

这时，会导致他们选择名牌大学。相应地，如果在晴天参观学校，他们会觉得

$$U(名牌) = N \times u(休闲|名牌,晴天) \tag{11-8}$$

并且

$$U(派对) = N \times u(休闲|派对,晴天) \tag{11-9}$$

这种情况会导致他们选择派对大学。虽然在实际入学时他们既有可能会遇到晴天也有可能会遇到阴天，但是在比较两个选项时，他们不会考虑这种变动。相比在晴天参观的学生，这种过程可以解释为什么在阴天参观的学生更有可能选择上名牌大学。这说明人们对未来行动效用的预测偏向于当前赋予该行动的效用。

值得注意的是，如果人们受到推测偏向的影响，就有可能造成人们为其决策而后悔的情形，即认为自己犯了错误。以此为例，如果 u（学习|名牌，阴天）$-u$（学习|派对，阴天）$<u$（休闲|派对，晴天）$-u$（休闲|名牌，晴天），学生们选择派对大学会改善自身状况，但是如果他们在阴天参观校园，他们会选择名牌大学。在决策时，他们考虑的是学习的效用，因为此时重要的似乎是学习。在上学之后，学生们开始遇到晴朗天气（大约一半的时间）并且意识到派对大学或许会是更好的选择。当人们在某个时期认为自己在未来会有一组偏好，但是后来实现的是系统性的不一致偏好时，我们称之为**时间不一致偏好**（time-inconsistent preferences）。

乔治·罗文斯坦，特德·欧登诺修和马修·拉宾提出了一个推测偏向模型，该模型基于以下理念：人们或许能够预测其未来偏好变化的方向，但是不能预测其变化的完整范围。用上面的例子来表述，他们或许认识到在晴天他们会偏爱在派对大学休闲，但是他们没有认识到这样的天气在派对大学到底好到什么程度。假定某人的偏好可以由状态依赖型效用函数来表示。此人在状态 s 消费消费束 c 获得的效用为 $u(c,s)$。状态代表影响消费效用的外部条件。这在实例 11-2 中是天气，在实例 11-3 中为是否得了肾病，也可以是饥饿、痛苦或者能够影响不同消费选择的效用的其他因素。假定处于状态 s' 的某人面对以下情形：他需要进行的决策会影响未来状态 $s \neq s'$ 时自己的消费。在这种情况下，决策者需要预测自己在新状态会面临的消费效用函数 $u(c,s)$。用 $\tilde{u}(c,s|s')$ 表示处于状态 s' 的决策者在进行预测时预测出的状态 s 条件下的消费效用函数。如果

$$\tilde{u}(c,s|s') = (1-\alpha)u(c,s) + \alpha u(c,s') \tag{11-10}$$

则决策者表现出**简单推测偏向**（simple projection bias），其中，$0<\alpha\leqslant 1$。这时，如果 $\alpha=0$，决策者未表现出推测偏向，能够完美的预测自己在未来状态 s 会面临的消费效用函数。相反，如果 $\alpha=1$，他感觉自己在状态 s 时的效用函数会等同于自己在当前状态 s' 时的偏好。通

常 α 的数值越大，简单推测偏向的程度越大。因此，决策者对自己在未来状态会实现的偏好的感知介于实际将会面临的偏好以及当前持有的偏好两者之间。

在状态影响偏好并且偏好在第二期会发生变化的条件下，面临跨期选择问题的人（参见式（11-1））会求解

$$\max_{c_1} u(c_1, s') + \delta \tilde{u}(w - c_1, s | s')$$
$$= u(c_1, s') + \delta[(1-\alpha)u(w - c_1, s) + \alpha u(w - c_1, s')] \quad (11\text{-}11)$$

其中，$0 \leq c_1 \leq w$。当 $\delta = 1$ 时，表示上述选择的两条可能的无差异曲线描绘在图 11-2 中。这时，如果 $\alpha = 0$，人们未表现出推测偏向，他们正确感觉到自己未来的效用会在点 B 达到最大，在该点上，表示他们未来真实效用的无差异曲线与预算约束线相切。该无差异曲线由图中的虚线表示，其代表可以获得的最高水平的效用。相反，如果 $\alpha = 1$，则他们选择在点 A 消费，在该点上，假定今天的状态会持续两个时期的无差异曲线与预算约束线相切。和虚线相比，点 A 更加接近于原点，意味在选择点 A 时人们的状况明显更差了。在 A 和 B 之间的点代表在不同的 α 值条件下人们会选择的不同消费束。推测偏向的程度 α 越大，消费束就越接近点 A，相应的会实现的效用水平就越低。

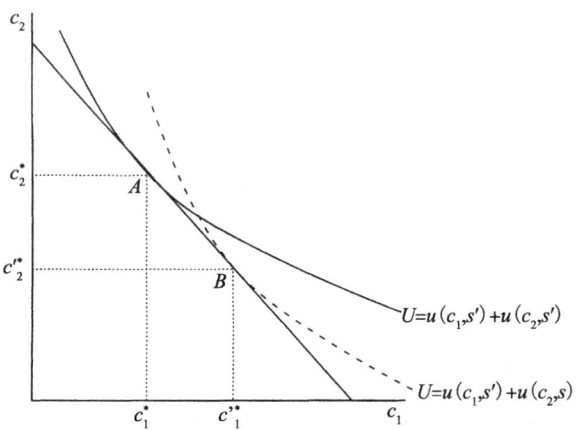

图 11-2　具有推测偏向的跨期选择

与能够感知到在新状态会面临的真实偏好相比，推测偏向明显使得人们的状况更加糟糕了。对于观察到的众多行为——即人们倾向于采取事后会后悔的行动，这是一种相对简单的解释方式。

11.3　推测偏向和成瘾

一种常见的让人感到后悔的行为是养成了一种成瘾性习惯。例如，假定我们考虑喝咖啡习惯的形成。成瘾性习惯的一个关键特征是随着人们对这种物质消费的增加，开始要求越来越多的该种物质，这表明边际效用是递增的。一个非常简单的此种模型在两个时期内考虑某个决策者。在各个时期，假设消费者决定要消费多少咖啡以及要消费多少食物。消费者初始的财富禀赋为 w，其可以在两个时期内使用，并且没有进一步的收入来源。

假定消费者拥有如下形式的瞬时效用函数

$$U(x_{c,t}, x_{f,t}, | x_{c,t-1}) = (\gamma_1 + x_{c,t-1})x_{c,t} - \frac{\gamma_2}{2}x_{c,t}^2 - \gamma_3 x_{c,t-1} + x_{f,t} \quad (11\text{-}12)$$

其中，$x_{c,t}$ 是在时间 t 消费的咖啡数量，$x_{f,t}$ 是在时间 t 消费的食物数量，γ_1，γ_2，γ_3 是数值为正的参数，$\gamma_1 > 2$。该效用函数意味着在任何时期消费咖啡的边际效用（瞬时边际效用）由下式给出

$$\frac{\mathrm{d}U(x_{c,t}, x_{f,t}, | x_{c,t-1})}{\mathrm{d}x_{c,t}} = (\gamma_1 + x_{c,t-1}) - \gamma_2 x_{c,t} \quad (11\text{-}13)$$

给定前期消费 $x_{c,t-1}$，$\gamma_1 + x_{c,t-1}$ 为常数，对当期消费 $x_{c,t}$ 而言这恰好是一条向下倾斜的直线。

因此，当前期消费$x_{c,t-1}$增加时，现期消费的边际效用增加。但是，前期消费会降低总效用（见式（11-12）中的第三项）⊖，表明为了获得相同的效用水平需要消费更多。食品消费的边际效用是常数

$$\frac{\mathrm{d}U(x_{c,t},x_{f,t},|x_{c,t-1})}{\mathrm{d}x_{f,t}} = 1 \tag{11-14}$$

我们假设在第一期之前，没有消费过咖啡，因此$x_{c,0}=0$。表现出简单推测偏向的消费者（推测偏向系数为α，贴现因子为$\delta=1$）会求解

$$\max_{\{x_{c,1},x_{f,1},x_{c,2},x_{f,2}\}} U(x_{c,1},x_{f,1}|0) + \alpha U(x_{c,2},x_{f,2}|0) + (1-\alpha)U(x_{c,2},x_{f,2}|x_{c,1}) \tag{11-15}$$

面临的预算约束（假定每单位食物和咖啡的价格为1）为

$$w \geqslant x_{c,1} + x_{f,1} + x_{c,2} + x_{f,2} \tag{11-16}$$

这时推测偏向与下述想法有关——即不管这一期消费了多少咖啡，认为瞬时效用函数不会发生变化。考虑到消费咖啡和食物带来的边际效用为正，预算约束必定是等号形式。我们可以将式（11-15）重写为

$$\max_{\{x_{c,1},x_{f,1},x_{c,2},x_{f,2}\}} V = \gamma_1 \, x_{c,1} - \frac{\gamma_2}{2} x_{c,1}^2 + x_{f,1} + \alpha \left(\gamma_1 \, x_{c,2} - \frac{\gamma_2}{2} x_{c,2}^2 + x_{f,2} \right)$$

$$+ (1-\alpha)((\gamma_1 + x_{c,1}) \, x_{c,2} - \frac{\gamma_2}{2} x_{c,2}^2 - \gamma_3 \, x_{c,1} + x_{f,2}) \tag{11-17}$$

受到式（11-16）约束。因为$\delta=1$，不论在第一个时期还是第二个时期消费，食物都会提供相同的边际效用1。因为假定单位食品和咖啡有相同的价格，式（11-15）的解出现在各种商品每一期消费的边际效用相等的时候。

直觉上，消费者总是会将下一个美元花在所获边际效用最大的物品或者时期上。在任何时期咖啡消费的边际效用会随着咖啡消费数量的增加而下降，而食物消费的边际效用固定为1。这被描绘在图11-3中，纵轴测度边际效用，当你从横轴的最左端向右方移动时，横轴测量的是时期1的咖啡消费量，当你从横轴的最右端向左方移动时，其测量的是时期2的咖啡消费量，食品消费量在横轴上由时期1和时期2咖啡消费量之间的空白来表示。在两个时期消费者会选择继续消费咖啡直到该时期的边际感知效用下降为1或者达到预算约束。如果预算足够大，则在每个时期会购买足够多的咖啡使得咖啡消费的边际效用在两个时期都下降为1，然后剩下的钱会全部用于购买食品。

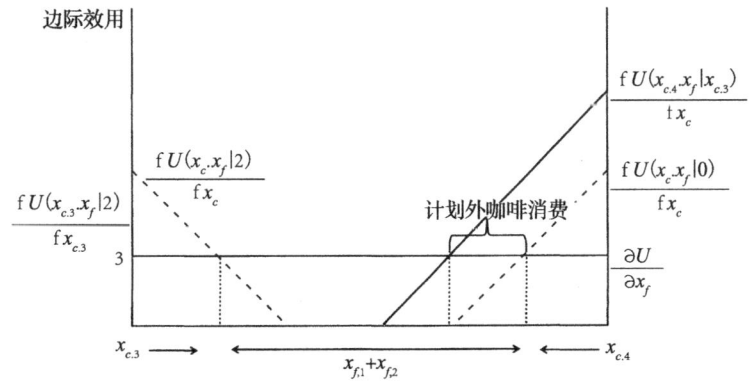

图11-3　预测偏向下的成瘾行为

⊖ 疑有误，式（11-12）第一项中同样有$x_{c,t-1}$并且符号为正，因此无法直接得出前期消费会降低总效用的结论。——译者注

为了让上述情况出现，我们假定预算足够多。给定式（11-15），在第一个时期咖啡消费的简单预测边际效用为

$$\frac{\partial V}{\partial x_{c,1}} = \gamma_1 - \gamma_2 \, x_{c,1} + (1-\alpha)(x_{c,2} - \gamma_3) = 1 \tag{11-18}$$

其中，等式的右边要求在第一个时期咖啡消费的边际效用等于食物消费的边际效用。在第二个时期咖啡消费的简单预测边际效用为^㊀

$$\begin{aligned}\frac{\partial V}{\partial x_{c,2}} &= \alpha\,(\gamma_1 - \gamma_2 x_{c,2}) + (1-\alpha)((\gamma_1 + x_{c,1}) + \gamma_2 x_{c,2}) \\ &= \gamma_1 + (1-\alpha)\,x_{c,1} - \gamma_2 x_{c,2} = 1\end{aligned} \tag{11-19}$$

其中对于最优消费束，最后一个等式再次要求在第二个时期咖啡消费的边际效用等于食物消费的边际效用。式（11-19）可以被改写为

$$x_{c,2} = \frac{\gamma_1 - 1}{\gamma_2} + \frac{(1-\alpha)}{\gamma_2}\,x_{c,1} \tag{11-20}$$

将式（11-20）代入式（11-18）可得^㊁

$$x_{c,1}^* = \frac{(\gamma_1 - 1)\,\gamma_2 + (1-\alpha)(\gamma_1 - \gamma_2\,\gamma_3 - 1)}{\gamma_2^2 + (1-\alpha)^2} \tag{11-21}$$

考虑完全预测偏向的情形 $\alpha=1$。这时，$x_{c,1} = \frac{\gamma_1 - 1}{\gamma_2}$，在第二期计划的消费为 $x_{c,2} = \frac{\gamma_1 - 1}{\gamma_2}$。对于这种情况，图 11-3 将感知边际效用曲线画为虚线。因为消费者无法感知到当前消费会如何影响未来效用，他觉得最优点出现在两个时期的咖啡消费量相同的时候——在这些点上感知边际效用曲线与食品的边际效用曲线相交。消费者计划在未来消费的咖啡数量等同于现期消费的数量。但是，当下一个时期来临时，他消费的却是瞬时边际效用（式（11-13））等于 1 时的数量，其在图中由右边边际效用曲线的实线或者

$$\frac{\mathrm{d}U(x_{c,2},x_{f,2}\mid x_{c,1})}{\mathrm{d}x_{c,2}} = (\gamma_1 + x_{c,1}) - \gamma_2\,x_{c,2} = 1 \tag{11-22}$$

来表示，如果 $x_{c,2} = \frac{\gamma_1 - 1}{\gamma_2} + \frac{x_{c,1}}{\gamma_2}$，上式成立。这导致未计划购买或消费的额外咖啡数量 $\frac{x_{c,1}}{\gamma_2} >0$。这要求他缩减计划的食品消费相同的数量，用更多致瘾性商品替代非致瘾性商品。

相反，如果消费者表现出某种较低程度的推测偏向，式（11-20）告诉我们，他预期至少要消费额外的一定数量 $\frac{(1-\alpha)}{\gamma_2} x_{c,1}$。但是在消费了 $x_{c,1}$ 之后，在第二期到来时，他最终会消费 $x_{c,2} = \frac{\gamma_1 - 1}{\gamma_2} + \frac{x_{c,1}}{\gamma_2}$，为了做到这一点被迫缩减计划的食品消费。

一般而言，简单推测偏向模型预测人们在未来时期会比计划消费更多致瘾性商品，因为他们没有真正意识到这种物质的致瘾性到底如何。这也意味着他们在第二个时期会消费更少的食品。总体上，相比消费者的预期，成瘾性行为挤出了更多的其他消费活动。那些迷恋观看色情类作品的人在工作时无法自抑地观看色情类内容，这时他们并没有打算丢掉工作。这种对成瘾影响力的错误感知是行为方法的一个重要贡献。该简单推测偏向模型是程序理性的，因为他解释了人们为什么会做出与最初计划不相符的决策。理性方法无法解释这一现

㊀ 疑有误，式（11-19）前半部分应该为 $\frac{\partial V}{\partial x_{c,2}} = \alpha(\gamma_1 - \gamma_2 x_{c,2}) + (1-\alpha)((\gamma_1 + x_{c,1}) - \gamma_2 x_{c,2})$。——译者注

㊁ 疑有误，式（11-21）应该为 $x_{c,1}^* = \frac{(\gamma_1 - 1)\,\gamma_2 + (1-\alpha)\,(\gamma_1 - \gamma_2\gamma_3 - 1)}{\gamma_2^2 - (1-\alpha)^2}$。——译者注

象。相反，理性成瘾模型（由盖瑞·贝克提出）假定对致瘾性物质的偏好会增强，但是，是以一个可以预测的速度并且处于决策者的理性控制之下。这似乎与个人的经验并不相符。这就是为什么成瘾被看作是一种致命陷阱的原因。

现在我们接着考虑根据简单推测偏向模型消费所能带来的总体效用水平。因为消费者错误感知了在第二个时期从咖啡消费中获得的效用水平，他们不能最大化自己的效用。未达到优化目标的程度依赖于 α。那些能够准确预测自己未来效用的人应该会因为这种能力而改善自身状况。这两个结论（效用下降和倾向于增加消费超过计划的数量）是一般性的结论，在给定致瘾性商品消费的正瞬时边际效用条件下，它们应该适用于所有类似的具有推测偏向的成瘾模型。

■ 实例 11-3 在饥饿的时候购物

推测偏向可能对消费者产生深远的影响。其中一个最为明显的例子是在超市购物场景下发现的。或许你曾经被建议过，在你感到饥饿的时候绝对不要去购买食物，因为相比实际所需你会购买更多食品。虽然这种建议最初是根据民间智慧提出的，但是几个经济学实验证明人们在饥饿的时候确实会购买更多食品，并且他们会购买自己更加嗜好的食品。例如丹尼尔·吉尔伯特，迈克尔·吉尔和蒂莫西·威尔逊进行了一系列的实验，实验中要去便利店的购物者在去便利店的途中被拦下来，要求他们参与某食品的试吃。然后要求他们列出当天计划在该便利店购买的物品。让一组参与者在进入便利店之前吃一块马芬蛋糕，让剩余参与者在完成购物后返回，之后再给他们一块马芬蛋糕。如你所想，相比那些在进入便利店之前没有吃蛋糕的人，吃了蛋糕的人平均而言要不怎么饥饿。那些不得不等到购物之后才能获得马芬蛋糕的人必须在饥饿状态下购物（或者至少要比对照组更加饥饿）。完成购物后，将所有的购物小票收集起来，然后比较购物者的实际与计划购买情况。

总体上，111 名参与者参与了该实验。那些购物之前吃过蛋糕的人购买了许多未列入计划的商品，约占 34%。但是在那些没有吃过蛋糕的人所购买的商品中超过一半（51%）是未列入计划的。推测偏向有可能解释这种差异。在你饥饿的时候，食物非常有吸引力。在店里面你每经过一件商品都会按照它能够充饥的程度来对其进行评估，因此你或许会决定挑选几样尤其解饱的食品。相反，在你不饿的时候，你或许不会考虑未来时刻在你饥饿的时候吃东西对你的愉悦享受的影响。在这种情况下，许多对于饥饿的购物者特别有吸引力的商品现在就不是那么有吸引力了。因此，对于未列入购买计划的商品他们购买的较少。

一个更加令人信服的实验是由丹尼尔·里德和芭芭拉·万·莱文进行的。让人们在工作场所选择一种零食，一周后他们会收到该零食。某些零食是相对健康的选择，而其他零食被认为是易沉溺性的。某些参与者被告知他们会在下午晚些时候收到零食，而其他人被告知会在午间休息之后立刻收到零食。那些在午后收到零食的人会预期他们在未来比较饿。而那些在午餐后立刻收到零食的人会预期不饿。另外，在让他们回答这个问题时，某些参与者恰好在午餐之后，而其他参与者是在下午晚些时候。表 11-1 显示了四种条件下选择易沉溺性零食的百分比。从中可以看出，相比那些不饿的人，饥饿的人更有可能选择易沉溺性零食，为未来处于饥饿状态时做选择的人更有可能选择易沉溺性零食

表 11-1 按照现在和未来饥饿程度选择不健康零食的比例

当前饥饿程度	未来饥饿程度	
	不饿（午餐后）	饿（午后）
不饿（午餐后）	26%	56%
饿（午后）	42%	78%

资料来源：Read, D., and B. van Leeuwen. "Predicting Hunger: The Effects of Appetite and Delay on Choice." *Organizational Behavior and Human Decision Processes* 76 (1998): 189-205.

用 c_h 表示健康性零食的消费，c_i 表示易沉溺性零食的消费。另外用 s_h 表示饥饿状态，s_n 表示不饿。用 $u(c, s)$ 表示在处于饥饿与否的某种状态 s 时消费 c 的效用。首先假定在饿的时候人们认为易沉溺性零食更有吸引力，$u(c_i, s_h) > u(c_i, s_n)$，而健康性零食吸引力较差 $u(c_h, s_h) < u(c_h, s_n)$。然后，我们假定在人们饥饿的时候人们偏爱易沉溺性食品 $u(c_h, s_h) < u(c_i, s_h)$，人们在不饿的时候偏爱健康食品 $u(c_h, s_n) > u(c_i, s_n)$。考虑某个受到简单推测偏向影响的人。他在饥饿状态考虑其未来处于饥饿状态时的消费，他会认为

$$\widetilde{u}(c_h, s_h | s_h) = u(c_h, s_h) < u(c_i, s_h) = \widetilde{u}(c_i, s_h | s_h) \tag{11-23}$$

进而选择易沉溺性零食。在这种情况下他并没有表现出推测偏向，正确为未来选择了易沉溺性零食（78％的参与者做出了这样的选择）。相反，如果他现在不饿并且为未来在不饿状态时的消费进行选择，他会认为

$$\widetilde{u}(c_h, s_n | s_n) = u(c_h, s_n) > u(c_i, s_n) = \widetilde{u}(c_i, s_n | s_n) \tag{11-24}$$

并且会选择健康性零食。在这种情况下，他也没有表现出推测偏向，正确为未来的自己选择了健康性零食（74％的参与者做出了这样的选择）。

只有在为不同的未来所处饥饿状态进行选择时问题才会出现。一个饥饿的人考虑未来自己处于不饿状态时的消费会认为消费健康性零食的预测效用为

$$\widetilde{u}(c_h, s_n | s_h) = \alpha u(c_h, s_h) + (1 - \alpha) u(c_h, s_n) \tag{11-25}$$

消费易沉溺性零食的预测效用为

$$\widetilde{u}(c_i, s_n | s_h) = \alpha u(c_i, s_h) + (1 - \alpha) u(c_i, s_n) \tag{11-26}$$

两者哪个更大的关键依赖于推测偏向的程度 α。如果 $\alpha = 1$，即是完全推测偏向，则人们会选择易沉溺性零食，行为方式就好像他在未来处于饥饿状态。在所有参与者中，42％的参与者选择了这个选项，要比不饿的人多很多。如果 $\alpha = 0$，人们会选择健康性食品。我们观察到 38％的参与者选择了这个选项，㊀要比在不饿时候选择健康选项的少很多。

表 11-1 的数据与下述看法是一致的：至少一部分人表现出程度足够高的推测偏向，他们会为未来的自己选择某些他们不想要的东西。推测偏向扭曲了人们对选择中所涉及的权衡抉择价值的感知。如果这个选择模型是正确的，要为未来状态进行选择，那么对于未来状态和当前状态相同的人来说，其状况要好于状态不同的人。这使得我们回到了在饿的时候是否应该购物的问题。

虽然我们确实有证据表明在饿的时候购买食品会增加购买的数量并且有可能降低食物的营养含量。但是，如果未来时刻你饿的时候很想吃这些食物，这最终或许会改善你的状况。行为模型给出的建议是在你所处的饥饿状态与消费所购食品时的状态相同时才去购物。在易沉溺性食品的出现会影响人们对饥饿程度的评估时，或者如果拥有易沉溺性食品直接导致人们食用它而不管其是否是自己喜欢的食品时，这种观点就会出现问题。只有在吃饱的时候才去购物，这种建议只有在人们尝试将某些不怎么喜欢的行为强加于未来的自己身上时才有意义。例如，某人或许想要控制预算或者尝试减肥。他知道如果在饥饿状态下购物，他们会购买的更多或者购买消费后会增肥的食品。

■ 实例 11-4　冲动购买与按目录购买

在深冬，在加勒比海度假或许会非常有吸引力。但是如果你打算为 8 月的度假做计划，你基本上不会想在 8 月逃离家乡的油锅而跳入加勒比海的火坑。这最终会是一次令人不悦的

㊀ 疑有误，应该有 $1 - 42\% = 58\%$ 的参与者选择了健康性食品。——译者注

旅行。

简单推测偏向表明天气或许会真的影响我们许多关于未来消费的决策。考虑根据商品目录购买衣服。在某个特定的寒冷天气浏览目录，身体希望暖暖和和的欲望会夸大所推测的从厚衣服中获得的愉悦感。但是在你收到衣服后，你或许不会再受到同样的推测偏向的影响，很快决定退回。

迈克尔·科林，特德·欧登诺修和蒂莫西 J. 福格尔桑获取了超过 2 000 000 条关于手套、连指手套、靴子、冬季运动设备、风雪衣、外套、马甲、夹克和防雨服装等的目录销售记录。每一种物品在冷天、雪天和雨天都非常有用，但是在其他天气没有什么用处。使用回归分析，他们发现如果在购买时天气异常寒冷，则人们更有可能退回适合寒冷天气穿着的服装。特别的，如果购买当天的气温下降 30 度，购买者在收货后退回它们的可能性增加 4%。同样的，购买当天雪下得越大，退还的概率越高。对这两点也可能进行如下的解释：人们只不过是在寒冷或者下雪天气更加倾向于轻率购买（也就是说，因为天气原因我被困在家里，于是我通过目录买衣服进行消遣）。这导致他们进行了如下考察，即对于那些与寒冷天气不相关的物品（例如风衣），如果人们在寒冷天气购买是否也会退回更多。在对非冬季服装进行了类似的分析后，他们没有发现类似的关系，这表明是推测偏向而非无聊驱使人们轻率购买了之后不想要的商品。

如果推测偏向驱使人们购买了那些适合寒冷天气穿着的服装，则在决定是否要退还时，你也会预期人们会表现出某种程度的推测偏向。一旦我已经收到了冬用服装，如果在服装的退换期内天气相对较冷，我可能不太会退回。在科林，欧登诺修和福格尔桑的分析中，要发现这种关系并不太容易，部分是因为不太可能知道购买者进行决策的时间。虽然数据与这种现象相符，但是这种关系不是很强烈。然而，推测偏向给那些在极端天气外出购物的人提出了警示。明显的，当前的天气可能会过度影响我们购买，导致浪费金钱，增加退还不想要的商品的麻烦。

11.4 在选择中情绪和本能因素的作用

推测偏向的一个特殊类别是由乔治·罗文斯坦给出的**本能因素**（visceral factors）产生的结果。本能因素包括情绪以及生理驱动因素或感觉。生理驱动因素或感觉的突出例子包括饥饿、疼痛或者感觉寒冷等。情绪包括尴尬、害怕、愤怒或者嫉妒。本能因素明显会影响偏好和决策，虽然由于它们的瞬变特性在历史上给经济学家们提出了挑战。例如，人们通常一天会饿几次，并且每一次饥饿的时候人们的偏好会发生变化。天气可以非常迅速地发生变化，它通常被认为是完全随机的过程。但是，这些本能因素对我们偏好的影响是可以预测的并且会导致某些系统性的行为——例如，购买后来我们会退回的服装。

当本能因素处于活跃状态时，我们称人们处于**热状态**（hot state）。因此如果我们要研究关于食物的决策，当人们饥饿的时候其可能处于热状态。当本能因素处于不活跃状态时，我们称人们处于**冷状态**（cold state）。简单推测偏向导致人们低估本能因素对偏好的影响。不饿的人没有意识到在最终发现自己处于热状态时易沉溺性食品的诱惑力有多强。这可能导致处于冷状态的节食者在冰箱里面放入冰激凌，相信自己可以节制消费。而后在热状态的暴饮暴食之后他们为自己的行动感到懊悔不已。此外，当处于热状态时人们很难记起在冷状态下会是什么样子。因此，一个特别饥饿的购物者会购买计划之外的和不怎么健康的食品，而在他有点饿时他不会真的想买这些东西。在冷热状态交替时人们没有能力推测效用，这被称为

情绪温差（hot-cold empathy gap）。

抵抗满足本能因素的强烈欲望是尤其困难的。罗文斯坦甚至质疑我们是否可以将对本能因素的大部分反应真正地看作是一种选择。在某些情况下，人类能够使用认知推理或者技巧来克服这种本能因素。例如，当孩子们被告知不能吃摆放在面前的棉花糖时，他们会努力通过扭头看别处或者唱歌等方式来分散自己的注意力。当然，抵抗本能欲望是困难的，人们并不总是能够成功。大部分此类失败可以归因于情绪温差。由于无法意识到本能因素的变化会如何影响偏好，在它们出现时，决策者可能无法为自己找到应对的工具。罗文斯坦将三类明显的行为归因于情绪温差。

首先，当协商新的合同或者合作关系时，人们无法意识到一旦诱发本能因素的情况出现时偏好会如何变化。例如，某个新雇员或许会因为他的工作而兴奋，却没有考虑到以下可能性，即某天他可能会对管理层非常愤怒并且决定辞职。情绪温差可能导致这名新雇员过高评估某些收益。例如，接受第一份工作的某青年职工或许会将以下福利，例如基本养老金或者所抚养子女的大学学费等看作接受这份工作的大卖点。考虑到使用养老金或者学费等福利的可能性，该职工甚至可能愿意接受更低的工资。然而，除非他在雇用公司工作足够长的时间使得这些福利生效，否则这些福利是没有什么用处的。如果在子女上大学之前与雇主的关系恶化，雇员会发现自己处于进退两难的境地。大学学费是一大笔支出。现在这种学费福利会迫使决策者选择继续待在令人不满的岗位上工作，或者为了迅速积攒学费大幅削减支出。

其次，情绪温差可能导致自我控制问题。不可避免地，为了抵抗热状态，尝试避免某些强迫型行为的人必须依靠自己在冷状态时做出的决策。冷状态决策会影响以下方面：对本能因素的触发，对能够满足本能因素的行为的接触，以及对本能因素的反应是否会被决策者所认可的群体接纳。例如，如果你尽力尝试戒烟，你会意识到在房间各处留存香烟不是一个好主意。然而，在冷状态你或许没有意识到和某群仍然在吸烟的朋友在一起最终可能会触发吸烟的欲望。这群朋友可能会击败你的决心，最终在受到吸烟的欲望侵袭时使你可以获得香烟。此外，在屈服之后你又回到了冷状态，你不会再记得导致你屈服的那种强烈的渴望，于是你问自己："我怎么会有那样的行为呢？"

最后，由于无法抗拒的恐惧情绪，情绪温差还可能导致人们对某些风险的过度反应。几乎在每一部杰克·布莱克的电影中，我们都会发现主角暗恋某位颇有魅力的女性，但是她对他的感情完全一无所知。他几次下定决心表白并且也获得了表白的机会，但最终无法鼓足勇气真正的约这个女人出去。这种反复出现的电影元素在现实世界中也会找到翻版。在没有和女性交谈时，不害怕被拒绝。在冷状态很容易制订计划表露自己的情感，让自己面对巨大的被拒绝风险。如果理性的思考这个问题，被拒绝并不是一个非常坏的结果。实际上，被拒绝与最初根本没有约会这个女人的效果几乎是一样的。在这种情况下，为什么不约她呢？但是当关键时刻到来时，恐惧占据了主导，导致对被拒绝的非理性厌恶。在这种热状态下，被拒绝比终生孤独还要糟糕。因此，决策者临阵退缩。

使用前面介绍的简单推测偏向模型有可能对上述各种行为中的情绪温差进行建模。因此，我们可以将 $u(x_1, x_2, s)$ 看作在状态 s 下行动 x_1 和 x_2 的效用，其中，$s = \{s_h, s_c\}$。这里，s_h 表示热状态，s_c 表示冷状态。如果 x_1 代表与本能因素相关联的活动，则状态的改变对效用函数有两方面的影响。用 $\bar{x}_1, \bar{x}_2$ 表示在冷状态人们会选择的消费水平；也就是说，数值对 $(\bar{x}_1, \bar{x}_2)$ 是 $\max_{x_1, x_2} u(x_1, x_2, s)$ 的解，其中，约束为决策者面对的所有预算约束。在许多情况下 $\bar{x}_1 = 0$。状态对效用函数的第一个影响是处于热状态会减少在 $\bar{x}_1$ 处得到的消费效用，如图 11-4 所示。因此，与渴望吸烟之前不抽烟相比，突然对香烟变得渴望的吸烟者觉得自己不抽上一支烟的情况要糟糕地多。其次，活动x_1的效用函数在热状态要比冷状态变得更加陡峭。总体而言，相比冷状态这导致在热状态选择更高水平的x_1。

在许多情况下，我们感兴趣的是对尽力停止某些强迫型行为的人进行建模。在这种情况下，$u(x_1, x_2, s)$ 表示人们的瞬时偏好，但是它未必表示人们的福利。相反，这时会通常认为 $u(x_1, x_2, s_c)$，即冷状态下的偏好，代表真实的福利。因此，在热状态下，人们选择最大化 $u(x_1, x_2, s_h)$，但是最终获得 $u(x_1, x_2, s_c)$。这时，本能因素导致他选择了某项行动，使得他的状况比本可以实现的更加糟糕。例如，对于饥饿时的采购问题，使用这种解释可以得到以下清晰的结论——我们总是应该在吃饱的时候购物。然而，得出这

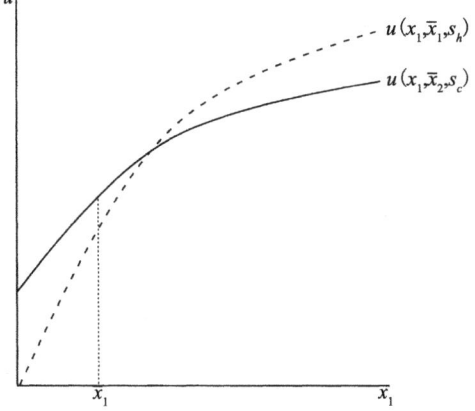

图 11-4 冷热状态对效用的影响

种结论要求我们知道 $u(x_1, x_2, s_h)$ 是一种错误感知——在这一点上存在争议。在一种状态下人们表现出一组偏好，在另一种状态下表现出另外一组偏好。很难找到某种科学上有效的方式来确定哪一个是对的哪一个是错的（甚至于是否存在对与错）。出于这个原因，许多经济学家刻意回避此类说法。

11.5 情绪温差建模

在许多情况下，我们想将本能因素看作一个连续变量。然后我们就可以讨论饥饿（或者愤怒等的）程度，而非仅仅是饿或者不饿的可能状态。用微积分的术语来说，对本能因素的两个要求可以表示为

$$\frac{\partial u(\overline{x}_1, \overline{x}_2, s)}{\partial s} < 0 \tag{11-27}$$

并且

$$\frac{\partial^2 u(x_1, \overline{x}_2, s)}{\partial x_1 \partial s} > 0 \tag{11-28}$$

式（11-27）告诉我们如果两种商品的消费量保持不变，当本能因素 s 增加时，效用会下降。式（11-28）告诉我们与本能因素相关联的商品的边际效用曲线随着本能因素的增加而变得越来越陡峭。满足这些条件的一个简单的效用函数是

$$u(x_1, x_2, s) = -s + s x_1^\gamma + x_2^\gamma \tag{11-29}$$

让我们用式（11-29）来建模表示尝试戒烟者的决策行为。这时，s 表示渴望程度，x_1 表示在该时期吸烟者决定的吸烟量，x_2 表示吸烟者决定的其他活动的从事量。考虑两种活动的单位价格为 1 美元，并且吸烟者面临预算约束 w。则决策者肯定会求解

$$\max_{x_1, x_2} u(x_1, x_2, s) \tag{11-30}$$

受到的约束为

$$x_1 + x_2 \leqslant w \tag{11-31}$$

注意到预算约束会成为紧约束，我们得到 $x_2 = w - x_1$，我们可以将消费者问题重新表述为

$$\max_{x_1} -s + s x_1^\gamma + (w - x_1)^\gamma \tag{11-32}$$

该问题的解由下式给出（假定 $s>0$）

$$\frac{\partial u}{\partial x_1} = s\gamma x_1^{\gamma-1} - \gamma(w-x_1)^{\gamma-1} = 0 \tag{11-33}$$

上式的解为 $x_1 = w/(1+s^{-\frac{1}{1-\gamma}})$，$x_2 = w/(s^{\frac{1}{1-\gamma}}+1)$。注意到如果 $s=0$，则 $x_1=0$，$x_2=w$。随着 s 的增加，$s^{-\frac{1}{1-\gamma}}$ 会下降，导致最优时 x_1 更大，x_2 更小。当然，在这里我们只是建模表示冷热状态之间偏好的差异。在跨期选择问题中，情绪温差建模还要求实现简单推测偏向。因此，我们可以这样考虑第一期的决策，在经历较低程度的渴望水平 s 时，可以与吸烟的朋友交往，也可以不与他们交往。另外，我们必须假定决定和吸烟者交往会改变效用函数，要么增加吸烟内在的吸引力，要么可能会影响 s。给定一定程度的推测偏向 α，我们就可以找到一种渴望水平 s 导致随后决定吸烟。这种模型可以相对容易地解释自我挫败行为，吸烟者让自己处于这样一种状态，他肯定会屈服于自己希望控制的欲望。

■ 实例 11-5　愤怒的郊区母亲

在亚拉巴马州，某个灾难性的日子，一名 40 岁的秘书雪莉·亨森打算下班回家。毫无疑问她盼望着回家与丈夫和儿子团聚。她进入到 65 号州际公路时恰好在盖娜·福斯特之后汇入了车流中，福斯特是一名 34 岁并有三个孩子的母亲，她也要下班回家。以前她们两人从未见过。几个小时后，盖娜死了，雪莉被控告谋杀。以前她们都未曾有过犯罪或者暴力历史。两人都有家庭，家人都将她们描述为颇为友善的人。

但是因为回家心切，雪莉开车紧紧尾随盖娜。盖娜开始变得恼火和愤怒，紧急刹车想要吓退雪莉。但是没有起作用。在她们重新提速后，雪莉甚至决定紧贴前方车辆的保险杠。雪莉说盖娜做着下流手势甚至在车上向她扔小东西。但是雪莉不会让盖娜满意和好过。她怎么会向如此粗鲁的一个人屈服呢？最后，盖娜在某个出口驶出，或许最终打算从较劲中败下阵来。但是令盖娜吃惊的是，雪莉也从同样的出口驶出，继续紧紧尾随。

事情就这样发生了。盖娜停下车，拦住雪莉的去路。盖娜下车后走到雪莉的车前。雪莉摇下车窗。因为跟车太紧这件事，盖娜开始恼怒地向雪莉吼叫。雪莉声称盖娜向她吐口水并且向她冲过来。当盖娜冲向她时，雪莉用手枪直接对准盖娜的脸扣动了扳机。盖娜当场死亡。

当人们考察能驱使一名母亲杀害另一名母亲的强烈情绪时，我们的脑海里经常会浮现以下情形：威胁恐吓自己的孩子或者可能涉及不贞行为的无廉耻行径。人们很难相信紧紧尾随会成为事情的起因。是什么导致一个看似沉着冷静的人近距离射杀另外一个人呢？雪莉自己说她并不愤怒，但是她很害怕。她对当时情况的描述是，自己肾上腺素激增，求生本能占据主导。她恐慌。很难对这种最终让她被判 13 年监禁的行为进行理性解释。明显的，减速慢行，甚至彻底停靠在路边也要好于 13 年监禁，即使那样做意味着可能要晚点回家。即使盖娜的行动或许曾经让她愤怒，但回想起来逐步让事件升级明显也不是一个好主意。

但是，在头脑发热的时候很难控制诸如愤怒等的本能影响，它可能会压倒长期（冷状态）偏好。对于盖娜而言，简单的为另外一辆车让出道路，似乎也要比冒受伤的风险猛踩刹车或者挑起路边对抗好得多。毫无疑问，在冷状态雪莉本应做出以下决策：后退一段距离；从不同的出口驶出；紧闭车窗；在面对面时尝试道歉。在所有方法都失效的条件下，即使手无寸铁的盖娜不依不饶，那么采取互吐口水、甚至大打出手的方法也要比面临被控过失杀人或者谋杀好得多。

由于愤怒，每一个人都会时不时地产生明显自我毁灭的行为，虽然在程度上不像上述路怒事件那样具有毁灭性。在你小的时候，你的哥哥或许曾经抢过你手里的玩具。你或许尝试夺回玩具，而不是找另外一个玩具，导致逐步升级为打、踢、抓，最终呼唤父母干涉。通常不用花太长时间反省就能够得到以下结论：某些其他的行动路线或许会更好。如果我们相信存在情绪温差，一段冷静期或许是避免严重毁灭性行为的关键。进行选择时等待本能因素消失允许我们考虑最为合理的偏好。假定在雪莉紧紧尾随盖娜几英里后，出现了交通拥堵，有20分钟的时间两个人的车速几乎完全停了下来。恼火和愤怒或许还没有完全消失，但是两人有可能有时间考虑更有成效的方式来应对这种情况。

类似的，冷静期对消费者而言可能是有益的。我们经常会收到不要冲动购物的建议。观看产品展示或者目睹尤其激动人心的促销举措可能会导致我们提高对该产品的需求感。在这种本能状态，我们可能会做出事后会后悔的购买决策。销售人员非常擅长创造需求感和购买的紧迫感。他们或许会说："这是你完成这笔划算交易的最后机会。"他们明显想影响你的情绪而非你的理智或者理性。由于这个原因，政府通常要求那些出售分时度假房屋以及其他许多投入大且昂贵类商品的企业允许消费者在十天内改变想法。同样的道理，在许多情况下人们必须等待五天才能获得手枪。许多州要求获准离婚要有一段等待期。在理性决策模型中，这种等待期是多余的。对于大额投入品的购买，为什么人们仅在十天内会改变主意呢？同样的，五天怎么可能会减少我使用枪支做坏事的欲望呢？实际上，对于分时度假产品很多人会利用十天规则。在分居一段时间后，许多夫妇继续维持婚姻关系——一些人在离婚后甚至是与原配偶复婚的。作为一名消费者（或者一名有挫败感的驾驶员），花时间进行决策有助于确保对长期偏好产生反应，而不是对导致后悔的暂时性本能欲望产生反应。

■ 实例 11-6　显而易见的创新

要为新工艺、新发明或者新物质申请专利，人们必须阐明它是新的，是对他人有用处的，在做出创新的时刻它不是无关紧要或者显而易见的创新。创新的非显而易见性要求将更有可能被许多人同时发现的无关紧要的创新排除在外。在这些要求之中，最难以证明的是创新的非显而易见性。实际上，大部分专利在这方面受到挑战，对专利的这一要求要比其他要求更经常地见诸法庭。在这些专利审判案件中，先向陪审团介绍该创新，然后让他们决定其是否是显而易见的。这要求陪审团成员在已经了解和理解该创新之后考虑创新是否显而易见。基本上，他们必须尝试这样考察该创新，假想他们还不知道自己已经了解的，然后决定这种知识是否是显而易见的。他们必须记住在向他们解释完该发明之前的某个时刻他们可得的知识状况。

格雷戈里·曼德尔使用 247 名法律学专业新生（都还没有上过任何课程）进行了一项研究，让他们在专利法律案件中扮演陪审团成员。根据来自真实案例的陪审团指导材料给予这些参与者背景信息，该案件与一种新的教学方法有关，它教授不同类型的向击球手投掷棒球的方法（例如快速直球、曲线球和滑行曲线球）。相关材料描述了一个发明者，他被要求开发一种教学方法，该方法允许学生们手持真正的棒球学习但是不需要一对一指导。以前的技术包括棒球的塑料复制品（上面有手指形凹痕，对于每种可能的投球手指可以正确放入）、指导录像或者描述正确手指指位的卡片。发明者提出只需简单地在真棒球上面加上手指形墨痕来阐明正确的手指指位。用这种方法，学生可以将自己的手放在真棒球上并且保证他们可以正确地持球投掷。这看起来是一种非常显而易见的想法。其所要求的相关技术早已存在，只不过是棒球和墨水而已。

给出上述场景后，询问学生们在此发明之前对该问题（找到一种使用真棒球的教学方法）是否有显而易见的解决方法。在这个例子中，解决方法看起来非常显而易见。实际上，在给出对该专利的详细描述之后，76%的参与者认为该解决方案是完全显而易见的。向第二组参与者提出与发明者相同的要求（找到一种用真棒球教授投球的方法），但是没有告诉他们解决方法。当询问具有平均知识水平的人是否会找到一种显而易见的解决方法时，只有24%的人认为可以。为什么有这么大的差距？一旦你知道有一种如此简单而且低技术含量的解决方法时，就很难让自己与这种知识分离开来。在事后来看，这种创新是完全显而易见的。在事前来看，这是一个棘手的谜题，或许很难解决。在这个例子中，即使它并不是一种显而易见的创新，向陪审团展示整个案件也会否决该专利，这仅仅是由于他们已经熟悉了该种创新。

11.6 事后聪明偏向和知识诅咒

对人们来说，不让最新的信息对评估前期决策产生有偏影响是极端困难的。没有办法不考虑事后信息被称为**事后聪明偏向**（hindsight bias）。相信自己要比实际上拥有更多知识的现象可能会导致有争议的诉求的产生。在事后，有数量惊人的人声称，他们早知道自己的球队应该为另一支球队采用欺骗战术未雨绸缪，但是提前公开预测会采用欺骗战术的人少之又少。在经济学上，事后聪明偏向在人力资源配置决策方面会起到非常重要的作用。例如，给定当时可得的所有信息，并对负收益风险进行某些限定，某个雇员或许会提出一个准备充分并且考虑周详的战略来最大化其预期收益。然而，如果随后实现的情境产生了巨大的负收益，受到事后聪明偏向影响的经理可能会声称，这种结果非常明显，他早就知道并且一直知道这不是一个好主意。在工作场合这种断言是令人窒息的。因为害怕要求他们为决策时不可得的信息承担责任，雇员或许会开始害怕提出任何创新性的建议。同样的道理，法庭经常判决会计人员要为没有预测到糟糕的结果进而导致企业破产而负责。大部分证据表明在这类法庭审理中存在大量的事后聪明偏向。

因为人们无法推测在不同的状态下他们的决策会是什么，事后聪明偏向在某种程度上与推测偏向相关联。但是，事后聪明偏向讨论的是推测信念而非推测偏好。因此，他实际上应该属于第7章讨论的偏向。然而，推测偏向也可能会导致事后聪明偏向。例如，在热状态中的某个决策者或许会做出产生不良后果的决策。如果这些后果在冷状态下是可以预测的，决策者或许会认为该决策做得很糟糕。然而，如果让冷状态下的决策者进入热状态，他或许还会欣然做出相同的决策。

事后聪明偏向的一个近亲是**知识诅咒**（curse of knowledge）。知识诅咒指的是这样一种现象，认为其他人拥有和自己一样的知识。知识诅咒是整整一大类经济问题的关键，这类问题被称为不对称信息博弈，其中一个参与者拥有另一个或者其他参与者无法观察到的信息。

不对称信息的一个经典例子是购买二手车。相比二手车购买者，销售者对于汽车的车况和可靠性拥有更多的信息。在对此类博弈建模时，经济学家们通常假定拥有私人信息的人可以准确评估其他参与者有多少信息。在二手车的例子中，一个理性的销售者应该能够意识到消费者并不了解该车的可靠性，进而消费者不会愿意为汽车支付很高的价格。因为没有途径独立证实汽车的可靠性，所以由于所涉及的风险，购买者有必要给出较低的价格。这时候，如果汽车安全可靠进而比较值钱，销售者最好不要售出这辆汽车，因为他无法收回汽车的价值。相反，如果汽车是不可靠的进而值不了多少钱，销售者会卖出汽车获得一个较低的但是公平的价格。

相反假定销售者受到知识诅咒的影响。在这种情况下，他会假定购买者可以区分可靠和不可靠的汽车，进而提高可靠汽车的售价，降低不可靠汽车的售价。如果购买者对于汽车的质量仍然无法确定，导致他不会购买高价格汽车，则销售者只会卖出低质量汽车，但是与不受知识诅咒影响相比，会卖出一个更低的价格。

科林·凯莫勒，乔治·罗文斯坦和马丁·韦伯在一系列的股票交易实验中发现了事后聪明偏向存在的实验证据。他们要求一些参与者预测某些公司股票的市场表现。之后，向其他参与者展示在预测期内这些公司的实际表现并允许他们研究这些公司。然后在他们可以得到这些信息的情况下，给这些参与者机会买卖股票，这些股票会根据无信息参与者之前所做的预测支付红利。交易偏爱那些在实际上表现异常好的股票而非预测会表现较好的股票。这种问题会导致拥有私人信息的内部人根据私人信息进行非法交易。相信外部人可以获得相同的信息会使得他们忽略内幕信息交易产生的后果——包括长期的牢狱之灾。

■ 实例 11-7 事后看战争

战争会引发所涉及各方的强烈情感（那些没有卷入战争的通常也会如此）。这或许是很自然的事情。考虑 1814 年英国与尼泊尔之间的一场战役。一本书⊖中这样描述该冲突：

在黑斯廷斯成为印度总督之后几年里，为巩固英国的统治地位进行了几场大战。其中第一场战争发生在孟加拉北方边境，在那里英国面临尼泊尔廓尔喀人的掠夺性袭击。曾经尝试过通过交换土地停止袭击，但是廓尔喀人不会放弃处于英国控制之下的国家主权，对他们黑斯廷斯决定毕其功于一役。战役开始于 1814 年 11 月。这场战争打得并不光荣。廓尔喀人只有大约 12 000 青壮年人；但是他们都是勇敢的战士，并且在非常适合其袭击战术的区域作战。年纪较大的英军指挥官习惯了平原作战，一到此类地区敌人就会从决定性攻击中四散逃开。在尼泊尔山区甚至很难找到敌人。军队和运输用牲畜遭受极端冷热天气之苦，只有在战况急剧逆转之后，指挥官们才学会了小心谨慎。少将 D. 奥科特罗尼爵士就是从这些小型失败中逃出来的指挥官之一。

给定这一段历史，你猜测这场冲突的结果是什么：

a. 英国胜利？
b. 廓尔喀人胜利？
c. 战争陷入僵局，没有达成和平协议？
d. 战争陷入僵局，达成和平协议？

在耶路撒冷希伯来大学进行的一项涉及 100 名学生的心理学实验中，巴鲁克·菲施霍夫使用了这个历史实例。在学生们阅读完上述段落后，让他们评估战役开始之前上述四个可能结果的概率。在进行概率评估之前，其中 1/5 的受试者没有给他们任何关于冲突结果的信息。其他人被随机告知四个结果之一是实际发生的结果。表 11-2 显示了菲施霍夫实验的结果。注意到对于实际上会出现什么结果，在没有给出简单结论的情况下，人们对事件概率的评估是相对平均的，英国胜利与僵局、无和平协议两个结果发生的可能性要稍微大一些。相反，当参与者被告知其中一个结果实际上出现后，他们倾向于评估在冲突开始之前该结果更有可能出现（除了被告知结果为僵局并产生和平协议之外，其他情况都是如此）。

⊖ Woodward, E. L. *Age of Reform*. London: Oxford University Press, 1938, pp. 383-384.

表 11-2 对英国-廓尔喀族战争结果的概率估计

可能结果	给定参与者被告知某结果后的平均评估概率				
	没有信息	英国胜利	廓尔喀人胜利	僵局、无和平协议	僵局、和平协议
英国胜利	0.338	0.572	0.303	0.257	0.330
廓尔喀人胜利	0.213	0.143	0.384	0.170	0.158
僵局、无和平协议	0.323	0.153	0.204	0.480	0.243
僵局、和平协议	0.123	0.134	0.105	0.099	0.270

资料来源：Fischhoff, B. "Hindsight ≠ Foresight: The Effect of Outcome Knowledge on Judgment Under Uncertainty." *Journal of Experimental Psychology: Human Perception and Performance* 1(1975): 288-299.

军事领导人害怕在战争中挫败，不仅仅是因为这会导致直接损失，他们还担心公众舆论。伴随着大量伤亡或者其他挫败，一群声称他们本就知道会如此的人就会出现。在几乎所有现代冲突中更是明显如此。即使在美国南北战争中，北方的大部分反战运动也是由1861年联盟的一系列失败引发的，这时亚伯拉罕·林肯难以找到一个能与之一起共事的将军。

历史说明

效用的概念最初是以情绪的概念为基础的。在18世纪后期，杰里米·边沁在决策理论中首先提出了效用的概念。它将情绪分成26个不同的类别：12个是痛苦的，14个是愉悦的。然后他认为最佳决策可以通过计算净愉悦程度（愉悦情绪减去痛苦情绪）来确定。这是他提出效用的基数测度方法的基础。通过建立效用的基数（或者心理）度量，他希望通过效用核算方法找到一种进行公共政策决策的方式。效用的基数度量允许我们知道某项特定政策需要从一个人身上取走多少效用单位才能改善另一个人的状况，使之增加同样的效用单位。其特殊的核算方法存在问题：人们对不同情绪或者对象的估价可能是不同的。因此，这种基于情绪的效用概念最终被放弃了，采用了更加抽象的显示性偏好概念。显示性偏好假定如果某人在本可以选择B的时候选择A，则相比B他肯定从A中获得了更多的效用。显示性偏好是一种效用的序数度量，因此它放弃了比较人们之间效用交易的可能性。显示性偏好是理性决策模型的重要基础。最终边沁的基数效用概念导致了现代福利经济学的产生。现代福利经济学有时候假定存在一个社会福利函数，或者存在一个代表经济中所有参与者总体福利的一个函数。但更常见的是使用显示性偏好方法和理论进行福利分析，例如帕累托效率，它并不以找到一种效用的基数度量为基础。

传 记

丹·艾瑞里（1967—）

硕士，北卡罗来纳大学，1994年；博士，北卡罗来纳大学，1996年；博士，杜克大学，1998年；在麻省理工学院和杜克大学担任教职。

丹·艾瑞里出生在纽约，但是大部分时间是在以色列长大。本科在特拉维夫大学学习哲学，之后获得认知心理学方面的硕士和博士学位，还获得了工商管理博士学位。他将自己对非理性行为的兴趣归功于高三时的恐怖经历。在某青年团体做志愿者期间，他被一场爆炸波及，身体遭受了70%的重度烧伤。在恢复期间，他为了应对令人痛苦的治疗以及人生路线的总体改变而采取的行为策略开始引

Bloomberg/Getty Nmages

起他的注意。他的研究范围非常广泛，其中包括一些实验研究，例如考察人们如何使用来自环境中的任意数字（包括他们的社会保障号码）来构建问题的答案，这些问题包括某件物品对他们价值多少以及人们如何评价美和欺骗行为等。他也因所著的流行书籍而闻名，包括《怪诞行为学：可预测的非理性》和《怪诞行为学：非理性的积极力量》。

思考题

1. 推测偏向导致人们假定透析治疗病人的生活质量要比实际生活质量低很多。然而，当研究者提示你考虑他们适应透析生活的方式时，人们似乎会做出更符合实际的评估。研究者还发现，在赢得彩票几年之后人们对自己生活质量的评价几乎等同于经历事故并四肢瘫痪（无法使用自己的胳膊和腿）几年后人们对自己生活质量的评价。请将这种现象与推测偏向联系在一起并回答以下问题。推测偏向会如何影响人们玩彩票的选择？总体上这对一夜暴富计划意味着什么？在这种情况下，我们会考虑如何纠正推测偏向？

2. 在很大程度上，人们的生活方式以及可得的选择机会依赖于年轻时做出的选择：比如职业、居住地、甚至长期人际关系。假定为了休闲，人们可以选择和朋友度过一个宁静的夜晚c_q或者进行喧嚣的派对c_p。假定在年轻的时候s_y，人们强烈偏好喧嚣派对，$u(c_p|s_y)=2$，$u(c_q|s_y)=1$。相反，在年龄大的时候s_o，人们强烈偏好和朋友度过宁静的夜晚$u(c_p|s_o)=1$，$u(c_q|s_o)=3$。假定钱德拉正在两个专业之间进行选择：公司财务与休闲管理。两个专业现在都要求付出相同的时间和努力，同时现期会提供相同的休闲机会。但是，当年龄大的时候，那些主修财务的人只能和朋友们一起安静地消磨时间（喧嚣派对可能会导致被炒鱿鱼），而那些主修休闲管理的人只能进行喧嚣派对。使用简单推测偏向模型来讨论钱德拉会如何选择。在钱德拉选择学习休闲管理时，要求他的偏向程度是多少？总体而言这给了学生们什么样的建议？

3. 假定马里恩正在考虑抽第一支烟。马里恩当期消费的效用由式（11-12）给出，其中，c是香烟，商品f是所有其他消费，$\gamma_1=4$，$\gamma_2=1$，$\gamma_3=2$，$x_{c,0}=0$。假定两种商品消费一单位的价格都是1美元，马里恩有10美元。给定只有一个未来时期可选，并且在未来选择期马里恩会再拥有10美元的条件下，计算他的最优消费。现在假定马里恩受到简单推测偏向影响。计算他会选择的消费量（作为α的函数）。推测偏向对他实现的效用会产生什么影响？式（11-13）~式（11-22）等在进行计算时是有用的。

4. 研究者发现饥饿的人倾向于对高沉溺型食品（也就是高糖、高脂肪、高盐）有更加强烈的渴望。考虑你正在创办一家方便食品（零食或者冷冻食品）连锁店。
   (a) 描述一下在什么环境下大部分人会决定吃方便食品。他们可能处于什么状态？给定这种状态，什么类型的方便食品最有可能被食用？
   (b) 现在考虑大部分食品在购买后很长时间才会被食用，虽然大部分人只采购他们用得着的物品。在什么状态下购物者更有可能购买方便食品？这依赖于方便食品是健康性还是易沉溺性的吗？
   (c) 根据简单推测偏向建立一个简单的食品选择模型。销售者为了最大化利润应该选择销售什么食品，这如何依赖于α？
   (d) 描述一下你创办方便食品连锁店的策略。有没有方法创办一家成功的健康方便食品连锁店呢？

5. 雇主们经常使用经验丰富的员工作为指导者来培训新员工。
   (a) 知识诅咒在培训过程中会带来什么样的挑战？对于克服这些挑战你会提出什么建议？
   (b) 经常让新员工上一个简短的（但是不足够的）培训课程，之后会让他跟一名师傅一小段时间，然后才允许他完全独立上岗。每一次雇主都倾向于反复使用同一个师傅而不是使用不同的师傅。对于知识诅咒而言这意味着什么，如何处理它。

参考文献

Camerer, C., G. Loewenstein, and M. Weber. "The Curse of Knowledge in Economic Settings: An Experimental Analysis." *Journal of Political Economy* 97(1989): 1232–1254.

Conlin, M., T. O'Donoghue, and T.J. Vogelsang. "Projection Bias in Catalog Orders." *American Economic Review* 97(2007): 1217–1249.

Fischhoff, B. "Hindsight ≠ Foresight: The Effect of Outcome Knowledge on Judgment Under Uncertainty." *Journal of Experimental Psychology: Human Perception and Performance* 1 (1975): 288–299.

Gilbert, D.T., M.J. Gill, and T.D. Wilson. "The Future is Now: Temporal Correction in Affective Forecasting." *Organizational Behavior and Human Decision Processes* 88(2002): 430–444.

Loewenstein, G. "Emotions in Economic Theory and Economic Behavior." *American Economic Review* 90(2000): 426–432.

Loewenstein, G., T. O'Donoghue, and M. Rabin. "Projection Bias in Predicting Future Utility." *Quarterly Journal of Economics* 118 (2003): 1209–1248.

Mandel, G.N. "Patently Non-Obvious: Empirical Demonstration that the Hindsight Bias Renders Patent Decisions Irrational." *Ohio State Law Journal* 67(2006): 1393–1461.

Read, D., and B. van Leeuwen. "Predicting Hunger: The Effects of Appetite and Delay on Choice." *Organizational Behavior and Human Decision Processes* 76(1998): 189–205.

Sacket, D.L., and G.W. Torrance. "The Utility of Different Health States as Perceived by the General Public." *Journal of Chronic Disease* 31(1978): 697–704.

Ubel, P.A., G. Loewenstein, and C. Jepson. "Disability and Sunshine: Can Hedonic Predictions be Improved by Drawing Attention to Focusing Illusions or Emotional Adaptation?" *Journal of Experimental Psychology: Applied* 11(2005): 111–123.

第 12 章

天真的拖延

除了极少数人,几乎所有的联邦纳税人都会在 2 月中旬之前拿着必要的材料去申报联邦所得税。但是每年在美国都有 4 000 万人会等到 4 月 15 日所在的那一周(联邦最后期限)才提交税收申报单,大约占全美国提交的税收申报单的 1/4。在 4 月 15 日那天大部分邮局直到深夜还在营业,仅仅是因为这一部分特殊的拖拉者。这些拖拉者中有许多会收到税收返还,并且某些人的退税数额还很大。

等到最后一刻可能会产生错过最后期限的风险。电子申报或许会因为信息遗漏或者其他错误被驳回。由于太多人选择在同一时刻提交申请产生的超负荷,有时在 15 日即将结束的时刻通讯线路会出现故障。那些通过邮寄申报的人在邮局门前排成一条长龙,并且还冒有错过最后申报机会的风险。另外,推迟到最后一刻才开始准备纳税文件还可能会产生这样的问题,即在他们开始填写表格时才意识到某些收据或者文件丢失了。最后,错过最后期限可能会产生罚金。那么为什么还有如此之多的人会拖延到最后一刻呢?

青少年和青壮年不断地听到这种建议,"今日事今日毕,切莫待明朝。"但是,拖延似乎从我们早期有机会进行决策时就根深蒂固地植根于人类行为中。我们推迟学习直到被迫为了大考而通宵达旦地临阵磨枪。我们推迟清扫、维修或者其他工作直到被迫采取行动。然后我们必须在非常短的时间内完成数量巨大的工作。当我们对活动安排优先顺序时,如果优先考虑不是特别重要的活动,而非那些至少在长期会产生重要后果(但不会即刻产生后果)的活动,则拖延开始成为一个问题。当我们一次次的因为没有早点学习而被搞得焦头烂额后,或者连续不断的经历微薄储蓄无法补足的系列财务危机后,似乎是时候停止拖延了。引用亚伯拉罕·林肯的名言,"守株待兔或许也会有所得,但得到的只是手快之人剩下的东西。"如果事实真是如此,我们为什么还那么倾向于拖延呢?一些经济学家认为答案在于我们如何评价今天、明天以及后天。

类似于第 11 章中描述的情绪温差,拖延也会产生时间不一致偏好。我们或许看到其他人立即投入工作,再回顾一下我们的行动,会认为我们采取了错误的策略。关心产品销售的企业可以利用顾客的拖延来获取好处,例如通过价格歧视或因某些服务或采取某些行动的选择权(但他们从来不会行使该权利)而向顾客收取费用。在某些情况下,会发现在最后一刻准备税收文件要比早点准备成本高得多。在其他情况下,人们或许会提前付款购买有很大灵活性的入场券,但是发现实际上根本没有时间使用它们。本章介绍时间贴现的指数模型(经济学模型中最为常见的模型),以及时间贴现的拟双曲线模型。后者已经成为行为经济学的主要工具之一。在第 13 章还会扩展该模型，在这一章我们会讨论人们对自己拖延倾向的预期和理解所起的作用。

12.1 完全加式模型

在第 11 章，我们介绍了一个跨期选择的一般模型，模型中消费者要决定两个不同时期的消费。在许多我们感兴趣的情况下，消费者的考量要多于两个时期。在某些情况下我们感兴趣的是规划到遥远的未来。这通常会表示为一个涉及无限个时期或者**无限规划期**（infinite planning horizon）的问题。我们可以将式（11-1）表示的模型一般化为很多时期的决策任务，假定消费者求解下式

$$\max_{c_1, c_2, \cdots} U(c_1, c_2, \cdots) \tag{12-1}$$

并且面临某些约束条件，其中，c_i 表示第 i 个时期的消费。从可以解释的行为上来看该模型是一个一般模型，因为它允许每个时期的消费与其他各时期的消费偏好相互作用。因此，在第 100 期消费了很多可能会增加对第 47 期消费的偏好。因为它的一般性该模型很少有具体的应用。我们倾向于认为在各个时期人们在某种程度上拥有相似的消费偏好。此外，我们经常要处理以下情况，即在某个时期的消费不会影响其他任何时期的偏好。因此，当处理有许多时期的跨期选择时，经济学家们倾向于偏爱使用完全加式模型，并且假定指数贴现。该模型假定

$$U(c_1, c_2, \cdots) = u(c_1) + \delta u(c_2) + \delta^2 u(c_3) + \cdots + \delta^{i-1} u(c_i) + \cdots$$
$$= \sum_{i=1}^{T} \delta^{i-1} u(c_i) \tag{12-2}$$

其中，δ 表示人们如何将某期的消费折算到未来，○其中 T 可以是 ∞。

完全加式模型基于两个基本假设。第一，在每个时期消费者具有稳定的消费偏好。因此，可以用 $u(c_i)$ 来表示在每个时期 i 从消费中得到的收益，它通常被称之为**瞬时效用函数**。这一假设在 $u(\cdot)$ 有几个变量的情况下显得更加重要。例如，假定 $u(c_i) = u(c_{1,i}, c_{2,i})$，其中，$c_{1,i}$ 表示在时期 i 花在学习上的时间，$c_{2,i}$ 表示时期 i 花在派对上的时间。则加式模型假定在每一个时期同样的函数都可以描述派对和学习之间效用的权衡取舍。因此，不管你离考试还有三周还是一个小时的时间，学生们对于学习和派对仍然有相同的相对偏好。第二，每增加一个时期消费者就会按照因子 δ 进行一次贴现，这被称之为**指数时间贴现**（exponential time discounting）。下一期消费 c 产生的效用恰好等于 δ 乘以现在消费 c 的效用。此外，未来第二期消费 c 产生的效用恰好等于 δ 乘以未来第一期消费 c 的效用，或者 δ^2 乘以现在消费 c 的效用。该系数 δ 通常被称之为**贴现因子**（discount factor），它可以被看作是对耐心程度的一种测度。贴现因子越大，相对于现期消费消费者对未来消费的估值就越大，消费者就更愿意等待。

诸如式（12-2）此类问题的解出现在每个时期的贴现边际效用相等的时候，即 $\delta^{i-1} u'(c_i) = k$，其中，$u'(c)$ 是消费的边际效用（或者瞬时效用函数的斜率），k 是某个常数。直觉上，如果与其他时期相比，某个时期允许获得更高的贴现边际效用，消费者会通过减少所有其他时期的消费来增加高边际效用时期的消费，进而改善自身状况。同样的道理，如果任何一个时期消费的边际效用要低于其他时期，消费者会通过减少该时期的消费来增加高边际效用时

○ δ 表示人们如何将某期的消费折算到现在，这种说法更容易理解。——译者注

期的消费进而获益。该过程会持续下去直到所有时期的边际效用相等。因此，给定消费的瞬时边际效用函数，通过找出数值 c_i 使得对于某些 k 值 $\delta^{i-1}u'(c_i)=k$，并且使得所有的预算约束都被满足，就可以求解最优消费状况。描述最优的一种方法展示在图 12-1 中。每一条纵轴上显示的是某一时期消费的贴现边际效用。在每个时期的消费产生相同的贴现边际效用水平（由水平线给出来）时，总体效用达到最优。贴现导致这些相继出现的曲线变得越来越平坦并且以贴现因子的速率逐步降低趋向于 x 轴。

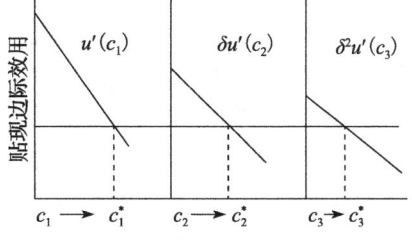

图 12-1 超过两个时期的最优消费

让我们看一看如何使用该模型来研究某项简单选择。假定给予决策者某项选择，是现在消费一定额外数量还是以后消费更多额外数量。假定在开始时决策者每个时期消费 c。然后，在 c 的基础上给予决策者以下选择，在时间 t 消费额外数量 x 或者在时间 $t'>t$ 消费额外数量 $x'>x$。决策者会选择在时间 t 消费 x，如果这样做的额外效用 $\sum_{i\neq t}\delta^i u(c)+\delta^t u(c+x)>\sum_{i\neq t'}\delta^i u(c)+\delta^{t'}u(c+x')$，㊀ 其中，不等式的右边是在时间 t' 消费 x' 产生的额外效用。㊁ 如果 $\delta^t u(c)+\delta^t u(c+x)>\delta^{t'}u(c)+\delta^{t'}u(c+x')$ 则上式成立，其可以进一步变形为 $u(c+x)-u(c)>\delta^{t'-t}[u(c+x')-u(c)]$。例如假定决策者可以选择在时期 0 消费 x 或者在时期 7 消费 x'。如果 $\delta^7<[(c+x)-u(c)]/[u(c+x')-u(c)]$，则他会选择在时期 0 消费 x。若情况真的如此，那么如果被给予的选择是在 257 期消费 x 或者在 257+7=264 期消费 x'，则他也会选择消费 x。但是如果给出的选择是在 257 期消费 x 或在 260 期消费 x'，他可能会选择 x'，因为 $\delta^{260-257}[u(c+x')-u(c)]=\delta^3[u(c+x')-u(c)]>\delta^{264-257}[u(c+x')-u(c)]=\delta^7[u(c+x')-u(c)]$。因此，是选择 x 还是 x' 依赖于两个可能的消费期相差的时间间隔 $t'-t$，而不是 x 在什么时候被消费的时间点（在这个例子里是 257 期）。完全加式模型的这种属性被称为**稳定性**（stationarity）。如果偏好表现出稳定性，则在两个可能消费束之间的选择不依赖于提供它们的时间，仅仅依赖于可能消费期之间的时间间隔。

12.2 连续时间贴现

有的时候我们会希望将事件表示为连续变量。在这种情况下，模型可以表示为

$$\max_{\{c(t)\}} U(c(t))=\int_0^\infty \delta^t u(c(t))\mathrm{d}t \tag{12-3}$$

其中，t 测度的是从当前时点开始经过的时间。在这里 δ 表示时间流逝一个单位后所使用的贴现因子，决策者要决定函数 $c(t)$，该函数表明了在各个时间点的计划消费量。对于 $\delta=0.9$ 的人，图 12-2 显示了在时间 t 使用的贴现因子。黑色圆点标记的是离散时期 0~25 的贴现因子，虚线表示连续时间模型的贴现因子。指数贴现模型根据标准的指数函数对瞬时效用进行贴现，进而产生了我们熟悉的从左上方向右下方倾斜的函数形式。从渐近线上来看，随着时间无限延长，贴现因子趋向于零。因此，该模型意味着我们所考虑的未来离我们越是遥远，

㊀ δ 的幂是 i 还是 $i-1$ 与第一期是 0 还是 1 有关，为了与式（12-2）保持一致，这里更严谨的表述应该为 $\sum_{i\neq t}\delta^{i-1}u(c)+\delta^{t-1}u(c+x)>\sum_{i\neq t'}\delta^{i-1}u(c)+\delta^{t'-1}u(c+x)$，后面类似。——译者注

㊁ 疑有误，更严谨的表述应该是，不等式右边的第二项是在时间 t' 消费 $c+x'$ 产生的效用。——译者注

我们就越不关心它。

乍看之下，假定每个时期都有相同的贴现因子 δ 看起来有些随意。进行这种假设主要有两个原因。第一，对于贴现因子随时间而变化的模型，很难对它进行分析。要处理代表一般情况、贴现在每个时期都有所不同的模型，只有使用复杂的计算机程序才有可能对它进行分析，并且很少会产生一般化或者符合直觉的结论。出于这个原因，在早期研究跨期选择的经济学成果中，普遍假定各个时期有稳定的贴现因子。另外，罗伯特 H. 史托斯还注意到，如果人们要表现出时间一致的偏好，则要求不变的贴现因子。

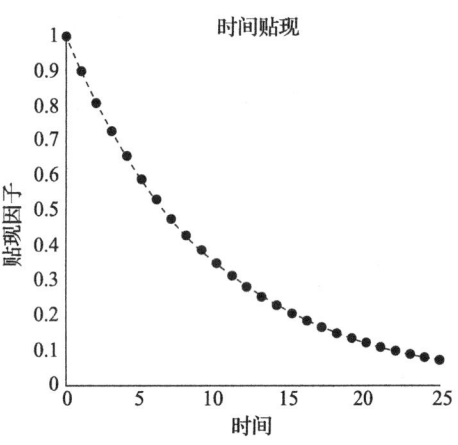

图 12-2 对效用的指数时间贴现

12.3 为什么贴现是稳定的

因为对多期跨期选择问题的数学处理可能变得非常复杂，所以考察该模型的一个极端简化版本通常是非常有益的。例如，假定某人必须在两种消费规划中做出选择。第一个可得的消费规划是在第一期提供 $c_1=20$，在第二期提供 $c_2=19$，在第三期提供 $c_3=18$，我们将其表示为 $c=\{20,19,18\}$。 $\ominus$ 第二个规划提供的选择为 $c'=\{20,18,19\}$。一旦选择了某个消费规划，在以后的时期即使他希望改变选择也不允许改变。如果理性人能够预测他们自己未来的偏好，则我们不认为这种限制会产生问题。在第一个时期选择一个消费规划，然后一旦第二个时期来临又希望自己选择的是另一个消费规划，这会产生时间不一致偏好。值得注意的是，在两个规划中第一个时期的消费是相等的，因此在进行决策时真正重要的仅仅是以后时期的消费。

假定人们按照 δ_2 对下一期（明天）的消费效用进行贴现，按照 δ_3 对两期后（后天）的消费效用进行贴现。这些贴现因子允许决策者按照不同的比率贴现，这要依赖于决策离现在有多远，但是人们总是将明天看作是相同的，也总是将后天看作是相同的。因此，如果

$$u(20)+\delta_2 u(19)+\delta_3 u(17) > u(20)+\delta_2 u(18)+\delta_3 u(19) \tag{12-4}$$

则在第一个时期决策者会选择 c。不等式两边都减去 $u(20)$，并且合并同类项，可以重新得到

$$\delta_2 > \delta_3 \frac{u(19)-u(17)}{u(19)-u(18)} \tag{12-5}$$

假定情况确实如此，并且人们选择了 c，则会在第一个时期消费 20，然后进入到第二个时期，承诺坚持消费规划的剩余部分 $c_R=\{19,178\}$ $\ominus$ ，因为之前已经放弃了另一个规划的剩余部分 $c_{R'}=\{18,19\}$。然而，现在人们将时期 2 作为现期，对第二个时期的消费就不再进行贴现。同理，时期 3 现在成为下一期，会按照 δ_2 进行贴现而非按照以前的 δ_3 进行贴现。如果在时期 2 人们可以选择执行两个消费规划中的哪一个，则如果

$$u(19)+\delta_2 u(17) > u(18)+\delta_2 u(19) \tag{12-6}$$

或者

$\ominus$ 疑有误，从后面的公式来看，在第三期提供的消费应该是 17。——译者注
$\ominus$ 疑有误，应该为 $c_R=\{19,17\}$。——译者注

$$\delta_2 < \frac{u(18) - u(19)}{u(17) - u(19)} \tag{12-7}$$

则会选择 c_R，其中，不等号发生反转是因为 $u(17) - u(19) < 0$。如果式（12-7）成立，人们或许会后悔选择了 c。式（12-5）和式（12-7）是否会同时成立依赖于 δ_2，δ_3 的值以及瞬时效用的函数形式。

例如，假定 $u(c_i) = \sqrt{c_i}$，$\delta_2 = 0.45$，$\delta_3 = 0.45\lambda$。如果我们从处于第二期的消费者的角度来对选择进行评估，式（12-7）可以重新表示为

$$\delta_2 = 0.45 < \frac{4.24 - 4.36}{4.12 - 4.36} \approx 0.5 \tag{12-8}$$

因为 $\delta_2 < 0.5$，这意味着一旦第二个时期来临人们总是会偏爱消费规划 c_R。然而，如果从第一期的消费者的角度来对选择进行评估，式（12-5）可以重新表示为

$$\delta_3 \frac{u(19) - u(17)}{u(19) - u(18)} = 0.45\lambda \frac{4.36 - 4.12}{4.36 - 4.24} \approx \lambda 0.9 < 0.45 = \delta_2 \tag{12-9}$$

因此，在第一个时期，只有在 $\lambda < 0.5$ 时人们才会肯定选择消费规划 c。在常数贴现情况下，比如 $\lambda = \delta_2 = 0.45$，这时人们在第一个时期会偏好 c，一旦第二个时期来临仍然会偏好 c。但是，如果 $\lambda > 0.5$，则人们在一个时期会致力于选择 c'，但是一旦第二个时期来临却会为自己的行动感到后悔，希望选择的是 c。在这种情况下数值 $\lambda > 0.5$ 会产生时间不一致偏好。

虽然两种选择在第一期的消费相同，在 $\lambda > 0.5$ 的条件下，决策者在第一期相信自己一旦进入第二期会有足够的耐心，愿意在第二期减少一单位消费以换取第三个时期额外获得两个单位。然而，一旦人们进入第二个时期，就会发现自己的偏好与预期的偏好有所不同。与之前相反，他们会偏好于现在多消费一单位，而不是等到第三个时期多消费两个单位。

考虑在 $c = \{c_1, c_2, c_3\}$ 和 $c' = \{c_1, c_2', c_3'\}$ 两者之间进行选择的一般问题，其中，第一期的消费同样不会影响哪个规划被选择。在第二个时期当且仅当

$$u(c_2) + \delta_2 u(c_3) > u(c_2') + \delta_2 u(c_3') \tag{12-10}$$

或者

$$\delta_2 [u(c_3) - u(c_3')] > u(c_2') - u(c_2) \tag{12-11}$$

时人们才会严格偏好 c。在第一个时期当且仅当

$$u(c_1) + \delta_2 u(c_2) + \delta_3 u(c_3) > u(c_1) + \delta_2 u(c_2') + \delta_3 u(c_3') \tag{12-12}$$

或者

$$\delta_3 [u(c_3) - u(c_3')] > \delta_2 [u(c_2') - u(c_2)] \tag{12-13}$$

时人们才会严格偏好 c，该式还可以表示为

$$\frac{\delta_3}{\delta_2} [u(c_3) - u(c_3')] > [u(c_2') - u(c_2)] \tag{12-14}$$

注意到如果 $\delta_3 = \delta_2^2$，式（12-14）与式（12-11）是一致的。在这种情况下，式（12-14）简化为式（12-11）。如果时期3的效用按照时期2使用的贴现因子的平方进行贴现，则偏好总是一致的，决策者就从来不会为前期做出的决策而后悔。相反，如果贴现因子遵循任何其他模式，就有可能存在某些选择集合，它们会产生时间不一致偏好。这一结论可以扩展到任意时期数量以及更加一般化的连续消费选择加式模型。只要未来时期 i 的瞬时效用总是按照 δ^i 进行贴现，偏好就是时间一致的。否则懊悔情绪就会泛滥。

■ 实例 12-1 食品券月末效应

在美国食品券计划作为一种缓解饥饿的方式最初在 1939 年出台。现在被称为营养补充

援助计划（SNAP），该计划会给每名参与者一张卡，参与者可以用它来购买食品，其非常类似于一张借记卡。通常在每个月的第一天，受助人会在他们的账户中收到各月的转移支付资金。此后，他们就可以使用这些资金购买食品。将近有 5 000 万美国人领取 SNAP 福利来支付至少部分食品预算，该计划每年的花费超过 750 亿美元。在 SNAP 福利基础上，普通食品券受助人每个月都会花费部分自己的收入在食品上。在经济学家发现这一结果后，其最初被认为是说明该计划有效的一个标志。

假定受助人收到一笔 SNAP 福利资金 s，这笔资金必须花在食品上。如果这导致受助人恰好花费 s 在食品上，即 SNAP 福利支出限制明显是紧约束，那么他们被给予能够购买任何东西的现金的话，受助人的状况会改善。相反，如果在食品上的支出 $k>s$，理性模型意味着即使给予他们现金也不会改善受助人的状况。假定某个理性人正在考虑一个月内的消费，他会求解下式

$$\max_{\{x, c_0, \cdots c_{30}\}} v(x) + \sum_{t=0}^{30} \delta^t u(c_t) \tag{12-15}$$

其中，x 表示所有的非食品消费，$v(x)$ 是非食品消费的效用（在月内不考虑时间），c_t 表示在时间 t 的食品消费量，$u(c)$ 是每天消费食品的瞬时效用。给定消费者的收入为 w，SNAP 福利数量为 s，则他必定求解式（12-15），并且为满足 SNAP 施加的限制所面临的约束条件为

$$\sum_{t=0}^{30} c_t \geqslant s \tag{12-16}$$

和

$$x + \sum_{t=0}^{30} c_t \leqslant s + w \tag{12-17}$$

约束式（12-16）告诉我们受助人在食品上的消费支出必须至少为 SNAP 福利数量。如果在食品上的支出超过了 SNAP 分配额，则式（12-16）不是紧约束。约束式（12-17）告诉我们受助人在食品上的支出不能超过手头上的钱。相反，如果政府简单地以现金形式给予受助者 s，并且可以用它来购买任何东西，则受助者必定在面临约束式（12-17）的条件下求解式（12-15），剔除了式（12-16）所包含的对食品的限制。但是如果式（12-16）在 SNAP 计划下不是紧约束，则现金转移支付产生的优化问题与 SNAP 计划是完全一样的。因此，受助者会消费相同数量的食品，并且福利状况与收到现金转移支付是一样的。

相反，在 SNAP 计划下如果受助者在食品上的支出没有超过 s，则式（12-16）是紧约束，在被给予现金转移支付条件下受助者的行为方式会非常不同。特别地，如果式（12-16）是紧约束，则与剔除式（12-16）会消费的数量相比，受助者会消费更多的食品。与受助者仅被给予现金相比，这一额外增加的对解的限制必定会导致更低的效用水平。⊖如果情况真的是这样，则给予受助者较少些的现金转移支付会改善他们的状况，因此该政策是无效率的。

美国政府对 SNAP 参与者中超重或肥胖者数量的不断增加问题非常关注。与简单现金转移支付条件下的情况相比，鼓励他们吃了更多食物的政策会被认为是适得其反。因此，对于受助者在 SNAP 福利基础上还花了一部分自己的钱在食品上这样的消息，经济学家将其看作是好消息：受助者的福利状况至少和简单现金转移支付条件下一样好，我们没有鼓励过度

⊖ 勒夏特列原理告诉我们在面临约束（1）到（n）条件下最大化 $U(x)$ 肯定会产生一个 $U(x)$ 数值，与面临约束（1）到（n）再加上一个额外约束（n+1）条件下最大化 $U(x)$ 相比，该数值要大于等于后者产生的数值。

消费。

当某些人决定研究受助者对于与 SNAP 福利等值的现金转移支付会如何反应时，问题开始出现了。1989 年美国农业部进行了一项实验，在阿拉巴马、圣地亚哥和加利福尼亚他们随机指派一些家庭，让他们收到传统的 SNAP 福利或者等量现金。虽然差异很小，但那些获得传统 SNAP 福利的家庭比收到现金的家庭平均多消费了 100～200 卡路里——尽管两组家庭的支出都超过了食品福利。这两个事实合在一起违反了标准的经济选择模型。

之后，帕克 E. 王尔德和克莉丝汀 K. 兰尼的研究成果对这一谜团进行了更深入地阐释。他们发现（在他们所研究的时期）在收到食品券福利后，前两天的食品支出迅速上升到每人每天大约 5 美元。但是月内剩余时间每人每天的支出徘徊在 2 美元左右。另外，他们还发现对于收到食品券的大部分家庭，月内最后一周每天消费的卡路里相比其他周的下降幅度超过了 10%。如果我们考虑式（12-15）～式（12-17）所表示的模型，我们得到的解会满足以下条件

$$\delta^j u'(c_j) = \delta^k u'(c_k) \tag{12-18}$$

其中，$u'(c)$ 是在 c 点得到的瞬时边际效用，或者 c 点得到的瞬时效用函数的斜率。在较短时期，例如一天，人们倾向于不会贴现太多，因此 δ 接近于 1。在这种情况下，式（12-18）说明，对于任意两个时期 j 和 k，如果它们相对比较接近，则 c_j 也应该与 c_k 相对比较接近。在时间上它们离得越远，相对于时期 k，时期 j 的消费就会越多。这通常被称之为**消费平滑**（consumption smoothing）。在图 12-1 中可以看到这一点，其中，每个边际效用函数斜率的绝对值比上一个要稍微小一些。如果以天为单位的贴现因子近似等于 1，则每天的边际效用函数与前一天的应该近乎是相同的。

图 12-3 给出了另外一种最优化条件的形象化展示。在这里，曲线 $u(c)$ 表示瞬时效用函数，是我们熟悉的递增且凹的形状。向右上方倾斜的实线的斜率为 $\delta^{-j}K$，其中，K 表示某个常数，即时期 0 在最优消费水平处的斜率。这条直线与效用曲线在点 c_j 相切，该点表示在时期 j 的最优消费量。下一个时期的最优消费量出现在斜率为 $\delta^{-j-1}K$ 的直线上，在图中由 c_{j+1} 表示。考虑到两条直线之间斜率的轻微变动，两个消费数量也应该非常接近。相反，时期 j 之后 n 个时期，最优消费由直线 $\delta^{-j-n}K$ 给出，它可能与时期 j 的消费量有很大不同。在任何情况下，从一个时期到下一个时期的消费不应该有太大变化。它会有某种程度的下降，但是下降速度应该会产生一个平滑下降的函数。

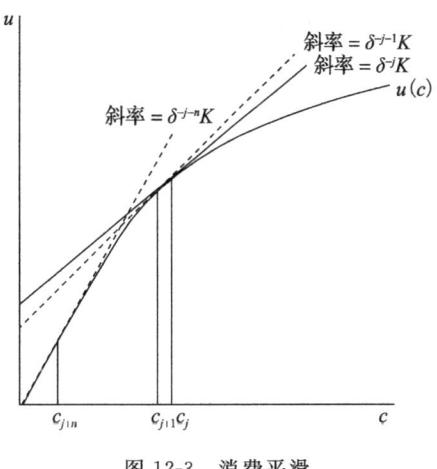

图 12-3 消费平滑

相反，在 SNAP 数据中，我们观察到食品消费在最后一周急剧下降。这再次表明行为与标准经济学选择模型相矛盾。理性模型认为受助者有存钱的远见以使每天能消费相近的数量，而不是在前一段时间消费很多，等到月内最后一周就耗光了所有食品和资金。时间一致的决策模型不会预测出这种行为，两者也无法调和并达成一致。

12.4　天真型双曲线贴现

罗伯特 H. 史托斯最先提出了一个因贴现随时期变化而导致的时间不一致偏好模型。总

体上，他考察了一些案例，在这些例子中近期的贴现因子相对较小，这表明现在的消费要比不远将来的消费更加有价值。然而，在遥远的未来时期内贴现因子非常接近于1。他提出的模型作为一种方法主要用来探索常用指数贴现模型可能的一般化，让它允许时间不一致偏好。自此之后，许多人发现了时间不一致偏好概念的经验支持证据；乔治 W. 安斯利提出了一个模型，经过修订后通常被称之为**双曲线贴现**（hyperbolic discounting）。双曲线贴现用双曲线贴现因子

$$h(t) = (1+\alpha t)^{-(\beta/\alpha)} \tag{12-19}$$

代替了常用的指数贴现因子 δ^t，其中，β，$\alpha>0$ 是参数，t 为消费时经过的时间。因此，消费者最大化下式[⊖]

$$\max_{\{c_1,c_2,\cdots\}} u(c_1,c_2,\cdots) = \sum_{i=1}^{T}(1+\alpha i)^{-(\beta/\alpha)} u(c_i) \tag{12-20}$$

在引入跨期选择的行为实验中，安斯利发现上述形式符合动物的行为，同时在类似的实验中也符合人类行为。图 12-4 显示了 25 个时期的双曲线贴现因子以及指数贴现因子。小方块标记的是双曲线贴现因子，圆点标记的是指数贴现因子。[⊖]相比指数贴现函数，双曲线贴现因子在前面几个时期下降非常迅速。因此，根据双曲线贴现行事的消费者对近期未来消费的估值要比根据指数贴现的人低得多。相反，相比指数贴现函数，双曲线贴现函数在后面的时期下降非常缓慢。因此，相比较近的未来，表现出双曲线时间贴现的消费者更愿意推迟遥远未来的消费。表 12-1 显示了不同参数值和选定时期的双曲线贴现函数的函数值。注意到贴现因子是 α 的增函数，是 β 和 t 的减函数。

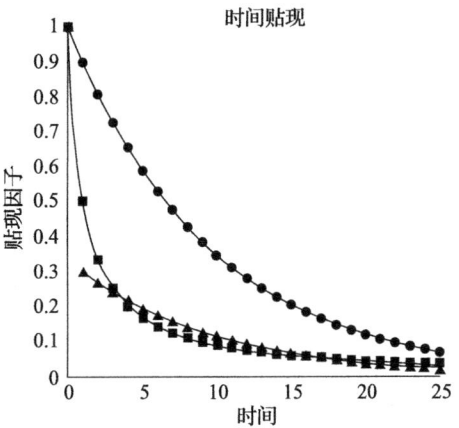

图 12-4 双曲线（方块）和拟双曲线（三角形）时间贴现

表 12-1 不同参数值条件下的双曲线贴现函数的函数值

$\alpha=$	$\beta=$	$t=1$	$t=2$	$t=5$	$t=20$	$t=100$	$t=200$
0.10	0.10	0.91	0.83	0.67	0.33	0.09	0.05
0.20	0.10	0.91	0.85	0.71	0.45	0.22	0.16
0.50	0.10	0.92	0.87	0.78	0.62	0.46	0.40
1.00	0.10	0.93	0.90	0.84	0.74	0.63	0.59
2.00	0.10	0.95	0.92	0.89	0.83	0.77	0.74
0.10	0.20	0.83	0.69	0.44	0.11	0.01	0.00
0.20	0.20	0.83	0.71	0.50	0.20	0.05	0.02
0.50	0.20	0.85	0.76	0.61	0.38	0.21	0.16
1.00	0.20	0.87	0.80	0.70	0.54	0.40	0.35

⊖ 公式更严谨的表达应该为 $\max\limits_{\{c_1,c_2,\cdots\}} u(c_1,c_2,\cdots)=\sum\limits_{i=1}^{T}(1+\alpha(i-1))^{-(\beta/\alpha)} u(c_i)$。——译者注

⊖ 图 12-4 中需要注意的是，作者并没有说明曲线的相关参数，从形状上来看，该图中指数贴现因子 $e^{-\beta t}$ 中的 β 约为 0.1，而双曲线贴现图形似乎是根据 $1/(1+t)$ 画出的，如果使用 $(1+\alpha t)^{-(\beta/\alpha)}$ 的话 α 应该较小，比如 0.1 左右，而 β 应该较大，比如 0.5 左右。——译者注

(续)

$\alpha =$	$\beta =$	$t=1$	$t=2$	$t=5$	$t=20$	$t=100$	$t=200$
2.00	0.20	0.90	0.85	0.79	0.69	0.59	0.55
0.10	0.50	0.62	0.40	0.13	0.00	0.00	0.00
0.20	0.50	0.63	0.43	0.18	0.02	0.00	0.00
0.50	0.50	0.67	0.50	0.29	0.09	0.02	0.01
1.00	0.50	0.71	0.58	0.41	0.22	0.10	0.07
2.00	0.50	0.76	0.67	0.55	0.40	0.27	0.22

考虑理查德·塞勒提出的两个问题。第一个问题是："你是要今天的一个苹果还是明天的两个苹果？"当提出这个问题时，许多人认为仅仅为获得一个额外的苹果不值得等待一整天的时间。因此，他们选择今天拥有这个苹果。用 $u(1)$ 表示食用一个苹果获得的瞬时效用，$u(2)$ 表示食用两个苹果获得的瞬时效用，δ 为进行今天还是明天消费的决策时所使用的日贴现因子。则选择今天的一个苹果而不是明天的两个意味着 $u(1) > \delta u(2)$。现在考虑第二个问题："你是要一年后的一个苹果还是一年零一天后的两个苹果？"许多人对这个问题的反应是认为等待一年零一天和等待一年没有太大的不同，这种短时间等待会产生两倍的苹果数量。因此，大部分人选择再等一天。这明显违背了本章前面描述的稳定属性。

对于一年后的消费决策，用 ψ 表示日贴现因子，γ 表示等待一年所使用的贴现因子。则这意味着 $\gamma u(1) < \gamma \psi u(2)$。同时选择今天的一个苹果和一年零一天后的两个苹果只有在 $\delta < \psi$ 的条件下才能和谐一致，也就是说，随着时间的推移每天贴现的比例要下降。双曲线贴现能够调和这种差异。例如，时期0（今天）和时期1（明天）的双曲线贴现率○分别为 $(1)^{-(\beta/\alpha)} = 1$ 和 $(1+\alpha)^{-(\beta/\alpha)}$。因此 $\delta = (1+\alpha)^{-(\beta/\alpha)} < 1$。如果 α 足够大，δ 就会大大小于1。○相反，一年后和一年零一天后分别使用 $(1+\alpha 365)^{-(\beta/\alpha)}$ 和 $(1+\alpha 366)^{-(\beta/\alpha)}$ 进行贴现。因此一年后的日贴现因子为

$$\psi = \left(\frac{1+\alpha 366}{1+\alpha 365}\right)^{-(\beta/\alpha)} \approx 1 \tag{12-21}$$

对于苹果难题这是一种可能的解决方法。

一般而言，从一个时期到下一个时期所使用的贴现因子具有以下形式

$$\psi(t) = \left(\frac{1+\alpha(t+1)}{1+\alpha t}\right)^{-\left(\frac{\beta}{\alpha}\right)} \tag{12-22}$$

随着 t 的增加趋向于无穷，上式会趋向于 $\psi(t) = 1$。因此，经过较长的时期后，各期之间的贴现率总是趋向于1。相反，对于较小的 t 值，这个比率可能会非常小，尤其是在 α 较大的情况下。⊜相反如果 α 较小，基础微积分告诉我们贴现因子的值趋向于

$$\lim_{\alpha \to 0} \psi(t) = e^{-\beta} \tag{12-23}$$

它是一个常数。因此当 α 非常小时，双曲线贴现函数的表现类似于 $\delta = e^{-\beta}$ 的指数贴现。

让我们重新考察观察到的食品券（或者 SNAP）计划参与者的行为。如果相比其他周，他们在月内第一周表现出明显更高的消费水平，这可能是由于双曲线时间贴现造成的。如果 SNAP 受助者是一个双曲线贴现者，则在月内的第一天，他会求解

○ 文中使用了贴现率的概念，在此处应该为贴现因子。——译者注
○ 疑有误，应该是"如果 α 足够小，δ 就会大大小于1"。因为贴现因子是 α 的增函数。——译者注
⊜ 疑有误，应该是"在 α 较小的情况下"。理由同上。——译者注

$$\max_{\{x,c_0,\cdots c_{30}\}} v(x) + \sum_{t=0}^{30} (1+\alpha t)^{-(\beta/\alpha)} u(c_t) \tag{12-24}$$

面临的约束式为式（12-16）和式（12-17）。现在任意两个时期 j 和 k 的消费一定符合式（12-25）

$$(1+\alpha j)^{-(\beta/\alpha)} u'(c_j) = (1+\alpha k)^{-(\beta/\alpha)} u'(c_k) \tag{12-25}$$

而不是式（12-18），和前面一样，$u'(c)$ 是在 c 处得到的瞬时边际效用，假设 $j < k$。式（12-25）意味着在任意两个时期 j 和 k 之间对消费效用进行的贴现为

$$\psi(j,k) = \left(\frac{1+\alpha k}{1+\alpha j}\right)^{-(\frac{\beta}{\alpha})} \tag{12-26}$$

考虑以下情况，保持 j 不变，调整 k。由于函数的双曲线形状，在许多情况下当 j 和 k 离现在相对较近时，$\psi(j,k)$ 要比 1 小很多。因此，如图 12-5 所示，从某期到下一期有可能出现计划消费量的相对较大且突然的变化。也就是说，在比较近的时期内消费或许不是特别平滑。受助者会说服自己，相对于明天现在消费是极端重要的，但是相对于后天，明天消费就不是那么重要了。因此，随着 j 变大，$\psi(j,j+1)$ 趋向于 1，所以在遥远的未来计划消费是平滑的，但是在较近的时期内计划消费是不平滑的。因此某个按照双曲线贴现行事的 SNAP 受助者，在获得福利时会计划今天（也或许是第一周）消费很多，但是之后希望在月内余下时间里平滑消费。图 12-6 从另一个角度来看待这种行为，其中，在时期 1 和时期 2 之间所做的扣减相对较大，产生了非常不同的贴现边际效用曲线。相反，在时期 2 和时期 3 之间进行的扣减非常轻微，当从时期 1 的角度进行规划时在时期 2 和时期 3 产生了几乎相同的贴现边际效用曲线。

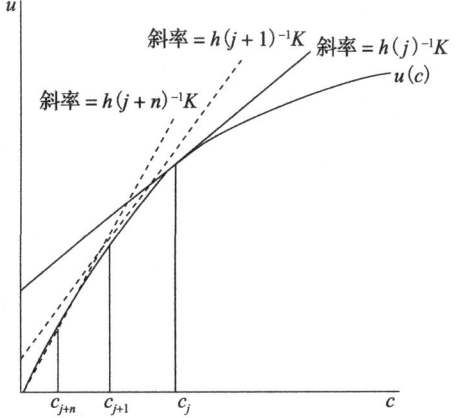

图 12-5　相对于未来消费双曲线贴现增加了现期消费

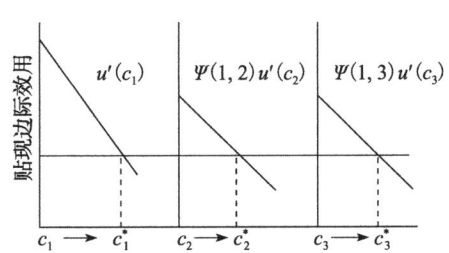

图 12-6　双曲线贴现条件下的消费平滑

但是在月内剩余时间会发生什么呢？不幸的是，在时间不一致偏好条件下，受助者并非按照计划生活。相反，当第二个时期来临时，他会求解

$$\max_{\{c_1,\cdots c_{30}\}} \sum_{t=1}^{30} (1+\alpha(t-1))^{-(\beta/\alpha)} u(c_t) \tag{12-27}$$

并且面临新的约束，这些约束会反映第一天的消费。贴现因子中新的时间指数反映的是现在受助者在时期 1 而非时期 0 做规划。因此，现在相对于时期 2 和所有未来时期，时期 1 的消费享受到了优待地位。新的解肯定满足

$$(1+\alpha(j-1))^{-(\beta/\alpha)} u'(c_j) = (1+\alpha(k-1))^{-(\beta/\alpha)} u'(c_k) \tag{12-28}$$

因此，之前消费效用函数在时期 j 和 k 的斜率差异由式（12-26）反映，现在其表示为

$$\hat{\psi}(j,k) = \left(\frac{1+\alpha(k-1)}{1+\alpha(j-1)}\right)^{-(\frac{\beta}{\alpha})} < \psi(j,k) \tag{12-29}$$

之前，受助者预期在第一个和第二个时期之间会按照 $\psi(1,2)$ 进行贴现。相反，现在他们使用 $\hat{\psi}(1,2) = \psi(0,1)$。因此，不管之前做的计划怎样，受助者现在觉得相对于未来他们

现在需要消费更多。因此，原本预期未来会平滑消费，但他们在时期 1 的消费却要高于计划消费，这样为未来留下的就更少。在后面的时期里，他们再次决定要比前期计划消费更多，再次将平滑消费推迟到以后进行。受助者不断推迟平滑直到他们达到一个时点，这时候他们不再有足够多的食物来延续月内余下时间的消费，他们的消费量被迫显著下降。

对于 SNAP 问题，给定食品消费效用函数 $u(c)=c^{0.7}$ 和双曲线贴现函数（$\alpha=0.1$，$\beta=1$），图 12-7 显示了在月内第一天计划的消费量。计划消费量在月初要大大高于月末，但是在每个月的大约第 20 天之后它仍然允许稳定但低水平的消费。相反，通过在每个时期用新的贴现函数（由式（12-28）给出）再次求解优化问题，可以得到实际消费水平。这时候，受助者一旦进入第二个时期就会决定他们应该比计划消费更多。他们不断地向上修正消费直到第九个时期。之后，他们的预算不允许他们继续比计划消费更多数量。然后盛宴变成饥荒。在这个时点，他们不得不开始进行越来越少的消费。在最后十天消费量要低于计划消费的 1/10，近乎为零。

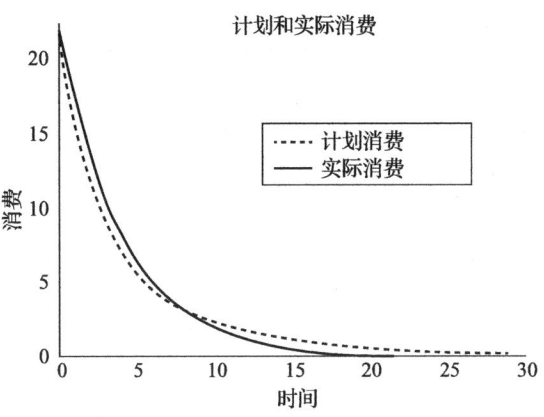

图 12-7 双曲线贴现下的 SNAP 问题

双曲线贴现是一种相对简单的表示**现期偏向型偏好**（present-biased preference）（或者对未来的极端贴现）的方式，该偏好似乎是这种拖延行为的唯一解释。该模型表明人们计划在未来表现得更好，但是这种未来从来没有出现过。在这个例子中，食品券受助者相信他们在月内的晚些时候能够控制自己的食欲，但是他们无法做到。这最终导致在最后一周食物的严重匮乏，就像数据所记录的那样。双曲线贴现经常被误解，认为它只不过是体现了对未来较大的扣减。相反，它所阐明的是在未来两个时期之间进行的贴现如何随着时间的临近而演化，以及这会如何导致受助者改变他们的消费计划。

12.5 天真型拟双曲线贴现

指数贴现函数的一个主要优势在于使用指数贴现求解最大化问题时的简单性。相比之下，给定贴现因子的函数形式，双曲线贴现模型在数学上很难处理。这导致大卫·莱布森提出了一种对双曲线贴现函数的近似形式，这被称为**拟双曲线贴现**（quasi-hyperbolic discounting）。

拟双曲线贴现将时间贴现的双曲线结构分成两个不同的贴现因子。这两个因子分别表示对第二期消费效用进行的贴现以及对之后各期消费效用进行的贴现。第二期使用的贴现因子相对于其他贴现因子要小，这代表了以下理念：相对于今天而言人们对明天消费的扣减要大大高于相对于明天而言对后天的扣减。也就是说，未来的任何消费在消费者的头脑中都受到了某些惩罚，但是在未来不同的两个时期之间进行的消费权衡未必会面临如此之高的惩罚。因此，与式（12-2）中的模型不同，我们将模型表示为⊖

$$U(c_1,c_2,\cdots)=u(c_1)+\beta u(c_2)+\beta\delta u(c_3)+\beta\delta^2 u(c_4)+\cdots+\beta\delta^{i-2}u(c_i)+\cdots$$

⊖ 疑有误，第二个等号后应该为 $u(c_1)+\sum_{i=2}^{T}\beta\delta^{i-2}u(c_i)$。——译者注

$$= \beta u(c_1) + \sum_{i=2}^{T} \beta \delta^{i-2} u(c_i) \tag{12-30}$$

其中，$0<\beta<\delta<1$，并且如果我们想要考察无限期时间规划问题，T 可以为 ∞。这里 β 表示对第二期的消费效用进行的贴现（它同样会乘在所有未来时期的效用上），δ 表示随着我们向遥远的未来移动，对之后各期消费效用进行的贴现。一般而言，如果 $\beta<\delta$，该函数近似于双曲线贴现。

图 12-4 显示了拟双曲线贴现函数（用三角形标记），选用该函数近似对应的双曲线贴现函数。这种形式函数的一个优势是它近似复制了指数型数学形式，因此对于时间贴现问题可以重新使用简单的数学公式。对于式（12-30）这个效用最大化问题，它的解再次要求贴现边际效用相等。然而有差异的贴现意味着

$$u'(c_1) = \beta \delta^{i-2} u'(c_i) \tag{12-31}$$

并且对于 $i, j > 1$

$$u'(c_i) = \delta^{j-i} u'(c_j) \tag{12-32}$$

这两个式都会让我们联想起式（12-18）。因此，给定瞬时效用函数的函数形式，我们可以找到某期和下一期计划消费之间的关系。

例如，给定初始财富禀赋 w，假定人们在无限规划期必须最大化自己的消费效用。进一步假定 $u(c) = c^\alpha$，因此消费的边际效用（或者效用函数的斜率）为 $u'(c) = \alpha c^{\alpha-1}$。则式（12-31）和式（12-32）意味着

$$\alpha c_1^{\alpha-1} = \alpha \beta c_2^{\alpha-1} = \alpha \beta \delta c_3^{\alpha-1} = \cdots = \alpha \beta \delta^{i-2} c_i^{\alpha-1} = \cdots \tag{12-33}$$

或者

$$\alpha^{\frac{1}{\alpha-1}} c_1 = (\alpha\beta)^{\frac{1}{\alpha-1}} c_2 = \cdots = (\alpha\beta\delta^{i-2})^{\frac{1}{\alpha-1}} c_i = \cdots \tag{12-34}$$

这意味着 $c_2 = c_1 \beta^{-\frac{1}{\alpha-1}}$，并且整体上当 $i = 2, 3 \cdots$ 时，$c_i = c_1 \beta^{-\frac{1}{\alpha-1}} \delta^{-\frac{i-2}{\alpha-1}}$。预算约束意味着

$$c_1 + c_2 + c_3 + \cdots = w \tag{12-35}$$

或者代入上式可得

$$c_1 \left(1 + \beta^{-\frac{1}{\alpha-1}} \sum_{i=0}^{\infty} [\delta^{-\frac{1}{\alpha-1}}]^i \right) = w \tag{12-36}$$

根据等比数列的性质[⊖]，这可以重新表示为

$$c_1 \left(1 + \frac{\beta^{\frac{1}{\alpha-1}}}{1 - \delta^{\frac{1}{\alpha-1}}}\right) = w \tag{12-37}$$

继而得到闭型解

$$c_1 = \frac{w}{\left(1 + \frac{\beta^{\frac{1}{\alpha-1}}}{1 - \delta^{\frac{1}{\alpha-1}}}\right)} \tag{12-38}$$

通过式（12-34），利用上式可以计算出所有其他时期的消费。

相反，如果我们使用双曲线贴现函数对同样的决策进行建模，式（12-36）为以下形式[⊜]

⊖ 设 $Y = k + kr + kr^2 + kr^3 + \cdots = \sum_{i=0}^{\infty} kr^i$，其中，$0 < r < 1$。则 $Y = k/(1-r)$。要得到这个结论，注意到 $Y = k + kr + kr^2 + kr^3 + \cdots$，所以 $rY = kr + kr^2 + kr^3 + \cdots$。因此，$Y - rY = k$ 或者 $Y(1-r) = k$，得出结论。在这个例子中，$k = \beta^{-\frac{1}{\alpha-1}}$ 并且 $r = \delta^{-\frac{1}{\alpha-1}}$。

⊜ 疑有误，应该为 $c_1[1 + \sum_{i=0}^{\infty}(1 + i\alpha)\frac{\beta}{\alpha(\alpha-1)}] = w$。——译者注

或者再次拖延并计划按照 $s_3''' = \{0.21, 0.24, 0.24\}$ 行事，得到效用

$$U(s_3''') = -0.0441 - \sum_{i=2}^{3} \beta\delta^{i-2} \times 0.0576 + \beta\delta^8 \times 0.525 \approx 0.109 \quad (12\text{-}47)$$

其中，计划的成绩还是1.05。他再次选择拖延并且在第四天面对的选择是继续坚持 $s_4''' = \{0.24, 0.24\}$ 并获得 $U(s_4''') = -0.0576 - \beta \times 0.0576 + \beta\delta^7 \times 0.525 \approx 0.067$，还是拖延，即选择 $s_4'''' = \{0.23, 0.25\}$，获得 $U(s_4'''') = -0.0529 - \beta \times 0.0625 + \beta\delta^7 \times 0.525 \approx 0.068$。在第四天他仍然选择拖延。在最后一天，学生面对的选择是根据计划 $s_5''' = \{0.25\}$ 学习并获得 $U(s_5''') \approx 0.026$，最后还是放弃，$s_5'''' = \{0.16\}$，获得 $U(s_5'''') \approx 0.031$。

学生最终的实际学习规划简况为 $\{0.17, 0.19, 0.21, 0.25, 0.16\}$，获得的成绩为1，低于之前每个时期计划取得的分数。学生拖延的最终代价为预期考试成绩的近乎20%。[○] 这种成本的产生是由于没有意识到随着考试的临近，他会改变自己对学习期间各天贴现的方式。对于学习期间的前四天，他相信自己在第四天和第五天之间会按照 δ 对学习产生的负效用进行交换权衡。等到第四天到来的时候，他反而按照 β 贴现第五天学习产生的负效用。正是由于 β 贴现随着时间不断地转移解释了拖延行为。

■ 实例12-3 节食减肥

肥胖成为一个世界性的难题，在美国尤其如此。一些经济学家计算出的肥胖和体重超重的经济成本大约为5千亿美元。大约有60%的美国人希望减肥，但是只有15%能够在任何时候都坚持减肥饮食。

假定你是他们并且体重超重，想要进行节食。然而，你每天面临以下选择：吃你喜欢的食物 x^l，这有可能保持你过高的体重，或者吃健康的食物 x^h，[○] 虽然你不是特别喜欢它，但它有可能减轻你的体重。让我们假定人们从吃食物和自己的体重上获得效用，并且两者的瞬时效用是加式可分的。因此在时间 t 的效用可以表示为 $u(x_t, w_t) = u_x(x_t) + u_w(w_t)$，其中，$x_t$ 是在时间 t 的食品消费，$u_x(x_t)$ 是食品消费的效用，w_t 是在时间 t 的体重，$u_w(w_t)$ 是体重的效用。假定吃你喜欢的食物提供的瞬时效用 $u_x(x_l) = u_l$，它要大于吃健康食物的效用 $u_x(x_h) = u_h$。体重要经过很长时间才能改变。让我们假定体重是过去180天的消费加权之和 $w_t = \sum_{i=t-180}^{t-1} \gamma_i x_i$ 产生的结果，并且人们根据 $u(w) = -(\overline{w} - w)^2$ 从体重中获得瞬时效用，其中，$\overline{w}$ 是人们的理想体重。因此，偏离理想体重会产生较低的效用。在任意时刻潜在的节食者面临的决策是（将其放在无限规划期问题框架下）

$$\max_{\{x_t\}_{t=1}^{\infty}} u(x_1, w_1) + \beta \sum_{t=2}^{\infty} \delta^{t-2} u(x_t, w_t) \quad (12\text{-}48)$$

开始时让我们忽略现期，考虑下一个时期的行为。在下一期，人们可以选择吃喜欢的食物或者吃健康的食物。如果他们选择在下一期吃健康食物，他们可获得[○]

$$u(x_1, w_1) + \beta u_h - (\overline{w} - w_2)^2 + \beta \sum_{t=3}^{\infty} \delta^{t-2} u(x_t, w_t(x_2 = x_h)) \quad (12\text{-}49)$$

相反如果他们选择在下一期不吃健康食物，他们会获得

[○] 疑有误，学习规划简况为 $\{0.17, 0.19, 0.21, 0.23, 0.16\}$，获得的成绩应为0.96，学生拖延的最终代价应为预期考试成绩的8.6%。——译者注

[○] 疑有误，根据后文，两个变量的上标应改为下标。——译者注

[○] 疑有误，式（12-49）和式（12-50）的第三项应该为 $\beta(\overline{w} - w_2)^2$。——译者注

$$u(x_1,w_1)+\beta u_l-(\overline{w}-w_2)^2+\beta\sum_{t=3}^{\infty}\delta^{t-2}u(x_t,w_t(x_2=x_l)) \tag{12-50}$$

如果

$$u_h-\sum_{t=3}^{\infty}\delta^{t-2}(\overline{w}-\sum_{i=t-180}^{t-1}\gamma_i x_i|x_2=x_h)^2$$

$$>u_l-\sum_{t=3}^{\infty}\delta^{t-2}(\overline{w}-\sum_{i=t-180}^{t-1}\gamma_i x_i|x_2=x_l)^2 \tag{12-51}$$

或者如果消费的瞬时效用之差小于体重的效用贴现值之差

$$\{\sum_{t=3}^{\infty}\delta^{t-2}(\overline{w}-\sum_{i=t-180}^{t-1}\gamma_i x_i|x_2=x_l)^2$$

$$-\sum_{t=3}^{\infty}\delta^{t-2}(\overline{w}-\sum_{i=t-180}^{t-1}\gamma_i x_i|x_2=x_h)^2\}$$

$$>u_l-u_h \tag{12-52}$$

则他们就会计划在下一期吃健康食物。虽然每一天的消费可能对长期体重只有非常小的影响，但是让我们假定式（12-51）成立。此外，因为时期2之后的每一期都可以用相同的贴现因子和效用函数来描述，如果式（12-51）成立，则在此之后的每个时期人们都会计划吃健康食物。

相应的，考虑时期1。如果式（12-51）成立，则在这个时期如果

$$u(x_h,w_1)+\beta\sum_{t=3}^{\infty}\delta^{t-2}u(x_t,w_t(x_i=x_h,i=1\cdots\infty))$$

$$>u(x_l,w_1)+\beta\sum_{t=3}^{\infty}\delta^{t-2}u(x_t,w_t(x_1=x_l,x_i=x_h,i=2\cdots\infty)) \tag{12-53}$$

或者如果消费的瞬时效用之差小于体重的贴现效用之差，人们会选择吃健康食品。然而，现在所进行的贴现中包含因子 β [一]

$$\beta\{\sum_{t=3}^{\infty}\delta^{t-2}u(x_t,w_t(x_1=x_l,x_i=x_h,i=2\cdots\infty))$$

$$-\sum_{t=3}^{\infty}\delta^{t-2}u(x_t,w_t(x_i=x_h,i=1\cdots\infty))\}$$

$$>u_l-u_h \tag{12-54}$$

式（12-54）的右边与式（12-52）的右边肯定是一样的。式（12-54）的左边等于与式（12-52）的左边乘以 β。如果 β 足够小，则人们会决定今天放纵自己而明天进行节食。当明天来临时问题又出现了。当明天最终到来时，现在对时期3进行 β 贴现而不是时期2。因此，人们再次决定放纵自己，但是计划在时期3进行节食。对于剩余的无限多时期，拟双曲线贴现者会持续计划明天进行节食但是从来不会真正进行节食，体重也从来不会真正的减轻。

[一] 疑有误，式 (12-54) 应为 $\beta\{\sum_{t=3}^{\infty}\delta^{t-2}u(x_t,w_t(x_i=x_h,i=1\cdots\infty))-\sum_{t=3}^{\infty}\delta^{t-2}u(x_t,w_t(x_1=x_l,x_i=x_h,i=2\cdots\infty))\}>u_l-u_h$。该式可以变形为 $\beta\{\sum_{t=3}^{\infty}\delta^{t-2}(\overline{w}-\sum_{i=t-180}^{t-1}\gamma_i x_i|x_1=x_l)^2-\sum_{t=3}^{\infty}\delta^{t-2}(\overline{w}-\sum_{i=t-180}^{t-1}\gamma_i x_i|x_1=x_h)^2\}>u_l-u_h$。——译者注

12.6 公差效应

如果决策者违反了稳定性属性，我们说他们表现出**公差效应**（common difference effect）。回想稳定性属性的要求，如果选择在时间 t 的 x 而非时间 t' 的 x'，则对于所有可能的 k，你必定同样偏好时间 $t+k$ 的 x 而非时间 $t'+k$ 的 x'。要想发现对稳定性的背离，我们必须能够找到一个 k 使得决策者会反转他们的偏好（即使在提供 x 和 x' 时，它们的时间间隔是相同的，有相同的公差）。

塞勒在今天的一个苹果和明天的两个苹果之间进行选择的案例是违背稳定性的一个经典例子。当提供的选择是今天的一个苹果或者明天的两个苹果的时候，许多人选择今天的一个苹果——仅仅为获得一个额外的苹果要等待一天时间太长了。然而，如果对一年后的一个苹果和一年零一天后的两个苹果问我们同样的问题，偏好经常会反转。在等待一年之后，为了消费翻倍而等待一天时间看起来就不是很长的时间了。对于决策者为什么会表现出公差效应，双曲线（拟双曲线）贴现提供了一种解释。对于不同的起始时间，对延迟1期进行的贴现是不同的。因此，对于今天和明天的差异用 β，但是对于一年后和一年零一天后的差异或许用 $\delta>\beta$。实际上，这会导致人们对于遥远未来消费的选择更加有耐心，但是考虑近期消费时很冲动。因此，在近期人们经常会放弃需要等待一小段时间才能得到的更加优异的结果，这有可能导致后悔。

另外一种程序理性解释是认为人们比较相对时间间隔并且按照近似和相似性进行决策。例如，与立即消费相比，等待一天或许显得比较长。与零相比一显得比较大。然而，一年和等待一年零一天看起来几乎是相同的。某些形式的公差效应或许是简化问题时使用的四舍五入误差或者比较效应的结果。

12.7 绝对量效应

人们进行的不同贴现似乎也会依赖于所涉及货币收益的绝对值大小。例如，回想表12-2显示的班齐昂、拉波波特和亚吉尔所进行的试验。注意到对于5 000美元的结果当参与者被问及时，贴现因子在0.85和0.90之间徘徊，随着时间推移没有发生很大变化。相反，当数量较小时，前六个月的贴现因子介于0.62和0.71之间，对于更长的时期最终上升到0.85左右。当涉及更大数量的时候，通常会观察到人们进行的扣减要比较小数量小很多。这些结果与理查德·塞勒发现的非常相似，该结果显示在表12-3中。平均而言，参与者表示他们对现在获得15美元和一年后获得60美元（相当于四倍数量）感觉是无差异的。相反，对于现在获得3 000美元和一年后获得4 000美元（仅相当于1.25倍数量），他们感觉是无差异的。而这是一种非常巨大的差异。

表 12-3 对不同数额和不同时间长度估计出的贴现因子

数额（美元）	时间延迟		
	3个月	1年	3年
15	0.265	0.418	0.613
250	0.578	0.746	0.813
3 000	0.617	0.775	0.813

资料来源：Thaler, R. H. "Some Empirical Evidence on Dynamic Inconsistency." *Economics Letters* 8（1981）：201-207.

一些人认为贴现因子会因为结果大小不同而表现出差异是因为以下事实：研究者没有测量效用，只是测量了结果的货币价值。如果人们表现出货币边际效用递减，则根据对不同时期的不同货币数量是否无差异这样的问题计算贴现因子不会得到决策者实际使用的贴现因子。考虑如果现在的 15 美元和一年后的 60 美元对某人无差异。据此我们就可以计算出**实证贴现因子**（empirical discount factor），即计算出的用货币计量的因子，它满足 $15 = \hat{\delta} 60$，或者 $\hat{\delta} = 0.25$。相反，决策者是通过使用效用函数

$$U(15) = \delta U(60) \tag{12-55}$$

进行计算的。

让我们使用线性形式来近似效用函数，$\hat{U}_{15}(x) = U(15) + U'(15) \times (x - 15)$，[⊖]其中，$U'(15)$ 是在获得 15 美元时的边际效用（或者效用函数的斜率）。之后使用这种近似我们可以将式（12-55）重新表示为

$$U(15) \approx \delta_{15}[U(15) + 45U'(15)] \tag{12-56}$$

图 12-8 用图形显示了这种近似。函数 $\hat{U}_{15}$ 在点 $x = 15$ 处具有不变的斜率并且代表在该点的切线。只要我们在点 $x = 15$ 附近估计出 $\hat{U}_{15}$ 的值，对于 $U(x)$ 它们就应该能提供一个合理的近似值。对式（12-56）进行重新整理，我们得到

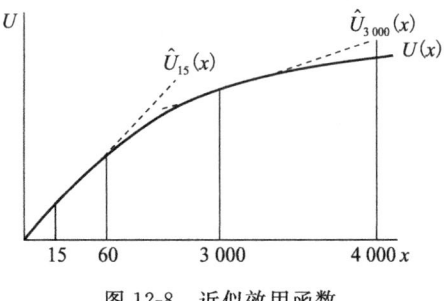

图 12-8 近似效用函数

$$\delta_{15} \approx \frac{U(15)}{[U(15) + 45U'(15)]} \tag{12-57}$$

表 12-3 表明 $\delta_{15} \approx 0.418$，意味着 $\frac{U(15)}{[U(15) + 45U'(15)]} \approx 0.418$。假定 $U(15) = 15$。则 $U'(15) \approx 0.4641$，其在 $x = 15$ 处给我们一个对财富边际效用的近似。相反，如果人们对现在获得 3 000 美元和一年后获得 4 000 美元感觉无差异，则

$$U(3\,000) = \delta U(4\,000) \tag{12-58}$$

现在让我们考虑类似的近似 $\hat{U}_{3\,000}(x) = U(3\,000) + U'(3\,000) \times (x - 3\,000)$，其同样显示在图 12-8 中（虽然明显没有使用等比例尺）。向前面那样代入到式（12-58）中并重新整理，我们得到

$$\delta_{3\,000} \approx \frac{U(3\,000)}{[U(3\,000) + 1\,000U'(3\,000)]} \tag{12-59}$$

我们想要确定的是，在贴现因子对两个决策（现在的 3 000 美元和一年后的 4 000 美元以及现在的 10 美元和一年后的 60 美元）是稳定的条件下，是否有可能观察到人们对现在的 3 000 美元和一年后的 4 000 美元感觉无差异。假定 $\delta_{3\,000} = \delta_{15} = 0.418$。则 $\frac{U(3\,000)}{[U(3\,000) + 1\,000U'(3\,000)]} \approx 0.418$，或者 $U'(3\,000) \approx 0.001\,39 \times U(3\,000)$。此外，由于边际效用递减 $U(3\,000)$ 必定小于 $\hat{U}_{15}(3\,000)$，如图 12-8 所示。因此，

$$U(3\,000) < U(15) + U'(15) \times (3\,000 - 15)$$
$$\approx 15 + 0.464\,1 \times 2\,985 = 1\,400.338\,5 \tag{12-60}$$

因此，

$$U'(3\,000) \approx 0.001\,39 \times U(3\,000) < 1.949 \tag{12-61}$$

⊖ 这通常被称之为在点 $x = 15$ 附近进行泰勒序列近似。在微积分入门课程中你会学到它。

给定$U'(15)≈0.1935$,⊖则任何表现出边际效用递减的效用函数都会明显满足上述条件。也就是说，对现在的3 000美元和一年后的4 000美元感觉无差异或许是由于边际效用递减（额外的1 000美元对于获得者而言并没有那么大的价值）而不是由于增大的贴现因子造成的。因此，虽然我们有某些证据表明对于更大数量的金额扣减不是那么厉害，但是这种结果是否代表真实的潜在偏好我们并不清楚，其或许仅仅是由于我们使用的获取贴现因子的方法存在缺陷造成的。

绝对量效应（absolute magnitude effect）意味着对于大笔金额，贴现更加接近于指数贴现。这意味着相比小额交易，对于大额交易人们表现出时间不一致偏好的可能性要小得多。一些不同的研究者曾经进行过类似的试验，其中一些实验使用真实货币并且收益的数额较大。

■ **实例 12-4　收益、损失和成瘾**

就像人们对大额和小额收益进行不同的贴现一样，人们似乎对收益和损失也进行不同的贴现。例如，对于经过不同等待期之后一笔被强迫偿付的债务数额问题，班齐昂、拉波波特和亚吉尔在其研究中对204名参与者询问了他们对此的偏好。参与者们被告知他们欠一笔特定数额的债务（例如200美元），马上就要到期。不幸的是，他们无钱偿付。相反，给他们提供了一种选择，可以在某些未来时期（例如六个月后）偿付更多的数量。询问参与者需要支付多少才能让他们对现在偿付200美元或以后偿付更多数量感觉无差异。与在收益域进行的实验一样，货币数额以及时间长度会有所不同。

与前面描述的场景相似，对于每一个不同的场景表12-4显示了估计出的贴现因子，其中，假定存在某个货币计量型效用函数。在每一种情况下，与面临收益时相比，参与者在面临损失时要对未来效用进行更少的扣减。当面临损失前景时，未来效用突然变得更有价值了。我们再次看到，更大的数额导致更大的贴现因子，更少的扣减，并且贴现似乎更加接近指数贴现。然而，这种情况更加令人迷惑。数据表明对于现在获得40美元和一年后获得52美元人们是无差异的。使用前面部分类似的分析，这意味着

表 12-4　对不同数额和不同时间长度估计出的贴现因子

数额（美元）	时间延迟			
	6个月	1年	2年	4年
损失				
−40	0.749	0.820	0.838	0.876
−200	0.794	0.857	0.864	0.887
−1 000	0.822	0.866	0.868	0.892
−5 000	0.867	0.905	0.919	0.930
收益（美元）				
40	0.626	0.769	0.792	0.834
200	0.700	0.797	0.819	0.850
1 000	0.710	0.817	0.875	0.842
5 000	0.845	0.855	0.865	0.907

资料来源：Benzion, U., A. Rapoport, and J. Yagil. "Discount Rates Inferred from Decisions: An Experimental Study." *Management Science* 35(1989): 270-284.

⊖ 疑有误，应该为$U'(15)≈0.4641$。——译者注

$$U(40) = \delta U(52) \tag{12-62}$$

将 $\hat{U}_{40}(x)$ 代入式 (12-62) 中使我们得到

$$\delta_{40} \approx \frac{U(40)}{[U(40) + 12U'(40)]} \tag{12-63}$$

表 12-4 表明 $\delta_{40} \approx 0.769$，意味着 $\frac{U(40)}{[U(40) + 12U'(40)]} \approx 0.769$。假定 $U(40) = 40$。则 $U'(40) \approx 1.00$。表 12-3 ⊖ 还意味着人们对于现在支付 40 美元和一年后支付 49 美元感觉无差异。如果对现在支付 40 美元和一年后支付 49 美元感觉无差异，则

$$U(-40) = \delta U(-49) \tag{12-64}$$

将 $\hat{U}_{-40}(x)$ 代入 (12-64) 中我们得到 ⊖

$$\frac{\delta_{-40}}{[U(-40) - 9U'(-40)]} \tag{12-65}$$

我们感兴趣的又是确定同样的贴现因子能否解释以下现象：既对现在获得 40 美元和未来获得 52 美元感觉无差异，又对现在损失 40 美元和未来损失 49 美元感觉无差异。因此，假定 $\delta_{40} = \delta_{-40} = 0.769$。则 $\frac{U(-40)}{[U(-40) - 9U'(-40)]} \approx 0.769$，或者 $U'(-40) \approx -0.033\,8 \times U(-40)$。边际效用递减告诉我们 $U(-40) < \hat{U}_{40}(-40)$，或者

$$U(-40) < U(40) + U'(40) \times (-40 - 40) \approx 40 - 1.00 \times 80 = -40 \tag{12-66}$$

这意味着

$$U'(-40) \approx -0.033\,8 \times U(-40) < 1.335\,1 \tag{12-67}$$

注意到 $1.335\,1 > 1.00 = U'(40)$。因此，贴现因子的这种差异或许是由于边际效用递减造成的，也或许是由于对未来会出现的收益和损失的贴现差异造成的。⊜

收益和损失之间贴现的差异，也被称之为**收益-损失非对称**（gain-loss asymmetry），这曾经在几种环境下被发现。例如，艾米·奥德姆，格雷戈里·马登和沃伦·比克尔进行了几项实验，针对已有疾病询问人们是愿意治本（推迟疗效）还是愿意治标（推后疾病症状出现）。特别的，在他们的研究中让参与者考虑以下假设场景：

在过去两年里，你生病了，因为在过去某个时候，你与某个你不认识但很有魅力的人进行过不安全性行为。因此，在过去两年里你经常感觉很累，有时会头晕。食欲不振，不愿意吃东西。你发现性行为也不像以前那样有吸引力或者令人欢愉。在过去两年里，你经常感冒，小病不离身，有时候要住院治疗。你的体重大幅减轻，变得越来越瘦。因为你的疾病一些朋友不再来看你，和你在一起他们感觉不舒服。想象一下如果不治疗，你的余生就会这样度过，并且在上面描述的时期内你不会死亡。⊛

然后询问两种治疗方法对参与者的无差异程度：一种方法治标不治本，会立刻消除所有症状但是仅仅存活有限一段时间；另一种治疗方法治本不治标，会延后一段时间才能消除所有症状但是会存活更长一段时间。在某个不同的场景下也询问了类似的问题，即由于过去有过不安全性行为的经历，一个健康的人被告知其会有 100% 的可能开始表现出同样的疾病症

⊖ 疑有误，应该为表 12-4。——译者注

⊖ 疑有误，式 (12-65) 应该为 $\delta_{-40} \approx \frac{U(-40)}{[U(-40) - 9U'(-40)]}$。——译者注

⊜ 若 $1 < U'(-40) < 1.335\,1$，则贴现因子的差异或许是由于边际效用递减造成的，否则就会产生矛盾。——译者注

⊛ Odum, A. L., G. J. Madden, and W. K. Bickel. "Discounting of Delayed Health Gains and Losses by Current, Never- and Ex-Smokers of Cigarettes." *Nicotine & Tobacco Research* 4, Issue 3(2002): 295-303, 获得牛津大学出版社准许。

状。然后询问他们对不同治疗方法的看法，其中有些疗法会延迟不同的时间长度出现症状，有些疗法会经过不同的时间长度才能生效。平均而言，人们愿意延迟损失（在这个例子里是症状）而非收益（消除症状）。对于已有疾病，人们考虑治疗方法时，对一年后开始的十年健康状态或者现在开始的 8.85 年健康状态感觉是无差异的。对于新得疾病，在考虑治疗方法时，延迟一年后的十年健康状态与立即开始的 8.25 年健康状态对人们是而言是一样的。虽然与货币结果的例子中发现的效应相似，本例中两个数字之差并不大。

对于经常吸烟的人，这些研究者也进行过相同的实验，并且他们发现了更大的差距（分别是 7.75 年和 5 年）。有趣的是，在那些对不同物质（包括香烟）上瘾的人们之中，有大量的研究发现他们扣减得更多。这个研究和其他研究似乎表明成瘾与进行双曲线贴现之间存在联系。与前面推测偏向中的成瘾模型一样，双曲线贴现通过时间不一致偏好也能解释成瘾行为。本质上，人们会认为第一支香烟的好处足够大，足以超过下一时期对这种物质的更加强烈的需求所产生的负效用。此外，吸烟者或许相信就只是这一次而已，因为在未来他们会用一种近乎于指数模型的方式进行贴现。那时，吸烟者明天会认为吸烟不值得，他们倾向于戒烟。但是就像本章中所有的模型一样，计划的行动不会发生。

12.8 前景理论值函数贴现

对收益-损失非对称性的一种解释是对于损失人们没有表现出货币边际效用递减。乔治·罗文斯坦和德雷泽·普利莱克认为结合双曲线贴现函数与表现出损失厌恶的前景理论值函数（用它来代替标准效用函数），可以实现收益-损失非对称性和绝对量效应两者之间的和谐一致。因此，人们求解

$$\max_{\{c_1, c_2 \cdots\}} V(c_1, c_2 \cdots) = \sum_{i=1}^{T} (1+\alpha t)^{-\frac{\beta}{\alpha}} v(c_i | k) \tag{12-68}$$

其中，如前面章节定义的一样

$$v(c|k) \equiv \begin{cases} u_g(c-k) & \text{如果 } c \geqslant k \\ u_l(c-k) & \text{如果 } c < k \end{cases} \tag{12-69}$$

其中，k 是一个参考点，使得任何高于 k 的消费水平被看作是收益，任何低于 k 的数量被看作损失。通常会去掉参考点将其表示为 $v(z) = v(x-k|0)$。如前面章节定义的一样，u_g 是表现出收益边际效用递减的凹函数，u_l 是表现出损失的边际痛苦递减的凸函数。另外，在参考点附近 u_l 的斜率要比参考点附近 u_g 的斜率更加陡峭，继而产生我们熟悉的如图 12-5 所示的形状[⊖]。在前面的实例中，双曲线贴现因子被用来解释公差效应。但是注意到在式（12-68）中贴现因子不随 c 大小的变化而变化，或者不因为 c 是被看作收益还是损失而变化。相反，收益-损失非对称性以及绝对量效应都是通过值函数的形状来解释的。

在前面我们说明了凹函数在收益域如何解释绝对量效应。相反，收益-损失非对称性不能由完全表现出边际效用递减（凹）的标准效用函数来解释。重新考察前面部分给出的实例。如果损失函数是凸的，则式（12-66）和式（12-67）未必成立，这样矛盾就不会产生。因此，以下情况就有可能发生——对于一年后实现的效用，拥有单一且稳定的贴现因子的人对于现在的 40 美元和一年后的 52 美元感觉无差异，同时也对现在损失 40 美元和一年后损失 49 美元感觉无差异。允许 u_l 为凸消除了由于对未来损失的扣减低于收益而产生的矛盾。为了使

⊖ 疑有误，应为图 12-9。——译者注

该模型与观察到的对完全加式模型的违背协调一致,我们必须对值函数引入三个限制条件。

第一个是**中度损失厌恶**(intermediate loss aversion),其要求对于任何 $c>0$,$v(c)<-v(-c)$。中度损失厌恶要求,与从任何特定数量的消费收益中所得的效用相比,认为同等数量的损失产生更多的效用减少量。这要求值函数在损失域要比收益域更加陡峭。我们称这为中度损失厌恶是因为,相比第3章定义的强损失厌恶这是一个稍弱的条件。任何表现出强损失厌恶的值函数也会表现出中度损失厌恶。然而,有可能找到一个函数,它是中度损失厌恶但不是强损失厌恶的。图12-9显示了一个满足中度损失厌恶的值函数。函数 u_g 围绕原点的镜像产生了虚线部分。很明显 u_l 在任何地方都要低于镜像曲线。

第二个条件是**非对称弹性条件**(asymmetric elasticity condition)。它要求损失的效用要比收益的效用更有弹性。假设 $z_2>z_1>0$ 为货币量。则用弧弹性表示这一条件要求[⊖]

$$\varepsilon(-z_1,-z_2)=-\frac{(z_1+z_2)[v(-z_1)-v(-z_2)]}{(z_2-z_1)[v(-z_1)+v(-z_2)]}>\frac{(z_1+z_2)[v(z_1)-v(z_2)]}{(z_2-z_1)[v(z_1)+v(z_2)]}$$
$$=\varepsilon(z_2,z_1) \tag{12-70}$$

或者用精确弹性表示为,对于任何 $z>0$

$$\varepsilon(-z)=-\frac{zv'(-z)}{v(-z)}>\frac{zv'(z)}{v(z)}=\varepsilon(z) \tag{12-71}$$

其中,ε 是值函数对结果的弹性。这与强损失厌恶的要求非常类似。当与中度损失厌恶结合在一起时,这实际上会产生一个比强损失厌恶限制性更强的条件。弹性条件要求损失曲线的凸度要大于收益曲线的凹度。在图12-9中能够看到这一点,当你沿着损失轴移动时,损失曲线弯向水平的速度要比收益曲线的镜像快。

最后,我们必须要求值函数是**次比例性的**(subproportional)。次比例性要求随着消费绝对数量的增加,值函数的弹性也随之增加。假设货币数量 $z_2>z_1>0$,$0<\Delta<z_1$。我们可以用弧弹性来表示这一条件

$$\varepsilon(z_2,z_2+\Delta)=\frac{(2z_2+\Delta)[v(z_2+\Delta)-v(z_2)]}{\Delta[v(z_2+\Delta)+v(z_2)]}$$
$$>\frac{(2z_1+\Delta)[v(z_1+\Delta)-v(z_1)]}{\Delta[v(z_1+\Delta)+v(z_1)]}$$
$$=\varepsilon(z_1,z_1+\Delta) \tag{12-72}$$

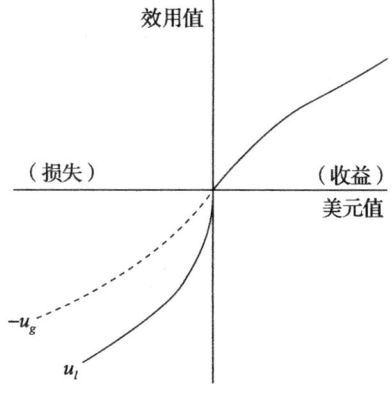

图12-9 中度损失厌恶条件下的前景理论值函数

并且

$$\varepsilon(-z_2,-z_2+\Delta)=\frac{-(2z_2+\Delta)[v(-z_2+\Delta)-v(-z_2)]}{\Delta[v(-z_2+\Delta)+v(-z_2)]}$$
$$>\frac{-(2z_1+\Delta)[v(-z_1+\Delta)-v(-z_1)]}{\Delta[v(-z_1+\Delta)+v(-z_1)]}$$
$$=\varepsilon(-z_1,-z_1+\Delta) \tag{12-73}$$

或者用精确弹性表示为

$$\varepsilon(z_2)=\frac{z_2 v'(z_2)}{v(z_2)}>\frac{z_1 v'(z_1)}{v(z_1)}=\varepsilon(z_1) \tag{12-74}$$

和

⊖ 疑有误,大于号右边应为 $\frac{(z_1+z_2)[v(z_2)-v(z_1)]}{(z_2-z_1)[v(z_1)+v(z_2)]}$。——译者注

$$\varepsilon(-z_2) = -\frac{z_2 \, v'(-z_2)}{v(-z_2)} > \frac{z_1 \, v'(-z_1)}{v(z_1)} = \varepsilon(-z_1) \tag{12-75}$$

该要求对于值函数施加了最低水平的凹度（在损失域情况下为凸度）。在本质上它要求，相对较大的结果之间效用的差值肯定要比两个相对较小但是比例相同的的结果之间效用的差值要小。也可以用另外一种方式表述此条件，即当 $z_2 > z_1 > 0$，$\alpha > 1$ 时，$\frac{v(z_2)}{v(\alpha z_2)} < \frac{v(z_1)}{v(\alpha z_1)}$，次比例性由此得名。

如果现在获得 $z_1 > 0$ 或者未来某个特定时刻获得 $z_2 > z_1$ 对于某人无差异，则 $v(z_1) = \psi(t) v(z_2)$，其中，$\psi(t)$ 是因为延迟时间 t 而使用的某适宜的贴现因子。如果 v 表现出中度损失厌恶，则为了补偿即刻出现的损失 z_1，未来要求的数量要多于 z_2，$-v(-z_1) < \psi(t) v(z_2)$。⊖ 因此，此人会不愿意现在遭受损失 z_1 以在未来获得 z_2。此外，$v(z_1) = \psi(t) v(z_2)$ 可以重新表示为

$$v(z_2) - v(z_1) = \left(\frac{1}{\psi(t)} - 1\right) v(z_1) \tag{12-76}$$

得到偏好的弧弹性

$$\varepsilon(z_1, z_2) = \frac{(z_1 + z_2)\left(\frac{1}{\psi(t)} - 1\right) v(z_1)}{(z_2 - z_1)\left(\frac{1}{\psi(t)} + 1\right) v(z_1)} \tag{12-77}$$

对于损失 z_1 和 z_2，弧弹性为

$$\varepsilon(-z_1, -z_2) = -\frac{(z_1 + z_2)[v(-z_1) - v(-z_2)]}{(z_2 - z_1)[v(-z_1) + v(-z_2)]} \tag{12-78}$$

如果此人表现出偏好弹性的非对称性，则

$$\varepsilon(-z_1, -z_2) = -\frac{(z_1 + z_2)[v(-z_1) - v(-z_2)]}{(z_2 - z_1)[v(-z_1) + v(-z_2)]}$$

$$> \frac{(z_1 + z_2)\left(\frac{1}{\psi(t)} - 1\right) v(z_1)}{(z_2 - z_1)\left(\frac{1}{\psi(t)} + 1\right) v(z_1)} = \varepsilon(z_2, z_1) \tag{12-79}$$

销项可得

$$v(-z_1) > \psi(t) v(-z_2) \tag{12-80}$$

意味着此人偏好今天损失 z_1 胜过在时间 t 损失 z_2。因此，如果 z_3 使得此人对今天损失 z_1 和在时间 t 损失 z_3 感觉无差异，则肯定有 $z_3 < z_2$（或者 $-z_3 > -z_2$）。

在考察收益损失非对称现象时这是很重要的。在询问人们为了某个被放弃的收益或者因为损失需要补偿他们多少钱的时候，会观察到收益-损失非对称现象。从这些货币数量（而非从中可以观察到的效用数值）中我们可以计算出贴现因子。若问你在时间 t 需要多少钱才能让你觉得与今天获得 z_1 无差异，如果你的回答是 z_2。则通过假定存在一个用货币计量的效用函数，就可以让经济学家计算出一个实证贴现因子，即找到满足 $z_1 = \hat{\delta}_g z_2$ 的 $\hat{\delta}_g$，也就是 $\hat{\delta}_g = z_1/z_2$。若询问你在时间 t 需要损失多少才会让你觉得与即刻损失 z_1 无差异，得到的回答 $z_3 < z_2$。这也会得到一个实证贴现因子 $\hat{\delta}_l = z_1/z_3 > z_1/z_2 = \hat{\delta}_g$。因此，弹性的非对称属性意味着行为与收益-损失非对称相符。

⊖ 疑有误，应该为 $-v(-z_1) > \psi(t) v(z_2)$。——译者注

最后，次比例性可以用来解释绝对量效应。考虑某人对于现在获得$z_1>0$和在未来某个时刻t获得αz_1感觉无差异，其中，$\alpha>1$。使用其陈述的无差异情况来计算实证贴现因子，可得到$\hat{\delta}=\dfrac{z_1}{\alpha z_1}=1/\alpha$。现在假定我们询问为了放弃现在的$z_2>z_1$在时间$t$需要多少钱补偿。次比例性要求

$$\varepsilon(z_2,z_2+\alpha z_2)=\frac{z_2(1+\alpha)[v(\alpha z_2)-v(z_2)]}{(\alpha-1)z_2[v(\alpha z_2)+v(z_2)]}>\frac{z_1(1+\alpha)[v(\alpha z_1)-v(z_1)]}{(\alpha-1)z_1[v(\alpha z_1)+v(z_1)]}$$
$$=\varepsilon(z_1,z_1+\alpha z_1) \tag{12-81}$$

上述不等式的两边对应着式（12-71）之中的弧弹性。⊖销项可得

$$\frac{v(z_1)}{v(\alpha z_1)}>\frac{v(z_2)}{v(\alpha z_2)} \tag{12-82}$$

对于现在的z_1和在时刻t的αz_1感觉无差异意味着$v(z_1)=\psi(t)v(\alpha z_1)$或者$\psi(t)=v(z_1)/v(\alpha z_1)$。代入式（12-82）意味着$\psi(t)>\dfrac{v(z_2)}{v(\alpha z_2)}$，因此$v(z_2)<\psi(t)v(\alpha z_2)$，意味着因为延迟收益此人在时间$t$要求的补偿低于$\alpha z_2$。相反假定为了达到无差异，此人需要获得$z_3<\alpha z_2$。则隐含的实证贴现因子为$\hat{\delta}=\dfrac{z_2}{z_3}>\dfrac{z_2}{\alpha z_2}=1/\alpha$。因此，如果满足次比例性，此人必定会表现出绝对量效应。

■ 实例 12-5 现在还是以后

缺乏耐心可以导致我们希望好的事情尽早而不是延后发生。许多跨期选择问题的核心是，为了提前消费我们愿意支付多少钱，或者为了延后消费我们愿意接受多少钱。假定今天你购买了一张你最喜欢的餐馆的礼品券，价值100美元，并且，支付的是你愿意支付的最大数量。今天需要补偿你多少钱才能让你六个月内不使用这张礼品券？

乔治·罗文斯坦在沃顿商学院向一组MBA学生询问这个问题，获得的平均答案是23.85美元。用$U(g,w)$表示瞬时效用，其中，g表示任意礼品券的价值，w表示人们额外拥有的所有财富的价值。对于两种状态：当前状态（在这种状态下他按照最大支付意愿购买了礼品券）以及另一种补偿后状态（在这种状态下，他购买了礼品券，并且因为六个月不使用礼品券而获得了补偿），此人必定是感觉无差异的。在购买礼品券之前，他获得的效用为$U(0,w_1)+\psi(6)u(0,w_2)$。设v_{now}为获得现在就可以使用的价值100美元的礼品券他愿意支付的最大数量。则当前效用与花费v_{now}购买礼品券后的效用$U(100,w_1-v_{\text{now}})+\psi(6)u(0,w_2)$对他而言肯定是无差异的。另外，现在支付$v_{\text{now}}$购买后，如果收到额外的23.85美元就保证后面六个月不使用礼品券所获得的效用$U(0,w_1-v_{\text{now}}+23.85)+\psi(6)u(100,w_2)$，与上述两个效用值对他而言肯定也是无差异的。这些无差异关系意味着：

$$U(0,w_1)+\psi(6)u(0,w_2)=U(100,w_1-v_{\text{now}})+\psi(6)u(0,w_2)$$
$$=U(0,w_1-v_{\text{now}}+23.85)+\psi(6)u(100,w_2) \tag{12-83}$$

相反，让第二组MBA学生考虑以下场景——在这个场景中他们要购买一张六个月后可用的价值100美元的礼品券并且支付他们愿意支付的最大数量。然后询问他们为了现在使用这张礼品券他们愿意花多少钱。他们的答案平均是10.17美元，大约是因为等待所要求补偿的数额的一半左右。对于下述状态：当前状态、今天支付六个月后才能使用的礼品券的状态

⊖ 疑有误，$\varepsilon(z_2,z_2+\alpha z_2)$和$\varepsilon(z_1,z_1+\alpha z_1)$应该为$\varepsilon(z_2,\alpha z_2)$和$\varepsilon(z_1,\alpha z_1)$。另外，该不等式的两边对应着式（12-72）之中的弧弹性。——译者注

$U(0, w_1 - v_{later}) + \phi(6)u(100, w_2)$，以及购买了礼品券后为了现在使用额外支付 10.17 美元的状态，他肯定感觉是无差异的。这些无差异关系意味着：

$$U(0,w_1) + \phi(6)u(0,w_2) = U(0,w_1 - v_{later}) + \phi(6)u(100, w_2)$$
$$= U(100, w_1 - v_{later} - 10.17) + \phi(6)u(0, w_2) \quad (12\text{-}84)$$

注意到式（12-83）和式（12-84）中的第一项是相同的，因此式中所有项都是相等的。这意味着

$$U(100, w_1 - v_{now}) + \phi(6)u(0, w_2)$$
$$= U(100, w_1 - v_{later} - 10.17) + \phi(6)u(0, w_2) \quad (12\text{-}85)$$

这要求 $v_{now} = v_{later} + 10.17$。另外

$$U(0, w_1 - v_{now} + 23.85) + \phi(6)u(100, w_2)$$
$$= U(0, w_1 - v_{later}) + \phi(6)u(100, w_2) \quad (12\text{-}86)$$

这要求 $v_{now} = v_{later} + 23.85$，这显然是一种矛盾。事实上，完全加式模型总是要求因提前消费而愿意支付的数额应该等于因延迟消费而愿意接受的数额。

这种对完全加式模型的违背，被称为**延后-提前非对称**（delay-speedup asymmetry），这是许多环境下都发现的一种常见现象。为了提前消费人们愿意支付的数量是为了延后消费所愿意接受数量的 1/4～1/2。

给定中度损失厌恶，值函数为这种现象提供了一种解释。在这种情况下，对问题的措辞表述造成了这种差异。在使用值函数解释行为时，前期财富是没有纳入参考点的。在任何交易之前效用的计算现在要根据 $v(0,0) + \phi(6)v(0,0)$ 进行，其中，$v(g, w)$ 这个数值是由于礼品券相对于参考点价值 g 发生变化以及财富相对于参考点 w 发生变化而得出的。在以价格 v_{now} 购买现在可以使用的价值 100 美元的礼品券的时候，函数值为 $v(100, -v_{now}) + \phi(6)v(0,0)$。人们在最初按照最大支付意愿购买礼品券的时候会满足以下条件

$$v(0,0) + \phi(6)v(0,0) = v(100, -v_{now}) + \phi(6)v(0,0) \quad (12\text{-}87)$$

然后询问他延后六个月进行消费他会需要多少补偿。但是在这个时候，消费已经被纳入到参考点，为礼品券最初支付的数额也是如此。因此，人们会将拥有价值 100 美元的礼品券以及初始财富减去 v_{now} 看作是参考点，这时会获得 $v(0,0) + \phi(6)v(0,0)$。在六个月内放弃使用礼品券在这段时期被看作是一种损失，但是在未来被看成是收益，并且因为等待而收到的 23.85 美元的支付额被看成当期的收益，因此得到 $v(-100, 23.85) + \phi(6)v(100, 0)$。因此无差异意味着

$$v(0,0) + \phi(6)v(0,0) = v(-100, 23.85) + \phi(6)v(100, 0) \quad (12\text{-}88)$$

相反，付款购买六个月后才会收到的优惠券会产生以下无差异关系

$$v(0,0) + \phi(6)v(0,0) = v(0, -v_{later}) + \phi(6)v(100, 0) \quad (12\text{-}89)$$

然后，当询问人们为了即刻消费他们愿意支付多少时，他们已经将购买价格看作参考点的一部分。他们再次要寻找的是这样一笔钱，使得他们对于现在新的参考点 $v(0,0) + \phi(6)v(0,0)$ 以及在本期获得和未来损失 100 美元优惠券 $v(100, -10.17) + \phi(6)v(-100, 0)$ 感觉无差异。因此无差异意味着

$$v(0,0) + \phi(6)v(0,0) = v(100, -10.17) + \phi(6)v(-100, 0) \quad (12\text{-}90)$$

因为对问题的措辞表述，为了延后消费所做的 23.85 美元的补偿是作为收益进入函数的，为了提前消费支付的 10.17 美元被记录为损失。中度损失厌恶要求对于任何正数 x，$v(x) < -v(-x)$。因此，23.85 美元的收益对效用的影响要小于等量损失的影响。

实证证据表明对损失的估值大约是等量收益的两倍左右，这对延后-提前非对称提供了

一种解释。结合式（12-88）和式（12-90），[一] 我们得到

$$v(-100, 23.85) = v(0, -v_{\text{later}}) \tag{12-91}$$

或者说损失掉以下数量——为以后的消费所愿意支付的最大数量，等价于损失掉礼品券并且获得23.85美元的收益。考虑到后面时期的礼品券所处的不同状态，我们无法进行其他比较。在比较延后-提前问题时，这种模型没有产生背离，因为函数值是通过不同的函数得出的。当延后消费时，礼品券是作为现在的损失和以后的收益进行评估的。当提前消费时，它是作为现在的收益和以后的损失进行评估的。因此，这时并不仅仅涉及贴现因子，同时还涉及收益和损失函数形状的差异，两者共同允许了非对称行为的出现。

值得注意的是延后-提前非对称主要是在货币结果或者在其他具有普通价值的物品上观察到的。当我们考察涉及强烈感情色彩的事件时，人们的行为方式会非常不同。乔治·罗文斯坦曾经询问一些参与人如果可以立刻获得他们所选电影明星的吻，他们最大的支付意愿是多少。然后询问如果在未来几个不同时期发生同样的事件他们的最大支付意愿。同样的，还询问参与者如果让他们立刻或者在未来的一些时间段接受120V电击，需要支付给它们多少钱。这些实验的结果显示在图12-10中。

人们会将获得所选电影明星的吻看作正面事件。然而，延后亲吻的时间长度如果在一年以内的话，人们愿意支付更多的数量。但是，如果等待十年的话，会导致非常大的扣减。相反，接受电击虽然不会导致死亡，但一般会被认为是一种

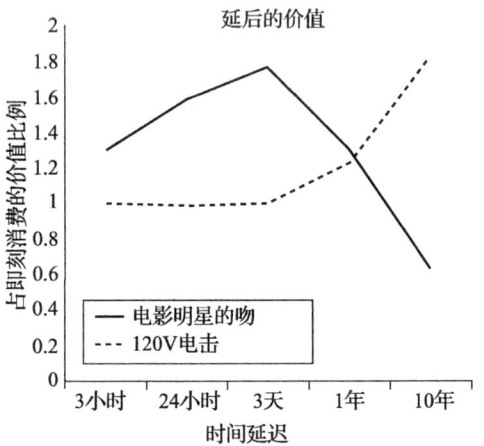

图12-10 中度损失厌恶的前景理论值函数
资料来源：Loewenstein, G. "Anticipation and the Valuation of Delayed Consumption." *Economic Journal* 97(1987)：666-684, John Wiley & Sons, Inc.

令人不悦的经历，这通常意味着人们偏好将其延后。然而相反的是，与立刻接受电击相比，如果要在未来接受电击，必须补偿参与者更多的数量。在这两种情况下，延迟事件所产生的价值似乎不受事件本身的价值影响，而是受对事件的预期影响。热吻是短暂事件。如果立刻热吻梦想中的电影明星，你没有多少时间享受事件本身，之后他会成为一种记忆。相反，如果三天后它才会发生，那么你就能够和你的朋友们谈论它，幻想它，从期待中获得愉悦。同样的道理，如果立刻接受120V电击，它会很快结束。然而，如果你被告知会在十年后接受电击，你会用后面十年的时间担心害怕体验电击的那一刻。预期和恐惧在许多跨期决策中都是重要的因素，会导致不符合直觉的行为。

历史说明

双曲线贴现函数源自古典心理学。该函数是由心理学家乔治·安斯利在研究动物奖励性实验时提出的。许多标准的心理学实验都会因为执行某些任务而对动物们进行奖励。例如，老鼠会因为按压某个杠杆而获得一小块食物，鸽子在啄某个按钮几次以后也会获得一些食物，等等。随着时间的推移，实验者开始意识到向动物提供的刺激的强度是行动时刻与获得奖励时刻两者时间间隔的双曲线函数。安斯利开始比较人们对延后消费偏好的考察数据。他

[一] 疑有误，应该是结合式（12-88）和式（12-89）。——译者注

研究了决策者对一些问题的回答，这些问题有关人们对现在的一笔钱或消费和将来某个时刻的一笔钱或消费的无差异程度，在此过程中他发现了公差效应。另外，作为一名心理学家安斯利所受的训练使他意识到贴现函数的形状要比熟悉的指数曲线更加凸。继而他提出了一个贴现模型，该模型与前景理论值函数在行为经济学中几乎是无所不在的。到目前为止，这两个模型对经济学领域的影响要远远大于源自行为经济学的其他任何模型创新。

传 记

罗伯特 H. 史托斯（1922—1994 年）

博士，芝加哥大学，1951 年；在西北大学和伊利诺伊大学（位于芝加哥海港）担任教职。

罗伯特·史托斯出生在伊利诺伊州，在西北大学度过了自己几乎全部的职业生涯。1942 年在完成自己经济学的本科学业后，他年仅 20 岁就被征召入伍参加二战。他的大部分时间在欧洲服役，进行军队情报工作。他的部分工作包括使用计量和统计模型来估计德国被占领地区人口必要的物资供给。他对经济计量技术的兴趣使得他在战后几年里在欧洲继续相关学习。完成这段时期的训练后他回到美国获得了他的博士学位。在获得博士学位之前四年，他就开始受雇于西北大学。他对经济学的贡献包括福利理论、关于行为的经济理论和计量经济学。他的很多研究成果是关于福利经济学基本原则的：效用是否可以测度？收入应该如何分配等。另外，他对计量经济学的实践应用和解释也做出了巨大贡献。他对动态选择的行为模型的研究实际上可以看作是他对福利经济学兴趣的一个分支。他提出的一般模型已经成为现代行为经济学家考察时间不一致偏好的基点。史托斯是很多享有很高盛誉的经济学期刊编委会成员之一，其中他在《计量经济学杂志》做了 15 年编辑。他还曾做过一段时间芝加哥联邦储备银行的主席。1970 年他被任命为西北大学的校长，在此期间他对该学府的成长和焕发活力做出了巨大贡献。许多人认为史托斯的领导是吸引教工和捐赠资金的关键，这些使得西北大学成为世界一流的研究型大学之一。

思考题

1. 许多人将双曲线贴现描述为极端偏向现期消费。请说明这种说法为什么是错误的。在直觉上解释双曲线贴现对涉及跨期选择的决策会产生什么影响。

2. 天真型双曲线贴现导致人们做出从来不会执行的计划。然而，人们有很多原因不会执行计划。导致人们放弃未来计划的其他原因是什么？是什么将因为双曲线贴现而不执行计划和因为其他原因不执行计划区分开来？双曲线贴现者会不会因为不执行计划而后悔？

3. 许多人会表现出某种程度的双曲线贴现。一些业务因为对这种类型的短期放纵提供支持而变得繁荣。例如一些企业提供薪金预支贷款——设计出的有极高利率的短期贷款，要求人们在下一次发放薪水时偿付。

   (a) 假定你正在考虑开设一家这种类型的薪金预支贷款公司。考虑到双曲线贴现者经常无法坚持计划。如何对贷款进行精心安排才能保证偿付？使用双曲线贴现模型来论证你的观点。

   (b) 绝对量效应表明，对于较大的数额人们更趋向于具有时间一致性。对于消费者贷款（或者短期贷款）以及做大额信贷的银行贷款之间的结构安排差异，它是如何解释的？

   (c) 彩票经常会向获奖者提供以下选择：每年收到一笔相对较小的支付额（多年的支付额相加等于全部奖金）或者一次性支付

（但是会有大额扣减）。请描述时间不一致如何影响彩票获奖者的决策。在经过一段时间之后彩票获奖者会如何看待他们的决策？

4. 哈珀正在一家沙滩酒店度过三天的周末假期。在到达的时候，哈珀买了一夸脱冰激凌，他必须在接下来的三天里分配冰激凌的消费。冰激凌消费的瞬时效用为 $U(c) = c^{0.5}$，其中，c 是用夸脱测度的消费量，因此瞬时边际效用为 $0.5c^{-0.5}$。

(a) 假定哈珀根据完全加式模型对未来消费进行贴现，每天的贴现因子 $\delta = 0.8$。求解三天的最优消费规划（找到使得每天消费的贴现边际效用相等的数量并且让它们相加等于1）。

(b) 现在假定哈珀根据拟双曲线贴现模型对未来消费进行贴现，$\beta = 0.5$，$\delta = 0.8$。描述周末第一天的最优消费计划。在第二天和第三天消费计划会如何改变？

(c) 到目前为止，模型剔除了哈珀会购买更多冰激凌的可能性。实际上，如果最后一天的消费量过低，哈珀或许开始考虑再一次购买冰激凌。讨论一下双曲线贴现对食品消费或者其他有限资源消费的影响。

5. 考虑实例12-3中的节食问题。设 $\delta = 0.99$，$u_l = 2$，$u_h = 1$，对于所有的 i，$\gamma_i = \frac{1}{180}$，$\overline{w} = 140$。假定在第一个时期初始体重为200。在此人真正进行节食而非仅仅是计划未来节食的时候，β 需要有多大？使用等比数列求解这个问题的解析解。

参考文献

Ainslie, G.W. *Picoeconomics*. Cambridge, UK: Cambridge University Press, 1992.

Benzion, U., A. Rapoport, and J. Yagil. "Discount Rates Inferred from Decisions: An Experimental Study." *Management Science* 35(1989): 270–284.

Bishop, J.A., J.P. Formby, and L.A. Zeager. "The Effect of Food Stamp Cashout on Undernutrition." *Economic Letters* 67(2000): 75–85.

Loewenstein, G. "Anticipation and the Valuation of Delayed Consumption." *Economic Journal* 97(1987): 666–684.

Loewenstein, G. "Frames of Mind in Intertemporal Choice." *Management Science* 34(1988): 200–214.

Loewenstein, G., and D. Prelec. "Anomalies in Intertemporal Choice: Evidence and an Interpretation." *Quarterly Journal of Economics* 107(1992): 573–597.

Odum, A.L., G.J. Madden, and W.K. Bickel. "Discounting of Delayed Health Gains and Losses by Current, Never- and Ex-Smokers of Cigarettes." *Nicotine & Tobacco Research* 4 (2002): 295–303.

Strotz, R.H. "Myopia and Inconsistency in Dynamic Utility Maximization." *Review of Economic Studies* 23(1955-56): 165–180.

Thaler, R.H. "Some Empirical Evidence on Dynamic Inconsistency." *Economics Letters* 8(1981): 201–207.

Wilde, P.E., and C.K. Ranney. "The Monthly Food Stamp Cycle: Shopping Frequency and Food Intake Decisions in an Endogenous Switching Regression Framework." *American Journal of Agricultural Economics* 82(2000): 200–213.

第 13 章

承诺与解除承诺

由于双曲线贴现而进行拖延的故事是一个令人感兴趣的问题，但是它似乎需要拖延者有点蠢，或者用经济学的话来说有点"天真"。由于双曲线贴现，人们或许意识到他们应该进行节食，但是由于对明天消费效用的较大扣减他们会推迟节食到明天。但是当明天来临时，对下一天又要进行较大的扣减，导致将节食再推迟一天。那么人们要连续推迟节食多少天才会意识到他们的行为正在阻止自己达成目标呢？同样地，直到考试前最后一天，人们会推迟学习多少次才会注意到自己的行为对成绩的影响呢？如果决策者开始意识到时间不一致问题，他会如何反应呢？

首先考虑那个想要节食的人。每次都想要进行节食但是又以"仅此一次"为借口推迟它，这样几次之后，节食者会意识到"仅此一次"已经成为一个永恒的借口。他需要的是以某种方式将自己现在的偏好强加于未来的自己身上。节食者或许会在厨房里穿梭，决定扔掉诱惑自己破坏明天节食计划的所有食物。除非需要极端努力（即使对于双曲线贴现者也望而生畏的努力程度），否则冰激凌和饼干会被扔掉，或许在路上还会吃上几小口，如此在明天节食者就无法破坏自己的节食计划。如果想要节食的人能够使得破坏计划的成本足够大，他就可以执行计划，以短期不能挥霍为代价达成长期目标。

承诺机制（commitment mechanisms）在我们的经济生活中是普遍存在的。其中某些机制作为一种手段而存在，它允许行为人向他人保证其是真心诚意进行谈判的，例如给工人的合同，但是，其他机制似乎与理性决策模型不相容。承诺机制缩小了未来能够得到的可选机会集合。在所有情况下，理性决策者都会认为选择集合的缩减在最好的情况下也不会改善决策者的状况。另一方面，理性决策者不会考虑付出成本去设计承诺机制。考虑我们熟悉的奥德修斯的故事，他和他的船员们航行时必须经过海妖塞壬的所在地。女神赛丝警告他海妖塞壬的歌声是无法抵抗的，所有听到歌声的人都会不知不觉地屈辱死去，他们的船会撞上岛屿附近犬牙交错的岩石而失事沉没。没有水手能够逃过诱惑，即使他们听说过这个传说。

奥德修斯命令他的船员们用蜡堵上耳朵，因此他们就无法听到歌声继而不受诱惑，这样仍然能够选择将船驶向哪里。奥德修斯进一步下令让水手将他绑在桅杆上以避免他逃跑。如此这般被绑在桅杆上，他会面临诱惑，但是无法选择将船驶向海妖塞壬歌声的方向。这样他就成为唯一一个听到过歌声并且活下来的人。通过限制自己的选择集合，他就可以沉迷在歌声之中，但是又不会屈服于与之相伴的诱惑。在这个例子中，他会认为如此承诺会改善自身状况，因为如果不这样约束自己他会做一些伤害自己的事情。也就是说，为了让自己被绑在桅杆上说得通，奥德修斯肯定相信自己会做出错误的选择。同样的道理，那些意识到自己的时间不一致性的人可以使用承诺机制把自己绑在桅杆上。

13.1 理性与承诺的可能性

完全加式指数贴现模型预测人们会表现出时间一致偏好。这时候，人们没有预先承诺坚持某条特定路径的想法，因为不管怎样他们知道自己最终会采取偏好的路径。在理性模型中不存在让人做其他事情的诱惑。再次考虑第 12 章中介绍的完全加式模型，在该模型中决策者求解下式

$$\max_{\{c_1,c_2,\cdots\}} U(c_1,c_2,\cdots) = \max_{\{c_1,c_2,\cdots\}} \sum_{i=1}^{T} \delta^{i-1} u(c_i) \tag{13-1}$$

决策者受到所面临的预算的约束。该模型假定消费者在初始时期要完全确定自己的整个消费路径，即每一个单独时期的消费数量。因此，该模型实际上假定消费者能够承诺坚持式（13-1）解出的消费路径。相反，如果我们尝试建模表示消费者无法坚持消费路径的情况，则模型必须反映以下情形——消费者在确定这一期的消费水平时依据的是他们认为自己在未来会怎样做。因此，在时期 t，消费者求解**递归优化问题**（recursive optimization problem）：⊖

$$\max_{c_t < w_t}\{u(c_t) + \delta \max_{c_{t+1} < w_{t+1}}\{u(c_{t+1}) + \delta^2 \max_{c_{t+2} < w_{t+2}}\{u(c_{t+2}) + \cdots\}\} \tag{13-2}$$

其中，w_t 是时期 t 的预算约束，依赖于前面所有时期的消费。

式（13-2）初看起来有些难以解释。给定每个未来时期，消费者也会按照最大化消费效用的原则行事，在此条件下他们最大化这一期消费的效用。在一个有限规划期问题中最容易看出这一点。考虑消费者拥有初始财富 w，并且必须将其分配给三个时期的消费。第三期过后他们就会死去，不可能再有进一步的消费。进一步假定一单位消费的成本就是一单位财富。然后，当消费者要决定第一个时期的消费时，他们预期到他们在第二和第三期会面临的最大化问题。一般消费情况下的完全连续问题在本章章末的高级概念部分进行了讨论。举一个简单例子，考虑一个离散选择问题，在第一期和第二期，劳动者可以决定去工作并获得瞬时效用 w，可以决定怠工并获得瞬时效用 s，其中，$s > w$。在第三期，劳动者根据过去的工作天数每天获得 10 美元，产生的瞬时效用为 $u(10x) = 10x$，其中，x 是已工作的天数。在第三期劳动者没有什么行动可以采取，因而他们仅仅获得支付工资的瞬时效用。给定劳动者在第一期的行动，如果考虑他们在第二期面临的选择，他们必定会求解

$$\max_{z_2 = \{w,s\}} z_2 + \delta \times 10x \tag{13-3}$$

其中，z_i 是在时期 i 的行动，并且

$$x = \begin{cases} 2 & \text{如果} \quad z_1 = w, z_2 = w \\ 1 & \text{如果} \quad z_1 = w, z_2 = s \\ 1 & \text{如果} \quad z_1 = s, z_2 = w \\ 0 & \text{如果} \quad z_1 = s, z_2 = s \end{cases} \tag{13-4}$$

只要

$$w + \delta(x_1 + 10) > s + \delta x_1 \tag{13-5}$$

⊖ 疑有误，应为 $\max_{c_t < w_t}\{u(c_t) + \delta \max_{c_{t+1} < w_{t+1}}\{u(c_{t+1}) + \delta \max_{c_{t+2} < w_{t+2}}\{u(c_{t+2} + \cdots)\}\}\}$。——译者注

他们就会选择去工作，x_1 是第一个时期所选择的行动产生的收益。上式可以重新表示为

$$10\delta > s - w \tag{13-6}$$

让我们假设实际情况就是如此，因此不论在第一期选择什么行动，劳动者会在第二个时期选择去工作。然后，在第一个时期，劳动者面临的问题是

$$\max_{z_1 = \{w,s\}} \{z_1 + \delta \max_{z_2 = \{w,s\}} (z_2 + \delta \times 10x)\} = \max_{z_1 = \{w,s\}} z_1 + \delta w + \delta^2 (x_1 + 10) \tag{13-7}$$

其中，第二项和第三项结果是因为劳动者不管第一期的决策是什么，在第二期都会选择去工作。如果

$$w + \delta w + \delta^2 20 > s + \delta w + \delta^2 10 \tag{13-8}$$

或者重新表示为

$$\delta^2 10 > s - w \tag{13-9}$$

劳动者会在第一期决定去工作。让我们假定实际情况并非如此，即因为第一期工作的贴现收益 $\delta^2 10$ 要小于怠工和工作之间效用的差 $s-w$，劳动者实际上决定怠工。例如，假定 $s=3$，$w=-2$，$\delta=0.7$。则从式（13-6）可得 $10\delta=7$，大于 $s-w=5$，意味着劳动者在第二期决定去工作。然而 $10\delta^2=4.9$，小于 $s-w=5$。因此根据式（13-9），劳动者会选择在第一期怠工。因此，递归优化问题导致劳动者在第一期怠工，第二期去工作并且在第三期获得 10 美元的工资。

这种求解决策最优序列的方法被称之为**逆推法**（backward induction），经济学家在建模表示决策者对未来行为（他们自己或者他人的行为）的预期时经常使用这种方法。该模型在本质上假设劳动者在每个时期都会进行优化，附加的条件是假定在随后的每个时期他都会进行再优化。在建模表示涉及多个参与者进行序贯决策的博弈时，逆推法是经济学家最常使用的方法。就可能存在时间不一致性的决策者的例子而言，它也可以被看作是一个博弈，涉及几个不同自我的决策，每项决策对应着一个时期的优化。逆推法得到的最优计划，考虑到了存在时间不一致偏好的可能性。然而，在进行指数贴现的情况下，决策者不应该表现出时间不一致偏好。

要明白这一点，考虑来自式（13-1）的标准完全加式模型。以我们劳动者的例子为背景，在第一期他会简单的求解

$$\max_{z_1, z_2 \in \{w,s\}} z_1 + \delta z_2 + \delta^2 10x \tag{13-10}$$

在这个问题中有几种可能性，所有可能选择的效用可以表为

$$U(z_1, z_2) = \begin{cases} w + \delta w + \delta^2 20 & \text{如果} \quad z_1 = w, z_2 = w \\ w + \delta s + \delta^2 10 & \text{如果} \quad z_1 = w, z_2 = s \\ s + \delta w + \delta^2 10 & \text{如果} \quad z_1 = s, z_2 = w \\ s + \delta s & \text{如果} \quad z_1 = s, z_2 = s \end{cases} \tag{13-11}$$

从式（13-11）我们注意到可能的选择 $(z_1=w, z_2=w)$ 和 $(z_1=s, z_2=w)$ 与式（13-7）中递归问题可以进行的选择是相同的。在这两个选项中，劳动者会再次选择 $(z_1=s, z_2=w)$，表明不存在时间不一致偏好。如果有任何机会出现时间不一致偏好，那么它肯定来自于其他选项中的一个。但是来自式（13-7）的两个选择中的任何一个都占优于其他选项中的任何一个。只有在

$$s + \delta s > s + \delta w + \delta^2 10 \tag{13-12}$$

时才会选择 $(z_1=s, z_2=s)$，不等式的右边是来自 $(z_1=s, z_2=w)$ 的效用，上式意味着 $10\delta < s-w$。但是这与从式（13-6）得出的假设相矛盾。只有在

$$w + \delta w + \delta^2 20 > s + \delta w + \delta^2 10 \tag{13-13}$$

时才会选择($z_1=w$, $z_2=w$)，不等式的右边是来自($z_1=s$, $z_2=w$)的效用，上式意味着$\delta^2 10 > s-w$。但是我们也已经假设实际情况并非如此。因此，时间不一致偏好是不可能存在的。

一般而言，在指数贴现条件下，给定前$n-1$个选择，从第n期决策者的角度来看其在第n期的决策问题，与从第一期角度来看的优化问题总是有相同的解。逆推法只能够剔除从第一期决策者的角度来看被占优的选择。这是因为在第n期后每一期相对于第n期都是按照δ进行贴现的，与从第一期的角度来看恰好是一样的。稳定性属性保证逆推法与标准优化问题绝对不会产生冲突。不管t的值是多少，在对时期t和$t+\Delta$的消费进行权衡抉择时，稳定性告诉我们指数贴现导致的偏好会保持不变。因此，第二期与第三期相差一期的事实使得时期2的决策奏效，而不管从决策者的角度来看遥远的时期2到底相距有多远。

因此，在指数贴现情况下，决策者不必担心会将他们现在的意志强加在未来的自己身上。决策者不会表现出时间不一致偏好；不管他们是致力于坚持今天的消费路径（如式（13-1）所示）还是仅仅致力于坚持今天的消费水平（如式（13-2）的递归优化问题所示），他们今天关于未来消费的偏好都会实现。与坚持标准优化问题求解出的消费路径一样，选择递归优化问题得到的消费路径意味着会恰好得到相同的效用水平。承诺坚持现在的消费路径会得到($z_1=s$, $z_2=w$)所描述的效用流量。不承诺坚持也会得到($z_1=s$, $z_2=w$)所描述的效用流量。实际上两者是相等的，因此决策者应该不会愿意为了获得某种承诺机制而放弃任何东西。

13.2　时间不一致条件下的承诺

考虑某个老练的人，他面对同样的三期消费问题，但是根据拟双曲线贴现模型贴现未来效用。如果某个决策者能够承诺致力于坚持某个消费路径，他会选择

$$\max_{\{c_1,c_2,\cdots\}} u(c_1) + \sum_{i=2}^{T} \beta\delta^{i-2} u(c_i) \tag{13-14}$$

并受到适用的任何预算的约束。因此，决策者会选择最大化当前感知效用的消费路径，并且将这一消费流强加在未来的自己身上（未来的自己可能并不情愿）。

在无法获得可靠的手段使自己致力于坚持未来行动时，人们必须通过求解递归优化问题来预期自己未来的行动。只不过现在由于拟双曲线贴现函数，问题要比式（13-2）所描述的问题更加复杂一些。相应地，决策者必须求解

$$\max_{c_1} u(c_1) + \sum_{i=2}^{T} \beta\delta^{i-2} u(c_i^*) \tag{13-15}$$

其中，c_i^*被递归定义为求解

$$\max_{c_i} u(c_i) + \sum_{j=i+1}^{T} \beta\delta^{j-2} u(c_j^*) \tag{13-16}$$

其中，每一个时期的预算集合是以前面所有时期的消费决策为条件的。如果决策者的行事方式就好像他们在求解递归优化问题一样，我们称这样的决策者为**老练型的**（sophisticated），我们称那些求解标准优化问题（如式（13-1）所示）的人为**天真型**（naive）或者**自我约束型的**（committed），这要依语境而定。老练型决策者预测他们未来的行为，天真型决策者不会根据某时期相对其他时期贴现方式的变化来考虑未来计划会如何变化。相应地，那些约束自己致力于坚持某个特定消费路径的人也会求解式（13-1），因为他们不需要担心自己未来的行为。约束或承诺机制保证行为符合他们当前的偏好。

要得到对该模型含义的一些直觉认识，考虑前面部分给出的三期模型，只不过现在假定劳动者根据拟双曲线模型进行贴现，参数为 β 和 δ。和前面一样我们可以通过逆推法求解这个问题。在第三期，劳动者没有面临选择，只是获得以前行动的收益。因此，我们开始从第二期劳动者的角度考虑相关选择。这时候，劳动者会求解

$$\max_{z_2=\{w,s\}} z_2 + \beta \times 10x \tag{13-17}$$

只要

$$w + \beta(x_1 + 10) < s + \beta x_1 \tag{13-18}$$

他们就会选择怠工，x_1 是第一个时期所选行动产生的收益。上式可以重新表示为

$$10\beta < s - w \tag{13-19}$$

让我们假设实际情况就是如此，因此不论第一期发生了什么，劳动者在第二期会选择怠工。然后，在第一期，劳动者会求解

$$\max_{z_1=\{w,s\}} \{z_1 + \beta \max_{z_2=\{w,s\}}(z_2 + \delta \times 10x)\} = \max_{z_1=\{w,s\}} z_1 + \beta s + \beta\delta x_1 \tag{13-20}$$

其中，第二项和第三项是因为劳动者不管第一期的决策是什么在第二期选择怠工的结果。如果

$$w + \beta s + \beta\delta 10 > s + \beta s \tag{13-21}$$

或者重新表示为

$$10\beta\delta > s - w \tag{13-22}$$

劳动者会在第一期决定去工作。但是如果式（13-19）成立，式（13-22）就不能成立。因此，劳动者在两个时期都会选择怠工，并且无法获得任何收入。

如果劳动者在第二期能够坚持工作计划并且不能改变自己的想法，我们可以将在此条件下做出的选择与上面的解进行对比。则劳动者在第一期会求解

$$\max_{z_1, z_2 \in \{w,s\}} z_1 + \beta z_2 + \beta\delta 10x \tag{13-23}$$

与前面的过程一样，这相当于最大化函数

$$U(z_1, z_2) \begin{cases} w + \beta w + \beta\delta 20 & \text{如果} \quad z_1 = w, z_2 = w \\ w + \beta s + \beta\delta 10 & \text{如果} \quad z_1 = w, z_2 = s \\ s + \beta w + \beta\delta 10 & \text{如果} \quad z_1 = s, z_2 = w \\ s + \beta s & \text{如果} \quad z_1 = s, z_2 = s \end{cases} \tag{13-24}$$

在这种情况下，选择 $(z_1=w, z_2=s)$ 和 $(z_1=s, z_2=s)$ 与式（13-20）中第一期的决策者使用逆推法可得的选择是相同的，因此在这两个选项中 $(z_1=s, z_2=s)$ 明显是占优的。但是并未考虑其他两个选项。如果 $w+\beta w+\beta\delta 20 > s+\beta s$，或者重新表示为

$$20 \times \frac{\beta\delta}{1+\beta} > s - w \tag{13-25}$$

选项 $(z_1=w, z_2=w)$ 才会被选择。给定式（13-22）成立[⊖]，只有在 $\frac{2}{1+\beta}$ 比 1 大很多的时候，上式才成立。

我们假设实际情况并非如此。例如，假定 $s=3, w=-2, \delta=0.7, \beta=0.5$。则

$$20 \times \frac{\beta\delta}{1+\beta} \approx 4.67 < s - w = 5 \tag{13-26}$$

⊖ 疑有误，因为 $(z_1=s, z_2=s)$ 是占优的，所以式（13-22）是不成立的，因此，此处应为"给定式（13-22）不成立"。——译者注

意味着劳动者在两个时期都偏爱怠工而非工作。如果 $s+\beta w+\beta\delta 10>s+\beta s$，或者重新表示为 $10\delta>s-w$，剩余选项（$z_1=s$, $z_2=w$）会被选择胜过其他选项。使用上面的数字例子这是成立的，因为 $10\delta=7>s-w=5$。因此，给定约束自己未来坚持工作计划的选项，劳动者会选择在今天怠工明天去工作。当然，到明天来临的时候，他不会真的想去工作，但是他的承诺剔除了这个选项。他成为自己以前偏好的奴隶。

我们考察了一个只有四个可能决策路径的简单例子。一个更加一般的指数型、拟双曲线贴现型、天真型、自我约束型和老练型决策者的例子，在本章末的高级概念部分给出，但是讨论过程中需要大量使用微积分。一般而言，递归优化问题的决策路径总是介于天真型拟双曲线贴现者规划的消费路径（等同于自我约束型决策者的最优消费路径）和贴现因子为 δ 的理性指数贴现者的消费路径之间。

在没有能力承诺的条件下，决策者在第一个时期会选择怠工，就像天真型拟双曲线贴现者那样。然而，天真型贴现者这样做的时候认为他们在下一期能够为怠工采取补救措施。自我约束型决策者能够强迫他们在下一个时期去工作并获得更高的效用水平。缺乏承诺的能力导致决策者的效用损失。使用上面的数字例子，自我约束型决策者的效用为

$$U_{\text{自我约束型}} = s + \beta w + \beta\delta 10 = 5.5 \tag{13-27}$$

相反，老练型但不进行自我约束的决策者会获得

$$U_{\text{老练型}} = s + \beta s = 4.5 \tag{13-28}$$

知道不能指望第二个时期的自己来拯救他们，老练型决策者获得了更低的效用。实际情况总是这样的，即老练型决策者的状况不会变得更差，但是通过选择进行承诺可以改善自己的状况。

最后考虑在第12章中研究的天真型决策者。考虑到他们的时间不一致性，天真的人会求解式（13-23）来确定本期的工作计划。但是，如果他们不能致力于坚持工作计划，在每个时期他们会重新优化，在未来执行一个不同的计划。在这个特定的例子中，天真型决策者在时期2会重新优化，再次决定怠工，获得与老练型决策者相同的效用。一般而言，天真型决策者的效用（从第一期决策者的角度来评价）会小于或者等于老练型决策者的效用。天真型决策者不会愿意为了承诺工具而花费成本，因为他们无法预见自己会偏离规划的消费路径。因此，因为没有能力预测自己在未来的行为，他们的状况更加糟糕了。在前述例子中，这都会导致早期放纵或者消费更多（或怠工），而为后期消费留下很少的数量。

■ 实例 13-1　储蓄俱乐部与联邦退税

虽然已经不再那么流行，有一段时间许多人都曾经加入过某个圣诞俱乐部存款计划。要加入圣诞俱乐部存款计划，你需要去银行签署一份协议，承诺你每周会从支票账户中转出一定数量的资金并存入某个特定账户，该账户只有在12月圣诞节临近时才可以使用。这个点子允许银行客户为圣诞节购物进行储蓄而不必每个月都记住要省下一点钱或者为此而进行决策。人们承诺为圣诞节进行储蓄，而银行支付给客户低于普通储蓄账户所得的利息。在大萧条时期，随着越来越多的家庭在准备传统的圣诞节时遇到困难，这个计划很是火爆。那么为什么一些家庭会为了致力于完成某些在没有承诺条件下也非常容易就能完成的任务而放弃额外的利息呢？

圣诞俱乐部存款计划早已成为过去，但是许多人仍然坚持使用联邦所得税预扣作为一种储蓄形式。在提交联邦收入所得税表格的人们当中，超过3/4的人会收到一定数额的收入所得税返还，平均返还总额大约为3 000美元。对于每一张工资支票，政府会从工薪族的每一次工资所得中预扣一定的数量来支付预计的收入所得税。预扣的数量根据工作者的收入以及

要求的免税数额来确定。平均而言，如果工作者获得了较大数额的税收返还，他们就可以要求更高的免税数额来减少预扣数量。但相反的是，许多人有意识地让政府超额预扣，担心如果让他们自我控制就无法存下这笔钱。联邦政府预扣创造了一种承诺手段，允许他们为新的电视或者其他产品存钱。然而，对于这些超额预扣数量联邦政府并不支付利息。因此，收到退税的人放弃了该年存储这笔钱的利息。

为了用模型表示承诺储蓄，让我们假设瓜达鲁普每周挣 30 美元。在该年度的第一周，瓜达鲁普有 48 周需要攒钱，之后能取出这笔钱。假定他是一个拟双曲线贴现者，$\beta=0.5$，$\delta=0.97$。此外，假定他消费（每一周的消费）的瞬时效用为 $u(c)=\sqrt{c}$，但是在第 49 周，他的效用为 $u_{49}(c_{49},\chi)=0.371\times\sqrt{\chi c_{49}}$，其中，$\chi$ 是花在圣诞节礼物上的数额。我们假定不存在其他需要储蓄的理由，因此在第 49 周后存钱不会产生额外的效用。最后，假定普通储蓄账户提供的年利率为 5%，每周按复利计算。因此，如果瓜达鲁普在周 t 的储蓄为 s，他获得的利息为 $(0.05\div52)\times s\approx0.001s$。在每个时期，储蓄者可以选择花费任意的储蓄数量，因此他的预算约束为 $30+(1.001)s_{t-1}$，其中，s_{t-1} 是上一期的储蓄。初始储蓄数量为 0。

让我们进一步假定瓜达鲁普是老练的，因此他会预期自己未来的储蓄行为。使用逆推法我们可以求解该问题。在第 49 周，瓜达鲁普的储蓄数额为 s_{49}，因此他会求解

$$\max_{c_{49},\chi} 0.371\times\sqrt{\chi c_{49}} \tag{13-29}$$

面临的约束为 $\chi+c_{49}\leqslant1.001 s_{48}+30$。因为边际效用总是正的，瓜达鲁普在每个时期会持续进行消费直到预算约束成为等式

$$\chi+c_{49}=1.001 s_{48}+30 \tag{13-30}$$

这个问题等同于有两个可能商品的一期消费问题，这在本书的前面章节讨论过。因此，在 χ 和 c_{49} 的边际效用相等的时候（注意到两者有相同的价格 $p=1$），我们可以找到问题的解。通过式（13-29）得到 c_{49} 的边际效用为

$$u_{c_{49}}(c_{49},\chi)=0.371\times0.5\chi^2 c_{49} \tag{13-31}$$

χ 的边际效用为[⊖]

$$u_{\chi}(c_{49},\chi)=0.371\times0.5\chi c_{49}^2 \tag{13-32}$$

让式（13-31）等于式（13-32）可得

$$\chi=c_{49} \tag{13-33}$$

将式（13-33）代入到第 49 期的预算约束式（13-30）中，得到

$$c_{49}^*=\frac{1.001 s_{48}+30}{2}=0.5005 s_{48}+15 \tag{13-34}$$

$$\chi^*=\frac{1.001 s_{48}+30}{2}=0.5005 s_{48}+15 \tag{13-35}$$

给定最后一周的这个解，我们可以求解第 48 周的问题，该问题现在由下式给出

$$\max_{c_{48},s_{48}} V(c_{48},s_{48})=\sqrt{c_{48}}+\beta\{0.371\times\sqrt{\chi^* c_{49}^*}\}$$

$$=\sqrt{c_{48}}+\beta\{0.371\times(0.5005 s_{48}+15)\} \tag{13-36}$$

⊖ 疑有误，式（13-31）和式（13-32）应该为 $u_{c_{49}}(c_{49},\chi)=0.371\times0.5\sqrt{\chi/c_{49}}$，$u_{\chi}(c_{49},\chi)=0.371\times0.5\sqrt{c_{49}/\chi}$。——译者注

面对的预算约束为 $c_{48}+s_{48}\leqslant 1.001\,s_{47}+30$。与前面一样,预算约束必定以等号形式成立

$$c_{48}+s_{48}=1.001\,s_{47}+30 \tag{13-37}$$

这个问题现在等同于有两个商品的一期消费问题：c_{48} 和 s_{48}。在每个商品的边际效用相等时得到问题的解。消费 c_{48} 的边际效用为

$$V_{c_{48}}(c_{48},s_{48})=\frac{1}{2}c_{48}^{-\frac{1}{2}} \tag{13-38}$$

关于储蓄 s_{48} 的边际效用为

$$V_{s_{48}}(c_{48},s_{48})=\beta\times 0.371\times 0.5005\approx 0.1857\beta \tag{13-39}$$

让式 (13-38) 等于式 (13-39) 可得

$$c_{48}^{*}\approx\frac{1}{0.1379\,\beta^{2}}\approx 29 \tag{13-40}$$

将式 (13-40) 代入到预算约束式 (13-37) 中,得到

$$s_{48}^{*}=1.001\,s_{47}+1 \tag{13-41}$$

注意到因为收入是 30 美元,我们能够保证 c_{48}^{*} 是可行的。然后按照类似的方法我们可以求解第 47 周的问题,它是 s_{46} 的函数,以此类推直到到达第 1 周。

遵循同样的过程求解第 47 周的消费和储蓄,可得⊖

$$\begin{aligned}\max_{c_{47},s_{47}}V(c_{48},s_{48})&=\sqrt{c_{47}}+\beta[\sqrt{c_{48}}+\delta\{0.371\times(0.5005\,s_{48}+15)\}]\\&=\sqrt{c_{47}}+\beta[\sqrt{29}+\delta\{0.371\\&\quad\times(0.5005(1.001\,s_{47}+1)+15)\}]\end{aligned} \tag{13-42}$$

面对的预算约束为 $c_{47}+s_{47}\leqslant 1.001\,s_{46}+30$。与前面一样,其必定以等号形式成立。现在消费 c_{47} 的边际效用

$$V_{c_{47}}(c_{47},s_{47})=\frac{1}{2}c_{47}^{-\frac{1}{2}} \tag{13-43}$$

储蓄 s_{47} 的边际效用现在为

$$V_{s_{47}}(c_{47},s_{47})=\beta\delta 0.371\times 0.5005\times 1.001\approx 0.09 \tag{13-44}$$

让边际效用相等可得

$$c_{47}=30.76 \tag{13-45}$$

但是注意到这只有在瓜达鲁普在前面的时期储蓄了足够的数量才是可行的,也就是说在当期挣得的 30 美元之上要有 0.76 美元的储蓄。否则他就会简单决定消费整个预算 $c_{49}=1.001\,s_{46}+30$。⊖ 因此我们得到 $c_{47}\approx\min(1.001\,s_{46}+30,30.76)$。实际上,在 47 周以及之前每一周,我们都会得到这样一个解,使得瓜达鲁普会消费所有预算直到达到某个常数 k_t,在第 47 期 $k_t=30.76$。因此在第 47 周以及之前每一周,在 $k_t>1.001\,s_{t-1}+30$ 时,瓜达鲁普会决定消费掉所有财富。如果使用逆推法求解所有的时期直到第 1 周,我们会发现 $k_1>30$。此外,直到第 47 期每个时期的常数 k_t 都会超过预算约束给出的数额。因此,直到圣诞节前一周 (在这一周他们决定储蓄 1 美元),老练的人每一周都会消费掉所有收入。之后下一周为了将一半的收入(以及 1 美元存款的一半)花在圣诞节礼物上,他们必缩减一半消费。这导致总效用(在第一周进行评估)为 $U=\sqrt{c_1}+\beta\sum_{i=2}^{48}\delta^{i-2}\sqrt{c_i}+0.371\times\beta\delta^{47}\sqrt{\chi c_{49}}\approx 82$。

⊖ 疑有误,$\max\limits_{c_{47},s_{47}}V(c_{48},s_{48})$ 应该是 $\max\limits_{c_{47},s_{47}}V(c_{47},s_{47})$。——译者注

⊖ 疑有误,应该是 $c_{47}=1.001\,s_{46}+30$。——译者注

现在假定瓜达鲁普面对的选择是做出有约束力的承诺，每一周取出一笔相同数量的钱存入储蓄账户赚取利息直到12月份，利息率 $r \in (0, 1)$。出于简化，假定如果选择加入圣诞俱乐部存款计划，你就不能开设标准的储蓄账户，因此所有没有存入圣诞俱乐部账户中的收入在每一期都会被消费掉。此外，假定在第二个时期才开始储蓄。现在瓜达鲁普求解

$$\max_s \sqrt{30} + \beta \sum_{i=2}^{48} \delta^{i-2} \sqrt{30-s} + 0.371 \times \beta \delta^{47} \sqrt{\chi c_{49}} \tag{13-46}$$

其中

$$\chi + c_{49} \leqslant 30 + \sum_{i=2}^{48} s \left(1 + \frac{r}{52}\right)^{49-i} \tag{13-47}$$

该预算约束之所以如此是因为每个时期的储蓄 s 以年利率 r 按周进行复利计算获取利息。该约束也会以等号形式成立。

和前面一样，瓜达鲁普在最后一个时期决定将全部财富平均分配在圣诞节礼物以及消费上，这样就得到了使两种活动的边际效用相等的消费和支出水平。因此预算约束式(13-47)表明

$$\chi c_{49} = \frac{30 + \sum_{i=2}^{48} s \left(1 + \frac{r}{52}\right)^{49-i}}{2} \times \frac{30 + \sum_{i=2}^{48} s \left(1 + \frac{r}{52}\right)^{49-i}}{2} \tag{13-48}$$

因此，将式(13-48)代入式(13-46)，问题可以重新表示为⊖

$$\max_s V(s) = \sqrt{30} + \sqrt{30-s} \beta \sum_{i=2}^{48} \delta^{i-2} + 0.371$$

$$\times \beta \delta^{47} \left\{ 30 + s \sum_{i=2}^{48} \left(1 + \frac{r}{52}\right)^{49-i} \right\} \tag{13-49}$$

这与单个商品的效用最大化问题是一样的，只不过在这个例子中商品为 s。问题的解出现在 s 的边际效用等于0的时候。储蓄少于该数量导致储蓄正的边际效用，意味着瓜达鲁普可以简单地通过增加储蓄来增加效用。高于这个点瓜达鲁普从储蓄中获得的边际效用为负，意味着他可以简单地通过减少储蓄来增加效用。这个解显示在图13-1中，其中，上方的图形表示贴现效用函数 $V(s)$，下方图形表示的是相应的边际效用函数 $V_s(s)$，横轴测度的是每期的储蓄。

在这种情况下 s 的边际效用可以表示为

$$V_s(s) = -\frac{1}{2}(30-s)^{-\frac{1}{2}} \beta \sum_{i=2}^{48} \delta^{i-2}$$

$$+ 0.371 \times \beta \delta^{47} \left\{ \sum_{i=2}^{48} \left(1 + \frac{r}{52}\right)^{49-i} \right\} \tag{13-50}$$

让式(13-59)等于0得到以下解⊖

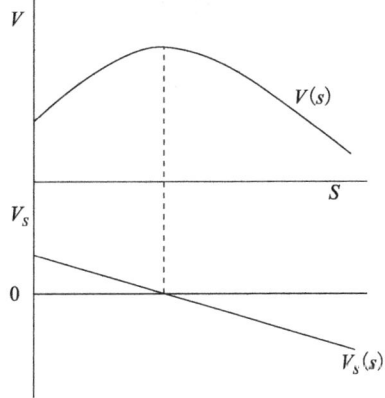

图13-1 圣诞俱乐部存款计划下的最优储蓄

⊖ 疑有误，因为 $\sqrt{\chi c_{49}} = \dfrac{30 + \sum_{i=2}^{48} s \left(1 + \frac{r}{52}\right)^{49-i}}{2}$，所以式第三项大括号中应为 $\dfrac{30 + \sum_{i=2}^{48} s \left(1 + \frac{r}{52}\right)^{49-i}}{2}$。式(13-50)应做相应更改。——译者注

⊖ 疑有误，应该为让式(13-50)等于0。——译者注

$$s = 30 - \left[\frac{\sum_{i=2}^{48} \delta^{i-2}}{\delta^{47} \left\{ \sum_{i=2}^{48} \left(1 + \frac{r}{52}\right)^{49-i} \right\}} \right]^2 \tag{13-51}$$

如果 $r=0$，即瓜达鲁普未赚得利息，则 $s=21.11$，因此在第一期过后每个时期他致力于储蓄自己收入的近 2/3。这导致效用为 $\sqrt{30} + \beta \sum_{i=2}^{48} \delta^{i-2} \sqrt{8.89} + 0.371 \times \beta \delta^{47} 1\,015.41 \approx 87$，与前面讨论的在可以获得利息的时候不加入圣诞俱乐部并且遵循不承诺战略获得的效用相比，这个效用要大。因此，瓜达鲁普为了强迫自己为圣诞节进行储蓄会放弃所有的利息。

相反，假定我们求解这样一个 r，使得瓜达鲁普对是否致力于加入圣诞俱乐部感觉无差异，则导致无差异的利息率大约为 $r \approx -0.3$，导致每周的储蓄为 $s \approx 18$，最终效用为 $U \approx 82$。也就是说，按照我们前面设定的参数表现出拟双曲线贴现，并且足够老练能够认识到自己行为时间不一致性的人，仅仅为了获得保证自己会进行储蓄的承诺工具，每年愿意放弃的数量为自己储蓄的大约 1/3。虽然这是一个极端例子，但是它阐明了为什么知道自己在未来和现在会拖延并不能消除由于时间不一致性导致的福利损失。如果可以获得承诺机制，则认识到时间不一致性会立刻增加你的福利，但是为了这种工具可能需要支付巨大的成本。

承诺工具也被证明是一种刺激为退休而储蓄的有效手段。当将此类计划提供给某个制造业公司员工的时候，理查德·塞勒和什洛莫·博纳兹证实了这一点。给予他们机会，让他们承诺致力于将一部分未来增加的工资存入一个退休投资项目，87%的人选择加入项目，随后经过几次工资上涨绝大部分仍然坚持这个项目。这些参与者的退休储蓄率从平均 3.5% 上升到了 13.6%。

■ 实例 13-2　作业上交截止日期

如果人们意识到他们有拖延问题，则一种结果是他们会愿意为自己设定有约束力的截止日期。这是一种形式的承诺机制。实际上丹·艾瑞里和克劳斯·沃顿布劳奇使用一个班的 MBA 学生研究了这种可能性。

在他们班上的学生中，向其中 51 名学生布置了三篇论文，并且告诉他们可以在这个学期任何时间上交。对于每一篇论文，学生们自己可以自由设定他们希望的截止日期。论文成绩是这样评定的，在截止日期之后如果论文仍然没有上交，每耽搁一天学生们会损失 1% 的分数。不会根据截止日期设定的早晚进行奖惩。在这种情况下，时间一致型决策者会简单决定将三篇论文的截止日期都设定为课堂的最后一天，并且一旦他们完成论文就会上交。同样的，天真型决策者也会这样做，但是没有预期到他们会延后完成论文。相反，老练型决策者会愿意冒被惩罚的风险，并且仅仅为了让自己致力于完成论文而设定较早的截止期限。

实际上，大部分学生设定了有约束力的截止日期：第一篇论文为学期结束前 44 天，第二篇论文为学期结束前 26 天，第三篇论文为学期结束前 10 天。这表明学生们了解自己的拖延倾向并且决定使用承诺机制，就像奥德修斯所做的一样，把自己绑在桅杆上。然而，研究者也发现学生们没有按照最大化论文成绩的方式设定截止日期。

另外一组 48 名学生由老师设定截止日期。这些无法控制截止日期的学生，其作业成绩明显要更好，获得的分数比那些能够选择的学生高大约三个百分点。或许我们知道我们的行为表现会很糟糕，但是没有认识到问题具体的糟糕程度。

13.3　选择什么时候去做

对于许多活动，例如为考试学习或者度假，随之而来的决策是应该什么时候去做。令人愉悦的活动，例如度假，可以给我们带来即时收益但是长期成本。其他活动，例如打扫卫生间，需要我们预付成本但是会带来长期收益。经验告诉我们，人们或许想要延后成本并且提前收益。因此，我们或许倾向于尽早做有长期成本的令人愉悦的事情，而不是那些有近期成本但是长期收益的事情。

特德·欧登诺修和马修·拉宾提出了一个非常简单的此种什么时候完成某一活动的决策模型。假定该活动只能进行一次，并且决策者必须决定进行活动的时期。活动可以在任何时期 $t=1,\cdots,T$ 完成。收益和成本依赖于任务什么时候完成。收益按照获得的效用来计量，可以表示为 $v\equiv(v_1,\cdots,v_T)$，其中 $v_t\geq 0$ 是如果任务在时期 t 完成所实现的收益。因此，如果任务在时期 3 完成，决策者会收到 v_3。类似的，成本按照损失的效用来计量，表示为 $c\equiv(c_1,\cdots,c_T)$，其中 $c_t\geq 0$ 是如果任务在时期 t 完成所花费的成本。然而，收益和成本未必在项目完成的同一时期实现。我们考虑决策者是拟双曲线贴现者的情形。

现在让我们比较天真型决策者和老练型决策者的时间不一致行为与未表现出时间不一致性的决策者的行为。我们假定时间一致偏好这种情况可以由 $\beta=\delta$ 表示，在其他情况下 β 的取值较小，表示对未来效用贴现的一种错误感知（一种低估）。对于天真型决策者和老练型决策者非理性的本质特征，这做出了一种非常特殊的假设。特别的，它假定非理性源自第一个未来时期的贴现因子过小。因为我们无法观察到偏好，只能观察到行动，因此这实际上是一个哲学假设。例如与之相反，有可能的是人们未必对所有未来时期的扣减都足够大（δ 可以逐渐下降直到等于 β）。直觉上，这样做意义不大，但是没有什么行为证据可以指引我们得出或这样或那样的确定性结论（或者可以与 $\beta=\delta$ 的情况相比较的其他任何可能性）。

给定对真实实现效用的上述假设，欧登诺修和拉宾注意到对时间一致模型所产生的行为要有两个要求。给定关于潜在偏好的这些假设，理性决策者不应该违反这些属性。

属性 13-1：占优如果只要存在某个时期 t，且 $v_t>0$，$c_t=0$，则人们就不会选择在任何 $c_{t'}>0$，$v_{t'}=0$ 的时期 t' 完成该任务，我们说决策者遵循占优属性。

占优（dominance）是说如果决策者在某个时期 t 完成某项任务时能够在无成本的条件下获得某些正收益，则他们就不会选择在没有收益但存在某些成本的另外一个时期完成同一个任务。

属性 13-2：无关选择的独立性当所给选择的潜在收益和成本表现为 $v=(v_1, v_2, \cdots, v_{t-1}, v_t, v_{t+1}, \cdots v_T)$ 和 $c=(c_1, c_2, \cdots, c_{t-1}, c_t, c_{t+1}, \cdots c_T)$ 时，决策者选择 $t'\neq t$，而当给定的选择体现为 $v=(v_1, v_2, \cdots, v_{t-1}, v_{t+1}, \cdots v_T)$ 和 $c=(c_1, c_2, \cdots, c_{t-1}, c_{t+1}, \cdots, c_T)$ 时，决策者仍然选择 t'。我们说这个决策者遵循了无关选择的独立性原则。

无关选择的独立性（independence of irrelevant alternative）是说在任务可以在时间 t 或者其他时期完成的时候，如果在时间 t' 完成该任务是最优的，那么在时间 t 从可选择集合中被剔除后，它仍然是最优的。如果在星期三、星期四和星期五是唯一能洗车的时候，我计划在星期五洗车，则如果突然星期三不能洗车了，那么我应该不会决定在星期四洗车。

用 k_v 表示人们在完成任务之后要实现收益必须等待的时期数量，用 k_c 表示成本支付到期日之前等待的时期数量。这两个数值都可以是 0，这时成本或收益在任务被完成的时候产生。

注意到时间一致型决策者不会违反占优性,因为他们总是根据①

$$\max_{t\in\{1,\cdots,T\}} \delta^{t+k_v-1} v_t - \delta^{t+k_c-1} c_t = \max\{\delta^{k_v} v_1 - \delta^{k_c} c_1, \cdots, \delta^{T+k_v} v_T - \delta^{T+k_c} cT\} \quad (13\text{-}52)$$

来选择什么时候完成任务。明显地,如果$c_t=0$且$c_{t'}>0$,②则$\delta^{t+k_v-1}v_t>-\delta^{t'+k_v-1}c_{t'}$,这意味着时间一致型决策者总是会选择在时间$t$而非时间$t'$完成该任务。时间一致型决策者也会避免违反无关选择的独立性。在式(13-61)中③,注意到如果对于所有的$t'\neq t$,$\delta^{k_v}v_t-\delta^{k_c}c_t>\delta^{k_v}v_{t'}-\delta^{k_c}c_{t'}$,④则在剔除任何较劣的选项后$t$仍然会是最大的结果。然而,天真型决策者和老练型决策者都会违反占优和无关选择的独立性。

天真型决策者会违反占优性,因为他们错误感知了其对未来进行贴现的方式。假定$v=(8, 20, 0)$,$c=(0, 9, 1)$,⑤$k_v=1$,$k_c=0$。则在第一个时期,天真型决策者会求解⑥

$$\max\{8\beta, \beta(\delta 20-11), -\beta\delta^2\} \quad (15\text{-}53)$$

假定$\beta=1/2$,但$\delta=1$。因为$8\beta=4<\beta(\delta 20-11)=4.5$,所以在第一期天真型决策者会延后完成任务。但是之后在第二期天真型决策者会求解

$$\max\{20\beta-11, -\beta\delta\} \quad (13\text{-}54)$$

但是,$20\beta-11=-1<-\beta\delta=-1/2$。因此天真型决策者会决定推迟到最后一期,虽然在第一期完成任务得到的结果明显占优于最后一期的结果。因此天真型决策者违反了占优性。

现在假定我们剔除在第二期完成任务的选项。这时,在第一期,天真型决策者必定在现在完成并获得$u=8\beta$和在第三期完成并获得$-\beta\delta^2$之间进行选择。这时,天真型决策者总是会选择现在完成任务并获得正的效用。剔除未被选出的第二期选项造成偏好翻转,进而违反了无关选择的独立性。

如果老练型决策者害怕未来的自己会选择被占优选项,他们也会违反占优性。假定老练型决策者面对$v=(0, 9, 1)$,$c=(6, 16, 0)$,$k_v=0$,$k_c=1$。使用逆推法我们可以求解老练型决策者的决策问题。在第二期,老练型决策者可以选择在此时完成任务获得$u=9-16\beta=2$⑦,或者选择延迟任务到最后一期并且获得$u=\beta=1/2$。在这种情况下,老练型决策者偏好在第二期完成任务而不是在最后一期完成。在第一期,老练型决策者必须决定是在这一期完成任务并且获得$u=-6\beta=-3$,还是延迟到第二期并且获得$u=\beta(9-\delta 16)=-3.5$。这时候,老练型决策者会选择在第一期完成任务,虽然在最后一个时期完成任务要占优于这个结果。老练型决策者之所以这样做是因为他们害怕自己会选择在第二期完成任务(如果被给予这个机会),相比在第一期完成任务,这样做人们在第一期的感知会更加糟糕。现在假定我们再次剔除在第二期完成任务的选项。这时,在第一期老练型决策者必须在现在完成任务并且获得$u=-6\beta=-3$或者在最后一期完成任务并获得$u=\delta\beta=1/2$两者之间做出选择。这时候,老练型决策者会选择在最后一期完成任务。剔除未被选出的选项改变了决策,这违反了无关选择的独立性。

从这时开始,我们会假定$\delta=1$。因为决策者对于两个未来时期之间效用的权衡抉择没有

---

① 疑有误,第二项的规范表示方式应该为$\max\{\delta^{k_v}v_1-\delta^{k_c}c_1, \cdots, \delta^{T+k_v-1}v_T-\delta^{T+k_c-1}c_T\}$。——译者注
② 疑有误,还应该施加一个条件$v_{t'}=0$。——译者注
③ 疑有误,应该是式(13-52)。——译者注
④ 疑有误,规范的表示方式应该是"对于所有的$t'\neq t$,$\delta^{t+k_v-1}v_t-\delta^{t+k_c-1}c_t>\delta^{t'+k_v-1}v_{t'}-\delta^{t'+k_c-1}c_{t'}$"。——译者注
⑤ 疑有误,根据后文$c=(0, 11, 1)$。——译者注
⑥ 疑有误,式(13-53)和式(13-54)应该分别为$\max\{8\beta, \beta(\delta 20-11), -\beta\delta\}$和$\max\{20\beta-11, -\beta\}$,后文中也应做相应更改。——译者注
⑦ 疑有误,$u=9-16\beta=1$。——译者注

进行贴现，所以我们在处理未来时期效用的变化时可以将它们全部看作是在同一个时期发生的。例如，如果某个人决定是否要在时期 t 完成某项活动，他会在时期 $t+3$ 产生收益，则决策者对该收益的估值为 $u=\beta\delta^2 v_t=\beta v_t$。相应地，如果收益在时期 $t+27$ 产生，决策者对该收益的估值为 $u=\beta\delta^{26}v_t=\beta v_t$。简单的贴现形式允许我们更加容易的阐述拟双曲线贴现模型的直觉含义。

假定有两种类型的活动：**现付成本**（immediate cost）活动和**现得收益**（immediate reward）活动。在现付成本活动中，成本在完成活动的当期产生，但是收益在未来期获得，$k_v>0$，$k_c=0$。相反，在现得收益活动中，收益在完成活动的当期获得，但是成本在未来期支付，$k_v=0$，$k_c>0$。

考虑一项有现付成本的任务。这时，在任意时期 t，时间一致型决策者完成该任务，并且完成任务后所得效用为 v_t-c_t（回想对于时间一致型决策者，$\beta=\delta=1$）。例如，考虑某个人，他必须在随后四天里的某个时间进行一项彻底的（令人不舒服的）医学检查。完成这项医学检查允许他在几个星期以后参加一项高风险但是非常有趣的活动。但是，在接下来的四天里，按照被放弃的机会来衡量，每天会有不同的成本。例如，一个好朋友邀请决策者在第 4 天去游乐园，在第 2 天要计划进行一次家庭聚会。我们可以将这四天的成本表示为 $c=(7,8,9,10)$。但是，不管决策者在什么时候完成医学检查，收益都会是相同的 $v=(\bar{v},\bar{v},\bar{v},\bar{v})$，收益会在一周后出现。这样，时间一致的人会选择在时间 t 进行医疗检查来最大化行动的净收益。该问题变为

$$\max_{t\in 1,\cdots,4} v_t-c_t = \max_{t\in 1,\cdots,4}\{\bar{v}-7,\bar{v}-8,\bar{v}-9,\bar{v}-10\} \tag{13-55}$$

因此，在这个例子中，时间一致的人会选择在第一天完成医疗检查。如果仅允许他在最后三天进行选择，在允许他进行检查的这些天里，他也会选择第一天。

现在假定决策者是一名天真型决策者。则所有未来的效用会按照 β 进行贴现。在这种情况下，从第一天的角度来看，考虑什么时候进行检查的人会求解

$$\max\{\beta\bar{v}-7,\beta(\bar{v}-8),\beta(\bar{v}-9),\beta(\bar{v}-10)\} \tag{13-56}$$

这时候，收益总是出现在未来进而被贴现。然而在第一天进行检查的成本不会进行贴现，但是对所有其他可能的天要进行贴现。因此，在第一天只要 $8\beta<7$，天真的人就会推迟检查到第二天。然而因为 $8\beta<9\beta<10\beta$，他会计划在第二天完成任务。第二天，只要 $9\beta<8$，他会再次决定延迟。如果 $10\beta<9$，天真型决策者在第三天会再次拖延，但是之后会被强迫在第四天完成检查。恰好拖延到最后一天只要求 $\beta<0.875$。

命题 13-1 与时间一致型决策者相比，天真型决策者总是会在同一时间或者晚些时候完成现付成本任务。

证明

时间一致型决策者会选择 t 使得对于任何 $t'\neq t$，$v_t-c_t>v_{t'}-c_{t'}$。考虑某些时间 $t'<t$。在时间 t'，天真型决策者对于在时间 t' 完成任务感知到的效用为 $\beta v_t-c_{t'}$，对在时间 t 完成任务感知到的效用为 $\beta(v_t-c_t)$。因为 $v_t-c_t>v_{t'}-c_{t'}$，并且 $0<\beta<1$，必定有 $\beta v_{t'}-c_{t'}<\beta(v_t-c_t)$。因此，天真型决策者会推迟活动至少到与时间一致型决策者完成任务相同的时间。

考虑另外的时间 $t'>t$。在时间 t，天真型决策者现在必须决定是在时间 t 完成任务并获得感知效用 βv_t-c_t，还是在时间 t' 完成任务获得感知效用 $\beta(v_{t'}-c_{t'})$。如果事实情况是 $\beta c_{t'}<c_t$，则天真型决策者会决定推迟活动到 t 之后，因此与时间一致型决策者完成任务相比，他们选择在更晚的时间完成任务。

相反，考虑老练型决策者对于现付成本问题会如何反应。再次考虑上面现付成本的例

子，$c=(7,8,9,10)$，$v=(\bar{v},\bar{v},\bar{v},\bar{v})$。这时候，我们可以使用逆推法来求解老练型决策者的决策。在第四天，给定他还没有去做检查，老练型决策者会被强迫去接受检查，获得 $u=\beta\bar{v}-10$。在第三天，给定他还没有去做检查，他必须决定是现在去获得 $u=\beta\bar{v}-9$，还是在明天去获得 $u=\beta(\bar{v}-10)$。如果 $10\beta<9$，则老练型决策者在这时会选择在最后一天去而不是第三天。让我们假定事实情况确实如此。现在考虑第二天的决策。老练型决策者现在决定是在第二天进行检查并且获得 $u=\beta\bar{v}-8$，还是在最后一天进行检查（因为第三天已经被剔除了）并且获得 $u=\beta(\bar{v}-10)$。只有在 $10\beta<8$ 的时候，老练型决策者才会选择在最后一天进行检查。如果情况真的如此，老练型决策者在第一天会选择是在当天进行检查获得 $u=\beta\bar{v}-7$ 还是在最后一天进行检查并且获得 $u=\beta(\bar{v}-10)$。再次，老练型决策者只有在 $10\beta<7$ 的条件下才会推迟检查。因此，虽然天真型决策者在 $\beta<0.875$ 的条件下会推迟检查到最后一天，但是老练型决策者只有在 $10\beta<7$ 的条件下才会推迟检查到最后一天。

命题 13-2 与天真型决策者相比，老练型决策者总是会在同一时间或者之前完成现付成本任务。

证明

假定天真型决策者最终在时间 t 完成现付成本任务。则对于所有的 $t'>t$，$\beta v_t-c_t>\beta(v_{t'}-c_{t'})$。如果实际情况确实如此，则老练型决策者也不会选择延迟到时间 t 之后完成任务。

注意到老练型决策者或许要比天真型决策者更早完成任务。假定天真型决策者在时间 t 完成任务，则如果对于某些时间 t'，t''，$t'<t''<t$，有

$$\beta(v_{t''}-c_{t''}) > \beta v_{t'}-c_{t'} \tag{13-57}$$

$$\beta(v_t-c_t) > \beta v_{t'}-c_{t'} \tag{13-58}$$

且

$$\beta v_{t'}-c_{t'} > \beta(v_t-c_t) \tag{13-59}$$

则老练型决策者会在更早的时候完成任务。第一个不等式式（13-57），意味着在时间 t'，天真型决策者会推迟任务，可能相信自己会在时间 t''（或者某些更好的时间）采取行动。第二个不等式式（13-58）告诉我们在时间 t''，天真型决策者会偏爱推迟任务到时间 t。最后一个不等式式（13-59）告诉我们在时间 t'，老练型决策者会意识到推迟任务到时间 t 会让自己的状况更加糟糕。这个时候，老练型决策者绝对不会推迟任务到时间 t' 之后，因为他认识到他决不会选择在时间 t'' 进行该活动，虽然在时间 t' 它看起来很有吸引力。

现在考虑现得收益活动，成本要在晚些时候产生。例如，在今后四天里的某个时间，某位年轻男子答应带某位年轻女子出去进行一次奢侈的约会，其中包括晚餐和表演。年轻男子手边没有钱支付娱乐活动的费用，因此必须用信用卡支付。要去看的特定表演会决定年轻男子获得的收益是多少。在第一天，唯一可看的表演是一个乏味的音乐剧，他们两个都不是特别喜欢看。第二天到第四天，各种各样的新演出会上演，对于不同的演出他们兴趣也各有不同。收益在时间上的概要情况由 $v=(7,8,9,13)$ 给出，但是每场演出的成本是相同的 $c=(\bar{c},\bar{c},\bar{c},\bar{c})$。和前面的例子一样，时间一致型决策者会求解

$$\max\{7-\bar{c},8-\bar{c},9-\bar{c},13-\bar{c}\} \tag{13-60}$$

这时，$13-\bar{c}$ 明显要占优于所有其他选择。因此，时间一致型决策者会选择在第四天晚上外出约会。

另一方面，在第一天，天真型决策者会求解

$$\max\{7-\beta\bar{c},\beta(8-\bar{c}),\beta(9-\bar{c}),\beta(13-\bar{c})\} \tag{13-61}$$

这时，$\beta(13-\bar{c})>\beta(9-\bar{c})>\beta(8-\bar{c})$。因此，天真型决策者必须决定是在第一天晚上出去并

且获得 $7-\beta\bar{c}$，还是在第四天晚上出去并且获得 $\beta(13-\bar{c})$。除非 $7>13\beta$，或者 $7/13>\beta$，否则天真型决策者会计划在第四天晚上出去。让我们假定实际情况为 $7>13\beta$，天真型决策者决定在第一天出去。

命题 13-3 与时间一致型决策者相比，天真型决策者总是会在同一时间或者早些时候完成现得收益任务。

证明

时间一致型决策者会选择 t 使得对于任何 $t'\neq t$，$v_t-c_t>v_{t'}-c_{t'}$。考虑某些时间 $t'>t$。在时间 t，天真型决策者对于在时间 t' 完成任务感知到的效用为 $\beta(v_{t'}-c_{t'})$，对在时间 t 完成任务感知到的效用为 $v_t-\beta c_t$。因为 $v_t-c_t>v_{t'}-c_{t'}$，并且 $0<\beta<1$，必定有 $\beta(v_{t'}-c_{t'})<v_t-c_t$。㊀ 因此，天真型决策者至少会与时间一致型决策者一样，在相同的时间进行活动。

如果对于某些 $t'<t$，有

$$v_t-c_t>v_{t'}-\beta c_{t'}>v_{t'}-c_{t'} \tag{13-62}$$

并且

$$v_{t'}-\beta c_{t'}>\beta(v_t-c_t) \tag{13-63}$$

天真型决策者会比时间一致型决策者更早进行活动。不等式式（13-62）告诉我们时间一致型决策者会偏好在时间 t 完成任务而非时间 t'。不等式（13-63）告诉我们在时间 t'，天真型决策者会偏好在时间 t' 完成任务而非等到时间 t。在这种情况下，时间一致型决策者会等到时间 t，而天真型决策者会更早进行活动并且感觉获得更大的净收益。

现在考虑面对同样问题的老练型决策者，在之前商量好的日子里他要决定哪一天出去约会，收益和成本分别为 $v=(7, 8, 9, 13)$，$c=(\bar{c}, \bar{c}, \bar{c}, \bar{c})$，并且收益当天获得但是成本要延后。回想我们已经假定 $\beta<7/13$。与前面一样，我们可以使用逆推法来求解递归优化问题。在第四天，年轻男子为了履行承诺会被迫出去约会获得 $u=13-\bar{c}$。因此，在第三天，年轻男子可以选择在今天出去约会然后获得 $u=9-\beta\bar{c}$，或者等到第四天获得 $u=\beta(13-\bar{c})$。只要 $13\beta<9$，则老练型决策者会选择在第三天而不是第四天出去。之后在第二天，老练型决策者可以选择当天出去获得 $u=8-\beta\bar{c}$，或者延迟到第三天出去并获得 $u=\beta(9-\bar{c})$。如果 $8/9>\beta$，老练型决策者会选择在第二天出去。在第一天，老练型决策者必须选择是在当天出去获得 $u=7-\beta\bar{c}$，还是延迟到第二天并且获得 $u=\beta(8-\bar{c})$。如果 $7/8>\beta$，老练型决策者会选择在第一天出去。因此，在 $\beta>7/8$ 的条件下，㊁ 老练型决策者也会选择在第一天出去，要比时间一致型决策者早很多。注意到在每一轮求解过程中，年轻男子延迟而非更早完成任务所要求的 β 变得越来越大。㊂

命题 13-4 与天真型决策者相比，老练型决策者总是会在同一时间或者之前完成现得收益任务。

证明

假定天真型决策者在时间 t 完成现得收益任务。则对于所有的 $t'>t$，$v_t-\beta c_t>\beta(v_{t'}-$

㊀ 疑有误，应该为 $\beta(v_{t'}-c_{t'})<v_t-\beta c_t$。——译者注

㊁ 疑有误，应该是在 $\beta<9/13$ 的条件下。——译者注

㊂ 疑有误。在第三天与第四天之间选择时延迟到第四天要求 $\beta>9/13$ 或 $\beta>0.692$；在第二天与第三天之间选择时延迟到第三天要求 $\beta>8/9$ 或 $\beta>0.889$；在第一天与第二天之间选择时延迟到第二天要求 $\beta>7/8$ 或 $\beta>0.875$。因此，按照这种求解过程，延迟任务所要求的 β 并非越来越大。但这种求解方法似乎是有问题的。正确方法应该为：在第三天与第四天之间选择时延迟到第四天要求 $\beta>9/13$ 或 $\beta>0.692$；在第二天与第四天之间选择时延迟到第四天要求 $\beta>8/13$ 或 $\beta>0.615$；在第一天与第四天之间选择时延迟到第四天要求 $\beta>7/13$ 或 $\beta>0.538$。因此，延迟任务所要求的 β 越来越小。——译者注

$c_{t'}$)。如果实际情况确实如此，则老练型决策者也不会选择延迟到时间 t 之后完成任务。

如果对于某些时间 t'，t''，$t'<t''<t$（天真型决策者在时间 t 完成任务），有

$$\beta(v_{t''}-c_{t''}) > v_{t'}-\beta c_{t'} \tag{13-64}$$

$$\beta(v_t-c_t) > v_{t''}-\beta c_{t''} \tag{13-65}$$

且

$$v_{t'}-\beta c_{t'} > \beta(v_t-c_t) \tag{13-66}$$

则老练型决策者会在更早的时候完成任务[○]。这时，不等式（13-64）意味着天真型决策者总是会推迟任务到时间 t' 之后，可能希望自己会在时间 t'' 完成任务。不等式（13-65）表明在时间 t''，天真型决策者会推迟任务到时间 t' 之后。不等式（13-66）意味着在时间 t'，老练型决策者会意识到推迟任务到时间 t 会让自己的状况更加糟糕。这时候，老练型决策者绝对不会推迟任务到时间 t' 之后，因为他认识到即使给予机会他实际上也决不会选择在时间 t'' 完成任务。

如果我们认为时间一致型决策者的效用函数是所有决策者的真实效用，并且拟双曲线贴现函数仅仅是由于错误感知造成的，则在不同的情境下，对于决策者应该如何行为以及如何评估福利方面，我们就可以进行某些规范性的陈述。例如，命题 13-1 告诉我们天真型决策者总是会推迟现付成本任务，使之比应该完成的时间晚，导致实现的效用减少。相反，命题 13-3 告诉我们天真型决策者总是会过早完成现得收益任务，再次导致效用损失。根据命题 13-2，老练型决策者要比天真型决策者更早完成现付成本任务，但是比时间一致型决策者完成的晚。因此，老练型决策者没有实现如果早一点完成任务本可以实现的效用，但是在这种情况下，他们的状况比天真型决策者要好。相反，命题 13-4 告诉我们对于现得收益任务，老练型决策者也要比天真型决策者更早完成，可能导致更加严重的福利损失。因此，由于对自己如何贴现未来效用的错误感知，以及意识到这种错误感知会导致未来如何行动，老练型决策者的状况或许变得更加糟糕了。老练型决策者或许会正确地感知他们在未来会如何行为，但是他们仍然错误感知了未来收益和成本的价值。在现得收益活动中，对老练型决策者的福利惩罚极大依赖于以下假设，即虽然老练型决策者预期到了自己在未来会做出的决策，但因为 $\beta<\delta$，他们低估了未来的收益。

13.4 关于老练型和天真型决策者

虽然分为老练型决策者和天真型决策者两个类别有一定的吸引力，但是似乎并不现实。就我们在现实世界中的个人经验而言，我们可以找到很多例子，在这些例子中我们预期到自己会拖延，但是没有意识到我们会拖延的程度。当不好的结果出现时，我们或许没有说："我早知道我会这样做，"而是说："我早知道我会拖延，但是从没想到情况会如此糟糕。"

欧登诺修和拉宾提出建模表示某种形式的半天真型决策者。半天真型决策者预期自己在未来会根据参数为 $\hat{\beta}$ 的拟双曲线贴现进行决策，但是对于任何当前时期的决策，他实际上像参数为 β 的拟双曲线贴现者那样行事。参数 $\hat{\beta}$ 代表人们对未来贴现的感知，并且满足 $\beta \leqslant \hat{\beta} \leqslant \delta$。因此，与实际情况相比，决策者总是感觉自己拥有的偏好更加接近于时间一致偏好。该模型允许人们因为对未来贴现的错误感知而陷入被诱惑的陷阱中，同时仍然会采取预防措施避免这种陷阱。

考虑某个学生，他必须选择在什么时候进行学习来为考试做准备，考试会在三天后进

[○] 疑有误，若式（13-64）和式（13-65）成立，则式（13-66）似乎不可能成立，因为 $v_{t'}-\beta c_{t'} > \beta(v_{t''}-c_{t''})$。——译者注

行。让我们假定不论在三天中的哪一天学习，学习的成本都是一样的，但是更早学习会提供更多的好处。特别地，假定 $v=(15, 12, 7)$，$c=(8, 8, 8)$，并且学习是一种现付成本活动。为简化，假定 $\delta=1$。则半天真型决策者相信自己会像参数为 $\hat{\beta}$ 的老练型决策者那样行事，但是实际行事的时候是按照参数 β。我们假定 $\beta=1/2$。

在第一个时期求解半天真型决策者的行为方式，我们可以通过逆推法求解。在第二个时期，半天真型决策者认为他要么在当期学习获得 $u=12\hat{\beta}-8$，要么推迟到下一期获得 $u=\hat{\beta}(7-8)=-\hat{\beta}$。因此，如果 $\hat{\beta}>8/13$，半天真型决策者会预先考虑选择时期 2 而非时期 3。假定实际情况确实如此，即半天真型决策者认为自己会选择时期 2 而非时期 3 学习。然而，在评估第一期的决策时，他们使用实际参数 β。因此他在现在学习并且获得 $u=15\beta-8=-0.5$ 以及明天学习并获得 $u=\beta(12-8)=2$ 两者之间进行选择。因此，半天真型决策者决定推迟学习到第二天，相信他们自己在第二天会有意志力去学习。但是当第二天真正来临时，他们现在使用实际参数 $\beta=1/2$ 在第二天和第三天之间做出决定。因此，他们选择要么在当期学习并获得 $u=\beta12-8=-2$，或者在第三天学习获得 $u=\beta(7-8)=-1/2$。因此，虽然曾经计划在第二天完成学习，半天真型决策者决定推迟学习到最后一天。使用逆推法你可以证明，在这种情况下，如果 $\beta=\hat{\beta}=1/2$，则老练型决策者会在第一天学习。

■ 实例 13-3　健身会员和激励

健身房经常会提供几种会员计划，包括允许你随时来健身房健身的自动续费月度费用计划，或者每次健身单独收费计划。通常，按照单次健身的价格计算，月度费用相当于去健身几次的成本。明显的，相比按次收费计划，那些预期经常去健身的人会从月度健身费用中获得好处。相反，对于那些预期不经常健身的人，仅按照少量的实际健身次数支付费用会比较省钱。在第 2 章曾经提到，在许多情况下，健身者的行为方式叫人难以理解。斯特凡诺·德拉维格纳和乌尔丽克·马尔门迪尔发现，在一组（三个）健身房中，70 美元的月度会员费允许会员随时来健身，而没有缴纳月度会员费的会员可以购买 100 美元十次的健身卡。因此，如果预期平均每月健身超过 7 次，会员应该只购买月度会员资格。相反，他们可以按照每次平均 10 美元的成本购买十次的健身卡。但是，与每月健身超过 7 次相反，缴纳月度费用的会员平均每月仅健身 4.3 次。这明显不符合理性偏好。但是我们用什么可以解释它呢？

一些其他的发现或许可以帮助我们更好地理解这种行为。通过在当地的购物中心进行调查，德拉维格纳和马尔门迪尔发现人们进行健身的次数是计划次数的一半左右。询问被调查者在某个特定的月份他们计划去健身的次数。然后将这些回答与实际参加频次进行比较。由于人们无法执行他们预先设定的计划，这种现象符合天真型决策者的决策。第二，他们发现那些完全停止健身的人倾向于平均等待 2.3 个月（187 美元的成本）才会去取消健身会员资格。当不再去健身时，虽然老练型决策者知道要去终止健身会员资格，但是天真型决策者未必会去终止健身会员资格，相信自己在未来还会去健身。实际上证据表明健身会员至少是半天真型决策者。为了较准确预测所有观测到的行为，作者们对天真型健身会员模型进行了校准，发现日贴现因子 $\delta=0.9995$，$\beta=0.7$。因此，虽然有可能找到某些承诺机制案例表明决策者是老练的，但也有大量的证据证明存在天真型行为。

■ 实例 13-4　选择做什么以及何时做

赫斯刚刚得到了 11 000 美元，并且想找到一个较好的资金投资策略。在详细考察投资选项过程中，他发现可进行投资的数量和类型让人难以应对。他知道要确定最佳的投资策略需要做大量的工作。因此，他决定将 10 000 美元放在储蓄账户中，其现在赚得几乎接近于零的利息，而将 1 000 美元放入一个简单型共同基金，该基金被设计用来反映整体股票市场指数。股票指数型基金的年收益率大约是 5%，但是其是有风险的。他下定决心花费必要的时间来确定未来最佳的投资方向。然而，在未来他似乎总是抽不出时间，三年后他仍然没有将 10 000 美元投资出去。然而与此同时那 1 000 美元的价值增加到大约 1 160 美元。如果当时他也将剩下的 10 000 美元投资出去的话，他本来可以获得大得多的收益。人们经常推迟最佳行动，而采取一般行动。特德·欧登诺修和马修·拉宾在这些优先顺序似乎错位的选择中，指出了时间不一致偏好的作用。

考虑一个无限规划期决策问题，其中，凯瑞有两个可选行动，x_1 和 x_2。这些行动可以代表投资选项或者其他任务，其会立即产生成本但是收益会累积到永久的未来。每一种行动只能在某个时刻完成，并且如果你完成了其中一项任务，则在任意时刻你就无法完成其他任务。例如，你不能将所有资金既投资于股票市场同时又投资于银行账户。假定采取任何行动 x_i，$i=1, 2$，会立即产生成本 $c_i \geqslant 0$，然后在之后每一期凯瑞可获得收益 $v_i \geqslant 0$。用行动 x_0 表示不完成任何任务，$c_0=0$，$v_0=0$。时间一致型决策者会通过最大化贴现效用来决定完成哪一项活动。因此，在凯瑞还没有完成任务的任何时期 $\bar{t}$，他必须选择一个时期 ($\bar{t}$) 和一种活动 (i) 来求解㊀

$$\max_{\substack{i \in \{0,1,2\} \\ \bar{t} \geqslant 0}} -\delta^{\bar{t}} c_i + \sum_{t=\bar{t}+1}^{\infty} \delta^t v_i = \delta^{\bar{t}} \left(\frac{\delta}{1-\delta} v_i - c_i \right) \tag{13-67}$$

其中，最后一个等式是由等比数列的性质得到的。㊁注意到对于任何使得 $\frac{\delta}{1-\delta} v_i - c_i > 0$ 的 i，凯瑞会决定现在 ($\bar{t}=0$) 完成该任务，因为对于任何 $t>0$，$\delta^0 = 1 > \delta^t$，㊂现在完成任务会获得更多收益。因此，时间一致型决策者总是选择最大化 $\frac{\delta}{1-\delta} v_i - c_i$ 的任务，并且立即完成该任务。

相反，现在假定凯瑞是半天真的，相关参数为 $\beta < \hat{\beta} \leqslant 1$。在任何到来的时期，决策者总是面对完全相同的决策。不同活动的收益仅仅依赖于在什么时期采取行动，并且这些收益是固定的。因此，如果凯瑞的偏好和感知导致他推迟行动到第二期，他也会决定推迟到第三期，以此类推直到永远。然而，如果凯瑞认识到这种拖延会出现，他反而会决定现在行动。

设 $u(i, \bar{t} | t')$ 为凯瑞在时期 1 认为进入时期 t' 时自己面对的效用函数，效用来自在时间 $\bar{t}$ 采取行动 i。在时期 t'，如果在 $\bar{t} = t'$ 采取行动，凯瑞感知到的效用函数为

$$u(i, t' | t') = -c_i + \sum_{t=0}^{\infty} \hat{\beta} \delta^t v_i = \frac{\hat{\beta}}{1-\delta} v_i - c_i \tag{13-68}$$

如果在晚些时候采取行动，凯瑞在时期 1 认为自己在时期 t' 对效用的感知为

㊀ 疑有误，严谨的表达方式应该为 $\max\limits_{\substack{i \in \{0,1,2\} \\ \bar{t} \geqslant 0}} -\delta^{\bar{t}} c_i + \sum\limits_{t=\bar{t}+1}^{\infty} \delta^t v_i = \max\limits_{\substack{i \in \{0,1,2\} \\ \bar{t} \geqslant 0}} \delta^{\bar{t}} \left(\frac{\delta}{1-\delta} v_i - c_i \right)$。——译者注

㊁ 设 $Y = kr^{\bar{t}} + kr^{\bar{t}+1} + \cdots = \sum\limits_{\bar{t}=0}^{\infty} kr^t$，其中，$0 < r < 1$。则 $Y = kr^{\bar{t}} / (1-r)$。要得到这个结论，注意到 $Y = kr^{\bar{t}} + kr^{\bar{t}+1} + kr^{\bar{t}+2} + \cdots$，所以 $rY = kr^{\bar{t}+1} + kr^{\bar{t}+2} + kr^{\bar{t}+3} + \cdots$。因此，$Y - rY = kr^{\bar{t}}$ 或者 $Y(1-r) = kr^{\bar{t}}$，得出结论。在这个例子中，$k = v_i$ 并且 $r = \delta$。

上式 $Y = kr^{\bar{t}} + kr^{\bar{t}+1} + \cdots = \sum\limits_{\bar{t}=0}^{\infty} kr^t$ 表示有问题，严谨的方式为 $Y = kr^{\bar{t}} + kr^{\bar{t}+1} + \cdots = \sum\limits_{t=\bar{t}}^{\infty} kr^t$。——译者注

㊂ 严谨的表述应为 "因为对于任何 $\bar{t} > 0$，$\delta^0 = 1 > \delta^{\bar{t}}$"。——译者注

$$u(i,\bar{t}|t') = \hat{\beta}\delta^{\bar{t}-t'-1}\left(-c_i + \sum_{t=1}^{\infty} \delta^t v_i\right) = \hat{\beta}\delta^{\bar{t}-t'-1}\left(\frac{\delta}{1-\delta}v_i - c_i\right) \tag{13-69}$$

注意到在两种情况下，如果$\frac{\delta}{1-\delta}v_i - c_i > 0$，凯瑞决不会选择推迟活动到$t'$之后。这是因为在$\bar{t}=t'$时，$\hat{\beta}\delta^{\bar{t}-t'-1}\left(\frac{\hat{\beta}}{1-\delta}v_i - c_i\right)$达到最大[⊖]。注意这是凯瑞在时期1考虑某个一般的未来时期t'时的感知。因为凯瑞决不会选择推迟活动到下期之后一个时期，所以若他推迟执行某项活动到第2期，他会考虑如何做呢？他会认为只有五种可能情况会发生：在时期2执行x_1，在时期2执行x_2，在时期3执行x_1，在时期3执行x_2，在两个时期什么都不做。

对于每个选项，凯瑞预期他会从时期2决策者的角度比较贴现效用，选择产生最大效用的选项：

在时期2执行x_1	$u(1, 2 \mid 2) = \frac{\hat{\beta}}{1-\delta}v_1 - c_1$
在时期2执行x_2	$u(2, 2 \mid 2) = \frac{\hat{\beta}}{1-\delta}v_2 - c_2$
在时期3执行x_1	$u(1, 3 \mid 2) = \hat{\beta}\left(\frac{\delta}{1-\delta}v_1 - c_1\right)$
在时期3执行x_2	$u(2, 3 \mid 2) = \hat{\beta}\left(\frac{\delta}{1-\delta}v_2 - c_2\right)$
什么都不做	$u(0, - \mid -) = 0$

如果$u(1, 2 \mid 2)$或者$u(2, 2 \mid 2)$是这五个选项中最大的，那么在第1期凯瑞决定在时期1执行x_1或者x_2是否会比时期2进行相应行动产生更大的效用（在时期1感觉的效用）呢？

假定在时期2执行行动x_i是五个选项中最大的，因此凯瑞预先考虑完成行动x_i。然后，在时期1，他估计以下三个选项的效用（从时期1决策者的角度）：在时期1执行x_1，在时期1执行x_2，在时期2执行x_i。相应的效用如下表所示。

在时期1执行x_1	$u(1, 1 \mid 1) = \frac{\beta}{1-\delta}v_1 - c_1$
在时期1执行x_2	$u(2, 1 \mid 1) = \frac{\beta}{1-\delta}v_2 - c_2$
在时期2执行x_i	$u(i, 2 \mid 1) = \beta\left(\frac{\delta}{1-\delta}v_i - c_i\right)$

然后凯瑞从这些选项中选出最好的。然而，如果选择在时期2执行x_i是最佳选项，凯瑞会将决策推迟到时期2。但是，一旦进入时期2，他面对的决策问题同在时期1所面对的是一样的。现在凯瑞根据β贴现时期3，但是认为一旦进入时期3，他会根据$\hat{\beta}$贴现时期4。在这种情况下，式（13-68）和式（13-69）表示从时期2的角度看时期3的决策者，考虑在时期3或者更晚执行行动时所感知到的效用。这时，凯瑞会做出同样的拖延决策。类似的，凯瑞会不断地拖延——总是计划在下一期完成x_i，但是从来不会真正执行。

相反，在对预期的第二期决策进行评估时，如果$u(1, 3 \mid 2)$或者$u(2, 3 \mid 2)$在这五个可得选项中产生最大的效用（因而在时期2预期在时期3执行x_1，或者在时期3执行x_2被感知为最佳选择），则预期第三期决策者也会决定推迟或者拖延。要明白这一点，从第一期决

⊖ 疑有误，注意式（13-69）要求$\bar{t} \geq t'+1$，因此，凯瑞决不会选择推迟活动到$t'+1$之后，因为$\bar{t}=t'+1$时，式（13-69）达到最大。——译者注

策者的角度考虑第三期决策。可能的选择再次为：在时期 3 执行 x_1，在时期 3 执行 x_2，在时期 4 执行 x_1，在时期 4 执行 x_2，在两个时期什么都不做。在时期 1 决策者认为他在时期 3 会感知到以下效用：

在时期 3 执行 x_1	$u(1, 3\mid 3) = \dfrac{\hat{\beta}}{1-\delta}v_1 - c_1$
在时期 3 执行 x_2	$u(2, 3\mid 3) = \dfrac{\hat{\beta}}{1-\delta}v_2 - c_2$
在时期 4 执行 x_1	$u(1, 4\mid 3) = \hat{\beta}\left(\dfrac{\delta}{1-\delta}v_1 - c_1\right)$
在时期 4 执行 x_2	$u(2, 4\mid 3) = \hat{\beta}\left(\dfrac{\delta}{1-\delta}v_2 - c_2\right)$
什么都不做	$u(0, -\mid -) = 0$

这些结果与第二期决策者认为会感知到的选项是相同的。因此，凯瑞会再次选择推迟到时期 4。由于第一期决策者意识到这种无限期的拖延会发生，他会认识到推迟到第三期意味着从来不会做任何事情，反而会选择在时期 1 执行行动或者选择什么都不做。在这个例子中，在第一个时期他必须在 $u(1, 1\mid 1)$，$u(2, 1\mid 1)$ 和 $u(0, -\mid -)$ 之间进行选择。

考虑到感知和预期信念变化的复杂性，举个例子可能会将这一点弄清楚。假定 $\beta = 0.6$，$\hat{\beta} = 1$。因此，凯瑞会根据 $\beta = 0.6$ 对下一个时期进行贴现，但是认为当下一个时期来临时，他会根据 $\hat{\beta} = 1$ 对后面的时期进行贴现（也就是没有贴现）。考虑一个例子，其中，$v_1 = 11$，$c_1 = 0$，$v_2 = 20$，$c_2 = 40$。在考虑这些选项时，凯瑞认为他会从时期 1 的角度来看进入时期 2 后的感知，五个选项如下表所示：

在时期 2 执行 x_1	$u(1, 2\mid 2) = \dfrac{1}{1-\delta}11$
在时期 2 执行 x_2	$u(2, 2\mid 2) = \dfrac{1}{1-\delta}20 - 40$
在时期 3 执行 x_1	$u(1, 3\mid 2) = \dfrac{\delta}{1-\delta}11$
在时期 3 执行 x_2	$u(2, 3\mid 2) = \dfrac{\delta}{1-\delta}20 - 40$
什么都不做	$u(0, -\mid -) = 0$

凯瑞不相信自己在第一个时期之后会进行拟双曲线贴现，因此他认为未来所有决策是时间一致的。在这些选项中 $u(1, 3\mid 2) < u(1, 2\mid 2)$，$u(2, 3\mid 2) < u(2, 2\mid 2)$，$u(0, -\mid -) < u(1, 2\mid 2)$，因此推迟行动到第三期或者什么也不做就不会再予以考虑。如果 $u(1, 2\mid 2) > u(2, 2\mid 2)$ 或者 $\delta < 31/40$，并且在第一期什么都没做，凯瑞会预期在第二期完成任务 1。否则，他会预期完成行动 2。在第一个时期他会按照 $\beta = 0.6$ 对所有未来结果进行贴现，因此会在以下结果中进行选择。

在时期 1 执行 x_1	$u(1, 1\mid 1) = \dfrac{0.6}{1-\delta}11$
在时期 1 执行 x_2	$u(2, 1\mid 1) = \dfrac{0.6}{1-\delta}20 - 40$
在时期 2 执行 x_i	$u(i, 2\mid 1) = 0.6\left(\dfrac{\delta}{1-\delta}v_i - c_i\right)$
什么都不做	$u(0, -\mid -) = 0$

再次，选项在时期 1 执行 x_1 要占优于什么也不做。同样，如果 $\delta < \frac{173}{200} = 0.865$，则 $u(1,1|1) > u(2,1|1)$，意味着如果 δ 低于这个数字就决不会选择在时期 1 执行 x_2，如果 δ 高于这个数字就决不会选择在时期 1 执行 x_1。如果 $\delta < 0.775$，则凯瑞会总是立刻选择完成行动 x_1，因为 $u(1,1|1) > u(2,1|1)$。○ 如果 $0.775 < \delta < 0.865$，则凯瑞必须在时期 1 执行 x_1 和在时期 2 执行 x_2 之间做出选择。这时 $u(1,1|1) > u(2,2|1)$ 意味着 $\delta < \frac{153}{180} = 0.850$。因此，如果 $\delta < 0.850$，则凯瑞会立刻选择完成任务 x_1。但是如果 $0.850 < \delta < 0.865$，则凯瑞打算延后并且在下一个时期完成 x_2，虽然之后的每个时期他实际上会决定继续拖延（因为会重复同样的决策过程）。如果 $\delta > 0.865$，则凯瑞必须在立刻完成 x_2 或者在下一个时期完成 x_2 之间做出选择。这时候 $u(2,1|1) > u(2,2|1)$ 意味着 $\delta > 1$。因此如果 $\delta > 0.850$，则凯瑞总是会选择永久性拖延。

在区间 $\delta \in (0.850, 0.865)$，○ 凯瑞持续拖延，希望他最终会完成任务 x_2。由于总是拖延，他获得的效用为 0。高收益任务有较大的前期成本但是更大的潜在收益 $\frac{20}{1-\delta} > 133$。现付成本和时间不一致偏好导致他现在不会完成收益较小的活动，但是会持续推迟收益较大的活动。如果收益较大的活动不可得（也就是说 x_1 不存在），○ 凯瑞会预先考虑在第二个时期完成 x_1。这时，第一个时期的选择会是在 $u(1,1|1)$ 和 $u(1,2|1)$ 两者之间进行。凯瑞总是会选择立刻完成 x_1，因为 $u(1,2|1) = \delta u(1,1|1)$。这时候，有一个高收益但是在当期没有吸引力的可选选项可能导致无限期地拖延，使得凯瑞的状况更加糟糕。在给予更多选择的时候，半天真型决策者并非总是改善自己的状况。

13.5 解除承诺

在具有时间不一致偏好时，老练可能是一把双刃剑。虽然人们总是想承诺坚持未来消费路径以最大化当前的感知效用，但当未来最终来临时，他会愿意支付一部分费用来打破承诺。考虑罗宾，一名老练型决策者，他在健身的问题上遇到了麻烦。

假设我们考虑一个无限规划期决策问题，其中，每个时期代表一周。在任何时期锻炼会立即产生成本 c 并且在随后的所有时期里产生收益 v。另外，假定罗宾必须每周支付 k_0 做为部分健身俱乐部会员费，并且他不能轻易终止会员资格。在第一个时期，罗宾预期他在任何时期 t 都会求解 ⑨

$$\max_{x_t, x_{t+1}, \cdots} -k_0 - x_t c + \beta \sum_{i=0}^{\infty} \delta^i \left(-k_0 - x_{t+i+1} c + \sum_{j=1}^{t+i} x_j v \right) \tag{13-70}$$

其中，x_t 是虚变量，如果罗宾在时期 t 选择去锻炼则取值为 1，否则取值为 0。如果锻炼带来

○ 这里作者的表述有些乱。应该这样考虑问题，如果 $\delta < 31/40 = 0.775$，则凯瑞会在第二期还是第一期完成任务 x_1 之间进行选择。因为 $u(1,1|1) > u(1,2|1)$，其总是立刻选择完成行动 x_1。实际上，通过计算可以得出以下结论：在时期 1 执行 x_1 的效用总是会大于在时期 2 执行 x_1 的效用。另外，只要 $\delta < 1$，在时期 2 执行 x_2 的效用总是大于在时期 1 执行 x_2 的效用。——译者注

○ 疑有误，应该是在区间 $\delta \in (0.850, 1)$。——译者注

○ 疑有误，应该是"也就是说 x_2 不存在"。——译者注

⑨ 疑有误，该式中的 $\sum_{j=1}^{t+i} x_j v$ 应改为 $\sum_{j=t+1}^{t+i} x_j v$。后面式(13-73)、式(13-75)、式(13-77) 都应做相应修改。——译者注

的贴现效用的增加量小于不锻炼时的情况，或者（再次使用等比数列属性）

$$\frac{\beta}{1-\delta}v - c < 0 \tag{13-71}$$

则罗宾在时期 t 不会决定去锻炼。我们假定实际情况就是如此。因此，在没有承诺的条件下，罗宾总是会选择不去锻炼。如果在下一个时期（并且之后的每一个时期）锻炼的效用大于不锻炼，或者如果

$$\beta\left(\frac{\delta}{1-\delta}v - c\right) > 0 \tag{13-72}$$

则对于想身体强健的人来说，其在时期 t 反而希望自己在下一个时期（并且之后的每一个时期）会锻炼。如果实际情况如此的话，则老练型决策者在第一期必须决定是去锻炼（之后再也不去）还是不去锻炼。式（13-71）意味着它会永远放弃锻炼。

现在假定健身房提供两种类型的健身会员资格，其中一种每周产生的成本是 k_0，另一种在每周成本基础上再加上 k_1（所以因会员资格向会员收取的费用为 $k_0+k_1 > k_0$）。收取了这部分额外费用后，如果在任何一周里健身会员没有使用健身房，健身房答应会对他们进行罚款 k_2。在这种体制下，式（13-70）变为

$$\max_{x_t, x_{t+1}, \cdots} -k_0 - k_1 - x_t c - (1-x_t)k_2$$
$$+ \beta \sum_{i=0}^{\infty} \delta^i \left(-k_0 - k_1 - x_{t+i+1}c - (1-x_{t+i+1})k_2 + \sum_{j=1}^{t+i} x_j v \right) \tag{13-73}$$

因此现在只有在以下条件下，即

$$\frac{\beta}{1-\delta}v - c < -k_2 \tag{13-74}$$

爱运动者才会放弃去健身房。如果 k_2 足够大，惩罚的威胁就会充当承诺机制的角色，罗宾在时期 t 会计划去锻炼不再拖延。为了加入承诺机制计划，罗宾每周会支付 k_1 直到永远。根据等比数列的性质，这会产生净现值为 $\frac{k_1}{1-\delta}$ 的成本。每周都去锻炼所增加的效用为

$$-c + \beta \sum_{i=0}^{\infty} \delta^i \left(-c + \sum_{j=1}^{t+i} v\right) = \beta \sum_{i=0}^{\infty} \delta^i (iv) - c\left(1 + \frac{\beta}{1-\delta}\right) \tag{13-75}$$

如果

$$\beta \sum_{i=0}^{\infty} \delta^i (iv) - c\left(1 + \frac{\beta}{1-\delta}\right) > \frac{k_1}{1-\delta} \tag{13-76}$$

罗宾会购买承诺机制并且开始每周锻炼。

通过提供承诺机制，健身房能够从老练型健身房使用者身上赚更多的钱，有可能增加利润（如果健身房设备的维护成本没有增加太多的话）。但是这也创造了另外一种机会。假定亚历克斯，一个热爱运动并且有事业心的人，现在发现他能够从想身体强健的人身上赚点钱。在任何时期，虽然罗宾希望承诺未来坚持使用健身房，他同样也会愿意支付一定数额来打破承诺。因此亚历克斯提出，假装成罗宾代替罗宾健身，并且在健身房签罗宾的名字。作为回报，亚历克斯让罗宾支付给他 $k_3 < k_2$。在这种情况下，式（13-74）现在变为[○]

$$\max_{x_t, x_{t+1}, \cdots} -k_0 - k_1 - x_t c - (1-x_t)k_3$$
$$+ \beta \sum_{i=0}^{\infty} \delta^i \left(-k_0 - k_1 - x_{t+i+1}c - (1-x_{t+i+1})k_3 + \sum_{j=1}^{t+i} x_j v \right) \tag{13-77}$$

○ 疑有误，应该为式（13-73）。——译者注

如果⊖

$$\frac{\beta}{1-\delta}v - c - k_1 < -k_3 \tag{13-78}$$

罗宾会决定不去健身。只要k_3足够小，并使得式（13-78）被满足，则罗宾就会破坏承诺，亚历克斯就会收钱去健身房。

实际上，任何时间不一致的决策者都愿意为进入承诺机制而支付费用，在某些未来时刻当承诺机制起作用时他们也会愿意为打破承诺而支付费用。这种偏好反转导致产生了本书第一部分描述的那种类型的货币泵或摇钱树。首先让他们为承诺而支付费用，然后让他们为打破承诺而支付费用，如此反复，我们就可以榨干老练型决策者身上的每一分钱。一些公司确实会使用这种模型。例如，分时度假通过提供非常低的价格允许使用者提前为度假进行承诺。然后，在使用者不能履行承诺的时候（工作或者其他更加重要的责任占用了时间），他们允许会员支付一定的费用取消。当然，只有在进入承诺机制时老练型决策者没有注意到其有可能打破承诺的条件下，货币泵才会起作用。一旦他们了解了这个选项，货币泵就不存在了。相反，半天真型决策者即使在了解的情况下也可能进入并且维持货币泵状态。这种状况之所以发生是因为他们没有完全意识到自己为了选择退出承诺而支付成本的意愿有多强。

■ 实例 13-5 《戒烟公司》

史蒂芬·金所著的短篇小说曾被改编为电影《猫眼》的一个组成部分，这部电影阐明了我们想要进入承诺机制的意愿，并且我们缺乏控制自己未来行为的能力。主人公迪克·莫里森最终想要戒烟，根据大学期间一个老朋友的推荐，决定尝试进入戒烟公司。在考察戒烟公司期间，他发现公司最初是由一个黑帮老大创办的，其由于自己的不良习惯在与肺癌抗争的过程中失败了。与他会面的顾问毫不掩饰地告诉他公司是黑手党进行活动的掩护，但是他们对于让人们戒烟仍然非常关心。实际上，他的顾问保证完成了他们的治疗程序后，迪克绝对不会再吸烟了。

他们的计划阐明了什么是严苛的承诺工具。他们会持续不断地对那些登记治疗的人进行监视。那些被逮到吸烟的人会面临严苛的并且日益增强的可怕惩罚。对于第一根香烟，治疗计划的协助者会绑架迪克的妻子并且当着他的面折磨她。如果他在诱惑面前再次屈服，会抓住迪克并折磨他。家庭的其他成员也会随之遭受更加严重的折磨。如果迪克第十次屈服于诱惑，戒烟公司会派协助成员杀了他，保证他再也不会吸烟。知道我们要面对如此严厉的惩罚，我们会马上并必定发现坚持承诺并且戒绝像吸烟这样的沉溺性和破坏性活动是非常容易的。

实际上，许多帮助人们戒除成瘾行为的治疗程序要让朋友和其他人经常性地对他们进行监督。虽然大部分监督并不涉及对个人福利的威胁，但是肯定会涉及用令人难堪的事来威胁，但是监督也包括对那些面临诱惑的人给予支持。这种机制尝试改变与成瘾行为相关的成本和收益。如果我们确实能够对自己的行动进行完全控制，打算完全戒除成瘾的人丝毫不会愿意加入诸如戒烟公司这种形式的治疗程序。在很大程度上，我们的不情愿揭示出了我们对自我实际控制程度的感觉以及我们意志的强度。万幸的，迪克能够以非常少的过错就能戒除坏习惯。现在对他而言，他要是能够保持好体重就更好了。

⊖ 疑有误，类似于式（13-74），式（13-78）应为$\frac{\beta}{1-\delta}v - c < -k_3$。——译者注

■ **实例13-6　非流动性资产、流动性资产和美国的储蓄率**

美国消费者以非流动性资产的形式持有大部分资产，例如401k退休账户或者其他在短期内非常难以支取的资产。在难以立即支取的账户中，美国家庭平均保存了他们财富的2/3左右。我们倾向于持有非常少量的资金在储蓄账户、大额可转让定期存单，或者在短期内就可以售出的共同基金和股票上。当我们的资产是以非流动性投资的形式存在时，我们有效地限制了自己支取和使用这些资金的能力。

虽然持有此类非流动性资产总体上看似不符合我们的直觉，大卫·莱布森注意到存在时间不一致偏好的人们或许会追求此类资产来阻止自己将这部分本应储蓄起来的钱花出去。因此，非流动性资产对于老练型（或者至少半天真型）储蓄者而言起到了承诺机制的作用。给予他们机会将资金存入很容易支取的账户中，或者存入在需要资金时要求至少提前一段时间通知银行的账户中，老练型决策者或许会更喜欢非流动账户，即使这些投资的期望收益率低于流动性账户。

这是关于储蓄决策的老练型决策者模型的一个简单应用，但是它却有非常深刻的含义。1947～1983年普通美国人储蓄了所得全部收入的8%～12%左右。之后储蓄率开始出现长期并且快速的下降，到2007年降到接近1%的最低点。有几种相互竞争的理论尝试解释美国人越来越依赖薪水支票过活的长期趋势。一种可能的解释认为是金融领域不断增长的创新导致的。

自从1983年之后，由于信用卡的广泛发放、自动取款机（ATMs）的引入，以及具有长期投资账户属性但是能够更方便快捷支取的资产的出现，潜在的储蓄者增加了他们支取资金的能力。例如，随着人们根据其房屋增值来赊账购买物品，房屋净值信用贷款变得更加普遍。一旦同意授信，房屋所有人通常使用支票或者信用卡就可以简单方便地进行借款直到额度上限。网上银行也进一步增加了原来非流动性资产的流动性。

没有ATMs和网上银行，人们要进行任何交易几乎确定无疑的要去银行。此种旅行所花时间以及排队等待产生了某些取钱的成本。现在资金在任何时间任何地点都可以支取。或许是这种额外流动性的引入成为美国储蓄率下降的一个原因。在2008年的衰退之后，储蓄率开始反弹，与此同时股票收益率急剧下降，消费者信贷开始蒸发。而对储蓄率下降的另外一种解释是认为，对股票收益的预期允许人们不用费心储蓄就能增加财富。这种预期在2008年消失了。与此同时出现的美国信贷的蒸发使得经济学家们很难完全区分开这些对美国储蓄行为大幅波动的竞争性解释。

历史说明

当罗伯特·史托斯引入时间不一致贴现的时候，他提出了一个假定决策者老练的模型。最初引入该模型是将其作为一种方法来解释承诺机制的广泛使用。之后大卫·莱布森，乔治·阿克洛夫及其他人在有很大影响力的应用研究中使用了这种模型的扩展形式。扩展形式和老练模型看起来一样复杂，但是它才是最初提出的模型。当注意到人们经常放弃对自己有帮助的承诺后，天真模型作为一种替代解释被提出来。这两个解释时间不一致性的模型被广泛用来解释投资和储蓄行为、宏观经济活动以及劳动者的拖延。对于市场营销者而言它的含义是非常重要的。通常少即是多。如果是提前购买（例如冷冻食品），对小份包装食品，分销商可以向节食者收取更多费用。出售承诺机制可能成为大生意。通常对于销售者而言，执行承诺机制只需要花费很少的成本，但是它可以卖出很高的价格。信用卡本身就是一个有趣的承诺机制的例子。无法为高价消费品存钱的人可以承诺事后为商品存钱。类似的，对于我们之中跨期支付面临困难的人存在薪金预支贷款机制。这些公司对于小额和短期贷款收取非常高的利息率（年化利率通常会超过400%）。时间不一致证据的广泛存在为拟双曲线贴现模型成为经济建模和思想的主流开辟了道路。

> **传　记**
>
> **大卫·莱布森（1966—）**
>
>
>
> 学士，哈佛大学，1988 年；硕士，伦敦经济学院，1990 年；博士，麻省理工学院，1994 年；在哈佛大学担任教职。
>
> 在近期的经济学研究历史中，大卫·莱布森关于储蓄率，退休资产组合及其他宏观经济问题的研究成果已经成为阅读和引用最为广泛的成果之一。拟双曲线模型在储蓄问题上的应用使得罗伯特·史托斯最初的研究成果获得了新生，将它带入到经济学研究的主流领域。尤其令人感兴趣的是这种时间不一致偏好对解释以下现象的能力，即储蓄者在持有长期非流动性储蓄工具的同时，在储蓄和消费模式上仍然表现出令人难以置信的耐心缺乏。如果没有行为模型，这些行为似乎是无法调和的。他的其他一些研究工作强调了在其他宏观经济背景下，理性决策局限性的影响，以及默认机制对储蓄的影响。和本章描述的理论成果相对应，他的大部分成果极大地依赖于对投资数据的复杂计量分析。通过使用自然决策产生的现场数据，莱布森能够提供清晰的例子说明在一般经济学环境下行为影响的重要性。莱布森因为其研究成果获得了很高赞誉，他被选入了国家科学院。

思考题

1. 在本章，我们给出了三个跨期决策模型：天真型、老练型和半天真型。就像本章和文献中所描述的一样，天真型决策者似乎注定要不断重复他们的错误。这看起来是不现实的。相反，老练型决策者完美预期到他们的拖延问题，并且尽可能避免拖延。因此，老练型决策者从来不会拖延除非他们预料到自己会拖延。这看起来似乎也是不现实的。最后，对人们在未来会如何行动，第三个模型允许存在错误感知，允许未预期到的拖延。但是这个模型也允许人们无限期拖延，不会从自己的错误中学习。
   (a) 请写出你曾经有过的拖延经历，这种行为如何用其中一个模型来解释（如果可能的话写出数学模型）。
   (b) 也请你写出你的行为中无法由三个模型解释的部分。有没有可能修订其中一个模型，使之能够描述这种行为呢？

2. 考虑实例 13-1 储蓄俱乐部的问题。再次假定瓜达鲁普每周挣 30 美元但是时期只有三周。在周 1 和周 2，消费（一周的消费）的瞬时效用函数为 $u(c)=\sqrt{c}$，因此消费的瞬时边际效用为 $0.5\,c^{-0.5}$。在周 3，瓜达鲁普的效用为 0.371χ，其中，χ 是花在圣诞节礼物上的数额（在周 3 没有其他消费）。圣诞节的瞬时边际效用为 0.371。超过第三期的储蓄不会产生额外的效用。普通储蓄账户提供的年利率为 5%，每周按复利计算，而存入储蓄俱乐部的钱提供的年利率为 r。对于下面的问题使用实例 13-1 中得出的公式是有帮助的。
   (a) 设 $\delta=0.97$。假定决策者有时间一致的偏好，求解每个时期的最优消费和储蓄决策。要解决这个问题，求解出使得贴现边际效用相等的周 1 和周 2 的消费数量以及周 3 的礼物数额。
   (b) 设 $\beta=0.5$。假定决策者是天真型决策者，求解最优消费和储蓄决策。
   (c) 现在假定决策者是老练型决策者。求解最优消费和储蓄决策。
   (d) 最后，假定决策者是半天真型决策者，$\hat{\beta}=0.8$。现在求解最优消费和储蓄决策。
   (e) 求解使得时间一致型决策者、天真型决策者、老练型决策者和半天真型决策者承诺加入圣诞俱乐部所必需的 r。在这种情况下，最优消费和储蓄决策规划是什么？

3. 考虑欧登诺修和拉宾的选择什么时候完成一次性任务的模型。设 $\delta=1$，$\beta=0.5$，$\hat{\beta}=1$。对于下面的每一种概况，求解时间一致型决策者、天真型决策者、老练型决策者和半天真型决策者的最优策略。在每种情况下，假定任务必须在第四期期末之前完成。
   (a) $v=(12, 11, 10, 9)$，$c=(7, 8, 9, 10)$
   (b) $v=(7, 8, 9, 10)$，$c=(12, 11, 10, 9)$
   (c) $v=(10, 9, 12, 11)$，$c=(9, 10, 7, 8)$
   (d) $v=(9, 10, 7, 8)$，$c=(10, 9, 12, 11)$
   (e) 请说明上面的计算如何阐明了命题 13-1～命题 13-4。

4. 考虑老练型决策者的问题，他是某家健身房的会员。让我们将问题限定在 4 个时期。在任何时期锻炼会立即产生成本 c 并且在随后的所有时期里产生收益 v。另外，假定罗宾必须每周支付 k_0 作为健身房会员费用的一部分，并且他不能轻易取消会员资格。
   (a) 假定健身房提供两种可能类型的健身会员资格，其中一种每周产生的成本是 k_0，另一种在每周成本基础上再加上 k_1。收取了这部分额外费用后，如果在任何一周里健身会员没有使用健身房，健身房答应会对他们进行罚款 k_2。求解使得老练型决策者承诺在时期 2 和时期 3 锻炼的最大数量 k_1 和最小数量 k_2。
   (b) 现在考虑企业家的问题，它可以收取小额费用来冒充健身房会员，这样就允许会员在不受到惩罚的条件下逃避承诺。给定 (a) 中的 k_1 和 k_2，求解企业家可以收取的最大费用 k_3。

5. 考虑欧登诺修和拉宾的选择什么时候完成和完成哪一个活动的模型。在下述每种情况下，设 $\beta=0.6$，$\hat{\beta}=1$。
   (a) 假定 $v_1=22$，$c_1=0$，$v_2=40$，$c_2=40$。求解老练型决策者会产生的行为（作为 δ 的函数）。
   (b) 假定 $v_1=44$，$c_1=0$，$v_2=40$，$c_2=80$。求解老练型决策者会产生的行为（作为 δ 的函数）。
   (c) 对于 (a) 和 (b)，求解行动 2 不可选时会出现的行为。
   (d) 将这些答案与本章中的实例进行比较。关于可得收益的大小以及拖延倾向而言，这意味着什么？

参考文献

Ariely, D., and K. Wertenbroch. "Procrastination, Deadlines, and Performance: Self-Control by Precommitment." *Psychological Science* 13(2002): 219–224.

DellaVigna, S., and U. Malmendier. "Paying Not to Go to the Gym." *American Economic Review* 96(2006): 694–719.

King, S. "*Quitters Inc.*" In *The Night Shift*. New York: Doubleday, 1978.

Laibson, D. "Golden Eggs and Hyperbolic Discounting." *Quarterly Journal of Economics* 112(1997): 443–477.

O'Donoghue, T. and M. Rabin. "Doing it Now or Later." *American Economic Review* 89(1999): 103–124.

O'Donoghue, T., and M. Rabin. "Choice and Procrastination." *Quarterly Journal of Economics* 116(2001): 121–160.

Thaler, R. H., and S. Benartzi. "Save More Tomorrow: Using Behavioral Economics to Increase Employee Saving." *Journal of Political Economy* 112(2004): S164–S187.

高级概念

连续选择问题与逆推法

考虑式 (13-1) 给出的个人选择问题，人们仅生存三期。给定前两个时期的消费 c_1, c_2，个体在第三期肯定要求解

$$\max_{c_3} U(c_3) \tag{13-A}$$

面临的预算约束为 $c_3 \leq w-c_1-c_2$。只要效用是消费的严格增函数，式 (13-A) 就会在 $c_3^* = w-c_1-c_2$ 处被解出。给定第三期问题的这个解，第二期问题由下式给出[⊖]

⊖ 疑有误，应该为 $\max\limits_{c_2 \leq w-c_1} \{u(c_2)+\delta \max\limits_{c_3 \leq w-c_1-c_2} u(c_3)\} = \max\limits_{c_2 \leq w-c_1} u(c_2)+\delta u(w-c_1-c_2)\}$。——译者注

$$\max_{c_2 < w - c_1} \{u(c_2) + \delta \max_{c_3 < w - c_1 - c_2} u(c_3)\} - \max_{c_2 < w - c_1} u(c_2) + \delta u(w - c_1 - c_2) \tag{13-B}$$

这恰恰是第 11 章给出的两期消费问题，在时期 2 消费的边际效用等于时期 3 以贴现因子加权的边际效用时，式（13-B）得解

$$u'(c_2) = \delta u'(w - c_1 - c_2) \tag{13-C}$$

回想在第 12 章中，在求解标准（而非递归）优化问题时，这也是最后两个时期的求解条件。给定时期 1 的消费水平，设 $c_2^*(c_1)$ 是式（13-C）的解。则在第一期决策者必定求解

$$\max_{c_1} u(c_1) + \delta u(c_2^*(c_1)) + \delta^2 u(w - c_1 - c_2^*(c_1)) \tag{13-D}$$

现在这个问题相当于一个两时期问题，只不过现在在第二期决策者获得 $u(c_2^*(c_1)) + \delta u(w - c_1 - c_2^*(c_1))$。现在最优条件是由下式给出的一阶条件⊖

$$u'(c_1) + \delta u'(c_2^*(c_1)) \frac{dc_2^*}{dc_1} - \delta^2 u'(w - c_1 - c_2^*(c_1))\left(1 + \frac{dc_2^*}{sc_1}\right) = 0 \tag{13-E}$$

上式使用了链式法则。在式（13-E）中，结合式（13-C）销项可得

$$u'(c_1) - \delta^2 u'(w - c_1 - c_2^*(c_1)) = 0 \tag{13-F}$$

将式（13-F）和式（13-C）两个优化条件组合在一起，我们可以发现三期递归优化问题的解必为下式的解

$$u'(c_1^*) = \delta u'(c_2^*(c_1^*)) = \delta^2 u'(w - c_1^* - c_2^*(c_1^*)) \tag{13-G}$$

这个解显示在图 13-2 中，其中，消费的加权边际效用在所有时期都是相等的。第 12 章中也用同样的图形来描述非递归问题的解。

如果我们考虑式（13-1）所示的标准完全加式模型，决策者只需要求解

$$\max_{\{c_1, c_2, c_3\}} u(c_1) + \delta u(c_2) + \delta^2 u(c_3) \tag{13-H}$$

预算约束为 $w \geq c_1 + c_2 + c_3$。在各期消费的贴现边际效用相等的时候或者

$$u'(c_1^*) = \delta u'(c_2^*) = \delta^2 u'(c_3^*) \tag{13-I}$$

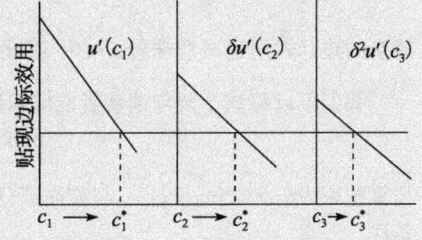

图 13-2 完全加式模型下的最优消费

时式得解。该条件与预算约束 $w = c_1 + c_2 + c_3$ 组合在一起，与递归优化问题得到的解是一样的。

相反，如果消费者根据拟双曲线贴现函数对未来进行贴现，与式（13-2）表示的问题相比，该问题在某种程度上就变得复杂了许多。相应的，消费者必定求解

$$\max_{c_1} u(c_1) + \sum_{i=2}^{T} \beta \delta^{i-2} u(c_i^*) \tag{13-J}$$

其中，c_i^* 被递归定义为求解

$$\max_{c_i} u(c_i) + \sum_{j=i+1}^{T} \beta \delta^{j-2} u(c_j^*) \tag{13-K}$$

其中，每个时期的预算集合要以前期消费决策为条件。

我们可以和前面一样通过逆推法来求解该问题。给定在前两个时期的消费 c_1, c_2，第三期决策者必定求解

$$\max_{c_3} U(c_3) \tag{13-L}$$

⊖ 疑有误，第三项中最后一部分应该为 $\left(1 + \dfrac{dc_2^*}{dc_1}\right)$。——译者注

面临的预算约束为$c_3 \leq w - c_1 - c_2$，在效用是消费的增函数条件下，得到的解为$c_3^* = w - c_1 - c_2$。接下来，我们考虑第二期的消费决策。这时，消费者会求解

$$\max_{c_2} u(c_2) + \beta u(w - c_1 - c_2) \tag{13-M}$$

在贴现边际效用相等时，得解

$$u'(c_2) = \beta u'(w - c_1 - c_2) \tag{13-N}$$

其解为$c_2^*(c_1)$，类似于指数贴现的三阶段问题在第二个时期的解。在第一个阶段，决策者现在求解

$$\max_{c_1} u(c_1) + \beta u(c_2^*(c_1)) + \beta\delta u(w - c_1 - c_2^*(c_1)) \tag{13-O}$$

一阶条件为

$$u'(c_1) + \beta u'(c_2^*(c_1))\frac{dc_2^*}{dc_1} - \beta\delta u'(w - c_1 - c_2^*(c_1))\left(1 + \frac{dc_2^*}{dc_1}\right) = 0 \tag{13-P}$$

结合式（13-N）和式（13-P），我们可以将上述关系用第一和第二期的消费重新表示为

$$u'(c_1) = \delta u'(c_2^*(c_1)) + (\delta - \beta)u'(c_2^*(c_1))\frac{dc_2^*}{dc_1} \tag{13-Q}$$

注意到通过式（13-N）对c_1和c_2进行全微分我们能够计算$\frac{dc_2^*}{dc_1}$，全微分可得

$$\{u''(c_2) + \beta u''(w - c_1 - c_2)\}dc_2^* + \beta u''(w - c_1 - c_2)dc_1 = 0 \tag{13-R}$$

或者

$$\frac{dc_2}{dc_1} = -\frac{\beta u''(w - c_1 - c_2)}{u''(c_2) + \beta u''(w - c_1 - c_2)} \tag{13-S}$$

消费的边际效用递减意味着$u'' < 0$，因此$-1 < \frac{dc_2^*}{dc_1} < 0$。

我们可以将这个解与消费者能够承诺坚持决策消费路径时所作出的选择进行对比

$$\max_{\{c_1, c_2, c_3\}} u(c_1) + \beta u(c_2) + \beta\delta u(c_3) \tag{13-T}$$

预算约束为$w \geq c_1 + c_2 + c_3$。与前面部分的过程相似（代入$c_3 = w - c_1 - c_2$），我们可以得到以下一阶条件

$$u'(c_1) - \beta\delta u'(w - c_1 - c_2) = 0 \tag{13-U}$$

$$\beta u'(c_2) - \beta\delta u'(w - c_1 - c_2) = 0 \tag{13-V}$$

意味着

$$u'(c_1) = \beta u'(c_2) \tag{13-W}$$

如果我们比较该条件与式（13-Q），会发现如果$\frac{dc_2^*}{dc_1} = -1$，则两个消费路径是相同的。但是前面我们已经证明$\frac{dc_2^*}{dc_1} > -1$。此外，如果$\frac{dc_2^*}{dc_1} = 0$，则式（13-Q）等同于式（13-C）[一]，即贴现因子为δ时的指数贴现情况。但是我们也知道$\frac{dc_2^*}{dc_1} < 0$。实际上，递归优化问题的消费路径总是介于天真型拟双曲线贴现者规划的消费路径（其等同于自我约束型决策者的最优消费路径）以及贴现因子为δ的理性指数贴现者的消费路径之间。

在没有能力承诺的条件下，决策者在第一个时期选择的消费水平要低于天真型拟双曲线贴现者的消费水平，因为他们知道自己无法在第二期承诺致力于坚持较低的消费水平（为了维持第三期可能的消费水平这可能是必须的）。此外，决策者在第一期的消费要高于对所有时期按照δ进行贴现

[一] 疑有误，应为式（13-G）。——译者注

时的水平，因为他们仍然受到现期偏向偏好的影响——对所有未来消费效用按照 $\beta<\delta$ 进行贴现。 在第二个时期，相比自我约束型决策者，老练型决策者会选择消费更多的数量。 这种情形之所以出现是因为此类决策者首先预测，由于现期偏向偏好，其在进行决策时对第三期消费效用的估值仅为第二期消费效用的 β 倍。其次，此类决策者消费更多是因为剩下了更多的财富（时期 1 的消费水平较低）。 老练型决策者在第二个时期的消费仍然要多于贴现因子为 δ 的理性决策者。 最后，在第三个时期，老练型决策者消费的要少于自我约束型决策者。

要明白这一点，注意到式（13-Q）和式（13-N）结合在一起可得

$$u'(c_1) = \beta\delta u'(w-c_1-c_2^*(c_1)) + \beta(\delta-\beta)u'(w-c_1-c_2^*(c_1))\frac{\mathrm{d}c_2^*}{\mathrm{d}c_1} \tag{13-X}$$

首先，考虑如果 $\frac{\mathrm{d}c_2^*}{\mathrm{d}c_1}=0$ 的时候会发生什么情况。 这时，式（13-X）与式（13-U）表示的自我约束型消费者的一阶条件是相同的，只不过老练型决策者在第一期的消费要小于自我约束型消费者。 考虑到效用函数是递增且凹的，这意味着消费在第三期也会比较小。 然而因为 $\frac{\mathrm{d}c_2^*}{\mathrm{d}c_1}<0$，式（13-X）右边第二项是负的。 这意味着式的第一项实际上要大于 $u'(c_1)$。 由于消费的边际效用递减，使得 $u'(w-c_1-c_2^*(c_1))$ 能够变大的唯一方式是进一步降低参数 c_3。 因此，老练消费者在第三期最终消费的更少。

缺乏进行承诺的能力导致决策者的效用损失（实例 13-1 阐明了这一点）。 因为决策者必须延后今天的消费来确保时期 2 的自我不会为第三期的自我留下的太少，所以决策者在第一期感觉非常糟糕。 因此，在不损害第三期消费的条件下，为了让现在消费更多的数量他会愿意支付一定数额。 继而产生了要求承诺机制的愿望：让我现在消费更多一点，但是要确保明天我没有放纵自己。 在长期问题中，承诺机制可以允许今天放纵自己，而保证消费者在更长的时期里（可能是无限期）在更加合理的水平上进行消费。 因此，打算节食的人会充满信心地吃喝，知道明天不管自己喜欢与否节食计划都会生效。

第四篇

社会偏好

到目前为止，我们集中研究了由于错误感知、错误计算或在其决策体系中使用直觉推断，人们如何偏离标准经济学模型。行为经济学中一个充满活力的分支是考察人们如何因为在自己的偏好中融合他人行动或福利而偏离标准模型的。在他人似乎无法从其行为中获得收益的情况下，我们经常会体验到他人的友善。在其他时候，我们或许会觉得同事或老师对我们没有好感，似乎想伤害我们，即使这意味着在如此做的过程中他们必须伤害自己。此外，我们或许有动机不仅根据他们的行动而且根据我们认为他们拥有的动机来选择不同的方式对待某些人。因此，对于衷心和真诚赠予的礼物我们或许心怀感激。然而，如果某些人给予同样的礼物是为了尽力赢得你的帮助来达成某些利己企图，我们或许只是决定尽快退还礼物。

我们的行为中有相当大部分是通过与其他人的社会交往来塑造的，很难忽略这种影响。出于这个原因，考察社会偏好影响的研究在经济学中有相当长的历史。行为经济学家们进一步丰富了这些文献，他们考察这些社会偏好如何形成和显现以及它们对经济交易的影响。从对储蓄率的影响到从灾难中恢复的速度，社会偏好不仅在家庭中有重大影响，同时在商业管理和公共政策中也有重大影响。

接下来的三章对社会偏好进行了介绍。在开始时我们先考察利他行为或者向他人表达的善意的特征。虽然利他主义未必是非理性的，但是大部分经济模型假定纯粹的自利动机。第15章考察人们对公平的愿望，这导致他们追求平均分配收益。另外，人们力图奖赏他们认为诚实的人，而惩罚那些不诚实的人。最后，我们考察人们信任彼此并且对给予自己的信任给予回报的倾向。

第 14 章

自利和利他

　　经济人的一个关键特征是完全不考虑其他任何人。一般而言，经济模型中行为人的突出特征是选择最大化自身福祉，或者是效用或者是利润，而忽略其他人的福祉。这种行为并不是理性所要求的，但还是经常这样假设，因为这使得行为的数学模型更加简单。福利经济学（研究经济政策如何影响经济中所有行为人的整体福利）中的一些基本概念依赖于自利行为人的假设。第一基本福利定理表明在一系列严格条件下（其中包括经济中所有行为人在其偏好中不考虑其他人），竞争均衡是帕累托最优的。除非在市场上通过税收或者其他行动进行干预，否则这一结论在行为人不是完全自利的条件下是不成立的。在这种情况下，市场中的行为人关心其他人得到的结果，这导致这样一种市场均衡，均衡中在不使得他人状况变差的条件下可以让某些人的状况变好。要是每一个人能够更自私一点就更好了。

　　第一福利定理最初是由杰勒德·德布鲁证明的。德布鲁因为证明第一福利定理以及其他一些贡献获得了诺贝尔奖。在德布鲁获奖后，他被新闻媒体称颂为证明了自由市场让一切回归正轨的人。一个故事（可能是杜撰的）说当要求他对自己证明市场"让一切回归正轨"进行评论时，他回答道要证明市场是帕累托最优所必须的不合理条件和说明数量是如此之多，以至于他几乎怀疑自己实际上证明的是市场几乎总是做错事。

　　经济学家们通常称那些愿意付出代价让他人状况改善的人为**利他的**（altruistic）。利他主义是**考虑他人型偏好**（other-regarding preferences）中的一个子类，也被称为**社会偏好**（social preferences），或者考虑其他人的福利或者行动的偏好。利他并不意味着非理性。当然有可能存在完备的和可传递的偏好，同时仍然关心他人。然而，为了简化理论或者为了更加容易地使用统计数据测量重要结果，我们的许多理论往往假定人们只关心他们自己的结果。实际上，许多经济学家研究利他行为（虽然他们并不将自己归类为行为经济学家），并且使用的经济理论假定某种形式的利他主义。但是，纯粹自利的行为人假设在经济学中是如此的普遍，导致行为经济学家将大量资源集中以下方面——确定人们关心他人的程度以及其他人的福利如何进入人们的决策中等。

　　一个人的自利程度到底需要多强才能满足第一福利定理的条件？一个众所周知的圣经寓言中提到一个被殴打和抢劫、浑身赤裸被扔在路边上的人。假定经济人恰巧经过那里，他身上带着三套额外的换洗衣服、绷带和很多钱。这个不幸的人询问经济人买他一件外套要收多少钱。经济人回答："这件外套对我而言价值 120 美元，低于这个价钱我是不会卖的。"这个血流不止的人告诉他，自己刚刚遭到抢劫并被打了一顿，但是在他回到家以后，他可以给他

119美元（这是他所有的钱）。"对不起，按这个价钱买这件外套太便宜了。"那其他衣服或者绷带多少钱呢？"嗯，我可以 5 美元卖给你绷带，40 美元卖一套衣服。但那是你现在就给钱的价钱。如果你明天才能付钱，我就需要多收一点。另外，如果你总共只有 119 美元，对我来说你似乎有一点信用风险。你有什么东西可以给我做抵押的吗？"血流不止的人询问经济人能否帮个忙至少把他扶起来。"帮你站起来你愿意支付多少钱给我呢？你确定自己没有血液传播疾病吗？"

我们会非常痛恨这样做的人，这恰恰反映出经济人与我们常见的、可接受的和合理的行为的概念有多么不相容。但是，这种假设是多数经济思想的关键。明显的，其他人的感觉、我们对文化规范的尊重以及我们对陷入悲惨境地者的关心在我们的决策中是重要的，因此它们在经济学中也应该是重要的。虽然许多曾经研究过此类问题的人不会将他们自己归类为行为经济学家，但是自利行为人假设在经济学中是如此普遍，使得行为经济学家们将考虑他人型偏好看作是他们研究范围的一部分。

表面上看，将纯粹自利的行为与帮助他人的愿望所驱动的行为区分开似乎很简单。但是事实表明很难确定哪种行为确实是利他的，哪种是基于自利的。在这一章，我们考察利他主义的经验证据以及某些应用。当然，利他主义并不是他人福利进入个人决策的唯一形式。我们还会研究一些重要理论，这些理论涉及我们如何看待他人以及我们如何根据对周围之人的感知构建自己的偏好等。

■ 实例 14-1　溺爱孩子

一个经常被引用的关于利他行为的例子是父母愿意为了自己孩子的福利牺牲自己的快乐和消费。据估计，美国父母养育子女的平均花费为 227 000 美元，包括衣食成本、儿童看护以及其他常规费用。除此之外，父母们花费了难以计数的时间来教导、培养、抚慰和养育孩子，做所有这一切的目的似乎就是为了让他们成为一个独立和负责任的成年人，能够为自己的幸福做好准备。内省使我们相信这确实是利他行为。但是一些人指出这种行为或许完全是自利的。

从历史上来看，为了给农场提供劳动力许多农民拥有比较大的家庭。这提供了足够的激励来保持家庭成员营养充足和身体健康。劳动力成为生孩子动机的一个证据来自 19 世纪的瑞典，当时曾经向想成为父母的人拍卖孤儿。索非亚·伦德贝里发现对于那些身体健康并且能够提供较多劳力的孤儿，父母们愿意出更高的价格。此外，如果自己的农场或者其他业务需要更多的劳力，父母们也愿意出更高的价格。近些年来，或许已经不希望让孩子在小的时候为房前屋后的工作提供劳力，但是希望他们在父母老得不能照顾自己的时候会进行赡养和照顾。即使死后分给孩子的遗产也可以被看作是对尽孝行为进行的奖赏。实际上，对于父母为孩子所采取的任何单一行动，我们很难从中分离出父母作为回报可能获得的潜在收益，因此这使得很难在父母身上发现任何纯粹的利他主义。

如果父母确实希望在没有获得任何回报的条件下向孩子提供效用，他们或许最终会鼓励（或者至少没有阻止）不良行为。为了便于讨论，考虑有一个孩子的父母，他们并不关心孩子会怎么样，只关心自己以老年赡养形式从孩子身上所得到的回报。父母或许知道孩子提供赡养的能力依赖于他们向孩子承诺的遗产奖励水平，以及孩子最终在经济上的实力。因此，对能够为经济成就奠定基础的成绩、工作以及其他结果和习惯，父母决定实行一系列的奖惩措施。这些奖励和惩罚或许不是恶意的，但是它们反映了父母能够提供给孩子的最优激励。相反，现在考虑利他主义的父母，除了关心自己在年老时会获得的受赡养水平，他们同样关心孩子获得的乐趣、愉悦和效用的多少。在这种情况下，利他主义的父母或许不愿意施加某些相同的惩罚措施，因为这会导致他们产生一些负效用。因此，在学习、工作或者其他训练方面孩子或许表现不好，因为其没有面临相同的激励。这时候，对孩子而言，利他主义可能导致产生无效的激励集合，并且也会减少父母和孩子可以获得的资源总量。就面临不幸的人而言，类似的推理认为对这些遭遇不幸的人进行慈善捐赠可能会导致他们降低努力程度。

一些证据表明在某些环境下这种无效率是存在的。许多公司（例如沃尔玛）在部分程度上是以家族企业的形式运营的。威廉·舒尔策，迈克尔·鲁巴特金和理查德·迪诺在理论上阐明，如果具有利他偏好的家族控制某个企业，在提供适当的激励让家族成员工作者提供认真、熟练且及时的劳动方面，以及在当代 CEO 辞职、退休或者过世时准备让家庭成员接手家族企业管理任务方面，也会产生同样的问题。实际上成功的家族企业中成功转型到第二代手中的比例只有大约 1/3。那些成功将家族企业管理权传给第二代的企业中只有大约一半能将企业传给第三代。也就是说，他们之所以被推上管理岗位是因为当代 CEO 关心家族成员而非关心他们进行管理的资质和能力。例如一些人发现，在使用战略规划来获取销售增长方面，家族企业的成效要比非家族控制企业低。这至少提供了某些不充分的证据说明对家族成员所要求的标准低于其他人。

14.1 理性和利他主义

在第 1 章，我们在广义上定义了理性，认为它是由完备和可传递的偏好体现的。完备性仅仅意味着给定在两种世界状态之间的选择 s_1 或 s_2，人们要么偏好 s_1，表示为 $s_2 < s_1$，或者偏好 s_2，即 $s_1 < s_2$，或者对两者感觉无差异，表示为 $s_1 \sim s_2$。可传递性要求对于任何三个选项 s_1，s_2 和 s_3，偏好必须使得以下结论成立——如果 $s_1 < s_2$ 并且 $s_2 < s_3$，则 $s_1 < s_3$。如果违反了可传递性，我们就可以让人们付钱在三个选项中循环往复选择，进而设计出一个货币泵或摇钱树。如果某人满足这两个要求，我们就可以使用效用函数 $u(s)$ 来表示他的偏好，该函数赋予每种世界状态 s 一个实数值，人们的行为方式是为了在可选择集合中最大化效用函数。

利他主义并不意味着其会违反上述两个原则中的任何一个。定义 $v(s)$ 为代表某些其他人（不是决策者本人）福利的效用函数，其大小依世界状态而定。然后我们就可以将利他决策者表示为拥有以下偏好的人，其偏好体现在以下形式的效用函数中，即 $u(s, v(s))$，其中，$u(\cdot, \cdot)$ 是 $v(\cdot)$ 的增函数。这里效用函数中第一个变量的影响可以被看作是决策者自己消费的效用，第二个变量的影响可以被看作是源自其他人福利的效用。该函数要满足理性会要求两个人都拥有完备和可传递的偏好。

如果我们不按照世界状态定义效用，而是根据某种加总商品 x 定义效用，则这种方法会变得更清楚。首先，设其他人的效用用 $v(x)$ 表示，其中，$v(\cdot)$ 是 x 的增函数。然后，用 x_1 表示自己对商品 x 的消费数量，x_2 表示另一个人消费的数量，我们可以将世界状态表示为 $\mathbf{x} = (x_1, x_2)$ 并且定义 $U(x_1, x_2) \equiv u(\mathbf{x}, v(\mathbf{x}))$。因此，我们可以用 x_2 表示第二个人的偏好对决策者的效用，进而简化模型。用 $\bar{x}_2$ 表示在没有从第一个人那里获得任何转移财富的条件下，第二个人会消费的数量。因此，决策者会求解

$$\max_{x_1, T} U(x_1, \bar{x}_2 + T) \tag{14-1}$$

面临的预算约束为

$$p(x_1 + T) \leq w_1 \tag{14-2}$$

其中，p 是商品 x 的价格，w_1 是第一个人可得的财富数量，T 是从决策者那里转移给第二个人的消费数量。注意到这个问题等同于第 1 章中介绍的简单两商品消费问题，只不过这里两

个商品有相同的价格。该问题的解出现在自己消费的边际效用与第二个人的消费对自己的边际效用相等的时候。也就是说，在消费最优消费束的时候，对于自己增加额外一单位消费和另一个人额外增加一单位消费两者之间，第一个人感觉是无差异的。图形 14-1 将问题的解表示为无差异曲线和预算约束的切点。注意到预算约束的斜率必须为 −1，因为两种商品具有相同的价格。正是由于这个斜率保证了两个商品的边际效用相等（参见式 1-6）。

现在考虑第二个人。为了讨论的清晰起见，我们称初始决策者为父/母亲，第二个人为孩子。假定孩子只对自身利益感兴趣并且只从自己的消费中获得效用 $v(x_2)$，其中，$x_2 = \bar{x}_2 + T$，并且 $\bar{x}_2 = w_2/p$，其中，w_2 是孩子拥有的财富。

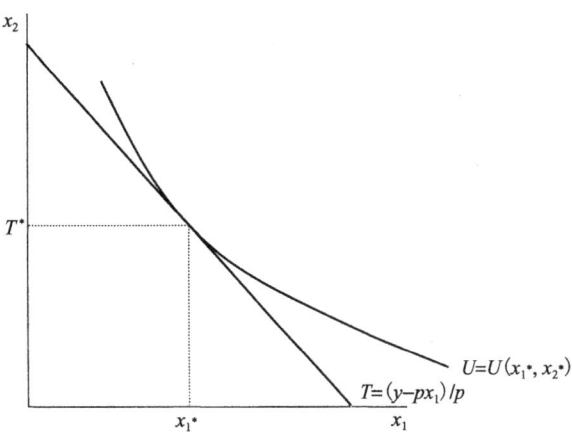

图 14-1　具有利他偏好的效用最大化[○]

然而，让我们假定孩子可以做出某个选择，该选择会影响孩子以及父/母亲的财富（例如，在家族企业中孩子的勤奋程度）。孩子可以选择选项 1，其会产生的结果为 $w_1=10$，$w_2=10$，或者选择选项 2，产生的结果为 $w_1=12$，$w_2=9$。孩子会选择哪一个选项？如果父/母亲和孩子都是自利的，孩子总是会选择选项 1，因为这给孩子更多财富，继而更多消费。

若父/母亲是利他的，并且如果作为回报自利的孩子被给予超过一单位的消费，则孩子会选择选项 2。比如，如果父/母亲的效用为 $U(x_1, x_2) = x_1 x_2$，则父/母亲自己消费的边际效用为 $U_1(x_1, x_2) = x_2$，孩子消费对父/母亲的边际效用为 $U_2(x_1, x_2) = x_1$。因此，父/母亲总是会选择消费 $x_1 = x_2$。假定 $p=1$。在这种情况下，选项 1 会导致总共购买 20 个单位，$x_1 = 10$，$x_2 = 10$。父/母亲决定不会进行任何转移给孩子，因为对于 x_1 和 x_2，消费的边际效用已经相等了。相反，选项 2 会导致总共购买 21 个单位，此时 $x_1 = 10.5$，$x_2 = 10.5$。为了让自己消费和孩子消费的边际效用相等，父/母亲决定转移 1.5 单位消费给孩子。因此，自利的孩子通过选择较低的个人财富水平（如果这样做创造了更多的财富给父/母亲和孩子）改善了自己的状况。因此，孩子看似会表现出利他行为，但是孩子慷慨背后的真实动机是纯粹的自利。

总体而言，对于任何行动要确定其是否是纯粹利他的，存在哲学上的困难。在定义上，如果某人采取某种慷慨的行动只是因为他认为最终收益会超过成本，则该行动不是利他的。通常企盼未来会出现的收益是无法观测的，这使得不可能确定某个行动是否是利他的。对老态龙钟的老人敞开大门的年轻人或许盼望着赢得正在旁观的年轻女子的好感。在极端情况下，那些相信助人为乐会得到上帝奖赏的人或许会被这种奖励所激励，而非在内心深处希望帮助他人。这时候，在无法观察到人们对上帝的信仰条件下，我们无法在技术上对纯粹的利他主义进行检验。虽然对于哲学纯粹主义者而言，这可能导致严重的问题，但是这种利他主义的定义不是特别实用。出于研究和应用目的，我们经常修订我们对利他主义的定义，忽略此类无法观测的收益。因此，在经济学研究环境下，一件生日礼物可以被看作是一种利他行为，即使赠送礼物的人从得到的感谢中获得了某种程度的愉悦，或者他心怀某种人情会获得回报的期望。我们倾向于找到一个在特定环境下可以应用的利他主义的操作性定义。

利他主义能够以许多不同的方式带来无效率或者福利损失。例如，假定父母正在考虑是

○　疑有误，图中的 y 应为 w_1。——译者注

给孩子一件价值 40 美元的礼物，还是给孩子 40 美元。如果父母给孩子 40 美元，则孩子会选择日用消费品，在面临预算约束的条件下最大化自己的效用。但是，如果父母购买礼物，他们会尽力最大化自己的效用函数 $U(s, v(s))$，它包括孩子的效用。但是如果父母对孩子的偏好存在错误感知会怎么样呢？这样的话，孩子获得的效用 $v(s)$ 或许严格小于孩子自己花 40 美元买东西获得的效用。相应的，之后父母也不会得到他们预期的效用数量，因为 $v(s)$ 要比他们认为应有的大小低。约珥·沃德佛格将产生的这种效用损失称为"圣诞节的无谓损失"。实际上，沃德佛格发现越是远房的亲戚（叔伯、姑姨、祖父母）更有可能给予现金而非实物礼物，在理论上推测他们这样做可能是为了避免无谓损失。

■ 实例 14-2　独裁者博弈

考虑到在日常交易中很难观察行动是否真的是利他的，因而通常使用实验经济学方法来确定人们是否拥有考虑他人型偏好。为了检测利他主义而使用的最常见实验都是以**独裁者博弈**（dictator game）为基础的。从正式定义上来说独裁者博弈实际上并不是博弈，虽然它也涉及两个参与者。在独裁者博弈中，给第一个玩家即独裁者一笔钱，让他在玩家 1 和玩家 2 之间进行分配。独裁者按照自己的意愿选择想保留的钱数，然后玩家 2 获得剩余部分金额。因此，经济理论认为玩家 1 会求解

$$\max_{w_1, w_2} U(w_1, w_2) \tag{14-3}$$

面临约束 $w_1 + w_2 = w$，其中，w 是总的资金禀赋，w_1 是分配给玩家 1 的数量，w_2 是分配给玩家 2 的数量。如果玩家 1 在自己的偏好中不考虑玩家 2 的福利，则 $U(w_1, w_2) = u(w_1)$。这个时候，问题的解是 $w_1 = w$。但是如果玩家 1 按照 $w_2 > 0$ 分钱，则它必定从分钱给玩家 2 中获得了某些正效用。实际上，分钱给玩家 2 肯定要比自己拿钱提供更多的效用。

罗伯特·福塞思率领一组研究人员研究人们对这种决策如何反应。在其中一轮实验中，有 24 对玩家玩这个游戏，其间会让玩家 1 在两人之间分配 10 美元。对于怎么玩这个游戏对玩家 1 进行指导，并告诉他玩家 2 在另一个房间里。玩家 2 在另一个房间等待，然后拿到他的钱。两个玩家都无法确定与之配对的人是谁。图 14-2 显示了转移支付结果的频率分布。对于 24 名独裁者，虽然对手方无法确定他们是谁，但是只有五个人选择拿走全部的 10 美元。这个数量与决定平均分配资金的独裁者数量相等（对其他人消费价值的评价近似等于对自己消费的评价）。几乎有 3/4 的参与者决定至少分配给不知名的陌生人一定数量的钱。这至少提供了某些证据说明在无约束条件下，人们倾向于会考虑他人的偏好。尽管如此，对这一结论仍然存在较大争论。这真的表明人们会考虑他人的福利吗？

詹姆斯·安得尼和利兹·威士特兰德对独裁者博弈游戏进行了修改，使得向另一名参与者转移资金存在成本。在他们的实验中，给参与者一些代金券，他们或另一名玩家（也是匿名的）可以用这些代金券来换钱。因此我们会认为

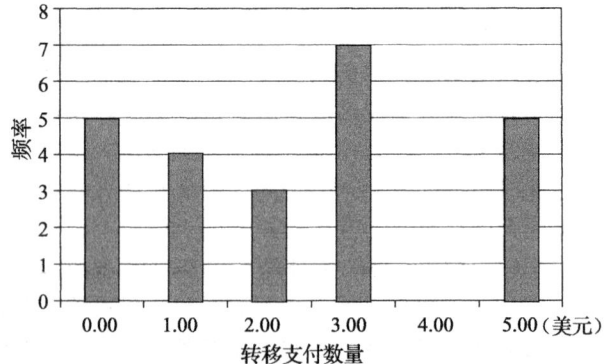

图 14-2　独裁者博弈中转移支付的频率分布

资料来源：翻印自 Games and Economic Behavior Vol. 6(3), Forsythe, R., J.L. Horowitz, N.E. Savin, and M. Sefton. "Fairness in Simple Bargaining Experiments," pp. 347-369，版权 (1994)，获得 Elsevier 许可。

玩家求解式 14-3，面临的预算约束为 $p_1w_1+p_2w_2=E$，其中，E 是赋予的代金券数量，p_1 是自己消费的价格，p_2 是其他人消费的价格。相对价格（其他人消费与自己消费的价格之比）的变动范围为 3/1~1/3。他们再次证实了人们在自己的决策中会考虑他人的偏好，但是根据独裁者是男性还是女性的不同，他们发现转移支付量对价格变动的反应也存在巨大的差异。图 14-3 显示了转移给另外一个人的财富份额如何随转移支付的相对价格变动而变动。男性和女性都会与对手分享，但是在转移支付的价格较低时男性倾向于给对手更多。当价格非常低的时候这种倾向最为明显，这时候在分给对手一部分时，被分享的蛋糕总量变得更大了。另一方面，女性在转移支付的成本更高时会转移更多的财富。也就是说她们更加愿意为了分享而切出一部分蛋糕。

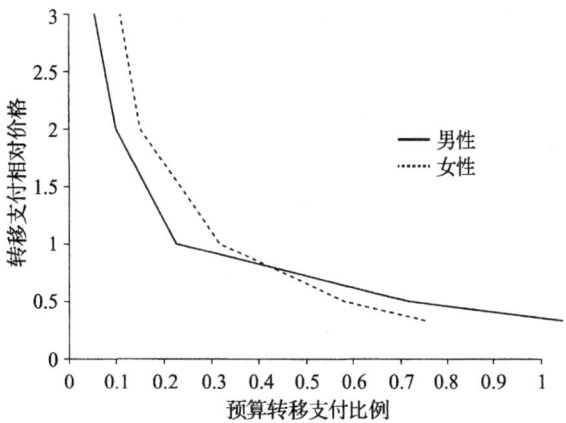

图 14-3　对利他转移支付价格反应的性别差异

资料来源：Andreoni, J., and L. Vesterlund. "Which is the Fair Sex? Gender Differences in Altruism." *Quarterly Journal of Economics* 116, Issue 1 (2001)：293-312，获得牛津大学出版社许可。

安得尼和威士特兰德使用他们的实验结果来考察参与者的反应与三个众所周知的效用函数所预测的行为之间的相似程度。如果人们完全不考虑他人的偏好，他们的偏好可以用一个自利的效用函数 $U(w_1, w_2)=w_1$ 表示。这是经济模型中最常使用的假设。相反如果参与者偏好两个人拥有相等的财富分配量，他们的偏好可以用里昂惕夫效用函数 $U(w_1, w_2)=\min(w_1, w_2)$ 来表示。该效用函数的本质是说人们的状况只不过与两个结果中最差的一个一样好。分钱较少的人的货币边际效用是 1，而分钱较多的人（甚至包括独裁者自己）的货币边际效用是 0。因而最佳的可能结果是平均分配。这是一种极端形式的考虑他人型偏好，这时候任何人的痛苦都是所有人的痛苦。

最后，如果某人认为他人的消费是自己消费的完美替代品，他的偏好可以用线性效用函数 $U(w_1, w_2)=w_1+w_2$ 来表示。该效用函数认为人们对自己消费和他人消费感觉是无差异的。这时候，决策者并不关心到底是谁消费了，他关心的是只要有人消费了就行。表 14-1 按照性别显示了人们的偏好与各种效用函数相似程度的百分比。多数男性参与者的偏好是自利的，大部分女性参与者表现出里昂惕夫偏好。在这个实验中，当消费在自己和他人之间平均分配时，女性参与者倾向于获得更多效用。有趣的是，有更多比例的男性参与者认为他人消费是自己消费的完美替代品。总体而言，女性参与者更有可能（要多 10%）考虑他人的偏好。其他研究者在不同形式的独裁者博弈中也发现了类似的结果，表明虽然平均而言女性要稍微更加利他一点，但是她们利他主义的本质特征与在男性中通常发现的利他主义有很大的不同。

表 14-1　按性别划分的考虑他人型偏好

效用函数	男性	女性
自利	47.4%	37.0%
里昂惕夫	25.3%	54.3%
完美替代品	27.4%	8.7%

资料来源：Andreoni, J., and L. Vesterlund. "Which is the Fair Sex? Gender Differences in Altruism." *Quarterly Journal of Economics* 116(2001)：293-312。

14.2 理性的无私？

虽然利他行为明显处于绝大部分经济模型研究范围之外，但是在实验室或者现场环境中经常观察到的利他行为是否是非理性的，对于这一点并不清楚。使用前面描述的相同的数据集合，詹姆斯·安得尼和约翰·米勒对理性行为进行了一系列检验。为了检验理性，我们必须定义理性的概念。安得尼和米勒使用的每一种检验方法在本质上都是利用**显示偏好**（revealed preference）寻找不同形式的对可传递性的背离。当人们在某些选择集中进行选择时会揭示他们的偏好。被选择的商品束与任何被放弃的选项相比必定产生至少相同的效用。然后经济学家们能够使用从某些选择中得出的显示偏好来看是否违背了可传递性。有几个定义是有用的。**直接显示偏好于**（directly revealed preferred）和**间接显示偏好于**（indirectly revealed preferred）状态被定义如下：

直接显示偏好于：如果当 s_2 在可选择集合中时 s_1 被选择，则状态 s_1 直接显示偏好于 s_2。

间接显示偏好于：如果 s_1 直接显示偏好于 s_2，并且 s_2 直接显示偏好于 s_3，s_3……偏好于 s_{T-1}，而 s_{T-1} 直接显示偏好于 s_T，则 s_1 间接显示偏好于 s_T。

我们这里讨论的可得选择是货币在独裁者与其搭档之间可能的分配结果。在上面的例子中，人们可以用分配的代金券来购买点数。其中每个点值 0.1 美元。在实验中点数的价格变动范围从一张到四张代金券不等，自己消费和他人消费的相对价格在 1/3～3 之间波动。参与者也会被给予不同数量的代金券。对于每一项单独决策，被赋予的代金券数量从 40～100 张不等。这会产生变动范围很大的预算集合，独裁者必须在这个集合中选出分配的数量。对于每个预算集合，独裁者选择一种分配方案，然后这个方案被认为直接显示偏好于预算集合中所有其他可能的分配方案。然后独裁者面临一个新的预算集合，该集合去除了某些前面的选项并且有可能包括了一些其他选项。然后可以比较这些来自不同预算约束的选择以确定独裁者是否违反了理性的要求。

两种偏好概念的定义允许我们定义理性检验的某些级别。每一种检验所依据的都是对传递性要求的某些应用，如在**显示偏好弱公理**（weak axiom of revealed preference，WARP）可以看到的一样：

【显示偏好弱公理】
如果 s_1 直接显示偏好于 s_2，则 s_2 不直接显示偏好于 s_1。

WARP 是对传递性偏好的最基本要求。它只是说如果两个预算集合都包含两种可能的分配结果 w 和 w'，决策者不会在一个预算集合中选择 w 而在另一个集合中选择 w'。

然而，理性人有可能违反 WARP。例如，考虑图 14-4 描绘的偏好，其中无差异曲线有一段平直的部分。在这个例子中，图中所画的预算约束在平直部分产生的任何选择都不会违反理性要求。在这些选择中没有被严格偏好的。相反，它们都处于相同的无差异曲线上，并且决策者对该曲线上每一种可能的资金划分结果都是无差异的。在这种情况下，一旦给予该预算集合，人们

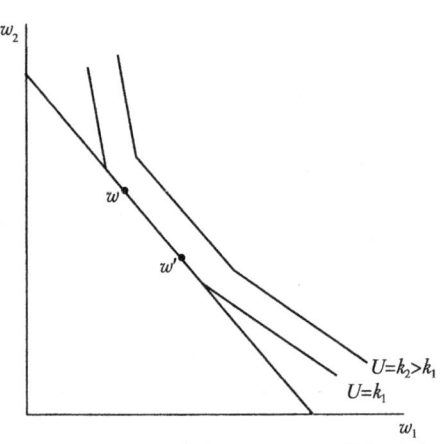

图 14-4 理性选择条件下违反显示偏好弱公理

或许会选择 w，使得 w 直接显示偏好于（因此间接显示偏好于）w'。下一次再给予相同的预算集合人们或许会选择 w'，因此违反了 WARP。相反，如果无差异曲线拥有熟悉的凸形状，给定某个预算约束能够获得的最大效用只能由唯一的商品束表示，则这类问题就不会产生。

也有可能在违反传递性的同时满足 WARP。例如，假定决策者首先必须在两个分配结果 $\{w, w'\}$ 之间进行选择，并且选择了 w'，因此 w' 直接显示偏好于 w。然后，在面对两个分配结果 $\{w', w''\}$ 之间的选择时，个体选择了 w''，因此现在 w'' 直接显示偏好于 w'。最后，假定给予以下可能选择 $\{w, w''\}$，独裁者选择了分配方案 w。这明显违反了可传递性，但是没有违反 WARP。在这三个选择中，他不会面对相同的一对选择，剔除了违反 WARP 的可能性。相反，这违反了关于显示偏好的一种更强的要求条件，这在**显示偏好强公理**（strong axiom of revealed preference，SARP）中进行了定义。

> 【显示偏好强公理】
> 如果 s_1 间接显示偏好于 s_2，则 s_2 不直接显示偏好于 s_1。

SARP 消除了此种对可传递性的违背。在刚刚讨论的例子里 w'' 间接显示偏好于 w，因为当 w' 可选时选择了 w''，而 w' 直接显示偏好于 w。实际上，如果对于所有可能的预算集合，某个决策者满足了 SARP，则它必定满足可传递性，并且他的偏好可以使用标准效用函数来表示。

与 WARP 一样，理性人也可能违反 SARP。考虑图 14-5 表示的偏好，其中无差异曲线有平直部分。在这种情况下，某个预算约束比如 B_1 可能导致在平直部分上的任何选择都不违反理性。这些选择中没有被严格偏好的。相反，他们都处在相同的无差异曲线上，因此在这些曲线上每一种可能的分钱方案对决策者而言都是无差异的。这时候，被给予预算集合 B_1 的某个人可能会选择 w，使得 w 直接显示偏好于 w'。同一个人在被给予预算集合 B_2 时可能会选择 w'，使得 w' 显示偏好于 w''，并且使得 w 间接显示偏好于 w''。但是如果让这个人恰好在两种分配方案 w'' 和 w 之间进行选择，他或许会选择 w'' 因为它们会产生相同的效用，这违反了 SARP。这导致我们针对预算约束对偏好进行了进一步的定义，即**严格显示偏好于**（strictly revealed preferred）。

严格显示偏好于：对于配置方案 $w = (w_1, w_2)$ 和 $w' = (w_1', w_2')$，如果前者直接显示偏好于后者，并且 $p_1 w_1' + p_2 w_2' < p_1 w_1 + p_2 w_2$，则前者严格显示偏好于后者。

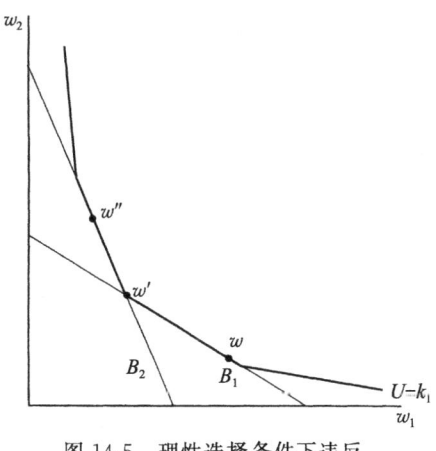

图 14-5 理性选择条件下违反
显示偏好强公理

因此，一个商品束只严格显示偏好于其他可得的但是不在同样的预算集合边界之上的商品束。

例如，在图 14-4 中，如果 w 被选择，则它不会严格显示偏好于 w'，但是会严格显示偏好于在预算约束内部的 w''。在这种情况下，对理性人而言，两种商品更多的数量会产生更大的效用，因此在 w 可得时他绝对不会选择 w''。如果不知何故 w'' 与 w 恰好位于相同的无差异曲线上，则必定存在某些能够产生更高效用的其他无差异曲线位于 w'' 的右方，并且满足预算约束。只要无差异曲线不是宽或厚的①,也就是说增加w_1和w_2的数量总是会导致更高的效用,上述说法总是正确的。只有在下述条件下无差异曲线才是有宽度的(也就是宽或厚的),即对于可能分配集合中至少某些分配结果而言,增加w_1和w_2两种商品的分配数量导致效用不发生变化,**广义显示偏好公理**(generalized axiom of revealed preference,GARP)涉及的就是这种情况。

> **【广义显示偏好公理】**
> 如果s_1间接显示偏好于s_2,则s_2不严格直接显示偏好于s_1。

GARP 意味着偏好是可传递的,因而是理性的,但是它允许在某种程度上违反 SARP。在安得尼和米勒的研究中,参与者面对预算和相对价格的八种不同的组合。加上 176 名参与者这总共会产生 1 408 个选择。在 176 名参与者中,只有 18 个(大约 10%)违反了 GARP、SARP 或者 WARP,总共有 34 个选择违反了其中某个公理(其中有一些选择违反的公理超过一个)。整体而言,有 34 个违反了 SARP,16 个违反了 WARP,28 个违反了 GARP。如果人们完全随机地做出选择,我们会预期有 76% 的受试者至少会违反一个显示偏好公理。因此,在这个浅显易懂的独裁者博弈中,虽然参与者表现出利他主义特征,但实验中他们的行为方式似乎非常接近于理性。另外,那些违反这些公理的人所做出的选择与其他满足这些公理的选择在结果上是非常接近的。也就是说,某些明显的非理性或许是因为简单错误或者近似误差等造成的。

因此,虽然利他行为已经超出了经济人的范畴,但是它没有超出理性决策的研究范围。这并不是说所有的利他行为都是理性的。当然在某些会造成偏好循环的条件下,利他行为也可能表现出对理性偏好公理的违背。然而,对于简单易懂的选择决策,与不考虑利他主义的情况下经常发现理性行为一样,理性利他行为也一样常见。更一般的,使用现实世界购物数据(例如杂货店购买数据),GARP、SARP 和 WARP 曾被用来发现消费者的理性。在许多情况下,消费者似乎违反了这些可传递性的概念。但是,当我们在现场数据上应用可传递性的时候,必须意识到我们通常无法观测到预算约束和其他影响因素的变动,这导致不太可能对可得选项与被选出商品束进行实际比较。诸如安得尼和米勒进行的此类控制型实验室实验能够对理性偏好进行更好的检验。

■ **实例 14-3 拆台还是不拆台**

经济学家们经常假设人们是纯粹自利的,其中一个主要原因是因为这可以让我们进行非常简单的预测。在博弈论领域,我们通常用收益来描述博弈的每一个可能结果,收益意味着对效用的实际测度而非人们可以从中获得效用的货币收益。不幸的是,当我们走进实验室或研究现场对理论预测进行检验时,我们无法轻易赋予或者观察到某人的效用。

例如,考虑图 14-6 给出的有两个玩家的接受或放弃(TIOLI)博弈(也被称为蜈蚣博弈)。这是

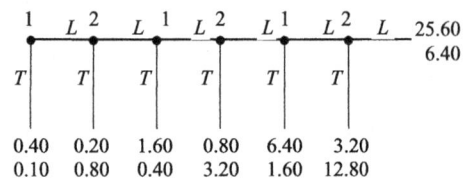

图 14-6 接受或放弃(TIOLI)博弈

---

① 这里宽或厚(fat)的意思是指无差异曲线不是数学意义上的一条线,而是有宽度或厚度的一条"粗线",w_1 和 w_2 的数量增加后的消费束和 w_1 和 w_2 这个消费束都位于这条"粗线"上,两者代表相等的效用水平。——译者注

一个序贯博弈，其中每一个节点（博弈的两个分支相交的地方，在图中用黑色圆点来表示）代表一项玩家要进行的决策，玩家由节点上的数字表示。因此，在第一期，玩家 1 可以决定接受（在图中标记为 T）并结束游戏，或者选择放弃（L）并且继续游戏。如果玩家 1 选择 T，则他获得 0.4 的收益，玩家 2 获得 0.1 的收益，并且游戏结束。如果玩家 1 选择 L，则在下一期玩家 2 可以选择 T 或者 L。如果玩家 2 选择 T，则玩家 1 获得 0.2 的收益，玩家 2 获得 0.8 的收益，并且游戏结束。相反如果玩家 2 选择 L，则游戏继续，轮到玩家 1 进行下一次决策，以此类推直到最后一个节点。

在博弈论中，要对行为进行预测我们通常使用**子博弈完美纳什均衡**（SPNE）的概念。首先让我们回顾一下策略的定义。玩家 i 的策略 s_i 是玩家 i 计划做出的一系列选择——在每一个他要进行决策的节点上都对应着一个选择。每个节点上的一项简单决定（例如在时期 1 选择 T）不能构成一个策略。例如，在这个例子中，玩家 1 的策略或许是 $s_i = (T, T, L)$，因为它列出了他在每一个可能的节点上会做出的选择。注意到这个策略表明在第一期玩家 1 会选择 T，在第三期（如果游戏能够到达这个时期）他会选择 T，在第五期（如果游戏能够达到这个时期）他会选择 L。明显的，如果玩家 1 在第一期选择 T，则游戏无法进入到时期 3 或 5。但是，一个策略必须详细阐明玩家在每一个他可以选择的节点上计划怎么做，即使他并没有期望会到达这个节点。用 $\pi_i(s_i \mid S_{-i})$ 表示参与人 i 采取策略 s_i 获得的收益，符号 S_{-i} 表示所有其他参与人采取的策略。纳什均衡是一个策略集合 $S = \{s_1, \cdots, s_n\}$，使得对于每一个参与人 i 而言，$\pi_i(s_i \mid S_{-i}) \geqslant \pi_i(s_i' \mid S_{-i})$，其中，$S = s_i \cup S_{-i}$。直觉上，纳什均衡是一个策略集合，其中，每一个参与人都会对应一种策略，在给定所有其他参与人的策略条件下，该集合使得每一个参与人都达到收益最大化。因此，给定所有其他人的策略，任何单个玩家不会因为选择不同的策略而改善自身状况。

SPNE 是由原博弈中各个子博弈的纳什均衡策略构成的策略集合。子博弈是包含博弈中最后一个节点的任意连续节点的集合。例如，最后三个节点构成一个子博弈，但是前三个节点不能构成子博弈。求解 SPNE 最常用的方法是使用第 13 章中介绍的逆推法。如果我们考察由最后一个节点（时期 6）构成的子博弈，参与者 2 可以选择 T，产生的结果为 $\pi_1 = 3.20$，$\pi_2 = 12.80$，或者选择 L，产生的结果为 $\pi_1 = 25.60$，$\pi_2 = 6.40$。参与者 2 选择 T 会更好。在这个子博弈中，参与者 1 没有选择机会。因此 $s_1 = \{\emptyset\}$，$s_2 = \{T\}$ 是这个子博弈的纳什均衡。因此，任何 SPNE 必定包含玩家 2 在最后一个时期选择 T 这样一个策略。

现在让我们考虑由时期 5 和时期 6 两个节点构成的子博弈。在这个时期，玩家 1 可以选择 T，产生结果 $\pi_1 = 6.40$，$\pi_2 = 1.60$，或者选择 L 产生由时期 6 节点构成的子博弈。因为对于节点 6 构成的子博弈只有一纳什均衡，玩家 1 选择 L 时就好像 L 必定会导致玩家 2 选择 T 一样，$\pi_1 = 3.20$，$\pi_2 = 12.80$。在这种情况下，参与者 1 选择 T 会更好。因此，开始于节点 5 的子博弈的 SPNE 是 $s_1 = \{T\}$，$s_2 = \{T\}$。从节点 4 继续，以此类推直到节点 1，博弈的 SPNE 是 $s_1 = \{T, T, T\}$，$s_2 = \{T, T, T\}$。在每一个节点，玩家都会意识到现在接受要比放弃（会导致另一名玩家在下一期选择接受）获得更高的收益。因此，虽然两名参与者在至少选择几期的 L 之后再选择 T 会更好，但是他们当前的激励阻止他们这样做。理性参与者在自利策略行为主导下缩小了蛋糕的大小。（仅仅给定博弈的结构）没有可信的方式促进合作来让两人获得更大的收益。这被称为**拆台效应**（unraveling effect）。

虽然这种预测或许令人沮丧，但是在相同形式的实验博弈中，我们观察到的往往不是这样。例如，在帕萨迪纳社区学院和加州理工学院，理查德·麦凯尔维和托马斯·帕尔弗雷选取了来自课上的 58 名参与者，使用这种形式的 TIOLI 博弈进行了实验。参与者会以现金的形式获得设定的收益。麦凯尔维和帕尔弗雷总共观察了 281 次博弈。在这 281 次中，只有两次博弈玩家 1 在第一轮就选择了 T。实际上，到目前为止博弈最有可能出现的结果是在时期 4 结束。在所有博弈中观察到大约有 38% 是以这种方式结束的。类似的实验表明，当两名搭档更换角色连续进行几次 TIOLI 博弈后，有相当大数量的参与者从来不会选择 T。不论有限的时期数量如何改变，情况都是如此，而 SPNE 预测相互拆台应该使我们减少博弈次数到相同的时期 1 的结果 T。

14.3 自利的无私

对于在 TIOLI 博弈的早期阶段玩家选择 L 有许多不同的解释。一种解释认为人们在某种程度上是利他的。回想虽然 SPNE 所依据的理念是收益要用效用测度，实际上实验的收益是用货币测度的。有可能的是，博弈中人们不仅从自己的报酬中获得效用，而且还从给予对手的报酬中获得效用。因此，或许在玩家 1 面对节点 1 时，为了让另外一名玩家多获得 0.70 美元，他愿意放弃 0.20 美元。实际上，如果每一个玩家为了让另外一个人的收益增加 700% 而愿意减少 50% 自己的收益的话，则这意味着 SPNE 现在是 $s_1=\{L, L, L\}$，$s_2=\{L, L, L\}$。因此，在这个例子中，利他主义能够帮助扩大在两个玩家之间分配的蛋糕数量。稍微考虑一下玩家 2，他是自利的并且认为他的对手也是自利的（也就是说自利是常识）。在这种情况下，如果博弈进行到了节点 2，玩家 2 必须重新考虑对手的行为。他的对手明显不像玩家 2 所预期的那样，即按照理性和自利人那样行事。这时候，玩家 2 或许会认为选择 L 会导致玩家 1 在未来做出同样的非理性行为。

为了达到博弈的后期节点，两名玩家并非必须是利他的。考虑某些玩家是利他的而某些不是利他的可能性。我们将利他的玩家定义为按照 $u(\pi_i, \pi_{-i})=\pi_i+0.5\pi_{-i}$ 评估自己效用的人，其中，i 是利他的玩家，$-i$ 表示另外一名玩家。自利的玩家仅仅看重自己的收益 $u(\pi_i, \pi_{-i})=\pi_i$。假定两名玩家都有可能是利他的，但是两者都不知道另外一名玩家实际上是利他的还是自利的。现在我们考虑如何求解 SPNE。再次考虑最后一个节点，其中玩家 2 可以选择 T 或者 L。如果玩家 2 是自利的，他肯定会选择 T，因为这给予的收益是做其他选择时所得收益的两倍。然而，如果玩家 2 是利他的，选择 T 的收益是 $u=12.80+0.5\times3.20=14.4$，而选择 L 的收益是 $u=6.40+0.5\times25.60=19.2$。因此，利他者会选择 L。这是显而易见的。

现在考虑节点 5。让我们假定玩家 1 是自利的。在这种情况下，如果玩家 2 是自利的，玩家 1 会希望选择 T。相反，如果玩家 2 是利他的，玩家 1 会希望选择 L，因为这会产生更高的收益。不幸的是，玩家 1 不能观察到玩家 2 是否是利他主义者。对于玩家 2 是利他主义者的概率，玩家 1 或许会进行一些猜测，但是他无法肯定。一种考虑收益的方式是假定玩家 2 是利他主义者的概率是 ρ。然后，玩家 1 在节点 5 选择 T 得到的收益是 6.40。相反，选择 L 产生的结果是以概率 ρ 获得 25.60，概率 $1-\rho$ 获得 3.20。若玩家 1 最大化期望效用，则如果 $\rho 25.60+(1-\rho)3.20>6.40$，或者如果 $\rho>0.14$，他会选择 L。实际上，如果两名玩家相信另外一名玩家是利他的可能性大约为 15%，则选择 L 符合他们的最大利益，即使到了博弈的后期阶段他们都是自利的。

在这个例子里，对任何人而言，很难通过他们的行动分清自己的对手是自利的还是利他的。相反，他们只能排除另外一个人是自利的这种可能性，⊖认为所有其他人都是自利的。自利的玩家在第一轮总是会选择接受。因此，只要有任何的利他主义者，这一事实就会导致

⊖ 疑有误，应该是他们只能排除另外一个人是利他的这种可能性。——译者注

自利的玩家进行合作，就如同他们的行事方式是利他的一样。一般而言，看似利他的行为或许是博弈中一个或多个玩家预期的不可观测收益导致的结果。

■ 实例 14-4　有人在看着你

乍一看，独裁者博弈似乎是对利他偏好的一种非常有效的检验。但是，即使在实验室中，也不可能控制所有可能的重要因素。就像前面所提到的，有可能的是，博弈的参与者认为神正在看着他们，他们会在以后获得回报，这种信仰激励构成了行为动机。在实验上这是非常难以控制的。但是，在一般的独裁者博弈中有可能对某些不可观测的动机进行研究。例如，人们或许有动机取悦实验者，他们或许相信在未来某些时刻实验者会因为不良行为而惩罚他们。这些实验中有许多是由大学教授们以学生作为参与者进行的。这些学生或许期待老师们会根据短期实验中他们的行为形成对他们的长期看法。另外，人们可能只是习惯了自己的行为被观测并被奖励的情况。这是伊丽莎白·霍夫曼，凯文·麦凯布和弗农·史密斯进行的实验背后的部分动机，他们考察了独裁者博弈的实验者效应。

在霍夫曼，麦凯布和史密斯进行的实验中，让参与者进行几种不同形式的独裁者博弈。在某些实验中，实验者和独裁者不在一个房间里，无法观察到各个参与者的各项决策。在其他实验中，实验者非常重视决策产生的货币所得的具体数量并且在做出决策的参与者的姓名旁边记录数量。在每种情况下，让独裁者在他和他的搭档之间分配10美元。当实验者可以观察到独裁者的行动时，超过20%的参与者给另外一名玩家的数量超过4美元。超过一半给予了至少2美元。相反，当实验者无法确定谁给了其他人多少时，大约有60%的人一分钱也没有给匿名搭档，大约20%给予的数量超过1美元，只有大约10%给予的数量超过4美元。明显的，许多参与者有动机像利他主义者一样行事，只是因为实验者正在观察他们，而不是因为他们确实关心那名收到钱的玩家。

特伦斯·伯恩汉姆研究了独裁者匿名会如何影响决策。他把相应独裁者的照片和送出的钱一起给另一名参与者。当然这产生了以下可能性，另外一名玩家可能在未来对独裁者施加某种类型的社会成本。如果你偶然遇到了该独裁者，在几周之前的一项实验中他一分钱也没有给你，想象一下你会怎么做？知道会向搭档出示他们的照片增加了给搭档5美元的百分比，使之从无照片的3.8%达到了有照片的25%。这明显表明独裁者的行动中存在一定程度的自利。这或许是可以预期的。

相反，当伯恩汉姆将接受者的照片出示给独裁者的时候（没有向接受者提供照片），25%的独裁者给了5美元。在这种情况下，不存在报复威胁。伯恩汉姆将这种慷慨程度的提高归因于以下观念，当人们知道受益者是谁的时候更容易表现出同情心。实际上，这种观念在慈善组织的广告和宣传资料上有所表现。许多这种慈善组织竭尽所能分享被其慷慨救助的人们的特定故事。一些组织，比如救助儿童基金会，甚至许诺让特定的捐赠者与特定的受益人联系，使得捐赠人能够了解受益人。捐赠者会收到照片、关于受益人生存状况的描述以及受益人值得得到帮助的原因。这种详细介绍动人心弦，唤醒了在其他情况下自利的捐赠者的利他主义精神。

■ 实例 14-5　使用其他人作为参考点

我们或许经常表现出利他主义情绪，但是很明显我们并不总是希望以自己的利益为代价改善他人福利。实际上，在许多情况下这似乎是很清楚的，即我们认为自己的幸福感直接与我们相对于同龄人的状况有关。罗伯特·弗兰克认为我们大部分的行为是由"互相攀比"的愿望驱动的。因此，当我们观察到邻居购买了一辆新的豪华越野车时，想想自己买了五年的中档轿车，我们现在感觉很糟糕。

考虑下面由弗兰克设计的思想实验。假定你要被迫在 A 和 B 之间做出选择。

选项 A	选项 B
你存了足够的钱，可以维持舒适的退休生活，但是你的孩子在这样一所学校上学，其学生在阅读和数学标准化测试中的成绩处于第二十个百分位数上	你没有存多少钱，无法维持舒适的退休生活，但是你的孩子在这样一所学校上学，其学生在阅读和数学标准化测试中的成绩处于第 50 个百分位数上

这种选择或许代表了美国中产阶级家庭最为常见的经济选择。学区通常会由该地区的税收支持。因此，有能力负担更高税赋水平的地区通常能够为更好的教育进行资助。另外，如果富裕家庭使用他们的额外财富购买好学校所在地区的房屋，他们会推高这些地区的房屋价格。这意味着要让孩子上更好的学校，他们必须支付更多在税收和房子上。给定上述选择，许多人选择选项 B，认为让孩子和最差的 20% 的学生一起上学牺牲太大。这个问题在描述学校表现时是相对于其他学校的表现而言的。选项 A 听起来非常糟糕，因为这些学校孩子们的表现要差于全国 80% 的学生。但是即使全国所有学校都有令人瞩目的成就，也至少有 20% 的学校必定落在第 20 个百分位数以下。

相对其他人的所得来表述好坏造成了弗兰克所谓的**地位外部性**（positional externalities），这是由一组迥然不同的考虑他人型偏好造成的。相比住在房屋平均面积 5 000 平方英尺⊖的社区，我在房屋平均面积 1 500 平方英尺的社区拥有一套 3 000 平方英尺的房子或许会让我感觉更幸福。1 500 平方英尺是 1973 年美国房屋的中位数面积。如果给予机会在这样的社区建造 1 600 平方英尺的房子，社区中的许多人会愿意支付更高的额外费用。拥有街区内最大的房子可能是身份地位的有利证明，因此提供的满足感要远远超过简单消费这种商品。但是之后邻居或许会发现让自己的房子扩大 100 平方英尺也并不太费力。不久以后，任何有能力的人都在建造 1 600 平方英尺的房子，拥有这样的房子开始失去相应的荣誉和地位。到 1977 年，美国房屋的中位数面积超过了 1 600 平方英尺。现在房屋的中位数面积大约为 2 200 平方英尺。最终，除了消费的效用，为了继续获得相对于左邻右舍而言身份地位带来的效用，人们建造的房子越来越大。随着房子的增大，房屋面积的边际效用下降。仅仅为了额外增加的空间来购买更大的房子就不值得了。相反，在买房者的眼中，大房子之所以值得购买只是因为其显示出的身份地位。因此，其他人拥有更大的房子这一事实减少了我从特定面积房屋中所获得的效用——这是一种外部性。

考虑琳赛的一个简单例子，她的效用可以表示为 $u(x, r, c) = \sqrt{x} - 10r + c$，其中，$x$ 是房屋面积，r 是与镇上的其他房子相比房屋面积的排序（如果琳赛拥有最大的房子等于 1），c 是其他商品的消费数量。假定镇上所有的房子都是 1 500 平方英尺。琳赛正在考虑建造一栋 3 000 平方英尺或者 5 000 平方英尺的房子。另外，假定单位消费的成本是 1 单位财富（其面值为 1 000 美元）。然后，给定琳赛在面临财富约束 $p + c < w$ 条件下最大化效用，其中，p 是房子的价格，通过比较拥有和未拥有条件下的效用，我们就能够确定琳赛对升级到更大房子的支付意愿。对更大房子的支付意愿应该是下式的解

$$\sqrt{3\,000} - 10 + (w - WTP_{3\,000}) = \sqrt{5\,000} - 10 + (w - WTP_{5\,000}) \tag{14-4}$$

式（14-4）的左边表示如果琳赛购买 3 000 平方英尺的房子进而成为最大房子的拥有者所获

⊖ 1 英尺＝0.304 8 米。

得的效用,并且愿意为此支付$WTP_{3\,000}$。式的右边表示如果琳赛购买5 000平方英尺的房子进而成为社区里最大房子的拥有者所获得的效用,并且愿意为此支付$WTP_{5\,000}$。这意味着额外的支付意愿可以表示为$WTP_{5\,000} - WTP_{3\,000} = \sqrt{5\,000} - \sqrt{3\,000} \approx 15.9$。因此,只有在成本小于15 900美元的时候,琳赛才会愿意升级到更大的房子。

相反,假定镇上的其他房子都是4 500平方英尺,并且假定镇上的其他房子有九栋。则从3 000平方英尺的房子升级到5 000平方英尺的最大支付意愿可以表示为

$$\sqrt{3\,000} - 100 + (w - WTP_{3\,000}) = \sqrt{5\,000} - 10 + (w - WTP_{5\,000}) \tag{14-5}$$

这是因为拥有3 000平方英尺房子所得房屋大小排名为第10,但是拥有5 000平方英尺的房子所得排名为第一。式(14-5)意味着$WTP_{5\,000} - WTP_{3\,000} = \sqrt{5\,000} - \sqrt{3\,000} + 90 \approx 105.9$。由于地位的变化,琳赛现在为升级所愿意支付的数量大大提高了(确切地说增加了900 000美元)。增加2 000平方英尺额外空间增加的效用仅值15 900美元,但是房子成为最大和最好的使得琳赛愿意花更多的钱。

假设将房屋的规划面积从3 000增加到5 000平方英尺要花费40 000美元。这时候,琳赛会购买更大的房子并且大幅减少消费。然而,消费的大幅削减并不是为了获得空间效用而是为了获得地位效用。注意到如果镇上的每一个人都有相似的偏好,只要排序保持不变,则若所有人都选择更小的房子会改善镇上每一个人的状况。在这种情况下,所有居民能够维持他们的地位,同时能减少房屋支出到边际成本接近房屋使用所得边际效用的水平。

心理学家们曾经使用关于个人幸福的简单问题来寻找财富和幸福之间的真实关系。你或许会认为人们将自己与周围的人进行比较的倾向可能会导致以下情况的发生,即如果一个人的收入增加,他会认为他的幸福感增加了,但是如果每个人的收入都增加了,他会认为自己的状况没有改善。理查德A.伊斯特林比较了20世纪60和70年代经历了高速增长的国家中对个体幸福感的调查结果,发现在任一给定的国家中收入和幸福感之间存在较高的相关性,但是跨国的这种相关性相对较低。几十年来,这被称为伊斯特林悖论。然而,在那个时期跨国的数据质量相对较低并且不稳定,尤其是对于那些经历着高增长的发展中国家而言。最近,贝齐·史蒂文森和贾斯廷·沃尔弗斯研究了范围更广、收集过程更加系统化的多国数据集,并且在单个国家和国家之间层次上都发现收入和幸福之间的异常高的相关性。这种结果并不是说相对收入不重要,只是告诉我们在决定个体幸福方面绝对收入也很重要。

关于相对收入重要性的更具决定性的证据来自女性的劳动力市场参与决策。在这些证据中,经济学家们发现女性的工作决策与姐/妹夫(也就是姐妹的丈夫)与自己丈夫收入之间的差异高度相关。控制了其他因素后,如果姐/妹夫比自己丈夫挣钱多,女性更有可能决定在外工作,这或许是为了在消费方面不落后于其姐妹。在美国人中发现的其相对于世界其他国家较低的储蓄率或许也与这种效应有极大关系。美国人面临更加不平均的收入分配,因此即使对于中产阶级成员而言要想赶上更加富裕的同龄人也非常的困难。

■ 实例14-6 生性自私

经济学家们经常争辩说,随着我们在市场上不断获取经验我们逐渐学会了理性。因此,考虑到成年人在现实世界进行交易和谈判所获得的额外经验,他们似乎应该会有更加理性的行事方式。威廉·哈博,凯特·克劳斯和史蒂文·莱达着手研究随着逐渐长大,儿童是否确实会长成一个类似于经济人的人。在发展心理学家当中,这种对决策如何随着孩子长大而变化的研究很常见,但是在经济学家当中确实很新颖。

他们招募了310名二年级、四年级、五年级、九年级和十二年级孩子进行标准的独裁者

博弈游戏。使用代金券进行博弈，每张代金券价值 0.25 美元。给每个独裁者十张代金券让他在自己和另外一名同龄儿童之间进行分配。独裁者和他的搭档都是匿名的，虽然孩子们知道他们正在和班上的另外一名孩子进行游戏。回想在 10 美元的独裁者博弈中，成年人倾向于平均给搭档 2 美元左右。这类似于在十二年级参与者身上观察到的行为：他们平均分配给搭档 2.1 张代金券。这与四年级、五年级、九年级的孩子形成了鲜明的对比，他们向另外一名玩家分配的代金券平均数量少于 1.5 张。青少年和 13 岁以下的儿童似乎要比成年人更加自私。所有人中最自私的是二年级学生，他们给搭档的代金券平均数量为 0.35 张。实际上，最小的受试者的行为方式似乎更像经济理论通常预测的那样——极端自利（与更年长的参与者相比）。

给定实验的结构，对于儿童成长与利他行为形成之间的关系，很难得出任何清晰的结论。然而，研究者认为他们的数据表明在我们的孩童时期利他行为就在文化上根深蒂固于我们身上，并且我们行事方式的许多差异或许是这段成长期社会关系的产物。儿童要比成年人更加自私这一事实对于经济学领域之外的任何人而言或许并不令人吃惊。实际上，我们通常称自私的人是孩子气的，并且父母们会努力教导自己的孩子要考虑他人。对于达到法定成人年龄的人已经开始表现出利他主义品性这样的看法，许多经济学领域之外的人或许会感到安慰。但是对于经济学家而言，这意味着需要更加复杂的模型来描述那些我们最有兴趣研究的那些人。

14.4 公共产品提供和利他行为

经济学在公共政策上的一个主要应用是研究人们如何能够有效地提供公共产品。**公共产品**（public good）被定义为具有非竞争性和非排他性的商品。**非竞争性**（nonrival）意味着消费某商品的人不会阻止其他人消费该商品，并且自己消费不会降低其他人消费的效用。**非排他性**（nonexcludable）意味着不可能阻止某些人消费某商品。非排他性商品的一个例子是国防。不可能只向那些为国防支付款项的国人提供避免外国入侵的防御。我们必须保卫我们的领土，并且政府的职能就是为我们所有人保护它，否则就会让侵略势力全部占领。这使得它成为一种非排他性的商品。另外，我从国防中获得的效用不会减少你从相同的国防中获得的效用。公共产品提供的问题是自由市场无法产生必要的收入使得该产品的提供水平让所有消费者都达到最佳状态。

考虑对密西西比河的洪水控制问题。假定要求密西西比河冲积平原上的每一位农民为洪水控制系统捐助资金。在冲积平原上住着上千位农民。假定每位农民拥有的效用函数为 $u(c, x) = c + x^{0.5}$，其中，c 是用美元表示的消费量，x 表示提供的洪水控制水平，也用美元来表示。进一步假定每位农民拥有的财富禀赋为 w，其既可以用来分配在消费上，也可以用在防洪工作上。消费是私人性质的，因此花在 c 上的钱只能由花钱的农民消费，但是防洪是公共性质的。只要有农民捐助防洪，每一位农民都能够从该捐助中受益。

如果洪水控制是排他的，某个公司就可以根据农民对提供的防洪水平的支付意愿对每一位农民收取费用。公司的利润为对洪水控制水平的支付意愿乘以农民的数量减去防洪成本，可以表示为

$$\max_{x} nx^{0.5} - x \tag{14-6}$$

其中，n 是农民的数量。注意，$x^{0.5}$ 是为了防洪而愿意支付的数量，因为要产生与 x 数量防洪等量的效用水平，要求购买消费品的支出量为 $x^{0.5}$。防洪公司的边际收益为 $MR = 0.5 \times$

$nx^{-0.5}$，边际成本为 $MC=1$。因此，

$$x = \frac{n^2}{4} \tag{14-7}$$

此时利润达到最大。因此，如果我们能够因洪水控制向农民收取费用并且能够将那些不付钱的人排除在外，对所有付钱的人我们可以收费 $n/2$ 并且提供 $\frac{n^2}{4}$。假定有 4 000 个农民。这产生的洪水控制水平 $x=4\,000\,000$。将每位农民的效用加起来，所有农民从防洪中获得的总效用为 $nx^{0.5}=4\,000 \times 2\,000=8\,000\,000$。

但是要注意到 x 是一种公共产品，因此具有非排他性。不管农民是否用自己的钱捐助提高洪水控制水平，所有农民都会从防洪中获得收益。在这种情况下，没有人愿意为额外单位 x 支付款项，除非从增加的 x 中直接获得的个人收益超过了个人成本。注意到 $x=\sum_i x_i$，其中，x_i 表示农民 i 对防洪的贡献。通过让自己消费的边际效用等于个人从防洪中获得的边际效用，个体农民决定要捐赠多少。消费的边际效用为 $\frac{\partial u}{\partial c}=1$，防洪的边际效用为 $\frac{\partial u}{\partial x_i}=0.5x^{-0.5}$，其中 $x=\sum_i x_i$。注意到预算约束要求 $c=w-x_i$，因此最优配置出现在

$$\frac{\partial u\left(w-x_i, x_i+\sum_{j \neq i} x_j\right)}{\partial c} = 1 = 0.5\left(x_i+\sum_{j \neq i} x_j\right)^{-0.5} = \frac{\partial u\left(w-x_i, x_i+\sum_{j \neq i} x_j\right)}{\partial x_i} \tag{14-8}$$

的时候，这意味着

$$x_i = \begin{cases} 0.25 - \sum_{j \neq i} x_j & \text{如果} \sum_{j \neq i} x_j \leqslant 0.25 \\ 0 & \text{如果} \sum_{j \neq i} x_j > 0.25 \end{cases} \tag{14-9}$$

也就是说如果所有其他农民加起来已经捐助了 0.25 或者更多的数量，则该农民会选择捐助 0。如果所有农民都是同质的，并且在均衡中捐助相同的数量，则问题的解是每人捐助 $x_i=0.25/n$，如果有 4 000 农民，其仅为 0.000 062 5。这导致数量恰好为 $x=0.25$，相比能够将那些不付钱的农民排除在防洪保护之外的情况，该数量要低得多。这导致了所有农民从防洪中获得的总效用仅为 $nx^{0.5}=4\,000 \times 0.5 = 2\,000$，㊀ 相比能够将那些不付钱的人排除在防洪保护之外的情况，该数量要比 8 000 000 小很多。这是一个**搭便车问题**（free-rider problem）的例子。政府和政策制定者尝试解决搭便车问题的一种方法是对于公共产品提供政府补助。为了简单起见，让我们假定政府现在对每一个农民征税 T，然后全部捐助在公共产品上——在这个例子中是防洪。问题是这种公共资助如何影响每个农民的私人捐助。在这种征税补助计划下 $x=\sum_i x_i+nT$，因为现在每个农民必须支付 T。再次，在消费的边际效用等于从捐助防洪中获得的边际效用处，求解个体捐助的最优条件，现在式（14-8）变为

$$\frac{\partial u\left(w-T-x_i, x_i+\sum_{j \neq i} x_j\right)}{\partial c} = 1 = 0.5\left(x_i+nT+\sum_{j \neq i} x_j\right)^{-0.5}$$

$$= \frac{\partial u\left(w-T-x_i, x_i+\sum_{j \neq i} x_j\right)}{\partial x_i} \tag{14-10}$$

㊀ 疑有误，应该为 $nx^{0.5}=4\,000 \times 0.5=2\,000$。——译者注

该式的解为

$$x_i = \begin{cases} 0.25 - nT - \sum_{j \neq i} x_j & \text{如果 } nT + \sum_{j \neq i} x_j \leqslant 0.25 \\ 0 & \text{如果 } nT + \sum_{j \neq i} x_j > 0.25 \end{cases} \tag{14-11}$$

只要税负没有高到使得每个农民一点也不捐助的水平，公共资助的每一个美元（由 nT 代表）会导致农民捐助的等量减少。只要在公共资助基础上仍然存在私人捐助，则不管通过税赋捐助了多少，数量仍然为 $x = 0.25$。因此，公共资助挤出了私人捐助，并且只有在个人捐助完全被挤出的条件下才会导致有效配置。这种一般结果被称为**挤出效应**（crowding-out effect），对于几乎任何公共产品问题（其中个人关心的是公共产品的供给数量）该效应都存在。

■ 实例 14-7　温情给予

一些研究尝试检验挤出效应。例如肯尼思·肯领导一个研究小组在实验室进行实验，模拟前面部分描述的公共产品问题。他们让参与者加入一个小组，并且分配一部分代金券，其可以在私人产品或者公共产品上分配。私人产品只能为自己产生货币收益。公共产品可以为小组中所有人产生收益。实验进行了几次，其中某些处理涉及强制性征税为公共产品提供资金。在每一轮实验中给予参与者 20 张代金券进行分配。在没有税收的情况下，人们自愿捐献给公共产品的代金券数量平均为 4.9 张。第二轮实验对每名参与者征收 3 张代金券的税收，并将它分配给公共产品。注意到 3 张代金券要少于平均捐献的数量，因此我们会预期税收会恰好减少自愿捐献量 3 张使之达到 1.9 张。但是在 3 张代金券的税收基础上人们自愿捐赠 2.9 张代金券。第三轮实验要求征收五张代金券的税。在这轮实验中，人们自愿捐助 1.5 张代金券。也就是说，存在某种程度的挤出，但是程度并不像经济理论预测的那样。

这一结果反映出了真实世界观察到的结果。例如，增加联邦或州政府对高等教育的捐助不会导致对高等教育个人捐赠的一对一减少。公共福利项目投入的增加不会根除对这些福利项目的个人捐赠。为什么即使政府增加了自己的出资力度，人们仍然继续对这些公共产品进行私人捐赠呢？一种理论认为人们之所以赠予是受到了温情（知道自己曾经捐献过）的激励。因此，人们拥有的效用函数或许可以描述为 $u(c, x, x_i)$，即他们不仅从公共产品供给 x 中获得某些效用，而且也从公共产品捐献中获得某些效用。这种性质的偏好被认为反映了**不纯粹的利他主义**（impure altruism），因为这样的偏好表现出向公共产品捐赠会获得自利（或者个人）价值。

例如，假定 $u(c, x, x_i) = c + (x + x_i)^{0.5}$。对于这个新的效用函数，消费的边际效用仍然是 $\frac{\partial u}{\partial c} = 1$。但是现在向防洪捐赠的边际效用可以表示为 $\frac{\partial u}{\partial x_i} = (x + x_i)^{-0.5}$，其中，和前面一样，$x = \sum_i x_i + nT$，因此这时候由于温情的感觉，自己的捐赠在防洪效用函数中被评估了两次。现在我们可以修改式（14-10）来适应新的效用函数。捐赠的边际效用等于消费的边际效用要求

$$1 = \left(2x_i + nT + \sum_{j \neq i} x_j\right)^{-0.5} \tag{14-12}$$

式的解为

$$x_i = \begin{cases} \dfrac{1 - nT - \sum_{j \neq i} x_j}{2} & \text{如果 } nT + \sum_{j \neq i} x_j \leqslant 1 \\ 0 & \text{如果 } nT + \sum_{j \neq i} x_j > 1 \end{cases} \tag{14-13}$$

注意到提高税收每人一个单位使得产品供给增加了 n 个单位,但是私人捐赠仅仅降低了 $n/2$ 个单位。增加对公共产品的政府资助减少了个人对公共产品的捐赠数量,但只要 $\frac{\partial u}{\partial x_i}>0$,该数量就会小于对个体的征税数量。因为决策者并非仅仅从公共产品本身获得效用,还直接从捐赠中获得效用,政府资助不会完全挤出私人捐赠。

虽然在实地和实验室检验过程中,温情给予理论得到了很多证据支持,它并不是唯一的对不完全挤出的可能解释。例如,对于即使政府通过税收强迫缴费时人们仍然会继续捐赠的现象,另外一种解释认为他们的捐赠会导致其他人也决定进行捐助。例如,在教堂礼拜仪式上传递放了钱的盘子向其他人提供了某些信息,可能会促使他们也决定进行捐赠。如果个体捐赠者认为自己捐赠会导致他人捐赠,他就会认为自己捐赠的价值要大于表面上捐款的钱数。如果捐赠的主要动机是促使其他人也进行此类捐款,则政府资助未必会完全挤出。实验证据与下面的看法是完全相符的,即人们的行为方式就好像他们确实会从捐助他人中获得某些个人的满足感一样,这在公共产品经济学家中已经成为最为广泛接受的理论。

■ 实例 14-8 灾难恢复

一年之中总有那么几次,一些发展中国家荒芜土地的景象会以一种凄美的方式展现在电视和电脑屏幕上。不论是因为飓风、地震、海啸还是因为人为原因,广泛存在的灾难会对全世界贫困人口的生活造成毁灭性影响。人们被广泛呼吁为救灾进行捐款,并且国际组织会送钱、食品和其他物资提供帮助。尽管尽了最大努力,恢复通常是一个长期而困难的过程。许多人在事件发生后几十年里都会持续感觉到灾难的影响。

飓风米奇就是这种情况,在 1998 年 10 月它袭击了洪都拉斯。米奇对洪都拉斯市民的生活和生计都造成了重大和持久的影响。最直接的影响是全年农作物价值的 1/3 遭到了破坏,很多房屋、基础设施和农场建筑物也遭到了破坏。农场土地遭受侵蚀,如果不进行大量投资改良土壤和景观,农场就不会有太多产出。农民的投资血本无归,留给他们的是没有多少产出的农场,如果不进行进一步投资,收入会永久性下降。据估计,5% 的人口立即陷入贫困,贫困率增加到 75%。

在洪都拉斯这样的发展中国家,大部分人无法利用金融市场和正式的保险,恢复的速度极大依赖于非正式机制发挥作用的能力。因此,乡村穷人关照彼此的能力(通常没有金钱和物质回报)会提高恢复的速度。迈克尔·卡特和马尔科·卡斯提尔尝试确定在帮助加速从灾难中恢复方面利他主义所起作用的程度大小。在飓风米奇过境几年后,他们从洪都拉斯 389 个农场家庭收集实验数据。

除了回答几个关于他们遭受的破坏情况以及从飓风米奇中的恢复情况等几个问题外,还让他们和其他家庭一起进行了一项独裁者博弈游戏。独裁者博弈要求他们在自己和其他家庭之间分配一笔钱。给其他家庭的任何资金会被放大三倍。平均而言,家庭给予其他家庭的数量为 42%。更加令人印象深刻的是,人们和其他人分享的数量多少直接与恢复速度相关。利他主义给予的数量增加 10%,与之相关的恢复速度(他们回到以前的资产水平的速度)增加 1%。这表明在利他主义成为行为规范的社区中,所有人从自然灾害中恢复会更加有效。对于利他主义在现代社会中为何会变得如此普遍,这种观察结果或许给我们提供了某些线索。

历史说明

利他主义并非仅仅是经济学家和其他社会科学家感兴趣的话题。进化生物学家也对利他主义行为非常感兴趣。与经济学非常相似，进化研究通常假定人们最大化的并非自己的效用函数，而是自己的适应性，其通常被定义为人们将自己的基因遗传给下一代的能力。乍一看，自己冒生命危险或者减少自己的生活资料似乎会降低适应性。然而，许多看似利他行为的例子在自然界中都能够被发现。例如盖瑞·贝克注意到狒狒经常会冒很大的受伤风险来保护其他狒狒。但是，这种看似利他主义的行动会帮助促进种群的适应性，对于任何个体而言提高其基因遗传的概率。更加突出的是，社会生物学家认为对孩子的利他动机可能直接是由适应性激发的。类似的，在更加宽泛的环境条件下，利他行为可能会产生优于纯粹自利行为产生的结果。

就人类而言，对于女性喜欢善良的男性，反过来男性倾向于对女性表现出善意，但有的时候也会有攻击性的行为，进化心理学家们已经构建了理论。很明显没有女性想找一位会威胁到自己孩子的配偶。但是对于每一种此类理论我们都能够找到反例。例如雄性灰熊经常会攻击处于母亲保护状态下的灰熊幼崽。雌性螳螂在交配后会吃掉配偶。某些种类的雌性蜘蛛会吃掉一切被认为没有足够吸引力的潜在配偶。在进化中一个很怪异的事件是，存在持续和相对稳定比例的捕鱼蜘蛛进行**过度的性食同类**（excess sexual cannibalism）。也就是说，某些捕鱼蜘蛛对雄性设定了如此之高的门槛，以至于它们会杀死并吃掉所有可能的配偶，进而绝对不会让它们将其基因遗传。这种习性似乎应该迅速被淘汰，但是它持续存在。总体而言，虽然利他主义或许拥有进化的根源，但这并不能排除恶意行为。在人类中也发现了恶意行为，这个问题将在下面两章讨论。

传 记

罗伯特 H. 弗兰克（1945—）

学士，佐治亚理工学院，1966 年；硕士，加州大学伯克利分校，1971 年；博士，加州大学伯克利分校，1972 年；在康奈尔大学、社会科学高等研究学院（巴黎）、斯坦福大学、国际管理学院（西柏林）担任教职或者客座教授。

当罗伯特·弗兰克完成他本科数学专业的学习之后，他立即加入了美国和平队。作为和平队的一名志愿者，他在尼泊尔教授科学和数学。在返回美国后，他获得了统计学的硕士学位，然后获得了经济学博士学位。弗兰克为众人所知是因为研究情绪和地位的作用对经济学所做出的贡献。除了他对地位外部性和不平等如何削弱中产阶级的研究，他还研究在考虑长期关系时，诸如浪漫和暴怒这类非理性情绪如何起作用和产生有益影响。弗兰克还是一名多产的学者，发表过很多受到高度赞誉和广泛被引用的学术论文，面向非专业人士写过很多畅销书籍。例如，《落于人后》《选对池塘》和《理性中的激情》等书籍的影响已经远远超出了经济学领域。弗兰克定期为纽约时报的一个经济问题专栏撰写文章，对于经济学家如何考虑当前的政策争议热点提供非常深刻的见解。他对不平等的研究成果使得他提倡累进消费税，这可以防止过度消费。这种税赋能够帮助缓解互相攀比效应。

思考题

1. 经济学家们在建模时经常将企业表示为严格最大化利润的。但是，我们也观察到许多厂商进行慈善捐赠或者将他们的部分商品免费或者低价提供给贫困消费者。这种行为是利他的吗？厂商还有什么其他动机？使用真实世界案例论证你的观点。

2. 考虑某个人洪，他被给予一些代金券。这些代金券可以在洪和另一个人之间进行分配。洪自己一单位的消费 x_1 可以用 p_1 单位代金券来购买。另一个人一单位的消费 x_2 可以用 p_2 单位代金券来购买。考虑下面的各组选择。决定每一组是否违背了 WARP、SARP 或者 GARP。

　　(a) 当被给予 20 张代金券的时候，在 $p_1=1$ 和 $p_2=1$ 的条件下，洪选择 $x_1=17$，$x_2=2.05$。当被给予 30 张代金券的时候，在 $p_1=0.5$ 和 $p_2=10.5$ 的条件下，洪选择 $x_1=18$，$x_2=2$。当被给予 100 张代金券的时候，在 $p_1=1.72$ 和 $p_2=2.9$ 的条件下，洪选择 $x_1=20$，$x_2=19$。

　　(b) 当被给予 20 张代金券的时候，在 $p_1=1$ 和 $p_2=1$ 的条件下，洪选择 $x_1=18$，$x_2=2$。当被给予 30 张代金券的时候，在 $p_1=0.5$ 和 $p_2=10.5$ 的条件下，洪选择 $x_1=17$，$x_2=2.05$。

　　(c) 当被给予 20 张代金券的时候，在 $p_1=1$ 和 $p_2=1$ 的条件下，洪选择 $x_1=17$，$x_2=3$。当被给予 30 张代金券的时候，在 $p_1=1$ 和 $p_2=2$ 的条件下，洪选择 $x_1=10$，$x_2=10$。当被给予 100 张代金券的时候，在 $p_1=5$ 和 $p_2=5$ 的条件下，洪选择 $x_1=18$，$x_2=2$。

　　(d) 当被给予 20 张代金券的时候，在 $p_1=1$ 和 $p_2=1$ 的条件下，洪选择 $x_1=17$，$x_2=3$。当被给予 30 张代金券的时候，在 $p_1=1$ 和 $p_2=2$ 的条件下，洪选择 $x_1=20$，$x_2=5$。当被给予 100 张代金券的时候，在 $p_1=10$ 和 $p_2=5$ 的条件下，洪选择 $x_1=5$，$x_2=10$。

3. 考虑囚徒困境博弈，其中两个囚犯被指控犯罪。两人在监狱中被隔离开。如果都不坦白，就没有足够的证据证明两人有罪。任何坦白的罪犯会被从宽处理。如果一名囚犯坦白而另外一名不坦白，不坦白的罪犯会被关进监狱判处更长的刑期。收益可用图 14-7 表示（玩家 1 的收益位于右上角，玩家 2 的收益位于左下角）。

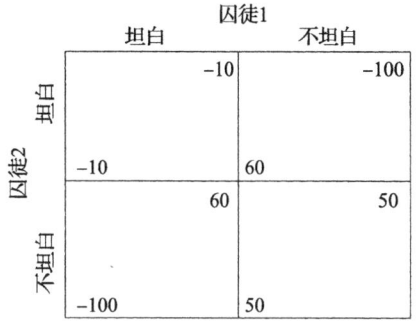

图 14-7　囚徒困境

　　(a) 对于每一名玩家，确定纳什均衡策略。如果两个玩家都选择该策略，博弈的结果是什么？

　　(b) 在大部分涉及囚徒困境的实验中，有相当一部分时间我们观察到玩家倾向于选择不叛变。这种结果是如何被利他主义激发的？

　　(c) 如果一个自利的玩家和对手进行囚徒困境博弈，并且他相信对手是利他的，他的策略会是什么？这与 TIOLI 博弈中观察到的结果相似吗？相同或者不同的原因是什么？

　　(d) 现在假定两名相同的玩家连续进行三次囚徒困境博弈。认为另外一名玩家是利他的会如何影响自利玩家的策略？与你对 (c) 的答案相比这有什么不同吗？是什么发生了变化？

参考文献

Andreoni, J., and J. Miller. "Giving According to GARP: An Experimental Test of the Consistency of Preferences for Altruism." *Econometrica* 70(2002): 737–753.

Andreoni, J., and L. Vesterlund. "Which is the Fair Sex? Gender Differences in Altruism." *Quarterly Journal of Economics* 116 (2001): 293–312.

Burnham, T.C. "Engineering Altruism: A Theoretical and Experimental Investigation of Anonymity and Gift Giving." *Journal of Economic Behavior and Organization* 50(2003): 133–144.

Chan, K.S., R. Godby, S. Mestelman, and R.A. Muller. "Crowding-out Voluntary Contributions to Public Goods." *Journal of Economic Behavior and Organization* 48(2002): 305–317.

Carter, M.R., and M. Castillo. "Morals, Markets and Mutual Insurance: using Economic Experiments to Study Recovery from Hurricane Mitch." In C.B. Barrett (ed.). *Exploring the Moral Dimensions of Economic Behavior*. London: Routledge, 2004, 268–287.

Easterlin, R.A. "Does Money Buy Happiness?" *The Public Interest* 30(1973): 3–10.

Forsythe, R., J.L. Horowitz, N.E. Savin, and M. Sefton. "Fairness in Simple Bargaining Experiments." *Games and Economic Behavior* 6(1994): 347–369.

Frank, R.H. "The Frame of Reference as a Public Good." *Economic Journal* 107(1997): 1832–1847.

Frank, R.H. "Progressive Consumption Taxation as a Remedy for the U.S. Savings Shortfall." *The Economists' Voice* 2(2005): Article 2.

Harbaugh, W.T., K. Krause, and S.J. Liday. "Bargaining by Children." *University of Oregon Economics Working Paper* No. 2002-4.

Hoffman, E., K. McCabe, and V.L. Smith. "Social Distance and Other-Regarding Behavior in Dictator Games." *American Economic Review* 86(1996): 653–660.

Lundberg, S. "Child Auctions in Nineteenth Century Sweden: An Analysis of Price Differences." *Journal of Human Resources* 35 (2000): 279–298.

McKelvey, R.D., and T.R. Palfrey. "An Experimental Study of the Centipede Game." *Econometrica* 60(1992): 803–836.

Schulze, W.S., M.H. Lubatkin, and R.N. Dino. "Altruism, Agency, and the Competitiveness of Family Firms." *Managerial and Decision Economics* 23(2002): 247–259.

Stevenson, B., and J. Wolfers. "Economic Growth and Subjective Well-Being: Reassessing the Easterlin Paradox." Working Paper 14282. Cambridge, MA: National Bureau of Economic Research, 2008.

Waldfogel, J. "The Deadweight Loss of Christmas." *American Economic Review* 83(1993): 1328–1336.

第 15 章

公平和心理博弈

亚历山大·仲马的小说《基督山伯爵》中埃德蒙·唐戴斯的经典故事是最吸引人的读物之一。作为一名年轻的水手，唐戴斯有着光明的前途。他即将获得晋升为船长的机会，并与一名美丽且富有爱心的女人订了婚，他似乎已经非常接近于所要达到的幸福目标。但是就在他即将实现自己的梦想时，三个嫉妒他的竞争对手合谋使他因为子虚乌有的叛国罪被逮捕并送入监狱。在被监禁了几年之后，唐戴斯放弃了希望并决定绝食至死。这时，一名老囚犯法利亚神父在一次失败的越狱尝试中意外将隧道挖到了唐戴斯的牢房。他们很快成为朋友，并且法利亚不仅花时间教授唐戴斯高雅文化、科学和语言，还告诉他一处宝藏埋藏地，一旦成功越狱唐戴斯就可以得到它。

法利亚死后，唐戴斯成功越狱，他找到了法利亚告诉他的几乎用之不尽的宝藏。这时候，一个完全自利的人应该拿着钱过上能够想象到的最为奢华的生活。有利他主义动机的人或许会取出宝藏，使用其中一部分自己享受，同时使用余下的巨量财富让自己失去的爱人或者之前因为他而遭遇不幸的其他朋友过上富足的生活。事实上，唐戴斯确实以匿名方式送给莫莱尔一家一大笔钱，他们在他面临困境时一直站在他的一边。然而，他使用剩下的财富对每一名让他锒铛入狱的合谋者（其中一个人现在和他以前的未婚妻结了婚）进行非常缓慢而痛苦的复仇。每一次复仇成功，读者们都感到某种程度的胜利和喜悦感，合谋者因为针对无辜者的卑鄙邪恶行径得到了应有的报应，尽管唐戴斯变得越来越不像是一个英雄。

利他主义的概念对人们如何对待彼此给出了一种非常简单的看法。事实上，我们并不总是为他人的最大利益着想。在某些情况下，我们甚至尝试付出代价来伤害别人。最为极端的此类例子是自杀式炸弹袭击者，他们放弃自己的生命希望能够伤害或者杀死他人。这种行为明显与自利决策者或者利他决策者不相一致。另外，我们似乎也无法找到这样一个人，他会以这种残忍或者报复性的行事方式针对遇到的每一个人。在这一章中，我们将更加详细地介绍与考虑他人型偏好相关的理论。大部分此类理论是在人们追求结果平均分配的理念基础上发展起来的。在多种形式的独裁者博弈游戏中（在第 14 章讨论过），我们都看到了近乎平均分配的情形，上述理念或许是其中一个原因。公平的概念在文献中有许多不同的定义，我们会挑最为重要的进行讨论。

关于公平研究的一个分支不仅关心人们对分配结果如何反应，还关心他人的动机和感知。博弈中这种心理动机的概念对在实验室博弈中通常观测到的行为有非常强大的解释能力。这种行为模型对于现实世界也有很深刻的含义。大部分工作和业务是以团队或者其他组织形式进行的，其中每个个体的行动会影响所有人的收益。团队对每一名个体成员勤奋程度的感知会对每一个个体决定付出多少努力产生巨大的影响。同样的道理，企业可以利用社区对他们的感知（例如，有社会意识或者贪得无厌）来对产品和服务进行营销。在上述每个例子中，行动如何被感知会对其他人的行为产生巨大影响，最终影响企业的利润以及消费者和工作者的福利。

■ 实例 15-1　最后通牒

人们希望得到这样的结果，即收益被平均分配，这是对独裁者博弈游戏中观察到的行为的一种常见解释。但是或许你会想起，一旦独裁者知道他们的选择是完全匿名的，结果就会受到破坏。因此，独裁者似乎在部分程度上受他人对其行动的看法激励。人们想知道独裁者博弈中第二名玩家对他收到的那部分钱和给他钱的独裁者的看法。如果第二名玩家可以选择进行代价高昂的报复，我们就可以明确看到其他人对独裁者的行动如何反应。这就是最后通牒博弈背后的动机。在最后通牒博弈中，两名玩家要分一笔钱，例如 10 美元。玩家 1 提出一种在两人之间分钱的方法。例如，玩家 1 可能建议玩家 1 得 7 美元，玩家 2 得 3 美元。然后，玩家 2 可以接受该提议，进而两人得到玩家 1 建议的数量，玩家 2 也可以拒绝该提议，进而两人都一无所得。

对于这个简单博弈，我们可以使用逆推法求解子博弈完美纳什均衡（SPNE）。给定玩家 1 提出的任一划分方法，自利的玩家 2 会偏爱任何大于 0 美元的正数额。因此，只要玩家 1 提议让玩家 2 至少获得 0.01 美元，则玩家 2 应该接受。给定玩家 2 的这种策略，自利的玩家 1 应该总是选择拿走 0.01 美元之外剩下的所有钱。如果玩家 1 是利他的，他或许决定分配更多给玩家 2。不管玩家 2 是自利的还是利他的，他都不应该拒绝向他提供的获得至少 0.01 美元的机会。自利的玩家会接受这笔钱，因为这改善了他的状况。利他的玩家也会接受，因为拒绝接受会让两个玩家的状况都变差。为了伤害玩家 1 而拒绝提供的任何正金额也会伤害玩家 2。这是一种极端和有害的行动。

维尔纳·古斯，罗尔德·施米特贝格尔和贝恩德·施瓦策使用 42 名参与者进行实验室实验，让他们配对进行最后通牒博弈。每名参与者参与两次博弈，第二次在第一次博弈一周后进行。但是直到参与者已经完成了第一轮博弈，才告诉他们还会进行第二轮博弈，这样可以消除策略性行为的可能。在第一轮博弈中，21 名发出最后通牒的玩家中有两名分钱的时候选择自己得到全部资金，七人决定平分，只有五个人选择的分钱方法中玩家 1 会获得超过 67% 的资金。平均而言，玩家 1 提出的分钱方法会给自己 64.9% 的资金。明显地，这与 SPNE 并不一致。就对手而言，几乎所有扮演玩家 2 的人选择接受分钱方法，有两人未接受。未接受者中一个人被分配到 20% 的资金，一人没有被分配资金。除了拒绝 20% 资金的玩家 2，所有扮演玩家 2 角色的人都按照理性自利模型行事；即接受数额为正的分配，接受或者拒绝数额为零的分配。这些结果与进行最后通牒博弈的其他实验结果是一致的，其中大部分参与者倾向于提供近乎平均的分配，玩家 2 收到 40%～50% 的比例。

给了一周时间来考虑这个博弈，玩家们再次回来和不同的参与者进行重新配对进行第二轮博弈。这次，扮演玩家 1 角色的人当中有 11 个提出的划分方法给自己分配超过 67% 的比例，有一名参与者只提供给搭档一分钱。每一名参与者都分给搭档至少一分钱。再一次，只有一名玩家按照 SPNE 行事，虽然提供的数额更加接近于自利和理性的数额。平均而言，玩家 1 提出的划分方法使得自己获得了 69.0% 的资金。那些扮演玩家 2 角色的人被自己得到的相对不利的分配数额给激怒了。在 21 名扮演玩家 2 角色的参与者中，虽然所有的分配方案对玩家 2 而言都会得到一个正的数额，但六人决定拒绝分配方案。在这些玩家收到的分配方案中，他们可以收到 0.200%、0.167%、0.200%、0.250%、0.250% 或 0.429%。分配出去超过资金 43% 的所有方案都被接受了。在这种情况下，大约有 25% 的人愿意付钱（放弃分配给自己的数额）阻止玩家 1 获得资金。这些行为似乎是由于分配方案分给玩家 2 资金过少而导致的报复。在类似的实验中，我们发现对于玩家 2 所得比例小于资金量 20% 的分配方案，有 40%～50% 的人拒绝了。

该博弈对于考虑他人型偏好之谜提供了一种有趣的阐释。扮演玩家 1 角色的人明显偏离了仅仅分配出去一分钱的自利规则。实际上，他们越来越倾向于提供大约一半数量（或者几乎一半）给对手。这种行为以及在第 14 章独裁者博弈中讨论的行为表明，人们为了让他人改善状况愿意放弃一部分钱，这符合利他主义。相反，许多扮演玩家 2 角色的人愿意放弃一部分资金来阻止搭档获得资金；这种行为与利他主义是恰好相反的。另外，这种行为似乎取决于玩家 2 获得的分配数额。玩家们希望惩罚那些提供的划分方案不利于他们的人，并且愿意为实施这种惩罚而付出代价。如果博弈只进行一次，惩罚玩家 1 不会获得可靠的未来货币收益。

15.1　不公平厌恶

人们或许有很多可能的动机来拒绝较低数额的分配。但是，正确的解释在某种程度上似乎都会涉及考虑他人型偏好。恩斯特·菲尔和克劳斯·施密特提出的一种看法是人们倾向于希望结果是公平的。在上述例子中，人们的行事方式或许尽力使得自己和他人的收益均等。因此，如果博弈中玩家 1 的货币收益小于另一个人，玩家 2 对玩家 1 会有利它表现。相反，如果博弈中玩家 1 的货币收益大于另一个人，玩家 2 会表现出恶意。如果玩家的所作作为是为了对另一名玩家造成损害，即使这要求减少他自己的收益，则我们称玩家是**恶意的**（spiteful）。我们称这种表现出的行为两分偏好（对穷人利他，对富人恶意）为**不公平厌恶**（inequity averse）。不公平厌恶偏好的一个简单例子可以表示为玩家 i 最大化如下效用

$$U(x_1,x_2,\cdots,x_n) = x_i - \frac{\alpha}{n-1}\sum_{j\neq i}\max\{x_j - x_i, 0\} - \frac{\beta_i}{n-1}\sum_{j\neq i}\max\{x_i - x_j, 0\} \quad (15\text{-}1)$$

其中，x_i 是玩家 i 的货币收益，n 是玩家的总数量，α 和 β_i 是数值为正的参数。这里 α 表示当其他人获得的收益高于决策者时，决策者感觉到的负效用（或许是出于嫉妒）。β_i 表示当决策者获得的收益高于某些其他玩家的时候，决策者感觉到的负效用（或许是出于同情）。在这种情况下，对于任何另外一名玩家，玩家们根据其所得是高于还是低于自己的收益来决定是对他表现出恶意还是利他。因此，由不公平厌恶激发的行为更加类似于第 14 章讨论的地位外部性概念。

在我们作为例子来使用的独裁者和最后通牒博弈这样的两玩家博弈中，可以很容易应用诸如式（15-1）表示的偏好。例如，考虑独裁者博弈，其中，要求独裁者在自己和同伴之间分配 10 美元。在此情况下，该问题可以表示为

$$\max_{x\in[0,10]} x - \alpha\max\{10-2x, 0\} - \beta\max\{2x-10, 0\} \quad (15\text{-}2)$$

其中，x 是独裁者获得的数额，$10-x$ 是另外一名玩家获得的数额。因此，独裁者和另外一名玩家所得收益之差为 $x-(10-x)=2x-10$。这种效用函数的一个例子显示在图 15-1 中（$\alpha=0.7, \beta=0.6$）。

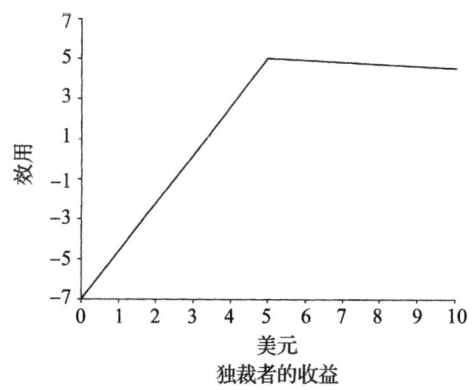

图 15-1　独裁者博弈中的不公平厌恶偏好

如果独裁者拿走 5 美元，则式（15-2）后面两项的数值为 0，独裁者获得的效用为 5。相反，如果独裁者拿走的数额超过 5 美元，则效用函数的斜率为 $1-2\beta$。如果独裁者拿走的数额少于 5 美元，则效用函数的斜率为 $1+2\alpha$。如果 $\beta<0.5$，则效用函数各处的斜率为正，独裁者会选择拿走所有的钱。如果 $\beta>0.5$，则效用函数在大于 5 美元之后的斜率为负，独裁者只会拿走 5 美元。

不公平厌恶偏好在考察最后通牒博弈时也非常有启发性。要想找到 SPNE，让我们首先考虑第二名玩家的决策。给定玩家 1 选择分配给自己 x，分配给玩家 2 的数额为 $10-x$，则玩家 2 面临的选择是接受还是拒绝该分配方案。因此，玩家 2 求解

$$\max_{h\in\{0,1\}}[h\times(10-x-\alpha_2\max\{2x-10,0\}-\beta_2\max\{10-2x,0\})+(1-h)\times(0)] \quad (15\text{-}3)$$

其中，h 是选择变量，如果玩家 2 接受了分配方案等于 1，如果玩家 2 拒绝了分配方案等于 0，下标 2 表示玩家 2 的效用函数的参数。方括号中的第一项表示从接受分配方案中获得的效用，第二项（总是等于 0）是拒绝分配方案的效用。因此，如果接受的效用小于 0，或者如果

$$10-x<\alpha_2\max\{2x-10,0\}+\beta_2\max\{10-2x,0\} \quad (15\text{-}4)$$

玩家 2 会拒绝方案。也就是说，如果分配方案低于玩家 2 的偏好定义的某个临界水平，玩家 2 会拒绝它。例如，如果我们只考虑给玩家 2 分配的数量低于玩家 1 的方案，则如果分配方案使得 $10-x<10-\dfrac{10(\alpha_2+1)}{1+2\alpha_2}$，玩家 2 会拒绝（这对应着玩家 1 会获得 $x>\dfrac{10(\alpha_2+1)}{1+2\alpha_2}$）。低于这个临界值表示划分方案如此的不公平以至于玩家 2 会偏爱每个人都一无所得。因此，不公平厌恶的人或许会决定拒绝玩家 1 提出的分配数额，即使该分配数额要比拒绝方案提供更多的货币数量。

要找到玩家 1 的 SPNE 策略，考虑在博弈的第一阶段玩家 1 的选择。如果玩家 1 是不公平厌恶的，则他的决策会非常类似独裁者博弈。只要玩家 1 提供给玩家 2 的数量超过了 $10-\dfrac{10(\alpha_2+1)}{1+2\alpha_2}$，玩家 2 就会接受。因此，玩家 1 必须求解式（15-2）并且面对 $x<\dfrac{10(\alpha_2+1)}{1+2\alpha_2}$ 的约束。如果玩家 1 拿走 5 美元，则式（15-2）中后面两项的值为 0，玩家 1 获得的效用为 5。如果独裁者拿走的数额超过 5 美元，则效用函数的斜率为 $1-2\beta_1$。如果独裁者拿走的数额少于 5 美元，则效用函数的斜率为 $1+2\alpha_1$。因此，玩家 1 拿走的数量不会少于 5 美元，除非玩家 2 决定拒绝该分配方案。然而，给定效用函数的函数形式，玩家 2 不会拒绝该方案（这对两人产生效用都是 5>0）。如果玩家 1 的效用函数的参数 $\beta_1<0.5$，则效用函数各处的斜率为正。在这种情况下，在玩家 2 不会拒绝的条件下，玩家 1 选择的分配方案会分给自己尽量多的钱。因此，玩家 1 会选择最大的 x 使得 $x<\dfrac{10(\alpha_2+1)}{1+2\alpha_2}$。这出现在下式成立时。

$$x=10\dfrac{(\alpha_2+1)}{1+2\alpha_2} \quad (15\text{-}5)$$

因此，玩家 2 对获得少于玩家 1 的数量越是厌恶，分配给玩家 2 的数量越多，随着 α_2 趋向于无穷达到最大值 5。如果 $\beta_1>0.5$，则效用函数在大于 5 美元之后的斜率为负，则玩家 1 在第一阶段只会拿走 5 美元。

明显地，这是一种非常有局限性的理论，它无法完全解释所有我们观测到的各种各样的行为，尤其是在独裁者博弈中。独裁者博弈中许多结果让独裁者拿走的数额介于 5~10 美元之间——这个模型排除了这种结果。但是，这个简单模型清楚地传达了以下思想，即人们或许厌恶收益的不公平分配。更加一般的模型建立在类似的理念之上（例如，允许不公平的边

际负效用递增），这样就有可能解释独裁者博弈中观测到的更多不同的结果。

■ 实例 15-2　百万富翁和亿万富翁

不公平厌恶经常出现在政治演讲中。在 2011 年，面对不断增加的赤字，美国的信用评级面临被降级的可能性。如果减少预算赤字是主要目标，只有两种方法能够办到：增加收入（主要通过税收）或者减少支出（主要通过削减社会保障计划）。到底是更加关注增加税收还是更加关注降低支出，在这方面产生了巨大分歧。时任总统巴拉克·奥巴马主张增加对富人的税收是一种合理地推进方式。在一次演讲中，他认为富人们通过资本收益获得了大部分收入，相对收入而言资本收益的税率很低，仅为 15%。对于高收入人士，收入的所得税率可以达到 35%。这导致了以下情况的产生——那些赚钱最多的人其全部收入实际上所缴纳的税可能低于那些从工薪获得大部分或者全部收入的人。在象征性地提到亿万富翁投资者时，他抗议道："沃伦·巴菲特的秘书不应该比沃伦·巴菲特负担更高的税率。"总统继续论证应该增加对百万富翁和亿万富翁的税收。"我们应该让每一个人缴纳公平的应税份额，这才是正确的。"此外，他指出，削减支出会伤害穷人，而他们没有什么东西可以付出。

从另一方来看，许多国会议员认为，相对于穷人，富人缴纳的份额高于他们的公平份额。他们认为，在美国全部税收收入中，绝大部分征收自被认为是富裕的相对微小比例的人口。收入最高的 10% 其所得占全部收入的 46%，但是缴纳了超过 70% 的收入所得税。这一群体包括那些收入为 104 000 美元及以上的人士，远非总统所描述的"百万富翁和亿万富翁"的形象。从许多测度指标来看，这个国家中收入介于 250 000～400 000 美元之间的群体面对最高的税收负担——这个群体恰好是总统打算增税的目标群体。相反，他们尤其偏爱削减给予穷人的支出，因为他们通常不会面临收入所得税的税收负担，但是却从社会保障计划中受益。

争论双方使用相同的统计数据得出大相径庭的结论，这或许并不令人吃惊。然而值得注意的是双方如何用不公平来包装他们的论据。一方声称为了让结果更加公平有必要提高对富人的税率。另一方声称富人的税赋已经太高了，公平要求削减对穷人的支出。在他们的论据中，或许是为了迎合不公平厌恶的选民，双方对于希望公平的愿望似乎都没有异议。通常对于什么是对战利品的公平分配，其感知依赖于如何表述战利品。

考虑阿尔文·罗斯和基思·默宁翰进行的实验，他们通过实验研究信息如何影响谈判。在实验中，给两名玩家一定数量的彩票，并且给予一定数量的时间让他们对如何分配彩票达成协议。玩家持有的彩票比例决定了他们赢得大奖的比例。因此拥有 50% 的彩票会导致 50% 的机会赢得大奖。如果时间耗尽后没有达成协议，则没有人能够获得彩票。一名玩家的一张中奖彩票会为该玩家赢得 5 美元，而另外一名玩家的一张中奖彩票会赢得 20 美元。总是会告知玩家自己在中奖后的收益是多少，但是并不一定告诉其对手的收益。有趣的是，当 5 美元玩家不知道另外一名玩家的收益时，玩家们通常会同意非常接近 50/50 的彩票分配比例。相反，如果 5 美元玩家知道另外一名玩家中奖会赢得 20 美元时，则彩票的分配比例接近于 80/20，5 美元玩家分得多。在这个例子中，在没有关于收益不均等信息的条件下，相等的概率看起来像是公平的交易。然而，一旦人们知道收益是不均等的，不相等的概率现在看起来更加有吸引力。分享的原则受到不公平如何表述的影响。

在我们的征税和节支争论的例子中，对双方差异的一种可能解释是**自我助益偏向**（self-serving bias）。因此，如果你的目标是增加穷人相对于特别富有人群的消费，则比较收入所得税和资本所得税并将中产阶级比作每年挣数 10 亿美元的人，这是非常有用的。相反，如果你的目标是维持中上阶层的消费水平，比较中上收入阶层的所得税率与贫困人口（尤其是那些接受福利救济的人）的收入所得税就很有意义。

本质上，对于什么是公正或者公平，人们的看法经常偏向于有利于自己消费。例如，琳达·巴布科克，乔治·罗文斯坦，塞缪尔·伊萨察洛夫和科林·凯莫勒根据对一场车祸的法庭证词向一系列的参与者描述相关情况。然后让参与者扮演案件中的某个角色，并给他们机会尽力协商出一个和解方案，对于和解方案的每1000美元，参与者可以获得1美元。给他们30分钟时间协商解决方案，方案会在他们之间分配一笔固定数量的资金。如果他们不能达成一致，则会强制执行法庭的实际裁决。但是，某些人在阅读法庭证词之前赋予角色，其他人在阅读完法庭证词之后才赋予角色。相比阅读时知道自己角色的人，那些不知道自己角色的人达成和解方案的比例要高出22%。这表明相对于那些已经被赋予角色进行谈判的人，那些不知道自己角色的人能够采取更加客观的方法来理解案件详情。一旦博弈与我们利害攸关，我们对公正的感知就会偏向于我们自己的私利，这在所有的商务交易中都会影响我们的判断。

■ 实例15-3 不稳定的和解

2003年，美国航空公司与空中服务人员工会结束了长达一年的谈判。空乘人员在没有签订合同的条件下工作已经有将近十年的历史。由于他们要求大幅度提高工资水平而与美国航空公司展开了谈判，谈判过程中他们不愿让步。实际上，美国航空公司已经做出了让步，在谈判期间同意提高工资水平，但是提高的幅度大大低于空乘人员的要求。有趣的是，空乘人员最后接受的合同实际上降低了他们的工资。他们为什么会最终接受呢？经过灾难性的9月11日袭击之后，航空业遭受重大打击，美国航空公司亏了血本。最终空乘人员（包括驾驶员）做出了让步，因为他们希望公平。当美国航空公司开始亏钱的时候，要求再次提高薪资会导致破产，这个时候空乘人员突然相信美国航空公司并没有撒谎。空乘人员的谈判代表感觉他们做出牺牲是为了帮助拯救公司，为了有空间更加公平和公正地分配不断减少的利润。

在达成协议两天后，新闻披露了美国航空公司的高层管理者将会收到大笔奖金以及其他留任激励奖。奖金发放很快就完成了。空乘人员再次大动肝火、竭力反对。这改变了向空乘人员提供的薪水吗？没有，但是它使他们感觉高层管理者是不诚实和贪婪的。如果他们打算贪得无厌，则空乘人员也会贪得无厌。最终在极大的压力下，高层管理者退回了奖金。这安抚了那些由于向高层管理人员发放奖金而被激怒的空乘人员和其他工作者。最后，空乘人员对被迫接受的100亿美元的让步和更低的工资水平没有感到愤怒。相反，他们对给予大约10名高层管理者的几千万美元感到愤怒。重新分配这笔钱对于空乘人员的薪水只会造成非常微小的差异——最多也就是几百美元。但是除非高层管理者不发放奖金，否则他们就不打算接受更低的薪水。虽然奖金并没有直接导致公司的盈利能力产生较大差异，但是对高层管理者贪得无厌和冷酷无情的感知再次引发了代价高昂的劳资纠纷，几乎让公司破产。

实际上，对于我们观察到的许多行为，简单的不公平厌恶很难解释。阿明·福尔克、恩斯特·菲尔和乌尔斯·菲施巴赫尔使用一个简单形式的最后通牒博弈阐明了这一点，博弈中玩家1只能在两种可能的两人分配方案中选择一种。在一个博弈中（称为博弈1）第一名玩家可以提议每人分得5美元或者提议玩家1获得8美元而玩家2获得2美元。在这个博弈中，如果提出的划分方案是8美元和2美元，则44%扮演玩家2角色的人拒绝了该方案。但是在另一个博弈中（称为博弈2），玩家1只能选择以下两种分配方案：玩家1获得8美元而玩家2获得2美元或者玩家1获得2美元而玩家2获得8美元。在该博弈中，只有27%扮演玩家2角色的人拒绝了自己获得2美元的提议，但是在博弈1中，完全一样的分配方案导致44%

的人拒绝。注意到如果玩家 2 的偏好表现出如式 (15-1) 所示的不公平厌恶，则在博弈 1 中拒绝分配方案意味着 $u(2, 8) = 2 - \alpha(8-2) < 0 = U(0, 0)$。但是在博弈 2 中接受分配方案意味着 $u(2, 8) = 2 - \alpha(8-2) > 0 = U(0, 0)$。这里，似乎是玩家 1 可得的特定选项改变了玩家 2 眼中对什么是公平的计算方法。也就是说，玩家 1 的动机与实现的资金的特定分配方案是同等重要的。

15.2　在竞争性市场让厂商承担责任

顾客和员工要求企业恪守公平标准可能会造成惨痛的后果。例如 2011 年网飞公司（一家提供流媒体电影和 DVD 邮寄租借的企业）决定将其订购价格几乎翻倍，与此同时限制顾客不能同时使用两种订购方式，即要么通过 DVD 邮寄租借，要么通过下载订购。顾客的反抗非常激烈，导致 CEO 多次道歉并解释盈利模式发生了怎样的变化，最终向愤怒的顾客屈服，允许同时使用 DVD 租借和下载订购两种方式。

丹尼尔·卡尼曼，杰克 L. 奈奇和理查德·塞勒使用对 100 人的调查结果来研究我们如何评估公司的此类行动。例如，82% 的被调查者认为在经历强暴风雪后公司提高雪铲的价格是不公平的。类似的，83% 的人认为即使同一职业的市场工资水平下降了，减少员工的工资也是不公平的。但是根据 63% 的人的看法，下面这种情况下减少工人的工资则是可以接受的，即如果公司放弃了某项业务（例如软件设计）转入某个现行市场工资水平较低的行当（例如软件支持）。因此，如果降低工资和岗位职责的变化相联系是可以的。

一般而言，经济学家们发现当成本上升时，消费者认为公司为了维持利润提高价格是公平的。然而，只是为了从需求增加中获利或者利用市场力量（例如由于短缺）而提高价格被认为是不公平的。也就是说，如果价格提高会导致高于基准和参照水平的利润，则提高价格被认为是不公平的。这种原则被描述为**双边赋权**（dual entitlement）。在双边赋权条件下，相对于**参照交易**（reference transaction），消费者和销售者都被赋予了一定水平的收益。这种参照交易通常是由现状给出的。因此，如果成本上升，允许销售者提高价格来维持参照的利润水平。然而，如果成本没有上升，即使该商品存在短缺，也不允许销售者增加交易的利润。这样做会对消费者造成威胁。在雇主和雇员进行交易的劳动力市场也会发现类似的效应。这导致了消费者和劳动力市场产生了三种引人注意的效应。

15.2.1　当需求水平变动的时候市场或许不会出清

当出现对消费品需求的增加但生产成本没有增加时，会出现短缺。因为不允许价格上升减少需求量，这会导致产生长长的等待者名单或者其他市场配给措施。在劳动力市场，对产出需求的下降通常不会导致工资的下降。相反，厂商会维持工资水平但是减少雇员数量。维持相同的工资水平但是减少雇员数量通常导致劳动力市场无法出清，产生失业。

15.2.2　价格和工资或许不能完全反映质量差异

如果厂商对某种产品提供两种型号，它们的生产成本相同但是对于消费者的价值有很大差异，消费者会认为制定相差很大的价格是不公平的。例如，相对于和其他对手比赛，在主队面对强力竞争对手时，大部分足球球迷对其门票更加看重。这会导致重大比赛的门票价格高很多。但是球迷对公平的看法会限制价格的提高，导致更多球迷愿意按照挂牌价格购买比赛门票而不愿意按照有体育场座位价格购买。例如在 2010 年，加利福尼亚大学对于大部分主场比赛收费51美元。然而，在对斯坦福大学（他们的主要对手）的比赛中他们每个座位收费66美元。比赛门票被买光了，每年这两个球队比赛时都是如此。很明显他们可以索要更高价格并且仍然能够塞满整个体育场。对于酒店房间的淡季和旺季价格也发现了类似的效应。

就工资而言，这会导致以下情况发生，相对于同一家公司同一个岗位的其他工人，生产率更高的工人未能根据他们的价值支付工资。例如，许多大学对于同级别的教授支付同样的薪水，而不考虑他们所在的领域和生产力水平。这通常导致出现以下情况，生产率最高的教职工同时也是价值被低估最多的，因此他们最有可能跳槽到其他更加赚钱的工作上。大学通常不能将生产率最高的教职工的工资增加到市场水平，因为那些相同岗位上生产率较低的或者价值较低的其他人会感到不公平。

15.2.3 价格对成本上升而非下降更加敏感

因为消费者愿意允许生产者提高价格来维持参照水平的利润，生产者可能会迅速利用这一点。相反当成本下降时，他们会慢慢公布，进而得到更高的利润。只有在其市场竞争地位可能受到影响时，他们才会降低价格。生产者也有激励向消费者提供暂时的折扣而非真正地降低价格。价格下降可以改变参照交易，使之有利于消费者，而折扣会被消费者看作是临时收益。虽然有某些证据表明价格的反应是非对称的，但是也存在很多相反的证据。

另一方面，有大量证据表明工资的下降很缓慢，上升很迅速。这通常被称之为工资的"向下粘性"。在市场工资率下降的时候，这种缓慢下降可能导致较长期的失业。在许多人愿意在现行（较低的）工资水平上工作但无法找到就业岗位时，这种现象就会出现。雇主们不会再招聘，偏好于在更高的工资水平上维持更少的劳动力，也不愿意削减现在被雇用者的薪资进而让人感觉他们不公平。另外，为了能够更加灵活的降低工资又不让人感觉不公平，雇主倾向于以奖金的形式支付给工人一部分工资。

15.3 公平

在美国航空公司高管与空乘人员的例子中，重要的是要注意到空中服务人员工会感觉受到了欺骗所起到的至关重要的作用。即使不发奖金，结果也会是不公平的也很清楚。这十位高管获得的薪水仍然是最高级的乘务人员做梦也拿不到的。撕毁协议的动机并不是为了使得报酬分享更加平均。动机是为了惩罚那些让他们现在感觉贪得无厌和善于欺骗的高管。他们的感知是高管们没有真心诚意地进行谈判。对高管们是奸诈的感知驱使空乘人员撕毁了原本可以接受的劳动合同。

马修·拉宾提出人们有动机帮助那些善良的人，而伤害那些不善良的人。因此，他认为人们不仅积极寻求平均分配（为了得到它甘愿牺牲福利），而且还要受他人的意图和动机驱动。当人们为了回报他人的友善或者惩罚他人的无情而甘愿做出牺牲时，我们称他们受到**公平**（fairness）动机驱动。拉宾提出人们最大化他们的效用，该效用是货币收益与一个代表他们公平偏好的因子之和。

正式的，考虑任意一个有两名玩家的博弈，其中玩家1在一个策略集合中进行选择，他的选择用变量 a_1 来表示。玩家2也从一个策略集合中进行选择，他的选择用变量 a_2 来表示。就像所有博弈一样，一个策略意味着博弈过程中每一个可能的决策点都会对应着一项计划行动。每名玩家的收益完全由两名玩家的策略决定，因此玩家1的收益可以用一个函数 $\pi_1(a_1, a_2)$ 来表示，玩家2的收益可以表示为 $\pi_2(a_1, a_2)$。纳什均衡因而可以用 (a_1, a_2) 来描述，其中，对于给定的 a_2 玩家 1 选择 a_1 以最大化 $\pi_1(a_1, a_2)$，对于给定的 a_1 玩家 2 选择 a_2 以最大化 $\pi_2(a_1, a_2)$。我们假定这些收益函数代表**物质结果**（material outcomes），比如在经济学实验（例如最后通牒博弈）中经常使用的货币收益。如果玩家受到公平动机驱动，则对于特定结果他们获得的总效用不仅依赖于物质结果，而且依赖于对另一名玩家是否友善的感知以及对另一名玩家的友善与否决策者是否进行了公正的奖赏。要设定决策者的这部分效用，我们需要定义一个函数来表示对另一名玩家友善程度的感知以及决策者的友善程度。

用 b_1 表示玩家 2 认为玩家 1 会采取的策略，用 b_2 表示玩家 1 认为玩家 2 会采取的策略。这些感知策略会帮助我们进行如下定义，例如，玩家 1 认为玩家 2 是友善还是**残忍**（cruel）的。然后我们可以定义函数 $f_1(a_1, b_2)$——称为**友善函数**（kindness function），来表示玩家 1 打算对玩家 2 表现出的友善程度。友善函数可以取负值，表示玩家 1 打算残忍对待玩家 2；也可以取正值，表示玩家 1 打算友善对待玩家 2。注意到玩家 1 打算表现出的友善程度是自己的策略 a_1 以及他认为另一名玩家使用的策略 b_2 的函数。拉宾的模型还假定两名玩家都赞同友善的定义，因此，该友善函数也表示玩家 2 对玩家 1 采取策略 a_1 感到的友善程度，其中，玩家 1 采取策略 a_1 是对玩家 2 采取策略 $a_2 = b_2$ 的反应。同样的，玩家 2 也有一个友善函数，类似的定义为 $f_2(a_2, b_1)$。

最后，用 c_1 表示玩家 1 认为玩家 2 认为的玩家 1 的策略，用 c_2 表示玩家 2 认为玩家 1 认为的玩家 2 的策略。从这开始似乎有点乏味。这些数值被用来帮助确定，例如，玩家 1 认为玩家 2 认为玩家 1 是友善还是残忍的。然后我们就可以定义函数 $\tilde{f}_2(b_2, c_1)$，表示玩家 1 对玩家 2 表现出的友善程度的信念。注意到该感知是玩家 1 对玩家 2 策略的信念 b_2，以及玩家 1 对玩家 2 认为玩家 1 的策略是什么的信念 c_1 的函数。再次，如果感觉玩家 2 是残忍的，该函数取负值，如果感觉玩家 2 是友善的，该函数取正值。同样的，我们可以定义玩家 2 对玩家 1 友善程度的信念 $\tilde{f}_1(b_1, c_2)$。有了这些函数，我们现在就能够定义玩家 1 的效用函数

$$U_1(a_1, b_2, c_1) = \pi_1(a_1, b_2) + \tilde{f}_2(b_2, c_1) \times f_1(a_1, b_2) \tag{15-6}$$

第一项表示给定玩家 2 使用策略 b_2，玩家 1 选择策略 a_1 后对自己的物质收益的感知。第二项表示公平的效用。如果感觉玩家 2 是残忍的，$\tilde{f}_2(b_2, c_1)$ 会为负值，玩家 1 就有动机通过选择一个也很残忍的策略使得 $f_1(a_1, b_2)$ 成为一个更大的负值。相反如果感觉玩家 2 是友善的，$\tilde{f}_2(b_2, c_1)$ 会为正值，导致玩家 1 选择更加友善的策略使得 $f_1(a_1, b_2)$ 为更大的正值。玩家 2 的效用函数相应地被定义为

$$U_2(a_2, b_1, c_2) = \pi_2(b_1, a_2) + \tilde{f}_1(b_1, c_2) \times f_2(a_2, b_1) \tag{15-7}$$

然后我们就可以定义公平均衡为策略集合 (a_1, a_2) 使得 a_1 是式（15-8）的解

$$\max_{a_1} U_1(a_1, a_2, a_1) \tag{15-8}$$

并且 a_2 是式（15-9）的解

$$\max_{a_2} U_2(a_2, a_1, a_2) \tag{15-9}$$

其中，$a_1 = b_1 = c_1$，$a_2 = b_2 = c_2$。式（15-8）和式（15-9）意味着公平均衡等价于纳什均衡的概念，其考虑了从公平所得的效用，并且要求所有人对另一名玩家的意图有正确的信念。也就是说，给定另外一名玩家选择的策略，玩家们尽力选择使自己的状况最好的策略。另外，均衡要求每名玩家正确感知到对手会采取的策略，并且每一名玩家正确感知到对手正确感知的玩家会采取的策略。考虑到这是一个很复杂的概念，举几个特定友善函数的例子是有帮助的。

首先考虑一个经典的博弈，通常称之为"两性之争"。这个博弈意图表现想要外出约会的丈夫和妻子，他们可以在听歌剧和看拳击比赛之间进行选择。早晨丈夫和妻子都离家外出工作，商量好了晚上碰面去外面约会，但是没有时间商量到底是去干什么。假定丈夫和妻子一整天时间都没有机会沟通，不得不猜测彼此的行动。两人的物质收益可以用图 15-2 来表示。两人都偏爱一起做同一件事情，而不愿意分开做不同的事情。然而，妻子偏爱欣赏歌剧而丈夫偏爱看拳击比赛。根据物质收益，这个博弈有两个纯策略纳什均衡：（拳击，拳击）和（歌剧，歌剧）。如果妻子选择拳击，丈夫选择拳击比赛明显会改善自身状况，会获得 1，而选择歌剧获得 0。相反，给定丈夫选择拳击比赛，妻子选择拳击比赛明显会改善自身状况，会获得 0.5，而选择歌剧获得 0。对于（歌剧，歌剧）也可以进行类似的推理。

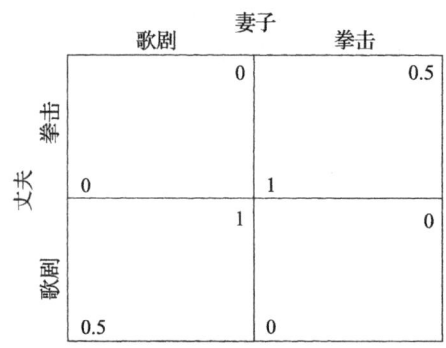

图 15-2 两性之争

现在我们定义一个友善函数。拉宾认为定义友善的关键是另一个人为了伤害对手是否也在伤害自己。存在许多不同的候选函数，但是现在我们使用式（15-10）作为友善函数

$$f_{\text{妻子}}(a_{\text{妻子}}, b_{\text{丈夫}}) \begin{cases} 0 & \text{如果} \quad a_{\text{妻子}} = \text{歌剧}, b_{\text{丈夫}} = \text{歌剧} \\ -1 & \text{如果} \quad a_{\text{妻子}} = \text{拳击}, b_{\text{丈夫}} = \text{歌剧} \\ -1 & \text{如果} \quad a_{\text{妻子}} = \text{歌剧}, b_{\text{丈夫}} = \text{拳击} \\ 0 & \text{如果} \quad a_{\text{妻子}} = \text{拳击}, b_{\text{丈夫}} = \text{拳击} \end{cases} \tag{15-10}$$

来描述妻子尝试对丈夫表现出的友善程度。如果妻子认为丈夫会打算选择歌剧，但她决定选择拳击，则妻子肯定是在尝试残忍对待丈夫。这样做，为减少丈夫 0.5 单位收益会花费她一单位收益。因此，我们赋予这种行为 −1。类似的，若她认为丈夫会打算选择拳击，但如果她决定选择歌剧，则她肯定是残忍的。在这种情况下，她放弃 0.5 单位收益来减少她认为丈夫会获得的收益，减少了 1 单位。因此，我们也赋予这种结果 −1。

对于结果（歌剧，歌剧）我们赋值为 0，因为在这种情况下，给定她认为丈夫会选择歌剧，妻子在最大化自己的收益。最大化自己的收益既不认为是友善的也不认为是残忍的，因为妻子没有牺牲自己的福利来达到伤害或帮助丈夫的目的。类似的，在她认为丈夫会选择拳击的情况下她也选择拳击，我们也赋值为 0，因为她再一次最大化自己的收益。丈夫的友善函数相应地被定义为

$$f_{\text{丈夫}}(a_{\text{丈夫}}, b_{\text{妻子}}) \begin{cases} 0 & \text{如果} \quad a_{\text{丈夫}} = \text{歌剧}, b_{\text{妻子}} = \text{歌剧} \\ -1 & \text{如果} \quad a_{\text{丈夫}} = \text{拳击}, b_{\text{妻子}} = \text{歌剧} \\ -1 & \text{如果} \quad a_{\text{丈夫}} = \text{歌剧}, b_{\text{妻子}} = \text{拳击} \\ 0 & \text{如果} \quad a_{\text{丈夫}} = \text{拳击}, b_{\text{妻子}} = \text{拳击} \end{cases} \tag{15-11}$$

它表示丈夫打算对妻子表现出的友善程度。

我们也可以定义一组函数，用它们得到每名玩家对另外一名玩家是友善还是残忍的感知。我们会定义 $\tilde{f}_2(b_1, c_2) = f_2(c_2, b_1)$，或者在这个例子中，$\tilde{f}_{\text{丈夫}}(b_{\text{妻子}}, c_{\text{丈夫}}) = f_{\text{丈夫}}(c_{\text{丈夫}}, b_{\text{妻子}})$，其中，后一个函数如式（15-11）那样定义。因此，妻子用来感知丈夫是友善还是残忍的测量方法与丈夫用来测量自己友善和残忍程度的方法是相同的。类似的，$\tilde{f}_1(b_1, c_2) = f_1(c_2, b_1)$，或者在这个例子中，$\tilde{f}_{\text{妻子}}(b_{\text{丈夫}}, c_{\text{妻子}}) = f_{\text{妻子}}(c_{\text{妻子}}, b_{\text{丈夫}})$，其中，后一个函数如

式（15-10）那样定义。因此，丈夫用来评估妻子公平性的函数与妻子用来评估自己公平性的函数相同。在这种情况下，所有玩家都认同公平的定义。公平均衡要求所有对策略的感知要与实际策略相一致，$a_{妻子}=b_{妻子}=c_{妻子}$ 并且 $a_{丈夫}=b_{丈夫}=c_{丈夫}$。给定这些约束，我们可以按照总效用而非仅仅按照物质收益重新表述此博弈，代入式（15-7）中可得

$$U_{妻子}(a_{妻子},b_{丈夫},c_{妻子}) = \pi_{妻子}(a_{妻子},a_{丈夫}) + \tilde{f}_{丈夫}(a_{妻子},a_{丈夫}) \times f_{妻子}(a_{妻子},a_{丈夫}) \quad (15\text{-}12)$$

例如，考虑以下可能的策略对，妻子决定采取策略 $a_{妻子}=$ 拳击，丈夫决定采取策略 $a_{丈夫}=$ 歌剧。要想知道这对策略是否是公平均衡，必须弄清楚在给定 $b_{妻子}=c_{妻子}=$ 拳击，$b_{丈夫}=c_{丈夫}=$ 歌剧条件下，其是否是纳什均衡——也就是说，两人都认为妻子会选择拳击，并且妻子认为丈夫认为她会选择拳击，同时两人都认为丈夫会选择歌剧，并且丈夫认为妻子认为他会选择歌剧。在这种情况下，妻子获得的总效用为

$$U_{妻子}(拳击,歌剧,拳击) = \pi_{妻子}(拳击,歌剧) + \tilde{f}_{丈夫}(拳击,歌剧) \times f_{妻子}(拳击,歌剧)$$
$$= 0 + (-1) \times (-1) = 1 \quad (15\text{-}13)$$

因此，在她认为丈夫已经选择了歌剧（尽管丈夫知道她会去听歌剧）的时候，妻子选择去看拳击比赛获得的效用为1。在这种情况下，效用并不是从物质收益获得的（在这个例子中为零），而是通过残忍对待对自己不好的丈夫获得的。为了在物质收益上对她造成伤害（这使得她愿意即使付出些代价也要伤害他），他让自己的状况更加糟糕了。

对于每种结果中的每名玩家我们可以进行类似的计算，最终得到的效用如图15-3所示。按照这种方式定义效用，公平均衡现在为（拳击，歌剧）和（歌剧，拳击）。例如，如果妻子选择歌剧，丈夫通过有意伤害她选择拳击会改善自身状况获得1单位效用，而与她合作选择歌剧只能得到0.5。相应地，给定丈夫选择拳击，妻子通过有意伤害不合作的丈夫选择歌剧会改善自身状况获得1单位效用，相比与他合作去看拳击比赛只能得到0.5。

类似的分析告诉我们（拳击，歌剧）是一个公平均衡，给定一名玩家的策略，另外一名玩家选择其他策略使得各玩家的收益恰好是一样的。在这种情况下，公平的动机导致两人选择惩罚配偶而不是与之合作，因为惩罚彼此的收益要大于基本博弈中的物质收益。这是一个很极端的例子。然而，如果初始的物质收益相对于友善函数的可能数值很大，公平均衡可能会与纳什均衡相同（例如，如果物质收益是160和80而非1和0.5）。

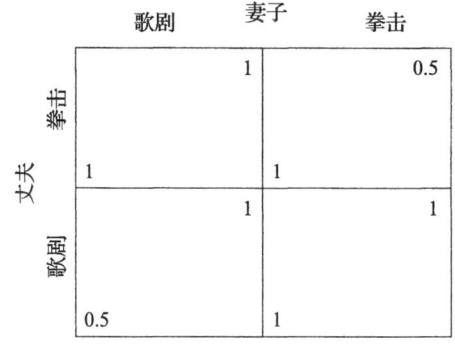

图15-3 两性之争中的公平效用

15.4 友善函数

在这个例子中，遵循马修·拉宾建议的方法——一种相对复杂的方法，我们已经定义了

⊖ 疑有误，两个式子应为 $\tilde{f}_2(b_2, c_1) = f_2(a_2, b_1)$ 和 $\tilde{f}_1(b_1, c_2) = f_1(a_1, b_2)$，这意味着 $\tilde{f}_{丈夫}(b_{丈夫}, c_{妻子}) = f_{丈夫}(a_{丈夫}, b_{妻子})$，$\tilde{f}_{妻子}(b_{妻子}, c_{丈夫}) = f_{妻子}(a_{妻子}, b_{丈夫})$，即玩家感知的对手的友善程度与对手尝试表现出的友善程度一致。——译者注

⊖ 疑有误，为了前后保持一致，公式中 $\tilde{f}_{丈夫}(a_{妻子}, a_{丈夫})$ 应为 $\tilde{f}_{丈夫}(a_{丈夫}, a_{妻子})$。同理式（15-13）中 $\tilde{f}_{丈夫}$（拳击，歌剧）应该为 $\tilde{f}_{丈夫}$（歌剧，拳击）。——译者注

⊖ 疑有误，应该为"尽管妻子认为丈夫知道她会去看拳击比赛"。——译者注

友善函数。一种反映策略的公平性的方法是让它与**帕累托最优**（Pareto optimal）结果集合进行比较。回想一下，如果在不恶化其他人状况的条件下无法改善人们的状况，则某个结果是帕累托最优的。在任何非帕累托最优中，在不恶化其他玩家状况的条件下，某些人能够改善自己的状况。如果这种情况出现，它或许是因为某人放弃了一部分自己的收益让另一人获得了更多（友善）或者是因为某人为了伤害另一人放弃了一部分自己的收益（残忍）。

在两性之争的例子中，有两个帕累托最优的配置：（拳击，拳击）和（歌剧，歌剧）。所有其他配置绝对会使得每个人的状况变差。考察结果（拳击，拳击），改善妻子状况的唯一方法是转变到均衡（歌剧，歌剧），但是这会导致丈夫的状况变差。当考察（歌剧，歌剧）时，有可能改善丈夫的状况，但只能通过恶化妻子状况的方式实现。因此，它们两个是帕累托最优的结果。如果结果不是帕累托最优的，则有可能在不恶化任何一名玩家状况的条件下改善一名玩家的状况。这时候，一名（或者两名）玩家必定在有意识地以自身收益为代价恶化另一个人的状况。例如，如果我们观察结果（拳击，歌剧），每一名玩家通过转变自己的策略都可以改善双方的状况。

假定玩家 2 决定采取策略 b_2。则给定玩家 1 是友善的，玩家 2 期望获得的最低数量为给定玩家 2 采取策略 b_2 条件下可能的帕累托最优结果中最小的。例如，如果妻子决定选歌剧，则最低的帕累托最优收益是 1。如果丈夫知道妻子会去听歌剧，则只有在丈夫是残忍的并且为了减少她的收益 1 个单位而减少自己的收益 0.5 个单位的时候，任何低于 1 的收益才会出现。用 $\underline{\pi}_2^P(b_2)$ 表示给定玩家 2 采取策略 b_2 条件下，玩家 2 能够获得的最小的帕累托最优收益。则给定玩家 2 遵循 b_2，对于玩家 2 产生的任何低于 $\underline{\pi}_2^P(b_2)$ 的收益结果肯定是由于玩家 1 残忍导致的，使得友善函数 $f_1(a_1,b_2)$ 为负值。

相反，给定玩家 2 采取策略 b_2，玩家 2 获得的收益绝对不会超过其能够获得的帕累托最优收益中最大的，除非玩家 1 是友善的。只有在玩家 1 为了让玩家 1 获得更多收益[⊖]而有意识地放弃某些收益时，才能获得更高的收益。用 $\overline{\pi}_2^P(b_2)$ 表示给定玩家 2 采取策略 b_2 条件下，玩家 2 能够获得的最大的帕累托最优结果。这必定是由于玩家 1 为了让玩家 2 获得更高收益而放弃某些物质收益的结果，进而导致友善函数 $f_1(a_1,b_2)$ 为正值。因此，拉宾提出以下友善效用函数

$$f_1(a_1,b_2) = \frac{\pi_2(a_1,b_2) - \frac{\overline{\pi}_2^P(b_2) + \underline{\pi}_2^P(b_2)}{2}}{\overline{\pi}_2^P(b_2) - \underline{\pi}_2(b_2)} \tag{15-14}$$

其中，$\underline{\pi}_2(b_2)$ 是在玩家 2 采取策略 b_2 条件下，在所有结果中最小的可能收益（不管是否是帕累托最优的）。如果玩家 2 获得的数量低于最高和最低帕累托最优数量两者的平均，该函数为负，如果玩家 2 获得的数量高于该数量，函数为正。

该函数会直接产生式（15-10）和式（15-11）设定的友善函数。考虑从妻子的角度来看两性之争。如果丈夫选择歌剧，他能够获得的最低帕累托最优数量为 $\underline{\pi}_{丈夫}^P$（歌剧）=0.5。给定他选择歌剧，最大的帕累托最优物质收益数量为 $\overline{\pi}_{丈夫}^P$（歌剧）=0.5。当选择歌剧的时候，他能获得的总体最低数量为 $\underline{\pi}_{丈夫}$（歌剧）=0。相应地，如果丈夫选择拳击，这些值分别为 $\underline{\pi}_{丈夫}^P$（拳击）=$\overline{\pi}_{丈夫}^P$（拳击）=1，$\underline{\pi}_{丈夫}$（拳击）=0。因此，妻子的友善函数可以表示为

⊖ 疑有误，应该为，"只有在玩家 1 为了让玩家 2 获得更多收益"。——译者注

$$f_{妻子}(a_{妻子},b_{丈夫})\begin{cases} \dfrac{0.5-\dfrac{0.5+0.5}{2}}{0.5-0}=0 & 如果\quad a_{妻子}=歌剧,b_{丈夫}=歌剧 \\[2mm] \dfrac{0-\dfrac{0.5+0.5}{2}}{0.5-0}=-1 & 如果\quad a_{妻子}=拳击,b_{丈夫}=歌剧 \\[2mm] \dfrac{0-\dfrac{1+1}{2}}{1-0}=-1 & 如果\quad a_{妻子}=歌剧,b_{丈夫}=拳击 \\[2mm] \dfrac{1-\dfrac{1+1}{2}}{1-0}=0 & 如果\quad a_{妻子}=拳击,b_{丈夫}=拳击 \end{cases} \quad (15\text{-}15)$$

明显地,如果妻子认为丈夫打算选择拳击比赛,而她作为回应决定选择听歌剧,则她在尽力表现残忍,产生的值为-1。类似的,如果她认为他会选择听歌剧,而她作为回应决定选择拳击比赛,她也在表现残忍。其他情况下,给定他的策略,她正在给予他其能够获得的最佳结果——而且她这样做没有牺牲自己的福利。因此,在每一个帕累托最优结果中,友善函数的值为0。

相应地,我们能够得到妻子的感知友善函数,用它来定义她感知到的丈夫对待她的友善程度。我们如下定义玩家1对玩家2友善程度的感知

$$\widetilde{f}_2(b_2,c_1) = \frac{\pi_1(c_1,b_2)-\dfrac{\overline{\pi}_1^P(c_1)+\underline{\pi}_1^P(c_1)}{2}}{\overline{\pi}_1^P(c_1)-\underline{\pi}_1(c_1)} \quad (15\text{-}16)$$

其中,$\overline{\pi}_1^P(c_1)$,$\underline{\pi}_1^P(c_1)$,$\underline{\pi}_1(c_1)$的值的定义和前面一样,只不过现在它们代表给定玩家1采用策略c_1条件下玩家1的收益。回想c_1表示玩家1认为的玩家2认为玩家1会采用的策略。如果妻子听歌剧,她能够获得的最低帕累托最优数量为$\underline{\pi}_{妻子}^P(歌剧)=1$。给定妻子听歌剧,最大的帕累托最优物质收益数量为$\overline{\pi}_{妻子}^P(歌剧)=1$。当选择歌剧的时候,她能获得的总体最低数量为$\underline{\pi}_{妻子}(歌剧)=0$。相应地,如果妻子选择拳击,这些值分别为$\underline{\pi}_{妻子}^P(拳击)=\overline{\pi}_{妻子}^P(拳击)=0.5$,$\underline{\pi}_{妻子}(拳击)=0$。因此,妻子对丈夫友善程度的感知为

$$\widetilde{f}_{丈夫}(b_{丈夫},c_{妻子})\begin{cases} \dfrac{1-\dfrac{1+1}{2}}{1-0}=0 & 如果\quad c_{妻子}=歌剧,b_{丈夫}=歌剧 \\[2mm] \dfrac{0-\dfrac{1+1}{2}}{1-0}=-1 & 如果\quad c_{妻子}=拳击,b_{丈夫}=歌剧 \\[2mm] \dfrac{0-\dfrac{0.5+0.5}{2}}{0.5-0}=-1 & 如果\quad c_{妻子}=歌剧,b_{丈夫}=拳击 \\[2mm] \dfrac{0.5-\dfrac{0.5+0.5}{2}}{0.5-0}=0 & 如果\quad c_{妻子}=拳击,b_{丈夫}=拳击 \end{cases} \quad (15\text{-}17)^{\ominus}$$

这与式(15-11)假设的友善函数相同。和前面一样,如果妻子认为丈夫认为她会选择听歌剧,而他作为回应决定选择拳击,则她认为他在表现残忍——为了伤害她而伤害自己。相应地,如果妻子认为丈夫认为她会选择拳击比赛,而他作为回应选择听歌剧,她也认为他在残忍行事。这两个结果都会产生值-1。相反,如果妻子认为他打算配合她去做同样的事情,

---

$\ominus$ 疑有误,此式中中间两个式子满足的条件应调换位置。——译者注

则她认为他没有恶意行事，而是在最大化他们两人的收益。这产生的公平数值为 0。

还有很多其他的候选友善函数可以使用。公平均衡的一个主要贡献是，如果人们尝试根据对手的意图进行奖惩而非仅仅对他们的行动产生反应，则人们的行事方式可能非常不同。如果人的意图受到奖惩，合作可能会失败，导致所有人获得更低的物质收益。然而，因为公平均衡要求所有玩家有正确的感知，因此如果任何一名玩家友善行事，则必定导致两名玩家都友善行事。相反，如果任何一名玩家行事残忍，则两名玩家也必定行事残忍或者至多中立。

■ 实例 15-4 对意图进行奖惩

公平对最后通牒博弈中的行为提供了一种解释。考虑在两名玩家之间进行的最后通牒博弈，友善函数由前面部分给出。假定给第一个玩家 10 美元，让他在两个玩家中进行分配，第二名玩家可以选择接受或者拒绝。考虑到这是一个序贯博弈（玩家 2 在进行任何决策之前知道玩家 1 的策略），我们将公平均衡的概念一般化为子博弈完美公平均衡（它必定构成所有子博弈的公平均衡）。在这个例子中，玩家 1 的策略会设定一个现金在两者之间划分的建议方案。玩家 2 的策略是设定什么数值会被接受，什么数值会被拒绝。例如，一个合理的策略或许这样设定，如果所得超过 2.5 美元，玩家 2 就会接受。假定第一名玩家提供了一种划分方案，玩家 1 获得 a_1，玩家 2 获得 $10-a_1$。所有可能分配都是帕累托最优的。不是帕累托最优的唯一结果是那些被玩家 2 拒绝的结果，两名玩家都获得 0 美元。

假定 a_2 符合以下形式，如果 $10-a_1<k$ 就会拒绝，否则接受，其中，k 是介于 0~10 之间的一个常数。对于玩家 2 而言，最大的帕累托最优收益是 $\overline{\pi}_2^P(a_2)=10$。从该策略中得到的最小帕累托最优数量是 $\underline{\pi}_2^P(a_2)=k$。任何所得数量低于 k 的分配方案都会产生帕累托无效的结果。整体最低收益是 $\underline{\pi}_2(a_2)=0$。因此，如果 $a_2=b_2=c_2$，$a_1=b_1=c_1$，

$$f_1(a_1,b_2)=\widetilde{f}_1(b_1,c_2)=\begin{cases}\dfrac{10-a_1-\dfrac{10+k}{2}}{10-0}=\dfrac{1}{2}-\dfrac{a_1}{10}-\dfrac{k}{20} & \text{如果}\quad 10-a_1\geqslant k \\ \dfrac{0-\dfrac{10+k}{2}}{10-0}=-\dfrac{1}{2}-\dfrac{k}{20} & \text{如果}\quad 10-a_1<k\end{cases} \quad (15\text{-}18)$$

类似的，给定提出的划分方案 a_1，对于玩家 1 而言，最大的帕累托最优收益是 $\overline{\pi}_1^P(a_1)=a_1$。如果不管方案是什么玩家 2 都接受了，则这是玩家 1 能够获得的数量。给定提出的划分方案 a_1，玩家 1 能够获得的最小帕累托最优数量也是 $\underline{\pi}_1^P(a_1)=a_1$，因为任何更少的数量肯定是由于提出的分配方案被拒绝了。整体最低收益是 $\underline{\pi}_1(a_1)=0$。因此，如果 $a_2=b_2=c_2$，$a_1=b_1=c_1$，

$$f_2(a_2,b_1)=\widetilde{f}_2(b_2,c_1)=\begin{cases}\dfrac{a_1-\dfrac{a_1+a_1}{2}}{a_1-0}=0 & \text{如果}\quad 10-a_1\geqslant k \\ \dfrac{0-\dfrac{a_1+a_1}{2}}{a_1-0}=-1 & \text{如果}\quad 10-a_1<k\end{cases} \quad (15\text{-}19)$$

因此，玩家 2 必须找到她会接受的最低数量 k，它是下式的解

$$\max_k \pi_2(a_1,a_2)+\widetilde{f}_1(a_1,a_2)\times f_2(a_2,a_1)$$

$$=\begin{cases}10-a_1+\left(\dfrac{1}{2}-\dfrac{a_1}{10}-\dfrac{k}{20}\right)\times 0=10-a_1 & \text{如果}\quad 10-a_1\geqslant k \\ 0-\left(\dfrac{1}{2}+\dfrac{k}{20}\right)(-1)=\dfrac{1}{2}+\dfrac{k}{20} & \text{如果}\quad 10-a_1<k\end{cases} \quad (15\text{-}20)$$

对于任何 $k \leqslant 10-a_1$，该函数的值为 $10-a_1$，否则他会获得 $\frac{1}{2}+\frac{k}{20}$。如果玩家 2 拒绝，他获得的最大值为 $\frac{1}{2}+\frac{10-a_1}{20}$，如果设定的拒绝点恰好刚刚高于预期的分配额 $10-a_1$，就会获得该最大值数量。因此如果 $10-a_1 > \frac{1}{2}+\frac{10-a_1}{20}$，也就是说从接受中获得的收益会大于从拒绝得到的最大可能收益，则玩家 2 设定的 k 值会低于 $10-a_1$。如果

$$10-a_1 = \frac{1}{2}+\left(\frac{10-a_1}{20}\right) \tag{15-21}$$

则玩家 2 会对拒绝和接受感觉无差异，这意味着 $10-a_1=10/19$。对于任何低于该值的数值，玩家 2 拒绝会改善自身状况。因此，$k=10/19$。

现在我们可以考察玩家 1 的决策。在这个例子中，$f_1(a_1,b_2)=\tilde{f}_1(a_1,b_2)$ 并且 $\tilde{f}_1(b_2,c_1)=f_1(b_2,c_1)$。[⊖] 再次，给定 $a_2=b_2=c_2$，$a_1=b_1=c_1$，我们就可以将玩家 1 的策略表示为下式的解

$$\begin{aligned}&\max_{a_1}\pi_1(a_1,a_2)+\tilde{f}_2(a_2,a_1)\times f_1(a_1,a_2)\\&=\begin{cases}a_1+(0)\times\left(\frac{1}{2}-\frac{a_1}{10}-\frac{1}{38}\right)=a_1 & \text{如果} \quad 10-a_1\geqslant\frac{10}{19}\Leftrightarrow a_1\leqslant\frac{180}{19}\\0-(-1)\times\left(\frac{1}{2}+\frac{1}{38}\right)=\frac{20}{38} & \text{如果} \quad 10-a_1<\frac{10}{19}\Leftrightarrow a_1>\frac{180}{19}\end{cases}\end{aligned} \tag{15-22}$$

给定这一组可能结果，并且注意到 $\frac{180}{19}>\frac{10}{19}$，玩家 1 选择的策略会使得玩家 1 获得 $a_1=\frac{180}{19}\approx 9.47$，玩家 2 获得大约 0.53。这种分配方案似乎是不公平的，尤其是对于公平均衡而言。如果将每一个友善函数都同乘以一个大于 1 的因子将友善函数同比例放大，则公平均衡在均衡时会表现出更加平均的分配提议。例如，我们可以这样做，将效用函数写成如下形式 $U_1(a_1,b_2,c_1)=\pi_1(a_1,b_2)+\phi\tilde{f}_2(b_2,c_1)\times f_1(a_1,b_2)$，其中，$\phi$ 是某个大于 1 的数字。这意味着如果 $k<\phi/(2-\phi/10)$ 玩家 2 会拒绝。因此如果 $\phi=4$，则若对于玩家 2 而言分配的数额少于 2.50 美元，玩家 2 就会拒绝，因而玩家 1 会选择分配 7.50 美元给玩家 1，2.50 美元给玩家 2，更加类似于观测到的结果。

公平的关键性理念是希望惩罚那些残忍的人而奖励那些友善的人。卡尼曼，奈奇和塞勒进行了一系列的实验，直接检验人们是否希望奖励那些表现友善的人而惩罚那些表现残忍的人。他们的实验依据的是独裁者博弈的一种变化形式。实验发生在两个阶段。在第一个阶段，每名玩家都会充当一次独裁者，在自己和另外一个匿名的玩家之间分配一笔资金，并且可以在两种可能的分配方案中进行选择。在一种分配方案中，独裁者会获得 18 美元，另一名玩家会获得 2 美元。在另一种分配方案中，两人都会获得 10 美元。总共有 161 名参与者参加了实验，有 67% 的人选择了平均分配。

然后在阶段 2，玩家会与两名其他参与者进行随机和匿名配对。会告诉他们其中一名参与者（我们称他为 U（代表不平均））在第一轮博弈扮演独裁者角色时拿走了 18 美元，而另外一名参与者（我们称他为 E）进行了平均分配。然后参与者可以选择与 U 分享 12 美元，两人都获得 6 美元，或者与 E 分享 10 美元，两人都获得 5 美元。在此第二轮博弈中玩家并

⊖ 疑有误，两个公式的严谨表示应为 $\tilde{f}_1(b_1,c_2)=f_1(a_1,b_2)$ 和 $\tilde{f}_2(b_2,c_1)=f_2(a_2,b_1)$，虽然均衡时，$a_2=b_2=c_2$，$a_1=b_1=c_1$。——译者注

不知道谁是 U 谁是 E。另外，U 和 E 在进行任何决策时都不曾涉及现在的决策者。平均或不平均的资金分配都是与其他玩家博弈时做出的，而现在进行的博弈中并不涉及这些玩家。因此，严格来说，此时前面部分给出的公平定义应该并不适用。U 的任何残忍表现针对的都是其他人，应该不会影响决策者。因此我们或许预期人们会与 U 分享获取更大的收益。但是，75%的人决定与 E 分享获取较小的收益。

因此，决策者似乎不仅仅有动机奖励那些对自己友善惩罚那些对自己残忍的人，而且有动机奖励那些对他人友善而惩罚那些对他人残忍的人。在效用的公平模型框架内考察这种现象，我们可以扩展基本模型，将决策者关于对手如何对待其他人的信念包括进来。因此，在第二轮博弈中玩家或许认为 U 对待某些其他玩家的方式表明他是残忍的，而 E 对待某些其他玩家的方式表明他是友善的。在这种情况下，通过在效用函数中加入所涉两名对手的公平系数，决策者的问题可以表示为

$$U_2(i) = \begin{cases} 6 + \tilde{f}_1(U) f_2(6) + \tilde{f}_1(E) f_2(0) & \text{如果} \quad i = U \\ 5 + \tilde{f}_1(U) f_2(0) + \tilde{f}_1(E) f_2(5) & \text{如果} \quad i = E \end{cases} \quad (15\text{-}23)$$

其中，如果对手在第一轮博弈中选择做 U，$\tilde{f}_1(i)$ 是负的，反映了该玩家是残忍的，如果对手在第一轮博弈中选择做 E，$\tilde{f}_1(i)$ 是正的，反映了该玩家是友善的。相反，$f_2(0) \leq 0$ 表示残忍（或者至少中性）对待该玩家，使之无法得到物质收益，$f_2(6) > f_2(5) > 0$ 表示友善对待该玩家，使之获得正物质收益。因此，如果

$$5 + \tilde{f}_1(U) f_2(0) + \tilde{f}_1(E) f_2(5) > 6 + \tilde{f}_1(U) f_2(6) + \tilde{f}_1(E) f_2(0) \quad (15\text{-}24)$$

或者

$$\tilde{f}_1(U)[f_2(0) - f_2(6)] + \tilde{f}_1(E)[f_2(5) - f_2(0)] > 1 \quad (15\text{-}25)$$

玩家会选择 E。相对于 $\tilde{f}_1(E)$，如果 $\tilde{f}_1(U)$ 是一个足够大的负值（这反映了对奖励残忍行为的极端厌恶），上式就会成立。实验中观察到的行为表明，在一般人群中我们会发现这种对帮助残忍之人的强烈厌恶。

■ 实例 15-5　为了崇高的事业

企业经常宣传自己将一部分利润捐献给某项特定事业。比如，2008 年卡特里娜飓风对海湾滨海地区造成了极大破坏，而一些公司（从啤酒生产公司到沃尔玛）非常重视宣传它们在食品和饮用水方面对卡特里娜飓风受害者提供的帮助。这种慈善捐赠在表面上看似乎与利润最大化的厂商目标相违背。如果我们向经济学家一样假定厂商的唯一目标是最大化利润，则它们不应该捐赠产品或者利润。但是在现实生活中，公司捐赠非常普遍。

举一个可能有启发性的例子。一个著名的酸奶品牌优诺正在持续进行一项活动，活动期间他们用粉色的盖子封装酸奶瓶，他们鼓励顾客收集这些瓶盖然后在网上输入瓶盖上的代码进行兑换。作为回报，对于每一个兑换的瓶盖，优诺承诺会向乳腺癌研究以及针对此类疾病的罹患或康复病人的项目捐赠 0.10 美元。瓶盖的颜色为粉色是为了引起人们的注意，瓶盖上声明通过访问优诺的网站你就可以为对抗乳腺癌做出贡献。如果有足够的瓶盖被兑换，他们承诺最高捐献 2 000 000 美元。听起来其确实像一家友善的公司，正在以巨大的利润牺牲为代价来帮助他人。

但是他们为什么要求顾客来兑换瓶盖呢？兑换瓶盖需要花费时间和精力，这至少会产生一些成本。另外，这还要求花钱来维护网站，对瓶盖代码的发布和收集进行管理。该项目的前期版本实际上要求顾客将瓶盖邮寄到公司。这要求顾客每次寄送瓶盖要支付邮费。实际上，要让对该事业的捐款超过邮资你需要寄送至少四个瓶盖。如果公司已经设定了目标，要

拿出一部分利润捐献给乳腺癌事业，他们并不需要顾客付出这些努力，因为这减少了捐赠的数量。相反，他们只要简单地捐献2 000 000美元再加上这些努力花费的成本就有可能做更多善事。但是这样做就消除了公司利用顾客获得的公平感做文章的能力。

有很大一部分酸奶消费者是女性，这些顾客中有很大一部分非常有可能对乳腺癌怀有很强烈的感受。因此，捐献一部分收入可能对赢得这部分顾客群体的忠诚度有帮助。然而，要达到这个效果，你必须找到一种强有力的方式告知这部分顾客群体你的善行。实际上，优诺是直接按照部分顾客购买量的一定比例进行捐赠的，这些顾客不仅关注这个项目，同时对乳腺癌有足够强烈地感受愿意花时间兑换瓶盖。如果没有人首先购买优诺酸奶，然后了解优诺所做的好事，再花时间访问他们的网站输入瓶盖上的代码，就不会有任何的一毛钱捐献给乳腺癌事业。在建立这种乐善好施的声誉方面，他们不会多浪费一分钱。1999年，优诺承诺每个瓶盖捐赠0.50美元直到达到某个最大捐赠数量，但是这个数量仅仅为100 000美元。但是他们收到了940万个瓶盖，要是没有封顶，这会产生470万美元捐款。当乔治亚州开始对这个项目进行调查时，差一点要对它进行起诉。请不要犯错误，公司慈善需要非常仔细地计算并且是有限的。

在商界，友善有很多应用，例如从人力资源到顾客关系等方面。例如，一项广为人知的研究发现，对医疗过失有责任的医生如果坦白地道歉，会面对较少的诉讼和更低的成本。在友善模型背景下，可能有过错但是不愿意承认的医生看起来就好像他们只是为了避免支付损害赔偿金而不愿承认错误。这种类型的处理方式可能会被受害者解释为残忍，或许导致他们希望通过提起法律诉讼的方式给医生造成财务上的痛苦，即使这样做病人要付出代价。那些道歉的医生在法律上承认错误，进而一旦案件上庭审理则会对任何损害负责。但是看到医生自己主动提供了这种法律求偿的可能性，这或许会消除病人提起诉讼的愿望。这时，病人不再希望给犯错医生造成痛苦。友善终有报。

■ **实例 15-6　公平、工资和团队**

让经济学家们感到困惑的一个谜团是大部分劳工合同缺乏细节。通常合同会说明每小时的工资率以及因为各种原因而被开除的可能性，除此以外就什么也没有了。经济理论认为，如果有可能的话，雇主和工人在设定合同时都会希望合同概括说明得到奖金或提高工资以及因为糟糕表现而降低工资的环境条件。雇主甚至会愿意写清楚对雇员的态度要求，可能要求他们要有合作、服从和乐观精神。如果合同中没有涉及太多内容，那么在他们能够继续提供某些正价值条件下，用什么来阻止工人严重怠工，甚至使自己在工作场合成为他人的讨厌鬼呢？雇主们实际上无法观察到工人的一举一动，或者他们对工作的态度，这会导致严重偷懒。然而在这种情况下，利用工人的公平感引导工人改善工作态度并付出更高水平的努力，或许是一种有效的方式。

恩斯特·菲尔，西蒙·葛士特和乔治·克里斯吉格使用了一系列的实验来考察充当雇主的人是否能够利用公平引导员工付出更多努力。这个实验室实验按照雇员和雇主角色对人们进行配对。雇主可以选择工资 w，希望雇员付出的努力水平 $\hat{e}$，其中，$1 \leqslant \hat{e} \leqslant 10$。有六名雇主进行这样的决策，有八名工人可以决定接受哪个合同。但是任何雇主只能雇用一名工人，因此在市场上存在劳动力过剩。接受合同的雇员能够随意决定他想要付出的努力水平 e，其中，$1 \leqslant e \leqslant 10$，该水平可能会低于雇主的要求，并且不管他们的努力程度如何他们都会收到 w。雇主赚取的利润为 $\pi = 10e - w$，工人会获得 $u = w - c(e)$，其中，$c(e)$ 为正并且是努力程度的增函数。

在这个例子中,纯粹自利的雇员的行事方式应该是求解

$$\max_{e} w - c(e) \tag{15-26}$$

因为 w 不依赖于 e,并且因为 e 的成本为正,所以不论工资水平是多少,工人应该选择可能的最低努力程度,$e=1$。知道了这一点,自利的雇主应该提供能够确保工人接受合同的最低可能工资水平

$$\max_{w} \pi = 10e - w = 10 \times 1 - w \tag{15-27}$$

面临的约束为⊖

$$w > c(1) \tag{15-28}$$

在 $w=c(1)$ 处,得到式 (15-27) 的解。注意到要求的努力水平在两种决策中没有起到任何作用,因此在标准的 SPNE 中它们是不相关的。相反,不管要求的努力水平被设定为多少,结果都是低工资水平和低努力程度的员工。

相反,假定员工表现出公平偏好。在这种情况下,员工的问题可以表示为

$$\max_{e} w - c(e) + \widetilde{f}_{雇主}(w, \hat{e} | e^*(w, \hat{e})) \times f_{雇员}(e | w, \hat{e}) \tag{15-29}$$

其中,$e^*(w, \hat{e})$ 是员工认为的雇主认为员工的最优公平策略,$\hat{e}$ 是雇主要求的努力水平。如果相对于要求的努力水平提供的工资较高,则员工会预期获得一大笔利润,即使他们没有付出要求的努力程度。这会导致员工赋予 $\widetilde{f}_{雇主}$ 一个正值,因为雇主为了让员工受益可能使自己遭受了损失。

例如,假定 $\widetilde{f}_{雇主} = k_1 \times (w - c(\hat{e}))$。作为回报,如果员工付出的努力程度低于所要求的,员工或许会感到内疚,表现为如果 $e < \hat{e}$,$f_{雇员}$ 会是一个负值,付出的努力程度越少,负值的绝对值越大。例如,假定 $f_{雇员} = k_2 \times (e - \hat{e})$。这使得式 (15-29) 中的最后一项成为努力程度的增函数,可能导致员工比要求的最低程度提供更高的努力水平。给定我们设定的两个函数例子,员工会求解

$$\max_{e} w - c(e) + k_1 k_2 (w - c(\hat{e}))(e - \hat{e}) \tag{15-30}$$

现在努力程度的边际成本仍然保持为曲线 $c(e)$ 的斜率,可以表示为 $c'(e)$,但是如果 $w > c(\hat{e})$,则现在付出努力还有一个由第三项给出的收益。在这种情况下此边际收益是 $k_1 k_2 (w - c(\hat{e}))$。因此,工人提供的努力水平会使得努力的边际收益等于努力的边际成本,即 $c'(e) = k_1 k_2 (w - c(\hat{e}))$,如图 15-4 所示。⊜ 如果努力的边际成本随着努力水平的提高而递增,则这表明努力水平会是工资的增函数,要求的努力水平的减函数。作为对此的反应,相对于要求的努力水平,雇主应该提供较高的工资。

实际上,观测到的平均努力程度为 4.4,大大高于自利模型预测的努力水平 1。另外,雇主提供相对慷慨的工资

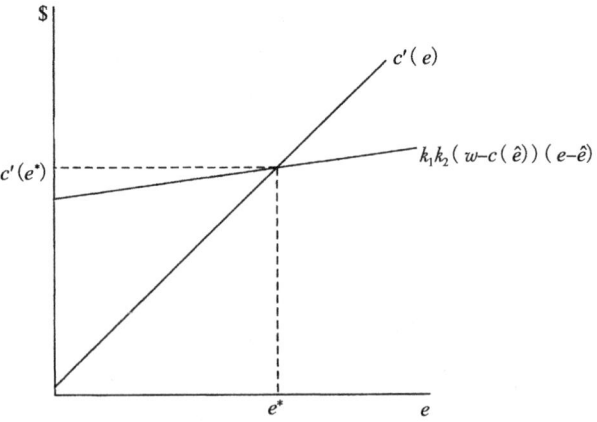

图 15-4 劳动合同中的公平和努力程度

⊖ 约束条件更加规范的表述应为 $w \geqslant c(1)$。——译者注
⊜ 疑有误,图 15-4 中的边际收益曲线应为 $k_1 k_2 (w - c(\hat{e}))$。

水平。如果员工们按照合同中要求的平均努力程度 $\hat{e}=7$ 进行工作，他们会拿走差不多不到一半的剩余，只稍微低于雇主。然而他们实际上拿走的要超过一半，因为员工付出的努力程度在某种程度上低于合同所要求的。虽然员工在偷懒，但是他们的表现要比自利时的表现好，与雇主因为最低水平的努力支付最低的工资相比较，雇主会获得更多利润。

在市场上，公平或许不仅仅是工资水平相对较高的原因，而且也是劳动合同中使用团队的原因。标准经济理论认为对于管理工作而言团队或许是一个尤其糟糕的主意。如果人们是纯粹自利的，则团队工作提供了一种机会来掩盖他们付出了很少努力这一事实。在课堂上对于布置的小组作业我们都有一些经验，某个成员作了很少工作但是却获得了与小组其他人相同的分数。这描述了人们自利时所发生的事情。然而，如果他们必须使用团队，则对于较低的绩效经理们需要施加严厉的连坐惩罚措施，以使得个体成员的激励与经理人的要求相一致。在这种情况下，因为任何一个偷懒者的罪责所有人都要受到惩罚。

相反，如果团队成员根据公平性行事，这种过分的激励措施或许没有必要。实际上，在某些环境下，与每一个员工被单独安排劳动任务相比，公平可能导致团队更加有效率。如果团队成员观察到团队其他成员为了团队利益做出牺牲，公平感能够促使他人做出类似的行为。这可能导致每名员工有强烈的动机表现得更好，高于单独的劳动合同强制要求的水平。相应地，观察到其他人偷懒的小组成员可能会进入到惩罚模式，这时努力工作降级为残忍和毫无生产力的破坏。

企业用团队来完成很多功能：产品设计、实施和市场营销。那些设计和创造出某些全世界最为成功产品的企业是利用团队进行设计的。像苹果这样的公司，其成功来自于员工的优异工作，这些工作已经远远超出了工作岗位提供的基本激励所要求的水平。员工们描述自己正在参与某些非凡和卓越的任务。当人们如此感觉时，他们倾向于合作，并且其行为方式会对周围其他人的努力进行奖励。理解公平和人与人之间关系的基本原则是有效管理工人的本质。

■ 实例 15-7　为了整体利益而惩罚

公共产品的提供是许多经济学家都极为感兴趣的问题。就像在前面章节所讨论的一样，如果每一个人都从某种产品的提供中获得好处，则人们就不会愿意为了所有人的利益而贡献自己的私人资金，相反人们或许决定依靠其他人进行捐献。在 7 月 4 日这一天，全美国有成千上万小的社区举行公共焰火表演，庆祝独立宣言签署周年纪念日。这些表演通常要花很多钱，然而它们通常依赖于市民的自愿捐赠。通常在几英里之外都可以观赏到焰火表演，这使得不太可能对每一位欣赏表演的人收取入场费。相反，会尽力请求人们为年度焰火基金捐款。

考虑某个小城镇，只有一家真正富裕的家庭，许多家庭并不怎么富裕。每年该富裕家庭都可以负担全部费用，但是他希望看到其他家庭也捐款。富裕家庭这样行事是为了奖赏友善、惩罚残忍。当他们看到其他家庭尽自己所能捐款时，即使这是一个相对较小的数量，他们会认为这是一种友善的姿态，并且愿意奖励这种努力，会补足所必需的差额以提供令人满意的表演。当许多镇民不进行捐赠而只是决定搭其他人捐赠的便车时，富裕家庭会将这看作是残忍行为并且希望对此进行惩罚。但是这里存在一个问题。没有直接的方式来惩罚某个单独的搭便车者。相反，唯一能够进行的惩罚措施是取消他们对焰火表演的捐款，进而取消当年可能进行的表演。这种惩罚不仅会惩罚搭便车者，也会惩罚城镇中的每一个人。在这种情况下，如果城镇中有足够多自利的人决定搭便车，富裕家庭——虽然行事方式只是为了对其他人的行为进行奖惩——最终的行事结果却好像他们是自私的一样，取消了他们自己的捐款。

一般而言，那些希望公平的人如果想要惩罚其他搭便车者或许也会决定搭便车。即使只有相对较小数量的自利行为人，这也可能导致公共产品的供给不足。恩斯特·菲尔和西蒙·

葛士特在一个简单实验中发现了这种行为，实验中给予 4 个人 20 张代金券。他们可以自己保留代金券或者将一定数量的代金券捐献给公共产品，捐献会使小组每名成员都获得 0.4 张代金券。通过保留全部代金券他们的状况会得到严格改善，但是如果所有人将所有代金券都捐献给公共产品，最后每个人都会获得 32 张代金券，要比他们在其他情况下获得 20 张代金券好得多。然而，如果给予人们某个选项，可以对某个个体而非整个小组进行惩罚，突然我们就可以诱使自利的玩家就好像他们是友善的一样行事。在他们的实验案例中，任何玩家都可以剥夺另外一名玩家的代金券，通过支付 1/3 张代金券就可以取消其他玩家一张代金券。当给予玩家选项可以惩罚单个坏家伙时，自利的个体意识到如果被其他人挑出来进行惩罚自己一定会遭受损失。在这种情况下，现在他们出于自身利益会向公共产品捐赠。这时候，在公共产品是否会被供给方面，能够实施惩罚起到了重要作用。

博弈理论家已经发现，为了让所有人都得到更好结果，能够惩罚其他玩家是很重要的。博弈理论中一个最为重要的定理与无限期内能够一次次重复进行的博弈有关（或者至少玩家不知道博弈什么时候会结束，因此它被看作是无限重复博弈）。无名氏定理告诉我们，在重复博弈中，如果每名玩家能够采用以下策略，即对于任何偏离某个结果的玩家，在他偏离之后的每一期能够永远对他实行惩罚，则玩家们就能够强制实现几乎任何结果。不能以这种强制方式实现的唯一结果是这样的结果——博弈中所有其他人的永久性惩罚无法完全消除偏离该结果时所得的收益。例如，两名玩家永久性重复进行常见的囚徒困境博弈，如果两名玩家采用以下策略——在另外一名玩家背叛后的每一期都选择背叛，他们就能够永远保持合谋（如果收益设计的是正确的话）。这种囚徒困境的一个例子展示在图 15-5 中。在这个例子中，合谋意味着两名玩家都选择不坦白，但是在任何单一时期，不管另外一名玩家在这个时期的策略是什么，坦白会改善每一名玩家的状况。长时期的惩罚威胁可能导致以下情形，即玩家的行为方式就好像他们是在追求共同利益一样。然而实际上这只是一种自利行为。

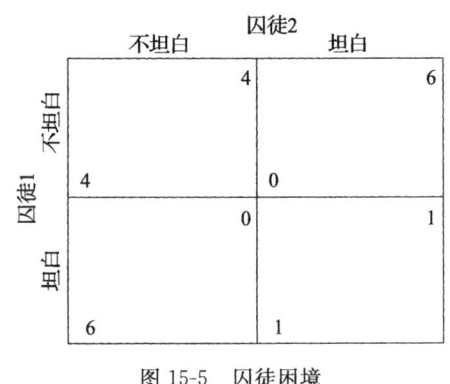

图 15-5 囚徒困境

15.5 心理博弈

拉宾的公平模型和均衡是更加一般类型的博弈（也被称之为**心理博弈**（psychological games））的一种特殊情况。心理博弈被认为是一种在简单博弈中涉及高阶信念的方式。这些高阶信念包括人们认为自己如何被感知或者玩家会如何感知获得不同收益的其他玩家。例如，公平依赖于对其他人是残忍还是友善的感知。更加一般的，心理博弈可以用来对其他情绪建模，例如内疚、愤怒、吃惊、自信或者同情。总体而言，一名玩家的收益可能依赖于其他玩家的动机和情绪。也就是说，每一个玩家的收益至少部分上依赖于博弈过程中每一个人认为其他人在做什么。这些高阶信念成为效用函数的一部分，这非常类似于公平系数被融入到玩家的收益函数中。心理博弈最初是由约翰·吉纳科普洛斯，大卫·皮尔斯和埃尼奥·萨凯蒂提出的，他们通过一系列简单博弈阐释了这一概念，在这些简单博弈中某位玩家没有任何行动。这些博弈中有两个是有启发意义的。

首先考虑某男子对某女子发出了约会邀请。他不知道该女子是否喜欢他。她是否接受邀请是她是否喜欢他以及她是否认为他有足够自信她会接受的函数。她接受或者拒绝约会对他的效用依赖于他希望她是接受还是拒绝。他的自信程度越高，他就会越加喜欢该约会。他越是悲观，他对约会的喜欢程度就越低，但是如果她拒绝，他的失望程度也越低。

假定性格决定了该女子是否喜欢该男子，并且她喜欢他的概率为 0.50。她希望和一名相对自信的男性约会。如果该女子喜欢他，她接受约会的效用可以表示为 $u_{女子}$（接受|喜欢）＝$3(\tilde{q}+\tilde{s})$，其中，$\tilde{q}$ 是她对男子信念的信念，这里男子的信念为在她喜欢他的条件下他认为她接受邀请的概率。变量 $\tilde{s}$ 也表示她对他信念的信念，其中他的信念为在她不喜欢他的条件下他认为她接受邀请的概率。因此，如果她认为他相信不管她是否喜欢他她都会接受邀请，则她会从约会中获得更高的效用。她拒绝约会的效用可以表示为 $u_{女子}$（拒绝|喜欢）＝1。相应地，如果她不喜欢他，她接受约会的效用为 $u_{女子}$（接受|不喜欢）＝0，拒绝约会的效用为 $u_{女子}$（拒绝|不喜欢）＝1。

不管她是否喜欢他，他的效用可以表示为 $u_{男子}$（接受）＝$1+q+s$，其中，q 是在她喜欢他的条件下他认为她接受邀请的概率，s 是在她不喜欢他的条件下他认为她接受邀请的概率。因此如果接受是一个大概率事件，她接受邀请带给他的效用会更高——即使他没有被拒绝他也不喜欢被拒绝的风险。相反，如果她拒绝了，不管她是否喜欢他，他会获得 $u_{男子}$（拒绝）＝$-4(q+s)$。如果他被拒绝，他宁愿拒绝是一个高概率事件——他本不应该有太高的预期。

对于心理博弈的解，其理念要求所有的信念要反映现实，就像在公平均衡中一样。在这个例子中，这意味着 $s=\tilde{s}=r$，其中，r 是在她不喜欢他的条件下她接受他的邀请的实际概率，要由她采用的策略决定，$q=\tilde{q}=p$，其中 p 是在她喜欢他的条件下她接受他的邀请的实际概率，也要由她的策略决定。很明显，如果她不喜欢他，在任何均衡中，她总是会拒绝，获得效用 1 而非 0。因此，$s=\tilde{s}=r=0$。如果我们只考察纯策略（其中采取行动与否是确定的），则给定她喜欢他并且她接受的概率为 1，这意味着 $q=\tilde{q}=p=1$，因此她会得到 $u_{女子}$（接受|喜欢）＝3，这要大于 $u_{女子}$（拒绝|喜欢）＝1。这会形成一种均衡。在这种情况下，因为她是如此愿意接受邀请，他会非常有信心，因此这是一个非常令人愉悦的约会。

相反，给定她喜欢他，如果她拒绝的概率为 1，则 $q=\tilde{q}=p=0$，因此她会得到 $u_{女子}$（拒绝|喜欢）＝1，这要大于 $u_{女子}$（接受|喜欢）＝0。这也会形成一种均衡。在这种情况下，因为她是如此挑剔，他会缺乏自信，这意味着无论如何他不会有什么好的约会。

如果所有玩家都拥有符合实际的信念，并且给定这些信念其解是一个纳什均衡，则我们称其为**心理均衡**（phychological equilibrium）。找到心理均衡的关键是注意到每一种策略收益的变化依赖于每名玩家的信念。因此在均衡中，信念与现实必须是一致的，并且玩家必须仍然有激励采取他们的信念指明的策略。

总体而言，我们寻找的心理均衡是信念被融合到参与者的收益函数中的任一博弈的解。有可能融入任意阶的高阶信念（例如，参与者 1 对参与者 2 对参与者 1 的信念的信念，以此类推）。在实验室考察博弈时，这种博弈是解释实际观察到的奇异行为的关键。

■ 实例 15-8 内疚和勇气

几乎所有的经济学学生都熟悉的博弈是囚徒困境，如图 15-5 所示。你会想起来，这个故事是关于两个犯了罪的人。警察逮捕了他们但是没有足够的证据。他们将囚犯关进不同的房间里进行审讯。如果两名囚犯都保持沉默，两人都会得到较短的刑期。如果一个坦白，揭发另外一名囚犯，则坦白者无罪释放，被出卖的囚犯得到更长的刑期。如果两人都坦白，两人都得到中等程度的刑期。

这个博弈的纳什均衡为（坦白，坦白）。给定囚徒 1 选择坦白（并揭发囚徒 2），囚徒 2

选择不坦白（不揭发囚徒1）其状况会严格变差。如果囚徒1选择不坦白，囚徒2选择坦白状况会严格改善，对于囚徒1结果也是如此。

但是假定除了入狱刑期，我们在他们的收益中考虑囚犯的内疚感或者自我证实感。例如，假定囚徒1是主犯和抢劫的策划者。他觉得囚徒2又笨又没骨气。因此如果囚徒1认为囚徒2在压力下会支支吾吾并坦白，他会从不坦白进而表明自己的勇气上获得某种满足感。因此，不管囚徒2是否真的坦白，⊖囚徒1对囚徒2会坦白的概率的感知会增加不坦白的收益，减少坦白的收益。囚徒1会从中体验到某种满足感，虽然从服刑更长的刑期中获得了负效用。如果囚徒1决定坦白而囚徒2不坦白，即使这样做会导致囚徒1无罪释放，他也会觉得自己是一个懦夫。因此，如果囚徒2不坦白，囚徒1对囚徒2坦白概率的感知会增加坦白的收益，减少不坦白的收益。相应地，囚徒2异常胆小，也非常担心囚徒1对他的看法。因此，如果他发现自己坦白了而囚徒1没有坦白，他会感觉尴尬和内疚。因此，在囚徒1不坦白时，如果认为囚徒1有很高的概率打算坦白，囚徒2坦白所得效用会提高。用 $\tilde{p}$ 表示囚徒2对囚徒1坦白概率的信念。另外，用 $\tilde{q}$ 表示囚徒1对囚徒2坦白概率的信念。则我们就可以表示出图15-6中囚徒的收益。

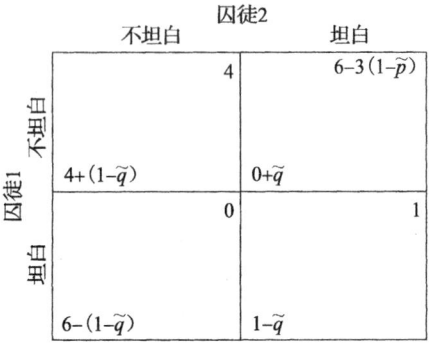

图15-6 囚徒困境与内疚和勇气

在这种情况下，标准博弈的纳什均衡可能不再是心理博弈的纳什均衡。在前者中，两人都选择坦白，因此 $p=\tilde{p}=q=\tilde{q}=1$。在这种情况下，囚徒1获得0，明显会偏好不坦白。相应地，考虑两名囚徒都不坦白的结果。在这种情况下，$p=\tilde{p}=q=\tilde{q}=0$。囚徒1对坦白和不坦白两者感觉无差异，在两种情况下获得的效用都为5。相反，囚徒2强烈偏好不坦白，获得效用4而非3。因此，在这种情况下，由于对另外一名玩家会如何看自己产生的情绪反应，两个玩家可能会实施合谋。虽然这或许并不是对所涉及的情绪或者信念的准确描述，但是预测却非常接近于囚徒困境实验中观测到的行为。实验室的结果表明人们更加有可能尝试合谋而非坦白。然而，很难观察或者区分情绪反应以及他们使用的高阶信念。因此，虽然我们有某些证据证明涉及到了高阶信念，但是我们并未真正知道它们采取的形式。

历史说明

研究公平、利他主义、平等以及相关概念的行为经济学家在实现用词统一方面进展非常缓慢。一些学者将本章中定义的公平称之为互惠。其他学者用公平这个词描述我们定义的平等。这些术语在使用的时候通常有非常不同的含义。这导致以下情况的出现，大部分学术论文必须定义他们使用的每一个术语以避免和其他常用术语相混淆。我之所以选择这些定义和术语主要是因为它们是我在学生时代阅读文献时首次接触的论文使用的，而未必是因为他们是最常用的定义。

有一部分定义的混淆并不仅仅是新文献中层出不穷的标准问题导致的。大部分公平和平等的概念是以历史上哲学家们对财富在人们之间最为合意的分配问题的争论为基础的。这些哲学家（他们帮助确立了福利经济学领域）对于什么是公平和公正也很难达成一致。例如约翰·罗尔斯主张，能够让状况最差的人得到最佳结果的政策能够让我们的状况达到最好。其他人认为我们应该最大化经济中所有收入的总和或者某些加权的平均收入。帕累托的观点认为如

⊖ 疑有误，结合收益矩阵，这里应该为"在囚徒2坦白时"。——译者注

果能够在不恶化任何人状况的条件下，改善某些人的状况，则整个社会的状况会改善。对某些人而言公平意味着所有人获得相同收入。其他人使用公平来描述以下结果，即等量创新和劳动都应该获得等量收益。这些概念似乎不是我们在哲学上能够真正达成一致的概念。在任何情况下，对于行为建模过程中使用的不同概念，如果能使用统一的语言来描述是非常有益的。

传 记

恩斯特·菲尔（1956—）

学士，布雷根茨，奥地利，1975年；硕士，维也纳大学，1980年；博士，维也纳大学；在维也纳科技大学、苏黎世大学、麻省理工学院和纽约大学担任教职。

恩斯特·菲尔本科所学专业是商业管理，并且获得了经济学硕士和博士学位。菲尔对于社会偏好理论，尤其是在人们如何选择与他人合作或者如何合作失败方面，做出了突出贡献。他是世界上最为知名的实验经济学家之一，他进行的几项实验是经济学论文中引用率最高的实验之一。他的研究成果包括严格设计的实验室实验，也包括范围广泛的现场实验。在发展和完善社会偏好理论过程中，他的实验成果有非常高的影响力。他的某些贡献是高度理论化的，研究某些最基本并且存在已久的经济学问题（例如货币幻觉的存在性）。他的研究成果处于行为经济学的前沿领域，融合了进化理论、社会学理论和心理学理论，其中包括某些对神经经济学的主要贡献。他经常强调说，标准经济学花费了太多精力来将人与所有容易识别的人性剥离开来，包括他们的情绪、激情和社会意识等。菲尔因为他的成果获得了很多奖项和荣誉，包括著名的马塞尔·本努瓦奖（该奖项主要授予在科学和人类学领域做出突出贡献的研究者），获得了四个荣誉博士学位。他还是美国政治与社会科学院以及美国艺术与科学学院院士。

思考题

1. 为什么最后通牒和独裁者博弈的结果与经济理论通常预测的自利结果有如此之大的偏离，其原因通常用不公平厌恶来解释。
   - （a）对于卡尼曼，奈奇和塞勒在实例15-4中的实验，利用式（15-1）得出不公平厌恶效用函数的预测。假定 $\alpha = \beta = 0.5$。记住现在效用是每个玩家货币结果的函数。
   - （b）请得出不公平厌恶对于囚徒困境的预测。
   - （c）通常，政治主张是根据不公平厌恶得出的。例如在2011年9月，成千上万的抗议者占据了华尔街和一些其他场所，对他们声称的不公平的经济进行抗议。他们的目标明显是针对那些进行着大笔资金投资的人。社会偏好的哪一种理论能够对抗议者的这种行动提供最好的描述？对于投资者，投资公司或者政府的反应，这些理论会怎么认为？

2. 消费者经常会将公平原则施加在销售给他们产品的公司身上，导致市场无法出清。一些理论认为，当市场出清的时候，用市场福利（消费者和生产者剩余的总和）来衡量，我们达到最合意的结果。假定发生了一场灾难，导致受影响地区现有汽油供给量急剧下降。标准经济理论认为汽油价格应该上升以消除短缺。假定因为消费者的感知，企业没有提高价格。这对消费者和生产者剩余的影响是什么？谁受益了？谁受损了？企业为什么要遵循这种规则？

3. 再次考虑囚徒困境。使用式（15-14）和式（15-16）定义的友善函数来确定博弈的公平均衡。描述公平的动机如何导致这种平衡。对于独裁者博弈，使用相同的函数得到公平均衡。对于这两项博弈在实验进行过程中发现的一般结果，公平能够进行解释吗？

4. 考虑图15-7中给出的博弈，通常被称之为斗鸡博弈。这个博弈意图表示斗鸡游戏中人们的决策，其中在一条窄道上两名司机开车冲向彼此。司机可以勇往直前，也可以临阵退缩偏离道路。如果另外一个玩家临阵退缩，则勇往直前者可以获得一大笔奖励。然而，如果两人都勇往直前，他们几乎肯定都会死。使用式（15-14）和式（15-16）定义的友善函数来求解该博弈的公平均衡。均衡与 x 的值的相依关系是什么？请对这种结果提供一种解释。

5. 考虑图 15-8 描述的心理博弈的扩展形式，其中玩家 1 先选，选择下会导致两名玩家的收益为 0，选择上会产生一个节点，在该节点玩家 2 可以选择上或下。如果玩家 2 选择上，玩家 1 获得收益 $-\tilde{p}$，其中，$\tilde{p}$ 是玩家 1 对玩家 2 对玩家 1 选择上的概率的信念的信念。求解所有的心理均衡。这些均衡中哪一个是子博弈完美的？

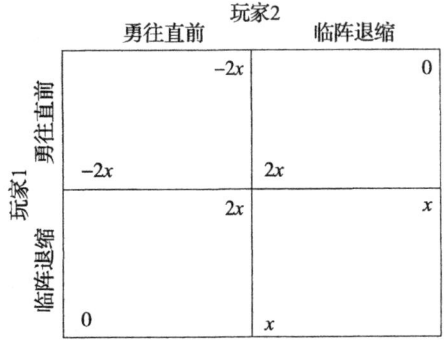

图 15-7 斗鸡博弈

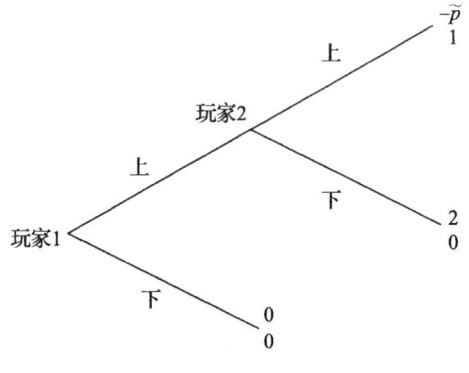

图 15-8 扩展的心理博弈

参考文献

Falk, A., E. Fehr, and U. Fischbacher. "On the Nature of Fair Behavior." *Economic Inquiry* 41(2003): 20–26.

Fehr, E., and S. Gächter. "Fairness and Retaliation: The Economics of Reciprocity." *Journal of Economic Perspectives* 14(2000): 159–181.

Fehr, E., S. Gächter, and G. Kirschsteiger. "Reciprocity as a Contract Enforcement Device." *Econometrica* 65(1997): 833–860.

Fehr, E., and K.M. Schmidt. "A Theory of Fairness, Competition and Cooperation." *Quarterly Journal of Economics* 114(1999): 817–868.

Geanakoplos, J., D. Pearce, and E. Stacchetti. "Psychological Games and Sequential Rationality." *Games and Economic Behavior* 1 (1989): 60–79.

Güth, W., R. Schmittberger, and B. Schwarze. "An Experimental Analysis of Ultimatum Bargaining." *Journal of Economic Behavior and Organization* 3(1982): 367–388.

Kahneman, D., J.L. Knetsch, and R. Thaler. "Fairness as a Constraint on Profit Seeking: Entitlements in the Market." *American Economic Review* 76(1986): 728–741.

Kahneman, D., J.L. Knetsch, and R. Thaler. "Fairness and the Assumptions of Economics." *Journal of Business* 59(1986): S285–S300.

Rabin, M. "Incorporating Fairness into Game Theory and Economics." *American Economic Review* 83(1993): 1281–1302.

Roth, A.E., and J.K. Murnighan. "The Role of Information in Bargaining: An Experimental Study." *Econometrica* 50(1982): 1123–1142.

第 16 章

信任和互惠

我们经常会不断地听到此类警示,即要持续提防身份信息窃取者——这些人会使用我们的个人信息窃取我们的钱财和信用。我们应该定期检查我们的信用记录,不泄露一些重要的数字比如社会保险号码,仅使用有线并且安全的网络连接进行金融交易。将近60％的美国人将身份盗用描述为一个重大问题。这个数字几乎等同于实际使用网上银行的人数百分比。一些人竭尽全力保证他们不受身份盗用威胁:一些人购买网上交易专用电脑,一些人使用临时信用账号进行网上交易,一些人甚至完全不进行网上交易。超过5千万美国人使用某种形式的信用监测服务在万一遭受身份盗用时给予提醒。这些措施有时候要花费很高的成本,这反映出对于某些人会阴谋策划获取我们的信息,人们有很深的疑虑。

每年有上百万人成为身份盗用的牺牲品,对于网上所有事物整体的不信任似乎是有道理的。然而只有大约10％的身份盗用是通过某种形式的网上交易发生的。大部分身份盗用的发生是因为错误放置或者错误邮寄的纸质文件或者丢失的钱包。接近一半的身份盗用受害者之前与身份盗用者有私人关系。在许多案例中,某个家庭成员利用他们的保密财务记录访问权限成功盗用了他们的身份。子女盗用了父母的身份,父母盗用了子女的身份。然而,在不信任自己家庭成员的条件下,家庭生活会变得非常陌生和令人不悦。几乎没有人考虑过把钱包、钥匙和其他贵重物品锁藏起来以防止父母和兄弟姐妹偷窃。对于大多数人而言,这些关系本身就代表信任,这些关系由我们能够完全坦诚相处的某些具有唯一性的人组成。

即使超出我们自己的家庭范围之外,我们大部分的经济决策也依赖于信任。在许多情况下,我们必须依靠他人为我们提供信息,这些信息有可能因为他们的个人目的而受到污染。例如,考虑到我们缺乏医疗领域的培训,我们必须依靠医生来诊断我们的病情。但是对于医生而言,某些诊断结果可能更加有利可图(例如,如果诊断结果需要定期后续就诊)。类似的,如果我们没有和技工一样的专业知识,为了维持汽车的正常运转,技工或许让我们相信我们的汽车需要进行一些没有必要的修理。我们如何应对医生的诊断或者技工的建议取决于我们是否相信他们会以诚相待。每次我们去餐馆就餐时,我们必须信任侍者只会用我们的信用卡支付这次就餐的费用,而不会盗用我们的信用卡号越权使用。在这些情况下如果没有充分的信任,生活会变得更加成本高昂和不便。但是我们为什么觉得我们可以信任某些技工呢?

当然,某个技工或许有某些动机建立自己值得信任的声誉。然而,我们也必须意识到完全充当自利和理性行为人的技工,会在某种程度上尝试利用我们知识的欠缺来获利。此外,对于侍者而言，我们必须考虑其经常盗用信用卡以及在少有机会被发现的情况下从顾客身上挪用小笔金额的难易程度。除此之外，当首次招待我们时，餐馆必须相信我们不仅有能力付款而且也愿意付款。没有基本水平的信任，经济交易会变得成本高昂，一些交易就不会发生。

在这一章，我们从行为经济学角度考察与信任相关的人类行为。经济交易本身内含着信任。然而在许多情况下，信任是一种公共产品，并且对于这种产品而言，值得让他人信赖的私人动机应该非常弱小。然而，由于信任和诚信的普遍存在，我们改善了自身状况。这种信任让我们节省了大量成本，并且提高了我们进行经济交易和有益的社会互动的能力。关于信任的大部分文献与关于公平和利他主义的文献密切相关。我们会重点研究这种关系。

■ 实例 16-1　信任关系

考虑到在我们观察到的关系中信任的显著性，一个值得讨论的问题是，信任是否是人类行为中的天生属性，如果是这样的话，它是如何形成的。然而，与观察到我们已经讨论过的其他社会偏好相比，要想观察到信任并不是很容易就能够办到的。在某个选择或者在同时出现的一组选择中可以观察到公平和利他主义。然而，要观察到信任要求观察不同的玩家在不同时点上进行的一系列决策。例如，我们首先需要观察餐厅顾客的决策，他们愿意给侍者信用卡，然后侍者才有机会选择以诚相待或者窃取信用卡号。就我们的目的而言，我们将**信任**（trust）定义为人们让他人进行与自己有关的决策的意愿，其决策对自己既可能有益处也可能有害。

用来测度信任的经典实验最初是由乔伊斯·博格，约翰·迪克哈特和凯文·麦凯布提出和进行的。他们设计了一个实验，实验中两个房间被随机分配给参与者。所有受试者都被给予10美元。房间 A 中的参与者被告知他们可以拿出其10美元的任何比例，随机并匿名送给房间 B 中的接收者；我们称房间 A 中的人为发送者。送给房间 B 的货币金额会增大三倍。对于这笔钱，与他们配对的人——接收者之后可以根据自己的意愿决定返还任意比例。我们称这种博弈为**信任博弈**（trust game）。

让我们首先考察在假定自利行为人条件下该博弈的纳什均衡。假定发送者送出了 x 美元给接收者。然后接收者必须找到一种分配 $3x$ 美元的方案来最大化自己的效用。自利的接收者会选择拿走 $3x$ 美元，不留给发送者一分钱。自利的发送者会选择送出 0 美元而不管有多少钱会返还给自己。因此，在纳什均衡中，每一个玩家都会获得10美元，没有钱会被送出。因为在这个博弈中只有两个阶段，不可能因为重复交互和声誉（就像第14章中接受或放弃博弈一样）发展出信任。

相关结果如图16-1所示。在32名发送者中，有30名从10美元中拿出一定数额送给了房间 B。平均而言，他们送出了 5.16 美元，频率最高的选择（有六个选择）是 5 美元。几乎有相同的人数（五个）选择将全部 10 美元送给房间 B。

用本章的术语，几乎所有的发送者都信任接收者。除去两个人所有人决定值得送出一部分自己的钱给他们的搭档，虽然接收者有可能决定只是将送出去的钱全部拿走。发送者的信任并非总是被证明是值得的。实际上，那些收到某些正金额的人中有 17 个决定返还的数量要低于发送者最初送出的数量。11 个决定返还数量超过接收数量。6 个人决定不返还。平均而言，接收者返还的数量仅仅为 4.66 美元，要稍低于送给他们的 5.16 美元。因此，虽然发送者倾向于信任他们的匿名搭档，但是他们的搭档平均而言不是特别值得信任。

这首先表明那些选择相信别人的人对于人们在总体上值得信赖的程度有不正确的信念。对于不公平厌恶和公平模型，这种结果导致了某些问题。如果接收者返还的数量低于最初送出的数量，这意味着除去参与实验时给予他们的10美元，他们决定拿走超过 2/3 的所获数量，给发送者留下的少于10美元。此外,发送者首先送出去正的数额这一事实使得接收者至少能够获得一部分剩余。因此,发送者似乎应该将发送数量解释为发送者要表达善意的一个信号。

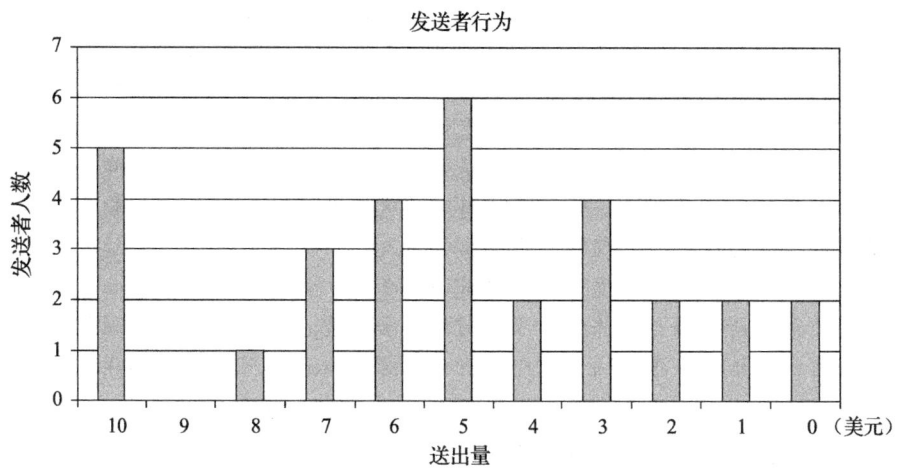

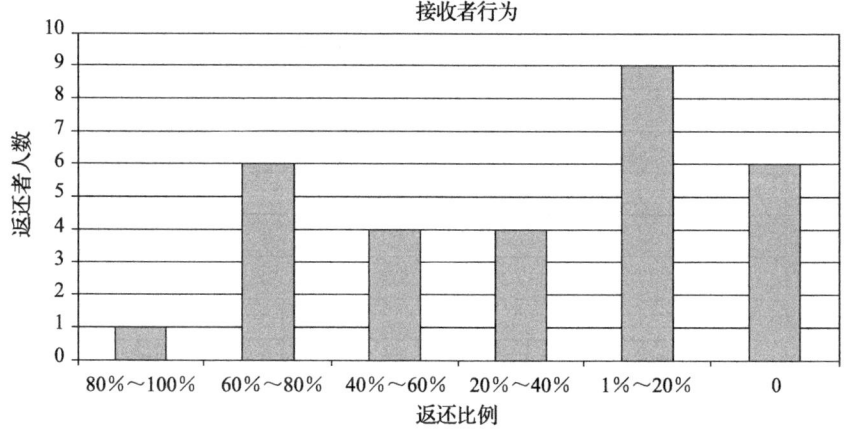

图 16-1 信任博弈中的行为

资料来源:Berg, J., J. Dickhaut, and K. McCabe. "Trust, Reciprocity and Social History." *Games and Economic Behavior* 10 (1995): 122-142.

例如,假定接收者使用以下策略,他会返还 $y=\alpha x$,其中,x 是发送者送出的数量。在这个博弈中,所有的帕累托最优需要发送者送出全部的 10 美元,实际上在这种情况下每一种分配都是帕累托最优的。因此,在接收者使用返还 $y=\alpha x$ 策略时,唯一的帕累托最优会产生 $\bar{\pi}_2^P(b_2)=\underline{\pi}_2^P(b_2)=40-30\alpha$。⊖ 对于接收者而言,最差的可能结果是发送者发送 0,产生 $\underline{\pi}_2(b_2)=10$。式(15-14)给出的友善函数的值为

$$f_{\text{发送者}}(x,y) = \frac{10+3x-\alpha x-10+30\alpha}{40-30\alpha-10} = \frac{3x-\alpha x-30+30\alpha}{30-30\alpha} = \frac{3-\alpha}{30(1-\alpha)}x - 1$$

(16-1)

发送者平均送出了 $x\approx 5.16$ 美元,接收者返还占发送数量比例 $\alpha\approx 0.90$。但是如果情况如此,

---

⊖ 疑有误,应为 $\bar{\pi}_2^P(b_2)=\underline{\pi}_2^P(b_2)=40-10\alpha$,式(16-1)也应做相应修改:$f_{\text{发送者}}(x,y)=\frac{10+3x-\alpha x-40+10\alpha}{40-10\alpha-10}=\frac{3x-\alpha x-30+10\alpha}{30-10\alpha}=\frac{3-\alpha}{30-10\alpha}x-1$。——译者注

式（16-1）是正值。因此，发送者和接收者都应该认为发送者在表现友善。因为它为正值，在公平均衡假说条件下，这应该导致接收者的友善行为。但是平均而言这并没有发生。相反，剩余收益的划分非常有利于接收者。式（16-1）也意味着发送者送出越多，接收者也应该愿意返还更多。实际上，在发送数量和返还数量之间没有明显关系。

有趣的是，对于接收者决定返还多少数量给发送者的子博弈，类似于接收者是独裁者的独裁者博弈。在这个例子中，其结果与独裁者博弈的结果有很大不同。总体上，独裁者博弈的结果确实会有利于独裁者，但是也有很多结果扎堆聚集，其非常接近于在独裁者和对手之间平均分配。对于这个博弈而言，这会意味着相当大数量的接收者返还的数量大约是发送者最初送出数量的1.5倍。然而这仅仅出现在少数情况下。因此，作为对发送者明显友善行为的反应，接收者平均而言友善程度不高。这是一个令人吃惊的结果。

之后他们使用不同的参与者并进行了不同的实验处理，其中给予发送者和接收者第一次信任实验的行为汇总结果。考虑到已经给了机会了解其他人如何进行该博弈，你会认为发送者为了最小化损失会减少送出的数量。实际情况并非如此，发送者现在平均送出了5.36美元，高于前面的试验。实际上，虽然有更大比例的人送出了0美元（3/28），但是也有更大比例的人送出了全部的10美元（7/28）。28人中有7人送出了5美元。

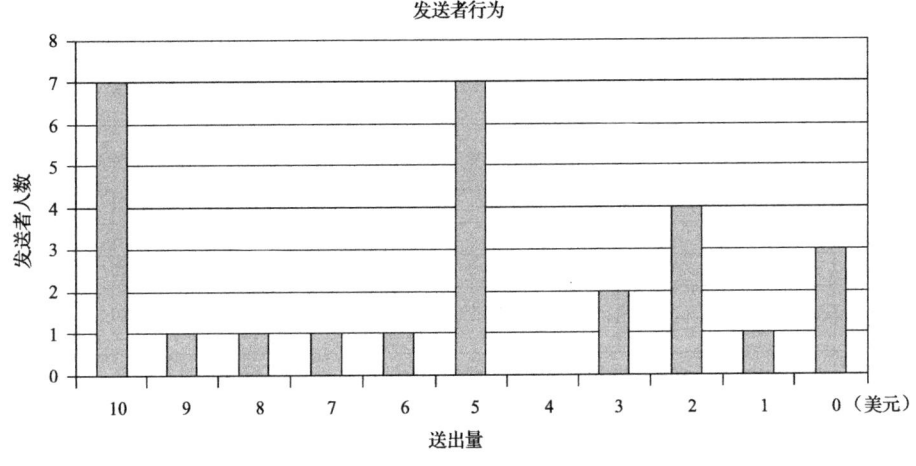

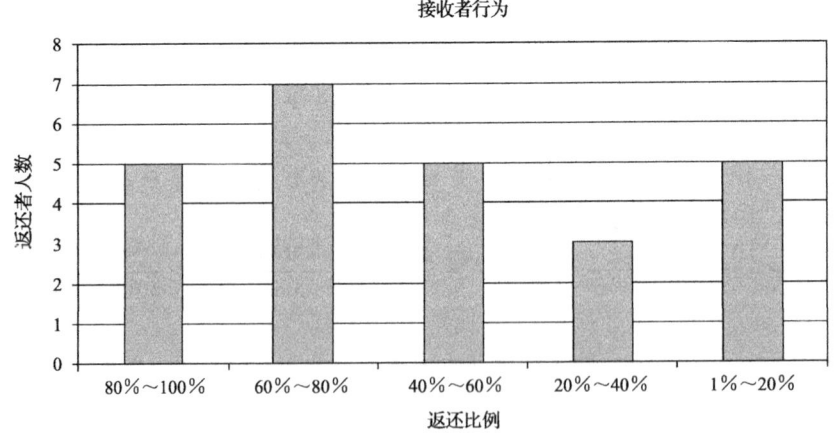

图16-2　告知历史信息条件下的信任博弈行为

资料来源：Berg, J., J, Dickhaut, and K. McCabe. "Trust, Reciprocity and Social History." *Games and Economic Behavior* 10（1995）：122-142.

对这种不符合直觉的行为的一种可能解释是，关于前期实验行为的信息创造了一种**社会规范**（social norm）。例如，对于给侍者我们的信用卡我们或许并不需要深思熟虑，因为我们看到其他人经常那么做。我们这样行事是因为我们认为这是应该的，违反这些规范可能会产生某些负面的社会后果。然而，如果那些坚持社会规范的人会因此而受到惩罚，则这种社会规范似乎不太可能建立起来。

有趣的是，在有了他人行为信息的条件下，虽然发送者的行为没有太大变化，接收者的行为却发生了巨大变化。该博弈的结果显示在图 16-2 中。在 25 名收到钱的接收者中，有 17 名返还的数量不少于发送者送出的数量。大部分人（13 人）返还的数量超过了发送者送出的数量，这导致平均返还量为 6.46 美元。在有相同的关于他人在同样场合行为的信息条件下，突然信任变得物有所值。此外，有了关于他人行为的信息，返还的数量突然随着送出数量的增加而增加，这与拉宾的公平模型所做预测相一致。这又可能是通过信息建立社会规范的结果。在这个例子中，社会规范似乎向接收者发出了一种信号，多少数量表明他们是可信任的，而多少数量表明他们是不可信任的。

16.1 信任和可信赖性

社会科学家在研究信任在经济学中的重要性以及其他关系方面已经有很长的历史。这些研究正式始于 1972 年全国民意研究中心开始进行的大规模调查。该调查询问了参与者一个简单问题："总体而言，你是认为大部分人值得信任还是认为在待人接物上应该特别小心？"使用这些数据的早期研究表明人们从属于某些组织的数量与其信任他人的一般程度之间存在明显的关系。就这种关系本身而言，这种结果的出现似乎是因为反向因果关系。也就是说，可能是因为从属于某个组织导致人们信任他人，也可能是由于信任他人导致人们加入组织。另一种可能是某些其他因素同时影响信任他人和加入组织。例如，20 世纪早期在全美国社区中路德教派盛行一时，它强有力地预测了调查问题答案所表明的信任程度以及加入某些社会组织的流行。可能是由于路德教派的文化和教义导致了信任行为以及增加社会联系的倾向。

这些早期关于信任的调查结果导致许多人假定信任（也可能是可信赖性）与社会资本相关。**社会资本**（social capital）是来自社会学的一个术语，是指人们拥有的并且可以作为产品生产所需资源（有形的、情感的或者信息的）加以利用的持久性的社会关系。这产生了一些关于谁应该和谁不应该信任他人的预测。例如相比年轻人，年长的人或许已经建立形成了更多的社会资本，导致年长的人更加信任他人。大学生花费宝贵时间不仅获取工作技能，同样获取社会资本，因此导致大学毕业生要比其他人更加信任他人。年长的人和受教育程度更高的人确实从属于更多的组织和团体。实际上，根据调查的结果，这些受过大学教育和年长的人也似乎是更加信任他人的。但是让经济学家轻易接受该调查结果是很困难的。在这种情况下，调查问题是如此模糊，以至于很难弄清楚它是否真正测度了人们的行为方式。

爱德华·格莱泽领导一个研究团队使用实验方法考察了社会资本与信任和可信赖性之间的关系。在他们的实验中，首先就他们与他人的关系以及他们信任他人的程度，询问参与者一系列问题。几周以后让他们进行一个改进过的信任博弈。在博弈开始时，学生们与其他受试者进行配对，让他们共同填写一份调查问卷。问卷会询问一些问题，比如两名参与者对彼此的了解程度，以及其他一些关于友谊的问题，最后要求他们列出所有共同的朋友。然后两个受试者被分入不同的房间并被指派不同的角色。发送者被给予 15 美元并且可以根据自己的意愿决定在 15 美元中送出多少比例。然后接收者会收到送出数量的两倍金额并决定在所得金额中他们愿意返还给发送者多少数量。但是在发送者决定送出多少之前，某些接收者可以在两条信息中选择一条发送给发送者。他们可以发送一条信息承诺至少返还送出的数量，或者发送一条不作任何承诺的信息。这些承诺是没有约束力的，它们构成了经济学家所谓的**廉价谈判**（cheap talk）。廉价谈判在本质上是指任何没有约束力的沟通。也就是说，人们可以承诺至少返还送出的数量，然后却决定保留所有的钱。在能够发送信息的接收者中，48%没有选择承诺至少返还送出的数量。在那些收到资金的人中，68%的接收者选择返还与送出数量恰好相等的数额，自己保留剩余收益。相应地，当不允许承诺时，只有48%返还了与送出数量相等的数额。因此，似乎是能否承诺至少返还送出数量构建了某种社会规范——即返还与送出数量恰好相等的数额。

参与者送出和返还的数量极大依赖于他们总体上拥有的社会联系数量，尤其是依赖于发送者和接收者之间社会联系的方式。例如，在实验之前发送者和接收者认识彼此的时间每增加一个月，发送者决定送出的数额平均增加0.10美元。因此，一旦发送者认识接收者已有一年时间，他会愿意信任接收者，与送给完全陌生的人相比，多送出了大约1.20美元。另一方面，发送者认识接收者的时间每增加一个月，接收者返还的数量增加0.6%。很明显，社会资本会缓慢累积。

拥有共同的朋友增加了人们愿意返还的数量，但是对于送出数量没有实际的影响。社会资本的个别测度指标与发送者决定送出的数量没有太大关系。与送出数量有实质关系的唯一问题是参与者是否与搭档之间发生过性关系。另一方面，发送者亲密朋友的数量、做义工的时间、啤酒消费量、是否与发送者发生过性关系等都会增加接收者决定返还的数量。发送者的社会资本似乎会影响接收者的可信赖程度，这很奇怪。因为在大部分情况下，发送者角色是被随机指派的，这表明人的社会关联度与他人对待他时的可信赖程度之间存在因果关系。这为调查数据提供了一个合理的解释。社会资本或许不会直接影响人们信任他人的程度。相反，考虑到社会资本总体上与可信赖性相关联，社会资本或许与人们认为他人值得信任的程度之间存在相关性。

这种信任的观点表明我们在信任博弈中对信任的观测结果肯定与人们的风险厌恶紧密相关。信任他人在本质上涉及某种程度的风险。很明显，给定对送出量会被返还的概率的相同估计，如果某人的风险厌恶程度较低，他或许愿意送出更多的钱。信任是否仅仅是风险偏好和信念的副产品呢？还是其在本质上就是一种独立行为呢？

恩斯特·菲尔花费了很大精力来回答这一问题。他利用来自一系列信任博弈的证据进行了证明。在一组实验中，在进行信任博弈之前，随机分配给参与者某些影响心理社会功能的药物。服用药物的参与者更加容易信任他人，但是在仅仅涉及风险而未涉及信任的其他实验中，药物并不影响行为。虽然在调查结果中风险厌恶和信任相关联，但是信任并非仅仅是风险偏好的函数。菲尔发现信任是风险偏好和社会偏好共同产生的结果。他认为信任和可信赖性可能来自于与拉宾的公平偏好非常相似但又明显不同的结构，其中关于他人动机的信念能够激发（或者阻止）与信任相关的行为。

关于信任行为的数学模型非常难懂，并且也没有被广泛使用和接受。因此，研究主要关注已经观测到的基本行为以及确定的相应关系，而非进行理论研究。

■ 实例 16-2 保持微笑

在商业广告中，你是否曾注意到男女代言人如何通过幅度很大通常夸张的微笑进行代言呢？我们经常被建议在求职面试时、社交场合甚至在教课时脸上要保持微笑。之所以有这种看法是因为通过微笑，我们能与听众建立更好的联系，赢得他们的支持，能够更加有说服力。也就是说，微笑允许我们对我们的社会资本进行杠杆式利用。微笑到底值多少钱呢？

这是约恩·斯查尔曼和一些研究者进行一系列心理学实验的目的。在这些试验中，让参与者相信他们正在与一名随机配对的搭档进行一次博弈游戏。博弈的结构如图 16-3 所示。这个博弈非常类似于第 14 章给出的接受或放弃博弈。这个博弈的 SPNE 是在每一个自己控制博弈的节点上每名玩家都选择 T。在最后一期，玩家 1 会偏好 1.20 胜过 1.00，因此会选择 T。在第二个节点，玩家 2 宁愿拥有 1.25 而非 1.20（选择 L 产生的结果），因此会选择 T。考虑到玩家 2 会选择 T，为了获得 1.00 而不是 0.80，玩家 1 在第一个节点会决定选择 T。然而，如果他认为玩家 2 是值得信任的，并且玩家 2 为了玩家 1 给予他的信任而将心比心愿意放弃额外的 0.05 的话，则信任他人的人或许决定选择 L。

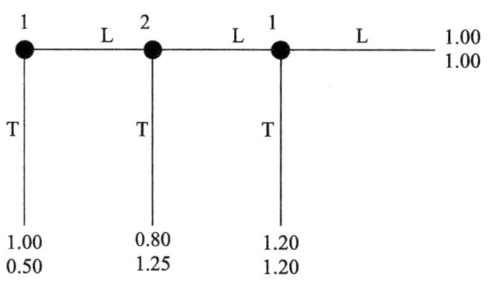

图 16-3　接受或放弃信任博弈

在进行决策之前，给玩家 1 一张照片，告诉他这是要与之配对的玩家。这是一个心理学实验，就这些搭档的情况而言参与者被欺骗了。实际上，他们的对手是将预先确定的策略编成程序运行的电脑。但是，每一名玩家都相信他们正在与照片上的玩家进行博弈。一张照片上显示的玩家正在微笑，另一张照片显示的玩家板着脸。整体而言，如果假想的对手是微笑的，在第一个节点上愿意选择 L 的参与者要多出大约 13%。

看到微笑和板脸对手后两种结果的差异对于男性参与者而言要大于女性参与者。男性参与者有接近 80% 的时候信任微笑的对手，与之相比有 59% 的时候信任不微笑的对手。另一方面，对于女性参与者而言，相应选择信任的百分比例分别为 58% 和 52%。明显的，女孩和女子更不容易被微笑哄骗。该研究小组进行的进一步实验发现对微笑评估的真诚程度或者其他面部表情也会对玩家 1 信任玩家 2 的意愿产生影响。

那么微笑为什么会如此重要？除给了一张面部表情的照片之外没有发生任何事情，莫名其妙地人们的行为方式就好像他们能够判断一个人的真实性格一样。一些研究表明即使在长期关系中这种瞬间判断也会持续存在。对于判断者和被判断对象两者的长期收益而言，这种瞬间判断也会发挥作用。

■ 实例 16-3　信任的经济后果

如同大部分实验一样，我们必须问自己在信任博弈中我们观测到的行为是否能够真正代表人们在现实世界中的行为方式。考虑到信任在降低交易成本方面是如此重要，我们可以自然假设具有较高信任水平的社会必定从信任中获得某些红利。当信任水平较高时，在监测业务往来或者其他活动方面需要花费较少的成本，或许可以减少为了支持强制执行所必需的税收。此外，信任水平越高，人们为了确定商业合作伙伴是否处事公平所需耗费的精力就越少。实际上，使用对 21 个国家的国际调查数据，其中包括对信任程度的测度和国民收入数据，斯蒂芬·奈克和菲利普·基弗发现了一些证据表明信任水平的提高与国内生产总值的加速增长之间存在联系。一国其他社会资本的测度也有类似的作用。一些其他研究也发现了类似结果，证实了信任和社会资本对于国民经济的宏观经济表现会起到重要作用。

人们会问的另外一个自然的问题是通过信任博弈测量出的信任，在经济中是否同样重要？信任的调查问卷测度结果并未受到经济结果的刺激。有可能的是许多人愿意说他们信任他人，但是实际并不是这样行事的。在尝试帮助一些发展中国家的居民摆脱贫困方面，信任问题可能是极端重要的。在考察信任对社区经济增长和表现的影响过程中,迈克尔·卡特和马尔科·卡斯提尔在南非14个社区进行了一系列信任实验。这些社区中有一半在城市,而另一半在乡村。按照美国标准来衡量,参与者们相对贫困,参与者的平均受教育总年限仅为六年。信任博弈中涉及的资金量大约为两天的工资。

平均而言,发送者对匿名搭档的信任程度表现为送出53%的资金,这与在美国实验中观察到的比例异常接近。然而,送出数量的变动极大依赖于参与者来自哪个村庄。表16-1显示了来自14个村庄的人给予的中位数数量。注意到发送者选择送给接收者的资金数额倾向于以接近10%的比例递增,产生40%、50%、60%等整数结果。当资金被送出后,接收者收到时会被扩大三倍。因此,那些决定返还33%的接收者会恰好返还给发送者其送出的数量,并将剩余资金留给自己。这是大部分村庄的中位数反应,表明参与者在返还委托资金方面值得信任,但是他们不会分享利润。接收者平均返还38%的资金,表明信任他人只能得到很少溢价。只有20%的接收者的返还数量少于接收数量,表明了相对较高的可信赖程度。

表 16-1 南非的信任和互惠

村庄	送出比例中位数(%)	返还比例中位数(%)
Umlazi	40	33
Mpumalanga	40	33
Imbali	40	33
Mpakama	60	42
Kwamashu	60	33
Madadeni	50	33
Umzumbe	40	33
Kwabrush	60	50
Emkimdini	60	33
Buxeden	40	33
Chatsworth	60	39
Dundee	60	42
Okhlahlamba	40	33
Nkandla	60	42

资料来源:Carter, M. R., and M. Castillo. "Trustworthiness and Social Capital in South Africa: Analysis of Actual Living Standards Data and Artifactual Field Experiments." *Economic Development and Cultural Change* 59, Issue 4 (2011): 695-722, University of Chicago Press.

更加有趣的是具有更高信任水平的村庄也倾向于具有更高水平的可信赖性和互惠水平。互惠是指有意奖励信任他们的发送者,返还超过送出的数量。这种效应类似于公平均衡中对友善进行奖励。实际上,许多人使用**互惠**(reciprocity)这个术语表示标准效用函数中加入友善函数后体现的行为。随着发送者送出数量增加大约其初始被赋予资金的6%,接收者返还的平均数量增加12.5%,这表明存在互惠。预算费用的送出比率和预算费用的返还比率之间的相关系数为0.66,表明存在显著的正相关关系。这应该不会太令人吃惊。如果在社区中周围的人都不值得信任,人们就不太可能形成对他人的信任。

信任和可信赖性或许是社区共有的特征,这种看法使得人们想确切地知道,相比生活在一个缺乏信任的社区,生活在一个信任他人的社区产生的整体后果是什么。卡特和卡斯提尔发现在信任、可信赖性和典型家庭人均支出(测度家庭福利的指标)之间存在非常稳健的关系。然而,令人吃惊的是信任和可信赖性对家庭支出有非常不同的影响,这要依赖于家庭是住在农村还是在城市村落。在城市背景下,信任程度增加10%(通过该村庄发送者平均送出的预算份额来测度),家庭支出增加2.4%。相反,在乡村背景下,信任程度增加10%,家庭支出下降2%。类似的,在城市和乡村环境下互惠对家庭支出也有不同的影响。在城市环境下，互惠程度增加10%（通过返还的资金份额来测度），家庭支出增加7%，而在乡村背景下没有实际影响。

很难理解信任或者互惠在乡村村落怎么会成为一件坏事情。一种可能的解释是在农村地区，人们与许多相接触的人有亲缘关系，与村中相当大比例的人有紧密的社会联系。在这种情况下，由于人们所拥有的有限数量的社会联系，愿意相信他人没有多少回报。除此之外，信任水平有可能产生相当大的**道德风险**（moral hazard）。道德风险在人们能够采取某些他人无法完全观测到的行动时出现，并且这些行动会同时影响行为人和他人的福利。一个信任他人的乡村村落或许意味着人们通常假定每个人都会完成自己的村民义务和经济责任，不需要对他人进行密切监督。一个缺乏互信的村落会密切监督村民是否真正完成了他们的工作——这有可能导致所有人都得到更高的收益。相反，在城市地区，很少人存在亲缘关系。这意味着信任他人或许允许你获得更广泛的社会网络，可能会产生某些巨大的个人收益。其他一些类似研究发现进行市场化生产的社会相对而言是更加信任他人的社会。或许这个结论还要依赖于该社会是更加孤立和乡村型的社会还是更加一体化和城市型的社会。

16.2 市场中的信任

关于信任和可信赖性对市场运行的影响人们进行过很多假设和描写。例如，考虑某项最简单的商业交易：雇用街头的小孩粉刷你的起居室。首先，虽然粉刷是一项相对简单的工作，但要做好它确实也需要一些技术和准备。对于不打算粉刷的墙面必须要当心。在地板和家具上蒙上一层罩布相对容易，但是如果粉刷者不细心，罩布可能会滑动并露出不应该粉刷的地方。饰边和镶边必须贴上胶带，粉刷者必须确保油漆分布均匀没有疙疙瘩瘩。向十几岁的青少年解释清楚所有这些要求并不困难。

这时候，如果房主信任这名少年，他就可以给他留下必要的材料，相信他会出色完成工作，当工作完成的时候再回来付钱给他。但是如果房主不相信该少年会认真遵守要求或者认为他只是高度注意要求的细节但是工作的时候不卖力，则房主需要对工作进行监督。因此，与离开去完成自己当天的工作相反，房主或许需要每半个小时左右就要来一次以检查粉刷者是否遵守了要求。在这种情况下，房主不仅为工作付钱而且要付出时间和不必要的麻烦。但要注意的是花在监督上的时间对房主或者粉刷者而言都不会直接产生好处。

进行监督花费的这些时间构成了经济学家们所谓的**交易成本**（transactions costs）。信任有可能减少交易成本，允许粉刷者和房主得到更多利益。在这个例子中，如果雇用街头小孩的交易成本足够大，房主或许会雇用一名专业的粉刷匠。雇用专业粉刷匠或许更贵但是应该要求较少的监督和指导。像 Angie's List 这样的网站特别提供对不同服务公司的客户反馈，以此通过确定哪些公司值得信赖那些不值得来减少与公司交易的成本。

当然，交易成本和信任并不仅限于服务行业。考虑更加复杂的交易，从汽车销售公司购买一辆二手车。如果经销商和购买者充分信任彼此，购买者就可以进入一家二手车销售公司，确定自己感兴趣的车，询问经销商车况并且同意为自己中意的车支付款项。相反，缺乏信任使得购买一辆二手车异常麻烦。首先，某个典型的二手车购买者会对不同二手车的价值进行深入研究以确定什么样的价格是合理的。这可能要涉及到购买某些关于汽车质量和价值报告的使用权，例如《凯利蓝皮书》和《消费者报告》。然后，一旦选定了可能的候选汽车，确定了愿意以合理价格售出的二手汽车经销商，购买者通常要花钱雇用一个独立的机械师对汽车进行检查，以确定经销商是否正确报告了该车的车况。最后，一旦确定车辆运转正常，经销商接受了购买者的出价，经销商会花钱雇用征信机构来确定是否可以信任购买者能够履行偿付汽车贷款的义务。考虑在这项交易中由于缺乏信任所花费的令人吃惊的时间和资源数量。一些研究者确实发现家庭成员之间房地产交易产生的成本要大大低于普通交易，通常会节约购买者高达 30% 的成本。

信任或许是人们赋予名牌商品较高价值的原因之一。品牌名称与质量信誉联系在一起。为了维持在顾客群体中形成的其值得信赖的声誉，面对顾客投诉企业有动机满足顾客的要求。那些不能提供相应的顾客服务或者不能提供承诺的质量的公司会迅速失去声誉和顾客。这也能够解释人们为什么倾向于与机械师和医生发展长期业务关系。这两种服务都要求非常高的信任程度。如果有可能丢失未来多年业务，机械师可能会犹豫是否让你进行不必要的维修。那些只是随机挑选其偶然碰上的机械师的顾客或许就没有那么幸运。有鉴于此，许多经济学家认为发达经济和运行良好的市场必定以经济中一般行为人之间存在某种程度的信任为基础。没有信任，经济交易就会背负不必要的交易成本，这会减少每一个人的福利。

■ 实例 16-4 我们信任谁

通常我们只有几秒钟的时间来确定我们是否应该信任某人。不管是向陌生人问路，决定是否帮助陷入困境的驾车者，或者确定是否光顾街头小贩，我们都几乎需要瞬间评估一个人的可信赖性。实际上，在某个平常日子里穿梭在城市中，我们会碰到成百上千的人，我们必须迅速决定他是否会威胁到我们的个人安全和福利。我们如何能如此快速地做出如此众多决策？在缺乏更多准确信息条件下，人们通常会退回到表面现象：我们能够看见的东西。因此，我们会注意这个人是否微笑，总体上看起来是否友善。令人遗憾的是，我们也会依靠外表对这个人进行分门别类：阶层、性别、种族或者关于宗教信仰的外部线索。

在达米安·斯坦利，彼得·索科尔·赫瑟，马泽瑞 R. 巴纳吉，伊丽莎白·菲尔普斯的研究中可以找到这样的一个例子。作为研究的一部分，他们用 43 名参与者进行了一项心理学实验，进行一次改进形式的信任博弈。参与者扮演发送者的角色，并向他们展示了一张其接收者的照片（因为实验由心理学家进行，实际上没有真正的接收者参与）。发送者被告知接收者会收到四倍于发送的数量。然后接收者可以返还他们收到数量的一半或者不返还。然后发送者可以选择从其初始禀赋中送出多少数量。接收者的照片会按照种族变化，因此有些时候发送者认为他们正在与黑人接收者进行博弈，有时候他们认为其正在与白人接收者进行博弈。

有趣的是，平均而言发送给白人和黑人接收者的数量并没有太大差异（3.75 美元对 3.74 美元）。即使我们只看白人发送者或者只看黑人发送者，平均送出数量之间也没有差异。根据对调查问题（某人的可信赖程度看上去是多少）的回答得出的信任的其他测度指标在跨种族之间也非常接近。另外，让参与者进行一个词语联想游戏，用它来检验参与者是否将更加正面或者负面的情感与白人或者黑人种族参与者联系在一起。这一种族偏向测度与信任博弈和可信赖性评估中得出的种族偏向指标是存在联系的。这为我们提供了一些证据表明种族可以被看作是可信赖性的一个指标（至少一部分人是这样的），进而会影响交易成本和经济福利。

奥洛夫·约翰森·斯坦曼，明哈杰·马哈茂德，彼得·马丁逊使用同样的方法利用信任博弈在孟加拉进行了几次实验，该国有将近 90% 的人口是穆斯林，虽然也有相当多数量的印度教少数派。他们考察了信任博弈中穆斯林与穆斯林配对、印度教徒与印度教徒配对、印度教徒与穆斯林配对的影响，进而考察其对信任和可信赖性两者的影响。他们发现了一些微弱的证据表明不同宗教信仰之间存在差异，如表 16-2 所示。虽然似乎出现了某些模式，但是样本太小了，关于信任的这些差异并不能被认为是超出了误差范围之外的。

表 16-2 孟加拉国的信任和可信赖性

平均比例	穆斯林发送者 穆斯林接收者	穆斯林发送者 印度教教徒接收者	印度教教徒发送者 穆斯林接收者	印度教教徒发送者 印度教教徒接收者
发送	0.46	0.46	0.43	0.50
返还	0.46	0.51	0.42	0.44

资料来源：Johansson-Stenman, O., M. Mahmud, and P. Martinsson. "Trust and Religion: Experimental Evidence from Rural Bangladesh." *Economica* 76 (2009): 462-485, John Wiley & Sons, Inc.

爱德华·格莱泽和一组研究者也在美国考察了种族对信任和可信赖性的影响。虽然性别差异对信任或者互惠都没有什么影响，但是他们发现如果发送者和接收者来自不同的种族，接收者更有可能返还更少的钱给发送者。在分析中他们考察了发送者为白人并且接收者为其他种族，以及发送者不是白人和接收者是白人等配对的情况。在两种情况下，相比白人发送者与白人接收者配对的情形，他们观察到返还数量减少了 10%。其他人也研究了性别的影响，发现女性要比男性表现出更强的互惠性，而男性通常更加信任别人。

长久以来，生物学家将信任看作是一种进化行为。在这种看法中，信任是作为一种促进进化适应性的方式。这种看法认为，经过世代相传，促进其他与之有亲缘关系的人的福利和存活机会应该会变成人们的本能。丽莎·德布鲁恩在一系列的信任博弈实验中对此进行了考察。这些心理学实验⊖要求参与者进行信任博弈，并且向他们展示一个人的照片，告诉他们其是博弈过程中他们的搭档。在进行博弈之前，给参与者拍照。然后向参与者展示他们假想的搭档的照片，这些照片实际上是从其他人的照片中随机选出的，然后对其进行修改加入了参与人自己的某些相貌特征。同样的照片也被用在由另一个人进行的另一个信任博弈中，作为控制组。实际上，与搭档的照片没有经过此类修改相比，如果搭档的照片经过处理使之看起来更像自己，则参与者更加愿意信任他们。

这或许解释了信任博弈中种族偏向的潜在倾向，也解释了为什么人们的穿着打扮需要看起来和周围的人相一致。此外，它可以解释以下现象，在提供广告和宣传资料方面，它们要反映更广范围的人口统计学特征，这是非常重要的。做广告时仅仅关注一小部分群体可能无法产生其他群体所渴望得到的信任和熟悉性，顾客们或许这样想："他们看起来就是不像我。"

■ 实例 16-5 责备的收益

合同关系必定涉及信任。实际上，合同本身的目的就是出于双方的共同利益，用来增加双方的信任水平的。要增加这种信任，合同经常要设定清楚如果签订合同的一方选择不履行合同规定会出现的惩罚。在这种情况下，我们称他们是有过错的，通常会解除另一方的协议，对有过错一方处以罚金。合同的全部要点在于要增强确定性，即各方在履行承诺的行动方面能够被信任。但是如果违反合同的罚金太少，一方或许决定辜负另一方的信任。此外，如果可以在不承担过错的条件下违反合同，则在创建信任方面合同就没有什么用处。

互惠的对立面是**机会主义**（opportunism），一些人将其定义为不受道德考量约束的自利。在进行信任博弈时，机会主义接收者会立刻拿走全部资金，不考虑对发送者的影响或者发送者的期望。在某个合同中，某方签署者通常有机会以另一方签署者为代价获取巨大收

⊖ 经济学实验不允许欺骗，比如在这里描述的实验中出现的欺骗。然而这种类型的欺骗在心理学实验中很常见。

益。考虑如果在信任博弈中双方能够提前商定平均分配额外收益,这时会发生什么。如果没有签署合同,博弈地进行与前面所描述的一样。如果签署了合同,发送者同意送出其全部资金,并且如果毁约会面临罚金 y,接收者会收到该罚金。之后,接收者会按计划收到三倍于送出资金的数量,同意返还两倍于送出资金的数量,否则接收者会面临罚金 z。签署合同之后,双方在附加了罚金威胁条件下进行信任博弈。

我们已经知道在没有罚金条件下,纳什均衡策略会导致送出和返还的资金数量都为 0。假定发送者送出的数量为 x。如果签订了合同,之后接收者选择返还 $r \geq 2x$ 并且获得 $3x-r$,或者选择返还 $r < 2x$ 并且获得 $3x-r-z$。在这种情况下,如果 $3x-2x=x \geq 3x-z$,机会主义接收者会选择 $r=2x$,否则选择 $r=0$。只要 $z \geq 2x$,机会主义接收者就会选择遵守合同。在这种情况下,发送者会选择送出尽可能多的数量,并且让资金翻倍。这时候因为存在接收者被判决有过错的可能性,这会减少信任接收者的风险,能够产生双方共赢的结果。即使在不存在合同的条件下,我们也观察到发送者信任接收者并且通常能够获得收益。然而,考虑到采取法律行动的威胁,合同能够使得信任不再是一个大的问题。

一种形式的合同是婚姻,在这个合同中设法找出过错的能力随着时间的推移而变弱。在婚姻中,配偶依据传统缔结合约禁止婚外性关系,并且为了家庭的福利而进行劳动分工。虽然法律上并不明确,传统上要求男性通过劳动或者就业为家庭提供物质支持,而女性提供家务劳动并养育孩子(最为珍贵的风险投资)。虽然理想的是婚姻建立在爱和信任基础上,但是最近的几十年里婚姻也具有了法律效力以此来鼓励信任。只有在受伤害一方为了离婚起诉配偶并且证明配偶存在过错的条件下,婚姻才会终止。遗弃、通奸和虐待会被判存在过错。除非你能够证明你的配偶有罪,在上述方面至少有一项违反了婚姻契约,否则会要求你继续遵守婚姻协议。另外,如果配偶被发现存在过错,则在离婚过程中会面临严厉的惩罚——金钱上的或者因此对长期社会声誉造成的影响。这种威胁会使得对婚姻持观望态度的人认真考虑婚姻关系投资。相反,离婚导致的惩罚威胁会使得人们感觉更加安全,或者易于与原本表现为机会主义的人步入婚姻殿堂。

在所有的州,现在可以申请无过错离婚。在这种情况下,婚姻关系被解除,对大部分财产进行分配,而不考虑配偶在维持婚姻关系方面付出了多少努力。相反无过错离婚选项保护了步入婚姻殿堂的人们,让他们免受由于自身原因导致婚姻破裂可能产生的负面影响。通过提供这个选项,对婚姻失望的配偶可以很容易地在不面临财务和其他惩罚条件下解除合同。这提供了一种轻易摆脱婚姻的方式。

无过错离婚的出现和广泛被接受对结婚率和离婚率以及离婚后结果的分布都产生了影响。罗伯特·罗森描述了很多观察到的变化。例如,离婚后有孩子的女性出现了生活水平的下降。一些研究者估计下降了大约 36.6%。一项经济计量研究发现,取消责任追究也导致了虐待配偶现象,因为其有效减少了对这种虐待的惩罚。这也导致女性总工作时数(家庭内和家庭外)的增加,她们现在更加需要预防被遗弃的可能性,预防因解除婚姻关系带来的收益下降。

在所有情况下,提出离婚的一方在无过错离婚法律框架下改善了自身状况,因为对于他们不愿意再继续的婚姻,提起离婚的配偶最小化了自己对婚姻的初始投资,更加重要的是,在婚姻结束后,提起离婚的配偶没有因为减少时间、精力或者金钱投入最终导致婚姻破裂而受到惩罚。另外,结婚率下降了而离婚率上升了。随着时间的推移,对婚姻的感知以及人们必须信任配偶的能力明显发生了巨大变化。因此,很明显,虽然信任和互惠拥有行为基础,它们也会受到社会规范、激励和制度的巨大影响。在这个例子中,虽然信任或许是自然出现的行为,但是拥有惩罚过错的能力也会给双方带来巨大收益。

16.3 信任和不信任

我们经常观察到信任很难建立，但是很容易被破坏。年复一年地诚实行为可能会被一次简单可见的轻率言行完全抹除。在许多环境下，事实就是如此。保罗·斯洛维克在讨论公众对科学家和科学发现的信任程度时，概括出了几个原理，这些原理描绘了信任建立和被破坏的特征。他的原理集中在对科学发现的媒体报道如何导致对科学整体的信任或不信任，但是这些原理也可以有更加广泛的应用。斯洛维克概括的原理根据的是实证研究结果，但正确的做法应该是将这些原理称之为工作性假说，因为任何一个原理在一般环境下都无法被证明。总共有四个原理。

相比信任建立事件，信任破坏事件更加具有可见性或者更引人注意。 在科学不端行为案例中，媒体很少就进展顺利的事情和有效的方法作报道。相反，如果媒体发现了某位科学家伪造数据或者更改实验结果，该事件会迅速成为新闻报道的头版头条。对于更加一般的情况同样如此。正所谓好事不出门坏事传千里。在随意的交谈中朋友很少会提到某位忠诚配偶的诚实性问题。然而被逮到欺骗行为的配偶几乎成为消息灵通人士谈话中谈论的主题。在决策中，这会起到使信任摧毁事件更加凸显的作用，非常类似于易得性偏向。

信任破坏事件要比信任建立事件更有分量。 一般而言，相比信任建立事件，人们倾向于相信信任破坏事件对于不可观测行为更加有代表性。因此，人们对可见的信任破坏的通常反应是假定它符合范围更广、更加普遍的行为集合。

人们倾向于相信负面或者破坏信任的消息源甚于建立信任的消息源。 对于政客们进行性骚扰、背叛伴侣或者进行其他违背道德的行为，此类引起轰动的新闻报道有着自己的生命力。这些故事，一旦公开，能够困扰候选人的整个职业生涯。我们经常带着怀疑的态度来看待那些解释行为背景的新闻报道。在其他环境下，我们或许有一种倾向，即相信造谣者甚于那些分享合法信息的人。

不信任是自我加强的。 一旦我们经历了信任破坏事件，我们通常会减少与我们不再信任的人的接触。例如，被抓到欺骗行为的配偶会被逐出家门。在这种情况下，重建信任的机会消失了，这非常类似于证实偏向。在交流更少的情况下，很难有机会创造任何建立信任的体验。

考虑到这种不信任偏向，很容易就能够明白社会集团或者人口统计群体之间的深刻分歧或者公开的积怨为什么会产生。在商业环境下，在经历非常小的顾客服务问题之后，很容易就会流失顾客。认为自己的信任被辜负的顾客或许会简单直接的放弃与公司的关系。因为信任很脆弱，所以对信任他人者和被信任者而言，信任也是极端有价值的。

16.4 互惠

明显地，在不引入某些互惠测度条件下，也不太可能测度信任。回想为了测度信任，某人必须给予另一个人某个决策机会，该决策会共同影响两个人的所得结果。与信任博弈类似，要通过发送者观察信任，我们必须提供给第二名玩家某个机会，让他要么机会主义行事要么互惠行事。如果被信任者没有按照机会主义行事的激励，则第一名玩家未必能够仰仗信任。例如，如果接收者会因为将更多资金返还给发送者而被给予更多的奖励，则发送者只能仰仗自利而非信任。互惠函数非常类似于拉宾的公平概念，不同的是互惠的定义更加宽泛，被定义为对他人行动针锋相对的反应。因此，如果其他人的行事方式看似友善，就会回报友善，而那些行事方式看似残忍的人也被残忍对待。

　　细微的差别在于信念在定义友善或者残忍时不是必需的，这不同于公平的定义。恩斯特·菲尔和西蒙·葛士特引用了几个例子来阐明这一点。向顾客微笑的女招待比不微笑的获得更多的小费。微笑未必使得顾客改善了状况，但是它给出了某些微妙的信号表明女招待很乐意为顾客服务。他们还提到了在超市分发试吃样品的例子。一旦他们品尝了样品，顾客就会感觉到某种社会压力要他购买产品，即使他们并不喜欢它。出现这些行为并不是基于人们认为超市或者生产者正在向他们表达善意，事实恰恰是他们被给予了某些东西，并且觉得有必要进行互惠型回报。类似的，对于挖苦我们的任何人，我们也有强烈的欲望侮辱他们。下一部分的讨论会更加清晰地阐明互惠和公平的概念有什么不同。

　　在信任博弈中，接收者或许感觉有必要给发送者提供某些收益，仅仅是因为发送者给予接收者机会获得更大收益。因为在未引出存在的互惠条件下信任无法测度，因此不利用互惠很难定义信任。如果互惠行为是人们的一种天性，给定存在互惠，那么有可能的是信任只不过是自利的。在这种情况下，给定互惠行动的概率，信任实际上只是风险偏好的一种表现。神经学和生物学对信任行为的研究表明事实并非如此。例如，某些药物在信任博弈中影响信任行为，但是在风险博弈中不影响风险行为。而这种风险基于与他人的社会交往，这一事实似乎会导致我们使用不同的决策机制（不同于我们判断诸如来自气象灾害风险时所使用的机制）。科学家们甚至发现，在大脑如何处理某些化学物质方面存在生理差异的人们之间，其信任行为存在系统性差异。因此，有强烈的证据表明信任是一种独立行为，拥有自己的决策机制。

　　如在第 15 章所提到的，许多人混用公平和互惠这些术语。然而，它们的定义在不同的作者之间有非常大的不同。在本书中，我在这两个通常被称之为公平和互惠的常用概念之间作了一些区分，并选择使用了我认为最为合适的术语。学生们在进一步深入研究某一作者在这个领域内的研究成果时，应该特别注意理解他所使用的术语集合。

■ 实例 16-6　互惠和公平的区别

　　正如我所定义的一样，互惠未必就等同于公平。公平要求人们回报友善的意图并惩罚残忍的意图。相反，互惠回报友善的行动并且惩罚残忍的行动。考虑你正在匆忙赶路，汇入车流时排在一辆车的后面，它以 15 英里/小时低于最高限速的车速缓慢前进。更加糟糕的是，你们正在禁止超车路段行驶。当超车限制解除的时候，你急速超过这辆慢悠悠的车，你或许有强烈的冲动采取各种众所周知的情绪表达行动，大喊大叫、怒目而视或者向那名司机指手画脚打手势。即使明显那名司机完全没有意识到你在赶时间你也会这样。但是如果那名司机对你的困境完全一无所知，公平预测你不应该希望进行任何特定形式的惩罚。然而，负面的互惠行动不要求进行互惠的一方存在恶意。当然恶意更有可能引发交互行动。然而，即使对于无意识地伤害到我们的行为，我们也经常希望对其进行惩罚。

　　这种现象的一个典型例子来自纽约州北部的一所高中，该学校努力想要鼓励学生增强营养，因此决定限制那些购买学校午餐的学生只能购买一袋番茄酱。这激怒了毕业班，在毕业典礼那天他们共同进行了一次抗议行动。在每一名毕业班学生上台与校长握手的时候，学生会将一袋番茄酱放在他手里，最后在典礼结束时他的口袋里装满了番茄酱。明显的，校长并不是在尝试进行破坏或者伤害这些学生。但是，他们感觉有必要通过向他发送一个明显的负面信号而对学校餐厅人员的行动进行回馈。在这个例子中，学校管理人员很可能觉得他们通过限制番茄酱消费在帮助学生。但是，学生们认为说这是一种惩罚更加适宜。

　　惩罚过失行为或者非故意行为的概念在我们的法律体系中倍受推崇。例如故意杀害某人会被控告谋杀,可能面临终身监禁甚至死刑。相反,过失杀害他人会被控告过失杀人,可能面临长期监禁。注意到非故意行动受到了惩罚,但是严厉程度要低。另外,所施加的惩罚通常不仅明确依赖于犯罪的残忍程度,而且也会依赖于情有可原的具体情况。因此,与无缘无故谋杀相比,当犯罪者犯谋杀罪时,受害者有对其进行激怒的情形,则他或许会面临较轻的刑罚。虽然对于互惠和公平的研究仍然在迅速发展,但是在事情发生过程中人们似乎同时受到两者的影响。

■ 实例 16-7 互惠作为一种商业模式

在 20 世纪 90 年代后期,软件产业出现了一种新的商业模式:开放源代码。开放源代码软件对于所有人都是免费可得的,这看似限制了企业利用软件销售获利的能力。许多开放源代码项目依靠程序员们贡献代码或者应用程序,这些也会变成免费可得的。这些应用程序要求花费大量时间来编程,并且其发布表面上也是以自愿为基础的。人们或许因此质疑这如何能够成为一种可持续的商业模式,质疑这如何能够成为让程序员们贡献自己服务的好点子。最近的一个例子是众包工作的出现。在这一领域,公司或者个体邀请志愿者来提供某些特定服务,通常是免费的。例如,维基百科邀请人们在无酬劳条件下为其在线的百科全书贡献词条文章。然后这些文章被群体成员编辑、修正和修订。再一次,是什么促使老道的作家或者有专业知识的人产生免费奉献的动机呢?但是,维基百科已经成为获得一般知识的最为广泛的来源,它通常成为人们了解某个主题时最先访问的地方。明显的,有必要知识的人们这样做有足够的激励。

人们为诸如众包或者开放源代码此类无报酬工作而进行奉献确实有可能获得直接的个人收益。例如,某位开放源代码程序员或许会创建某个应用或者在某些方面改进其功能,这样就可以直接应用在自己的工作上。也就是说,程序员或许自己使用该程序,并且因此获得好处。当然,也有可能自己使用该程序并且不免费发放给其他人。另外,人们或许能够用这种可见的项目来表明自己的技能,特别是可以为征求未来新工作做广告。这确实解释了一部分对开放源代码项目的令人惊叹的奉献。但是,有一大群贡献者声称,在向某个有可能回报自己的团体做奉献的感觉是他们为开放源代码项目奉献的主要原因。根据波士顿咨询公司的调查结果,大约 29% 的贡献者认为有必要做互惠型回报是向开放源代码做奉献的主要原因。这一比例与为了改善自身状况或者为了自己的个人利益而进行奉献的比例相同。有趣的是,软件开发者和程序员是开放源软件程序最大的使用者群体。

涉足开放源代码软件的公司能够通过提供服务支持、授权、培训和其他帮助来赚钱。另外,你经常发现和软件使用权一起绑定的捐款请求。捐款构成了该行业的一个关键部分,允许企业购买硬件和设备并且补偿管理者投入的时间。流行性和可见性对于收到的捐款数量有非常大的影响。一个流行的应用程序产生的捐款数量通常会超过发布者的要求。

令人惊奇的是,使用开放源代码软件最常见的原因是为了减少对私人授权软件提供者的依赖。因此,人们或许决定使用公开源代码的文字处理软件以摆脱微软和其他供应商,他们感觉这些供应商要价过高或者使用壁垒(例如缺乏后向兼容性)来强迫付费升级。计算机经济学的一项调查表明只有 20% 的使用公开源代码软件的公司声称节省成本是做出此项决定的主要原因。虽然软件是完全免费的,但是通常转换至新软件、维护和支持并不是免费的。虽然存在其他解释,在产生、使用和捐款支持开放源代码工作方面,互惠似乎扮演了一个重要的角色。

历史说明

在经济学的开创性成果——亚当·斯密的《国民财富的性质及其原因的研究》中，斯密用很多笔墨描写了信任在经济行为中的重要性。例如，斯密认为，进行商业活动的人更加愿意进行国内贸易，因为他们与所交易者更加熟悉，因此能够信任他们。相反，当与国外实体进行交易时，人们或许需要索要一个溢价来克服由于不熟悉造成的对国外实体的不信任。另外，斯密承认制度，例如，政府在鼓励和建立信任能够蓬勃发展的环境方面所起的作用。当人们在国内进行交易时，他们同样也熟悉相关法律体系，一旦他们在交易的时候上当受骗，他们会知道拥有什么样的追索权。当在国外市场进行交易时，由于政府在主张正义方面可能拥有不同的标准和实践，这方面可能并不总是很清晰。

斯密还描写了慈善在获取他人好感和热爱方面的作用。特别地，他记载了向穷人或者其他需要帮助的人提供食品如何导致修道院获得突出地位。人们觉得有义务花费巨大代价保护教堂，通常是因为在某些时候他们被教堂的慈善活动帮助过。神职人员受人尊重的地位使得即使拥有至高无上权力的国王也难以在任何方面对他们有所威胁和削弱。事实上，信任和互惠在历史上以及在制度、政府和我们组成的社会的创建过程中起到了核心作用。

传 记

保罗·斯洛维克（1938—）

学士，斯坦福大学，1959 年；硕士，密歇根大学，1962 年；博士，密歇根大学，1964 年；在俄勒冈大学担任教职，在希伯来大学（耶路撒冷）和帕多瓦大学（意大利）担任客座教授。

保罗·斯洛维克出生于芝加哥，他在心理学专业完成了本科和研究生学习任务，之后不久开始在俄勒冈大学工作并担任研究助理。斯洛维克对风险感知和交流的心理学做出了开创性贡献。他的贡献集中在情绪如何在风险感知和风险反应中发挥作用。例如，与其他时候相比，如果与某些负载有太多情绪的事件相联系，比如恐怖袭击，风险会被放大。他经常与丹尼尔·卡尼曼和阿莫斯·特沃斯基以及其他许多研究者进行合作。斯洛维克是很多学术期刊的编委会成员，并且获得了斯德哥尔摩经济学院和东安格利亚大学荣誉博士学位。他也是国家科学院院士。美国心理学会用其独有的杰出科学贡献奖来表彰他。他在研究工作上仍然十分活跃，并且在各地积极举办引人入胜的研讨会。在康奈尔大学经济行为和决策研究中心 25 周年庆祝上，斯洛维克做了主题演讲，对这一存在已久并且充满活力的行为研究团体表示祝贺。

思考题

1. 信任不太容易被单独观测到。相反，它必须与互惠同时进行测量。请说明这两者为什么一定会同时存在，对于我们测量出的信任的解释，这意味着什么。信任还与什么其他行为相关联？

2. 对于信任如何减少交易成本，请举出一个例子。什么样的制度能够帮助促进信任？

3. 假定你是一名银行经理。你知道如果存款者信任你们的银行，他们就会愿意要求更小的利息率。
   （a）就我们所知道的人们如何发展出信任而言，我们能够做什么来增强他们的信任？
   （b）就我们所知道的我们对信任判断的潜在偏向，你能够采取什么措施来保证信贷员避免潜在失误？

4. 广告宣传活动如何尝试增强信任，请举出一个例子。公司的动机是什么？它们使用了什么原则来增强信任？

5. 你如何能够使用本章给出的原理改善你求职面试时的表现？在其他什么样的环境下你能够应用这些原理？

参考文献

Berg, J., J. Dickhaut, and K. McCabe. "Trust, Reciprocity and Social History." *Games and Economic Behavior* 10(1995): 122–142.

Brinig, M.F., and S.M. Crafton. "Marriage and opportunism." *Journal of Legal Studies* 23(1994): 869–894.

Carter, M.R., and M. Castillo. "Trustworthiness and Social Capital in South Africa: Analysis of Actual Living Standards Data and Artifactual Field Experiments." *Economic Development and Cultural Change* 59(2011): 695–722.

DeBruine, L.M. "Facial Resemblance Enhances Trust." *Proceedings of the Royal Society of London B* 269(2002): 1307–1312.

Fehr, E. "On the Economics and Biology of Trust." *Journal of the European Economic Association* 7(2009): 235–266.

Fehr, E., and S. Gächter. "Fairness and Retaliation: The Economics of Reciprocity." *Journal of Economic Perspectives* 14(2000): 159–181.

Glaeser, E.L., D.I. Laibson, J.A. Scheinkman, and C.L. Soutter. "Measuring Trust." *Quarterly Journal of Economics* 115(2000): 811–846.

Johansson-Stenman, O., M. Mahmud, and P. Martinsson. "Trust and Religion: Experimental Evidence from Rural Bangladesh." *Economica* 76(2009): 462–485.

Knack, S., and P. Keefer. "Does Social Capital Have an Economic Payoff? A Cross-Country Investigation." *Quarterly Journal of Economics* 112(1997): 1251–1288.

Rowthorn, R. "Marriage and Trust: Some Lessons from Economics." *Cambridge Journal of Economics* 23(1999): 661–691.

Scharlemann, J.P.W., C.C. Eckel, A. Kalcelnik, and R.K. Wilson. "The Value of a Smile: Game Theory with a Human Face." *Journal of Economic Psychology* 22(2001): 617–640.

Slovic, P. "Trust, Emotion, Sex, Politics, and Science: Surveying the Risk-Assessment Battlefield." *Risk Analysis* 19(1999): 689–701.

Stanley, D.A., P. Sokol-Hessner, M.R. Banaji, and E.A. Phelps. "Implicit Race Attitudes Predict Trustworthiness Judgments and Economic Trust Decisions." *Proceedings of the National Academies of Science* 108(2011): 7710–7715.

术 语 表

A

absolute magnitude effect 绝对量效应 是观察到的人们在延迟较大数量的消费时要求相对较少的补偿的一种倾向。这导致在涉及大量消费时实证发现较高的贴现因子,并且行为更类似于理性指数贴现。在非对称弹性条件下利用前景理论的值函数可以解释该效应。

absolute risk aversion 绝对风险厌恶 基于期望效用理论对人们风险承担意愿的测度。绝对风险厌恶测量的是效用函数的相对曲率,可以表示为 $R_A = -u''/u'$,其中,u 是关于财富的效用函数。该值越大,人们越不愿意承担风险。

acquisition utility 获得效用 商品消费的效用减去因放弃与消费成本等量的财富而损失的效用后的余额。本书中通常称之为消费的效用。

additive model 加式模型 跨期选择的加式模型假定个体本期消费 c_1 和下期消费 c_2 的效用函数可以表示为 $U(c_1, c_2) = u(c_1) + \delta u(c_2)$,其中,$\delta$ 表示贴现因子。

Allais' paradox 阿莱悖论 一种对独立性公理的违背,是通过控制两赌局选择中的共有结果产生的。独立性表明不论 x 是多少,同样包括以概率 p 获得结果 x 的任意两个赌局应该产生相同的选择。通常当 $x=0$ 时的两赌局选择与 $x>0$ 时的两赌局选择进行比较时,会观察到阿莱悖论。

α-maxmin expected utility theory α-最大化最小值期望效用理论 一种模糊厌恶模型。用 $\{p\}$ 表示结果的概率分布集合。对于所有的 $p \in \{p\}$,有 $\underline{p} \in \{p\}$,使得 $\max_x E(u(x) \mid p=\underline{p}) \leqslant \max_x E(u(x) \mid p \neq \underline{p})$。同时,对于所有的 $p \in \{p\}$,有 $\overline{p} \in \{p\}$,使得 $\max_x E(u(x) \mid p=\overline{p}) \geqslant \max_x E(u(x) \mid p \neq \underline{p})$。则遵循 α-最大化最小值期望效用理论的个体会以求解 $\max_x \alpha E(u(x) \mid p=\underline{p}) + \alpha \max_x E(u(x) \mid p=\overline{p})$ 来行事⊖。系数 α 测度模糊厌恶程度。若 $\alpha > 1/2$,认为此人是模糊厌恶的,若 $\alpha < 1/2$,认为此人是模糊偏爱的。

altruistic 利他的 是指这样的偏好,即决策者愿意减少自己的消费以增加他人(至少一个)的消费。

ambiguity 模糊性 是这样一种状况,决策者不确定其选择产生的各种结果的概率,或者不知道可能产生的结果。

ambiguity aversion 模糊厌恶 是这样一种倾向,即使可能产生效用损失,也宁可选择概率确定的赌局而不选择存在模糊性(概率未知)的赌局。

anchoring and adjusting 锚定与调整 形成信念的一种直觉过程,其中决策者将某些方便获取的数值作为锚定点并围绕该数值进行调整,以确定最终答案。通常锚定点是决策时偶然出现的某个不相关的数字。一般而言,虽然和决策问题不相关,该锚定点也会影响所形成的信念。

asymmetric elasticity condition 非对称弹性条件 要求损失的效用要比收益的效用更有弹性。假设 $z_2 > z_1 > 0$。则用弧弹性表示这一条件要求
$$-\frac{(z_1+z_2)[v(-z_1)-v(-z_2)]}{(z_2-z_1)[v(-z_1)+v(-z_2)]} > \frac{(z_1+z_2)[v(z_1)-v(z_2)]}{(z_2-z_1)[v(z_1)+v(z_2)]},$$
或者用精确弹性表示为 $-\frac{zv'(-z)}{v(-z)} > \frac{zv'(z)}{v(z)}$。这与强损失厌恶的概念紧密相关。在跨期选择中,非对称弹性可以用来解释收益-损失不对称。

availability heuristic 易得性直觉推断 它使得人们根据头脑中事件被回想和构建的容易程度来估计事件的概率。因此,人们会认为更广为人知或者更极端的事件比实际更有可能出现。

B

backward induction 逆推法 一种求解具有老练型偏好的跨期决策者最优化行为的方法。此方法从决策问题的最后阶段开始求解最优行为,然后根据上一阶段的最优行为求解倒数第二阶段的行为,以此类推。在博弈论中,这种方法经常被用来求解子博弈完美纳什均衡。

⊖ 疑有误,该式应为 $\max_x \alpha E(u(x) \mid p=\underline{p}) + (1-\alpha) \max_x E(u(x) \mid p=\overline{p})$。——译者注

⊜ 疑有误,大于号右边应为 $\frac{(z_1+z_2)[v(z_2)-v(z_1)]}{(z_2-z_1)[v(z_1)+v(z_2)]}$。——译者注

base rate neglect 基率忽视 在判断事件的概率时，忽视或者严重低估关于事件出现概率的先验信息的一种倾向。使用贝叶斯法则的术语，即对先验信息重视不足，导致高估了事件可能性。

Bayesian Nash equilibrium 贝叶斯纳什均衡 不确定收益博弈中使用的纳什均衡概念。其要求每一个参与者必须对均衡时其他所有对手的策略和收益具有某种信念。并且对于相关估值的分布，要求每个参与者都有相同的先验信念，给定对手的相关估值每个参与者都会预料到对手的正确策略。在每个信息集中，信念按照贝叶斯法则进行更新，贝叶斯法则是基于可得信息对概率进行更新的统计工具。

behavioral anomaly 行为异象 指偏离了理性选择模型预测的行为。一般而言，异象这个词表明这些行为是少有的，但其仍然可能是重要的。

behavioral choice model 行为选择模型 用来描述观测到的选择的模型，而不必解释决策者决策时的动机或者想法。

behavioral economics 行为经济学 研究观测到的人类行为如何影响稀缺资源配置的科学。经济学的这一领域将传统经济学理论与心理学和社会科学的工具结合在一起。

behavioral model 行为模型 参见行为选择模型。

betweenness 介中性 常被用来代替独立性公理的公理。如果 $A \succ B$，且 C 是一个复合博弈，以概率 p 得 A，以 $1-p$ 的概率得 B，则介中性意味着 $A \succ C \succ B$。该公理意味着所有的无差异曲线必为直线，虽然他们的斜率可能不同。

bliss point 餍足点 是这样一种最低水平的消费量，在该数量上不论价格如何消费者不愿进一步消费。在其他商品消费不变的条件下，该点是消费效用曲线的最大点

bounded rationality 有限理性 该观念认为人们的理性行为受到信息、认知资源和时间约束。

bracketing 归并 指决策过程中对选择进行分组的方式。宽归并决策考虑许多个同时进行的选择。窄归并决策会忽略单个决策对消费者面临的其他选择的影响。

C

calibration 准度 指人们准确说出事件概率的能力。当人们预测某事件会发生的概率为 $x\%$，则该事件发生的频率确实约为 $x\%$ 时，我们称人们的准度是较好的。

cancellation 删减 前景理论编辑阶段的一个组成部分。在删减过程中，不同赌局的共有部分在进行选择前被剔除。

certainty effect 确定性效应 决策者的一种一般倾向，他们对确定性结果的偏爱超出了期望效用理论所预示的程度。除了以某个概率出现的损失外，不确定的结果还会面临额外的惩罚。

certainty equivalent 确定性等值 参与人会获得的确定性的货币数量，该数量可以替代某个赌局，获得与该赌局相同的效用水平。

cheap talk 廉价谈判 指博弈过程中参与者之间的讨论或者承诺，其对参与者没有约束力。

coding 编码 前景理论编辑阶段决策者从事风险决策时进行的一项活动。决策者将每个结果编码为收益或者损失。

coefficient of ambiguity aversion 模糊厌恶系数 α-最大化最小值期望效用理论模糊决策模型中对模糊厌恶程度的测度。α 的值越大，个体的模糊厌恶程度越高。若 $\alpha > 1/2$，认为此人是模糊厌恶的，若 $\alpha < 1/2$，认为此人是模糊偏爱的。模糊厌恶系数必定位于单位区间之内。

cold state 冷状态 指这样一种状态，其中本能因素（例如饥饿、愤怒或兴奋）处于潜伏状态。在此状态下，人们会难以预测未来这些本能因素活跃时的偏好。

combination 合并 前景理论编辑阶段的一种活动。决策之前相同结果的概率会被加总到一起。

commitment mechanisms 承诺机制 如果未来的自己偏离行动计划，其允许决策者对未来的自己施加惩罚。

committed decision maker 自我约束型决策者 不管未来他的偏好如何，都会强迫在将来执行自己消费计划的人。

common difference effect 公差效应 是观察到的这样一种现象，未来各期消费的贴现因子似乎会根据未来事件发生的远近程度不同而变化。用 δ 表示各期的贴现因子。按时间贴现的相加形式模型假设，如果 $U(c) = \delta^{t'-t} U(c')$，则人们对时间 t 消费 c 和时间 t' 消费 c' 是无差异的，其中，贴现程度仅依赖于 t 和 t' 之间的间隔，而与开始时间无关。然而，实证研究发现，和遥远的未来相比，人们倾向于对不久的未来做更大的扣减。

common outcome effect 共同结果效应 是对独立性公理的一种违背。参见阿莱悖论对此的描述。

common ratio effect 同比例效应 是对独立性公理的一种违背，它是这样产生的，首先提供两个赌局以供选择，然后提供两个复合彩票以供选择，

在这两个复合彩票中决策者以某个固定的概率获得原赌局,以剩余概率获得收益 $0。当加入的 $0 结果的概率相对较高并且两个赌局分别是 $-赌局和 P-赌局形式时,一般会违背独立性公理。

common-value auction 共同价值拍卖 对某物品的拍卖,拍买时该物品对每个竞价者具有相同的价值,但该值是未知和不确定的。

complete preference 完备偏好 意味着对任意两个可能的选择,人们要么偏爱第一个,要么偏爱第二个或者认为两者无差异。这是理性决策理论的基本要求。

compound gamble 复合赌局 由两个独立的赌局组合在一起构成的赌局。

conditional probability function 条件概率函数 指函数 $p(A|B)$,测度在事件 B 已出现或将出现的条件下 A 事件出现的概率。

confidence interval 置信区间 表示某个未知参数最有可能的位置的一个区间。用 θ 表示未知参数,$\hat{\theta}$ 是对未知参数的估计。如果 $P(\hat{\theta}-l<\theta)=(100-x)/200$ 且 $P(\hat{\theta}+u>\theta)=(100-x)/200$,则 $x\%$ 的置信区间为 $[\hat{\theta}-l, \hat{\theta}+u]$。

confirmation bias 证实偏向 通常表现为这样一种一般倾向,即努力搜寻有可能证实自己当前持有信念的信息,或者将模糊信息解释为支持自己当前持有的信念。

confirmatory information 证实性信息 那些可能与自己当前持有信念一致的信息,它们不可能(或者至少不太可能)与自己当前持有信念相矛盾。

confirming forecast 证实性预测 是一种信息预测,几乎总是能产生与自己当前信念一致的信息。

conjunction effect 联合效应 是这样一种倾向,判断事件 A 和 B 同时出现的概率大于事件 A 的概率,其中,B 是具有代表性的事件,而 A 是不具有代表性的事件。

conservatism 保守主义 是一种低估或者忽略新信息并且继续持有以前信念的倾向。与基率忽视相反。

constant additive loss aversion 加式损失厌恶不变 描述了一组偏好结构,其满足损失厌恶不变并且
$$v_r(x) = \sum_{i=1}^{n} R_i(x_i).$$

constant loss aversion 损失厌恶不变 描述了一组偏好结构,其假定收益和损失的效用之间的差异体现在一个常数乘子上。如果偏好可以用效用函数 $v_r(x)=U(R_1(x_1),\cdots R_n(x_n))$ 来表示,并且

$$R_i(x_i) = \begin{cases} u_i(x_i) - u_i(R_i) & \text{如果 } x_i \geq r_i \\ (u_i(x_i) - u_i(R_i))\lambda_i & \text{如果 } x_i < r_i \end{cases}$$

则偏好结构表现为损失厌恶不变。其中,$u(\cdot)$ 是一个增函数,λ_i 是一个正常数,表示损失厌恶的程度。

constant sensitivity 敏感性不变 损失厌恶下的一种假设,即人们表现出收益的边际效用不变和损失的边际痛苦不变。

consumption smoothing 消费平滑 指的是面临跨期选择问题的理性消费者的行为。由于对各期进行贴现的影响很小,因此理性决策者各时期的消费虽然不断下降但是数量大致相当。按时间描绘消费曲线会得到一个没有尖峰或者跳跃的平滑曲线。

consumption utility 消费效用 参见获得效用。

continuity axiom 连续性公理 期望效用理论的基础公理之一。连续性要求如果 $A>B>C$,则恰好存在一个数值 r 使得 $rA+(1-r)C\sim B$。此外,对任意 $p>r$,$pA+(1-p)C>B$,并且对任意 $q<r$,$B>qA+(1-q)C$。

contrapositive statements 逆否命题 原命题暗含的一个逻辑命题。例如原命题"如果 P 为真,则 Q 为真"会产生逆否命题"如果 Q 不为真,则 P 不为真"。

crowding-out effect 挤出效应 在政府对公共产品的补贴导致公共产品的私人供给一对一减少时出现。

cruel 残忍 指以自身损失为代价伤害他人的动机。

cumulative prospect theory 累积前景理论 关于决策的前景理论的一种形式,其中概率加权函数是排序依赖概率加权函数。这消除了可能产生的对赌局偏好的非传递性。

curse of knowledge 知识诅咒 在人们由于拥有某些特有知识而不能充分预测没有此类知识的人的行为方式时出现。这些人按照他人同样拥有相同的知识行事。

cursed equilibrium 被诅咒的均衡 对贝叶斯纳什均衡的一种扩展,其中人们以某个正概率认为他人按照某个分布随机选择其行动,而不考虑他们可能拥有的私人信息,并且以剩余概率认为行动是策略性的。在给定他人行动的分布和使用的策略条件下,该均衡要求每个人最大化博弈的预期收益。在此情况下,人们没有将他人的行动看作是其持有某些私人信息的信号。

D

default option 默认选项 当决策者没有做出明确

的选择时会被自动选取的选项。

default option bias　默认选项偏向　决策者倾向于选择默认选项的倾向。

delay-speedup asymmetry　延后-提前非对称　是观测到的一种现象，人们延迟一段时间进行消费所要求的补偿要大于提前同样一段时间进行消费所愿意支付的数量。这种框架效应明显违背了跨期选择的完全加式模型。

dependent　相互依赖　指随机变量的结果是相关的。即一个随机变量的结果会提供关于另一个随机变量结果的信息。

detection of dominance　占优检测　前景理论编辑阶段的一种活动。决策者在此活动中考察可进行的赌局以确定某个赌局是否一阶随机占优于另一个。如果确定了某个赌局是被占优的，则其会被剔除出考虑范围。

dictator game　独裁者博弈　两个参与人之间的一种博弈。其中给一个参与人（独裁者）一笔应两人共享的资金。独裁者决定如何分配这笔资金，然后另一个参与人获得被分配的部分。

diminishing sensitivity　敏感性递减　损失厌恶下的一种假设，即人们从收益中获得递减的边际效用，从损失中获得递减的边际痛苦。因此，随着个体离参考点越来越远，其对财富或者消费的变化变得越来越不敏感。

directly revealed preferred　直接显示偏好于　描述的是状态 s_1 和 s_2 之间的一种关系，当 s_2 出现在可选择集合中时 s_1 被选择。

disconfirmatory information　证伪性信息　那些很可能（至少有可能）与自己当前持有信念相矛盾的信息。

discount factor　贴现因子　应用在各期消费效用上的系数，用来表示消费者偏好现期而非未来进行消费。因此，如果 $U(c)$ 是消费的瞬时效用，则在距离现在 t 期的未来消费 c，用效用现值计算会得到 $\delta^t U(c)$。

disposition effect　意向效应　投资者为避免实现亏损而卖出获利而非亏损投资的一种倾向。

diversification bias　多样化偏向　是这样一种倾向，在给未来选择消费束时倾向于包含多种多样的物品，而当要进行消费时又希望有较少的种类选择。

$-bet　$-赌局　是这样一种赌局，与其他选择相比其潜在收益较大，但得到该收益的概率较小。

dominance　占优　是这样一种状态，只要存在某个时期 t，该期行动的收益为 $v_t>0$，成本为 $c_t=$ 0，则人们不会选择在任何 $c_{t'}>0$，$v_{t'}=0$ 的时期 t' 完成该任务。

dominant strategy　占优策略　不论其他参与人采取什么行动，总会导致最佳收益的策略。

double-entry accounting　复式记账　一种记账体系，其中每一笔交易在一个分类账上被记为收益，而在另外一个分类账上被记为损失。例如，购买某物品在"采购"分类账上被列为资金损失，所购物品的价值在"存货"分类账上被列为收益。

dual entitlement　双边赋权　指消费者和员工施加在企业身上的关于公平价格和工资的一种公平原则。例如，当企业成本上升时，消费者认为提高价格是可以接受的，这使企业能够保持盈利。然而，仅因为需求变化而提高价格是不可接受的。

Dutch auction　荷式拍卖　一种拍卖机制，拍卖师开始先报出一个高价，然后一点一点地降低价格直到有一个投标人愿意出价购买。

E

editing　编辑　是关于决策的前景理论的一个组成部分，人们用其来简化决策。包括对概率和结果进行四舍五入、剔除各选择中的相同部分、将结果编码为收益或者损失。

Ellsberg paradox　埃尔斯伯格悖论　是这样产生的。首先要求人们在两个装满红球和黑球的盒子中选出一个，然后从中取出一球。盒子1中红球和黑球的比例未知。盒子2中红球和黑球各占一半。如果拿到红球便给予奖金，问应该选那个盒子，人们倾向于选择盒子2。如果拿到黑球给予奖金，问应该选那个盒子，人们同样倾向于选择盒子2。在两种情况下，人们倾向于选择有确定概率的盒子，而非结果模糊的盒子，这违反了主观期望效用理论。这种悖论是由模糊厌恶产生的。

empirical discount factor　实证贴现因子　通过问卷计算出的贴现因子，问卷要求人们给出他们认为无差异的分属两个时期的两笔钱数。用 z_1 表示时期 t_1 的一笔钱，z_2 表示时期 t_2 的一笔钱。则计算得出的实证贴现因子 δ 使得 $z_1=\delta^{t_2-t_1}z_2$。这与表示人们偏好的贴现因子有所不同，因为它忽略了效用函数，相反其假设人们同等看待每一个美元。

endowment effect　禀赋效应　是这样一种现象，人们愿意支付一定数量的钱以获得某物品，愿意接受一定数量的钱以放弃赠予他们的同一物品，而前者要大大低于后者。

English auction　英式拍卖　一种拍卖机制，拍卖师开始先报出一个低价，然后逐渐提高价格直到仅剩下一个投标人愿意支付所报价格。

excess sexual cannibalism　过度的性食同类　指某些雌性捕鱼蜘蛛的习性，它们会杀死并吃掉所有可能的配偶，以此保证他们不会将其基因遗传给下一代。

expectation　期望值　一个随机变量的均值。如果随机变量 x 的分布可以表示为 $p(x)$，则其期望值为 $E(x) = \sum_x p(x)x$。相应的，如果变量的分布是连续的且概率密度为 $f(x)$，则期望值为 $E(x) = \int xf(x)\mathrm{d}x$。

expected utility theory　期望效用理论　一种风险条件下的决策理论。其假设人们行事的目的是为了最大化财富的期望效用。期望效用理论是一种理性模型，建立在风险条件下行为的三个理性公理之上。这三个公理分别为：独立性、连续性和传递性。

exponential time discounting　指数时间贴现　是这样一个模型，它假定人们最大化 $U(c_1, c_2, \cdots) = \sum_{i=1}^{T} \delta^{i-1} u(c_i)$，其中，$c_i$ 是时期 i 的消费，$u(c)$ 是消费的瞬时效用，δ 是应用在各时期上的贴现率。该模型被认为是跨期选择的唯一理性模型，因为它意味着在时间上一致的偏好。若时间连续，则效用函数可以表示为 $\max_{\{c(t)\}} U(c(t)) = \int_0^{\infty} \delta u(c(t))\mathrm{d}t$，其中，$t$ 表示时间，其是连续的。

external validity　外部有效性　应用研究结果预测更宽泛环境下行为的能力。和实验研究相比，二手数据分析的外部有效性更高。

F

fairness　公平　指的是帮助友善之人，惩罚残忍之人的动机。

false consensus　错误共识　认为他人持有与自己相同的信念和偏好的一种倾向。

first-price auctions　最高价拍卖　一种拍卖形式，其中出价最高的竞价人赢得拍卖物品并支付其出价。

fixed cost　固定成本　厂商要进行生产所必需的数额固定的投资。在一般经济决策中，固定成本是成本的一部分，它不随生产量或者消费量的变化而变化。

flat-rate bias　固定费率偏向　人们表现出的一种行为偏好，即使使用线性定价可以更便宜地买到相同的使用量，也更愿意购买按照固定费率定价的服务。

flat-rate pricing　固定费率定价　一种定价机制，其收取一个获得商品使用权的固定费率，之后不管消费多少不再另行收费。

framing　框架　与决策描述相关的某些外部暗示。通常决策问题的用词会提示决策者将结果分类为收益或者损失，进而影响作出的决策。

framing effect　框架效应　指用词对决策的影响。通常同样的选择可以用不同的言语来表达，让决策者关注与选择相关的损失或者关注与选择相关的收益。框架效应是由于关注点的转移而导致的决策行为的变化。

free-rider problem　搭便车问题　自由市场中存在的一种问题，人们不愿意为获得的公共产品缴纳等值的费用。这导致公共产品的供给不足。

fully cursed equilibrium　被彻底诅咒的均衡　是对贝叶斯纳什均衡的一种替代，其中人们认为他人按照某个分布随机选择其行动，而不考虑他们拥有的私人信息。在给定他人行动的分布和使用的策略条件下，该均衡要求每个人最大化博弈的期望收益。在此情况下，人们没有将他人的行动看作是其拥有某些私人信息的信号。

fungible　可替代　意味着物品可以很容易地在不同用途之间进行转移。如果某个账户里的 1 美元可以很容易地转移到其他账户，或者像其他任何美元那样随意花费，我们说这 1 美元是可替代的。

G

gain-loss asymmetry　收益-损失非对称　是观察到的这样一种倾向，相比未来收益的效用，人们对未来损失的效用做较少的扣减。因此，相比延迟等量损失，延迟收益要求更大的补偿。这种现象可以用满足非对称弹性条件的前景理论值函数来建模表示。

gambler's fallacy　赌徒谬误　是这样一种倾向，即在观测到某个随机变量多次出现同一值后，认为该随机变量出现其他值的概率会变大。

game　博弈　包括所有参与人可采取的一组行动和一组收益，其中每个随机的收益值对应所有参与人一组可能的行动。博弈一般会涉及以下情况，即一个参与人的行动会影响其他参与人的收益。

generalized axiom of revealed preference 广义显示偏好公理 表明如果 s_1 间接显示偏好于 s_2，则 s_2 不严格直接显示偏好于 s_1。

H

hedonic editing 享乐型编辑 指整合造成损失的事件，分离形成收益的事件的过程，以最大化从这一系列事件中得到的享受。有些证据表明决策者并未进行享乐型编辑。

hedonic framing 享乐型表述 指用词语表述决策选项引导对事件进行整合和分离以达到提高或降低选项吸引力的目的。例如，营销人员会整合系列损失，分割系列收益进而使得购买更具有吸引力。

heuristic 直觉推断 一种简单的决策法则或者经验法则，当决策资源有限时用它来近似理性优化结果。

hindsight bias 事后聪明偏向 出现在人们对过去的决策进行评价时，此时他们似乎对不同决策的结果拥有先见之明。在人们眼中，当时什么决策会产生最佳结果似乎是很明显的。

hot-cold empathy gap 情绪温差 指的是人们处于热状态或者冷状态（例如，饥饿等本能因素处于活跃或者潜伏状态）时的推测偏向。

hot hand 热手 是这样一种幻觉，相互独立的随机变量连续出现同一数值构成一个序列，进而认为这一序列的实现值之间是正相关的。

hot state 热状态 指这样一种状态，其中本能因素（例如饥饿、愤怒或兴奋）处于活跃状态。在此状态下，人们会难以预测未来这些本能因素被满足且潜伏起来时的偏好。

hyperbolic discounting 双曲线贴现 用双曲线贴现因子 $h(t)=(1+\alpha t)^{-(\beta/\alpha)}$，代替指数效用模型中的贴现因子 δ，其中，β，$\alpha>0$ 为参数，t 表示消费时经过的时间。相对于遥远的未来事件，该函数一般意味着对不远的将来事件进行更大的贴现。双曲线贴现因子会产生时间不一致的偏好。因此，表现出双曲线贴现的人通常不会执行计算当期最优消费时得出的消费计划。

hypothesis-based filtering 基于假设的筛选 指在过分仔细地考察不能证实当前持有信念的信息的同时，积极搜寻有可能证实当前持有信念的信息。

I

illusion of control 控制幻觉 是这样一种倾向，即认为自己在某种程度上能够控制完全随机的事件的结果。

immediate cost 现付成本 此类活动是这样的活动，完成当期产生成本，而在未来期产生收益。

immediate reward 现得收益 此类活动是这样的活动，完成当期立即产生收益，而在未来期产生成本。

impure altruism 不纯粹的利他主义 在公共产品消费问题上，是指为了获得因缴费而产生的满足而向公共产品缴费的私人动机。

income expansion path 收入扩展线 随着预算的变化，代表最优消费束的点组成的集合。

incremental bidding behavior 增量报价行为 指在拍卖过程中竞价人最初的报价低于他们对商品的估值，在与其他竞价人竞争的过程中逐渐提高报价。

independence 独立性 意味着两个随机变量彼此不相关。因此知道其中一个的结果不会提供关于另一个随机变量结果的进一步信息。如果两个事件是独立的，则两个事件同时出现的概率是各事件出现概率的乘积，即如果事件 A 和 B 是独立的，则 $P(A\cap B)=P(A)P(B)$。

independence axiom 独立性公理 期望效用理论的基础公理之一。独立性要求如果 $A\succ B$，则 $pA+(1-p)C\succ pB+(1-p)C$。该公理表明在马尔沙克-马基纳三角形中，无差异曲线是相互平行的直线。

independence of irrelevant alternatives 无关选择的独立性 对于何时完成某项任务，当所给选择的潜在收益和成本表现为 $v=(v_1, v_2, \cdots, v_{t-1}, v_t, v_{t+1}, \cdots v_T)$ 和 $c=(c_1, c_2, \cdots, c_{t-1}, c_t, c_{t+1}, \cdots c_T)$ 时，决策者选择 $t'\neq t$，而当给定的选择体现为 $v=(v_1, v_2, \cdots, v_{t-1}, v_{t+1}, \cdots v_T)$ 和 $c=(c_1, c_2, \cdots, c_{t-1}, c_{t+1}, \cdots c_T)$ 时，决策者仍然选择 t'。我们说这个决策者遵循了无关选择的独立性原则。

indirect utility function 间接效用函数 是财富和价格的函数，为效用函数的最大值。

indirectly revealed preferred 间接显示偏好于 如果 s_1 直接显示偏好于 s_2，并且 s_2 直接显示偏好于 s_3，……偏好于 s_{T-1}，而 s_{T-1} 直接显示偏好于 s_t，则 s_1 间接显示偏好于 s_t。

induced values 引致值 是指在一个拍卖实验中竞价人可能赢得的数量。该数量由研究者给定并且在拍卖参与人之间可能是不同的。

inequity aversion 不公平厌恶 是指人们避免某些人的收益低于其他人的动机。

inference 推断 是指从我们能够观测到的数据中得出的信息。

Infinite planning horizon　无限规划期　是指跨期选择问题涉及的规划期限是无穷的。在离散时间问题中，必须为时期 $t=\{0,\cdots\infty\}$ 规划消费。在连续时间问题中，在 $t=[0,\infty)$ 规划消费。

instantaneous utility function　瞬时效用函数　是指在多期消费问题中的一个函数，其表示某期消费的当期效用。大部分跨期选择模型假定各个时期的瞬时效用函数是相同的，但是未来消费的效用要乘上一个贴现因子，表示与未来消费相比更偏爱现期消费。

integrated events　被整合事件　在评估它们的联合效用时被合并在一起考虑。因此，如果两个被整合事件产生的货币结果分别为 x 和 y，则最终得到的值为 $v(x+y)$。见被分割事件。

intermediate loss aversion　中度损失厌恶　要求对于任何 $c>0$，前景理论的值函数满足 $v(c)<-v(-c)$。

internal validity　内部有效性　是研究证明因果关系的能力。一般而言，要获得内部有效性实验设计是必须的。

K

kind　友善　指以自身损失为代价帮助他人的动机。

kindness functions　友善函数　测度某人的残忍或友善程度，其为对其他参与人策略的信念和自身所选策略的函数。正值意味着友善而负值表明残忍。在友善均衡状态下该函数与物质收益一起构成效用函数的一部分。

Knightian risk　奈特风险　是指这样一种情况，决策者不能百分百确定哪个结果会出现，但是知道所有可能的结果以及每个结果的概率。

Knightian uncertainty　奈特不确定性　是指这样一种情况，所有可能结果的集合或者每个结果的相关概率都未知。⊖

L

law of large numbers　大数定律　可以表述如下：用 $\{x_i\}_{i=1}^n$ 表示一个独立同分布的随机变量序列，均值为 μ，方差为 σ^2。则对于任何 $\varepsilon>0$，$\lim_{n\to\infty} P(|\hat{\mu}-\mu|<\varepsilon)=1$，其中，$P$ 代表概率函数。

law of small numbers　小数定律　是这样一种倾向，即错误地认为数据的一个小样本具有与抽取样本的总体非常相似的属性。相信小数定律会使人们草率地给出结论。

likelihood function　似然函数　在贝叶斯法则中是条件概率函数 $P(A|B)$，而我们想知道 $P(B|A)$。在贝叶斯学习问题中似然函数代表新信息。

linear pricing　线性定价　是一种定价机制，其对消费的每单位商品收取一个固定的边际价格。

loss aversion　损失厌恶　是这样一个概念，与从收益中获得的边际利益相比，人们从等量损失中体验到更大的边际痛苦。

loss aversion in consumption space　消费空间中的损失厌恶　其典型表现为无差异曲线在跨越参考点时斜率变化的不连续性，即弥补某一物品的单位损失要求更多数量的被看作收益的商品。用正式的语言表述，用 x 和 y 表示两个消费束，且 $x_i>y_i$，$y_j>x_j$。此外，r 和 s 为两个参考点，且 $x_i\geqslant r_i\geqslant s_i$，$s_i=y_i$，$r_j=s_j$。如果对于任意消费束和参考点，它们满足以下条件，当 $x\sim_s y$ 时，$x>_r y$，则这一参照结构表现出损失厌恶。

M

Marschak-Machina triangle　马尔沙克-马基纳三角形　对有三种可能结果赌局的图形化表示。该三角形是一个直角三角形，直角部分位于左下角。最小可能结果的概率用三角形的横轴表示，最大可能结果的概率用纵轴表示。该图形一般用来绘制赌局和代表风险偏好的无差异曲线。

material outcomes　物质结果　指的是从博弈中获得的标准收益，通常用金钱或效用度量。

maxmin expected utility theory　最大化最小值期望效用理论　一种模糊厌恶模型。用 $\{p\}$ 表示结果的概率分布集合，则按照最大化最小值期望效用理论行事的个体近似于在求解 $\max_x\{\min_{p\in\{p\}}\{E(U(x)|p)\}\}$。实际上，此类人假设能够描述各选择的最差概率为实际发生概率。

melioration　饮鸩止渴　人们决策时的一种倾向，即最大化当前效用而忽略这些行为的未来后果。

mental accounting　心理核算　一种消费者决策模型，在前景理论值函数中人们将所有事件判断为收益或者损失，使用一个心理上的复式记账分类账户来记录交易，并且为不同种类的购买创建独立的心理预算。这种经验法则妨碍了整体效用最大化，其可能源于决策者尝试简化优化过程中的认知努力。

⊖　原词汇表中奈特不确定性和奈特风险的定义是相同的，这里根据正文中的定义进行了修正。——译者注

money pump　货币泵　出现于人们在三个或更多赌局中表现出非传递性的偏好时。在此情况下，人们愿意用一笔钱和赌局 A 换取 B 赌局，一笔钱和赌局 B 换取 C 赌局，一笔钱和赌局 C 换取 A 赌局。你可以让此人在这些赌局中循环选择无限次，每一次交易都会从他身上获利。

moral hazard　道德风险　在人们能够采取某些他人无法完全观测到的行动时出现，这些行动会同时影响行为人和他人的福利。

N

naïfs　天真型决策者　是这样的决策者，他们的偏好表现为拟双曲线贴现，并且他们没有意识到其偏好在时间上的不一致性。因此，在第一期他们计划按照最大化贴现效用行事，然而，在未来时期他们未必执行该计划。

naïve decision maker　天真型决策者，见 Naïfs。

Nash equilibrium　纳什均衡　在直观上，纳什均衡是一个策略集合，其中每一个参与人都会采取一种策略，该集合使得在给定所有其他参与人的策略条件下，每一个参与人都达到收益最大化。用 $\pi_i(s_i|S_{-i})$ 表示参与人 i 采取策略 s_i 获得的收益，所有其他参与人采取的策略用符号 S_{-i} 表示。纳什均衡是一个策略集合 $S=\{s_1,\cdots,s_n\}$，使得对于每一个参与人 i 而言，$\pi_i(s_i|S_{-i})\geqslant\pi_i(s'_i|S_{-i})$，其中 $S=s_i\cup S_{-i}$。

negatively correlated　负相关　负相关的随机变量是这样两个变量 x 和 y，x 出现较大观测值会增加 y 出现较小观测值的概率。正式的，即 $E(x-E(x))E(y-E(y))<0$。

node　节点　是博弈中参与人面临的一项决策。一个节点以参与人可得的信息以及可采取的行动为特征。

nonexcludable　非排他性　意味着不可能阻止某些人消费某商品。非排他性商品的一个例子是国防。

nonrival　非竞争性　意味着消费某商品的人不会阻止其他人消费该商品，并且不会减少其消费的效用。

normal distribution　正态分布　一种常用分布，通常被称为钟形曲线。正态分布完全由其均值和方差决定。正态分布的概率密度为 $f(x)=\exp\left\{-\frac{(x-\mu)^2}{2\sigma^2}\right\}/\sqrt{2\pi\sigma^2}$。一般而言，$x$ 落在区间 $(\mu-2\sigma,\mu+2\sigma)$ 的概率大约为 0.95。

O

one-tailed test　单尾检验　一种统计检验，其原假设用不等式表示。因此，要检验假设 $\theta<\theta_0$，其中，θ 是一个未知参数，θ_0 是假设值，要使用单尾检验。

opportunism　机会主义　不受道德考量约束的自利。

optimistic overconfidence　乐观主义过度自信　表现为人们认为世界的状态要比实际上更加有利。

order axiom　排序公理　期望效用理论的基本公理之一。如果 $\succ$ 是完备和可传递的，则满足排序公理。完备性表明如果 A 和 B 是任意两个赌局，则要么 $A\succ B$，要么 $B\succ A$，或者 $A\sim B$。另外，传递性意味着如果 A，B 和 C 是任意三个赌局，则 $A\succ B$，$B\succ C$，则 $A\succ C$。

other-regarding preferences　考虑他人型偏好　指此类偏好，即自己的效用依赖于他人的效用或者活动。

overconfidence of one's own knowledge　对自己知识的过度自信　如果评估自己正确的概率是 $x\%$，而实际正确的比率低于 $x\%$，则表现出对自己知识的过度自信。

overconfidence　过度自信　对特定环境下所面临风险大小的普遍低估。这可能源于对自己相关知识的过度自信或者因为持有的信念没有意识到世界出现不利状态的可能性。

P

P-bet　P-赌局　是这样一种赌局，与其他选择相比其潜在收益较小但得到该收益的概率较大。

Pareto optimal　帕累托最优　指的是这样一种结果，即在不恶化某个参与人的状况条件下，无法改善参与人的状况。

partial naïf　半天真型决策者　是这样的决策者，其预先考虑参数为 $\hat{\beta}$ 的老练决策者的行为。然而，在每一时期，他实际决策时按照 $\beta<\hat{\beta}$ 对未来进行贴现。因此部分天真的人在未来可能不会执行计划，但可能会使用某些约束机制。

payment decoupling　支付去耦　由于商品的购买和使用在时间上分隔了较长时间，消费者在考虑消费成本时不再考虑购买价格，此时出现支付去耦。

payment depreciation　支付折旧　是这样一种现象，当考虑未来消费或者投资时，消费者随着时间的推移逐渐扣除记忆中的支付数额。

peanuts effect　点滴效应　人们处理涉及小数额货币的决策时的一种倾向，因为单个来看每一个都无关紧要，因此在加总时也把它们看作是无关紧要的。

positional externalities　地位外部性　指当某个决策者消费能够提高自己在团体内身份和地位的商

品时，团体内其他人出现的效用减少。

positively correlated **正相关** 正相关的随机变量是这样两个变量 x 和 y，x 出现较大观测值会增加 y 出现较大观测值的概率。正式的，即 $E(x-E(x))E(y-E(y))>0$。

precision **精度** 是预测事件时其概率接近 0 或者 1 的能力。降水概率为 98% 的天气预报是高精度的。

preference reversal **偏好反转** 观测到的一组违反传递性或者排序性的选择。当 A 和 B 可选时选择 A，当 B 和 C 可选时选择 B，当 A 和 C 可选时选择 C，这违反了传递性。更简单的情况是，当 X 和 Y 可选时，这次选择 X，下次选择 Y，这违背了排序公理。

present biased preferences **现期偏向型偏好** 是指这样一种情况，当某人在未来两个时期之间对消费进行抉择时，随着前一个时期离现在越来越近，给予该期效用的权重也越来越大。

primacy effect **首因效应** 在人的信念中，当首先出现的信息比随后出现的信息更加重要时，首因效应在起作用。

prior **先验** 先验信息在贝叶斯学习问题中指的是无条件概率密度。想要知道 $P(B|A)$，关于事件 B 出现可能性的初始信念为该问题的先验信息。

probability **概率** 如果某试验在相同的条件下被重复无限次，则某一事件的概率为该事件出现次数的相对比例。

probability density function **概率密度函数** 描述某一随机变量结果出现的相对可能性的函数。因此，如果 $f(x)$ 是概率密度，则随机变量 x 越有可能出现，函数值越大。x 出现于区间 $[\underline{x}, \overline{x}]$ 的概率为 $\int_{\underline{x}}^{\overline{x}} f(x) \mathrm{d}x$。

probability weighting **概率加权** 假设人们在最大化 $\sum_{i=1}^{n} \pi(p_i) U(x_i)$，其中，$p_i$ 为结果 x_i 出现的概率。函数 $\pi(\cdot)$ 为递增的概率加权函数。实验室试验的证据表明对于较小的 p 值，$\pi(p)>p$，对于较大的 p 值，$\pi(p)<p$。因此，人们高估小概率事件而低估大概率事件。该函数可以解释某些违反独立性公理的行为。

procedural rational model **程序理性模型** 在可能存在误解或者认知资源缺乏条件下，描述决策的理性过程的模型。虽然过程缜密，但考虑到人的局限性，决策未必是理性的。在给定人们对决策问题的理解条件下，程序理性模型尝试解释人们为什么会做出某个特定的选择。

projection bias **推测偏向** 指当世界状态发生变化后，人们不能预测自身偏好的倾向。当非常不同的环境出现时，人们也倾向于认为其当前的偏好会持续下去。

prorating **按比例分摊** 指人们按照未来使用的数量和价值来考虑对商品的未来支付额。与预期未来会使用的商品相比，对未来不会使用的商品付费会感到更加痛苦。

prospect theory **前景理论** 一种行为理论，其在收益域使用凹的效用函数，损失域使用凸的效用函数来解释损失厌恶行为。特别地，前景理论假设人们将结果分类为损失或者收益，并且使用不同的效用函数对损失和收益进行评估，只要涉及的货币数量相对较小，则因为货币损失体验到的边际痛苦就要高于等量货币收益带来的愉悦，并且损失的边际痛苦是递减的。作为风险选择模型来使用时，前景理论要求决策者进行三种不同的任务：前景编辑、概率加权、利用损失厌恶的值函数评估结果。表现出损失厌恶的人会冒大风险或者采取其他措施来避免损失。

psychological equilibrium **心理均衡** 一组策略和信念的集合，其中每一个参与者都有一个策略和一组信念，使得所有的信念是实际使用策略的准确反映，并且每一个参与者在给定所有其他参与者的策略条件下最大化其收益。

psychological games **心理博弈** 是这样一种博弈，其中一个或多个参与者的收益依赖于参与者对参与者策略的高阶信念。举例来说，高阶信念是指参与者 1 对参与者 2 关于参与者 1 策略的信念的信念，以此类推。

public goods **公共品** 在消费上具有非竞争性和非排他性的商品。

Q

quasi-hyperbolic discounting **拟双曲线贴现** 一种跨期选择模型，其中决策者最大化 $U(c_1, c_2, \cdots) = \beta u(c_1) + \sum_{i=2}^{T} \beta \delta^{i-2} u(c_i)$，㊀ 其中，$\beta$ 和 δ 为贴现因子，$\beta<\delta$，c_i 为时期 i 的消费，$u(c)$ 为消费的瞬

㊀ 疑有误，该式应为 $u(c_1) + \sum_{i=2}^{T} \beta \delta^{i-2} u(c_i)$。——译者注

时效用。这是对双曲线贴现函数的一种近似,其会产生时间不一致的偏好。

R

rational choice model　理性选择模型　假设人们为了自身福利寻找可能的最佳选择。通常理性选择模型施加的假设有完全信息、一组定义良好的偏好以及无限的推理能力。行为经济学建立在理性选择模型之上,并以融合更多人类决策特性为目标。

recency　近因　当在人的信念中最近的信息比初始的信息更显著时,就表现为近因效应。

reciprocity　互惠　对他人行动针锋相对的反应。同公平相似,互惠使得人们回报善意行为或者惩罚卑劣行为。在本书中,我们对互惠的定义使得当考察如何互惠时,人们意图友善还是恶意不再重要,重要的是他人所采取行动的影响。

recursive optimization problem　递归优化问题　它是一种将跨期选择问题表示为优化问题递归序列的方法。因此,标准跨期选择问题的递归形式可以写为 $\max_{c_t < w_t} \{u(c_t) + \delta \max_{c_{t+1} < w_{t+1}} \{u(c_{t+1}) + \delta^2 \max_{c_{t+2} < w_{t+2}} \{u(c_{t+2}) + \cdots\}\}\}$,[⊖] 其中,消费者在各期最大化消费效用,同时在其之后的每一个时期也会最大化效用。

reference point　参考点　决策时用来提供比较的点。通常大于参考点的结果被看成是收益,而小于参考点的结果被看作是损失。相反,支付的成本大于参考点会导致交易效用的损失,而小于参考点导致正的交易效用。

reference point in consumption space　消费空间中的参考点　一个和其他所有消费束进行比较的消费束。如果一个消费束包含的商品 i 比参考点多,则认为该消费束在维度 i 上存在收益。如果其包含的商品 i 比参考点少,则认为该消费束在维度 i 上存在损失。

reference state　参照状态　会产生理性偏好关系的一个(或者一组)外生决定的因素。因此,当参照状态保持不变时,决策者决策时满足完备性和传递性。然而,如果允许参照状态变化,偏好就可能违反传递性。

reference structure　参照结构　以参照状态作为下标的一组符合理性的偏好关系的集合。

reference transaction　参照交易　指用来作为参照的交易价格和数量,用来确定剩余在买者和卖者之间的分配是否公平。如果价格的上升是由相应的成本上升导致的,则卖方提高价格被认为是合理的。

reflection effect　镜像效应　指决策者在面对两个只具有正值结果的赌局时,选择一个赌局,在面对同样的两个赌局(只不过结果为负值但绝对值不变)时却选择另一个赌局。对收益的风险偏好与对损失的风险偏好恰好相反。

regret aversion　懊悔厌恶　如果对于任何结果 $x > y > z$,有 $U(z, x) < U(y, x) + U(z, y)$,则满足懊悔厌恶。其中,$U(a, b)$ 是当另外一个选择产生结果 b 时,获得结果 a 得到的效用。当获得的结果低于其他选择可能产生的结果时,这种属性可以代表懊悔这种负面情绪。

regret theory　懊悔理论　一种不确定性条件下的程序理性模型,在该模型中个体获得效用 $U(a, b)$,其表示当另外一个选择产生结果 b 时,获得结果 a 得到的效用。这种理论包含了懊悔的感觉,这种感觉缘于获得的结果差于其他选择可能产生的结果。

relative risk aversion　相对风险厌恶　基于期望效用理论,对人们用其部分财富参与风险赌局的意愿的度量。相对风险厌恶测度的是效用函数的相对曲率,可以表示为 $R_R = -u''w/u'$,其中,u 是关于财富的效用函数,w 表示财富。相对风险厌恶的值越大,人们越不愿意用财富冒险。

representativeness heuristic　代表性直觉推断　根据观测数据对所考察事件的代表性程度来判断事件概率的倾向。

revealed preference　显示偏好　指的是人们在某些选择集合中做出选择后所揭示出的偏好。

reversion to mean　均值回归　是随机变量的下述表现,在随机变量非常多的(或者非常少的)出现 x 之后,其再次独立出现的概率较低(或者较高)。例如从家庭历史数据来看,其父母身材较高的人更有可能生下身材较矮的小孩。

risk　风险　是这样一种情况,在确定性的知道不同选择的收益之前做出决策。但是,决策者知道全部选项、每个选择产生的可能结果以及每个结果可能的概率。

risk averse　风险厌恶的　意味着人们更希望确定

⊖ 疑有误,应为 $\max_{c_t < w_t} \{u(c_t) + \delta \max_{c_{t+1} < w_{t+1}} \{u(c_{t+1}) + \delta \max_{c_{t+2} < w_{t+2}} \{u(c_{t+2}) + \cdots\}\}\}$。——译者注

性的得到赌局的期望值，而不愿意参与该赌局。

risk aversion　风险厌恶　指人们避免风险的偏好。一般而言，如果人们愿意放弃期望收益为 x 的风险赌局，换取小于 x 的货币数量，则称此人是风险厌恶的。

risk loving　风险喜好　意味着人们更希望参与赌局，而不愿意确定性的得到赌局的期望值。

risk neutral　风险中性　指的是人们不关心风险。风险中性的决策者按照最大化收益期望值的原则行事。是参与赌局还是确定性的得到赌局的期望值，对其而言是无差异的。

risk premium　风险溢价　人们为了获得确定性的收益而愿意放弃的用期望值衡量的数量。其为赌局期望值与其确定性等值之间的差值。

S

salience　显明性　在决策过程中是一种凸显的状态。

second-price auctions　次高价拍卖　一种拍卖形式，其中出价最高的竞价人赢得拍卖物品并支付次高出价。

segmentation independence　分割独立性　理性决策的一种性质，即如果可以进行的选择是相同的，并且决策者知道所有的选择，则顺序做出的决策与同时做出的决策是一样的。

segregated events　被分离事件　在评估它们的联合效用时被分开考虑。因此，如果两个被分离事件产生的货币结果分别为 x 和 y，则最终得到的值为 $v(x)+v(y)$。见被整合事件。

segregation　分离　前景理论编辑阶段的一种活动。在分离过程中，为了估值，确定性的结果和风险结果被分离开来。

self-serving bias　自我助益偏向　人们的一种总体倾向，高估自己完成某项任务的能力或者事后高估自己对某一任务的贡献。在某些情况下，也可以指人们以有利于自己的方式评价公平或者公正的倾向。

significantly different　显著差异　在 α 的水平上存在显著差异意味着在给定的观测数据中，未知参数不同于观测值的概率小于 α。⊖

similarity　相似性　一种风险条件下的决策理论，当选择之间比较相似时，它假设人们利用经验法则进行风险选择。如果赌局之间有相似的结果，则决策者利用与这些结果相关的概率。如果概率

相似，则决策者利用与这些概率相联系的结果进行选择。这种一般法则可以解释在实验室观察到的偏好循环。

simple projection bias　简单预测偏向　一种预测偏向模型，如果现期对未来状态 s 实现的消费进行决策，它假定人们会最大化 $u(c, s|s')=(1-\alpha)u(c, s)+\alpha u(c, s')$，其中 $u(c, s)$ 是在未来状态 s 消费 c 的效用，$u(c, s')$ 是在现期状态 s' 消费 c 的效用，$\alpha\in[0, 1]$ 是对两个效用函数的简单加权。

simplification　化简　前景理论编辑阶段的一种活动。在化简过程中，决策者对货币数量和概率进行四舍五入。相似的结果会被合并。

skew symmetric　斜对称　如果对于所有的结果 x 和 y，满足 $U(x, y)=-U(y, x)$，并且 $U(x, x)=0$，则函数 $U(\cdot)$ 是斜对称的。这是懊悔理论效用函数的一般性质。

social capital　社会资本　来自社会学的一个术语，是指人们拥有的并且可以作为产品生产所需资源（有形的、情感的或者信息的）加以利用的持久性的社会关系。

social norm　社会规范　人们由于希望和其他人的行为相一致而从事的行为。社会规范并不一定要利用惩罚或者处罚相威胁来执行。

social preferences　社会偏好　依赖于其他人的福利或者行动的偏好。

sophisticated decision maker　老练型决策者，见 sophisticates。

sophisticates　老练型决策者　是这样的决策者，其偏好体现在拟双曲线贴现模型中，但他们认识到自己的偏好在时间上是不一致的。因此，他们会预测未来的自己如何行事并作出相应的反应。这会导致老练型决策者寻求约束机制，将现在的偏好强加在未来的自己身上。而未来的自己会尝试摆脱这些约束机制。

spiteful　恶意的　指以自身损失为代价损害他人利益的行事方式。

standard normal distribution　标准正态分布　一种正态分布，其均值为 0，方差为 1。因此，服从标准正态分布的随机变量落在 -2 和 2 之间的概率大约为 0.95。

stationarity　稳定性　要求在两个时期之间进行效用贴现的数量多少仅依赖于两个时期之间的时间长短。如果 $U(c)=\delta^{t'-t}U(c')$，时间贴现的完全

⊖ 疑有误，"不同于"应为"等于"。——译者注

加式模型认为决策者在时间 t 消费 c 和在时间 t' 消费 c' 之间是无差异的，贴现仅依赖于 t 和 t' 之间的时间间隔，而与从什么时间开始无关。

status quo bias　维持现状偏向　是消费者的这样一种倾向，当新的更有吸引力的机会出现时，消费者仍然坚持现在的消费决策。

stochastically dominant　随机占优　对两个赌局进行的等级排序。假设赌局 A 和 B 可能得到的结果为 $x_1,\cdots x_n$，并且 $x_i<x_{i+1}$。此外，假设与赌局 A 相联系的概率分别为 $p_1,\cdots,p_n$，与赌局 B 相联系的概率分别为 $q_1,\cdots,q_n$。如果对于所有的 $i=1,\cdots,n$，有 $\sum_{j=1}^{i}p_j \leqslant \sum_{j=1}^{i}q_j$，则赌局 A 随机占优于赌局 B。如果赌局 A 随机占优于赌局 B，则在期望效用理论中，人们总是偏爱 A。

strategy　策略　在博弈过程中在每个可能的节点（如果到达该节点），参与人采取的行动的集合。

strictly revealed preferred　严格显示偏好于　对于配置方案 $w=(w_1,w_2)$ 和 $w'=(w_1',w_2')$，如果前者直接显示偏好于后者，并且 $p_1w_1'+p_2w_2'<p_1w_1+p_2w_2$，则前者严格显示偏好于后者。

strong axiom of revealed preference　显示偏好强公理　如果 s_1 间接显示偏好于 s_2，则 s_2 不直接显示偏好于 s_1。

strong loss aversion　强损失厌恶　如果对于任意两个正数 z_1 和 z_2，且 $z_1<z_2$，总有 $v_g(z_2)-v_g(z_1)<v_l(z_2)-v_l(z_1)$，则值函数表现出强损失厌恶。㊀强损失厌恶要求在远离参考点的一定范围内，损失函数的斜率要大于收益的函数的斜率。

subadditivity　次可加性　意味着所有可能结果的概率权重之和小于1。它被用来解释确定性效应，因为相对于确定性的结果（概率总是为1），次可加性意味着对不确定性的结果施加了惩罚。

subgame-perfect Nash equilibrium　子博弈完美纳什均衡　由每一个子博弈的纳什均衡策略构成的策略集合。

subjective expected utility theory　主观期望效用理论　一种描述人们在模糊性条件下如何进行决策的理论。在该理论中，决策者对每一行动的结果都假设一个简单的概率分布函数，然后以此为基础最大化期望效用。

subproportionality　次比例性　要求随着消费绝对数量的增加，值函数的弹性也随之增加。假设 $z_2>z_1>0,0<\Delta<z_1$。我们可以用弧弹性来表示这一条件

$$\frac{(2z_2+\Delta)[v(z_2+\Delta)-v(z_2)]}{\Delta[v(z_2+\Delta)+v(z_2)]}$$
$$>\frac{(2z_1+\Delta)[v(z_1+\Delta)-v(z_1)]}{\Delta[v(z_1+\Delta)+v(z_1)]}$$

并且

$$\frac{-(2z_2+\Delta)[v(-z_2+\Delta)-v(-z_2)]}{\Delta[v(-z_2+\Delta)+v(-z_2)]}$$
$$>\frac{-(2z_1+\Delta)[v(-z_1+\Delta)-v(-z_1)]}{\Delta[v(-z_1+\Delta)+v(-z_1)]}$$

或者用精确弹性表示为 $-\frac{z_2v'(z_2)}{v(z_2)}>\frac{z_1v'(z_1)}{v(z_1)}$，$-\frac{z_2v'(-z_2)}{v(-z_2)}>\frac{z_1v'(-z_1)}{v(0z_1)}$。在次比例性值函数上，就比例相同的结果而言，与两个相对较小的结果相比，相对较大结果的效用之间表现出较小的相对差值。也可以用另外一种方式表述此条件，即当 $z_2>z_1>0$，$\alpha>1$ 时，$\frac{v(z_2)}{v(\alpha z_2)}<\frac{v(z_1)}{v(\alpha z_1)}$，次比例性由此得名。

sunk cost　沉没成本　一个项目中既不能被避免也不能重新收回的投资。

sunk cost fallacy　沉没成本谬误　出现在沉没成本影响项目是否应该继续的决策时。这时人们努力通过继续失败的项目来收回沉没成本。

superadditivity　超加性　意味着所有可能结果的概率权重之和大于1。

support　支集　一个随机变量可能取值的某个范围。

T

time-inconsistent preferences　时间不一致偏好　当人们为未来做完决策之后，未来的自己却会后悔。这一般是由于人们不能预测未来状态下的偏好造成的。

transaction utility　交易效用　因为感觉在购买时做了一次划算的交易或者同等数量的消费支付了一个相对较低的价格，而得到的享受或者愉悦。

transactions costs　交易成本　进行交易必须花费的时间或者资源。这些成本对于交易的直接当事人都没有好处。

transitive preferences　传递性偏好　意味着如果消费束 a 偏好于消费束 b，b 偏好于 c，则 c 不可能偏好于 a。传递性是理性决策理论的基本要求。

transparency　透明度　指对某一赌局进行的描述

㊀　因为 z_1 和 z_2 都是正数，本书及此处对强损失厌恶概念的表述并不严谨，严谨的表示方式应该为 $v_g(z_2)-v_g(z_1)<v_l(-z_1)-v_l(-z_2)$。——译者注

是否明晰。当描述赌局的方式模糊了赌局之间的随机占优或者其他关系时，人们会更多地违背期望效用理论。透明的赌局倾向于产生更加符合理性的行为。

transparent　透明的　意味着不需要进行复杂的计算或者猜测，人们就能够轻易得出每个可能行动的收益。

trust　信任　指人们让他人进行与自己有关的决策的意愿，其决策对自己既可能有益处也可能有害。

trust game　信任博弈　指这样一种博弈，在该博弈中，给发送者一笔可以送给接收者的资金。任何被赠送的数量会被乘三倍给接收者。然后接收者决定应该返还给发送者多少钱。发送者必须信任接收者才会送钱。如果接收者返还更多的钱给发送者，则称接收者采取了互惠行为。

two-part tariff　二部收费制　一种定价机制，其收取一个获得消费权的固定费用外加单位消费的固定边际价格。

two-tailed test　双尾检验　是这样一种统计检验，其原假设是以等号形式表示的。因此，如果要检验假设 $\theta = \theta_0$，其中，θ 是未知参数，θ_0 是假设值，就可以使用双尾检验。

U

ultimatum game　最后通牒博弈　指这样一种博弈，在该博弈中，参与人 1 对奖励的货币提出一种分配方案。参与者 2 可以选择接受并按照该方案获得分配，或者选择拒绝，这会使双方的收益均为 0。

uncertainty　不确定性　是这样一种情况，决策者不知道其选择所产生结果的概率，或者不知道其选择所产生的结果。其通常也被称为具有模糊性。

unraveling effect　拆台效应　指在序贯博弈中，例如接受或放弃博弈中，理性的行为人不能合作从而让双方获得更大收益的现象。在博弈的每一个阶段，参与者选择更大的即时收益，而不愿意将博弈的控制权交给对方。

utility of wealth　财富的效用　描述消费者对财富水平偏好的函数。在期望效用理论中，该函数用来描述风险偏好。表现出财富边际效用递减的人（凹的财富函数）是厌恶风险的，而表现出财富边际效用递增的人（凸的财富函数）是偏爱风险的。

V

variance　方差　测量的是随机变量的离散程度。随机变量远离均值的概率越大，方差就越大。方差可以定义为 $\sigma^2 = E[(x - E(x))^2]$。

Vickrey auction　维克里拍卖　一种次高价密封拍卖。竞价人在提交自己的出价之前不知道其他人的出价。出价最高的竞价人赢得拍卖，但支付的价格为次高价。

visceral factors　本能因素　情绪、生理欲望或者其他能够被激发的生理因素。本能因素（例如饥饿或者愤怒）可能会波动，而他们会影响个体的偏好。

W

warm glow　温情　指从公共产品捐赠中获得的满足感。

weak axiom of revealed preference　显示偏好弱公理　如果 s_1 直接显示偏好于 s_2，则 s_2 不直接显示偏好于 s_1。

weighted expected utility theory　加权期望效用理论　假定人们的偏好可以表示为最大化函数 $U = \dfrac{\sum_{i=1}^{n} p_i u(x_i)}{\sum_{i=1}^{n} p_i v(x_i)}$。该函数允许无差异曲线是直线，但在马尔沙克-马基纳三角形中可以呈扇形散开。

windfall gain　意外收益　没有预期到的收入，通常数额较大。

winner's curse　赢者诅咒　是这样一种倾向，在共同价值拍卖中，出价最高的竞价人的出价要高于其对物品实际价值的预期。出价最高的竞价人的出价最有可能高于物品的价值，导致意料之外的较低甚至负的期望收益。

X

X-cursed equilibrium　X-被诅咒的均衡　博弈的该均衡由一组策略给出，其中每个参与人最大化自己的期望收益，并假定所有其他参与人的行动与他们的相关估计值无关的概率为 χ，而按照对相关值的估计采取完全策略性行动的概率为 $1 - \chi$。